ULLRICH
DAS KIND ALS SCHÖPFERISCHER URSPRUNG

DAS KIND ALS
SCHÖPFERISCHER URSPRUNG

Studien zur Genese des romantischen Kindbildes und zu seiner Wirkung auf das pädagogische Denken

von

Heiner Ullrich

KLINKHARDT

1999

VERLAG JULIUS KLINKHARDT · BAD HEILBRUNN/OBB.

Die Deutsche Bibliothek – CIP-Einheitsaufnahme

Ullrich, Heiner :
Das Kind als schöpferischer Ursprung :
Studien zur Genese des romantischen Kindbildes
und zu seiner Wirkung auf das pädagogische Denken /
von Heiner Ullrich. –
Bad Heilbrunn / Obb. : Klinkhardt 1999.
Zugl.: Mainz, Univ., Habil.-Schr., 1999
ISBN 3-7815-0976-1

Gesamtherstellung: WB-Druck GmbH & Co. Buchproduktions-KG, Rieden
Printed in Germany 1999
Gedruckt auf chlorfrei gebleichtem alterungsbeständigem Papier
ISBN 3-7815-0976-1

Inhalt

Vorwort

Das Thema dieser Arbeit hat sich mir aus zwei verschiedenen Diskussionszusammenhängen gestellt. Als Teilnehmer an der Auseinandersetzung über die Eigenart und Bedeutung der geschichtlichen Reformpädagogik bin ich immer mehr zu der Auffassung gelangt, daß der angemessene Zugang zur Denkweise und zu den praktischen Impulsen der Reformpädagogen über ihr Bild vom Kinde zu finden ist.

Als interessierter Leser der sozialwissenschaftlichen Forschungen über den Wandel der Kindheit in Geschichte und Gegenwart sehe ich eine besondere Aufgabe einer *pädagogischen* Kindheitsforschung in der Erfassung und Qualifizierung der Kindheitsbilder, mit denen eine Erwachsenengeneration auf die Kinder zugeht und den erzieherischen Umgang mit ihnen strukturiert.

Die in dieser Arbeit vorgelegten Studien führen beide Forschungsdiskurse zusammen. Sie rekonstruieren die Genese eines weitverbreiteten, auch schon von den Reformpädagogen propagierten pädagogischen Bildes vom Kinde in einem übergreifenden wirkungsgeschichtlichen Zusammenhang. Dabei wird der Weg freigelegt, auf dem ein ursprünglich der mythisch-religiösen Sphäre zugehöriges Denk-Bild schließlich eine Schlüsselstellung im Prozeß der Herausbildung der modernen Erziehung und ihrer Theorie erlangt.

Die vorliegende Arbeit ist von der Johannes Gutenberg-Universität Mainz als Habilitationsschrift angenommen worden.

1 Einleitung

1.1 Das Bild des Kindes und die Kennzeichen heutiger Kindheit

Mit dem sprachlichen Ausdruck „Kind“ bezeichnet man gemeinhin den Menschen von seiner Geburt bis zur beginnenden Geschlechtsreife. Das Kind tritt als neues Mitglied in eine bestehende soziokulturelle Lebenswelt ein. Es unterscheidet sich in seiner Gestalt und in seinem Verhalten in einer Vielzahl von Faktoren von dem Jugendlichen und von dem Erwachsenen. Das Kindesalter ist die Lebensphase des stärksten körperlichen Wachstums und der vielfältigsten seelisch-geistigen Entwicklung. Mit „Entwicklung“ ist ein fortschreitender Prozeß der Veränderung der Verhaltensdispositionen in Richtung auf einen höheren Grad an Differenzierung und Komplexität gemeint. Alltagssprachlich unterscheidet man folgende Lebensabschnitte der Kindheit: Neugeborenes (Geburt bis 10. Lebenstag), Säugling (11. Lebenstag bis 12. Lebensmonat), Kleinkind (2. bis 5. Lebensjahr) und Schulkind (6. bis 12. / 14. Lebensjahr). Danach setzt mit dem Einbruch der Pubertät das Jugendalter ein. Diese Einteilung ist keine naturhafte Konstante; denn hierin sind für uns selbstverständliche kulturelle Normierungen wie etwa der Beginn der Schulpflicht und der eingeschränkten Strafmündigkeit sowie eine bestimmte Verlaufsform der Pubertät eingegangen. Es ist erwiesen, daß die Stellung und die Lebensformen der Kinder in anderen Kulturen auch zu erheblich anderen Einteilungen des Kindesalters führen (vgl. u.a. Mead 1970).

„Das Kind“ als bloße Naturtatsache gibt es also nicht. Es ist stets auch ein Konstrukt der Erwachsenen in einer Kultur, die eine spezifische Lebensform der Kindheit bereitstellt. Die Erwachsenen beschreiben mit ihrem *Bild des Kindes* nicht nur die Veränderungen, die beim jungen Menschen von der Geburt bis zur Geschlechtsreife vor sich gehen; sie bestimmen damit zugleich implizit das „Wesen des Kindes“, d. h. die Aufgaben des Kindseins im Ganzen des Lebenslaufes. Das Konstrukt Kind erhält zumeist die Form und Funktion eines Leitbildes, nach dem Kinder aufwachsen sollen. „Das Bild des Kindes ist ein Komplex von Ideen, Vorstellungen, Anschauungen über das psychophysische Wesen (die „Natur“) des Kindes, über seine Stellung, seine Funktion in sozialen und gesellschaftlichen Strukturen und - vor allem - über Erscheinungen, Bedingungen, Ursachen und Ziele seiner Entwicklung. ... Letztlich geht es um das, was man ‘Sinn der Kindheit’ nennen kann. Das Bild des Kindes ist eine Einheit von Wissen (über das Kind), von normierten Bewertungen (seines Soseins und Werdens) und von ethischen Gesinnungen, die wir in die Partnerschaft mit dem Kind einbringen“ (Schmidt 1991, S.1). Die (Leit-)Bilder des

Kindes sind Bestandteil der Mentalität, d. h. des Ensembles der Weisen und Inhalte des Denkens und Empfindens, das für eine Kultur prägend ist (vgl. Dinzelbacher 1993, S.XXI ff.). Deshalb manifestieren sich die Bilder des Kindes vor allem als Orientierungsangebote und Entscheidungshilfen im konkreten Handeln. In diese Vorstellungen gehen auch philosophische und einzelwissenschaftliche Theorien und Begriffe ein. Gerade in der modernen Zivilisation sind die alltäglichen und die professionellen Bilder des Kindes tiefgründig von popularisierten Begriffen und Modellen der Humanwissenschaften mitgeprägt. Einige davon sollen hier kurz erwähnt werden.

Die *biologische Anthropologie* erschließt die Eigenart der Entwicklung des Kindes aus dem Vergleich mit den Tierjungen der evolutionär verwandten Säugetierarten, welche ebenfalls nur wenige, von den Eltern aber intensiv gepflegte Nachkommen zur Welt bringen. Dabei wird zum einen anatomisch und morphologisch auf die Sonderstellung des Menschenjungen innerhalb des Tierreiches abgehoben (vgl. u. a. Portmann 1958). Die im Vergleich mit den Primaten auffällige Hilflosigkeit des menschlichen Neugeborenen, sein größeres Geburts- und vor allem sein mehrfach höheres Gehirngewicht legen es nahe, von einem zu früh geborenen Nestflüchter zu sprechen, bei dem wesentliche intrauterine Entwicklungsetappen in das bereits kulturell prägende erste Lebensjahr fallen. Die Sondernatur des Menschenkindes zeigt sich vollends am Erwerb der aufrechten Haltung, der Höherentwicklung der Intelligenz und an der Ausbildung der Sprache (und der Schrift) als Voraussetzungen seiner Enkulturation. Die vergleichende Ethologie (Eibl-Eibesfeldt, Hassenstein) betont dagegen gerade die Ähnlichkeit des Menschen mit seinen stammesgeschichtlichen Verwandten im Tierreich. Der menschliche Säugling ist biologisch ein Tragling, was z. B. noch in seinem Handgreifreflex zum Ausdruck kommt. Bei den Traglingen bindet sich das Junge durch Prägung an einen bestimmten, individuell betreuenden Artgenossen, gewöhnlich an sein leibliches Muttertier. Die Verhaltensentwicklung des Menschenkindes ist stammesgeschichtlich durch im Erbgut tradierte Anweisungen programmiert. Von Geburt an sind zwei Verhaltensbereiche voll entwickelt: die Nahrungsaufnahme und das Kontaktbedürfnis. Später folgen zunächst die individuelle Bindung an die Eltern, dann die Verhaltensbereiche Erkunden, Wißbegierde, Spielen, Nachahmen sowie schließlich die sexuelle Reifung. Dieses Entwicklungsprogramm ist in einigen Bereichen offener und läßt hier auch spätere Modifikationen und Korrekturen zu; in anderen Bereichen sind hingegen nach einer besonders sensiblen Phase für den Verhaltenserwerb Änderungsmöglichkeiten prinzipiell nicht vorgesehen. Solche irreversiblen Prägungsvorgänge bilden vermutlich die Basis sowohl der Mutter-Kind-Bindung als auch der Sexualentwicklung. Das die Verhaltensbereiche Erkunden, Wißbegierde, Spielen, Nachahmen steuernde Aktionsprogramm zum Kennenlernen der Umwelt ist dagegen für verschiedene Richtungen und Grade der Entwicklung offen. Es ist die Grundlage für die Ausdifferenzierung solcher menschlichen Verhaltensmöglichkeiten, für die es im Tierreich keine Entsprechungen gibt: begriffliche Sprache, Kunst, Wissenschaft, Rechtswesen usw. Einige Verhaltensbiologen[1] beschränken sich nicht auf die deskriptiv vergleichende Erforschung der Entwicklung des Kindes. Mit der Autorität des Naturwissenschaftlers treten sie auch normativ dafür ein, im Umgang mit dem Kind die natürlichen biologischen Grundlagen seines Verhaltens „ungestörter als bisher zur Entfaltung zu bringen“ (Hassenstein 1976, S.37). Eine Erziehung gemäß der Natur des Kindes hat z. B. in den sensiblen Phasen die Bindung an eine mütterliche Betreuungsperson und den Entwurf einer gegengeschlechtlichen Partnerwahl ebenso zu ermöglichen wie die Chance für die Erkundung einer vielfältigen Sach- und Mitwelt. Andernfalls kommt es zu Störungen und Beeinträchtigungen, die die weitere Entwicklung belasten.

Ungleich stärker als die Konzepte der biologischen Anthropologie beeinflussen das Alltagswissen über den Verlauf und die Aufgaben des Kindesalters *die Phasenmodelle der traditionellen Entwicklungspsychologie* (vgl. Oerter/Montada 1982, Teil III). Auch diese sind größtenteils von der Leitvorstellung bestimmt, daß die Veränderungen der Fähigkeiten und Verhaltensmöglichkeiten des Kindes Ergebnisse eines mehr oder minder vorprogrammierten Reifungsgeschehens sind. So entwickelt sich das *Sprechen* des Kindes in einer zeitlichen Abfolge von Lallmonologen, Echosprache, Einwort- und Zweiwortsätzen über agrammatische Mehrwortsätze bis zur Handhabung seiner „Altersmundart“. Das *Spielen* schreitet vom motorischen Übungsspiel über symbolische Phantasie- und Rollenspiele zum Konstruktions- und Regelspiel voran wie das bildnerische *Gestalten* von der Kritzelstufe über den Drang nach Ordnung und die Tendenzen zum Schmücken hin zu realistischen Formen der Abbildung. Nach dem populären Stufenmodell Piagets entwickelt sich das *Denken* des Kindes von der sensomotorischen über die figurativ-präoperative und konkret-operative hin zur formal-operativen Stufe der Intelligenz und sein *moralisches Urteil* von der präkonventionellen Stufe einer Moralität des Zwangs über die konventionelle der Kooperation bis zur postkonventionellen Stufe der Verantwortung. Für das Verständnis der *affektiven und sozialen Entwicklung* des Kindes rekurriert man häufig auf das psychoanalytische Phasenmodell Eriksons (vgl. Erikson 1973, S.55ff.): Danach erwirbt das Kind im Durchschreiten der psychosexuellen oralen, analen, phallischen und Latenz-Phase im sozialen Rahmen von Familie, Kindergarten und Schule sein je individuelles Maß an Urvertrauen, Selbständigkeitsdrang, Initiativkraft und Leistungswillen, bevor es durch den Eintritt in die genitale Phase der Geschlechtsreife zur Neubildung seiner Ich-Identität genötigt wird. Aus der älteren Kindespsychologie stammt der Versuch, die verschiedenen Stufenmodelle vom zentralen Gesichtspunkt des kindlichen *Weltbildes* aus zusammenzuhalten. Danach läßt sich das Kindesalter in die Stadien der physiognomischen, der magisch-animistischen, der naiv-realistischen und der beginnenden kritisch-realistischen Weltauffassung untergliedern; der Beginn einer neuen Phase wird jeweils durch eine vorausgehende Trotzphase angekündigt. In der Entwicklungspsychologie der Gegenwart wird solchen Phasen- und Stufenlehren weniger Gewicht verliehen. Zum einen gibt es davon für die unterschiedlichen Verhaltensbereiche mittlerweile eine kaum noch zu überblickende Vielfalt. Zum anderen ist man sich heute in der psychologischen Forschung noch genauer über die historisch und sozial sich wandelnden Vorgegebenheiten im klaren, welche die Entwicklung des Kindes mit beeinflussen: die sozialisatorischen Normen, die im jeweiligen Lebensraum gültig sind, in dem ein Kind heranwächst, und die ökologischen Besonderheiten, die in ganz verschiedenem Ausmaß Anregungsgehalte und Realisierungsmöglichkeiten für die Potenzen des Kindes bereitstellen. Damit einher geht auch eine Revision des zugrunde liegenden Bildes vom Kinde. Es wird nicht länger in Analogie zu einem sich entfaltenden Organismus betrachtet, sondern eher als ein spontan tätiges Wesen, das seine Entwicklung selber gestaltet und vorantreibt.

Die gleichwohl anhaltende Popularität der wissenschaftlich als antiquiert geltenden Phasenlehren läßt sich vermutlich darauf zurückführen, daß sie in einer Kultur, in der die vormodernen Lebensaltersgliederungen schwinden, neue Orientierung ermöglichen. Wissenschaftlich deskriptiv gemeint, fungieren die Phasenmodelle im Alltag häufig normativ (vgl. Bittner 1981, S. 830f.). Sie geben nicht nur eine Vorstellung davon, wie Kinder im Alter von drei oder neun Jahren durchschnittlich sprechen, spielen, gestalten, denken und fühlen; durch ihren Allgemeingültigkeitsanspruch legen sie wie die Prägungsmodelle der Biologen auch nahe, gewisse Verhaltensweisen der Kinder als „altersgemäß“ vorauszusetzen und bestimmte Handlungsweisen der Erzieher als „kindgemäß“ zu fordern. Dieser naturalistische Fehlschluß kommt auch deshalb zustande, weil Verhaltensbiologen und Entwicklungspsychologen leicht außer acht lassen, daß ihr Forschungsgegenstand ein immer schon historisch-gesellschaftlich geprägter Typ von Kindheit in einer bestimmten Kultur ist. Was ihnen also als eine universell notwendige Entwicklung gilt, vollzieht sich auch auf der Grundlage kultureller Form- und Normsysteme, ist daher immer nur *eine* Möglichkeit innerhalb eines viel weiteren Spielraumes.

Der alltägliche Diskurs über das Kind in unserer Kultur ist also zentral durch den Entwicklungsgedanken der Humanwissenschaften beeinflußt. Er wird aber auch durch andere Vorstellungen ergänzt, die in der Literatur, in der Bildenden Kunst und in der philosophischen Reflexion zum Ausdruck gelangen. Auf diesen Gebieten kommt es hier und da zu einer Akzentuierung der Eigentümlichkeit und der Andersheit des Kindes, welche den Gedanken seiner progressiven Entwicklung auf spätere Erwachsenheit hin geradezu umkehrt. So gesehen gewährt das Kind-sein vielfältige Möglichkeiten vorbegrifflicher ästhetischer Erfahrung und Gestaltung, die der Erwachsene in seiner durchgehend rational verfaßten Lebensweise verloren hat. Das „wilde Denken" des Kindes, seine „magische" Beziehung zu den Dingen und Lebewesen erhält hier gleichsam den Rang einer noch vorgesellschaftlichen, unentfremdeten Daseinsform. In solchen Bildern des Kindes werden Vorstellungen über Kindheit bewahrt und neu vergegenwärtigt, deren Herkunft und Bedeutung sich erst in einer mythengeschichtlichen Perspektive erschließen (vgl. Lenzen 1989, S.855ff.). Denn das Konstrukt Kind steht auch im übergreifenden Zusammenhang vielfältiger Versuche, dem menschlichen Leben - und hierin insbesondere dem Anfang und dem Ende - Sinn zu verleihen. „In die interpretative Konstruktion des menschlichen Lebensabschnitts, den wir Kindheit nennen, spielen diese weltanschaulichen Wandlungen und Vorgaben prägend hinein. Kindheit ist multifaktorielles Konstrukt; das heißt: wissenschaftliche, außerwissenschaftlich-weltanschauliche, philosophische und biographische Hinsichten koinzidieren in der Bestimmung dieser Lebensphase" (Hufnagel 1991, S.138.).

Die pädagogische Kindheitsforschung hat mindestens zwei Ebenen der Konstitution der Kindheit zu unterscheiden: die mentale und die soziale (vgl. auch Honig 1996a). Das Konstrukt Kind steuert die Wahrnehmung und Deutung der Phänomene des Kinderlebens; es stellt dar, wie das Kind lebt und bewertet implizit oder explizit, wie es leben soll. Die *Bilder und Begriffe vom Kind* stehen in einer je eigentümlichen Beziehung zum *tatsächlichen Leben der Kinder*, zur Kindheit als Element gesellschaftlicher Ordnung. Kindbild und Kindsein stehen in einem engen, sich wechselseitig beeinflussenden Zusammenhang. Wie der Geschlechtsunterschied ist auch derjenige des Lebensalters nicht bloß eine natürliche Tatsache; in jeder menschlichen Gesellschaft wird er als Index eines sozialen Status und als Hinweis auf eine soziale Rolle verstanden, die der Nachkommenschaft im Rahmen einer bestehenden generationalen Ordnung zugewiesen wird. Dies läßt sich exemplarisch an der rechtlichen Regelung der Minderjährigkeit und Strafmündigkeit sowie der Schulpflicht aufweisen. Die Freiheiten und die Einschränkungen, die für ein bestimmtes Kindesalter gelten, dürfen nicht einfach als konstante Gegebenheiten angesehen, sondern müssen als soziale Tatsachen erfaßt werden. Die sozialen Positionen, die ein bestimmtes generationales System für die Kinder vorsieht, bestimmen zugleich das Ausmaß und die Formen ihrer aktiven Teilnahme am sozialen Leben. „Eine derartige generationale Ordnung läßt sich bereits bei der institutionellen Trennung von öffentlicher und privater Sphäre finden. Kinder werden dem Privatbereich von Heim und Familie zugeschlagen, sie haben in der Ökonomie oder Politik nichts zu suchen. Auch die Position des Kindes in der Familie läßt sich so interpretieren: Sie bestimmt sich im Unterschied und in Beziehung zu den Erwachsenen“ (Alanen 1994, S.101). Moderne Kindheit ist zentral durch den Ausschluß von Erwerbsarbeit und komplementär durch immer früher einsetzende Prozesse institutionalisierter Erziehung und Unterrichtung gekennzeichnet. Kinder bewegen sich zudem in einem Spannungsfeld mannigfacher sozialer Beziehungen als Familienangehörige, Peers, Marktteilnehmer und Staatsbürger. Die soziale Konstruktion von Kindheit umfaßt deshalb mindestens dreierlei Kindheit: die familiale, die öffentliche und die kommerzielle (vgl. Gloger-Tippelt/Tippelt 1986, S.160). In jedem gesellschaftlichen Subsystem werden Kinder mit spezifischen Erwartungen konfrontiert, deren Verinnerlichung die Sozialisationsforschung überzeugend nachgewiesen hat: Kinder sind Klienten in den für sie zur Verfügung gestellten Organisationen der Pflege, Erziehung, Bildung und Therapie; Kinder sind Konsumenten im Bereich von Markt, Handel und Unterhaltungsindustrie; Kinder sind emotionale Bezugspersonen, ja Partner, im privaten, gefühlsgeprägten Binnenraum der Kernfamilie bzw. der ihr äquivalenten Lebensformen. Wenn man bewußt von den aktuell immer weiter auseinandertretenden Lebenslagen der Kinder mit ihrem unterschiedlichen Ausmaß materieller Privilegierung und Verarmung sowie kultureller Integration und Ausgrenzung absieht, dann kann man exemplarisch die folgenden Strukturen und Tendenzen als allgemeine Signaturen heutiger Kindheit bestimmen:

Öffentliche Kindheit: Ausgliederung und Verinselung. In der modernen zweckrational organisierten Gesellschaft sind Kinder rechtlich, sozial und innerpsychisch zu Außenseitern der Gesellschaft geworden (vgl. Kaufmann 1980). Der ökonomische und kulturelle Zusammenhang der nachindustriellen Gesellschaft besteht aus einem unüberschaubaren Mechanismus des Marktes bzw. aus einer abstrakten Welt der Information, die mit der - an Primärerfahrungen selbst immer ärmer werdenden - Lebenswelt der Kinder nicht mehr vermittelt werden können. Kinder sind also strukturell von den entscheidenden sozialen Handlungsfeldern ausgeschlossen. Sie wirken als Störfaktoren in allen Organisationen und Institutionen - außer in denen, die speziell für sie geschaffen worden sind: „Aufgrund ihrer spezifischen Bedürfnisse stellen Kinder in allen Lebensbereichen eine Komplikation dar, die dem herrschenden Muster der Rationalisierung zuwiderläuft“ (ebd., S.771). Die öffentliche Bedeutungslosigkeit der Kinder und ihre lebensweltliche Erfahrungsarmut werden auch nicht aufgehalten durch die für sie geschaffenen Einrichtungen der Betreuung, Erziehung und Bildung. Denn diese tragen selbst den Charakter von arbeitsteiligen, auf Expertisierung gerichteten Organisationen. Der gesellschaftlichen Ausgliederung der Kinder entspricht tendenziell ihre pädagogische „Kolonialisierung“: Der Erziehungs-Raum des Kindes ist parzelliert in Kinderzimmer, Spielplätze und Unterrichtsräume; die Erziehungs-Zeit des Kindes ist bestimmt durch die Eingruppierung nach Altersstufen und Lernschwierigkeiten; die Werkzeuge der Erziehung sind von Erwachsenen ausgedachte Spielzeuge, Lernmaterialien, Ordnungsmaßnahmen usw.; die Erziehungs-Beziehungen des Kindes richten sich auf eine zunehmende Zahl von pädagogischen, psychologischen und therapeutischen Experten und werden dadurch immer nachhaltiger entpersönlicht: „Das Ghetto, das wir in der Kindheit gebaut haben, ist unausweichlich - so scheint es jedenfalls bisweilen“ (Mollenhauer 1979, S.343). Außerhalb der Erziehungs- und Bildungsinstitutionen ist die alltägliche Welt des Kindes von den Tendenzen der Verhäuslichung und der Zerstückelung seines Lebensraumes gekennzeichnet. Die meisten öffentlichen Straßen und Plätze sind unbespielbar, die letzten vielseitig für Spielzwecke nutzbaren Resträume sind zugebaut worden; Kinder werden immer mehr in spezialisierte, ausgegrenzte Innenräume (Kinderzimmer, Kindergärten, Schulen usw.) oder in gesellschaftlich organisierte Außenräume (Spielplätze oder Sportplätze) abgedrängt. Dabei nimmt die Bedeutung der Innenräume im Alltag ständig zu. Die auch die Kinder betreffende allumfassende Raumspezialisierung hat zu einer „Verinselung“ des kindlichen Lebensraumes geführt: Dieser ist nicht mehr ein ganzheitlicher, sinnlich erfahrbarer Ausschnitt aus der realen räumlichen Umwelt, sondern besteht aus einzelnen, separaten Fragmenten, die wie Inseln in einem unübersichtlichen und zerstückelten sozialen Gesamtraum liegen: „Der Nahraum ist auf die stärker nach außen abgegrenzte Wohnung und den ausgegrenzten Spielplatz reduziert, und der Raum hat sich ausgedehnt, in dem die Teilräume verstreut liegen, die für ein Kind relevant sind. Die voneinander entfernteren Teilräume sind auch mehr geworden“ (Zeiher 1989, S.187). Die Gestalt des verinselten Lebensraumes ist keine jedem Kind schon gegebene - sie muß von den Eltern aktiv hergestellt werden, um es vor Isolation zu bewahren. Deshalb nimmt der Anteil der Aktivitäten in größerer räumlicher Distanz zur elterlichen Wohnung heute oft schon von früher Kindheit an zu: der Besuch von Spielgruppen, Musik- und Malschulen, Turn- und Sportvereinen und die Inanspruchnahme anderer kommunaler, kirchlicher und kommerzieller Freizeitangebote macht in der breiten sozialen Mittelschicht einen immer größeren Teil der „Freizeit“ der Kinder aus.

Telefon und Auto ermöglichen diese bewußte Strukturierung von Lebensraum und -zeit des Kindes. Dies verlangt auch von den Kindern eine Zeitplanung im objektiven, linearen Zeitsystem, das Leben mit Uhr und Terminkalender. Das Telefon wird zum zentralen Medium der Verabredungspraxis und damit auch der Zeitökonomie im Alltag der Kinder (vgl. Büchner 1990). Die Stückelung des Raumes erzeugt auch die Stückelung der Handlungszeit (vgl. Rabe-Kleberg/Zeiher 1984, S.35). So verringert sich auch im Leben des Kindes der Anteil der freien zyklischen Zeit - des Sich-Eingebunden-Fühlens in die natürlichen Rhythmen von Tag und Nacht, Woche und Jahreslauf - zugunsten des Anteils der vorab geplanten linearen Zeit, welche die Arbeits- und Freizeitgesellschaft der Erwachsenen beherrscht.

Kommerzielle Kindheit: Öffnung und Verfrühung. Obwohl Kinder aus den zentralen gesellschaftlichen Handlungsfeldern ausgegliedert werden, sind sie ökonomisch zu bedeutsamen Marktteilnehmern avanciert. Im Verlauf der letzten beiden Jahrzehnte hat sich im Verbund mit den elektronischen Unterhaltungsmedien - vor allem dem Fernsehen - eine weltweite Konsumgüterindustrie entwickelt, die für alle Bereiche der Kinderwelt ständig neue Produkte auf den Markt bringt: vom elektronischen Spielzeug über Computer-Lernprogramme bis zur jeweils neuesten Sport-Mode. „Das Kind ist zum Kunden geworden. Es ist auf dem Weg zu lernen, daß ein gutes Leben darin besteht, die richtigen Waren und Dienstleistungen zu konsumieren... Die Kehrseite dieses Trends zum Massenkonsum besteht in einem merklichen Verlust an Eigentätigkeit" (Rolff 1989, S.115). Durch das schonungslose Eindringen der kommerzialisierten elektronischen Medien in den privaten Bereich der Familie werden auch bei den Kindern immer neue Sehnsüchte geweckt, die sich oft zu Konsumwünschen in den Bereichen Spielzeug, Kleidung und Unterhaltung konkretisieren. Der Drang nach unmittelbarer Bedürfnisbefriedigung kann dann zu einer Entstrukturierung der häuslichen Erziehung führen und mit den gängigen familialen und öffentlich-institutionellen Erwartungen an das Verhalten des Kindes kollidieren. Ebenfalls eine neue Entwicklung der letzten Jahrzehnte ist die „Versportung" (Zinnecker) der Kindheit. Die Einübung in und die Ausübung von spezialisierten Sportdisziplinen und Wettkampfarten beginnt heute schon in der Kindergarten- und Schulkindheit, nicht erst wie früher in der Jugend. Das Handlungsfeld Sport tritt - nach dem Ende der Straßenkindheit in den autogerechten Wohngebieten - die Nachfolge der freien Gruppenspiele der Kinder an. Das herkömmliche Kinderspiel auf Straßen und Plätzen wird, wo es sich noch ereignet, immer mehr bestimmt von Sportspielen und den dazu konzipierten neuen modischen Utensilien (Geräten, Kleidung usw.). Für die heutigen Kinder hat die frühe Beteiligung am Sport die Bedeutung einer Eintrittskarte zu gesellschaftlich bedeutsamen Handlungsfeldern: "Das Handlungssystem Sport ermöglicht Kindern, sich in einem segmentierten Bereich zu kompetenten Konsumenten heranzubilden" (Zinnecker 1990, S.652). Denn der gesellschaftliche Bereich des Sports ist heute nicht mehr zu trennen von dem des Konsums: „Sport wird ästhetisch, geht eine Symbiose mit Mode und Freizeit-Konsum ein. Sport wird 'modisch', organisiert nach Mode-Zyklen; Mode ihrerseits 'versportet'" (ebd., S.646). Der Versportung der Kindheit wohnt so gesehen dieselbe Tendenz zur Kommerzialisierung inne, die auch in der „Fernsehkindheit" zum Ausdruck kommt; diese Tendenz zielt auf eine anscheinend unaufhaltsame Verfrühung der kindlichen Teilnahme an traditionell den Jugendlichen und Erwachsenen vorbehaltenen Erfahrungsfeldern, mithin auf eine Auflösung des herkömmlichen Schonraums Kindheit.

Familiale Kindheit: Sentimentalisierung und Sinnverlangen. Für die materielle Existenzsicherung, als Arbeitskraft und Erbe, haben die Kinder heute meistens keine Bedeutung mehr. Mit dieser ökonomischen Abwertung geht aber im Binnenraum vor allem der Mittelschicht-Familien eine geschichtlich beispiellose emotionale Aufwertung und ideelle Überhöhung des Kindes einher. Die Gründe für diesen emotionalen Bedeutungsgewinn des Kindes liegen unter anderem im Funktionswandel der modernen Familie und in der veränderten Form der Familienbildung. Die Familie hat in der modernen Gesellschaft ihre früheren Funktionen der gewerblichen Produktion, der Betreuung und Absicherung ihrer Angehörigen weitgehend eingebüßt. Sie ist ebenfalls zu einer spezialisierten Institution geworden mit der Aufgabe der emotionalen Stabilisierung (Personalitätsfunktion) und der Erziehung der Kinder vor und außerhalb der Bildungs- und Ausbildungszeiten (Sozialisationsfunktion). Wie keine andere Institution trägt die Familie zur Erfüllung emotionaler Ansprüche und damit zur Persönlichkeitsbildung bei. In einer wertpluralistischen Gesellschaft ist sie die wichtigste Instanz für die Weitergabe von Werten und Weltanschauungen. Angesichts der „metaphysischen Heimatlosigkeit" (Berger) in der säkularisierten Gesellschaft hat die als zufälliges Nebenprodukt des sozialen Wandels zur Industriegesellschaft entstandene private Sphäre der Familie eine existenzielle Bedeutung erhalten: sie ermöglicht dem einzelnen, sich angesichts der Gefahr sozialer Anomie eine Gegenwelt zu schaffen, in der man zu Hause ist, eine Ordnung, in der man sein Leben als sinnvoll erfahren kann (vgl. Berger/Kellner 1965).

In der vorindustriellen Gesellschaft waren Kinder primär eine ökonomische Ressource. Tiefgründige emotionale Bindungen zwischen den Mitgliedern der Familie (zum Beispiel Gattenliebe, Mutterliebe) sind erst ein Charakteristikum einer neuen, nicht mehr primär auf Besitz gegründeten bürgerlichen Familien-

und Lebensform, die auf individuelle Selbsterfüllung und Intimisierung der Beziehungen zielt. Mit dieser historisch neuen, in gewisser Weise autonomen Form der Familienbildung ist ein säkularer Geburtenrückgang, eine gänzlich andere Motivierung des Kinderwunsches, der Kinderzahl und des Zeitpunktes der Geburten verbunden. In der modernen Gesellschaft „lohnt es sich“ ökonomisch nicht mehr, Kinder zu haben und zu erziehen; Kinder stellen, monetär und physisch, eher eine Belastung dar. „Während die materiellen Lebenschancen der Erwachsenen mit zunehmender Modernisierung der Gesellschaft immer weniger und im Wohlfahrtsstaat schließlich gar nicht mehr von den eigenen Kindern abhängen, sind Kinder immer stärker auf die Zuwendung und das kontinuierliche Engagement der Eltern angewiesen“ (Münz 1983, S.240). Doch die ökonomische Irrationalität des Kinderhabens ist kein Index mehr für den innerfamilialen „Wert“ des Kindes. Dieser hat im Bewußtsein der Eltern „primär mit Sinnstiftung, mit persönlichen Glückserwartungen, auch mit der Verlängerung der eigenen Existenz zu tun“ (ebd., S.241).

Dieser Wandel vom ökonomischen zum emotionalen Wert, die Sentimentalisierung des Kindes hat sich im Verlauf etwa der letzten hundert Jahre schichtübergreifend durchgesetzt (für die Vereinigten Staaten vgl. Zelizer 1985). Das ökonomisch nutzlose („useless“), aber emotional unbezahlbare („priceless“) Kind des 20. Jahrhunderts hat das nützliche Kind des 19. Jahrhunderts - besonders dramatisch in den Unterschichten - vertrieben. Zelizer benutzt den Begriff „Sakralisierung“, um die mit dem gefühlsmäßigen Genuß oft verbundene „Affenliebe“ und Verwöhnung zu bezeichnen. Das neue „sakrale“ Kind breitet sich in einer von den Mühen der Arbeits- und Wirtschaftswelt sowie von den Gefahren der Straße abgeschotteten familialen Eigenwelt aus, die primär von Emotionen und erzieherischen Ambitionen bestimmt ist. Die gesetzliche Abschaffung der Kinderarbeit ist ein Schlüssel zum Verständnis dieses radikalen Wertwandels in der Auffassung vom Kind. Ließen die meisten Eltern der unteren Schichten am Ende des letzten Jahrhunderts ihre Kinder durch ständige Gelegenheitsarbeiten mitverdienen, so erhält das „sakrale“ Kind am Ende unseres Jahrhunderts stattdessen ein „unverdientes“ Taschengeld von seinen Eltern ausbezahlt - die Basis für seine Erziehung zum selbstbewußten Konsumenten. Die Höhe der gerichtlich verfügten Entschädigungszahlungen an die Eltern eines durch Unfall oder medizinische Kunstfehler getöteten Kindes sind ein weiteres Indiz für den veränderten Wert des Kindes: der nach gefühlbezogenen Kriterien geschätzte, existenzielle Wert des wirtschaftlich nutzlosen Kindes liegt heute mehr als tausendmal höher als der Betrag, der für den Verlust eines wirtschaftlich nützlichen Kindes um die Jahrhundertwende berechnet wurde.

Die Sentimentalisierung des heutigen Kindes zeigt sich schließlich besonders drastisch auf dem Felde der Adoption. Zahlte man vor hundert Jahren allenfalls dafür, ein „überzähliges“ Kind weggeben zu dürfen, so sind heute hohe Vermittlungsgebühren für die Adoption eines Kindes keine Ausnahme mehr. Statt der früheren Kindesweggabe existiert heute ein Schwarzmarkt für die Erfüllung des Wunsches nach einem Baby. Die Heraufkunft des ökonomisch wertlosen, aber emotional unschätzbar wertvollen Kindes bezeichnet eine wesentliche Tendenz heutiger familialer Kindheit. Die Verhäuslichung und „Sakralisierung“ des Kindes kann auch als ein gegenläufiger Prozeß zur zunehmenden Rationalisierung der außerfamilialen Lebensbedingungen angesehen werden, als ein Prozeß der Wiederverzauberung der - privaten - Welt angesichts ihrer - öffentlichen - Entzauberung.

Das Quasi-Monopol, das die Kleinfamilie als Lebensform lange noch besaß, steht heute in Frage; es scheint durch den Pluralismus individualisierter Lebensformen und durch den aufgrund zunehmender Scheidungen entstandenen Mehrfamilienpluralismus der Erwachsenen ergänzt zu werden. In einer Zeit der „Erosion der Normalbiographie“ wird die Familie nur mehr zu einer Lebensform neben anderen. Wie diese wird sie heute - oft nur für eine Zeitspanne eines durchschnittlich immer länger dauernden Lebenslaufs - bewußt gewählt und abgewählt. Wo die traditionellen Sinnstützen der Lebensführung - Kirche, soziale Klasse, Familie - durch weiter zunehmende Wahlmöglichkeiten und Mobilitäten sich auflösen, ändert sich auch der Charakter des einst selbstverständlichen Zusammenlebens mit Kindern. Das Sich-Einlassen auf Kinder wird nun auch ein Akt der Wahl, der bewußten Lebensgestaltung im Rahmen einer kündbar gewordenen Partnerschaft: „Das Kind nimmt aufgrund seiner Funktion, emotionale Bedürfnisbefriedigung zu gewähren, Freude zu machen, Lebenssinn zu stiften, die zentrale Stellung in der Familie ein, und die Ehebeziehung scheint gegenüber der Eltern-Kind-Beziehung an Eigenwert zu verlieren“ (Schütze 1988, S.112).

Wenn die Hoffnung auf eine dauerhafte Partnerbeziehung zurückgedrängt werden muß, kann die Sehnsucht nach Dauer, Nähe und Wärme auf eine andere Person, auf das Kind übertragen werden. Elternschaft ist zwar spaltbar, aber nicht kündbar: Das Kind wird zum letzten Garanten von Dauer, zum Anker des eigenen Lebens. „Einerseits wird das Kind Hindernis im Indivualisierungsprozeß. Es kostet Arbeit und Geld, ist unberechenbar, bindet an und ... zwingt ... den Eltern seinen kreatürlichen Lebensrhythmus auf. Gerade dies macht es auf der anderen Seite aber auch unersetzlich. Das Kind wird zur letzten verbliebenen, unaufkündbaren, unaustauschbaren Primärbeziehung... Das Kind gewinnt mit dem Brüchigwerden der Beziehungen zwischen den Geschlechtern Monopolcharakter auf lebbare Zweisamkeit, auf ein Ausleben der Gefühle im kreatürlichen Hin und Her, das sonst immer seltener und fragwürdiger wird. In ihm wird eine anachronistische Sozialerfahrung kultiviert und zelebriert, die mit

dem Individualisierungsprozeß gerade unwahrscheinlich und herbeigesehnt wird... Das Kind wird zur letzten Gegeneinsamkeit, die die Menschen gegen die ihnen entgleitenden Liebesmöglichkeiten errichten können. Es ist die private Art der 'Wiederverzauberung', die mit der Entzauberung und aus ihr ihre Bedeutung gewinnt" (Beck 1986, S.193f.).
Hier begegnet uns in den Worten eines modernitätskritischen Soziologen die Auffassung, daß in den sich völlig enttraditionalisierenden Beziehungsformen der reflexiv gewordenen Moderne nur noch das Kind die soziale Erfahrung ursprünglicher Verbundenheit und Lebenseinheit ermöglicht[2].

Dominante Kennzeichen der Kindheit im „Jahrhundert des Kindes" sind also ihre familienökonomische Entwertung und ihre ideelle Aufwertung. Mit der letzteren verbindet sich allerdings nicht schon per se der pädagogische Grundimpuls, das Kind auch in seiner konkreten Individualität zu achten und es in seiner Entwicklung zu fördern. An die Stelle des früheren primär materiellen Interesses am Kind als Erben oder als Arbeitskraft treten heute weithin in der privaten Sphäre die Liebe der Eltern zu ihrem Kind und in der Öffentlichkeit das politische Bestreben, Persönlichkeitsrechte des Kindes anzuerkennen. Dies kommt auch in der Zuerkennung seiner besonderen Schutzbedürftigkeit und in der Stärkung seiner Teilhaberrechte zum Ausdruck. Die UN-Konvention über die Rechte des Kindes, die seit ihrer Inkraftsetzung am 2.September 1990 von 178 Staaten anerkannt worden ist, schreibt u.a. für das Kind die folgenden Grundrechte fest: das Recht auf Überleben, auf menschenwürdige Lebensbedingungen, auf gesundheitliche Fürsorge, auf ungestörte Entwicklung und schulische Bildung; das Recht auf Staatsbürgerschaft, auf freie Meinungsäußerung und auf Beteiligung an Entscheidungen über sein Wohlergehen sowie den Schutz vor Diskriminierung und vor sexueller und allen anderen Formen der Ausbeutung. „Der wesentliche Fortschritt besteht jedoch in der Anerkennung des Kindes als eigenständiges Individuum. Die Konvention schreibt fest, daß das Kind über eine eigene, gegenüber Eltern und Erziehungsberechtigten abgegrenzte Identität verfügt und daß die Gemeinschaft die Pflicht hat, diese Identität zu schützen und es dem Kind zu ermöglichen, sich in Fragen wie Vormundschaft oder Sorgerecht auch zu behaupten. Auf diesen Gebieten soll der ausschlaggebende Leitgedanke das 'beste Interesse des Kindes' sein" (Unicef 1995, S.99ff.).

1.2 Der romantische Blick auf das Kind in der Pädagogik der Gegenwart

Die UN-Konvention über die Rechte des Kindes ist nicht nur ein Reflex und eine programmatische Reaktion auf die veränderten sozialen Verhältnisse des heutigen *Kinderlebens*; sie ist vielmehr ein emphatischer Ausdruck der kulturübergreifenden Verbindlichkeit eines bestimmten *Kindbildes*, das heute gemeinhin als „reformpädagogisch" bezeichnet wird. Das zentrale Motiv ist die Vorstellung von der naturgegebenen Integrität und Würde der Person des Kindes, die den geschichtlichen und gesellschaftlichen Verhältnissen vorausliegt und auch gegen diese in Schutz genommen werden muß. Dieses Bild, diese Rede über das Kind steuert die Wahrnehmung der sozialen Tatsachen, führt zur expliziten und impliziten Bewertung der Lebensverhältnisse der Kinder und kann zu politischen und pädagogischen Maßnahmen aufrufen. Diese Redeweise über das Kind „ist eigentümlich indifferent gegenüber den historischen Phänomenen der Vergesellschaftung von Kindheit und erscheint ihnen ... zugleich immer überlegen" (Honig 1996b, S.21). Mit dem „reformpädagogischen" Bild des autonomen Kindes verbindet sich zumeist die Auffassung, daß seine Persönlichkeit sich gleichsam von selbst entfaltet, wenn man dazu nur die Bedingungen schafft. Seine ursprüngliche Vollkommenheit zeigt sich in der Wißbegierde, der Phantasie, der spielerischen Selbsttätigkeit und Kreativität des noch unverbildeten Kindes. Im öffentlichen Diskurs über Fragen der Erziehung erzielt die „reformpädagogische" Kindheitsrhetorik mit ihrer Vorstellung vom Eigenwert und von der Eigenwelt des Kindes heute wohl die stärkste Breitenwirkung (vgl. Oelkers 1995, S.41f.).

Sie ist hier präsent nicht nur in den populären Formeln und Slogans, in welchen sich das pädagogische Alltagswissen ausspricht, sondern auch in den Begriffen und Argumenten, mit denen pädagogische Forscher die Wirklichkeit der Erziehung zu erfassen und zu beurteilen trachten. Dies dokumentieren u.v.a. die Aussagen zweier namhafter Erziehungswissenschaftler über die Eigenart der Lebensform des Kindes und ihre Bedeutung für die heutigen Erwachsenen. Wegen ihres repräsentativen Charakters sollen sie hier ausführlich zu Worte kommen.

Für Andreas Flitner helfen Kinder mit ihrer Phantasie, ihrer Lust am Spiel, ihrem ursprünglichen Staunen und Fragen, mit ihrer Ausdrucksweise, „daß wir die Ratio nicht einfach Besitz ergreifen lassen von uns, daß die ökonomisierte Zeit, der abgemessene Raum, die fabrizierte Dingwelt, die funktionalisierte Sprache, der gemaßregelte Leib, die verzweckten Sozialbeziehungen nicht einfach Herrschaft gewinnen sollen über uns. Daß der *Raum* für den Menschen 'erlebter Raum' ist - und nicht nur konstanter und meßbarer - wer kann uns das intensiver vor Augen führen als die Kinder: für sie kann der Raum schrumpfen oder sich dehnen, er kann freundlich oder beängstigend sein, bevölkert von Phantasiegefährten oder entleert durch Langeweile. Er ist durchzogen von Schwellen- und Tabu-Zonen, von Linien, die man nicht überschreiten darf. An bestimmten Stellen ist er zu geheimen Räumen verdichtet, an denen das Kind sich verstecken, der Erwachsenenwelt entziehen und sein eigenes Reich aufbauen kann. Wer könnte uns besser lehren, daß die *Zeit* nicht nur die lineare und eingeteilte Zeit sein darf, wie sie mit Beginn der Schule auch den kindlichen Alltag organisiert: gemessene, ökonomisierte Zeit, die das menschliche Zeiterleben immer verdrängen will. Für Kinder ist sie noch hastende oder gedehnte Zeit, springende oder stillstehende, erfüllte oder leere Zeit, sogar umkehrbar in ihrem Verlauf: Wenn ich einmal groß bin und du bist klein... . Aber auch die *Leiblichkeit* und *Sinnlichkeit* der Kinder ist, anders als der Kümmerleib des erwachsenen Zeitgenossen, von der intensiven Freude des Einsatzes von Gliedern und Sinnen bestimmt, dem unerschöpflichen Erkunden und Schauen. Kinder wollen dabei sein, wollen die Möglichkeiten des eigenen Leibes erfahren, verlängern, trainieren."(Flitner 1986, S.119f.).

Für Hans Thiersch veranlassen Kinder die Erwachsenen nicht nur, über ein besseres Leben nachzudenken, „sie repräsentieren in ihrer Art von Erfahrung und Lebensstrategie auch ein Stück konkreter Utopie selbst. - Kinder leben eine Einheit von Fühlen, Körperausdruck und Denken, von Singen und Reden; für sie ist der Augenblick wichtig, die Zeit angefüllt mit Ereignissen, Unternehmungen, Katastrophen; die Erfahrung, die Tätigkeit zählt, nicht das Produkt; sie spüren und sind darauf angewiesen, es zu spüren, daß man füreinander da ist, aufeinander eingeht. Kinderaussprüche und -bilder sind gleichsam naturwüchsig kreativ; Kinderspiele erinnern in manchem an die Arrangements von Pantomimen oder Theaterleuten; Kinder leben noch, was die Erwachsenen in der Anstrengung der Kunst mühsam herstellen müssen. Mit ihrer Offenheit, ihrer utopischen Vitalität und ihren alternativen Lebensansprüchen provozieren und verführen sie uns Erwachsene. Wir erfahren uns, indem wir uns auf sie einlassen, konfrontiert mit der Frage danach, ob es, wie es mit uns bestellt ist, nicht auch anders sein könnte und sollte, wir erfahren die Fragwürdigkeiten unseres eigenen Lebens, in dem wir, befangen in den eigenen Routinen und Gewohnheiten, uns mit den Kompromissen arrangiert haben, die wir mit uns, unseren früheren Hoffnungen und Wünschen, unserer Feigheit und unserem Versagen geschlossen haben. - Solche Konfrontation erweckt Sehnsucht; Jean Paul meinte, daß nur Kinder und Heranwachsende wirklich leben, erwachsen werden sei der Verfall in den dürren Zwängen von Langeweile und Routine; über Fröbels Kindergarten stand, daß wir unseren Kinder leben sollen. - Diese Sehnsucht aber bleibt unverstanden, wenn sie nur - gleichsam sentimentalisch -

als rückwärtsgewandt genommen wird; sie kann - noch einmal mit Ernst Bloch geredet - Sehnsucht nach vorn sein. Die Prioritäten unseres Erwachsenenlebens sind durchgängig bestimmt durch die Arbeitsteiligkeit der modernen Gesellschaft, durch die Gesetze der Rationalität, Effektivität und Leistung in Produktion und Öffentlichkeit, durch die Trennung von Gefühl, Erregung und Gedanken ebenso wie die intellektualisierte, abstrakte Blässe rollenbestimmter Umgangsformen und durch das Ethos der Produktivität, nach dem Erfolg und Selbstbehauptung in der Arbeit das eigentliche Lebensziel sind. Je deutlicher nun im Fortschreiten der Gesellschaftsentwicklung wird, wie ruinös die in ihren Zwängen angelegten Restriktionen und Opfer sind, wie sehr wir die Fähigkeit zur Spontaneität des Augenblicks, zur Unmittelbarkeit von Kommunikationen und Beziehungen verlieren, umso wichtiger wird die Erfahrung in der Gegenwelt des Umgang mit Kindern und Heranwachsenden. Die Selbstverständlichkeit der Geschäfte und die Dringlichkeit von Aufstiegs- und Konsumanstrengungen relativieren sich an der Unternehmungslust, Neugier, Sicherheit und Traurigkeit von Kindern; für viele - für Eltern ebenso wie für Pädagogen - wird das Leben mit Kindern, das Sich-Einlassen auf, ja die Identifikation mit ihren Möglichkeiten und Erwartungen der Ansatz zu einem 'menschlicheren' Leben, wie es sich z. Z. ja in so vielfältigen Ansätzen und Hoffnungen zu alternativen Lebensformen innerhalb der modernen Zivilisation ausbildet"(Thiersch 1980, S.213f.).

In diesen nachdrücklich formulierten Äußerungen greifen Andreas Flitner und Hans Thiersch die zentralen Motive des „reformpädagogischen" Bildes des Kindes auf und bilden daraus einen pädagogisch gehaltvollen Begriff, einen ersten Umriß einer pädagogischen Anthropologie des Kindes. Ihre erste Voraussetzung ist dabei, daß das Kindsein nicht nur eine noch defizitäre Vorstufe späterer Erwachsenheit ist, sondern bereits eigene Formen von Vollkommenheit ermöglicht. Die zweite Voraussetzung ist, daß der Prozeß der Entwicklung des Kindes zum Jugendlichen und Erwachsenen nicht nur Gewinne, sondern auch Verluste mit sich bringt. Daher kann das Kind in mancherlei Weise dem Erwachsenen sogar überlegen sein. Für Andreas Flitner liegen solche überlegenen Stärken des Kindseins in der Unerschöpflichkeit und Intensität seines Erlebens, im Erfülltsein durch den Augenblick im Jetzt und Hier. Für Hans Thiersch liegt die Überlegenheit des Kindseins in der Einheit mit sich selbst und der daraus entspringenden Offenheit, Spontaneität und Kreativität. So ergibt sich zwischen Kindsein und Erwachsenenexistenz idealtypisch der Gegensatz von lebendiger Phantasie und erstarrter Rationalität bei Flitner und von ursprünglicher Schöpferkraft und gesellschaftlicher Entfremdung bei Thiersch. Deshalb haben nicht nur die Kinder von den Erwachsenen zu lernen, sondern auch die Erwachsenen von den Kindern. Nur wenn er die ursprünglichen Erlebnis-, Ausdrucks- und Verstehensformen der Kinder in sich bewahrt, kann der Erwachsene „ganz" bleiben, d. h. vielseitig und konzentriert zugleich seine Welt auffassen und mitgestalten. Der Umgang mit Kindern kann die Erwachsenen verjüngen, verwandeln und kann in ihnen wieder den Willen und die Kraft für die Verbesserung der menschlichen Lebensverhältnisse wecken und stärken. Mit dem Hinweis auf Jean Paul und Fröbel macht Thiersch zugleich darauf aufmerksam, daß diese Vorstellung von der „Natur" des Kindes nicht bloß reformpädagogischer Herkunft ist, sondern in erster Linie auf die Romantiker zurückgeht.

Das *romantische Bild des Kindes* als eines schon vollkommenen, weil mit sich einigen und noch ursprünglich schöpferischen Menschenwesens, welches die Erwachsenen verjüngen kann, ist heute also nicht nur von geschichtlichem Interesse. Es bewegt angesichts der durchgreifenden Rationalisierung der sozialen Beziehungen und der umfassenden technologischen Durchstrukturierung der Lebensgrundlagen viele Menschen auch und gerade heute. Die Reflexionen von Andreas Flitner und Hans Thiersch über die Eigenart des Kindes verleihen diesem Kindbild genauere Konturen und geben ihm eine bewußte Wendung zum Pädagogischen, d.h. zur Gestaltung des Generationsverhältnisses auf der Grundlage des Gesprächs mit dem Kind.

In ihrer Kindorientierung gehen Werner Loch und Gerhard Velthaus noch einen Schritt weiter: Sie gründen die Pädagogik auf die Anthropologie des Kindes. Das Kind ist schon eine in sich vollkommene Erscheinung des Menschlichen, ein Wesen des Könnens, das als „aufgeschlossener Teilhaber des Erwachsenen" lernen will. Erziehung ist daher Lernhilfe, diejenige Form der Interaktion, durch welche die Erwachsenen dem Kind ermöglichen, die eigenen Kompetenzen selber zu bilden. „Insofern geht jede Pädagogik, die diesen Namen verdient, als theoretisch mehr oder weniger reflektierte Praxis wie als praktisch mehr oder weniger engagierte Theorie 'vom Kinde aus'..." (Loch 1989, S.423). Ihre zentrale Maßgabe ist die Achtung vor dem Selbstverwirklichungsstreben des Kindes. Im Einspruch gegen Tendenzen zur „Verleugnung des Kindes" in der gegenwärtigen Erziehungswissenschaft und gegen das verbreitete Versagen der heute mehr mit sich selber als mit ihren Kindern beschäftigten Erwachsenen in der Erziehung insistieren Loch und Velthaus darauf, daß die Pädagogik historisch wie systematisch ohne ein Konzept des Kindes nicht denkbar ist: „Der konstitutive Partner des Pädagogen ist das Kind, das er zu erziehen hat. Dieses Kind ist ihm in der Organisation der Betriebe, in denen er arbeiten muß, so fremd geworden wie das Kind, das er gewesen ist. Das pädagogische Bewußtsein kommt aus den bezeichneten Verirrungen nur durch das Gespräch mit dem Kind zurück, das er als Erzieher zu erziehen hat. ... Aber auf dieses Gespräch ist der Pädagoge überhaupt nicht vorbereitet, weil die Tradition seines

Denkens, von ganz wenigen Ausnahmen abgesehen, ihre Konzepte nur aus der Selbstreflexion des Erziehers gewonnen hat“ (Loch 1984, S.126). Die Theorie der Erziehung darf sich also nicht nur monologisch von den Ansprüchen des Erziehers her, sie muß sich vielmehr dialogisch von den Aufgaben her begründen, die sich der Heranwachsende im Laufe seiner Entwicklung stellt. Das Prinzip der Achtung macht es erforderlich, den Erziehungsprozeß auch am Selbstverständnis des Kindes zu orientieren, nicht nur an einem wissenschaftlichen Allgemeinbegriff der Kindheit oder der Entwicklung des Kindes. Die Bedingung der Möglichkeit dieses pädagogischen Verstehens ist das Gespräch des Erwachsenen mit dem Kind. „Pädagogisches Verstehen als konstitutives Element der pädagogischen Praxis ist nämlich prinzipiell nur möglich als ein Verstehen ‘vom Kinde aus’, d. h. der Erzieher muß erinnernd in seine eigene Kindheit regredieren, um verstehen zu können, ob und in welchem Ausmaß das Kind bereits in der Lage ist, sich seine Zukunft vorzustellen; nur dann kann er darauf hoffen, dem Kind die Bedeutung dessen, was er ihm zu lernen zumutet, für seinen künftigen Lebenslauf verständlich zu machen“ (Loch 1979, S.114f.). Um das Kind *vor sich* annähernd verstehen zu können, ist der Erzieher auf die Wiedererinnerung des Kindes *in sich* angewiesen, das er einmal gewesen ist. Im pädagogischen Verhältnis erschließen sich der Heranwachsende und der Erwachsene gleichsam wechselseitig füreinander: So wie das Kind darin unterstützt wird, seinen Entwicklungsweg „nach vorne“ weiter zu gehen, so kann der Erzieher auch den Weg der Erinnerung zurück in die vergessene eigene Kindheit wiederfinden, das Kindliche in sich lebendig erhalten: „Das Kind hat Zeit, dem Erwachsenen nachzueifern, und der Erwachsene hat Zeit, das Kind, das er gewesen ist, in sich lebendig, aufgeschlossen, zum Staunen bereit, lernfähig, ja schöpferisch bleiben zu lassen, nicht zuletzt, um auf die Kinder eingehen und sie besser verstehen zu können, mit denen er zu tun hat“ (Loch 1989, S.424). Das im erzieherischen Verhältnis sich ereignende Gespräch mit dem Kind und das pädagogische Vertrauen haben also auch für den Erwachsenen eine selbsterzieherische, kritische Funktion: „nämlich die eigenen Daseinserfahrungen und das eigene, jeweils kulturell vermittelte Denken durch die unmittelbar erfahrenen Ansprüche des Kindes in Frage stellen zu lassen. In dieser zu erwerbenden Offenheit kann man aber auch die verjüngende Funktion der Erziehung sehen“ (Velthaus 1991, S.160).

Das klassische Vorbild für diese sich im authentischen Gespräch des Erwachsenen mit dem Kind manifestierende *„Kultur der Kindheit“* sehen auch Loch und Velthaus bei den romantischen Pädagogen Jean Paul und Fröbel. Werner Loch hat schon in seinen frühen Schriften programmatisch festgestellt, daß „das Aufkommen der Pädagogik als eigenständiger Aufgabe und Wissenschaft und die Entdeckung des kindlichen Eigenwesens und Eigenwertes unlösbar miteinander verbunden (sind). Es sind zwei Seiten der gleichen geistigen Bewegung, die von Comenius zu Rousseau, von Rousseau zu Fröbel und von Fröbel ins 20. Jahrhundert führt, wobei freilich die Idee vom Kinde als der von Gott immer wieder neu geschenkten Potenz des Menschlichen zunehmend und zu Beginn des 20. Jahrhunderts bewußt säkularisiert wurde“ (Loch 1959, S.19). Pädagogik im rechten Verstande ist also immer Pädagogik vom Kinde aus; und das Kind ist für die Erziehenden eine produktive Herausforderung, weil es stets aufs Neue den Anfang verkörpert, an dem noch alle Möglichkeiten offen sind (vgl. Velthaus 1991, S.157).

Die Fortschreibung des romantischen Kindbildes und die damit verbundene anthropologische Begründung einer Pädagogik vom Kinde aus wird in der Erziehungswissenschaft der Gegenwart äußerst kontrovers beurteilt. Die von vielen Kritikern geäußerten hauptsächlichen *Einwände* wollen wir exemplarisch wiedergeben.
Für Klaus Prange liegt die Fragwürdigkeit dieses Kindbildes darin, daß es - im alltäglichen Umgang wie in der wissenschaftlichen Analyse - immer eine von Erwachsenen zugeschriebene Deutung bleibt, die von deren Erinnerung an die eigene Kindheit mitbestimmt wird. Das Kind selber kann sich anfänglich gar nicht und später nur unreflektiert über sein „Wesen“ äußern. Sein Wollen und Können bedürfen mithin immer der Deutung der Erwachsenen, deren Konturen kulturell und biographisch vorgegeben sind. „Der Erziehende kennt vor allem ein Kind, nämlich sich selbst, und in sein Verhältnis zu dem Kind geht insofern immer auch das Verhältnis zu sich selbst ein, zur eigenen Geschichte und Kindheit. Der Blick auf das Kind ist nicht kindgemäß“ (Prange 1988, S.161). Prange vermutet, daß das romantische Motiv, das Kind in seiner Eigenwertigkeit pädagogisch verstehen zu wollen, vor allem den Erziehenden dazu dient, in sich jenes Gleichgewicht herzustellen, „das in der eigenen Kindheitsgeschichte uneingelöst blieb“ (ebd., S.167). Damit unterstellt Prange gerade dem kindorientierten Pädagogen eine tiefgründige, unbewußte Selbstbezogenheit. Der Wunsch des Erwachsenen, „ganz“ zu werden, ist das Motiv für die Pädagogik vom Kinde aus, und das dazu konstruierte Bild des Kindes ist im tiefsten, unbewußten Grunde eine autobiographisch bestimmte *Projektion.* Wegen seiner großen Plastizität und Verfügbarkeit ist gerade das Kind ein ideales Objekt für diese Projektion (vgl. auch Miller 1980, S. 112).
Prange greift mit dieser These auf das tiefenpsychologische Argument zurück, mit dem Siegfried Bernfeld schon im Jahre 1925 den zwangsläufig subjektiven Charakter pädagogischer Kindbilder aufweisen will: „Wer immer über Kindheit und Jugend denkt, steht unter einer psychischen Konstellation, die das reine Denkergebnis affektiv gefährden will. *Ein* Kind kennt er mit unvermeidlicher

Aufdringlichkeit und Lebendigkeit: sich selbst als Kind. Und diese Kindergestalt ist ein Apriori, das er jeder Erfahrung von anderen Kindern als gebieterisches Prokrustesbett vorenthält, sie völlig zerstückelnd und verstümmelnd. Und - Gipfelpunkt der Gefahr - völlig harmlos und unbewußt, in guten Gedanken, bei gänzlich schweigendem individuellem Gewissen. Wäre die Erinnerung an die eigene Kindheit treue Reproduktion eines Objektes, ... so wäre sie zwar unzulängliche Basis einer Verallgemeinerung, aber doch deren Ansatz. Unsere erinnerte Kindheit ist aber weit davon entfernt, treue Erinnerung zu sein, sie ist Tendenz, entstanden in den tiefsten Seelenwirbeln des Lebens, festgehalten, ausgestaltet als Waffe gegen mächtige Feinde innerhalb der eigenen Seele im lebenslänglichen Kampfe. In einem Kampf, dessen Ziel gewiß alle Mittel heiligt. Was bedeutet hier Wahrheit, Erkenntnis" (Bernfeld 1967, S.31f.). Die Kindheitserinnerungen, die mit den Ich-Idealen der Pubertät und des Erwachsenenalters nicht übereinstimmen, werden verdrängt; die übrigen werden miteinander verbunden und so überarbeitet, daß eine Vorstellung der - eigenen - Kindheit entsteht, die eher poetischen als realen Charakter besitzt. „Wir wollen nicht übersehen, daß es Triebe, heftige infantile Wünsche sind, die der Verdrängung verfielen und durch die naive Anschauung über die Kindheit verdeckt werden. Und Triebe, infantile Wünsche sind unsterblich. Tausendmal verdrängt, sie bleiben lebendig, und unkenntlich entstellt in Form und Ziel, drängen sie unermüdlich nach Befriedigung. Auch im Pädagogiker. Auch während seines Denkens und Schreibens" (ebd., S.33). Unbewußte Projektionen und unkontrollierbare Einmischung der Affekte finden nach Bernfeld also selbst im Zentrum systematischer pädagogischer Überlegungen über das „Wesen" des Kindes statt.

Für Jürgen Oelkers wird die Auffassung vom Kind als schon vollkommener, sich schöpferisch selbstentwickelnder Form des Menschen vom ästhetischen Schein eines Bildes hervorgerufen, das sich empirisch so gar nicht verifizieren läßt. „Es geht bei der Pädagogik vom Kinde aus um etwas anderes, nämlich um das Bild der reinen Natur des Kindes, die sich dann am besten entwickelt, wenn sie nicht gestört und zugleich vollwertig (wie die des Erwachsenen) behandelt wird. Diese moralische Option soll anthropologisch begründet werden, ohne empirische Differenzen akzeptieren zu können. Befunde der Kinderforschung, die das Gegenteil nahelegen, müssen zensiert werden, eben weil sie das Bild stören" (Oelkers 1996, S.186). Als in erster Linie ästhetisch-moralisches Konstrukt hat dieses Kindbild die Aufgabe, Begeisterung zu erzeugen, wo normalerweise immer wieder Motivationsverluste drohen - im alltäglichen Geschäft der Disziplinierung, Kultivierung und Moralisierung der Kinder. Die romantisch-reformpädagogische Anthropologie des Kindes „beschreibt den schönen Schein, nicht die Wirklichkeit, aber sie beschreibt ihn so, daß wiederum Einheitsformeln bestärkt werden, figurative Vorstellungen *des* Kindes, als haben alle Kinder dieselbe Natur und als gäbe es nicht mindestens die Geschlechtsdifferenz" (ebd., S.191). Aus dieser *„mythischen Vision"* des Kindes, aus dem schönen Schein also, ergibt sich eine Einheitsanthropologie, die von allen Differenzen, zumal den unangenehmen, absieht. Ein Bild, nicht die Resultate der Forschung über das Aufwachsen und die Lebensbedingungen der Kinder, bestimmt und begrenzt die Reflexion. Gleichwohl hat dieses Bild für das Verständnis der Erziehung eine hohe normativ-praktische Wirksamkeit. „Freilich ist der Preis für diese rein moralische Option hoch, nämlich die Erziehung durch ästhetische Klischees unter Vermeidung eines originellen Zugangs durch die Kinder selbst" (Oelkers 1991, S.177).

Die mit diesem Bild verbundene besondere Wertschätzung des Kindes bzw. der Kindlichkeit in unserer gegenwärtigen Kultur erklärt sich für Dieter Lenzen aus der Dekonstruktion der traditionellen hierarchischen Ordnung der Lebensalter. So wie sich die tradierten Formen der Geschlechterdifferenz allmählich nivellieren, löst sich auch die Stufenordnung der Lebensalter auf: „Die heute ausbleibenden Riten der Transition von Lebensphase zu Lebensphase bewirken nun, daß die Menschen in unserer Kultur gleichsam mental in der ersten Lebensphase verharren, in der des Kindes. Dieses ist die strukturelle Expansion der Kindheit in der Kultur des 20. Jahrhunderts" (Lenzen 1989, S.857). Nicht die Kindheit verschwindet, sondern die Erwachsenheit. Dieser Expansionsprozeß der Kindheit manifestiert sich für Lenzen auch in einer geschichtlich in ihrem Ausmaß beispiellosen Vergöttlichung des Kindes: „Die Alltagskultur ist in nie gekanntem Umfang durchsetzt von Symbolen, die den Kindern göttliche Merkmale attributieren. In zahlreichen Alltagsphänomenen wird an einen alten Mythos appelliert, an den von der Göttlichkeit, Heiligkeit, weil Reinheit der Kinder. Wichtig ist daran, daß den Kindern nicht irgendwelche Attribute der Göttlichkeit beigegeben werden, sondern insbesondere solche, die denjenigen Göttern zueigen waren, welche mythengeschichtlich als Erlöser erscheinen" (ebd.). Für Lenzen ist dieser *postmoderne Kult der Kindheit* pädagogisch bedenklich, weil sich die Erwachsenen durch ihre Selbstverkindlichung aus der Verantwortung für die Erziehung stehlen.

Hinsichtlich der ideengeschichtlichen Herkunft und ideologischen Funktion des romantischen Kindbildes stellt Heinz-Joachim Heydorn fest: „Der Gedanke, daß sich im Kinde die reine Natur offenbart, derer wir verlustig gegangen sind, ist die Fortsetzung der religiösen Sentimentalisierung der Kindheit in einer säkularisierten Welt. Kindheit wird zum letzten Residuum der zerstörten Träume des Menschen, hier finden sie eine kurze Statt" (Heydorn 1980, S.130). Im Kind erscheint dem Menschen auf einer späten Stufe der kulturellen Entwicklung das verlorene Paradies. An der Unschuld des Kindes ermißt der bürgerli-

che Mensch den Grad seiner Entfremdung. Das Kind ist noch mit sich im Einklang und erscheint noch offen für den Anspruch des Ganzen. In der spätbürgerlichen Kulturkritik und Pädagogik wird dieses Kindbild zur regressiven *„Metapher des Irrationalismus"*. Mit der Verabsolutierung des Kindes wird jede Fortschrittsgeschichte der Zivilisation negiert. Eine vorgeschichtliche, vorbewußte Natur des Kindes wird gegen die Veränderungen gesetzt, die die menschliche Gattung durch Technik, Wissenschaft und Aufklärung ins Werk gesetzt hat. Was als religiöse Sentimentalisierung begann, endet in einem biologistischen und primitivistischen Kult des Kindes: „Wir erkennen uns am Kinde über die Mitgift untergegangener Zeiten, im Kind wird Vorgeschichte gewärtig, Palaiolithikum, eine pychogenetische Analogie wird allmächtig. Die Unschuldsnatur des Kindes ist vorbewußte Naturkraft, Gegenwart magischen Zaubers, die der Intellekt zerstört hat" (ebd., S.129).
Bei seinem ideologiekritischen Verdikt über das rückwärtsgewandte Kindbild des verlorenen Paradieses bleibt Heinz-Joachim Heydorn allerdings nicht stehen. Er beschwört vielmehr dagegen leidenschaftlich das utopisch vorwärtsgewandte Bild vom Kind als neuem *Anfang und Vorschein kommender Freiheit*: „Dennoch ist Kindheit die Geburt eines neuen Menschen, eine stets wiederholte Möglichkeit, Fortsetzung und absoluter Anfang. Eine alte jüdische Erwartung besagt, daß mit jedem Kind der Messias geboren werden kann ... mit jedem Kinde (kann) die Determination durchbrochen werden, der Mensch in sein Menschentum gelangen. Geburt ist die Unberechenbarkeit innerhalb der Determination, mit Kindheit wird Mögliches gegenwärtig, 'terra incognita': ... Es ist dies die alte Erwartung der aufsteigenden Menschheit, die im Kinde das Kommende sieht, die mögliche Befreiung, das Hervortreten des Menschen aus seiner Zerschlagenheit. Eben solches wird nicht geschenkt. Es setzt voraus, daß das Auge geöffnet, die wirkliche Welt angeeignet wird, um sie hinter uns zu lassen ... Kindheit, Dämmerung eigenen Beginns, Licht an der Grenze des Bewußtseins, wird zum kommenden Licht" (ebd., S.130f.). Diese bewegten Schlußbemerkungen Heinz-Joachim Heydorns machen deutlich, daß der semantische Gehalt des romantischen Kindbildes und die pädagogische Qualität der davon inspirierten Kultur der Kindheit nicht schon durch deren kritische Entlarvung als autobiographisch bestimmte Projektion, als mythisierende Vision, als Kult der Kindheit und als Metapher eines regressiven Irrationalismus angemessen erfaßt und zutreffend beurteilt worden sind.

Vor dem Hintergrund dieser Kontroverse zeichnet sich als Aufgabe unserer Arbeit die Klärung folgender Fragen ab:

– Meinen die erziehungswissenschaftlichen Kritiker des romantischen Blicks auf das Kind mit ihrer Rede vom Mythos und Kult des Kindes auch genau dasjenige, was die Befürworter als ihre Anthropologie des Kindes bezeichnen?

- Welche Grundzüge machen das romantische Bild des Kindes aus?
- In welchem soziokulturellen Zusammenhang entsteht das romantische Kindbild?
- Welche anderen bedeutsamen Kindbilder gehen ihm in der alteuropäischen Gesellschaft und Kultur voraus?
- Mit welchen sozialen und ideellen Neuorientierungen geht seine Entstehung und Ausbreitung einher?
- Welche Konzepte der Pädagogik und der Kinderpsychologie werden von der romantischen Auffassung des Kindes bestimmt?
- Welche Funktion hat das romantische Bild des Kindes für die Konstitution der modernen Pädagogik?

Diese Fragen zielen auf die *Präzisierung* des romantischen Kindbildes, auf seine ideen- und sozialgeschichtliche *Genese*, auf seine *Funktion* in der Erziehungswirklichkeit, auf seinen praktischen *Ertrag* sowie auf seine *Geltung* im Rahmen einer systematischen Pädagogik. Wir hoffen, auf die Fragen im folgenden genauere Antworten geben zu können. Einige dieser Fragen sind auch schon in der bisher vorliegenden Forschungsliteratur verfolgt worden. Über deren Ansätze und hauptsächliche Ergebnisse wollen wir zunächst einen knappen Überblick geben.

1.3 Die bisherige pädagogische Forschung über das romantische Kindbild

Im Zusammenhang seiner philosophisch-normativen Studien zu einer Anthropologie des Kindes hat schon vor einigen Jahrzehnten *Martinus Jan Langeveld* „die Vorgeschichte unseres heutigen Bildes vom Kinde" dargestellt und dabei auch die hier interessierenden Fragen ein Stück weit verfolgt. Verglichen mit der jahrtausendalten Sorge der Politiker um den Fortbestand der Gesellschaft und der Gelehrten um die Tradition der Kultur ist die Aufmerksamkeit für das Kind und seine Rechte erst eine sehr späte Errungenschaft der europäischen Geschichte: „Es hat ... lange gedauert, bis die Anerkennung des Kindes als eines Menschen begann, im gesellschaftlichen Leben sich in objektiven, sachlichen Formen zu verwirklichen, die den Druck der Zeit ertragen konnten. Es dauerte nicht nur lange, es war auch ein äußerst mühsamer Prozeß, bis man in Kategorien zu denken anfing, die dem Kinde gerecht wurden, dem Kinde als Menschen" (Langeveld 1956, S.107). Das heutige Kindbild ist von zwei Grundgedanken bestimmt: Das Kind ist ein Wesen, das sich in besonderer Wei-

se in Entwicklung befindet, und die Kindheit ist eine Lebensphase, die nicht nur zur Vorbereitung auf die Erwachsenheit dient, sondern eine eigene Würde und Vollkommenheit besitzt. Die Vorstellung vom Kind als dem „genetischen" Wesen verdanken wir nach Langeveld der Kontinuitätslehre des 18. Jahrhunderts und seinem Vertrauen auf die „natürliche Ordnung" der Dinge. Die Einsicht, daß das Kind, für sich betrachtet, schon ein vollkommenes Individuum mit autarken Formen des Erlebens und Handelns ist, hat die romantische Bewegung gewonnen. Die Überzeugung, daß das Kind noch in unbewußter Einheit und im Einklang mit der Welt lebt und daß wir in ihm noch einer ursprünglichen, schöpferischen Daseinsform des Menschen begegnen, führt - beispielhaft bei Fröbel - dazu, daß den Äußerungen des Kindes eine besondere Aufmerksamkeit und Hochschätzung zuteil wird. Das Spiel - und später das bildnerische Gestalten - des Kindes findet hohe pädagogische Beachtung und stößt auf Interesse in der psychologischen Forschung.
Für die tiefere Verankerung des Bildes vom Kinde als eines genetischen und autarken Wesens im öffentlichen Bewußtsein haben dann vor allem der Kinderschutz und die reformpädagogische Bewegung gesorgt: „Harte, grausame Realitäten unterstützen also mit Alarmglockentönen das irenische Interesse der Gelehrten und die endlose Danaidenarbeit der Erzieher, als das späte 19. Jahrhundert in der jüngeren Form der Kinderpsychologie, in der Beschützung der Jugend gegen Ausnützung und Grausamkeit, im beginnenden Kinderrecht, in immer bewußterer didaktischer und pädagogischer Besinnung und Beseelung anfing, das Kind als menschliches Wesen in die Ganzheit der gesellschaftlichen Formen zu stellen als eine eigene Welt. Eine eigene Welt, in der die Erwachsenen anfingen, das Kind vor ihnen selbst zu beschützen" (ebd., S.129).
Langeveld steht dieser zunehmenden Kindorientierung in Erziehung und Gesellschaft nicht nur als registrierender Beobachter gegenüber; als Vertreter einer normativ-praktischen Anthropologie des Kindes begreift er sich selbst auch als argumentativen Teilnehmer eines Prozesses, in dem es darum geht, „dem Kinde als Menschen" gerecht zu werden. In seinen Studien zur Anthropologie des Kindes entfaltet Langeveld selbst den Gedanken von der Entwicklung als (selbst)-schöpferischer Genese weiter, der dem romantischen Kindbild zugrundeliegt: „Das Kind ... wiederholt nicht nur, es realisiert nicht bloß einen vorgegebenen Plan, sondern es entdeckt, erfindet, schafft Nie-Dagewesenes. Es ist schöpferisch in der Sachwelt, aber auch in der personalen Welt und ganz besonders auch in der seines eigenen Ich. Denn dort schafft es 'sich' und bringt es, auch wenn es fremden Gesetzen gehorcht, Neues - nämlich 'sich-selbst' - zustande" (Langeveld 1959, S.16).
Der kurze Überblick von *Lloyd J. Borstelmann* über „Children before Psychology. Ideas about Children from Antiquity to the late 1800s" ermöglicht, das

romantische Kindbild in den größeren Rahmen der europäischen Ideengeschichte der Kindheit vorläufig einzuordnen. Borstelmann geht davon aus, daß das Bild des Kindes ein sich wandelndes kulturelles Konstrukt darstellt: „perspectives on children are cultural inventions: beliefs about the nature, development and socialization of children constructed and sustained in the service of a society's beliefs about human nature, the social order, and the cosmos" (Borstelmann 1983, S.1). Ein Wandel der sozialen, ökonomischen und politischen Verhältnisse führt auch zur Veränderung des kulturellen Deutungshorizonts und darin zu neuen Vorstellungen von Wesen und Aufgabe des Kindes. Das romantische Kindbild und die von ihm implizierte Hochschätzung des Kindes ist für Borstelmann ein kulturelles Konstrukt, welches an das Leben in der modernen bürgerlichen Gesellschaft und an das Unbehagen an ihr gebunden ist.

Das Kindbild der antik-mittelmeerischen Kulturen ist von keinerlei romantischen Zügen bestimmt. Der Wert des Kindes liegt in seiner zukünftigen Bedeutung für den Fortbestand der Familie und der Gemeinde, nicht in der Entfaltung seiner individuellen Fähigkeiten. „None of these civilisations romanticized the child; the idea of an innocent child of inherent goodness in opposition to a corrupt society never occured to them. The child was meant to serve the interests of the gods through his family and society; he had no status independent of such considerations. Discipline was typically authoritarian and often harsh, as was the life of adults" (ebd., S.7).

Das Kindbild des christlichen Mittelalters und der beginnenden Neuzeit ist im tiefsten Grunde ambivalent. Einerseits ist jedes Neugeborene in seiner Anmut und Hilfsbedürftigkeit ein Ausdruck von Gottes Menschenliebe und Güte, andererseits steht jedes Kind - für die christliche Orthodoxie, auch für die Protestanten - von seinem ersten Lebenstag an unter dem Fluch der Erbsünde, von der es nicht durch eigene Glaubenskraft, sondern nur durch die Gnade Gottes wieder befreit werden kann.

Das Kindbild der Aufklärung ist dagegen von der Zuversicht getragen, daß auch eine innerweltliche Vervollkommnung des Menschen möglich ist. Das Selbstvertrauen auf die menschliche Vernunftnatur und auf den geschichtlichen Fortschritt der Menschheit führt auch zu einer optimistischen Auffassung von der Natur und der Bestimmung des Kindes. „Locke placed more emphasis on reasoning as controlling the natural impulses, Rousseau gave center stage to the natural powers of the child... Both gave the child a central role in the evolutionary process of social progress and sought to free the child from the limiting confinements of traditional authority in order to fulfill that destiny. In proclaiming the child as a nature creature of interest in his or her own right, Rousseau foreshadowed both the child of evolutionary doctrine and the child as a symbol of romanticized individualism" (ebd., S.33f.).

Die Romantiker idealisieren das Kind literarisch und ästhetisch zum Gegenbild einer entfremdeten bürgerlichen Lebensform; in der ursprünglichen Vollkommenheit des Kindes erblicken sie den Vorschein künftiger menschlicher Bestimmung. Für die Darwinisten wird das Kind zu einem ausgezeichneten Gegenstand empirischer Forschung, weil sich gemäß ihrer Perspektive in der individuellen Entwicklung des Kindes diejenige der menschlichen Gattung wie im Zeitraffer wiederholt: „Darwin's ideas led to ... a conception of the child as a natural museum of human phylogeny and history. In the late 1800s, parallels between animals and children, primitive societies and the early history of humans were rampant" (ebd., S.34). Im Kindbild der Reformpädagogen verbindet sich das romantische mit dem primitivistischen Konzept: „The child ist at once natural and divine, a merger of post-Darwinian naturalism with the Romantic heritage. The natural pattern of the child's needs and instincts becomes an imperative that is profane for educators to violate" (ebd., S.32). Es ist die oberste Pflicht des Erziehers, die Natur des Kindes sich frei aus sich heraus entwickeln zu lassen und alle unangemessenen gesellschaftlichen Ansprüche und Einwirkungen von ihr fernzuhalten.
Die rousseauistische und romantische Vorstellung von der in sich vollkommenen, aber verletzlichen Natur des Kindes ist aber nicht nur zentral für die Konzepte der Neuen Erziehung; sie bestimmt vielmehr auch noch das Kindbild der Gegenwart, beispielsweise in der Kinderrechtsbewegung. „This image, which became a potent social force with the childsavers of the Progressive reform movement, was nurtured in the programmed permissiveness of the early childhood education, was revived for the culturally disadvantaged of the 1960s, and is now fostered in much of the advocacy movement, where it is most dramatically projected in the immediately salient social problem of child abuse"(ebd., S.38). Dem romantischen Kindbild, das er im übrigens nur oberflächlich beschreibt, spricht Borstelmann also eine bis heute anhaltende Wirkung zu. Diese veranlaßt ihn auch dazu, am Schluß seiner Darlegungen über die Kindheitsbilder in der europäischen Geistesgeschichte die Rolle des distanzierten Historikers abzulegen und in einer kurzen kritischen Stellungnahme selber Position zu beziehen: „All this romanticism about the child has produced negative parental images that seriously erode the idea of the child as a family prerogative and heighten the idea of the child as the responsibility of a presumably benevolent bureaucracy"(ebd.). Borstelmann sieht mit Sorge, daß die aus dem romantischen Kindbild resultierende Auffassung von der Reinheit und Würde des Kindes heute von ihrem sozialen Entstehungskontext - der bürgerlichen Kernfamilie - abgelöst und dieser von Kinderschützern sogar kritisch entgegengehalten wird. Insgesamt liefert Borstelmanns Artikel einen stark vereinfachenden ersten Überblick über die wichtigsten Kindbilder in der europäischen Tradition. Es

wird damit gleichsam ein weites Gelände abgesteckt, das wir an einigen Stellen genauer erforschen müssen.

In einem zentralen Kapitel seiner „Pädagogischen Anthropologie“ (1983) skizziert *Rudolf Lassahn* diejenigen Vorstellungen aus der abendländischen Ideengeschichte der Kindheit, welche die nachdrücklichsten pädagogischen Wirkungen ausgeübt haben: 1. Das Kind als ein Noch-nicht-Sein der Vernunft (Antike), 2. Das Kind als ein von der Erbsünde belastetes Wesen (Mittelalter), 3. Die Kindheit als das goldene Zeitalter des Menschen (Spätaufklärung) und 4. Das Kind als Genius und Künstler (19. Jahrhundert und Reformpädagogik). Die beiden letzteren Konzepte sind auch basale Bestandteile des romantischen Kindbildes. Im Vergleich mit den Darlegungen Borstelmanns liegt der besondere Wert der Lassahnschen Studie darin, daß hier jede der vier Auffassungen des Kindes im Hinblick auf einen repräsentativen Denker rekonstruiert wird.

Die antike Sicht des Kindes entwickelt Lassahn aus Aristoteles' philosophischen Refelexionen zur Kindheit. Das Kind wird hierin als ein noch minderwertiger Mensch begriffen, weil es noch nicht über die Logos-Seele verfügt. Es kann seine Handlungen noch nicht nach dem Maßstab der Vernunft ausrichten, ist vielmehr noch seinen Bedürfnissen und seinem Streben nach Lust zügellos ausgeliefert. Da das Kind noch nicht in der Lage ist, das Gute zu erkennen, kann die Kindheit keine glückliche Zeit sein: „Das Glück setzt ethische Vollkommenheit voraus und ein Vollmaß des Lebens. Das aber haben Kinder noch nicht erreicht. Aristoteles stellt sie auf eine Stufe mit den Tieren“(Lassahn 1983, S. 30). Kein Erwachsener wird sich ernsthaft nach dieser Lebensphase zurücksehnen. Da Aristoteles Kinder als noch nicht vernunftfähige Wesen betrachtet, kann er auch ohne Bedenken die Aussetzung beeinträchtigter und überzähliger Kinder und ihre oft damit verbundene Vernichtung befürworten.

Im christlichen Mittelalter kommt seit Augustinus zur antiken Auffassung vom noch unvernünftigen, seinem Luststreben hilflos ausgelieferten Kind noch ein dramatischer negativer Zug hinzu: die Belastung durch den Fluch der Erbsünde. Demnach strebt die Natur des Kindes von sich aus zum Bösen. Es wird zur zentralen Aufgabe einer gottesfürchtigen Erziehung, das Kind vor sich selbst zu schützen und für die Gnadenwahl zu öffnen: „Der Zustand der Kindheit erscheint erbärmlich, er ist der schlimmste und niedrigste und kommt gleich nach dem Tod. Eine dreifache Ohnmacht bestimmt kindliches Leben in christlicher Ordnung, erstens die Unfähigkeit, eigene Gedanken zu haben. Das ist noch das antike Erbe, das das Kind als Wesen sah, das seine Vernunft nicht gebrauchen kann. Zweitens aber leidet es an der Unfähigkeit, Reue zu zeigen und Zuneigung zu bekunden. Dadurch ist die Kindheit Armut, Ohnmacht und Abhängigkeit bis zur Bedürftigkeit. Schließlich zeigt sich drittens die Ohnmacht in der Unfähigkeit zu jedem Gebrauch des Gnadenlebens“(ebd., S. 34f.). Mensch ist

man eigentlich erst, wenn diese unwürdige und beschwerliche Lebensphase hinter einem liegt.
Dieses Bild der Kindheit erfährt erst im Jahrhundert der Aufklärung - nach fast anderthalb Jahrtausenden - eine grundlegende Korrektur. Im Anschluß an und parallel zu den vielen Reisedarstellungen über das Leben der eingeborenen überseeischen Völker entsteht im Frankreich des 18. Jahrhunderts - exemplarisch bei Rousseau - die neue Auffassung von der glücklichen Kindheit bzw. von der Kindheit als Wiederholung des Goldenen Zeitalters der Menschheit im Leben eines jeden einzelnen. Rousseau ersinnt den mit sich selbst noch im Einklang lebenden, autarken „homme naturelle", um ihn dem in gesellschaftlicher Entfremdung lebenden Bürger eines vermeintlich aufgeklärten Zeitalters als Spiegel vorzuhalten. Dieser natürliche Mensch ähnelt dem „bon sauvage", dem edlen Wilden, den die Reiseliteratur der Epoche verherrlicht. „Dieser gute Wilde ist für Rousseau ein Kind, und darin besteht seine eigentümliche Übertragungsleistung. Er sieht alle Sehnsüchte des Goldenen Zeitalters weder in der Vergangenheit noch in der Zukunft, er verlegt den Ort in den Menschen. Jeder einzelne kann wieder zu den glücklichen Inseln gelangen, und zwar durch Erziehung. In jedem Kind beginnt der ungetrübte Quell der Natur neu zu fließen, ein jedes Kind trägt alle Möglichkeiten des Menschseins in sich. Das Goldene Zeitalter kann erreicht werden, wenn es gelingt, den Naturmenschen in der rechten Art nach dem Gesetz der Natur zu bilden. Im 'Emil' überträgt Rousseau schließlich alle Züge aus dem Mythos vom guten Wilden und den Zuständen des Goldenen Zeitalters in die 'Natur' der Kinder"(ebd., S. 44). In der Zeit um 1800 wird dieses neue Kindbild zum Allgemeingut aller literarisch Gebildeten. Seine Ausdifferenzierung zu einer pädagogischen Anthropologie des Kindes erfolgt für Lassahn in Deutschland durch die romantische Bewegung - vor allem durch Jean Paul. In seiner „Levana" bezieht dieser die romanhaft philosophierende Kindheitskonstruktion Rousseaus auf das wirkliche Kind und gestaltet um dieses herum das erzieherische Verhältnis in der pädagogisch sensibilisierten bürgerlichen Kernfamilie.
Zum romantischen Kindheitsbild gehören nicht nur Unschuld, Harmonie und erfüllte Gegenwart, sondern auch die schöpferische Phantasie. Im Verlauf des 19. Jahrhunderts wird zunächst von Schopenhauer und dann von Nietzsche eine wirkungsmächtige Verbindung zwischen Kind und Genie bzw. Kindheit und ästhetischem Zustand hergestellt. Die neue Vorstellung vom Genius im Kinde gründet Schopenhauer auf die Beobachtung, daß sich beim Kind die Erkenntniskräfte schneller entfalten als seine Bedürfnisse, der Intellekt also bei ihm stärker ausgebildet sei als der triebhafte Wille. Nietzsche greift diesen Genius-Gedanken Schopenhauers auf und gibt ihm eine lebensphilosophisch-metaphysische Wendung: „Die Kreativität des spielenden Kindes macht es zum

Schöpfer, auch für den Übermenschen"(ebd., S. 52). Im „Zarathustra" muß der Mensch auf dem Weg zur schöpferischen Lebenseinheit bekanntlich drei Verwandlungen erfahren: zuerst zum wissensbeladenen, dienstbaren Kamel, dann zum macht- und freiheitserfüllten Löwen und schließlich zum spielenden Kind, welches die Vollkommenheit des göttlichen Schaffens zum Ausdruck bringt. „Von Schopenhauer über Nietzsche bis zur Kunsterziehungsbewegung brachte man das Paradies der Kindheit - völlig unabhängig von der tatsächlichen sozialen Lage, völlig unabhängig davon, daß es immer noch Analphabeten gab, Kinder Hunger und Not litten - mit dem schöpferischen Genius in einen Zusammenhang. In jedem Kinde steckte der Möglichkeit nach ein Künstler. Kind und Kreativität wurden Synonyma" (ebd., S. 56). Die Reformpädagogik lebt also nach Ansicht Lassahns in ihren Grundlagen vom Kindheitsentwurf Rousseaus und insbesondere die Kunsterziehungsbewegung von den Reflexionen Schopenhauers und Nietzsches über das Kind; „nicht ein einziger Gedanke kam hinzu"(ebd., S. 55). Lassahns kurze Studie liefert durchaus schon Teilantworten auf unsere Fragen. Sein Blick richtet sich aber nur punktuell auf einige „Schaltstellen" in der Ideengeschichte der Kindheit. Damit wird der wirkungsgeschichtliche Zusammenhang in unzulässiger Weise verkürzt. Außerdem unterläßt es Lassahn, seine insgesamt positive Bewertung des romantischen Kindbildes zu begründen.

Weniger ideengeschichtliche Darstellung als vielmehr kritisches Manifest gegen den romantischen Kult des Kindes und die Verherrlichung primitiver Ausdrucksformen im herrschenden Zeitgeist ist der schon klassisch zu nennende Essay von *George Boas* „The Cult of Childhood". Boas versteht den Kindheitskult als eine spezifische Variante des kulturellen Primitivismus, welcher wiederum als Ausdruck eines generellen Antiintellktualismus zu gelten hat: „When one preaches anti-intellectualism, one has to find some human state in which there is happiness or well-being without the gift of reason, unless one is satisfied with despair. One may reject learning in favour of intuition, the mystic vision, instinct, or even momentary sensual pleasure, but one can hardly construct a philosophy of life without pointing to some human being who exemplifies it. Otherwise one is preaching a futile programme. The anti-intellectualist has gone for his exemplar to primitive man, to the peasant, to woman, to the Unconscious, and, as this essay is attempting to show, to the child, each of whom is supposed to possess untaught wisdom" (Boas 1966, S.20).

Boas' Hauptthese lautet: In dem Maße, wie sich die neuzeitliche Naturwissenschaft gegen das christlich-antike Weltbild durchsetzt, ohne den Menschen mehr Glück und Zufriedenheit zu bringen, erstarkt die Skepsis gegen die Vernunft und ihren Fortschrittsanspruch. Im Skeptizismus des 16. Jahrhunderts, im geistigen Umfeld von Agrippa von Nettesheim und Michel de Montaigne, liegen auch die Anfänge eines Kinderkults, der sich zunächst noch mit der religiösen Verehrung des Jesuskindes verbindet, dann aber zunehmend bis heute eine durchaus eigene Topik entfaltet. „By the sixteenth century strains of deeply-seated scepticism gathered momentum and just as there were writers willing, for paradoxical or other reasons, to estimate the bears above mankind, so there were writers who began to think of childhood as the most blessed time of life. The religious and the primitivistic currents flowed along side by side, though occasionally merging, and by the nineteenth century the identification of the child with primitive man was complete. When cultural primitivism was upheld in the field of art, the moment has come to praise the art of children“ (ebd., S.101f.).

Boas zeigt auf, wie zunächst die Dichter und Maler, dann aber auch die philosophischen Schriftsteller das Kind wegen seiner noch engelsgleichen moralischen Unschuld bewundern. Die ersten prägnanten Beispiele findet er bei den mystischen englischen Dichtern des 17. Jahrhunderts. Für sie repräsentiert das Kind noch die himmlisch-paradiesische Natur Adams vor dem Fall. Mit dem Eintritt in die Gesellschaft, mit zunehmender Erfahrung verliert es seine anfängliche Reinheit, entartet es unter den Händen der Menschen. Boas weist die Weiterwirkung dieses Topos über Rousseau und die Romantiker bis zu Ellen Key nach. Im Laufe des 19. Jahrhunderts verbindet sich damit die von der Rekapitulationslehre, am prominentesten bei Auguste Comte, nahegelegte Vorstellung, daß das Kind immer wieder die Kindheit der menschlichen Gattung in sich repräsentiere: „The life of an individual, according to Comte, reproduced in miniature the life of the race, beginning with the theological stage, passing in a metaphysical stage, and maturing into a positivistic stage. When one thinks of the child as the duplicate of primitive man, ... one has taken over the Law of Recapitulation and given it a psychological turn“ (ebd., S.65). So gesehen lebt das Kind wie die Naturvölker noch in der theologischen Phase der magisch-animistischen All-Einheit mit der Welt und besitzt noch die unverbildete, ursprüngliche plastische Kraft des Primitiven. Trotz ihrer fragwürdigen anthropologischen Grundlagen sind dieser Lehre bis heute viele nachgefolgt, u.a. die Freud-Schule mit der Annahme des Ödipus-Komplexes.

Als an der Wende zum 20.Jahrhunderts überall in der europäisch-nordamerikanischen Welt, auch im Gefolge der aufblühenden Kinderpsychologie, das Interesse am bildnerischen Gestalten des Kindes erwacht, entspringt ebenfalls aus der Rekapitulationstheorie der Topos vom Kinde als naivem Künstler. In den spontanen Gestaltungen des Kindes manifestiert sich für viele gleichsam noch eine ästhetische Unschuld. Sie beeindruckt die Künstler selber, so daß sie - man denke etwa an Paul Klee und Joan Miró - selbst wieder wie die Kinder malen wollen. Boas zeigt schließlich auf, wie sehr dieser kulturelle

Primitivismus nicht nur die Köpfe der Künstler, Literaten und Psychologen beherrscht, sondern auch derjenigen Pädagogen, die das Jahrhundert des Kindes ausrufen. Boas sieht eine zentrale Aufgabe seines geistreichen Streifzuges durch fünf Jahrhunderte europäischer Ideengeschichte darin, seine Leser vor dem Opfer des Intellekts zu warnen, das mit der Vergöttlichung des Kindes verbunden ist. In dieser kritisch-polemischen Absicht gelingt es Boas, viele interessante Belege zusammenzutragen; er läuft damit aber auch Gefahr, die vielfältigen, nur oberflächlich angedeuteten Kindheitskonzepte vorschnell über einen Kamm zu scheren und generell zu entwerten. Eine genuin pädagogische Reflexion seiner Befunde bleibt aus.

Gerade die unterschiedlichen Ausprägungen und die Wandlungen der positiven Kindheitsidee in den Blick zu rücken und auf geschichtlich noch frühere Ursprünge zurückzuführen, ist dagegen die Absicht, die *Aleida Assmann* in ihren beiden einschlägigen Beiträgen verfolgt (vgl. Assmann 1978a; 1978b). Sie unterscheidet dazu grundsätzlich zwischen einer relativen und einer absoluten Kindheitsidee: „Unter relativer Kindheit verstehen wir die auf einen Vater bezogene, deren existenzielle Grundsituation die der Hilfsbedürftigkeit, der Nicht-Autarkie ist. Von der allgemeinen conditio humana, der erbsündigen Verfassung der Menschheit, ist das Kind nicht ausgenommen, dessen Einfalt und Gefügigkeit in dieser Situation jedoch vorbildlich ist. Das Konzept einer absoluten Kindheit kennt dagegen keine solche dominierende Vaterfigur, die existenzielle Grundsituation ist hier die der Vollkommenheit, ja Göttlichkeit. Nur wo diese Form einer Absolutsetzung des Kindes erreicht ist, können wir mit Fug von einem Kinderkult sprechen. Hier wird das Kind als eine Ausnahmeerscheinung von der menschlichen Grundbefindlichkeit verehrt. ... Die relative Kindheit stellt den im wesentlichen vom Christentum geprägten Typus dar und kennzeichnet als das ‘was wir werden sollen’ ein asketisches Leitbild für die gefallene Menschheit. Die Vorstellung von einer absoluten Kindheit hat ihre Wurzeln in der heidnischen Spätantike und kennzeichnet als das ‘was wir waren’ die ursprüngliche Integrität des Individuums. Aus dieser Gegenüberstellung von einer relativen und einer absoluten, einer christlichen und einer heidnischen Kindheitsidee läßt sich die Wirkungstradition des Motivs differenzierter beurteilen“ (Assmann 1978a, S.123f.).

Die christliche, relative Kindheitsidee ist für Assmann ein „ganz neuartiger Impuls“, weil sie geschichtlich zum ersten Male die Vorbildlichkeit der kindlichen Einfalt herausstellt. Mit dieser Kindlichkeit ist aber nicht das Kind gemeint; sie ist vielmehr nur eine Metapher für die demütige Haltung, in der ein Christenmensch seinen Glauben an den allmächtigen Gottvater leben soll. Im neuplatonisch-gnostischen Denken des „Corpus Hermeticum“ wird das Kind zum absoluten Vorbild des Erwachsenen, weil es noch nicht völlig von seinem überirdisch-geistigem Ursprung abgetrennt ist. Im geringeren Volumen und Gewicht seines Körpers zeigt sich, daß sich seine Seele noch nicht gänzlich (wieder-) verkörpert hat und das Kind somit noch etwas von der Schwerelosigkeit der ursprünglich vollkommenen Einheit mit der All-Seele in sich bewahrt (vgl. Assmann 1978b, S.57).

Diese gnostisch-hermetische Idee von der Vollkommenheit des Kindes ist der Impuls für eine Wirkungstradition, die im neuzeitlichen Denken produktiver wird als die christliche. Zumeist ohne Rückbezug auf ihre Quelle wird sie in ganz unterschiedlichen ideellen Kontexten für neuartige Absichten in Anspruch genommen. Assmann konstatiert mindestens zwei Wendepunkte in der Geschichte der absoluten Kindheitsidee: ihre biographische Verinnerlichung in der christlich-mystischen Dichtung des 17. Jahrhunderts und ihren Bedeutungswandel von einem moralischen zu einem poetischen Ideal in der Romantik. Die mystischen Dichter Englands, auf die auch schon George Boas hingewiesen hat, sprechen nicht mehr nur symbolisch von der Reinheit und Unschuld der Kinder; sie vergegenwärtigen sich vielmehr diese paradiesische Daseinsform in der Erinnerung an die eigene Kindheit. Mit dieser Verinnerlichung der absoluten Kindheitsidee in die eigene Lebensgeschichte geht einher die Verklärung der noch innigen Verbindung mit der Natur in dieser „seligen Frühzeit" des Lebens. Für die Romantiker verkörpert die Kindheit die Lebensphase nicht nur der moralischen, sondern vor allem der poetischen Vollkommenheit. Mit seiner Phantasie, seiner seherischen Kraft und seiner Seinsverbundenheit kann das Kind den romantischen Dichter wieder lehren, im sinnlichen Äußeren das geistige Innere zu erahnen. „In der romantischen Krise, die ebenso eine biographische wie eine künstlerische ist, wird das Kind zum Vater des Menschen im allgemeinen und des Dichters im besonderen. Ihm ist es als einer säkularen Erlöserfigur übertragen, zwischen Menschlichem und Göttlichem, Zeit und Ewigkeit, Tod und Leben zu vermitteln. ... Die Rückbesinnung auf die eigene Kindheit vermag den Funken in der erlöschenden Glut neu zu entfachen und die verlorene Solidarität mit allem Lebendigen wiederherzustellen" (Assmann 1978b, S.60).

Wir verdanken den Beiträgen Aleida Assmanns also zunächst eine Differenzierung zwischen zwei positiven Kindheitsideen, sodann eine genauere Lokalisierung der Entstehung der Idee des absoluten Kindes in der gnostisch-hermetischen Religiosität der Spätantike sowie schließlich eine Skizze zu ihrer literarischen Entfaltung bis zum Beginn der Moderne. Die Monographie von *Dieter Richter* über „Das fremde Kind. Zur Entwicklung der Kindheitsbilder des bürgerlichen Zeitalters" (1987) kann durchaus als gelungener Versuch gelten, die einseitig ideengeschichtlich orientierten Analysen von Boas und Ass-

mann vor dem Hintergrund der sozial- und zivilisationsgeschichtlichen Arbeiten von Philippe Ariès bzw. Norbert Elias zu präzisieren und zu ergänzen.
Richter schließt an den Befund Assmanns an, daß die Stilisierung des Kindes zum Vorbild und Heiligen ein Grundmuster der abendländischen Kultur seit der Spätantike ist. Er erklärt diesen Kult des Kindes aber (tiefen-)psychologisch aus einer Haltung der Erwachsenen, in der sie das Kind als ein anderes, fremdes Wesen betrachten. Diese zunächst religiöse Erfahrung des „fremden Kindes“ wird dann in der bürgerlichen Gesellschaft säkularisiert und zur Konsitutionsbedingung des romantischen Kindheitsbildes generalisiert. „Die zunehmende Beachtung, die Kindern und dem Status Kindheit während der Jahrhunderte der Neuzeit geschenkt wird, ist - so die These - nicht wachsender Nähe, sondern wachsender Distanz zwischen Erwachsenen und Kindern geschuldet. Durch den Prozeß der Zivilisation und im Kontext neuer, durch die bürgerliche Produktions- und Lebensweise bestimmter Vergesellschaftungsformen kommt es zu einer sich verstärkenden Desintegration von Kindern und Erwachsenen; es entsteht das für die industriellen Gesellschaften typische ‘Erwachsenen-Kind-Verständnis’. ... Gemessen an den Verhaltensstandards der (‘gebildeten’) Erwachsenen erscheinen Kinder zunehmend als unzivilisiert, als kleine Wilde...“ (Richter 1987, S.25). Die bewußte Wahrnehmung des Kindes als eines andersartigen Wesens und die „Entdeckung“ der Kindheit als einer eigenwertigen Daseinsform resultieren nicht etwa aus wachsender Vertrautheit der älteren mit der heranwachsenden Generation, sie entspringen vielmehr der größeren Distanz, welche sich aus der sozialen Ausgliederung der Kinder aus dem Arbeitsleben und aus ihrer Segregation in spezifische Institutionen der Erziehung und Bildung ergibt.
Richter unterscheidet zwei Kindheitsbilder des bürgerlichen Zeitalters, ein „aufgeklärtes“ und ein „romantisches“: „Beide Male geht es um den Wunsch, die stärker spürbar gewordene Distanz zwischen Kindern und Erwachsenen zu überbrücken. Doch die ‘Bewegungsrichtung’ ist unterschiedlich. Stellt sich im einem Fall die Lebenslinie als wachsende Entfernung von der Kindheit dar, so im anderen Fall als Versuch der Verschmelzung mit dem Verlorenen, als Rückkehr in die Kindheit“ (ebd., S.27). Beiden Kindheitsbildern liegt der Mythos vom Wilden als projektiver Gegenentwurf zur bürgerlichen Existenzform zugrunde. Dort wird das Kind als noch roher, unkultivierter „Wilder im eigenem Land“ belächelt, hier erscheint es als edler Wilder, sozusagen als letzter Bewohner des verlorenen Paradieses. „Gerade der (scheinbar) natürliche, ‘wilde’ Status des Kindes prädestinierte es zur romantischen Projektion des Ursprünglichen, des Reinen und Heilen. ‘Wild’ meinte hier nicht ungebildet, sondern unverbildet. Ist das Kind in der pädagogischen Bewegung (i.e. der Philanthropen - d.V.) Chiffre des Noch-nicht-Menschen, so im romantischen Ver-

ständnis Chiffre des besseren Menschen“ (ebd., S.26). Das seiner selbst unsicher gewordene bürgerliche Selbstbewußtsein entwirft in erster Linie literarisch im romantischen Kindbild ein Gegenbild zur eigenen Zerrissenheit; die eigene Welt des Kindes und der Eigenwert der Kindheit interessieren die bürgerlichen Menschen nicht für sich, sie sind vielmehr auch Projektionsflächen für Sehnsuchtsbilder vom ganzheitlich-unentfremdeten Leben: „... in säkularisierter Form bindet sich erneut messianische Endzeit-Hoffnung an das Kind. Auch das romantische Kindheitsbild stilisiert das Kind zum Exemplum. Verweltlicht kehrt die alte religiöse Figur wieder: Das Kind wird zum kleinen Heiligen. Immer wieder muß es die Menschheit erlösen und die Welt retten...“ (ebd., S.27). So trägt das romantische Kindbild zunächst die Züge einer Wunschprojektion; als Utopie aber, in deren Lichte sich die bürgerliche Existenz der Erwachsenen als verdinglicht und sinnentfremdet erfährt, kann es auch Impulse zur Gesellschaftskritik freisetzen: „Die Erinnerung an die Fülle, die das Leben einst verhieß und dann nicht einlöste, hält dieses Versprechen, nicht nur die Versagung fest. So gesehen ist der Weg zurück in die Kindheit nicht lediglich Regression“ (ebd., S.254).

Richter weist schließlich auf den basalen inneren Widerspruch des romantischen Kindbildes hin, der seine Wirkung bis heute bestimmt: Mit der Vorstellung, daß sich im Kinde immer wieder die ursprüngliche Natürlichkeit des Menschen zeigt, löst es eine geschichtlich beispiellose Wertschätzung der Kinder und Aufmerksamkeit für ihre spezifischen Lebensäußerungen aus. Diese Natürlichkeit des Kindes ist aber immer schon eine kulturelle Konstruktion, eine künstliche Natürlichkeit, die die bürgerlichen Erwachsenen als idyllisches Gegenbild zu ihrer spannungsreichen gesellschaftlichen Existenz entworfen haben. „Wie das Paradies auszusehen habe, ist bereits vorgedacht - ein gepflegter Garten soll es sein, keine Wildnis. Diese unaufgelöste Spannung prägt die Geschichte der Parteinahme für das Kind bis heute: Selbst wo gegen Regelhaftigkeit und Bezähmung auf Phantasie, Spontaneität und Natürlichkeit des Kindes gesetzt wird, unterliegen diese Kennzeichnungen der Definitionsgewalt der Erwachsenen, die sie gegen das Dunkelfeld der ungezügelten Tätigkeit, der Unordnung, der Zerstörung abgrenzen. Das Votum für die Phantasie ist stets selber an Reglementierung gekoppelt: an die Mahnung, ihrem ‘Mißbrauch’ zu wehren.“ (ebd., S.260f.).

Zehn Jahre vor Richters Untersuchung hat *Gerd Ueding* bereits darauf aufmerksam gemacht, daß im (früh-) romantischen Kindbild die geheimnisvolle Unzugänglichkeit, die den heimlich-unheimlichen Reiz des Kindes ausmacht, einseitig zum hellen, arkadischen Pol hin aufgelöst wird. In der Literatur und Kunst der Spätromantik beginnt aber auch die Darstellung des von dunklen Mächten bedrohten, unheimlichen Kindes, in dem sich die Angst und der Pessimismus von Erwachsenen widerspiegelt, die vom Neuen nur noch den Niedergang und von der Zukunft nur die Katastrophe erwarten (vgl. Ueding 1977). Nicht mehr bloß eine ideen- oder sozialgeschichtliche Deutung des romantischen Kindbildes, sondern die systematische Rekonstruktion der romantischen Anthropologien des Kindes bei Herder, Jean Paul, Novalis und Tieck bieten die Studien von *Hans-Heino Ewers*, die er als Weiterführung eigener Vorarbeiten in der Monographie „Kindheit als poetische Daseinsform" im Jahre 1989 vorgelegt hat. Ewers' zentrale These lautet: „Die romantischen Kindheitslehren ... sind keineswegs eine geradlinige Fortsetzung traditioneller metaphysischer Lehren, wie es nach den Darstellungen bei Boas und Assmann den Anschein haben könnte. Im Gegenteil: Sie sind mit der modernen Anthropologie nicht nur in Berührung geraten, sondern ihr geradezu entsprungen. Ihre erste Ausprägung bei Herder besitzt noch ganz und gar die Gestalt einer Anthropologie des Kindes. Bei den nachfolgenden Autoren entfernt sie sich jedoch von der rein anthropologischen Betrachtungsweise und gewährt metaphysischen Gesichtspunkten wieder eine zentrale Beachtung" (Ewers 1989, S.257). Die Entstehung der romantischen Anthropologie des Kindes gehört demnach noch ganz dem 18. Jahrhundert an; gegen Ende dieses Jahrhunderts schlägt sie in eine Metaphysik des Kindes um und bereitet den Boden für einen mystisch-religiösen Kindheitskult.

Herders Anthropologie des Kindes ist für Ewers der Ausgangspunkt und der „Unterbau" der romantischen Kindheitslehren: „Bei genauerem Hinsehen zeigt sich, daß der romantische Kindheitsentwurf, was seine zentralen inhaltlichen Bestimmungen angeht, im Grunde seit Herder feststeht, daß sein inhaltlicher Bestand durch die spätere metaphysische Ausrichtung nicht wesentlich berührt worden ist ... An die Stelle der natürlichen Erklärung tritt die metaphysische Deduktion ein und derselben kindlichen Wesenszüge" (ebd., S.260). Für Herder stellt die Kindheit eine Lebensphase dar, die ihren Maßstab ganz allein in sich selber findet; sie ist weder als ein Noch-Nicht noch als ein Weniger an Vernunft zu begreifen, sondern als eine eigenständige Daseinsform, die durch das Vorwalten der Einbildungskraft prinzipiell von der Ratio der Erwachsenen unterschieden ist. Herder setzt die Kindheit genetisch in Analogie zur Frühzeit der menschlichen Geschichte. Im Kind begegnet dem Menschen der späten, bürgerlich-aufgeklärten Kultur gleichsam wieder die Phantasie und der Sinn fürs Wunderbare, welche den Menschen der vormediterranen Kulturen eigen waren.

Für die Frühromantiker erscheint in der Kindheit nicht nur das vergangene, sondern auch das künftige goldene Zeitalter. Die Daseinsform des Kindes vergegenwärtigt nicht mehr nur den Ursprung und die Frühzeit, sondern auch das Ziel der Geschichte - sie wird zum Menschheitsideal schlechthin. Das ur-

sprüngliche Wesen des Kindes wird nicht mehr wie bei Herder anthropologisch, sondern metaphysisch begriffen als seine noch anhaltende Zugehörigkeit zum Überzeitlich-Ewigen. Deshalb werden dem Kind nicht nur vorrational-intuitive, sondern auch suprarational-seherische Fähigkeiten zugeschrieben, deren der Erwachsene nicht mehr teilhaftig wird (vgl. Ewers 1984, S.21ff.).
Die Spätromantiker haben den geschichtsphilosophischen Optimismus und die Hoffnung auf eine innerweltliche Verwirklichung des Reichs der Freiheit verloren. Um der gleichwohl zunehmenden Selbstentfremdung der Menschen entgegenzuwirken, setzen sie auf eine möglichst lange Bewahrung der Ursprünge, d. h. vor allem der religiösen, kulturellen und politischen Traditionen. Auch für sie bleibt die Kindheit eine in sich vollkommene Daseinsform, die wegen ihrer Nähe zum göttlichen Ursprung der Erwachsenheit überlegen ist. Das romantische Bild des Kindes hat für sie allerdings seine Bedeutung als menschheitliche Utopie eingebüßt; es bezieht sich nur noch auf die biographische Entwicklungsstufe der Kindheit. Es veranlaßt den Erwachsenen dazu, sich seiner eigenen, unwiederbringlich vergangenen Kindheit inne zu bleiben und sich für die Kinder in seiner Lebenswelt in besonderer Weise zu öffnen. „Erst der Spätromantik wird das Kindesalter selbst unendlich wichtig... Sie erst fühlt den ganzen Schmerz der Erfahrung, daß in der entwickelten Gesellschaft auch die Kindheit bereits der Verstandeskultur unterworfen und damit ihrem inneren Wesen entfremdet ist. Die Entfremdung der Kindheit aber raubt dem Menschen einen Höhepunkt seines Lebensganges und entfernt ihn vollends vom Unendlichen“ (ebd., S.36). Für die Spätromantiker geht es deshalb darum, die von den gesellschaftlichen Tendenzen der Rationalisierung bedrohte Lebensform der Kindheit bewußt zu schützen. Ewers deutet nur an, daß dies der Zeitpunkt sei, wo das romantische Kindbild die Bereiche der philosophisch-anthropologischen Reflexion und der literarisch-künstlerischen Gestaltung überschreitet und „zu einer größeren pädagogischen Aktivität drängt“ (ebd.).
Die Arbeiten von Hans-Heino Ewers gelten heute ebenso wie die Monographie von Dieter Richter als literaturgeschichtliche Standardwerke über das romantische Kindheitsbild. Bei Richter liegen die besonderen Akzente auf der Verbindung der ideengeschichtlichen Betrachtung mit einigen Aspekten der Sozialgeschichte, auf der Herausarbeitung der mythischen Grundlage und des sowohl regressiven als auch progressiven ideellen Potentials des romantischen Kindheitsbildes sowie im Aufweis der inneren Widersprüchlichkeit seines Naturalismus. Der wichtigste Ertrag der Ewersschen Studien kann darin gesehen werden, daß er das anthropologische Fundament der romantischen „Kindheitsphilosophie“ systematisch herausarbeitet und ihren Wandel von Herder bis zur Spätromantik darlegt. Die Arbeiten beider Autoren gehören allerdings primär in den Bereich der Forschungen über Kinderliteratur bzw. Literatur über Kindheit;

daher berücksichtigen sie pädagogische Fragen nur aspekthaft oder am Rande. Über die Bedeutung des romantischen Kindbildes für die Theorie und Praxis der Erziehung machen sie nur wenige Andeutungen.

Die jüngst erschienen Beiträge von Baader und Weisser verdienen allein schon deshalb Erwähnung, weil sie auch die weitere Wirkungsgeschichte des romantischen Kindheitsbildes in der Pädagogik zum Gegenstand haben. *Meike Sophia Baader* setzt die Analyse der Kindheitslehren einzelner Autoren der deutschen Klassik und Romantik in der Spur Ewers' fort und gelangt schließlich zu der pädagogikgeschichtlich bedeutsamen These, daß das romantische Kindheitsideal in der Pädagogik Fröbels handlungsleitend wird: „Ging es in den angeführten anthropologischen, geschichtsphilosophischen, ästhetischen und literarischen Kontexten primär um das Kind als Idee und weniger um das empirische Kind, so geht es bei Fröbel auch um das empirische Kind. Fröbel übersetzt die romantische Idee des Kindes in ein pädagogisches Programm" (Baader 1996a, S.197). Baader demonstriert diesen Übertragungsprozeß einer Idee in die erzieherische Praxis an vier Eckpfeilern der Fröbelschen Pädagogik. Fröbel spricht wie die Romantiker der Phantasie des Kindes in der Form der „Ahnung" eine besondere überrationale Erkenntnisleistung zu. Die Pflege des Spielens ist deswegen bedeutsam, weil das Kind hierin schon unbewußt die Möglichkeit übt, aus dem Zustand der Notwendigkeit in den der Freiheit einzutreten. Der Kindergarten wird dazu eingerichtet, um die ursprüngliche, vollkommene Daseinsform des Kindes zu pflegen; deshalb kann Fröbel ihn auch als das „zurückzugebende Paradies" bezeichnen. Schließlich „liefert die romantische Idee des Kindes die Legitimation für eine doppelte, an die Pädagogik geknüpfte Verheißung: durch den pädgogischen Umgang mit dem Kind verjünge sich der Erwachsene, und durch die 'Pflege der Einheit' im Kind entstehe der 'neue Mensch'" (ebd., S.199).

Der Frage nach der Bedeutung des romantischen Kindbildes für den Zeitgeist des späten 19. Jahrhunderts und für das Programm der „Pädagogik vom Kinde aus" geht *Jan Weisser* nach in seiner Monographie „Das heilige Kind. Über einige Beziehungen zwischen Religionskritik, materialistischer Wissenschaft und Reformpädagogik im 19. und zu Beginn des 20. Jahrhunderts" (1995). Weisser vertritt die These, daß das emphatische Bild vom Kind im 19. Jahrhundert erst im Gefolge der anthropologischen Religionskritik Feuerbachs und der positivistischen Rekapitulationstheorie Comtes „eine epistemologisch zentrale Stellung" einnimmt, sich dann „als säkulares religiöses Wissen ... in das Erziehungswissen einschleicht und sich dort beinahe ausschließlich pädagogisch stabilisiert" (Weisser 1995, S.80). Seit dem Beginn des 20. Jahrhunderts ist dieses Kindbild dann zentraler Bestandteil des reformpädagogischen Diskurses. Für Weisser legt das Drei-Stadien-Gesetz Comtes und der damit verbundene Rekapitulationsgedanke für viele seiner Zeitgenossen die Gleichsetzung von Kindheit und Religion bzw. die Vorstellung vom Kind als einem noch religiösen Wesen nahe. Für die sich von der christlichen Lehre abwendende „Religiösität der Moderne“ wird nun das Kind zu einem Inbegriff religiöser Innerlichkeit. „Der Bezug auf Gott entfällt den Modernen, dafür steigt die anthropologisch gewendete Konzentration auf das Bild vom Kind und substituiert das Dogma durch einen säkularen, aber noch immer religiösen Diskurs“ (ebd., S.30). Das Bild vom noch reinen, „heiligen“ Kinde sorgt für Gesinnung und moralische Orientierung nicht in einer begrifflichen, sondern in einer mythischen Form. An Texten von Ellen Key und Bruno Wille demonstriert Weisser, wie dieses enthusiastische Bild des Kindes, das zunächst ein weltanschaulich-religiöses Thema betrifft, von dort aus Eingang in die Programmschriften für eine Neue Erziehung findet. Diese pädagogische Wendung des religiös-ästhetischen Bildes vom heiligen Kinde hält Weisser schließlich „in dieser Form für entschieden neu und stellt vielleicht die größte Reform der 'Reformpädagogik' dar“ (ebd., S.80). Angesichts dieser Originalitätsbehauptung wird man Weisser daran erinnern müssen, daß das Bild vom heiligen Kinde bekanntlich viel weiter zurückweisende Wurzeln hat und daß sein Einfluß auf das pädagogische Denken nicht erst bei den Reformpädagogen zu belegen ist. Für einen solchen Wirkungsnachweis braucht es also gar nicht den „epistemologischen“ Umweg über Religionskritik und materialistische Wissenschaft. Weissers Studie macht gleichwohl deutlich, daß einzelne pädagogische Konzepte säkularisierte theologische Vorstellungen sind. Weisser untersucht den Zusammenhang von Religion und Erziehung aber systematisch nicht genauer, sondern beläßt es bei der Behauptung der religiösen Ersatzfunktion pädagogischer Bilder, zumal desjenigen vom vollkommenen Kind.

Im Lichte unserer eigenen Fragestellung läßt sich der dargelegte Forschungsstand grob wie folgt bilanzieren: Das romantische Kindbild ist *präzisiert* worden in bezug auf seine moralischen und ästhetischen Aussagen (Boas), auf die ihm ursprünglich zugrundeliegenden religiösen Vorstellungen (Assmann) und mythischen Bildwelten (Richter); es ist auch aufgezeigt worden, daß es Gegenstand philosophisch-anthropologischer und metaphysischer Reflexion werden kann (Ewers). Die Forscher unterscheiden allerdings bisher nicht klar und durchgängig zwischen Bild, Mythos, Idee und Ideal des Kindes. Vielleicht läßt sich das romantische Kindheitsideal als eine sprachlich besonders ausdifferenzierte Imagination bestimmen, mit der - epochal sich wandelnd - eine oder mehrere Ideen über den Menschen verbunden werden.

Die *Genese* des romantischen Kindheitsideals ist in der bisherigen Forschung durchweg ideengeschichtlich rekonstruiert worden. Nur für seine Entfaltung in der (frühen) bürgerlichen Gesellschaft sind auch einzelne sozialgeschichtliche

Befunde berücksichtigt worden (Richter). Die Annahmen über Herkunft, Ursprung und Veränderungen des romantischen Kindheitsideals sind äußerst diskrepant: Für Assmann entsteht es im spätantiken religiösen Denken des vierten Jahrhunderts, wandelt sich zu einem literarischen Topos im siebzehnten und erreicht seine volle Entfaltung in der romantischen Bewegung des frühen 19. Jahrhunderts; für Boas liegt der Ursprung im 16. Jahrhundert, und die Zäsuren für die zwei Metamorphosen dieses Kindbildes liegen im späten 19. und im Anfang des 20. Jahrhunderts. Für Richter und Ewers ist das romantische Kindbild ein dominantes Kindheitsideal der bürgerlich-idealistischen Kultur um 1800; für Weisser erhält es diese normative Funktion dagegen erst im Prozeß der Säkularisierung und Urbanisierung um 1900 - zu Beginn des „Jahrhunderts des Kindes". Die Anfänge, Kontinuitäten und Brüche der Entwicklung werden also nur von wenigen Forschern übereinstimmend lokalisiert. Dies liegt sicherlich auch an den benutzten Textquellen, die von religiösen und philosophischen Schriften über die Dichtung und bildende Kunst bis zu pädagogischen Abhandlungen und Programmen reichen. Das Hauptgewicht hat dabei eindeutig die Literaturgeschichte (bei Boas, Assmann, Richter und Ewers).

Die Entstehung und Wirkung des romantischen Kindheitsideals *im pädagogischen Denken* ist bisher nur im Rahmen von Überblicksdarstellungen grob skizziert (Langeveld, Borstelmann, Lassahn) und lediglich für zwei kürzere Zeiträume näher untersucht worden (Baader, Weisser). Dabei ist die produktive Leistung der Romantik als einer Art Gelenkstelle innerhalb eines viel größeren wirkungsgeschichtlichen Zusammenhangs noch nicht zureichend herausgearbeitet worden. Die systematische Bearbeitung der wichtigsten pädagogischen Texte im Hinblick auf ihr Konzept des Kindes ist erst noch zu leisten. Für die Geschichte des romantischen Kindheitsideals zeichnet sich ein Verlaufsschema mit den Stufen Vorgeschichte, Entstehung, Entfaltung und Ausbreitung bzw. Popularisierung ab. Davon sind bisher vor allem die beiden mittleren Stadien genauer betrachtet worden.

Im Hinblick auf den *pädagogischen Ertrag* des romantischen Kindbildes für die Gestaltung der erzieherischen Praxis und bezüglich seiner systematischen Bedeutung für eine pädagogische Anthropologie des Kindes ist die bisherige Forschung nicht wesentlich über die frühe Skizze Langevelds hinausgelangt. Ein Grund hierfür kann darin gesehen werden, daß der u.a. auf Boas zurückgehende kritisch-polemische Untersuchungsgestus die Frage nach einem evtl. produktiven pädagogischen Ertrag des „cult of childhood" gar nicht erst aufkommen ließ. Diese einseitige Richtung der Wahrnehmung bestimmt u.a. noch die Reformpädagogik-Studie Weissers.

Für unser weiteres Vorgehen sehen wir vor allem die Aufgabe, die Vorgeschichte, Entstehung, Entfaltung und Ausbreitung des romantischen Kindbildes innerhalb des pädagogischen Denkens darzustellen und die ideengeschichtliche Rekonstruktion um die sozialgeschichtliche Perspektive zu ergänzen. Das erfordert zunächst, die bisher vor allem für die Epoche der Goethezeit vorliegenden Einzelforschungen aufeinander zu beziehen und um eine Vorgeschichte des romantischen Kindbildes zu erweitern. Das bedeutet aber vor allem, den anschließenden Prozeß der Herausbildung einer spezifisch pädagogischen Sichtweise des Kindes in den Erziehungslehren der Romantik, in den Forschungskonzepten der Kinderpsychologie und in den Schriften der Reformpädagogen genauer und zugleich im Zusammenhang zu untersuchen sowie schließlich die Funktion dieser Auffassung des Kindes für die Begründung moderner Konzepte einer Pädagogik „vom Kinde aus“ zu bestimmen.

2 Die Vorgeschichte des romantischen Kindbildes

Wir werden im folgenden einen Überblick über den geschichtlichen Wandel der Auffassung vom „Wesen“ des Kindes geben. Dabei wollen wir die besondere Aufmerksamkeit auf den Prozeß der Herausbildung des von uns als „romantisch“ bezeichneten Kindbildes richten. Im Interesse der Sache sind Grenzüberschreitungen aus der Pädagogik in die Bereiche der klassischen Philologie, Religions- und Philosophiegeschichte notwendig, in denen der Verfasser keinerlei wissenschaftliches Heimatrecht beanspruchen kann. Als kritische Anmerkung zu den heute in der Pädagogik populärsten Historiographien der Kindheit sei vorweg die Feststellung getroffen, daß der Wandel der Auffassungen vom Kinde in der europäischen Kulturgeschichte allein von der Vorstellung eines progressiven evolutionären Prozesses (vgl. DeMause 1977, S. 14 f.) ebensowenig erfaßt wird wie von der gegenteiligen einer regressiven Verfallsgeschichte (vgl. Ariès 1975, S. 556 ff.); auch die Annahme einer zyklischen Wiederkehr des Gleichen oder diejenige eines emergenten Auftretens von ganz Neuem können keine ausschließliche Erklärungskraft beanspuchen. Am Prozeß der Herausbildung des romantischen Kindheitsideals läßt sich beispielhaft erfahren, daß alle vier Arten des Wandels ihre Rolle gespielt haben.

2.1 Unvernünftig im Leben, unschuldig im Kult - das Bild des Kindes in der Antike

Der Wunsch nach Nachkommenschaft und die Freude an ihr dürfen durchaus als etwas „Naturgegebenes“ betrachtet werden. In den archaischen Stammeskulturen ist die Stellung der Kinder und das Verhältnis zu ihnen im Grunde unproblematisch, weil es in die Selbstverständlichkeiten eines kollektiven Produktions- und Reproduktionsprozesses einbezogen ist. Die Pflege und Erziehung der Kinder erfolgt hier nicht allein durch die Eltern und Großeltern; vielmehr bildet die Großgruppe den für alle Generationen verbindlichen Orientierungsrahmen. In den archaischen Gesellschaften existiert auch nur jeweils ein geschlechts- und lebensalterspezifisches Modell von Elternschaft und Kindschaft, welches sich aus den rituellen Lebensbezügen ergibt und auf die mythisch-religiöse Tradition der Gemeinschaft zurückbezogen ist. Die komplexen Großgesellschaften des vorderasiatisch-mediterranen Raumes weisen einen höheren Grad an Arbeitsteilung und sozialer Hierarchisierung auf. Hauptbezugspunkt für die Rolle der Eltern und der Kinder ist die größtenteils autonome, geographisch und sozial ausdifferenzierte Nahwelt des Familienverbandes, der

Dorfgemeinschaft oder der polis mit ihren je besonderen Überlebensproblemen und Traditionszusammenhängen. „In diesem Kontext ergibt sich eine Verschiebung in der Eltern-Kind-Beziehung vor allem durch den Funktionswandel von Kindern. Während archaische Gesellschaften als Kollektiv die Kontinuität der Biographie garantieren, sind die 'Überlebensgemeinschaften' in komplexen Großgesellschaften auf Kinder angewiesen - als Arbeitskräfte, als Altersversorgung, als Garantie der Weiterexistenz der jeweiligen Nahweltgruppe" (Schülein 1995, S. 90).

So findet sich auch in der antiken griechischen Kultur eine grundsätzlich positive Wertung des Kindes. Kinder, besonders Söhne, sind in der frühgriechischen Adelsgesellschaft und in der Bürgerschaft der Polis zur Vermehrung der Arbeitskraft und zur Stärkung der Wehrkraft des Hauses nötig und daher erwünscht. Aus dieser Hochschätzung des Nachwuchses ergibt sich aber keineswegs zwangsläufig auch schon ein Verständnis für die Eigenart und das Eigenrecht des Kindes. Die Kindheit hat ihren Wert nicht in sich, sondern nur als Vorbereitungsphase für das Erwachsenenleben, in dem es darum geht, für das Weiterbestehen des Oikos, die Ernährung der alternden Eltern und die Einhaltung des Totenkultes zu sorgen. „Die Zeit bis zum Erreichen des Erwachsenenalters wird nicht nur als Durchgangsstadium angesehen, sondern auch als der 'wilde', in vieler Weise noch tierhafte Teil des Lebens. Er wird endgültig durch die Initiationsriten beendet, die den jungen Menschen nach einer zeitweiligen Absonderung von der Gemeinschaft als verantwortlichen und zivilisierten Bürger neu in sie integrieren" (Deissmann-Merten 1986, S. 271).

Die Aufzucht der als unverständig, töricht und schwach bezeichneten Kinder bedeutet allgemein eine Last; angesichts der hohen Kindersterblichkeit ist sie auch tatsächlich oft eine vergebliche Mühe. Es ist kennzeichnend, daß man dem Neugeborenen erst einen Namen gibt, wenn es die ersten sieben Tage überlebt hat. Andererseits gibt es seit alters her die Praktiken der Weggabe, der Aussetzung und der Tötung „lebensunwerter" Kinder, zu denen in erster Linie körperlich Behinderte, aber bisweilen durchaus auch Mädchen gezählt werden. Aristoteles z.B. spricht sich eindeutig gegen die Aufzucht beeinträchtigter und ungewollter Kinder aus: „ Was die Aussetzung und die erste Erziehung der Neugeborenen angeht, so soll es Gesetz sein, kein verkrüppeltes Kind aufzuziehen.... Zwar ist nämlich die Zahl der zu zeugenden Kinder begrenzt, wenn aber durch die Vereinigung über diese Grenze hinaus ein Kind entsteht, so muß man eine Fehlgeburt einleiten, bevor es Wahrnehmung und Leben erhalten hat" (Aristoteles Pol. 1335 b, zit. n. Lassahn 1983, S. 28). Dieselbe Einstellung vertritt Jahrhunderte später wie selbstverständlich auch der Römer Seneca (vgl. DeMause 1977, S. 47f.).

Den Eltern jener Zeit fehlt nicht etwa die Liebe zum Kind, sondern die Bereitschaft, es als eigenständige Person anzuerkennen. Ihr Verhältnis zum Kind sieht DeMause tiefenpsychologisch durch „projektive Reaktionen“ bestimmt; sie benutzen das Kind als ein Wesen, auf das sie die aggressiven oder libidinösen Triebregungen des eigenen Unbewußten projizieren (vgl. ebd., S. 20). Trotz dieser den Griechen - aus neuzeitlicher Sicht - ermangelnden Empathie besitzen sie „für die Eigenart des kindlichen Wesens einen wachen unsentimentalen und liebevoll amüsierten Blick“ (Assmann 1978 a, S. 100). Die ersten Lebensjahre verbringt das Kind spielend in der Familie; sie gelten noch nicht als Teil der paideia. „Die frühe Kindheit steht bei den Alten im Zeichen der liebenswürdigsten Unmittelbarkeit. Das Kind ist seinen Neigungen überlassen und entwickelt sich frei. Man nimmt ihm gegenüber die Haltung einer belustigten Nachsicht ein. All das hat sowenig Bedeutung!“ (Marrou 1977, S. 275). Gleichwohl wird der junge Hellene durch die Wiegenlieder und Ammengeschichten in die Fabeln, Mythen und Legenden der Überlieferung eingeführt. Beeindruckend ist die Fülle des Kinderspielzeugs, das ihn umgibt: „Das Kind hatte damals wie heute seine Spielzeuge, Puppen, oft sogar Gliederpuppen, Pferde mit Rädern und kleine Wagen, kleines Geschirr und kleine Werkzeuge für die Puppenmahlzeit oder die Gärtnerei, Bälle und vor allem Knöchelchen für Geschicklichkeitsspiele“ (ebd., S. 274). Mit dem Schuleintritt wird die Erziehung des Knaben ganz auf die Ausbildung zum erwachsenen Manne, nicht auf die Förderung der kindlichen Entwicklung, gerichtet. Auch daher „die vollkommene Verkennung, die vollkommene Mißachtung der Psychologie des Kindes als solchem, das Fehlen jedes ausgebildeten Unterrichts für die Stufe unserer Spielschule, das Unanschauliche des Verfahrens, das als Grundlage für den Gang der Übungen dient, die barbarische Gewalttätigkeit der Züchtigungen“ (ebd. S. 410).

Die Einstellung der Römer zum Kind ist ebenso zwiespältig und komplex wie die der Athener. Unter den Freien wünscht man sich bewußt nur wenige Kinder, darunter vor allem Knaben als Fortsetzer der Familie. Nur das „nützliche“ Kind ist beliebt und wird gehätschelt. Mehr als in Griechenland beschäftigen sich die Eltern selbst mit ihrem Kind: ursprünglich ist es die Mutter, die das Kind selber stillt und sich mit Spielen und Erzählungen um seine erste Erziehung kümmert; erst in hellenistischer Zeit läßt sie sich von diesen Aufgaben durch eine - oft griechische - Amme entlasten. Vom siebten Lebensjahr an kümmert sich der Vater selbst um die sittliche Erziehung seines Sohnes, welcher ihn bis zur Anlegung der toga virilis im 14. Lebensjahr überall hin begleitet. Danach wird ihm ein der Familie verbundener Freund als Tutor beigegeben. Im Mittelpunkt der Erziehung des Knaben stehen die Aufgaben des späteren Erben und pater familias und die mos maiorum, die Achtung vor den Sitten der

Vorfahren. „Die Rechtstellung der Kinder ... ist von der Position des Hausvaters abgeleitet. Dessen Vorherrschaft ist das durchgängige und herausragende Kennzeichen der antiken Familienstruktur. Im römischen Rechtsinstitut der patria potestas erreicht sie ihren Höhepunkt... Insbesondere erstreckt sich die Gewalt des Hausvaters über die Kinder. Sie beinhaltet das Züchtigungsrecht, geht aber weit darüber hinaus. Sie umfaßt die Möglichkeit, das Kind zu verheiraten, scheiden zu lassen, in Adoption zu geben oder aus der manus-Verfügung zu entlassen. Sie geht bis zum Recht der Aussetzung neugeborener Kinder oder des Verkaufs, der Verpfändung oder sogar der Tötung von Kindern (ius vitae necisque)" (Müller 1992, S. 107f.).

Das Kind ist so in das Recht des Hausvaters einbezogen; ein eigenes Recht kommt ihm als solchem nicht zu. Ungewollte, „unnütze" Kinder werden wie in Griechenland oft ausgesetzt, vor allem die Mädchen; „denn sie konnten die Familienlinie nicht fortführen und erforderten bei ihrer Heirat ein schweres finanzielles Opfer, die Mitgift. Mißgestaltete Kinder wurden als ein schlimmes Omen angesehen, weshalb ihre Aussetzung schon nach dem Zwölftafelgesetz (450 v. Chr.) verpflichtend war. Auch in späteren Zeiten war solches üblich, wie das Zeugnis eines im übrigen humanen Philosophen wie Seneca lehrt: 'Mißgeburten löschen wir aus, Kinder auch, wenn sie schwächlich und mißgestaltet geboren worden sind, ertränken wir; und nicht Zorn, sondern Vernunft ist es, vom Gesunden Untaugliches zu sondern'" (Eyben 1986, S. 318). Erst im Jahre 374 n. Chr. wird die Kindestötung unter Strafe gestellt, vermutlich aus christlichen Anschauungen heraus.

Auch für die Römer liegt das fundamentale Charakteristikum des Kindes in seiner physischen und geistigen Schwäche und Unvollkommenheit. In diesem Sinne bemerkt Cicero: „ Jeder Teil des Lebens hat seine eigentümliche Reife, so daß die Schwäche des Knaben (infirmitas puerorum), der Mut des Jünglings (ferocitas iuvenum), der Ernst der reifen Jahre (gravitas iam constantis aetatis) und die Abgeklärtheit des Alter (senectutis maturitas) etwas Naturgemäßes sind, was zeitgerecht benützt werden soll" (Cicero, zit. n. ebd., S. 334f.). Insgesamt gilt das Kind-Sein im antiken Erziehungsdenken als ein unvernünftiger, defizitärer Modus des Menschlichen, der erst überschritten werden muß, um zur Menschlichkeit, zur Vernunft zu kommen. Für Aristoteles verfügt das Kind nur über die vegetative Seele der Pflanzenwelt und über die animalische der Tierwelt, noch nicht über die eigentlich menschliche Vernunft-Seele. Deshalb stellt er es auf eine Stufe mit den Tieren: „Natürlich können wir nun weder Kind noch Pferd noch sonst ein Tier als 'glücklich' bezeichnen, denn keines kann Anteil bekommen an dem Tätigsein, wie wir es beschrieben haben. Aus demselben Grund kann auch ein Kind nicht 'glücklich' heißen, denn es ist noch gar nicht fähig, in solchem Sinne zu handeln, weil es zu jung ist. Und wenn man Kinder dennoch glücklich nennt, so geschieht es, weil man hofft" (Aristoteles Nic. eth. 1100a, zit. n. Lassahn 1983, S. 30f.). Als ein Wesen, das die Vernunft noch nicht gebrauchen kann, ist das Kind noch unfähig, von sich aus das Rechte zu tun. Die Antike sieht am Kinde also vor allem das Unfertige, das Kindische; aus einem Wesen, das nur im Augenblick lebt, nichts ernst nimmt und sich leicht ablenken und einschüchtern läßt, ist nur durch angespannte, „technisch" durchdachte Erziehungsarbeit etwas zu machen. „So verbindet sich die Geringschätzung des Kindes mit rationalistischem Optimismus. Es fehlt das Wissen um die Schranke des Erziehers, die Achtung vor der werdenden Persönlichkeit, die tiefe Liebe zum Kinde - auch in der Spätzeit" (Oepke 1954, S. 641).

Für das menschengläubige, anthropozentrische Erziehungsdenken der Antike steht die Entfaltung der Geisteskraft des „höheren Menschen" im Mittelpunkt. Der Optimismus des Erziehers erwächst aus dem Vertrauen in die Bildsamkeit und in die Begabung des Kindes. Dies wird beispielhaft in zwei bedeutsamen Werken antiker Pädagogik deutlich. In seinen „Nomoi" hat Platon (427-347 v. Chr.) als erster einen Erziehungsplan vorgelegt, nach welchem schon von früher Kindheit an Leib und Seele des Kindes gebildet werden sollen. Bereits vor der Geburt soll die Schwangere sich so bewegen, daß das im Mutterleib heranwachsende Kind in eine ausgeglichene Seelenlage gelangt. An diese mittlere, heitere Gemütsstimmung wird es in den ersten Lebensjahren durch das anhaltende Gleichmaß der Tätigkeiten und durch die Harmonie der Gesänge der es umgebenden Personen gewöhnt. Danach entfaltet das Kind selber erst im Spiel, dann in den kämpferischen und tänzerischen Bewegungen der Gymnastik im Ebenmaß sein Können sowie seinen Mut und seine Besonnenheit. Erst wenn der Knabe aus der Aufsicht der Mutter und der Wärterinnen heraustritt, um beim Elementarlehrer Lesen, Schreiben und Rechnen zu lernen, bedarf es „mannigfacher Zügel", um seinen unverständigen Eigensinn zu bändigen: „Der Knabe ist aber unter allen Geschöpfen das am schwierigsten zu behandelnde; denn je mehr er eine Quelle des Nachdenkens besitzt, die noch nicht die rechte Richtung erhielt, wird er hinterhältig und verschlagen und das übermütigste der Geschöpfe" (Platon 1959, S177f.). Anders als für die Bildung des Leibes und der Seele ist für diejenige des Geistes strenge Führung und Disziplin erforderlich.

In seiner „Institutio oratoria", einem der wirkungsmächtigsten pädagogischen Werke der Antike, nimmt Quintilian (ca. 35 - ca. 100 n. Chr.) die Bildsamkeit des Kindes schon genauso ernst wie die Pädagogen der Neuzeit. Er besteht z.B. darauf, daß nur ausgewählte Personen mit der Pflege und der Erziehung betraut werden, „weil in der Seele des Kindes die ersten Eindrücke die tiefsten sind. Schon in den ersten Jahren kann das Kind, wie es sittlich geformt wird, auch geistig gebildet werden, freilich in der diesem Alter gemäßen Weise" (Blomenkamp 1966, Sp. 514). Der erste Unterricht soll dabei durchaus auch Spiel sein. Begabung ist für die antiken Erzieher nahezu gleichbedeutend mit Gedächtnis. „Gedächtnis war damals in derselben Weise fragloses Richtmaß wie heutzutage die 'Intelligenz'. Die gewöhnlichen Schulen sind nie etwas anderes als reine Dressieranstalten gewesen, in denen das Kind auf ein bloß empfangendes Gedächtniswesen reduziert war, und von einer schöpferischen Selbsttätigkeit des Kindes hat man in der Antike weder etwas gewußt noch etwas gewollt" (Ballauff 1969, S. 195). In diesem Sinne schreibt auch Quintilian: „Das Gedächtnis wird vorzüglich gestärkt und genährt durch Übung, und in dem Alter, von dem wir jetzt reden, welches selbst noch nichts aus sich hervorzubringen vermag, ist es beinahe das einzige, was durch die Sorgfalt der Lehrer gefördert werden kann" (Quintilian zit. n. ebd., S. 195). Jede Äußerung der Spontaneität des Kindes ist im Elementarunterricht verpönt; nur das gründliche Auswendiglernen ausgesuchter, vorbildlicher Texte kräftigt das Gedächtnis und damit das geistige Vermögen überhaupt. Den Vorwurf, die Kinder damit zu überfordern, weist Quintilian mit dem Hinweis zurück, daß ihre Leistungsfähigkeit gemeinhin unterschätzt werde.

Halten wir fest: Die Einstellung zum Kinde in der griechischen und römischen Antike ist im Grunde getragen von einer ursprünglich positiven Wertung des - nützlichen - Kindes und vom spontanen Gefallen am Umgang mit ihm; diese positive Haltung wird noch bestärkt durch die Auffassung der besonderen Bildsamkeit des Kindes. Auf der anderen Seite fehlt in der Antike die Achtung vor dem Kind als eigenständiger Person und ein tiefergehendes Verständnis für die eigentümlichen Entwicklungsprozesse der kindlichen Seele. Das Kind ist vor allem eine Geduldsprobe, weil es primär als ein noch nicht erwachsener Mensch erlebt wird. Es ist gekennzeichnet durch den Mangel - den Mangel an Ernst, an Einsicht und an Erfahrung.

Gegen diese Einschätzung des Kindes im Alltag kontrastiert die betonte Wertschätzung des Kindes im Bereich der religiösen Kulte. In dieser Sphäre bewertet man den Mangel des Kindes an Lebenserfahrung nicht als Schwäche, sondern als Auszeichnung. Das Kind erscheint hier als noch unberührt und unverdorben, als noch unbelastet, sozusagen von unbefleckter Reinheit. Diese Auffassung vom Kinde kommt im römischen Altertum darin zum Ausdruck, daß die Kinder (der Freien) bis zur Anlegung der Männertoga bzw. zur Heirat die „toga praetexta" tragen, ein heiliges Gewand, das sonst nur die Priester bei Opferhandlungen benutzen. Durch seine Kleidung wird das Kind für seine Unschuld und geschlechtliche Reinheit ausgezeichnet und damit über die Erwachsenen gestellt, die durch ihre Verstricktheit in die weltlichen Geschäfte immer schon als Befleckte erscheinen müssen. Durch seine Heiligkeit erhält das Kind auch besondere Aufgaben im Kult als Helfer bei Opferhandlungen und anderen religiösen Feiern. So bemerkt Jamblichus: „Die Kinder sind den Göttern besonders lieb und müssen deshalb in der Dürre um Regen bitten, da die Gottheit am meisten auf sie hört, und zwar auf sie allein, weil sie als völlig keusch das volle Recht haben, in dem Tempel zu verweilen“ (Jamblichus zit. n. Eyben 1986, S. 332).

Dieser Zustand der Unschuld und Gottgefälligkeit des Kindes wird ursprünglich rein kultisch verstanden; in der späteren Antike, im hellenistischen Zeitalter wird er allerdings auch zunehmend moralisch aufgefaßt. Ein wichtiger Faktor in diesem Säkularisierungsprozeß ist die stoische Philosophie, in der die Vorstellung von einem ursprünglichem Naturzustand mit dem aus dem kultischen Bereich stammenden Bild des noch unschuldigen Kindes verknüpft wird. Aus der Unverdorbenheit des Kindes im Kult wird nun die moralische Integrität als ursprüngliche Verfassung des Menschen. Diese anfängliche Vollkommenheit des Kindes wird freilich schon vom ersten Tag seines Lebens an durch die Einflüsse der Umwelt verdorben: „Lust und Unlust, die bloße Begleiterscheinungen sein sollen, drängen sich in den Eindrücken seit dem ersten Lebenstage vor, und es kommt zu der diastrophé, die den Menschen dazu verleitet, diese Empfindungen als das eigentlich zu Erstrebende oder zu Vermeidende anzusehen... Seneca wird nicht müde, den Zeitgenossen vorzuhalten, wie die Natur, die uns unversehrt mitgegeben ist, bei ihrer Labilität Degenerationsgefahren aller Art ausgesetzt wird“ (Herter 1975, S. 613). Wir sehen in dieser stoischen Auffassung von der ursprünglichen Unschuld und Vollkommenheit einen ersten direkten Zugang zu dem Kindbild, mit dem Rousseau das Erziehungsdenken der Neuzeit revolutioniert hat.

In der späthellenistisch-römischen Antike dringt die anfänglich nur kultische Verehrung des Kindes auch in den Bereich der Künste und sogar bis in das Alltagsleben vor: „Eine Art Jahrhundert des Kindes bricht an. Augustus wird als Kinderfreund geschildert. Man kauft Kinder auf dem Markt, um sie als deliciae zu genießen. Stirbt eins von den ‘Puttten’, so trauern rührende Grabinschriften noch lange um das verstorbene Kind. Kindergeschichten werden in den Salons erzählt und vorgelesen. Auf Träume von Kindern gibt man viel. Die Dichtung der hellenistischen Zeit erzählt gern von den Götterkindern[3]. Die hellenistische Zeit sehnt sich nach dem Paradies. Sie hat manchmal Freude mehr am Kind als am jungen Mann... . Jedenfalls steht für das Zeitalter beides fest: Die Gottheit wird verkindlicht, aber auch die Kindheit wird vergöttlicht“ (Jentsch 1951, S. 207 f., vgl. auch Overbeck 1924). Die kultisch begründete antike Auffassung von der Unschuld des Kindes erreicht in einer Epoche weit verbreiteter religiöser Sehnsucht einen Höhepunkt. Das Kind erscheint nun wertvoller als der Erwachsene, weil es die Götter aus reinerem Herzen anruft

und noch nicht in die Abgründe der Sinnlichkeit verstrickt ist. Gerade durch das Kind kann man wieder dem Göttlichen näherkommen, „denn Kinder wissen und schauen mehr als die Erwachsenen; auch der Philosoph muß die letzten Dinge vom Kind lernen“ (Schneider 1954, S. 659).
Bei dieser Auffassung des Kindes geht es aber nicht um das tatsächliche Kinderleben, sondern um ein Kindheitsideal: „Denn unmittelbar neben der Hochschätzung des Kindes im Kult und neben der Erwartung eines kindlichen ‘Heilandes’ gibt es die Ausnutzung von Kindern, unmittelbar neben der Trostschrift wegen einer gestorbenen Tochter, rührender Grabinschriften und stärker die Individualität berücksichtigenden Kinderbildern gibt es härteste Züchtigung als weithin anerkannte Erziehungsmethode ... und unmittelbar neben kostbaren Vasenbildern mit Schulszenen gibt es die Auffassung, daß an den dürftigen Verhältnissen der Armen, die ihren Kindern keine Schulbildung vermitteln können, eben nichts zu ändern und das Schicksal schuld sei“ (Müller 1992, S. 122).

2.2 Werden wie die Kinder - der Vorschein des romantischen Kindheitsbildes in der Frühzeit des Christentums

Jesus Christus verkündet seine Botschaft in dieser Zeit einer ästhetischen und schwärmerisch-religiösen Kindverehrung. Er scheint in den berühmten Kinderperikopen des Matthäus-Evangeliums an den hellenistischen Zeitgeist anzuknüpfen, wenn er spricht: „Wahrlich ich sage euch: Es sei denn, daß ihr euch umkehret und werdet wie die Kinder, so werdet ihr nicht ins Himmelreich kommen. Wer nun sich selbst erniedrigt wie dies Kind, der ist der Größte im Himmelreich. Und wer ein solches Kind aufnimmt in meinem Namen, der nimmt mich auf“ (Matthäus 18, 3-5) sowie: „Lasset die Kindlein und wehret ihnen nicht zu mir zu kommen; denn solcher ist das Himmelreich“ (Matthäus 19,14). Innerhalb einer jüdischen Welt spricht Jesus seine Worte über das Kind in einer nicht-jüdischen, an die griechisch-hellenistische Auffassung gemahnenden Sicht, welche aber doch von einer ganz anderen Voraussetzung ausgeht: „Nicht besondere Qualitäten sind es, welche die Kinder zum Empfang der Gottesherrschaft prädestinieren, sondern im Gegenteil: ihre totale Angewiesenheit auf das Empfangen und ‘Sich-beschenken-lassen’. In ihrer völligen Hilfsbedürftigkeit und Abhängigkeit haben sie nichts zu bieten: keine Verdienste und Werke, keine Gesetzeserfüllung, keine Leistungen. Wie die Armen, Kranken und Sünder, derer Jesus sich annahm, stehen die Kinder da vor Gott mit leeren Händen und können nicht anders, als vertrauensvoll alles vom ‘Abba’,ihrem lieben Vater, zu erwarten. Damit werden die Kinder zum exemplarischen Ausdruck christlicher Grundhaltung und evangelischen Rechtsfertigungsglaubens: mit leeren Händen total auf Empfangen angewiesen, ohne Verdienste angenommen!" (Lachmann 1989, S. 157; vgl. auch Jentsch 1951, S. 209f.).

Für diese Lobpreisungen der Kindlichkeit kann Jesus nicht an die alttestamentliche Tradition seiner kulturellen Umgebung anknüpfen. Zwar gibt es in der theokratischen Agrargesellschaft der *Juden* ebenfalls die urwüchsige Hochachtung der Nachkommenschaft und den Preis des Kinderreichtums, überhöht noch durch die religiös verankerte Auffassung des Kindes als Geschöpf Gottes, als Gnadengeschenk Jahwes. Kinder sind eine Gabe des Herrn; die Geburt eines Kindes gilt deshalb als Segen, der sich im Kinderreichtum am deutlichsten ausdrückt. Entsprechend wird Kinderlosigkeit als Unheil betrachtet. „Diese Einschätzung hat als praktische Konsequenz, daß in Israel weder die Empfängnisverhütung noch die Aussetzung von Kindern in Frage kommen" (Müller 1992, S.127) - ein bedeutsamer Unterschied zur griechisch-römischen Antike. Aus der religiösen Gewißheit heraus, das von Gott auserwählte Volk zu sein, ergibt sich die Dienstpflicht und Solidarität gegenüber allem Geschöpflichen. In diese Solidarität sind auch die Kinder und somit alle Neugeborenen eingeschlossen. Abtreibungen und Kinderaussetzung sind streng verfemt. Die Aufzucht aller Kinder, auch der Mädchen, wird zur sittlichen Pflicht der patriarchalischen Dreigenerationenfamilie des Hauses (vgl. Mayer 1986, S. 370). Die mit dem 7. Lebensjahr in der jüdischen Gesellschaft einsetzende schulische Elementarbildung (für Knaben) erhält große Bedeutung. Denn von ihr macht man auch den Fortbestand des eigenen Volkes und seiner geschichtlichen Sendung abhängig.

Das Judentum hat andererseits für die Individualität und Eigenart des Kindes in noch geringerem Maße Verständnis als die antiken Griechen. Über die als selbstverständlich erachteten Pflichten des Gehorchens und des altersstufengemäß fortschreitenden Lernens (Lektüre von Thora, Mischra, Talmud) widerfährt dem Kinde keine besondere psychologische oder pädagogische Beachtung. Für das theozentrisch-religiöse Erziehungsdenken im Alten Testament ist die Nähe von Erziehen und Züchtigen kennzeichnend: Züchtigungen sind Zeichen der Liebe des Vaters, der in erster Linie als maßgebend für die Erziehung gilt. Die Erziehungsgewalt des Vaters, der im Haus auch priesterliche Funktionen ausübt, gestattet ihm sogar, bei Ungehorsam sein eigenes Kind zu töten. Auch hierin wird deutlich, daß das Kind in erster Linie als unverständiges, launisches und unentwickeltes Wesen angesehen wird, das von sich aus zu Unarten und Verfehlungen neigt und deshalb der göttlichen und menschlichen Zucht bedarf. Das gewöhnliche Urteil über das Kind ist also auch im Judentum eher negativ; die Vorstellung von der Unschuld (und Vorbildlichkeit) des Kindes kann hier gar nicht aufkommen. Im Gegenteil: Die Erbsündenlehre überhöht religiös die Geringschätzung des Kindes im Alltag. „Über jedem Weibgeborenen steht der Fluch der Tat Adams, die jeder für sich aufs neue begeht... Man streitet, ob die Kinder schon im Mutterleibe sündigen. ...Das Kind ist für sinnliche, sogar geschlechtliche Lust besonders empfänglich“ (Oepke 1954, S. 645). Das Kind steht also als von Geburt an böses Wesen in einem alle Altersstufen übergreifenden, schuldbedingten Unheilszusammenhang, den es nur im Gottesgehorsam überwinden kann.

Jesus von Nazareth stellt also der in seinem Volk üblichen Einschätzung der Kindheit als Mangelexistenz die besondere Hochschätzung der Kindlichkeit gegenüber. Er nimmt gleichsam die zeitgenössischen hellenistischen Motive der Kindesverehrung auf, ohne mit der Lobpreisung der Kindlichkeit die Sündenlosigkeit zu verknüpfen. In den Worten Jesu kommt tatsächlich ein neues Bild vom Kinde zum Ausdruck, welches selbst in der urchristlichen Gemeinde noch auf Widerstand stößt. Das Kind ist zunächst das Beispiel für das Klein-Sein und die gesellschaftliche Unmündigkeit und Randexistenz. Die Unmündigkeit der Kinder verweist auf die soziale Lage der Armen, Kranken und Behinderten. Das Kind ist sodann für Jesus Vorbild für den Glauben: „Als Modell für den Glauben werden die Kinder in der Segnungsperikope dargestellt. Das Annehmen des Gottesreiches ‘wie ein Kind’ bezieht sich gerade nicht auf kindliche Unschuld oder Einfalt, sondern auf das, was Erwachsenen (wie es scheint nicht nur in urchristlicher Zeit) schwer fällt: auf das Kommen und Sich-Öffnen, auf das Bitten, auf das Annehmen-können und Sich-schenken-lassen“ (Müller 1992, S.382f.). Das Kind stellt Jesus schließlich in die Mitte der Jünger: „Das Kind in der Mitte ist eine Absage an das Streben nach den besten Plätzen (vgl. Mk 10, 35ff.). Es ist ein Modell für den Umgang miteinander in einer christlichen Gemeinde, die sich an Jesus orientiert“ (ebd., S.383). Jesus weist dem Kind im Blick auf das Reich Gottes eine zentrale Stellung zu - holt es vom Rand in die Mitte. Jesus spricht als Jude nie von der Unschuld der Kinder, sondern hebt seine Einfalt, Demut und Bescheidenheit hervor. Was das Kind auszeichnet, ist die Abwesenheit von Geltungssuche und Selbstgerechtigkeit. Seine bislang geringgeschätzte Unfertigkeit und Hilfsbedürftigkeit machen es in besonderer Weise bereit für die Liebe Gottes; es ist der „ideale Staatsbürger im Reich Gottes“ (Assmann). „Denn das ist ja gerade das Neue und Unerhörte, daß das Kind nunmehr vorbildlich wird: Jesus wendet sich gar nicht eigentlich an die Kinder, sondern an die Erwachsenen, die wie die Kinder werden sollen. ... und darin besteht eben das Umwälzende seiner Botschaft, daß der Anspruchlose dereinst den höchsten Anspruch wird erheben dürfen. Für diese Einstellung gibt es in der heidnischen Antike keine Parallele“ (Herter 1975, S. 615)[4]. Indem Jesus gerade die Ohnmacht und Einfalt des Kindes preist, stellt er das hierarchische Gefüge der Gesellschaft seiner Zeit geradezu auf den Kopf. Mit der Forderung, den höchsten Respekt gerade den unbedeutensden Gliedern der Gesellschaft entgegenzubringen, wird geschichtlich wohl zum ersten Male zugleich die Maxime formuliert, daß auch den Kindern die volle Menschenwürde gebührt.

Einschränkend müssen wir zu dem bisher Gesagten feststellen, daß Jesus in den Kinderperikopen des Matthäus-Evangeliums sich keineswegs in erster Linie mit der Lage der Kinder befaßt. Seine Rede über das Kind ist gleichnishaft: es dient ihm als Metapher für das Wesen des gläubigen Christenmenschen. Nicht das Kind in seiner konkreten Individualität steht also im Vordergrund, sondern die Kindlichkeit. Am Beispiel des einfältigen, demütigen Kindes will Jesus verdeutlichen, daß der Gläubige sich in dem Maße der Gnade Gottes öffnet, wie er sich selbst erniedrigt und allein der Vaterliebe vertraut. „'Wie ein Kind werden' heißt demnach, den von Christus geschenkten Glauben so hinzunehmen, wie die Kinder das taten, die Jesus an sich zog, während andererseits 'Glauben' bedeutet, 'Kind Gottes' zu werden. In diesem Sinne wird durch das Neue Testament Kindsein zum zentralen Gebot des Christseins gemacht. ... Kindsein meint damit die durch Christus dem Menschen eröffnete Realität der Kindschaft vor Gott, der Gotteskindschaft“ (Röbbelen 1960, S. 36; vgl. auch Haufe 1979, Sp. 634, Lachmann 1989, S. 186f. u. Woschitz 1982, S. 45ff.).

Wenn in den Worten Jesu auch das Kind selber nicht eigentlich der primäre Gegenstand des Interesses ist, es gleichsam nur als Metapher für die Seelenhaltung des gläubigen Christen dient, so muß gleichwohl festgehalten werden, daß Jesus damit mittelbar auch dem wirklichen Kind die Tugenden der Naivität und Demut hat zutrauen müssen. Und diese Auffassung des Kindes - mit dem Zugeständnis seiner vollen geschöpflichen Würde - hat eine wichtige Rolle gespielt im Prozeß der Selbstdefinition und Abgrenzung der Christen sowohl von der alttestamentlich-jüdischen wie auch von der griechisch-hellenistischen Welt.

Aleida Assmann hat diese christliche Kindheitsidee zutreffend als eine Ausprägung des Typus der „relativen Kindheit“ bezeichnet und ihn dem der „absoluten Kindheit“ gegenüber gestellt, dem wir im folgenden begegnen werden. „Unter relativer Kindheit verstehen wir die auf einen Vater bezogene, deren existentielle Grundsituation die der Hilfsbedürftigkeit, der Nicht-Autarkie ist. Von der allgemeinen conditio humana, der erbsündigen Verfassung der Menschheit, ist das Kind nicht ausgenommen, dessen Einfalt und Gefügigkeit in dieser Situation jedoch vorbildlich ist. Das Konzept einer absoluten Kindheit kennt dagegen keine solche dominierende Vaterfigur, die existentielle Grundsituation ist hier die der Vollkommenheit, ja Göttlichkeit. .... Die relative Kindheit stellt den im wesentlichen vom Christentum geprägten Typus dar und kennzeichnet als das „was wir werden sollen“ ein asketisches Leitbild für die gefallene Menschheit“ (Assmann 1978a, S. 123 f.).

Die Einstellung des Christentums zum Kinde ist in sich selbst gegensätzlich: einerseits geprägt von der Vorstellung des Kindes als erbschuldbehafteten und deshalb ständig zu Verfehlungen geneigten Wesens und andererseits bestimmt von der Hochschätzung kindlicher Einfalt und Demut. Bei den *hellenistischen Kirchenvätern* kann sich der Aspekt der Sündhaftigkeit des Kindes, der ja aus dem alttestamentlichen Judentum stammt, gegen Jesu Lobpreisung der Kindlichkeit im Matthäus-Evangelium nicht durchsetzen. Bei ihnen dominiert angesichts der in der griechisch-hellenistischen Tradition tief verwurzelten Überzeugung von der kultischen Reinheit des Kindes das Lob der Unschuld mit und ohne Bezug auf die Jesus-Worte. Ganz aus diesem hellenistischen Zeitgeist heraus führt bei Clemens von Alexandria (ca. 150-215) der christliche Gedanke von der Gotteskindschaft, des Kindwerdens vor Gott, zu einer unbefangenen Hochschätzung des Kindes überhaupt. Kindhaftigkeit bedeutet für den Autor des „Logos Paidagogos“ „nicht Unvernünftigkeit und Torheit, sondern ‘Bildsamkeit und Einfachheit des Geistes’, jene beeindruckbare Zartsinnigkeit, ahnende Aufgeschlossenheit, Lockerheit und Willigkeit des Gemüts, die auch das eigentliche Wesen der ‘Einfachheit und Wahrheit’ ist. Clemens hebt ferner an dieser kindlichen Bildsamkeit die Leichtbestimmbarkeit und Leichtlenkbarkeit zum Guten und die Lernbereitschaft, das ewige Schülersein hervor. Aber es gehört zu ihr auch die Sorglosigkeit, die auf einen liebenden Vater (Gott) vertraut, und die liebliche Schwäche und Hilfsbedürftigkeit, die der Mutter (der Kirche) ans Herz drängt. Mit welchem lebendigen Sinn für das Kindergemüt bringt Clemens die biblischen Quellen zum Sprechen!“ (Lichtenstein 1956, S. 30). Durch die Verbindung der griechisch-hellenistischen und der christlichen Gedankenwelt gelingt es Clemens, die ideengeschichtlich heterogenen positiven Vorstellungen von der Bildsamkeit und Unverderbtheit, der Einfalt und Hingabefähigkeit des Kindes in eins zu verschmelzen und dem Begriff Kind alles Geringschätzige zu nehmen.

Das Beispiel des Clemens Alexandrinus zeigt, wie im frühen Christentum zur gedanklichen Fundierung seiner neuartigen Idee der Kindlichkeit und Kindheit auch auf die aus der griechischen Antike stammenden kultisch-religiösen Vorstellungen von der Unschuld des Kindes sowie auf den stoischen Gedanken von der ursprünglichen Vollkommenheit der Kindesnatur zurückgegriffen wird. Dabei steht einer schrankenlosen Verherrlichung des Kindlichen allerdings das Dogma der Erbsünde, der Unheilszusammenhang des Sündenfalls entgegen. Vom christlich-orthodoxen Denken abweichenden, radikalen Ausprägungen einer uneingeschränkten Hochschätzung des Kindes begegnen wir im Pelagianismus und im spätantiken gnostisch-hermetischen Denken. Der britische

Mönch *Pelagius* (+ nach 418) verwirft die Lehre von der Erbsünde und bestreitet die Berechtigung der erst damals in der altchristlichen Kirche eingeführten Kindertaufe. Von der Stoa beeinflußt, geht er dagegen von der ursprünglichen und durch die Einhaltung göttlicher Gebote wieder zu erlangenden Vollkommenheit des Menschen als Ebenbild Gottes aus. Das Dogma von der Erbsünde hält er für einen Widerspruch in sich. „Für Pelagius war es mit Gottes Gerechtigkeit unvereinbar, vom Menschen sittliche Vollkommenheit zu fordern, wenn der Mensch dazu außerstande wäre. Folglich müsse es in der Macht der menschlichen Freiheit liegen, das Gute zu tun. Diese Freiheit kann durch die Sünde nicht zerstört worden sein; eben darin, daß wir sie besitzen, bestehe die Gnade Gottes" (Flasch 1980, S. 177). Für Pelagius ist der Sündenfall das Schicksal Adams, nicht das der Menschheit insgesamt. Deshalb befindet sich jedes Kind zunächst wieder im Zustand der Unschuld wie Adam vor dem Fall. Da der Mensch von Gott wesenhaft gut geschaffen worden ist, ist er auch in der Lage, durch sein natürliches Willensvermögen den Geboten Gottes zu folgen. Die Sünde entsteht aus bewußter Entscheidung gegen Gott. Kinder bedürfen also nicht der Taufgnade zur Vergebung von Sünden, die sie noch gar nicht haben begehen können.

Mit dieser Auffassung von der ursprünglich vollkommenen Menschennatur gerät der Pelagianismus in Konflikt mit der christlichen Orthodoxie; er wird von Augustinus bekämpft und auf dem Konzil von Ephesus im Jahr 431 als häretisch verdammt. Der Pelagianismus ist „am besten als eine Bewegung zu begreifen, die in bester Absicht an der Gültigkeit urchristlicher Prinzipien für das nachkonstantinische Zeitalter festhalten wollte, die aber das Unglück hatte, mit dem nordafrikanischen Erbsündendogma zu kollidieren, und daher eher ungerechtfertigt diskreditiert wurde" (Bonner 1996, S. 183). Bei der weiteren Entfaltung der Idee des vollkommenen Kindes ist der christliche Pelagianismus allerdings immer wieder ein wichtiger Bezugspunkt geblieben. Wir werden ihm daher im weiteren Verlauf unserer Untersuchung verschiedentlich wiederbegegnen.

Die für die europäische Ideengeschichte der Kindheit ungleich bedeutsamere Wirkung geht indes - wir erinnern hier an die eindrucksvolle Darstellung Aleida Assmanns (vgl. Assmann 1978a) - von dem Bilde des Kindes aus, das im heidnischen *Corpus Hermeticum* anzutreffen ist. Die Sammlung griechischer und lateinischer Schriften aus dem 2. und 3. nachchristlichem Jahrhundert trägt diesen Namen, weil ihre neuplatonisch-gnostischen Texte als Offenbarung des gottgleichen Hermes Trismegistos betrachtet worden sind. Die Vorstellung von der ursprünglichen Reinheit und Vollkommenheit des Kindes wird u.a. in der folgenden Wendung deutlich: „Betrachte die Seele eines Kindes, mein Sohn, eine Seele, welche die Trennung von ihrem Selbst noch nicht voll erfahren hat.

Denn der kindliche Körper ist noch klein und noch nicht zu seinem vollen Volumen angewachsen. Wie schön ist sie ringsherum anzuschauen. Noch ist sie nicht von körperlichen Leidenschaften verunstaltet, sie hängt fast noch an der Weltseele. Wenn aber der Körper an Volumen zunimmt und die Seele in seine stoffliche Masse hinabzwingt, dann löst sie sich ab und erzeugt Vergessen und hat keinen Teil mehr am Schönen und Guten. Das Vergessen aber wird zum Laster" (Hermes Trismegistos zit.n. ebd., S. 106). Auf der Grundlage der neuplatonischen, dualistischen Auffassung des Körpers als Kerker bzw. Feind der Seele wird dem Kind wegen seiner Schwerelosigkeit hier noch eine Nähe zum geistigen Ur-Einen bzw. göttlichen Urgrund zugedacht, die der schon völlig inkarnierten Seele des Erwachsenen verwehrt ist. Noch unbelastet von der Erdenschwere erfährt das Kind unbewußt die Harmonie der kosmischen Ordnung, es ist noch unmittelbar mit der Weltseele vereint. Durch diese Erfahrung der ursprünglichen Einheit und Vollkommenheit wird das Kind hier im hermetischen Kult zum Vorbild des Erwachsenen, dessen Seele durch den Fall in die Welt der Materie schmerzlich unter ihrer Abspaltung vom Ursprung leidet. Das Kind kann damit zugleich zum Mystagogen werden, seine Kindlichkeit zum Ideal einer Lebensführung, die auf den Wiederaufstieg der Seele zum Ursprung zielt.

Der hermetische Gedanke von der Ursprungsnähe und Vorbildlichkeit des Kindes begründet den Typ der absoluten Kindheit, einer Kindheit, deren existentielle Grundsituation nicht mehr die Hilfsbedürftigkeit und Abhängigkeit ist, sondern die Vollkommenheit. Anders als die relative Idee der Kindheit - etwa die christliche der Gotteskindschaft - kennt sie keinen Bezug auf eine (göttliche) Vaterperson, deren Kind „wir wieder werden sollen". Die auf die heidnische Spätantike zurückgehende Idee des absoluten Kindes sieht im Kind eine ursprüngliche, vollkommene Form des (göttlichen) Menschentums; sie steht in engem Zusammenhang mit der Sehnsucht nach der Rückkehr zu dem, „was wir waren". „Der hermetische Gedanke von der Vollkommenheit des Kindes ist - in direkter oder indirekter Verbindung mit seiner Quelle - im neuzeitlichen Denken vielleicht produktiver geworden als die christliche Vorstellung. Man ist weniger geneigt, im Kind den alten Adam wiederzufinden als, wie bereits Pelagius, seinen prälapsarischen Vorgänger. Unter Ausschluß einer externen Vaterfigur wird das Kind zum ‚Vater des Menschen' erhoben und zu einer Erlöserfigur hypostasiert" (ebd., S. 124).

Aleida Assmann hat die Stationen einer Wirkungsgeschichte der Idee des absoluten Kindes in groben Zügen skizziert - vom Corpus Hermeticum über seine Übersetzung durch Marsilio Ficino im Jahre 1463, Jakob Böhme, die mystischen Dichter im England des 17. Jahrhunderts bis zu den Romantikern. Und sie hat auch auf den engen Zusammenhang hingewiesen, der zwischen der Verehrung des Kindlichen und dem Leiden an der eigenen Zeit bzw. der Kritik an der herrschenden Kultur besteht: „Dort, wo das Kind als ein neuer Standard des Denkens, Fühlens, Lebens und Dichtens in den Mittelpunkt rückt, ist deshalb immer zugleich ein weitreichender kulturkritischer Impuls am Werk. Das Kind fungiert als Träger ideologischer Bedeutung, als Symbol, Paradigma oder Leitbild im Rahmen einer übergreifenden Erneuerungsidee. Es geht nie in erster Linie um das Kind, sondern um Herausforderung oder Absage an etablierte Moralvorstellungen, Denkschemata, Sozialstrukturen. Mit dem Kind als verpflichtender Orientierung sagt sich eine neue Christengemeinde vom herrschenden Geist der hellenistischen Welt los, predigt der Seelsorger Fénelon einer in Reflexion erstarrten Hocharistokratie die Einfalt des Herzens, stellen die Mystiker Vaughan und Traherne die persönliche Erfahrung über die Autorität des Dogmas, proklamiert der Sozialrevolutionär Winstanley die Gemeinschaft der Besitzlosen, appeliert der Dichter Wordsworth in einer Industriegesellschaft an naturhafte Verbundenheit und Solidarität mit allem Lebendigem“ (ebd., S. 122). Den gerade geltenden kulturellen Werten und sozialen Normen gegenüber wird in der Berufung auf das Kind ein Moment des Ursprünglichen, Idealen, Ewigen zur Geltung gebracht, das sich noch nicht hat gesellschaftlich verzwecken lassen.

Halten wir rückblickend fest: In der christlichen Idee der relativen Kindheit als Gotteskindschaft und in der heidnisch-spätantiken Vorstellung vom absoluten, vollkommenen Kind (als Vater des Menschen) finden wir bereits die für die abendländische Geistesgeschichte grundlegenden Ausprägungen der positiven Kindheitsidee. Beiden Bildern der Kindheit liegen religiöse und ethische Motivkomplexe zugrunde, die im ersten Fall auf Anspruchslosigkeit und Selbsterniedrigung zielen, im zweiten auf mystische Ursprungserfahrung und autobiographische Regression. In dieser zweiten Idee der Kindheit als vollkommener Daseinsform sehen wir den antiken Vorentwurf des Kindbildes, das wir als das romantische bezeichnen. Bei all dem geht es bisher allerdings in erster Linie nicht um das tatsächliche Kind, sondern um das spirituelle Bild des Kindes als Symbol für die Erneuerung der religiösen, ja des kulturellen Lebens überhaupt. Im weiteren Verlauf unserer Darlegungen werden wir versuchen, den Prozeß nachzuvollziehen, in dessen Verlauf das ursprünglich religiös-kultisch begründete Ideal der Kindheit in das moderne pädagogische Denken Eingang findet und schließlich - wie etwa in der Reformpädagogik - auch das Handeln der Erzieherinnen und Erzieher bestimmt.

2.3 Von Natur aus schlecht, aber gelehrter im Glauben - das ambivalente Bild des Kindes in der christlich-abendländischen Tradition

Die christliche Welt des lateinischen Mittelalters und der frühen Neuzeit verliert zunächst den Kontakt mit den hellenistisch-frühpatristischen, pelagianischen und hermetisch-gnostischen Deutungen des Kindes, welche durch die produktive Spannung zwischen Jesu Lobpreisung der Kindlichkeit und der antik-heidnischen kultischen Beschwörung der kindlichen Unschuld und Vollkommenheit gekennzeichnet ist. Zur dominanten Auffassung wird statt dessen für Jahrhunderte die - eher an das alttestamentliche jüdische Erbe gemahnende - Lehre Augustins (354-430) vom erbsündebehafteten, erbboshaften Kind; sie wird zugleich mit der verbindlichen Einführung der Kindstaufe Bestandteil der christlichen Orthodoxie.

Der Streit um die Säuglings- und Kindertaufe in der alten Kirche wird zum hauptsächlichen Anlaß einer theologischen Bewertung des Kindes. Hier werden „im Kontext tauftheologischer Argumentation Aspekte und Probleme angelegt und ausgesprochen, welche die kirchlich-theologische Kindbetrachtung und -beurteilung durch die Jahrhunderte hindurch begleiten und beschäftigen sollten: die schon in der Antike gepflegte Vorstellung vom ‘unschuldigen Kind’, die ethisch-faktische Sündlosigkeit des Säuglings, die ausnahmslos behauptete menschliche Sündhaftigkeit sub specie dei, die Wirkungen und Konsequenzen der Taufe bis hin zu der Frage, was denn mit ungetauften Kindern geschehe, falls sie sterben sollten“ (Lachmann 1989, S. 158). Vor Augustinus war die christliche Taufe lange nur eine Erwachsenentaufe. Die Taufe läßt sich nicht auf eine Einsetzung durch Jesus selber zurückführen; sie kommt vielmehr in der Urgemeinde nachösterlich auf als Umdeutung der Taufe Christi durch Johannes im Jordan (Markus 1,4-11). Für die frühchristlichen Gemeinden gibt es vier Taufmotive: die Initiation in die Gemeinde und Abwaschung der Sünden (1), die „rechtliche“ Übereignung an Gott durch die Versiegelung auf den Namen Christi (2), die Verleihung des heiligen Geistes (3) und die Anteilgabe an Kreuzigung und Wiederauferstehung Christi (4). Die Beteiligung der Gemeinde bei der Taufzulassung, der vorbereitende Taufunterricht und die dem Taufakt folgende Verpflichtung zur Heiligung des Lebens legen den Schluß nahe, daß vor dem 3. Jahrhundert nur eine Erwachsenentaufe üblich war. „Die Taufe besiegelt das immer vorangegangene Geschenk des Glaubens an Christus. Eine Kinder-Taufe läßt sich nicht historisch im Neuen Testament verankern, sie muß theologisch konkludiert werden“ (Dinkler 1962, Sp. 636). Bis um 400 herrscht die Taufe Erwachsener und unterrichteter heranwachsender Kinder vor. Die erste Säuglingstaufe ist um 200 von Tertullian, der heftig gegen sie ankämpfte, bezeugt. „Gregor von Nazianz kann noch 381 als Bischof von Konstantinopel die Säuglings-Taufe widerraten. Sie setzt sich erst im 5. und 6. Jahrhundert allgemein durch. Nach Kanon 3 der Synode von Karthago (418) kommen ungetaufte Kinder gemäß Joh 3,5 in die Verdammung. Außer der Erbsündenlehre Augustins im Westen war wohl die Konsolidierung der Staatskirche für das Durchdringen der Säuglings-Taufe ausschlaggebend. Daß diese überhaupt aufkommen konnte, erklärt sich aus dem Strukturwandel der Kirche seit etwa 200, der typologischen Ausdeutung der Beschneidung auf die Taufe, aus dem zunehmenden Verständnis der Taufe als opus operatum und aus dem Vordringen der Erbsündenlehre“ (Kettler 1962, Sp. 638).

Vor Augustinus halten die Väter der christlichen Kirche die Seele des Kindes für schuldlos. Durch den Sündenfall im Paradies ist nicht jedermann auch schon sündig geworden, sondern der Sünde nur ständig ausgeliefert. Um die Neugeborenen schon früh gegen die Anfechtungen der Sünde zu schützen, erscheint die Kindstaufe sinnvoll. Für *Augustin* ist dagegen jeder Säugling bereits schuldig; sozusagen als menschheitliche Kollektivschuld trägt er die auf den Sündenfall Adams zurückgehende Erbbosheit schon in sich. Stirbt er ungetauft, fällt er der ewigen Verdammnis der Hölle anheim. Die Kindstaufe wird jetzt unerläßliche Pflicht, um durch die Mitwirkung von Christi Geist das Joch der Erbsünde zu lockern. „Säuglingstaufe (mit anschließender Säuglingskommunion) ist notwendig, aber auch günstig, weil Säuglinge der Heilswirkung noch keinen ‘Riegel’ durch widersetzliche Gedanken ‘vorschieben’ können. Glaube und Liebe der die Kinder Gott darbringenden Kirche (nicht nur der Eltern und Paten) springen stellvertretend für sie ein. Vielleicht wirkt Gott auch beides unbewußt in den Kindern selbst, es muß aber auch bewußt nachwachsen, falls die Kinder nicht zu früh sterben“ (ebd., Sp. 642).

Für Augustin ist alles Leid dieser Welt die verdiente ewige Strafe für den Abfall Adams von Gott: „Deswegen ward auch die ganze Masse des menschlichen Geschlechts verdammt; denn der zuerst diesen Frevel beging, wurde mitsamt seiner in ihm wurzelnden Nachkommenschaft bestraft, sodaß keiner von diesem gerechten und wohlverdienten Strafgericht gerettet wird, es sei denn durch erbarmende und unverdiente Gnade“ (Augustinus 1978, S. 705). Jedes neugeborene Kind ist an diesen Fluch gefesselt und setzt das Leben der Menschheit in der Erbsünde fort. Daher kann es das Licht der Welt für Augustin nicht lachend, sondern nur weinend begrüßen. Das Dasein des Kindes bedeutet zwangsläufig Sündhaftigkeit und Leiden. „Ein verwunderliches Übel freilich, dies Leiden der Kinder! Es gehört auch zu dem schweren Joch, das den Adamskindern auferlegt ist, von dem Tage an, da sie hervorgehen aus dem Mutterleibe, bis zu dem Tage, da man sie begräbt in der Mutter aller. Es soll uns dazu helfen, nüchtern zu werden und einzusehen, daß infolge jenes furchtbaren, im Paradies begangenen Frevels unser Leben zur Strafe geworden ist..." (ebd., S. 708). Die Kindheit als erstes Lebensalter ist für Augustin noch widerstandslos den „verkehrten Lockungen" des Fleisches ausgeliefert. Die Vernunft ist noch zu schwach, um den Ernst des Gebotes zu erfassen und den Kampf gegen die Sünde aufzunehmen.

Das Sakrament der Taufe kann das Kind hierbei zwar auch nicht stärken; es verbürgt aber die Möglichkeit der Erlösung von der Sünde im Tode und ein ewiges Seelenheil danach: „Gleichwohl, wenn es nur die Sakramente des Mittlers empfangen hat, wird es bei Beendigung des Lebens in diesem Alter aus der Macht der Finsternis in das Reich Christi versetzt und nicht nur keineswegs den ewigen Strafen überliefert, sondern nicht einmal reinigende Strafen nach dem Tode erdulden. Denn die geistliche Wiedergeburt allein genügt in diesem Falle, um nach dem Tode unschädlich zu machen, was man sich durch die fleischliche Erzeugung zugleich mit dem Tode zugezogen hat" (ebd., S. 710). Den Bannfluch der Erbsünde kann der Mensch also erst nach seiner „geistlichen Wiedergeburt" durch die Sakramente im Tode von sich abstreifen. Deshalb kann Augustins Sehnsucht nur dem Sterben gelten, keinesfalls dem beginnenden Lebens des Kindes: „Wer aber würde nicht zurückschrecken und, vor die Wahl gestellt, entweder zu sterben oder noch einmal Kind zu werden, nicht lieber den Tod erwählen?" (ebd., S. 708).

Augustins Verdikt über das Kind - das hoffen wir, hier deutlich gemacht zu haben - entspringt systematisch-deduktiv aus den Grundlagen seiner Theologie und theozentrischen Anthropologie: Seit Adams Fall muß der Mensch als geschichtliches Wesen notwendig immer fehlgehen. Sein Wille ist frei nur zum Tun des Bösen. An die Stelle der antiken Selbstvervollkommnung des Menschen durch die paideia ist die ohnmächtige Verfallenheit an das Böse getreten, aus der nur die Gnade erretten kann. Die Menschlichkeit des Menschen wird jetzt allein durch Gottes Willen bestimmt (vgl. Löwisch 1989, S. 43f.). In seiner Suche nach der Wahrheit und der Verwirklichung personaler Freiheit ist der einzelne völlig von Gottes Gnade abhängig, von ihr vorbestimmt. Seine Erwählung, Berufung und Erleuchtung sind nur das Werk der Gnade. Voraussetzung der Gnadenwahl ist allerdings die Bekehrung, die Entscheidung zur Umkehr, das Sich-Öffnen für die Erfahrung der Liebe Gottes. Diese Wendung von der Verfallenheit an die äußere, sinnliche Welt zur Erfahrung der eigenen Innerlichkeit ist der an das eigene Bekehrungserlebnis anschließende Weg des augustinischen Denkens. Sein zentraler Imperativ lautet: „Gehe nicht nach draußen, kehre in dich selbst zurück! Im inneren Menschen wohnt die Wahrheit. Und wenn du deine Natur in ihrer (unzuverlässigen) Wandelbarkeit durchschaut hast, dann überschreite auch dich selbst. Aber bedenke, wenn du dich überschreitest, daß du die vernunfttätige Seele übersteigst. Dorthin also strebe, von woher das Licht der Vernunft selbst angezündet wird“ (Augustinus: De vera religione 39,72, zit. n. Böhm 1993, S. 41f.). Der einzelne steht also ständig vor der Entscheidung, entweder sein Leben von Eigennutz und Geltungsdrang „von außen“ bestimmen zu lassen oder sich selbstlos „nach innen“ für die Wirkung der göttlichen Liebe zu öffnen.

„Augustin hat das dunkelste Mysterium des Christentums erschaffen: die Lehre von Gnadenwahl und Erbsünde. Was zunächst private Erfahrung und Denkarbeit war, hat für Jahrhunderte das Bewußtsein der Menschen bestimmt: Zugrunde lag eine rationalistische Konstruktion, die sich in dem Schema ausdrücken läßt: Die Welt sieht nicht so aus, als komme sie von einem allmächtigen, gerechten Schöpfer, Gott muß aber gerecht sein, also ist der jetzige Zustand die Strafe für eine von der Menschheit begangene Sünde“ (Flasch 1980, S. 229). Die These, daß jedes menschliche Wesen in Adam mitgesündigt hat und seitdem die Erbschuld in sich trägt, beweist Augustinus spekulativ durch die Lehre des Traduzianismus. Demnach hat Gott eine Gesamtseele der Menschheit geschaffen, von der bei jeder Zeugung eines Kindes über den Samen des Vaters ein - schon sündiger - Teil sich mit dem neuen Organismus verbindet. Dadurch steht jedes Kind schon zwangsläufig im gesamtmenschlichen Zusammenhang der Urschuld.

Die Vorstellung von der Welt als widervernünftigem Leidenszusammenhang versucht Augustinus u.a. durch eine ernüchternde Analyse der Kindheit, in erster Linie seiner eigenen, empirisch zu untermauern (vgl. auch Hogger 1937). In seinen „Bekenntnissen“ wird die Erinnerung an die eigene Kindheit zum Demonstrationsfeld für die Erbbosheitslehre. Unter der anthropologischen Voraussetzung eines Leib-Seele- bzw. Körper-Geist-Dualismus betrachtet er das Kind als ein Wesen, in dem noch überall die triebhafte Begierde über das Seelisch-Geistige obsiegt: „Denn niemand ist vor dir (i.e. Gott - d.V.) frei von Sünde, nicht einmal das Neugeborene, das nur einen einzigen Tag auf dieser Erde lebt. ... Welche Sünde also beging ich damals? Daß ich schreiend nach den Brüsten begehrte? Täte ich das heute, wäre ich gierig..., würde ich ausgelacht und mit vollem Recht getadelt. Ich tat also damals etwas Tadelnswertes...“ (Augustinus 1989, S. 39). Für Augustin ist also schon das Bedürfnis des Säuglings, gestillt zu werden, ein Ausdruck sündiger Begierde; erst recht das Weinen der Kinder: „Und sieh, allmählich nahm ich wahr, wo ich mich befand, und wollte meine Wünsche den Menschen kundtun, die sie erfüllen sollten, aber ich konnte es nicht, denn die Wünsche waren innen, diese Menschen aber außen, und mit keiner ihrer Wahrnehmungen konnten sie in meine Seele eindringen. Daher strampelte ich und schrie. ...Und wenn man mir dann nicht gehorchte, weil man mich nicht verstanden hatte oder vor Schaden bewahren wollte, war ich empört über die Großen, die mir nicht untertänig waren, gegen freie Menschen die mir nicht dienten. Ich rächte mich an ihnen durch Geheul. Kinder sind so“ (ebd., S. 37). Im Weinen der Kinder sieht Augustin also nur den Ausdruck von Habgier, Herrschsucht und Egoismus. Innerhalb seines dualistischen Menschenbildes von Geist und Begierde kann er sich das kindliche Wesen gar nicht anders als von niederen sinnlichen Motiven bestimmt erklären. „Eine andere Art des Kinderweinens kommt gar nicht vor innerhalb dieses dualistischen Ansatzes. Gibt es nicht ein kindliches Weinen aus Angst, aus Verlorenheitsgefühl, ... aus Nichtwissen?“ (Flasch 1989, S. 23). Auch in der Freude der älteren Kinder an Spiel und Wettkampf sieht Augustin die Manifestation sündhafter Sinnlichkeit, die vom notwendigen geistigen Lernen abhält: „Und doch sündigten wir, indem wir weniger schrieben, lasen oder über das Gelesene nachdachten, als man von uns verlangte. ... Aber ich hatte mehr Spaß am Spielen, und dafür haben mich Leute gestraft, die im Grunde doch dasselbe trieben. ... . Denn nicht, weil ich etwas besseres vorgezogen hätte, war ich ungehorsam, sondern weil ich lieber spielte, weil ich gierig war nach überheblichen Siegen bei Wettkämpfen und nach unwahren Geschichten, die mir die Ohren berauschten, so daß der Kitzel immer heftiger wurde“ (Augustin 1989, S. 43f.). Um das Kind vom Phantasiespiel, vom agonalen Spiel und vom Tagträumen abzuhalten, bedarf es der Strafe: „Die hatte ich verdient, ich kleines Kind und großer Sünder“ (ebd., S. 46). Augustin begrüßt ausdrücklich jeden Zwang, der das Kind zum Lernen veranlaßt; ein Lernen ohne Zwang ist seinem anthropologischen Dualismus zufolge letztlich auch gar nicht denkbar: „Ohne Zwang hätte ich nichts gelernt. ... So hast du mir gut getan mit Hilfe derer, die nicht gut taten, und mit meiner eigenen Sünde hast du mir gerecht vergolten. Denn so hast du es befohlen, und so geschieht es: Jeder ungeordnete Geist wird sich selbst zur Strafe“ (ebd.). Wenn die Lust des Säuglings am Gestilltwerden, die Freude des kleinen Kindes am Spielen und die Aufsässigkeit der älteren Kinder gegen das Auswendiglernen in der Schule unmittelbar Wirkungen der Erbbosheit sind, dann ist es nur konsequent, daß Augustin das gesamte Lebensalter der Kindheit, die Daseinsform des Kindes, für wertlos hält und aus seiner Biographie zu tilgen wünscht: „Es widerstrebt mir, Herr, dieses Lebensalter, das durchlebt zu haben ich mich nicht erinnere, das ich aus den Aussagen Fremder und aus Beobachtungen an anderen Säuglingen erschlossen habe, zu meinem irdischen Leben zu zählen, so zuverlässig diese Annahmen auch sein mögen. Es liegt in der gleichen Finsternis des Vergessens wie mein Leben im Mutterschoß. Ich wurde in Bosheit empfangen, und meine Mutter nährte mich in Sünden in ihrem Schoß. Wo bitte, mein Gott, wo, Herr, war ich, dein Diener, wo oder wann war ich ohne Schuld? Doch sieh, ich will von dieser Zeit nicht länger reden. Was habe ich noch mit ihr zu schaffen, da ich gegenwärtig von ihr keine Spur mehr in mir finde?“ (ebd., S. 41).

In dieser Verdammung und Verdrängung der Kindheit liegt für Augustin keinesfalls ein Widerspruch zur Hochschätzung der Kindlichkeit, die in den Jesus-Worten des Matthäus-Evangeliums zum Ausdruck kommt: „Nicht die Unschuld der Kinder hast du, unser König, gelobt, sondern die Demut, die ihr Körper sinnbildlich darstellt, als du sagtest: Ihrer ist das Himmelreich" (ebd., S. 55). Augustin preist mit der kindlichen Einfalt nur metaphorisch das unbedingte Gottesvertrauen des wahren Christen; zugleich verachtet er die tatsächliche Daseinsform der Kindheit: „Seinen Aufschwung erfährt er einzig in der Gottesliebe. Das menschlich Einfache ist ihm fremd. An seine Stelle tritt das übermenschlich oder unmenschlich Großartige. Er versäumt das menschlich Mögliche um des menschlich Unmöglichen willen"(Jaspers 1957, S. 389). Trotz all seiner theologischen und philosophischen Tiefsinnigkeit kennt Augustin nicht die Achtung vor dem Kind. Man wird hier einen „Zug von Inhumanität" (Jaspers) feststellen müssen, der pädagogisch äußerst folgenreich werden sollte. Denn das negative Bild des Kindes und seiner Lebensform, welches Augustinus im Zusammenhang mit der Durchsetzung der Säuglingstaufe vor dem Hintergrund seiner traduzianistischen Erbsündenlehre entworfen hat, drängt die hellenistisch-antike und die frühchristlich-pelagianische Hochschätzung des Kindes an den Rand. Augustins negative Anthropologie des Kindes bestimmt für mehr als ein Jahrtausend das Erziehungsdenken der christlichen Orthodoxie. Das altkirchliche Zeremoniell der Kindstaufe bringt diese augustinische Auffassung auf das beredteste zum Ausdruck: „Das Kind wartet vor der Kirchentüre, der Exorzismus wird vorgenommen, der Glaube geprüft, die Gelübde werden abgenommen, dem Teufel mit seinen Schaustellungen und Versuchungen schwört man ab; dann wird das Kind gesalbt und gezeichnet, mit Salz bestreut und getauft, den Paten wird die Sorge für die Erziehung des Kindes auferlegt. Mit einer Münze erkaufen diese die Freiheit, und schon nennt man das Kind einen Christen..." (Erasmus 1963, S. 73). Das Neugeborene wird in der Regel sogleich in den ersten Tagen nach der Geburt getauft: „Denn bis zum 12. Jahrhundert waren die Theologen im Gefolge Augustins der Auffassung, daß ungetaufte Kinder der ewigen Verdammnis anheimfielen. Die Scholastik fand den tröstlichen Kompromiß, daß die Frühverstorbenen im limbus puerorum lediglich den Anblick Gottes entbehren mußten" (Arnold 1986, S. 463). Wenn die Kindheit ein Unglück ist, wodurch es dem Menschen nahezu unmöglich ist, sich jemals zur reinen Menschlichkeit zu erheben, dann hat die Erziehung zuerst die Aufgabe, im Zusammenwirken mit der seit der Taufe wirksamen Kraft der Gnade den Menschen von der eigenen Kindheit, von ihrer Begierde und Sinnlichkeit zu befreien, ihn als einsichtiges, geistorientiertes Wesen „wiederherzustellen". Dazu ist es erforderlich, unter ständiger Aufsicht und durch

streng geregelte Disziplin(en) - gegen den Willen des Kindes - die Lehren des Glaubens und des Wissens einzuprägen.
Unter der Dominanz der augustinischen Erbbosheitslehre und ihrer Verdammung der Kindheit lebt gleichsam nur am Rande der neutestamentliche Gedanke des Kindwerdens weiter. Die Auffassung des Kindes in der mittelalterlichen christlichen Kirche läßt sich pointiert so zusammenfassen: „Mehr als die Erwachsenen eine Beute des Bösen - und zu gleicher Zeit Beispiel und Vorbild für den Erwachsenen" (Snyders 1971, S. 144). Diese spannungsvolle Ambivalenz setzt sich fort bis in die Theologie der Reformation und der frühen Neuzeit.

Die Humanisten der Renaissance ermöglichen mit ihrer, dem doktrinären Bekenntniszwang abholden, weltbejahenden Haltung und mit ihrem Interesse an der Entfaltung der Individualität auch wieder einen unbefangeneren und verständnisvolleren Blick auf das Kind. So bemerkt *Erasmus von Rotterdam* (1466 oder 1469-1536) in seinem „Lob der Torheit" im Jahre 1509 über die Eigenart des Kindes: „Wer weiß nicht, daß der Mensch nie wieder so fröhlich und der Liebling aller ist wie in der ersten Kindheit? Nun, was an den Kleinen tut uns denn so an, daß wir sie abküssen und herzen und liebkosen, ja, daß auch der Feind an einem Kindlein zum Retter wird? Ist es nicht der verführerische Reiz der Torheit? Wohlweislich gab die kluge Natur den Neugeborenen ihm zum Angebinde: mit ihm sollten die wonnigen Geschöpfe alle Mühe der Wartung entgelten und Gunst und Schutz erschmeicheln können" (Erasmus 1975, S. 25). Sicher muß man diesen Sätzen nachsehen, daß sie in einer doppelten ironischen Grundhaltung - ein Tor lobt die Torheit! - vorgetragen werden. Aber unzweifelhaft steht dem Verfasser das Kind hier nicht als das augustinische, der Erbbosheit von Geburt an ausgelieferte Wesen vor Augen, sondern eher als der noch unvernünftige, aber auch noch unschuldige Liebling der Götter Griechenlands und Roms. Diese Wiedererinnerung an das Kindbild der Antike steht bei Erasmus im Kontext eines Gedankenkreises, der die Frömmigkeit der Nachfolge Christi mit dem Geist der antiken Bildung zur literarischen Wortmächtigkeit und philosophischen Weisheit verbindet.
Zu seiner gottgewollten Bestimmung als Vernunftwesen gelangt der Mensch durch umfassende Bildung, deren Voraussetzung seine allseitige Bildsamkeit ist, welche schon und gerade in der frühen Kindheit hervortritt. Daher schreibt Erasmus eine grundlegende pädagogische Abhandlung „Über die Notwendigkeit einer frühzeitigen allgemeinen Charakter- und Geistesbildung der Kinder" (1529). Er geht davon aus, daß „die Natur" den Menschen zum Geistwesen bestimmt hat: „Wie aber der Hund zum Jagen, der Vogel zum Fliegen, das Pferd zum Rennen, der Stier zum Pflügen geboren wird, so wird der Mensch zum

Wissen und zu ehrenhaftem Handeln geboren; und wie jedes lebende Wesen sehr leicht das lernt, wozu es geboren, so eignet sich der Mensch ohne sonderliche Mühe die Bildung für das Gute und Edle an, wozu die Natur ihm triebfähige Keime eingepflanzt hat, wofern nur zu der natürlichen Anlage die Sorgfalt des Bildners tritt" (Erasmus 1963, S. 121f.). Anders als die Tiere muß aber der Mensch erst werden, was er ist: er kommt als instinktarmes, schwaches, pflege- und erziehungsbedürftiges Lebewesen zur Welt, das durch seine Weltoffenheit allerdings vielfältig formbar und verformbar ist: „Nur den Menschen bringt sie (i.e. die Natur - d.V.) zart, nackt und wehrlos zur Welt, aber als Ersatz für alles dies hat sie ihn mit einem für Unterweisung empfänglichen Verstand begabt... was für ein verwildertes und unnützes Geschöpf wird erst der Mensch werden, wenn er nicht sorgfältig und bei Zeiten durch Unterweisung herangebildet wird!" (ebd., S. 112). Auch für Erasmus wird der Mensch zum Menschen erst durch Erziehung und Belehrung. Ohne sie kann er sich verfehlen; Unerzogenheit und Unwissenheit führen ihn ins Verderben, sind die eigentlichen Ursachen des Bösen.

Überzeugt von der existentiellen Bedeutung der Bildung schreibt der „König der Humanisten" an einen Freund, der als Erzieher an einem rheinischen Fürstenhof wirkt: „Wenn du also bedenkst, wie wenig der ein Mensch ist, der der geistigen Bildung entbehrt, wie flüchtig das menschliche Leben ist, wie sehr die Jugend zum Bösen neigt, wie vielfach die späteren Jahre in Anspruch genommen werden, wie öde und leer das Greisenalter ist und wie wenige von den Sterblichen es überhaupt erreichen: dann wirst du nicht dulden, daß bei deinem Knaben, in dem du gleichsam verjüngt fortleben wirst, irgend ein Teil der Jugendzeit unbenutzt vorübergehe, in welchem er sich etwas aneignen kann, was entweder für sein ganzes späteres Leben von großem Nutzen ist oder was ihn vom Bösen abhält" (ebd., S. 108). Für Erasmus sind gerade die Jahre der Kindheit, die Anfänge, von höchster Bedeutung für die ganze spätere Lebensführung. Das Kind ist anfänglich „noch von keinen Untugenden beherrscht", empfänglich für vielerlei Eindrücke, die es mit Leichtigkeit und Freude nachahmt. Die nahezu unbegrenzte Bildsamkeit des Kindes vergleicht Erasmus mit der Formbarkeit von Wachs und Ton, die Aufgabe der Erziehung mit der des bildenden Künstlers: „Wenn dir die Natur einen Sohn gibt, so übergibt sie dir nichts weiter als eine rohe Masse. Deine Aufgabe ist es, die nachgiebige und zu allem bildsame Materie in die beste Verfassung zu bringen. Unterlässest du es, so hast du eine Bestie; bist du sorgsam, dann hast du sozusagen ein göttliches Wesen. Sobald das Kind geboren wird, ist es empfänglich für das, was den Menschen kennzeichnet. Daher wende ihm nach dem Ausspruch Vergils schon in den frühesten Jahren eine besondere Sorgfalt zu. Bilde das Wachs, so lange es noch ganz weich ist; forme den Ton, wenn er noch feucht ist..." (ebd., S.

116). Das Kind ist nicht nur allseitig bildsam, es bringt in seiner Naturanlage bereits „die Gelehrigkeit und tiefeingepflanzte Hinneigung zum Edlen" mit, die durch Lehre und Übung nur veredelt zu werden braucht, wie die Pflanze durch den Gärtner. Diesen keimhaften Drang des Kindes zur Selbstbildung bringt Erasmus in der Metapher des organischen Wachstums zum Ausdruck, die vom Erzieher als Gärtner nur die Tätigkeit der Unterstützung und Kultivierung verlangt: „In dem unscheinbaren Samenkorn, welch mächtiger Baum ist darin verborgen, was für Früchte wird er tragen, wenn er groß geworden! Dieser ganze Erfolg aber wird zu nichte, wenn du den Samen nicht in die Erde senkst; wenn du das zarte aufsprießende Keimchen nicht sorgfältig hütest; wenn du es nicht durch Pfropfen gewissermaßen zähmest" (ebd., S. 122).

Erasmus verdeutlicht mit seinen beiden Metaphern der tabula rasa und des Keimlings übrigens schon Auffassungen von Kindheit und Erziehung, die für das moderne pädagogische Denken maßgebend geworden sind. Mit seinem Bild des Kindes wirkt er auf uns eher als Zeitgenosse denn als theologischer Denker vor der Schwelle zur Neuzeit: Für Erasmus hat das Kind eine natürliche Anlage zur Selbstvervollkommnung; es ist von Anfang an nahezu unbegrenzt bildsam und daher auch empfänglich für jede Art der Unterweisung; durch sein Talent zur Nachahmung lernt es leichter, tiefgründiger und nachhaltiger als der Erwachsene (vgl. ebd., S. 132 u. S. 159); noch von keiner Untugend verdorben, macht es mit seinem Frohsinn das frühe Lebensalter zur schönsten Zeit des Lebens (vgl. ebd., S. 156).

Eine solche Anthropologie des Kindes, die Grundgedanken des antiken pädagogischen Humanismus, etwa Ciceros und Quintilians, wiederaufnimmt und weiterdenkt, muß von ihrem Ansatz her der augustinischen Lehre von der Kindheit als dem Lebensalter des Leidens und der Geistesschwäche widersprechen. Doch Erasmus versucht, die Spannung zwischen dem Selbstvertrauen der menschlichen Vernunft und dem Ausgeliefertsein an die Sünde gegen Gott im Sinne eines christlichen Humanismus produktiv aufzulösen. Indem er die Antike für eine Erneuerung des Christentums in Anspruch nimmt, relativiert er einerseits das pädagogische Denken des Altertums und befreit andererseits damit den Glauben an die Botschaft Christi aus seiner überlieferten doktrinären Erstarrung. In den folgenden Ausführungen wird deutlich, wie Erasmus einerseits den pädagogischen Optimismus der Humanisten abschwächt und andererseits die Erbbosheitslehre der Orthodoxie psychologisch relativiert, indem er beide Auffassungen aufeinander bezieht: „Dabei muß man jedoch um so wachsamer sein, als die Jugend, eben weil sie mehr von einem natürlichen Triebe als vom Urteil geleitet wird, mit gleicher oder vielleicht noch größerer Leichtigkeit das Schlechte in sich aufnimmt als das Gute. Ja, das Gute gerät auch leichter in Vergessenheit, als wir das Schlechte verlernen. Das haben schon die heidni-

schen Philosophen bemerkt, und sie haben sich darüber gewundert; sie konnten eben die Ursache nicht finden, die uns die christliche Weisheit aufgedeckt hat, daß nämlich diese Neigung zum Bösen uns von dem Stammvater des Menschengeschlechtes Adam her angeerbt sei. Wie diese Lehre nicht falsch sein kann, so ist anderseits aber auch ganz gewiß, daß ein solches Übel zum größten Teil von schlechter Gesellschaft und verkehrter Erziehung, zumal in den zarten und für alles empfänglichen Jugendjahren, herrührt" (ebd., S. 133).
Es bleibt also festzuhalten, daß der Humanist Erasmus den zeitenüberspannenden pädagogischen Diskurs über das Kind aus der Engführung der augustinischen Erbsündenlehre wieder herausführt. Die Kindheit gilt ihm als das bildsamste und bildungswilligste, als das heiterste, aber auch als das geistig und moralisch am meisten gefährdete menschliche Lebensalter. „Auch der Humanismus hat das Dogma des Sündenfalls nirgends offen anzugreifen gewagt; aber er mußte seiner geistigen Grundrichtung nach überall danach streben, dieses Dogma gewissermaßen aufzulockern und seine Gewalt abzuschwächen. Immer stärker zeigt sich in den religiösen Grundanschauungen des Humanismus der Pelagianische Geist im Vordringen; immer bewußter strebt man danach, das harte Joch der Augustinischen Tradition abzuwerfen. Die Rückwendung zur Antike soll nicht zuletzt diesem Kampf dienen: die Platonische Lehre vom Eros und die stoische Lehre von der Autarkie des Willens werden gegen die Augustinische Grundanschauung von der radikalen Verderbtheit der menschlichen Natur und von ihrer Unfähigkeit, sich von sich aus zum Göttlichen zurückzuwenden, aufgerufen" (Cassirer 1932a, S. 185).

Für *Martin Luther* (1483 - 1546), den großen Zeitgenossen und Antagonisten des Erasmus, bleibt indessen bezüglich des Kindes die augustinische Vorstellung von der Erbbosheit weiterhin maßgeblich. Luthers basale Überzeugung ist, daß das Kind „von Natur aus schlecht" sei, in ursprünglicher Sündhaftigkeit aufwachse. Mit dieser seiner augustinischen Grundauffassung steht in spannungsvollem Kontrast seine Hervorhebung des Kindseins als eine noch gar nicht vernünftige, deshalb aber in besonderer Weise auf Hingabe und Glauben bezogene menschliche Lebensform: „'Das Wort Gottes wird von den Kindern (parves) und Einfältigen am besten begriffen'. Kinder sind 'gelehrter im Glauben'. Ihr 'Glaube und Leben ist am besten'. Kinder sind 'gleichsam im Paradies'. Luther bezieht solche Aussagen auch auf den Körper der Kinder: Ihr Körper zeige noch 'die Gestalt Adams vor dem Fall'. ... Luther selbst gelangt im Blick auf das Kind zu dem Schluß: 'so solten wir auch sein' und macht damit das Kind zum Vorbild für die Erwachsenen. Sie, die Erwachsenen, müssen 'widderumb kinder werden', so Luther wiederholt in der Auslegung von Mt.18,3. ... Kinder sind in ihrer 'höchsten Unschuld ... die uns von Christus vorgesetzten Lehrer'" (Schweitzer 1992, S. 47f.). Die Vorbildlichkeit des Kindes bezieht sich bei Luther allerdings nur auf seine Bereitschaft zum Glauben. In allen übrigen Fragen der Erziehung geht Luther von der Maßgeblichkeit des Erwachsenen aus, gesteht der Kindheit als Lebensphase noch keinerlei Eigenrecht zu.

Friedrich Schweitzer hat Luthers Sicht der Entwicklung des Kindes mit drei sich kreuzenden Linien verglichen: Die horizontale Linie entspricht dem fundamentalen menschlichen Ausgeliefertsein an die Erbsünde; sie begleitet den Menschen gleichbleibend über alle seine Lebensphasen hinweg; die absteigende Linie nimmt ihren Ausgang bei der vorbildlichen Glaubenshaltung des Kindes und markiert die mit dem Lebensalter schwindende Bereitschaft zum naiven Gottvertrauen; die aufsteigende Linie schließlich symbolisiert die mit der Taufe beginnende Heiligung des Kindes und seine zunehmende Einsichtsfähigkeit (vgl. ebd., S. 56 ff.).

Auch wenn sich Luthers Bild des Kindes insgesamt erst aus der Verschränkung der drei verschiedenen Linien ergibt, bleibt festzuhalten, daß die Erbsündenlehre auch hier noch die wichtigste Bestimmungsgröße bleibt. Im Gegensatz zu den zeitgenössischen Humanisten, die auf die Selbstkraft der menschlichen Natur vertrauen, sieht Luther den Menschen doch in erster Linie durch die Sünde gekennzeichnet und ganz auf die Gnade, die nicht aus dieser Welt kommt, angewiesen. Luther spricht dem Begriff der Erbsünde eine noch umfassendere Geltung zu: „Was der Tradition nach für den Getauften zu einer bloßen Sündenanfälligkeit abgeschwächt ist, die sogenannte Erbsünde, das wird von Luther - gegen den irreführenden Anschein einer historischen und biologischen Herleitung vom ersten Menschen - als die Grundsünde aller Menschen verstanden, als die bleibende Sündenwirklichkeit auch nach der Taufe. Und was man als die wirkliche Sünde verstand: die einzelnen Sündenakte, die schweren Todsünden oder die alltäglichen 'läßlichen' Sünden, gehört für Luther, streng genommen, zu den Folgen der Sünde. ... Sünde ist Unglaube, Mißachtung des ersten Gebots, Verkrümmtsein auf sich selbst, nicht wollen, daß Gott sei, und darum auch nicht sich als Sünder bekennen wollen. Das entspricht dem tiefen Geheimnis des Bösen. ... Wer glaubt, ist von sich selbst abgekehrt, hat Christus vor Augen und hat teil an dem, was Christus für ihn getan und ihm zu geben hat" (Ebeling 1983, S. 69f.). So wird für Luther das immer schon von der „Grundsünde" verdorbene neugeborene Kind in der Taufe von Gott angenommen und dabei in seiner Seele der Glaube an die alles neuschaffende Wirklichkeit veranlagt. Diese ihm von Gott in der Taufe zugeeignete unbewußte Glaubensbereitschaft bringt das Kind in der Einfalt und Demut seines Lebens sinnbildlich zum Ausdruck. „Trotz radikaler Ernstnahme der Erbsündenlehre durch Luther entließ diese Sicht des Kindes im Lichte der gratia praeveniens, der

Vorgabe der Taufgnade, aus sich heraus durchaus Ansätze eines pädagogischen Denkens und Handelns, das mit seinen kindgemäßen Zügen und Bezügen keineswegs als dominant erbsündenfixiert bezeichnet werden kann“ (Lachmann 1989, S. 161).

Die drei christlichen Sichtweisen des Kindes - Erbsündigkeit, Vorbildlichkeit im Glauben, fortschreitende Läuterung - lassen sich auch noch bei *Johann Amos Comenius* (1592 - 1670) finden. Bei ihm wird allerdings die aufsteigende, auf die Vervollkommnung von Weisheit, Sittlichkeit und Frömmigkeit gerichtete Linie die eindeutig vorherrschende - ein Moment, das ihn stärker mit der optimistischen Anthropologie des Renaissance-Humanismus verbindet als mit der Gnadenlehre Augustins oder Luthers. Comenius ist Anhänger der chiliastischen Lehre, daß Christus in einem tausendjährigen Reich auf die Welt zurückkomme; er hält den Anbruch dieser Zeit für unmittelbar bevorstehend. Angesichts der gottabgewandten Wirklichkeit seines Zeitalters geht es ihm um die „Restitutio Christi“. Für Comenius will Gott also schon im Verlauf der Geschichte sein Reich erneuern; sein Ebenbild auf Erden, der Mensch, ist der wichtigste Faktor bei dieser Wiederinstandsetzung der Welt. Die Mitarbeit des Menschen gilt es vorzubereiten auf dem Weg der Erziehung. „Schimpflich und gottlos ist es und ein offenbares Zeichen unserer Undankbarkeit, daß wir beständig von der Verderbnis schwätzen, von der Wiedereinsetzung (restitutio) jedoch schweigen; daß wir immer das, was der alte Adam in uns vermag, hervorkehren, was aber der wahrhaftige neue Adam Christus vermag, nicht erproben. ... Wenn wir darum die Kinder der Christen - nicht die Nachkommenschaft des alten Adam, sondern die Wiedergeborenen des neuen Adams, die Kinder Gottes, alle Brüderlein und Schwesterlein Christi - zu bilden fordern und sie für fähig erachten, die Saat für das ewige Leben aufzunehmen, so sollte das doch niemandem so unmöglich erscheinen!“ (Comenius 1982, S. 44).
Mit seiner Lehre vom neuen Adam, der durch Christus vom Sündenfall erlöst und zur Verwirklichung seiner ursprünglichen guten Natur freigesetzt ist, nimmt Comenius das neue Selbstverständnis des Menschen der Renaissance auf und die damit verbundene optimistische Lebensstimmung und aktive Haltung zur Welt. „Der gefallene Adam ist erlöst, in der Gemeinschaft mit Christus entsteht ein neuer Mensch. Von diesem Gedanken aus konnte die Möglichkeit erfaßt werden, den ursprünglichen Adam, wie er vor dem Sündenfall erschaffen wurde und ursprünglich in der Schöpfung geplant war, im Stand seiner Erlöstheit rein darzustellen. Es konnte der Impuls entstehen, die ursprüngliche, anerschaffene ‘Natur’ im Vertrauen auf die grundsätzlich vollbrachte und dem einzelnen verheißene Erlösung nunmehr zu entwickeln. ... Lag für die ältere christliche Erziehung die Würde des Menschen in seiner Demut, im Glauben,

der sich die Sünde vergeben zu lassen bereit macht, so wird jetzt die Dignitas jener Humilitas als ursprüngliche Unschuld entgegengesetzt“ (Flitner 1967, S. 109f.). Das Kind, der Mensch überhaupt, wird also von Comenius grundsätzlich als das unverdorbene Wesen des Paradieses aufgefaßt, das von Gott dazu ausersehen ist, seine ursprünglich gute Natur zu verwirklichen. Zwar hat der Sündenfall diese entstellt, aber ihre Wiederherstellung nicht ausgeschlossen: „Unter Natur verstehen wir hier nicht die Verderbtheit, die seit dem Sündenfall allem anhaftet, und deretwegen wir ‘von Natur aus Kinder des Zorns’ heißen, nicht fähig, etwas Gutes, das wirklich aus uns selbst käme, zu denken. Sondern wir verstehen darunter unsere erste und grundlegende Beschaffenheit, zu der wir als zum Ursprung zurückgeführt werden müssen“ (Comenius 1982, S. 36). In seiner ursprünglichen Natur ist der Mensch für Comenius Abbild (imago) Gottes und Mikrokosmos. Als Abbild Gottes trägt er die Züge seines Urbildes - insbesondere die Allwissenheit; als Universum im Kleinen enthält er im Verborgenen alle Bildekräfte des Makrokosmos: „Es ist also nicht nötig, in den Menschen etwas hineinzutragen. Man muß nur das, was in ihm beschlossen liegt, herausschälen, entfalten und im einzelnen aufzeigen“ (ebd., S. 38).

Das Kind, der Mensch überhaupt, ist für Comenius das gottähnliche Wesen mit unerschöpflicher Bildsamkeit. Er vergleicht die Seele des Kindes mit einer „Kugel aus Spiegelglas“, die die Erscheinung aller Dinge ringsumher auffängt und reflektiert, mit einem „Samenkorn“, in dem die nur noch zu entfaltende Vernunft schon im Verborgenen veranlagt ist, mit einem „inneren Licht“, das nur darauf wartet, entzündet zu werden, mit einer „leeren Tafel", auf die alles geschrieben werden kann, und mit dem „Wachs“, das jede Form annimmt und sich immer wieder umgestalten läßt. Wie das Kind „von Natur aus“ die Anlage zur Bildung (eruditio) besitzt, so strebt es auch „von Natur aus“ zu einer Harmonie der Sitten (mores): Denn „auch der Mensch selbst ist nichts als Harmonie, im Hinblick sowohl auf den Körper als auch auf die Seele. Denn wie das Weltall selbst einem mächtigen Uhrwerk gleicht, das aus vielen Rädern und Glocken so kunstvoll zusammengesetzt ist, daß im ganzen Werk zur Harmonie und zum dauernden Fortgang alle Teile ineinandergreifen: so auch der Mensch“ (ebd., S. 42). Schließlich liegen auch die Wurzeln der Religiosität (pietas) in der Natur des Kindes; als ebenbildliches Geschöpf Gottes sucht es nichts leidenschaftlicher als die Quelle, der es selbst entsprang. Aus der theologischen Voraussetzung der durch Christus wiederhergestellten ursprünglichen Natur des Menschen als Mikrokosmos und Imago Dei ergibt sich bei Comenius eine Wertschätzung des Kindes und ein Vertrauen in seine Bildsamkeit, die dem Erziehungsdenken der Aufklärung näherstehen als dem des Reformators Luther oder dem der zeitgenössischen katholischen Gegenreformatoren.

Für Comenius muß das pädagogische Verhältnis „recht gegründet und verständig regiert werden, weil erstlich auch die Kinder Menschen sind, mit dem freien Willen ausgestattete Wesen, den sie aber noch nicht zu gebrauchen wissen. Darum muß man verhüten, daß sie ihn etwa zu mißbrauchen lernen. Da nämlich dieses erste Menschenalter noch sehr zart ist, unbeständig und geradezu anfällig für das Nichtige und Schädliche, muß man es in Schranken weisen; - zweitens weil auch die Kinder Gemeinschaftswesen sind und von der Wiege an gerne Gesellschaft haben. Man darf sie darum nicht alleine lassen und durch Einsamkeit entkräften; aber man darf ihnen andererseits auch keinen gemischten Umgang mit guten und mit schlechten Menschen gestatten. - Schließlich ist die rechte Begründung und verständige Leitung ... auch deshalb von Nöten, weil die Kinder vernünftige (der ratio zugehörige) Wesen sind, gleich uns Erwachsenen mit der Freiheit des Entscheidungsvermögens beschenkt. Sie dürfen und können darum auch nicht wie das unverständige Vieh geführt werden ... „ (Comenius, zit. n. Ballauff/Schaller 1970, S. 193). Das Kind kommt für Comenius also „von Natur aus" mit den Anlagen zu verständiger Einsicht, sozialer Mitwirkung und moralischem Urteil und Handeln auf die Welt. Daraus ergibt sich die Notwendigkeit, „naturgemäße" Formen der Erziehung und des Unterrichts (Selbsttätigkeit und Anschaulichkeit) auszubilden, welche dazu dienen, das Kind seine ursprüngliche Stellung im ganzen der Welt wiederfinden zu lassen, und es dazu befähigen, die gottgewollte Ordnung der Schöpfung auf Erden wiederherzustellen. Wenn der Mensch „von Natur aus" die Anlagen zu Allwissenheit, Sittlichkeit und Frömmigkeit besitzt, dann ist „es für den Menschen natürlicher und durch Gottes Gnade leichter ..., weise, rechtschaffen und heilig zu werden, als den Fortschritt unterbinden zu lassen durch die erst hinzugekommene Verderbung: ein jedes Ding kehrt gern zu seiner eigenen Natur zurück" (Comenius 1982, S. 45). „Natürlichkeit" wird hier zum Thema der Pädagogik, allerdings noch ganz eingebettet in eine theologische Anthropologie. Die „natürliche Methode" schreibt dem Kinde nicht vor, sondern folgt, lediglich Unnatürliches abwehrend, dem in der menschlichen Natur liegenden Stufengang der Entwicklung, der seinerseits in umgekehrter Reihenfolge dem Prozeß der göttlichen Schöpfung entspricht: „Zuerst müssen die Sinne (sensus) der Knaben geübt werden (das ist das leichteste), dann das Gedächtnis (memoria), später das Erkenntnisvermögen (intellectus) und zuletzt die Urteilsfähigkeit (iudicium). Dies ist die richtige Stufenleiter, weil das Wissen von der Sinneswahrnehmung ausgeht und durch die Vorstellungskraft (imaginatio) sich dem Gedächtnis mitteilt. Dann erwächst aus der Erweiterung der Einzelfälle (inductio) die Erkenntnis des Allgemeingültigen (universalia) und zuletzt aus fortgeschrittener Erkenntnis das Urteil, welches das Wissen sichert" (ebd. S. 103). Dieser platonisch aufsteigende Bildungsgang des Kindes wiederholt in umgekehrter Richtung den Weg, den Gott in der Schöpfungsgeschichte in die Welt hineingegangen ist: von den Sinnen über das Denken zum Glauben, vom „Fleisch" zurück zum „Wort" (vgl. Reble 1975, S. 111).

Comenius hat seine vierstufige „Entwicklungspsychologie" des Kindes- und Jugendalters eingebettet in die Stufen des menschlichen Lebenslaufes insgesamt. Diesen versteht er in der Art einer hierarchischen Struktur, der jedes frühere Lebensalter zur Vorbereitung eines späteren dient und alle zusammen die Vorstufe und Vorbereitung des ewigen Lebens darstellen: „Vom Mutterleib bis zum Grab muß der homo viator spezifische Lernphasen - Comenius nennt diese Lernabschnitte - 'schola' - durchlaufen, um sich für die Erkenntnis Gottes und die Teilhabe am göttlichen Sein vorzubereiten. Der Bogen spannt sich von der 'Schule' des vorgeburtlichen Werdens und der frühen Kindheit bis zur 'schola senii' und - wenn auch auf Andeutungen beschränkt - 'schola mortis'. Jedem Lebens- und Lernabschnitt eignet ein spezifisches Telos; und die 'vita' des Menschen, sofern sie im comenianischen Sinne zum Heil führt, ist als Totum jener spezifischen Zweckdimensionen zu begreifen" (Hufnagel 1991, S. 132). Die Lebensalter sind also weniger Stufen individueller Entwicklung als vielmehr eine von Gott gewollte übergreifende All-Ordnung, die die Abfolge des rechten Lebens und Lernens regelt. Eine besondere Heraushebung der Kindheit oder ein ihr gar unabhängig von den folgenden Lebensaltern zukommender Eigenwert ist in dieser theologisch vom Weg in die Ewigkeit her konzipierten Ordnung schon aus systematischen Gründen nicht möglich. Der Kindheit kommt zwar eine grundlegende Aufgabe zu, die pädagogisch besonderer Anstrengung wert ist; sie bleibt aber letztlich immer funktional auf die Anforderungen der späteren Lebensalter bezogen. Das Kind hat sein spezifisches Lernpensum zur Verwirklichung des göttlichen Heilsplanes zu leisten wie der Greis das seine. Analog zu dem sich konzentrisch erweiternden Kreisen der Ordnung des Wissens in der Didaktik meint der Lebensweg ein Fortschreiten vom Unvollkommenen zur Vollkommenheit der Pan-Sophia.

Am Beispiel der comenianischen Stufung des Lebenslaufes wird deutlich, daß alle vorneuzeitlichen „Entwicklungspsychologien" des Kindes und Jugendlichen eingelassen sind in eine bis auf den athenischen Archonten Solon (ca. 640 - 561 v. Chr.) zurückführende umfassende Ordnung der Lebensalter, die auch in den weitverbreiteten Holzschnitten und Bildern des Lebensrades oder der Lebenstreppe zum Ausdruck gelangt (vgl. Ariès 1975, S. 73ff.). Diese Einteilung des Lebenslaufes in Jahrsiebte oder Jahrzehnte - bei Comenius regiert ein Rhythmus von je sechs Jahren - ist von derselben Starrheit wie der Zyklus der Natur oder das hierarchische Gefüge der ständischen Gesellschaft des Ancien Régime. Die Lebensalter bezeichnen allgemein - wie heute nur noch in der „kosmischen" Menschenkunde der Waldorfpädagogik Rudolf Steiners (vgl.

Ullrich 1991, S. 114ff.) - sowohl biologische Wachstumsphasen und Stadien seelischer Entwicklung als auch entsprechende Lebensformen der Altersgruppe mit ihren Aufgaben innerhalb eines religiös ausgedeuteten gesellschaftlichen Ganzen. Jedes Lebensalter ist auf ein späteres bezogen, die früheren sind ein Noch-nicht, die späteren ein Nicht-mehr. Die Kindheit hat hier - unabhängig von ihrer theologisch begründeten Verachtung oder Wertschätzung - stets nur einen relativen Wert für das weitere curriculum vitae[5].

Die für die christliche Tradition kennzeichnende widersprüchliche Einschätzung des Kindes als Inkarnation der Erbsünde und als Vorbild im Glauben wirkt auch noch in der Zeit der beginnenden Aufklärung weiter - im theologischen wie im säkularisierten Denken. So finden wir die pessimistische augustinische Auffassung des Kindes noch vorherrschend im katholischen Raum etwa bei Blaise Pascal (1623 - 1662) (vgl. Snyders 1971, S. 148ff.) und den Jansenisten, im reformierten Christentum besonders beim Pietisten August Hermann Francke. Wie Augustinus und vor ihm Aristoteles möchte *Pascal* am liebsten seine Kindheit vergessen: „Ich möchte das Leben erst von dem Augenblick an rechnen, wo man von der Vernunft bewegt wird, was gewöhnlich nicht vor zwanzig Jahren der Fall ist. Vor dieser Zeit ist man Kind, ein Kind ist kein Mensch“ (Pascal, Discours sur les passions de l'amour, ed. Brunschvicg, S. 124; zit. n. Lassahn 1983, S. 34). Die Pädagogik der Jansenisten „neigt zur Unterdrückung des natürlichen Menschen, ihre asketische Einstellung zur Welt verleiht ihr rigoristische Züge. Nach Saint-Cyrant besitzt der Teufel die Seele des kleinen Kindes vom Mutterleibe an. Die Taufe gab ihm zwar die Unschuld zurück, kann aber seine grundsätzliche Verderbtheit nicht ändern. Erziehung muß sich als Werkzeug der Gnade des Kindes annehmen und seine Taufunschuld bewahren. Absonderung von der Welt und Bewahrung vor ihren verderblichen Einflüssen wie auch vor den begehrlichen Neigungen des Kindes selbst (u.a. libido sciendi) gehören zu ihren ersten Grundsätzen. Hinzu kommt das positive Beispiel der Erzieher, die keinen Augenblick die Kinder aus ihrer strengen Aufsicht entlassen dürfen. Es gilt, sich gegen sich selbst und gegen die Welt zum sittlich-religiösen Charakter zu läutern“ (Ballauff/Schaller 1970, S. 283).
Im lutherischen Glaubensbereich dominiert die erbsündendeduzierte, pessimistische Anschauung von der Kindesnatur weniger in der Orthodoxie als vielmehr im Pietismus und da besonders bei *August Hermann Francke* (1663-1727), „für den die Auffassung von der durch die Erbsünde radikal verdorbenen menschlichen Natur neben der Betrachtung von Herzensfrömmigkeit und Tatchristentum zu einem der tragenden Pfeiler seines pädagogischen Denkens und Handelns wurde. Schon an den kleinsten Kindern entdeckte man die tiefe

sündige Verderbnis der Kindes- und Menschennatur ... und folgerte daraus als unabdingbare Aufgabe allen erzieherischen Handelns, den natürlichen Eigenwillen des Kindes zu brechen. Aus dieser Forderung, die gleichsam als Leitsatz pietistischer Kindererziehung gelten kann, leiteten sich die konkreten Maßnahmen pietistischer Erziehungspraxis ab, die vornehmlich darauf aus waren, durch lückenlose Kontrolle und dauernde Beschäftigung dem kindlichen Eigenwillen keine Chance zur Entfaltung zu geben" (Lachmann 1989, S. 162). Kindliches Spiel wird - wie jede Form der Muße - verboten, Beten und Arbeiten erscheinen als die gebotenen Tätigkeiten, um der Bösartigkeit des Kindes entgegenzuwirken und es auf seine Bekehrung vorzubereiten (vgl. Blankertz 1982, S. 48ff.).

In säkularisierter Form zeigt sich das augustinische Verdikt über das Kind selbst noch beim Begründer der neuzeitlichen Bewußtseinsphilosophie, beim Rationalisten *René Descartes* (1596-1650). Für ihn ist das Kind zwar nicht mehr bestimmt von der Erbsünde Adams; es trägt von Geburt an die Vernunft als zu vervollkommende bereits in sich: „Ich zweifele nicht, daß der Geist, sobald er in den Körper eines Kindes eingegossen ist, nicht sofort zu denken beginnt, und daß es dann weiß, daß es denkt, selbst wenn es sich nachher nicht erinnert, was es gedacht hat" (Descartes, zit. n. Snyders 1971, S. 156). Trotzdem bleibt für Descartes die Kindheit - in Fortsetzung der dualistischen augustinischen Tradition - Schwäche und Irrtum; denn es ist die Lebensphase, wo das Denken noch ganz und gar den triebhaften, chaotischen Regungen des Körpers ausgeliefert ist. Die Kindheit ist die Zeit, in der durch die Wehrlosigkeit des Geistes gegenüber den sinnlichen Regungen des Körpers die Irrtümer und Vorurteile entstehen, die sich ein ganzes Leben lang erhalten und den selbständigen Vernunftgebrauch des Erwachsenen erschweren. Deshalb liegt für Descartes ein tragischer Zug darin, daß jeder Mensch erst Kind sein muß: „Und weil wir alle Kinder waren, ehe wir Männer wurden, und lange Zeit hindurch von unseren Trieben und Lehrern gelenkt werden mußten, die oft miteinander in Widerstreit waren und die beide uns vielleicht nicht immer das Beste rieten, so dachte ich weiter, daß unsere Urteile fast unmöglich so rein und so fest seien, wie sie gewesen sein würden, wenn wir vom Augenblick unserer Geburt an den vollen Gebrauch unserer Vernunft gehabt hätten und stets nur durch sie geleitet worden wären" (Descartes 1961, S. 14). Da es für Descartes eine - durch die eingeborenen Ideen konstituierte - einheitliche Vernunft gibt, deren Methoden und Prinzipien erst der selbstbewußte und erwachsene Mensch folgen kann, muß die Art des kindlichen Denkens von ihm zwangsläufig als defizitär, als irrtümlich und geistesschwach bestimmt werden. Trotz des traditionellen negativen Bildes der Kindheit bahnt aber auch Descartes den Weg für die in der Aufklärungszeit erfolgende Aufwertung des Kindes. Mit dem Vertrauen darauf, daß jeder Mensch durch das Denken zur Wahrheit gelangen kann, „eröffnet Descartes eine unendliche Möglichkeit des Fortschritts; die Wahrheit wächst nach dem Maß des Menschen und das Gewicht der Erbsünde hört auf, die Kindheit zu erdrücken“ (Snyders 1971, S. 157).

Die andere, in der christlichen Tradition seit Augustinus marginalisierte Sichtweise des Kindes als eines Wesens, das gleichsam noch näher an Gott steht, findet ihren neuzeitlichen Ausdruck u.a. in dem das 17. Jahrhundert beherrschenden Kult des Jesuskindes und theologisch in der Mystik des Kindwerdens bei *Fénelon* (1651 - 1715), dem letzten großen Lehrer der mystisch-spirituellen Ecole francaise. Gerade im Rahmen einer Vorgeschichte der romantischen Kindheitsauffassung kommt Fénelons Bestimmung der Einfalt des Herzens - des Ziels der mystischen Versenkung - als „esprit d’enfance“ und der daraus entspringenden Konzentration der Empfindsamkeit auf das Kind(liche) eine besondere Bedeutung zu. Die Vorstellung vom Kind als einem Modell des richtigen Lebens, der Gedanke der wiedergewonnenen Naivität bzw. der Verjüngung haben nach Robert Spaemanns Analysen ihre Wurzeln gerade in dieser Tradition der mystischen Spiritualität (vgl. Spaemann 1963; Spaemann 1978).
Die katholische Kirche verficht im Einklang mit dem Erbsündendogma im 17. Jahrhundert zwei Idealbilder des Kindes: das Bild vom heiligen Kind, das - wie Petrus von Luxemburg oder Katherina von Siena - von klein auf sich ganz von den irdischen Dingen löst, um sich in den Dienst Gottes zu stellen, und das Bild des Jesuskindes. „Im Laufe des 17. Jahrhunderts geriet die Verehrung des Jesuskindes in Frankreich zu einer wahren Massenbewegung. ... Andachtsbücher hoben die menschlichen Züge des ‘Gotteskindes’ hervor, das mit seiner Unschuld und Sanftmut die Gläubigen an der Weihnachtskrippe rührte. ... In einer Gesellschaft, die drei Jahrhunderte lang zur Angst vor den Gefahren des Fleisches und vor dem Körper als Sitz der Sünde erzogen worden war, entfesselte das Bild dieser vorbildlichen Kinder neue Formen innerlicher Frömmigkeit“ (Gélis 1991, S. 327).
Getragen von dieser Welle der Verehrung des Jesuskindes als des Ausdrucks der äußersten Erniedrigung und Selbstentäußerung Gottes zur Rettung des Menschen, verbindet Fénelon den mystischen Grundgedanken der Selbstverleugnung mit dem Lob der Kindlichkeit. „Aber gerade bei Fénelon steht die Devotion des Jesuskindes ganz im Dienste des Kindheitsideals, das seinerseits nicht nur unmittelbar in dieser Devotion gründet, sondern in einer hochentwickelten mystisch-pädagogischen Psychologie, die das Ziel der ‘Einfalt’ (simplicité) und Gelassenheit (indifférance) bis ins Detail am Analogon des Kindes veranschaulicht und dabei das Analogon selbst, das Kind, als eigene Lebens-

form auf eine Weise in den Blick bekommt, wie es im allgemeinen erst bei Rousseau der Fall zu sein scheint" (Spaemann 1963, S. 145). Der kardinale Vorzug des Kindes bzw. des „esprit d'enfance" liegt in der Abwesenheit der Reflexion; daraus entspringen seine Einfalt und Unschuld des Herzens, seine Unmittelbarkeit und ungebrochene Spontaneität, sein sorgloses Leben in der Gegenwart des Augenblicks und sein charakteristischer Weltbezug des Spielens. Kindheit ist also eine ausgezeichnete Gestalt den Menschlichen; für Fénelon ist sie allerdings primär nicht das Charakteristikum des wirklichen Kindes. Der „esprit d'enfance" bleibt noch Symbol, in dem das mystische „Sich-Lassen" anschaulich wird. „Kein Kind ist wirklich kindlich. Eben dies ist die Bedeutung der Kindheit Jesu als einer vermittelten Unmittelbarkeit" (ebd., S. 156f.).

Erst Rousseau wird die von Fénelon entwickelten Epitheta der Kindlichkeit bei seiner Darstellung des „homme naturel" in wirklichen Kindern aufsuchen. „Freilich ist das Kind, welches Rousseau entdeckt, ein anderes als Fénelons ... . Für Rousseau ist das Kind das Wesen der Selbstliebe ... . Das Kind Fénelons dagegen lebt nicht aus sich und nicht für sich; es lebt aus der Spontaneität der Situation, in die es eingelassen ist, bevor es Zeit hatte, in Selbstliebe sich auf sich zu beziehen. Dieser - allerdings schwerwiegende - Unterschied mag darauf zurückzuführen sein, daß Rousseau und Fénelon Liebe als etwas wesentlich Verschiedenes verstehen. ... für Fénelon ist sie spontan, wie sie nur von einem schlechthin bedürfnislosen Wesen aufgebracht werden kann, welches bei Rousseau nicht leben könnte: von Gott - Erziehung ist darum für Fénelon keinesfalls Entwicklung, sonder Läuterung, Reinigung des Menschen von sich selbst ..." (Ballauff/Schaller 1970, S. 292f.).

2.4 Das Kinderleben in der alteuropäischen Gesellschaft

Doch wie weit ist die mit diesem Kult des „esprit d'enfance" sich ankündigende pädagogische Wertschätzung des Kindes von der alltäglichen Erziehungswirklichkeit im Ancien Régime entfernt! Lebenspraktisch löst sich die ambivalente Wertung des Kindes bzw. des Kindlichen in der christlichen Tradition in der Weise auf, daß das im Alltag begegnende, empirische Kind eher mißfällt, die Kindlichkeit als Symbol für die gläubige Hingabe und Einfalt - vor allem auf die Künste - anregend wirkt: „Also Verführung durch die Kindheit, wenn sie eine Art geheimnisvoller und ferner Versprechungen verkörpert; Ratlosigkeit und eine Art Unempfindlichkeit, ja sogar Härte dem Kind gegenüber, wenn es anwesend ist" (Snyders 1971, S. 140). In seinem bahnbrechenden Werk über Kindheit und Familie im Ancien Régime spricht Ariès von der Indifferenz und

Ignoranz der mittelalterlichen Gesellschaft gegenüber dem Kind. Daß das physische Leben des Kindes nur wenig zählt, zeigt sich für ihn symptomatisch an der weithin geduldeten Praxis des heimlichen Kindermords, die sich bis zum Ende des 17. Jahrhunderts hält: „Es handelt sich dabei nicht um eine akzeptierte Praktik, wie es die Aussetzung in Rom war. Der Kindesmord war ein Verbrechen, das schwer bestraft wurde. Dennoch wurde er wohl insgeheim recht häufig praktiziert, und zwar als Unfall getarnt: die Kinder starben im Bett der Eltern, in dem sie auch schliefen, eines natürlichen Erstickungstodes. Man tat nichts dafür, um sie zu schützen oder zu retten. ... Das Faktum, daß man der Natur nachhalf, um Lebewesen verschwinden zu lassen, die so wenig dazu angetan schienen, vollwertige Menschen zu sein, gestand man nicht ein, aber man schämte sich dessen auch nicht weiter“ (Ariès 1975, S. 54f.). Auch für das seelische Leben des Kindes, für die Besonderheiten, die es vom Erwachsenen grundlegend unterscheiden, hat die mittelalterliche Gesellschaft nach Ariès kein Verständnis: „Ein solches bewußtes Verhältnis zur Kindheit gab es nicht. Deshalb gehörte das Kind auch, sobald es ohne die ständige Fürsorge seiner Mutter, seiner Amme oder seiner Kinderfrau leben konnte, der Gesellschaft der Erwachsenen an und unterschied sich nicht länger von ihr“ (ebd., S. 209). Vor diesem Lebensalter zählt das Kind nicht, weil man nicht sicher sein kann, daß es überlebt. Denn von den zahlreichen - oft mehr als zehn - Kindern, die eine Mutter zur Welt bringt, stirbt ein Viertel in den ersten Lebensmonaten, ein weiteres bis zum Ende des dritten Lebensjahres; weniger als die Hälfte der Neugeborenen einer Familie erreicht das Jugendalter (vgl. Weber-Kellermann 1979, S. 26; Arnold 1986, S. 467). Die Herausbildung einer speziellen Kinderkleidung im 17. Jahrhundert in den oberen Schichten der französischen Gesellschaft wertet Ariès als Indiz für eine neue Einstellung zum Kind, welche sich für ihn im Bereich der Künste und des kirchlichen Lebens schon vorbereitet hat: „Hier hat sich der Kindheit gegenüber eine neue Empfindung eingestellt: aufgrund seiner Naivität, seiner Niedlichkeit und Drolligkeit wird das Kind für die Erwachsenen zu einer Quelle der Erheiterung und der Entspannung, zeigt er ihm gegenüber jenes Verhalten, das wir als ‘Gehätschel’ bezeichnet haben“ (Ariès 1975, S. 210f.)

Die Arièsschen Thesen von der Ambivalenz, Gleichgültigkeit und Ignoranz der alteuropäischen Gesellschaft gegenüber dem Kind sind in mehrfacher Weise auf Kritik gestoßen. Zunächst im Grundsätzlichen: „Die Schwierigkeiten und Gefahren bei einer derartigen Spurensuche liegen im Verhältnis der geringen Quellen über alltägliche Beziehungen von Müttern und Kindern einerseits zu den mächtigen Bildern dieser Beziehungen in Religion, Philosophie, Kunst usw. und den aktuellen Interpretationen dieser Beziehung in Wissenschaft und Politik andererseits“ (Hardach-Pinke 1986, S. 530). Dokumente, in denen die betroffenen Mütter und Väter sich selber über die Kinder äußern, sind - u.a. wegen der weitverbreiteten Illiteralität - äußerst selten. Daher werden für die Historiographie über das alltägliche Leben mit Kindern Sachüberreste (Kleidung, Spielzeug usw.), ärztliche Berichte, demographisches Material etc. als indirekte Quellen bedeutsamer. Diese können aussagekräftiger sein, als die von Ariès herangezogenen Belege aus der bildenden Kunst, Ikonographie und Literatur, die überwiegend normativ ausgerichtet sind und aus der kleinen Oberschicht der literarisch Gebildeten stammen. Bei der Deutung der Unterschiede darf auch nicht die heutige Einstellung zum Kind, das „Nachher" zum Maßstab der Beurteilung des „Vorher" werden, welches dann nur mehr als defizitär wahrgenommen wird und in der vergröbernden Gegenüberstellung seine soziale, regionale und kulturelle Diversität verliert.

Im einzelnen wird bezüglich Ariès' These von der Indifferenz des Mittelalters gegenüber dem Kind eingewendet, daß Kindesmord und Aussetzung hauptsächlich nur behinderte bzw. uneheliche und verwaiste Kinder betreffen. Für diese unerwünschten Kinder bilden sich allmählich aber immer mehr Gelegenheiten der Aufnahme in Klöstern oder speziellen Findel- und Waisenhäusern heraus. Gegen Ariès' Ignoranzthese wird vorgebracht, daß auch im Mittelalter die Entwicklung des Kindes sorgfältig beachtet und das Kind durch zahlreiche Feste und Riten von einer Altersstufe zur nächsten hinübergeführt worden ist. Begriff und zeitliche Strukturierung der Kindheit entstammen der antiken hebdomadischen Tradition: Im Siebenjahresrythmus werden infantia, die Zeit des mütterlich betreuten Spielens, und pueritia, die Zeit des vom Vater bestimmten Lernens, voneinander geschieden. Im ersten Jahrsiebt seines Lebens gilt das Kind noch als strafunmündig. Im zweiten Jahrsiebt wird es als eingeschränkt straf- und handlungsfähig betrachtet; dem Knaben werden die ersten Hosen angelegt, nach dem auch er bisher Mädchenkleidung getragen hat; in den oberen Ständen verläßt er nun seine Familie, um eine Schule zu besuchen oder um in einem anderen Hof oder Haushalt als Knappe oder Gehilfe im Lehrverhältnis zu arbeiten. Mit dem 14. Lebensjahr wird er als mündig erachtet und den anderen Erwachsenen in Haus, Gemeinde und Kirche gleichgestellt. An dieser Altersgliederung der Kindheit und den darauf bezogenen Formen der Erziehung läßt sich erweisen, „daß Empfindung und Beachtung dessen, was dem Kind in besonderem Maße eigentümlich ist, im Mittelalter stets vorhanden war. Dieses Interesse am kindlichen Wesen und seine subtile Beobachtung läßt sich auch für die biographische und autobiographische Literatur konstatieren. Doch ist nicht zu übersehen, daß ... dieses Kindsein nur als ein Durchgangsstadium auf dem Weg zum - nahezu stets männlichen - Erwachsenen angesehen wird" (Arnold 1986, S. 448).

Daß es auch im Mittelalter - zumindest in der höfischen Lebenswelt - die um das physische Gedeihen des Neugeborenen besorgte Mutter gibt, belegen die folgenden Bemerkungen des Erasmus von Rotterdam aus dem Jahre 1529: „Wie sehr sind doch insgeheim die Mütter besorgt, daß das Kind nicht schielende oder triefende Augen, schlaffe Wangen, hervortretende Schulterblätter, krumme Beine oder Klumpfüße bekomme oder daß der ganze Körperbau ein weniger gefälliges Ebenmaß habe! Zu dem Ende pflegen sie unter anderem Bandagen anzuwenden oder Kompressen, womit sie die Wangen umwickeln. Man achtet inzwischen auf die Milch und die Speisen, nimmt auf Bäder und körperliche Bewegung, kurz auf alles bedacht, wodurch ... die körperliche Entwicklung der Kinder vornehmlich gefördert wird. ... Ja noch vor der Geburt ist schon die Sorgfalt der Mutter rege. Die Schwangern essen nicht jede beliebige Speise und hüten sich vor unzuträglicher körperlicher Bewegung" (Erasmus 1963, S. 110). Auch wenn man in Rechnung stellt, daß sich die Sorge der Mutter hier vor allem auf das leibliche Wohl des Kindes - eines Kindes aus fürstlichem Hause - richtet, so machen doch diese Ausführungen deutlich, daß man nicht generell von Gleichgültigkeit und Unverständnis gegenüber dem Kind im Mittelalter wird sprechen können. „Aufmerksamkeit oder Gleichgültigkeit dem Kind gegenüber sind in Wirklichkeit nicht charakteristisch für diese oder jene Epoche der Geschichte. Beide Haltungen existieren nebeneinander in ein und derselben Gesellschaft, wobei die eine aus kulturellen und sozialen Gründen, die nicht immer leicht aufzudecken sind, zu einem bestimmten Zeitpunkt die Oberhand gewann" (Gélis 1991, S. 328).
Als die beiden, eng miteinander verwobenen, kulturellen und sozialen Determinanten der vielfältigen und mehrschichtigen alltäglichen Einstellung zum Kind im Ancien Régime betrachten wir die Vorstellung vom zyklischen Ablauf des Lebens und die Lebensform der Haushaltsfamilie, das „Ganze Haus". Die tief verwurzelte mythische Auffassung vom Kreislauf des Lebens gliedert - in einer im wesentlichen agrarischen Gesellschaft - jeden einzelnen ein in den naturhaften jahreszeitlichen Zyklus von Geburt, Werden, Vergehen und Wiedergeburt sowie in den familialen sozialen Zyklus der Generationen, in die Kontinuität der Genealogie. Die „Stimme des Blutes", der Gesamtkörper der patrilinearen Ahnenreihe hat den Vorrang vor dem Leben des Einzelnen. Der eigene Körper des Mannes, noch mehr der Frau als Bewahrerin der Gattung, gehören immer zugleich auch den anderen, den lebenden und verstorbenen Mitgliedern der Familie und der Blutsverwandtschaft. „In gewissem Sinne gab der Mensch Leben weiter, ohne wirklich sein eigenes Leben führen zu können. Seine oberste Pflicht im Leben war es, Leben zu schenken. Im Rahmen dieser Auffassung vom Leben und vom Körper wurde das Kind als Sproß des gemeinsamen Ursprungs begriffen, als Teil des kollektiven Gesamtkörpers, der

durch das Ineinandergreifen der Generationen die Zeit transzendierte. Deshalb war es der Ahnenreihe ähnlich innig verbunden wie den Eltern. In diesem Verstande war es ein 'öffentliches' Kind" (ebd., S. 314f.). Mit der Taufe wird das Kind nicht nur vom Bann der Erbsünde suspendiert, sondern vor allem in die Gemeinschaft der Familie und des Hauses aufgenommen. Als Erstgeborener und dadurch bevorrechtigter Erbe erhält es oft die Vornamen seiner beiden Großväter und damit explizit den Auftrag, den Fortbestand und das Wohlergehen des Hauses auch in der fernen Zukunft zu sichern. Erblickt das Neugeborene das Licht der Welt als Mädchen oder als Junge auf einer späteren Position in der Geschwisterreihe, dann kommt ihm für das Familienkollektiv eine viel geringere Bedeutung zu. Man widmet diesem Kind nur noch geringe Aufmerksamkeit, man empfindet es oft sogar als Last. Da die Frauen - bei ihren oft jährlichen Niederkünften - eher über zuviele als über zuwenige Kinder klagen, bleiben die Duldung der hohen Kindersterblichkeit, die Indifferenz gegenüber den vielen überlebenden eigenen Kindern, sowie der Versuch, einige davon frühzeitig wegzugeben, alles andere als unverständlich. Diese Gleichgültigkeit und Ratlosigkeit, die nicht jedes Kind, aber die meisten Kinder im Alltag hervorrufen, lassen sich nicht alleine aus dem Geist der christlichen Erbsündenlehre und noch weniger aus der oben dargelegten zyklischen Lebensauffassung erklären; sie resultieren vielmehr hauptsächlich aus den Strukturbedingungen des familialen Lebens im Ancien Régime.

Bei aller Vielfalt der empirisch vorfindbaren Familienformen darf die große Haushaltsfamilie, das „ganze Haus", als die in Europa über fast dreitausend Jahre bis in 18. Jahrhundert dominierende grundlegende soziale Formation gelten. Das „ganze Haus" ist nicht nur Wohnung; in dem es seinen Insassen auch Unterhalt, Recht und Schutz bietet, ist es ein Fundament der alteuropäischen gesellschaftlichen Verfassung. In ihm sind die ökonomischen, politischen, religiösen und familialen Vollzüge institutionell vereint, also real noch ungetrennt. „Das ganze Haus ist als soziale Organisation eine Lebens- und Wirtschaftsgemeinschaft. Dabei umfaßt der Haushalt eine oder mehrere Kern-Familien und ledige Personen, die untereinander auch blutsverwandt sein können. ... Im 'ganzen Haus' herrscht der 'Hausvater'; familien- und sachenrechtlich gesehen ist nur er selbständig handlungsfähig; nur er hat politische Rechte in der weltlichen Gemeinde; er ist der Vormund der Hausgenossen und übt das Züchtigungsrecht aus. Das 'ganze Haus' ist streng patriarchalisch organisiert, das Leben an festen Regeln und Normen orientiert. Die Beziehungen der im 'ganzen Haus' miteinander Lebenden sind durch die Art der Arbeitsorganisation bestimmt: Durch die zumeist unentgeltliche Mitarbeit aller Familienangehörigen, auch der Kinder ... Das Zusammenleben kennt kaum intimisierte Rückzugsbereiche; Konflikte sind in dieser kollektiven offenen Lebensform nur sehr

begrenzt möglich, sodaß die Umgangsformen wenig emotional und eher formell gestaltet werden müssen“ (Herrmann 1987, S. 56).
Die Binnenbeziehungen im „ganzen Haus“ sind starke Autoritätsbeziehungen, Verhältnisse der Über- und Unterordnung: „Keine der einfachen Sozialbeziehungen darf den Zweck der ‘häuslichen Gesellschaft’ gefährden ... . Mann und Frau, Eltern und Kinder stehen sich vor allem als Hausangehörige gegenüber; der Vater ist verantwortlicher Herrscher des ‘Hauses’, die Mutter mit einer von ihm abgeleiteten Autorität Vorsteherin der Hauswirtschaft, die Kinder haben den Status von Hausgenossen, vom Gesinde lediglich durch ihre natürlich beschränkte Arbeitskraft und ihre Stellung in der Generationsfolge als spätere Erben des ‘Hauses’ unterschieden“ (Hurrelmann 1989, S. 209). So bestimmt die Ökonomie des „ganzen Hauses“ auch die Ökonomie der Gefühle der in ihm lebenden Menschen. Wo das Interesse der wirtschaftenden Gemeinschaft an erster Stelle steht, ist das emotionale Binnenklima in der Regel kühl und unbeweglich.
Im öffentlichen Leben ist die Haushaltsfamilie vor allem auf die Wahrung ihres guten Rufes bedacht. Im Hinblick hierauf unterliegt sie einem dichten Netz von Regeln und Pflichten, auf deren Einhaltung der prüfende Blick der Dorfgemeinschaft oder der städtischen Nachbarschaft ruht. Jedes etwa aufkeimende Bedürfnis nach Absonderung und Intimität wird durch die Raumverhältnisse, durch die informelle soziale Kontrolle der Gemeinschaft und durch die Gebote der kirchlichen Obrigkeit schon im Ansatz erstickt. So wird auch die Eheschließung nicht als eine Verbindung zweier Individuen aufgefaßt, sondern als ein schon in früher Jugend - auch gegen den Willen der Betroffenen - anzubahnendes Bündnis zweier Familien zur Erhaltung und Vermehrung des gemeinsamen Eigentums und Ansehens. Vor allem die Erstgeborenen müssen einer (Zwangs-)Ehe zustimmen, die der Gesamtheit der Familie nützt, während die Nachgeborenen und die Mädchen im Militärdienst bzw. im Schoße der Kirche oft ganz auf eine Eheschließung verzichten, um ihr Erbteil den Kindern des Erstgeborenen zu überlassen. In diesem „Mosaik des Schweigens und der Lieblosigkeit“ (Shorter) hatte jeder zuerst seine Pflichten zu erfüllen und innerhalb der Haushaltsfamilie und gegenüber dem anderen Geschlecht seine starre, traditional festgelegte Rolle zu spielen: „Die Männer mußten tyrannisch, in ihrer patriarchalischen Autorität einschüchternd, selbstsüchtig, brutal und unsentimental sein; die Frauen loyal, bescheiden und unterwürfig. Sowohl diese extreme Trennung der Aufgaben und Arbeiten als auch die emotionale Ungleichheit der Geschlechterrollen geben uns das Recht, von einer unüberbrückbaren Gefühlsdistanz beim Ehepaar zu sprechen“ (Shorter 1975, S. 98).
Wie zwischen den Ehepartnern herrscht auch gegenüber den Kindern Unbekümmertheit, emotionale Ferne und Kälte. Die Lieblosigkeit der Mütter zeigt

sich symptomatisch im Wickeln des Neugeborenen, in der Verweigerung des Stillens und in der Weggabe zu einer Amme sowie in der Teilnahmslosigkeit am Tode eines eigenen Kindes. Bis zum Ende des 18. Jahrhunderts, in den ländlichen Gebieten auch noch länger, ist es üblich, das Neugeborene während der ersten vier bis acht Lebensmonate von Kopf bis Fuß in eine eng anliegende Leinenbandage fest einzuwickeln und ihm dadurch jede Möglichkeit der Bewegung zu nehmen. Da das Wiederaufschnüren dieses Korsetts bis zu zwei Stunden in Anspruch nehmen kann, bleibt der Säugling manchmal tagelang darin gefesselt und in seinen Ausscheidungen liegen. Selbst wenn man als Grund für diese Praxis die oben von Erasmus betonte fürsorgliche Absicht der bewußten Gliederformung unterstellt, so hat sie jedoch andererseits zur Folge, daß die Mutter oder Amme kaum noch Aufmerksamkeit für das Kleine aufbringen muß. Das Wickeln ist die Bedingung dafür, daß die Mutter ungehindert ihrer lebensnotwendigen Arbeit nachgehen kann; als Hindernis für einen zärtlichen Umgang mit dem Kind ist es zugleich ein erster signifikanter Ausdruck für die vorherrschende emotionale Distanz.

Ein zweites Indiz für die Gleichgültigkeit und Lieblosigkeit ist der weitverbreitete Brauch, den Säugling sogleich nach der Geburt einer käuflichen Amme zu übergeben, welche ihn in den ersten zwei bis fünf Lebensjahren aufziehen soll. In der Lebensphase, die nach heutiger entwicklungspsychologischer Lehrmeinung als die wichtigste für den Aufbau der Persönlichkeit gilt, vergibt damit die Mutter bewußt die Möglichkeit eines intensiven pflegerischen und erzieherischen Kontakts. Die radikale Trennung vom eigenen Kind macht deutlich, welch geringes Gewicht die Eltern der Beziehung zu ihrem eigenen Kind in diesem frühen Lebensalter damals zumessen. Und mit dieser Weggabe verringern die Eltern noch einmal die ohnehin geringen Lebenschancen ihres Kindes. Denn bei den käuflichen Ammen, die oft mehrere Säuglinge gleichzeitig aufziehen, ist die Sterblichkeit der Kinder erheblich höher, als wenn diese in ihrer Familie aufwachsen (vgl. ebd., S. 210). Die Weigerung der Mutter, das eigene Kind selber zu stillen, kann aus unterschiedlichen Motiven entspringen: aus der Ablehnung des Stillens, welches man entweder aus medizinischer Unkenntnis als schädlich für das Kind erachtet oder was man aus moralischen Gründen für eine tierhafte, schamlose Geste hält, die einer ehrbaren Frau nicht gut ansteht. Der häufigste Grund für die Fortgabe des Kindes ist wohl die wirtschaftliche Lage der Familie, in der die Arbeitskraft der Mutter unentbehrlich ist. Ein dritter Beleg für die Gleichgültigkeitsthese kann in der erstaunlichen Teilnahmslosigkeit gesehen werden, mit der die Eltern in der alteuropäischen Gesellschaft den Tod ihres Kleinkindes hinnehmen. Wenn der Tod eines Kindes keine Trauer auslöst, kann die Beziehung auch zum lebenden Kind nicht sehr intensiv sein. Zumindest erhalten die Kinder dadurch etwas Austauschbares; ihr Tod gilt als ein einzuberechnender Zufall, den eine folgende Geburt sozusagen wieder gutmachen kann. Und oft erhält ja das Neugeborene auch denselben Namen wie das davor verstorbene Kind (vgl. ebd., S. 201). Die sich darin bekundende Distanziertheit gegenüber dem lebenden Kind und das Ausbleiben der Trauer über das gestorbene sind angesichts der Allgenwärtigkeit des Kindstodes gut erklärlich. Mit Recht wird als Beispiel für diese Haltung die Bemerkung Montaignes aus dem Jahre 1580 immer wieder erwähnt: „Ich habe zwei oder drei Kinder im Säuglingsalter verloren, nicht ohne Bedauern, aber doch ohne Verdruß" (Montaigne zit. n. Ariès 1975, S. 98). Montaignes emotionale Distanz zeigt sich übrigens schon darin, daß er sich nicht einmal mehr an die genaue Zahl der verstorbenen Kinder erinnern kann. Jede intensive Form der Zuneigung zum Kind wäre für die damaligen Mütter und Väter auch kaum zu verkraften gewesen.

Für Shorter ist das mangelnde Einfühlungsvermögen der Eltern nicht nur eine Folge der dramatischen Kindersterblichkeit, vielmehr sind die Gleichgültigkeit und Feindseligkeit der Eltern selber auch maßgebliche Ursachen für die hohe Sterberate der Neugeborenen. Ein großer Teil der Säuglingssterblichkeit entspringt demnach weniger aus unfreiwilligen Ursachen, sondern muß als verhüllte Form des Kindsmords betrachtet werden. Für Shorter resultiert der Tod vieler Kinder, in erster Linie der unehelichen, aber auch sogar der ehelichen, aus einer unausgesprochenen Entscheidung der Eltern, die Zahl der aufzuziehenden Kinder zu beschränken. „Vor Beginn des 19. Jahrhunderts praktiziert nahezu niemand Empfängnisverhütung - eine Tatsache, die wir aus der Kinderfolge und aus dem Alter der Mütter bei der Geburt ihres letzten Kindes kennen, als Informationen, die aus Familiengeschichtsstudien zu entnehmen sind. Ehemänner hatten nahezu ungehemmten sexuellen Zugang zu den Frauen, sodaß eine Mutter, die die Menopause erlebte, mit großer Wahrscheinlichkeit etwa zehn- bis fünfzehnmal schwanger gewesen war und etwa fünf bis acht lebende Kinder geboren hatte. Schließlich: wir beschäftigen uns mit ärmlichen Menschen, die wenig an folgende Generationen weiterzugeben hatten und für deren Erben die übertriebene Realteilung ein wirtschaftliches Desaster bedeutete. Religiöse Vorschriften verbieten den Menschen Empfängnisverhütung, Abtreibung und vorsätzlichen Kindesmord. Also töten sie die überzähligen Kleinkinder durch Vernachlässigung" (Shorter 1986, S. 513). Die häufigsten Formen der Vernachlässigung und damit die Bedingungen des verhüllten Kindsmordes sind: der bewußte Verzicht auf mögliche Hygiene; die Verweigerung des Stillens durch Weggabe zu gewerblichen Ammen; das Vollstopfen mit Mehlbrei in den ersten Lebenstagen und die Verabreichung von Erwachsenennahrung im ersten Lebensjahr; die Gabe von starken Abführmitteln (Branntwein u.a.) gegen den daraus resultierenden Durchfall - das häufigste Todessymptom übrigens;

das bewußte Alleinlassen den ganzen Tag über; die Weigerung, den Arzt zu rufen. Diese Verhaltensweisen zeugen für Shorter von einer bewußten Böswilligkeit gegen das ungewollte Kind. Eltern, die wollen, daß ihre Kinder überleben, wenden auch bewußt lebenserhaltende Maßnahmen an, weil sie „genug von den eigentlichen Ursachen der Krankheiten wußten, um ihr Elternverhalten zu ändern, wenn sie dies wollten" (ebd., S. 510). Diese These von einer auf bewußte Vernachlässigung zurückgehenden Kindersterblichkeit wird zwar durch den Hinweis darauf relativiert, daß in den kultivierten bürgerlichen Haushalten am Ende des 18. Jahrhunderts, in denen das Kind zum Mittelpunkt eines empfindsamen Familienlebens wird, die Säuglingssterblichkeit kaum niedriger ausfällt als in den von Shorter beschriebenen agrarischen Haushalten der vorhergehenden Jahrhunderte (vgl. van Dülmen 1990, S. 96). Gleichwohl kann deshalb an der grundsätzlichen Indifferenz der mittelalterlichen Mütter und Väter gegenüber ihren Kindern nicht insgesamt gezweifelt werden.

Aus dieser emotionalen Distanziertheit kann je nach sozialem Stand der Eltern und je nach dem Geschlecht des Kindes, seiner Position in der Geschwisterreihe, seiner Legitimität oder Unehelichkeit, seiner Gewolltheit oder Unerwünschtheit, seinem Grad an Gesundheit oder Behinderung im Einzelfall sogar intensive Fürsorge werden; allzuhäufig steigert sie sich allerdings bis zur Feindseligkeit. Mit der vorherrschenden emotionalen Kälte und Gleichgültigkeit gegenüber seinen physischen und psychischen Entwicklungsbedürfnissen geht in der Erziehung die Forderung nach dem strengen Gehorsam des Kindes einher. Als späterer Erbe und Garant der Kontinuität des Haushalts wird das Kind durch ständige Überwachung fügsam gemacht und gezwungen, seinen eigenen Wünschen zu entsagen. Dies geschieht am wirksamsten in einer Atmosphäre des Mißtrauens und der Drohung. Da man beim Kind eher mit angeborener Bosheit als mit freiwilliger Einsicht rechnet, wird Erziehen oft gleichbedeutend mit: den Willen brechen durch Strafe. „Das Strafen war so selbstverständlich und unproblematisch wie etwa das Füttern der Kinder oder ihre Anleitung zum Beten. Es wäre auch sündhaft gewesen, den Kindern nicht permanent die Schranken zu weisen und mit Schlägen zu sparen. ... . In allen Konfessionen hielt man sich über Jahrhunderte an die alttestamentarische Strenge. Tiefgeprägt vom Erbsündendogma, war man im allgemeinen eher für striktes Bändigen als für freie Entfaltung, eher für Gewalt als für Sanftheit. Die Strafe wurde nicht so sehr als notwendiges Übel verstanden, das man minimieren müssen, sondern als geradezu metaphysische Größe, deren Berechtigung nicht in Frage gestellt wurde. ... . Die Vorstellung von der ursprünglichen Bosheit der menschlichen Natur verband sich mit der autoritär-obrigkeitskonformen Grundeinstellung zu einer Erziehungspraxis, die Erziehen und Strafen teilweise geradezu gleichsetzte" (Fertig 1984, S. 99).

Die christlich-augustinische Auffassung vom Kind als erbbösem und schwachem Wesen, das ständiger Überwachung bedarf und gegen seine triebhaften Willensäußerungen erzogen werden muß, liefert also gleichsam die religiöse Rechtfertigung für die Kälte, die Gleichgültigkeit und die Strenge, mit der die Familie des „ganzen Hauses“ im Ancien Régime auf das Kind als Erbe und Arbeitskraft zugeht. Im übrigen erbringt die alltägliche Wirklichkeit des Kinderlebens den drastischen Beweis für die im Hintergrund stehende Auffassung, daß Kinder eigentlich noch keine richtigen Menschen sind: „Die Kindersterblichkeit lag ungewöhnlich hoch. Der Tod war eine alltägliche Erscheinung. Bis zum Ende des 18. Jahrhunderts erreichte nach Schätzungen nur jedes zweite Kind das fünfte Lebensjahr. ... . In den meisten Fällen gab es für tote Kinder keine besonderen Begräbnisse, in ein Tuch gewickelt wurden sie der Erde übergeben, oft nicht einmal zum Friedhof getragen. Man begrub sie wie Hund und Katze im Garten, am Ackerrain oder am Waldrand. Das schlimme Schicksal Krankheit und Tod konnte genauso gut die Eltern treffen. Kinder blieben als Waise zurück, sich oft allein überlassen... . Es war kein Vergnügen, Kind zu sein, ... und erst nach Durchlaufen dieses beschwerlichen Lebensabschnittes, nachdem alle Fährnisse überstanden, war man Mensch, bis dahin war man ‘ein Mensch unter Vorbehalt’“ (Lassahn 1983, S. 35ff.).

2.5 Rohe Natur und tabula rasa - das Bild des Kindes in der Zeit der Auklärung

Gnade und Erlösung von der Sünde waren die Richtpunkte des Menschen in der alteuropäischen Welt des christlichen Glaubens. Natur und Vernunft sind die Leitbegriffe im Selbstverständnis des neuzeitlichen Menschen; sie entstehen mit der Aufklärung im 17. Jahrhundert. Der dramatische Wandel der Welt- und Lebensauffassung des europäischen Menschen hin zu Diesseitsorientierung und Fortschrittsglauben verändert auch grundlegend das Verständnis von Ziel und Weg der Erziehung und die Auffassung vom Wesen des Kindes. Das Vertrauen in die Kraft der menschlichen Vernunft ist nun stärker als die Furcht vor den Mächten des Bösen und als das Bedürfnis nach Bindung an kulturelle Tradition und kirchliche Autorität. „Die eine, mit sich identische und in allen menschlichen Subjekten ansprechbare Vernunft war die Voraussetzung dafür, daß man eine Anthropologie, eine Lehre vom Menschen als einem rational steuerbaren und dadurch eben erziehbaren Wesen entwickeln konnte“ (Blankertz 1982, S. 29).

Dieser neuen Anthropologie, in der die Erziehung eine ungleich größere Rolle spielt, hat *John Locke* (1632 - 1704) mit seinem pädagogischen Hauptwerk „Some Thoughts Concerning Education“ im Jahr 1693 erstmals zum Durchbruch verholfen. Diese Schrift wurde durch das ganze 18. Jahrhundert etwa alle fünf Jahre neu aufgelegt und lag schon nach kurzer Zeit in französischen, deutschen und anderssprachigen Übersetzungen vor (vgl. Schmidt 1979, s. 114f.). Die für das ganze „pädagogische Jahrhundert" repräsentative Bedeutung von Lockes „Gedanken über Erziehung" belegt auch die Tatsache, daß diese Schrift von den deutschen Aufklärungspädagogen im 9. Band des Revisionswerks - noch vor Rousseaus „Emile" - im Jahre 1788 abgedruckt worden ist (vgl. Tenorth 1988, S. 77f.). Das wesentlich Neue in Lockes Erziehungsdenken ist die psychologisch und erkenntnistheoretisch ausdifferenzierte Lehre von der Erziehbarkeit des Willens zur Tugend, d.h. zum selbständigen Handeln nach dem alleinigen Gebot der Vernunft. Es ist die Aufgabe der Erziehung, die Triebe, Begierden und Leidenschaften des Kindes zu Werkzeugen vernünftigen Handelns zu kultivieren; dazu soll der Erwerb der „Weltkenntnis" die nötigen Einsichten erzeugen. Bei Locke wird also die Seele insgesamt zum Objekt erzieherischer Wirkung und Gestaltung, ihre Vervollkommnung („Perfektibilität") erscheint als erreichbares Ziel. Zwei Kräfte wirken in der Seele: der Wille als Kraft der geistigen und körperlichen Bewegungen und der Verstand als Kraft der Erkenntnis: „So wie im Verstand sich keine angeborenen Ideen nachweisen lassen, wie der Verstand also tabula rasa ist, so ist auch (die) Fügsamkeit und Geschmeidigkeit dem Willen nicht von Haus aus eigen, sondern durch die Eltern mit stetiger Hand erst zu introduzieren. ... . Das Heraufführen solcher Fügsamkeit, das der ungeleiteten Natur zuwider ist und dennoch diese nicht bricht, ist das wahre Geheimnis der Erziehung" (Ballauff/Schaller 1970, S. 312f.). Im Gegensatz zu Descartes' Voraussetzung von „ideae innatae" als angeborenen Prinzipien des Denkens geht der Empirist Locke davon aus, daß der Mensch als neugeborenes Kind zunächst ein „leeres Kabinett", ein unbeschriebenes Blatt ist. Siegfried Oppolzer hat im einzelnen dargelegt, daß Locke keine einheitliche, systematische Sicht des Kindes entwickelt hat, auch nicht in seinem pädagogischen Hauptwerk „Some Thoughts Concerning Education": „Geht man bei der Kategorisierung der Ansichten vom Kinde von dem sachlichen Zusammenhang aus, innerhalb dessen Locke seine Beobachtungen und Erfahrungen in die jeweils spezifische Argumentation aufnimmt oder seine Deutung des kindlichen Wesens als Beweis benutzt, so wird man einen religionsphilosophischen, einen politisch-gesellschaftsphilosophischen, einen erkenntnistheoretisch-psychologischen und einen psychologisch-pädagogischen Ansatz unterscheiden müssen" (Oppolzer 1967, S. 142). Unsere, an Lockes Erziehungslehre anknüpfenden Betrachtungen betreffen lediglich die beiden letzteren Ansätze.

Alle Kenntnisse und Ideen des heranwachsenden Menschen gründen sich auf Erfahrung, äußere „sensations" und innere „reflections". Primär ist stets die

äußere Erfahrung als sinnliche Wahrnehmung, die innere Erfahrung setzt - als Verknüpfung der Vorstellungen - die äußere voraus. So kann der Sensualist Locke sagen, daß nichts im Verstand ist, was nicht vorher in den Sinnen war. Aus Lockes Annahmen der tabula rasa und der Bedeutungen sinnlichen Erfahrung für die Erkenntnis resultiert die Überzeugung von der Macht und Machbarkeit der Erziehung, der pädagogische Optimismus der Aufklärung. Und so zweifelt Locke nicht daran, „daß der Unterschied, welchen man wahrnimmt in den Sitten und Fähigkeiten der Menschen, mehr auf die Erziehung als auf irgendetwas anderes zurückzuführen ist (§ 32)" (Locke 1883, S. 32). Der Geist des Kindes ist also äußerst bildsam, und die Aufgabe der Erziehung stellt sich deshalb schon sofort nach der Geburt.
Wir haben bereits darauf hingewiesen, daß für Locke Tugend das primäre Ziel der Erziehung ist, Wissen sekundär und nur ein „Mittel zu wichtigeren Befähigungen." „Der Grund aller Tugend ... (liegt) in einem Vermögen, uns selbst die Befriedigung unserer Begierde zu versagen, wenn die Vernunft sie nicht gutheißt. Dieses Vermögen muß erlangt und gestärkt werden durch Gewohnheit, welche eine frühzeitige Übung leicht und vertraut macht (§ 38)" (ebd., S. 38). Von der Wiege an soll man die Kinder daran gewöhnen, ihre Begierden zu unterdrücken, da ihr „Geist ... doch in der ersten Zeit noch ganz weich und ganz leicht zu beugen" ist. „Je jünger sie sind, umso weniger muß man ihren unmäßigen und unordentlichen Gelüsten nachgeben, und je weniger sie eigene Vernunft haben, desto mehr müssen sie unter der unumschränkten Macht und Zucht derer stehen, in deren Händen sie sind (§ 39)" (ebd., S. 39). Mit zunehmendem Alter kann der Erzieher die Strenge seiner Führung allmählich lokkern. Gibt er den Wünschen der Kinder zu sehr nach, dann verdirbt er „den Grund der Natur". Dieser „Grund der Natur", der uns in jedem Kind spürbar wird, ist für Locke moralisch noch indifferent, genauer: ambivalent. Er spricht einerseits davon, daß „Kinder die Freiheit lieben" (§ 103) und daß die Kindheit ein „unschuldiges Alter" sei (§ 34) bzw. daß man die „Unschuld sichern müsse" (§ 147). Andererseits beschreibt er drastisch die ungezügelte Triebhaftigkeit der Kinder, zumal ihre Herrschsucht, ihre Habgier und ihre eingebildeten Bedürfnisse, mit denen sie die Erwachsenen tyrannisieren: „Sie lieben etwas noch mehr, und das ist das Herrschen. Dies ist die erste Quelle der meisten schlechten Gewohnheiten, welche gemeinhin vorkommen und der Natur entsprechen. Dieses Trachten nach Macht und Herrschaft zeigt sich sehr frühe und zwar in den folgenden zwei Punkten. 1. Man sieht die Kinder fast unmittelbar nach ihrer Geburt ... widerwärtig, mürrisch und verstimmt werden aus keinem anderen Grunde, als weil sie ihren Willen durchsetzen wollen. Sie möchten haben, daß die anderen ihren Wünschen sich unterwerfen ... 2. Ein anderer Punkt, worin ihre Liebe zum Herrschen sich zeigt, ist die Begierde, Dinge in ihren Besitz zu

bekommen. Sie möchten Eigentum und Besitz haben, da sie sich gefallen in der Macht, welche von diesen herzukommen scheint ...; wer aber meint, daß diese zwei Wurzeln von fast aller Ungerechtigkeit und allem Streit, welche das menschliche Leben so sehr verwirren, nicht frühzeitig ausgerottet und entgegengesetzte Gewohnheiten eingepflanzt werden müssen, der übersieht die rechte Zeit, um den Grund zu legen für einen guten und tüchtigen Mann (§§ 103-105)" (ebd., S. 105).
Lockes Auffassung vom Kind ist mit dieser an Augustinus und an Descartes gemahnenden Blickrichtung auf die Triebhaftigkeit seines Wesens nur zu einem Teil erfaßt. Das Kind ist für Locke zum anderen ein Wesen, das in seiner Neugier, seinem Wissensdurst und seiner Freude am Spiel ebenso viele wertvolle Antriebskräfte mit ins Leben bringt, die man frei sich entfalten lassen soll: „Neugierde bei den Kindern ist nur eine Lust nach Kenntnis und sollte daher befördert werden in ihnen nicht bloß als ein gutes Zeichen, sondern als das wertvolle Werkzeug, womit die Natur uns versehen, um jene Unwissenheit zu beseitigen, mit welcher sie zur Welt gekommen sind und welche ohne diesen rastlosen Spürgeist sie zu blöden und unbrauchbaren Geschöpfen werden ließe (§ 118)" (ebd., S. 127f.). Deshalb soll der Erzieher behutsam die Fragen des Kindes beantworten und ihm die benötigten Erklärungen geben. Die Wißbegier des Kindes wird sich erst dann völlig äußern, wenn „die natürliche Fröhlichkeit dieses Alters" freien Lauf erhält: „Denn all ihre Ausgelassenheit, ihr Spiel und ihr kindliches Treiben muß, soweit es sich mit der Achtung, welche den Anwesenden gebührt, verträgt, vollständig frei und uneingeschränkt bleiben und die weitgehendste Nachsicht erfahren. ... diese Spiellust, welche von der Natur weislich ihrem Alter und ihrer Konstitution angepaßt worden ist, sollte, um ihre geistige Stimmung zu erhalten und ihre Kraft und Gesundheit zu befestigen, eher ermutigt als niedergehalten und eingeschränkt werden; ja, die größte Kunst besteht darin, alles, was sie zu thun haben, auch zu Spiel und Kurzweil zu machen (§ 63)" (ebd., S. 51f.). Locke legt schließlich den Erziehern ans Herz, die Kinder schon als vernünftige Wesen zu behandeln und sie damit virtuell schon als mündige Wesen zu sehen: „Man wird sich vielleicht darüber wundern, daß ich vom vernünftigen Gespräche mit Kindern rede, und doch kann ich nicht umhin, dies für die richtige Art zu halten, in welcher mit ihnen zu verkehren ist. Sie verstehen es so bald, als sie die Sprache verstehen, und wenn ich recht beobachte, wollen sie gerne als vernünftige Geschöpfe behandelt sein, und zwar früher, als man sich das denkt (§ 81)" (ebd., S. 78). Das vernünftige Gespräch mit Kindern ist dadurch charakterisiert, daß die Erziehenden ihre Ansichten in wenigen, einfachen Worten vortragen und mit Beispielen begründen, die sich der sinnlichen Erfahrung leicht erschließen.

Lockes pädagogische Anthropologie - „der beflügelnde Anfang der Pädagogik der Aufklärung" (Ballauff/Schaller) - beruht auf der Auffassung des kindlichen Verstandes als tabula rasa und des kindlichen Willens als roher, noch unbestimmter Natur. Der Verstand bedarf der „Einschreibung" klarer, geordneter Vorstellungen, der Wille der Zügelung und Umbiegung. Ohne Erziehung blieben die Verstandeskräfte schwach, diffus und vorurteilshaft, ohne Erziehung gewönnen die triebhaften Begierden nach Macht und Besitz die Oberhand über Wißbegier und Verständniswillen. Vereinfacht ausgedrückt ist die noch unbestimmte Natur des Kindes noch tierisch und schon geistig zugleich. Um die in ihr - nach göttlicher Vorsehung (!) - veranlagte Möglichkeit der Vervollkommnung zum tugendhaften Handeln aus freier Bestimmung zu verwirklichen, ist Erziehung unentbehrlich, als planmäßige Einwirkung und als vernünftige Rede. Das Kind wird für Locke zum Menschen erst durch Erziehung. Mit diesem pädagogischen Optimismus ist untrennbar verbunden die Vorstellung von der Beherrschung und Kontrolle des Kindes, die bei vielen Pädagogen des „siècle des lumières" in den Vordergrund tritt. Das Kind kann zum Objekt einer externen Konstruktion werden, der Erzieher zum Ingenieur, der auf der tabula rasa der Seele den „geordneten Vorstellungskreis" errichtet, aus dem die Charakterstärke der Sittlichkeit entspringen soll. „Diese Beherrschungsabsicht liegt ... in der Konsequenz einer extensiven pädagogischen Besinnung und der ihr korrespondierenden Wissenschaft, die in der Arbeit des Pädagogen den entscheidenden Versuch erkennen will, den Menschen zu seiner wahren Bestimmung zu führen. Disziplinierung, sogar 'Kolonialisierung', Versuche also, die Unbestimmtheit der Natur zur wahren Bestimmung zu führen, sind insofern kein Fehltritt der Aufklärung oder Verrat an ihrer Intention. Sie zeigen vielmehr, wie die Pädagogen der professionellen Aufgabe gerecht werden wollen, in der heranwachsenden Generation 'Bildung, Kultur und Aufklärung' an die Stelle der rohen Natur zu setzen, um der wahren 'Natur' des Menschen, der Vernunft, Moralität und Sittlichkeit zur Geltung zu verhelfen. Die Beherrschungsphantasien der Pädagogen sind die letzte gedanklichen Konsequenz des grenzenlosen Vertrauens auf die Erziehung" (Tenorth 1988, S. 109f.).
Auf den engen Zusammenhang zwischen der aufklärerischen Idee der Kindheit als tabula rasa und dem Prozeß der Alphabetisierung hat eindringlich Neil Postman aufmerksam gemacht. Die Erfindung des Buchdrucks und die Ausbreitung der Literalität bringen ein neues Verständnis von Erwachsenheit hervor, das auf dem Lesenkönnen gründet, und entsprechend eine neue Auffassung der Kindheit, die auf dem Nichtlesenkönnen bzw. Lesenlernen beruht. Mit dieser „Entdeckung der Kindheit" geht einher die Vorstellung, daß Kinder noch ungeformte Wesen sind, die erst durch Schreiben, Lesen, Selbstbeherrschung und Schamgefühl zu einem zivilisierten Erwachsenen gemacht werden müssen.

„Ich glaube, man hat bisher kaum bemerkt, wie genau Lockes Bild vom Geist als einer Tafel den Zusammenhang zwischen Kindheit und Buchdruck veranschaulicht. Nach dieser Vorstellung ist das Kind ein unvollständiges Buch, das in dem Maße der Vollendung entgegengeht, wie die Seiten nach und nach gefüllt werden. Dieser Vorgang hat nichts 'Natürliches' oder Biologisches an sich; es handelt sich um einen Prozeß der symbolischen Entwicklung - folgerichtig, gegliedert, an Sprache orientiert. Für Locke wie für die meisten Denker des 18. Jahrhunderts waren Analphabetismus und Kindheit untrennbar miteinander verknüpft, und Erwachsenheit wurde definiert als vollkommene Sprach- und Schriftbeherrschung" (Postman 1983, S. 73).
Für die Pädagogen der Aufklärung steht das Kind und seine Erziehung auch im Dienste der Heranbildung von aufgeklärten und nützlichen Bürgern in einem aufgeklärten, wohlständigen Staat. Erziehung wird auch als bedeutsames Instrument zur Verbesserung der menschlichen Verhältnisse betrachtet. Die Hoffnung auf eine zukünftige vollkommenere Menschheit und die Kritik an den Mängeln der gegenwärtigen Erwachsenengesellschaft bringt für das Kind erstmals in der Geschichte die Chance, zum Thema eines Diskurses der Gelehrten zu werden, der in der Herausbildung einer nach Eigenständigkeit strebenden pädagogischen Wissenschaft seinen Abschluß findet. Die Pädagogen der Aufklärung erkennen in der Spur Lockes die Bedeutung der Kindheit (bzw. der Kindererziehung) für eine Erziehung zur Mündigkeit; für sie bleibt diese Lebensphase allerdings noch ein Transitorium, welches das Kind wegen seiner charakterlichen Unbeherrschtheit und gedanklichen Vorurteilshaftigkeit möglichst schnell zu durchlaufen hat. Das Maß der Betrachtung und Deutung der Kindheit ist der mündige Mensch, der Erwachsene, und das Kind bleibt diesem gegenüber das durch Mängel und Unfertigkeit definierte Wesen.

Der erzieherische Optimismus des „pädagogischen Jahrhunderts" hängt ideengeschichtlich aufs engste mit der Ausbreitung der Aufklärung, sozialgeschichtlich mit dem Aufstieg des bürgerlichen Menschen zusammen. Während in der kirchlichen Orthodoxie - sowie in allen großen religiösen Bewegungen der Zeit - das Dogma der Erbsünde auch im „siècle des lumières" noch den Brennpunkt bildet, erliegt die Religion der Gebildeten im 18. Jahrhundert dem Ansturm des Deismus. Nach dieser philosophischen Gotteslehre wird kein Kind böse geboren; der Mensch wird vielmehr durch die Übel des gesellschaftlichen Lebens vom Wege seiner Vervollkommnung abgebracht. Aus der kategorischen Verneinung der Erbsünde ergibt sich erst die neue Empfindsamkeit für die „Natur" des Kindes. Sozialgeschichtlich gesehen ist es der „Bürger", „der im wesentlichen diese neue Auffassung der Kindheit erweckt, und zwar aufgrund seiner Ansichten über das Leben und den Stil, den er dem Leben, seiner Familie und seiner Ehe gibt. Daraus entsteht der Wunsch nach einer Erziehung, die nicht mehr Überwachung und abgeschlossene Welt sein soll, eine Einfriedung, die vor der Berührung mit der Sünde bewahrt, sondern eine Begegnung mit der Umwelt, und zwar aus der Überzeugung heraus, daß diese Welt genügend positive Elemente hat, und das Kind reich genug an Versprechungen ist, daß eine derartige Begegnung bildend sein kann" (Snyders 1971, S. 200f.). Das Bürgertum, die neue soziale Klasse der Beamten, Kaufleute und Fabrikanten, entwikkelt im Maße ihrer zunehmenden ökonomischen und politischen Macht - ausgehend von England und Frankreich - eine neue Kultur der Familie, Häuslichkeit und Vertraulichkeit, die auch für die exklusive Welt des Adels immer mehr an Verbindlichkeit gewinnt.

Die Ehe wird nun weniger bestimmt durch die ökonomischen Interessen zweier Familien; sie wird als Vereinigung zweier Wesen betrachtet, die sich frei gewählt haben. Die Belange des Herzens erzwingen sie notfalls auch gegen die des Ranges oder Besitzes. Das eheliche Leben wird als Glück und Freude zweier Individuen empfunden, nicht mehr als heilige Pflicht gegenüber dem Gebot des biblischen Gottes oder gegenüber dem Erwerbsstreben des ganzen Hauses. Die mit dem Ende des Ancien Régime erfolgende Aufhebung des Erstgeburtsrecht macht die Gattenwahl ehrlicher und hebt die Ungleichheit unter den Kindern innerhalb der Familie tendenziell auf. Die Freigabe der Wahl des Ehegatten macht auch die unerbittliche Gewalt des Hausvaters entbehrlich und führt allmählich zu größerer Macht der Mutter in der Erziehung der Kinder. Diese strukturellen Veränderungen in Ehe und Familie des Bürgertums stärken die Gemeinsamkeit in der Familie, die Freude an der Häuslichkeit und die Vertraulichkeit zwischen den Ehepartnern und den Kindern: „Was in diesem 18. Jahrhundert wirklich fortschreitet, ist der Sinn für das Heim, für das gemeinsame Leben des Ehepaares und der Kinder, und die wesentlich neue Ordnung, die hier entsteht, ist hier das Vertrauen in das Kind. ... . Statt wie durch das Schicksal an eine Stellung geschmiedet zu sein, sieht der Bürger für seine Kinder Möglichkeiten des Fort- und Weiterkommens und fühlt, daß der Erfolg seiner Kinder zum großen Teil von den Anstrengungen und der Sorge der Eltern abhängt. ... . Das heißt, daß diese Art, die Kinder zu lieben, indem wir mit unserer Anstrengung an ihrem Erfolg teilnehmen, auf einem viel breiteren Gefühl ruht: auf dem Sinn für die Zukunft und auf dem Vertrauen in die Zukunft" (ebd., S. 250f.).

Im Verlauf des 18. Jahrhunderts erfolgt also in der bürgerlichen Familie die große Umwälzung in der Mutter-Kind-Beziehung und der tiefgreifende Wandel in der Einstellung zum Kind - ein Prozeß, welcher bis heute fortwirkt. Das seelische Band zwischen Mutter und Kind wird enger: die Mutter interessiert sich jetzt für die Entwicklung ihres Kindes; sie beachtet genau, wann es zum ersten

Mal lächelt, wann es zu laufen und sprechen beginnt, und sie ermutigt es mit Stolz bei jedem weiteren Entwicklungsschritt. „Zuerst unter den Mittelschichten einer Kleinstadtgesellschaft, dann unter den Bauern, den städtischen Arbeitern und den landlosen Arbeitern findet eine historische Kristallisierung der mütterlichen Zuneigung statt. Alles änderte sich: die Art, wie die Kinder gekleidet wurden, in der sie nach der Geburt gewickelt, gefüttert und gehätschelt wurden und Weihnachten erlebten" (Shorter 1986, S. 521). Nun werden auch die zahlreichen Krankheiten der Kinder nicht mehr nur passiv hingenommen, und man setzt alles in Bewegung, um das geliebte Kind vor einem allzu frühen Tod zu retten; es entsteht die neuartige, immer enger werden Koalition zwischen den Müttern und den (Kinder-) Ärzten.

Der Wille, sich bewußt gegen Erkrankung und Sterben des Kindes zu wehren, ist nicht nur Ausdruck der enger werdenden Mutter-Kind-Beziehung, sondern auch Element eines neuen Bildes vom Leben und von der Zeit. Die mittelalterliche Vorstellung vom ganzheitlichen, naturhaften Lebenszyklus, welche die Genealogie der Ahnenreihe und die Familienkontinuität über den Lebenslauf des einzelnen stellt, wird abgelöst von einem individualisierten, linearen Existenzbewußtsein. Damit wird das öffentlich geführte Leben in der Blutsverwandtschaft vom privaten Leben in der intimen Kernfamilie ersetzt und jede Person tritt dabei mit ihrer je singulären Biographie in den Vordergrund. Damit individualisiert sich auch der Körper; er löst sich gleichsam vom Gesamtkörper der Ahnenreihe los und gewinnt dabei seine Eigenständigkeit: „Und dieses Modell läßt uns besser verstehen, warum das Kind fortan in der Sorge der Eltern einen zentralen Platz einnahm. Ein Kind, das sie um seiner selbst willen liebten und das jeden Tag ihre Freude war" (Gélis 1991, S. 319).

Die neue Einstellung zum Kind, die mit dem „Gehätschel" beginnt und sich dann u.a. auch in einer besonderen Kleidung für das geliebte Kind manifestiert, ist nicht zufällig mit der Stadt, dem Ort der kulturellen Erneuerung schlechthin, verbunden. Denn die städtische Lebensweise ermöglicht das Ausklinken aus der Ahnenreihe ebenso wie die Herausbildung des privaten Raumes der intimen Kernfamilie, die sich um die Kinder herum gruppiert. Im städtischen Klima des Individualismus haben Mann und Frau nun ihre Körper ebenso „für sich" wie sie ihre Kinder gemeinsam „für sich" bekommen und bisweilen mit einer „Affenliebe" aufziehen. „Zwischen der 'Privatisierung' des Kindes im Rahmen der Kernfamilie und seiner öffentlichen Erziehung bestand kein Antagonismus. Eine Einstellung zum Leben, die nicht länger die Achtung vor dem alten Gemeinschaftsgefühl privilegierte, sondern das Individuum aufwertete, brachte es mit sich, daß Eltern sich an Dritte wenden mußten, an Privatlehrer und Erzieher, die dem Kind Kenntnisse vermitteln sollten, die es von den Eltern nicht erlangen konnte" (ebd., S. 325f.). Aus der emotionalen Zuwendung zum eigenen

Kind entspringt also beim neuen städtischen Bürgertum auch die Thematisierung der Kindheit als einer besonders aufmerksam zu beobachtenden und durch „erziehenden Unterricht“ zu kultivierenden Lebensphase.
Die neue Auffassung des liebenswerten, individualisierten Kindes zeigt sich symptomatisch auch in der neuen Art, es zu kleiden. Seit dem 18. Jahrhundert entwickelt sich im Bürgertum eine eigene Kinderkleidung: an Stelle des einzwängenden Erwachsenenkostüms tragen die Jungen z.B. den „Matrosenanzug“, der ihnen gestatten soll, sich „natürlich“ zu bewegen und frei zu entwikkeln. „Der Wechsel in der Mode bedeutet ein Wechsel in der Haltung: In dem einen Fall läßt man das Kind die Rolle von Erwachsenen spielen - und man ist notwendigerweise enttäuscht, wenn es die Rolle so schlecht spielt. Im anderen Fall entdeckt man nicht ohne Vergnügen, daß die Kindheit eigene Handlungsarten hat, die von denen der Erwachsenen verschieden sind ... . Der Zustand aber, in dem sich die einfache Natur so ausdrückt, wie sie ist, erscheint liebenswürdig und reizend“ (ebd., S. 205). Mit der neuen Empfindsamkeit zwischen den Ehegatten, mit der neuen Bedeutung der Mütterlichkeit in der Erziehung und mit der neuen Hochschätzung der ungezwungenen Natürlichkeit des Kindes liegen die Elemente vor, die der Visionär Rousseau (1712 - 1778) in seinen Gedanken über Erziehung in einer revolutionären Synthese zusammenschmilzt. Damit schafft er auch die Voraussetzungen für den romantischen Blick auf das Kind.

3 Die Genese des romantischen Blicks auf das Kind

In seinem empfindsamen Briefroman „Julie oder die Neue Heloise. Briefe zweier Liebenden“ aus dem Jahre 1761 - dem Vorbild übrigens für Goethes „Werther“ - zeigt sich Rousseau vor einer literarischen Öffentlichkeit als der epochemachende Entdecker des Gefühls, der Sinnlichkeit und der Leidenschaft. Er malt hier das Bild echter, den ganzen Menschen ergreifender Liebe und verherrlicht im zweiten Teil des Werkes die bürgerliche Familie als Bewahrerin menschlicher Tugenden und als Wiege einer natürlichen Erziehung inmitten einer korrupten Feudalgesellschaft.
Im dritten Brief (der 5. Abteilung) finden wir in den Äußerungen Julies über die Grundsätze Herrn von Wolmars, nach denen sie ihre geliebten Kinder erzieht, bereits den ersten Aufriß von Rousseaus neuartiger Anthropologie des Kindes und seiner Konzeption einer negativen Erziehung. Für Julie steht fest: „Die Kindheit hat ihre besondere Weise zu sehen, zu denken und zu fühlen; nichts ist thörichter, als ihr unsere Weise aufdrängen zu wollen“ (Rousseau o.J., S. 226). Alle Erziehung hat „nach dem Gang der Natur“ zu verfahren, hat das Werk der Natur zu krönen, in dem sie die natürlichen Anlagen der Kinder ungehindert sich entfalten läßt: „Da unsere Kinder demnach der natürlichen Neigung ihres Herzens überlassen bleiben, auf die nichts hemmend oder verkümmernd einwirkt, so nehmen sie keine äußerliche künstliche Form an, sondern bewahren genau die ihres ursprünglichen Charakters“ (ebd., S. 255f.). Diese - auch in den Augen Julies - „ungewöhnliche und den herkömmlichen Vorstellungen so völlig widersprechende“ Form der Erziehung beruht auf der Überzeugung: „Die Natur ... begeht keinen Fehler; alle Laster, welche man der Naturanlage zuschreibt, sind lediglich die Wirkung der schlechten Formen, in welche man sie hineingezwängt hat“ (ebd., S. 227). Bis zum Aufscheinen der „ersten Funken der Vernunft“ hat man zu warten; inzwischen darf aber „zur Bildung eines guten Charakters auch nicht ein einziger Augenblick versäumt werden ..., [während] zum Lernen noch immer Zeit sein [wird]“ (ebd., S. 252). Durch die naturgemäße Gestaltung der Umgebung als „Buch des Lernens“ und durch eine vorbildliche Erziehungsgemeinschaft „lassen wir die Eitelkeit in ihnen [i.e. den Kindern -d.V.] gar nicht erst erwachen ..., denn die Eitelkeit des Menschen ist die Quelle seiner größten Leiden“ (ebd., S. 243). Entscheidende Bedingung für das Gelingen und den sozialen Erfolg der neuen „wahren Kunst der Erziehung“ ist die Wiederherstellung der Mutterliebe; denn „Frauen haben die Kinder von Natur lieb“ (ebd., S. 237). Saint-Preux beschließt deshalb sein Gespräch mit Julie über die Erziehung mit dem Ausruf: „Ach, trachtet nach

nichts Anderem als Frauen und Mütter zu sein, und die süßeste Herrschaft, die es auf Erden gibt, würde auch die geachtetste sein“ (ebd., S. 257).
Was in der „Nouvelle Héloise“ noch als literarische Phantasie im Stile der Empfindsamkeit erscheint, erhält im Jahr darauf in der Erziehungsutopie des „Emile“ philosophisch-systematischen Charakter: Die Entdeckung der Kindheit als einer eigenständigen, in sich selbst gerechtfertigten Gestalt des Menschseins und die Konzeption einer „negativen“ Erziehung vom Kinde aus in bewußter Opposition gegen die vorgefundene gesellschaftliche Praxis. Bevor wir diese Gedanken Rousseaus im „Emile“ rekonstruieren, wollen wir den übergreifenden ideellen Horizont skizzieren, in welchem sie situiert sind.

3.1 Das Vertrauen in die ursprüngliche (Vernunft-)Natur und Selbsttätigkeit des Individuums - pädagogische Konsequenzen aus der Philosophie der Aufklärung, insbesondere derjenigen von Leibniz

Die Philosophie der Aufklärung kämpft gegen die Macht des bloß Überlieferten, gegen die religiösen, politischen und kulturellen Traditionen und Autoritäten, unter Berufung auf die Prinzipien der Vernunft und auf die ursprüngliche Ordnung der Natur. Die Wahrheiten der Natur und die Gebote der Vernunft bedürfen keiner transzendenten religiösen Offenbarung mehr; sie sind aus sich selbst begründbar und evident. Sie gelten nicht allein für die natürliche Welt außer uns, sondern ebenso für die geistig-sittliche Welt in uns. Diese Grundüberzeugung der Aufklärung läßt sich in den Worten Ernst Cassirers – auf dessen Gesamtdeutung wir im folgenden im Sinne eines vorläufigen Überblicks zurückgreifen – so ausdrücken: „Man lasse die Natur selbst walten, man lasse sie, ohne Fesseln und ohne konventionelle Hemmung, lediglich sich selbst gehorchen, so wird sie in dieser ihrer Selbstverwirklichung auch das wahrhafte und das einzige Gute, auch das Glück der Menschen und das Wohl der Gemeinschaft verwirklichen“ (Cassirer 1932a, S. 330f.). Das „siècle des lumières“ begreift seine Aufgabe nicht so sehr als Vernichtung des Überkommenen, sondern vielmehr als Wiederherstellung der natürlichen Ordnung der Wesen und Dinge. Seine wesentlichen philosophischen Impulse entspringen daher auch nicht aus einer Abkehr von der Religion. Sie sind vielmehr selbst getragen von einem Glauben an die Einheit, Unwandelbarkeit und fortschreitende (Selbst-)Verwirklichung der Vernunft, von einem unbedingten Vertrauen in die Möglichkeit der Umgestaltung und Vervollkommung der Welt. Aus dieser Haltung heraus werden die überlieferten Formen und Gehalte des christlichen Offenbarungsglaubens einer kritischen Revision unterworfen und im Rahmen einer

„natürlichen Religion“, einer Religion innerhalb der Grenzen der Vernunft, neu erschlossen.
Die Vorstellung vom Sündenfall und das Mysterium der *Erbsünde* haben für die führenden Vertreter der Philosophie der Aufklärung jegliche *Geltung verloren.* Sie stehen in diametralem Gegensatz zu ihrem Vertrauen in die Macht der Vernunft und zu ihrem Glauben an die innerweltliche Perfektibilität der menschlichen Gattung. „Alles ist gut, wie es aus den Händen des Schöpfers kommt; alles entartet unter den Händen des Menschen“ (Rousseau 1985, S.9) - schon mit diesem ersten Satz seines „Emile“ bekämpft Rousseau, wie an anderer Stelle ein Voltaire, Hume oder Lessing, das Erbsünden-Dogma der christlichen Orthodoxie. „Und eben hier ist es zum unversöhnlichen Konflikt und zum endgültigen Bruch zwischen ihm und der kirchlichen Lehre gekommen. In ihrem Urteil über Rousseaus Schriften hat die Kirche selbst diese Kernfrage sofort und mit voller Klarheit und Sicherheit als das eigentlich entscheidende Problem hervorgehoben. Das Mandat, in welchem Christoph von Beaumont, Erzbischof von Paris, den Emile verdammt, betont, daß Rousseaus These, daß die ersten Regungen der menschlichen Natur stets unschuldig und gut seien, in schroffstem Gegensatz zu allem stünde, was die Heilige Schrift und die Kirche über das Wesen des Menschen gelehrt hätten“ (Cassirer 1932a, S. 208). Wie die christliche Tradition glaubt zwar auch Rousseau weiterhin an einen göttlichen Schöpfungsakt der Welt und an die Nicht-Ursprünglichkeit des Bösen in der Welt. Die „Entartung“ der ursprünglichen Vollkommenheit des Menschen ist für ihn aber kein „Sündenfall“, kein Akt des Ungehorsam gegen einen Vatergott, der sich vorgeschichtlich ereignet und zur Vertreibung aus dem Paradies geführt hat. Die Verkehrung der natürlichen Existenzweise der Menschen ist vielmehr die Folge eines von den Menschen selbst verursachten geschichtlichen Wandels ihrer sozialen Daseinsform.
Der „Contrat social“ und der „Emile“ zeigen, in welcher Weise Rousseau den Grund und den Ursprung des Übels innerweltlich-empirisch, mithin geschichtlich zu erklären und damit zugleich das Walten eines weisen, gütigen Gottes weiterhin zu rechtfertigen versucht: Die natürliche Ordnung, in der die Menschen noch frei und gleich waren, ist im Laufe der Geschichte von gesellschaftlichen Zwangsformen abgelöst worden, die die Menschen stets von neuem zu Egoismus, Habgier und Machtwillen veranlassen. Das neue Subjekt der Verantwortung für das unbestreitbar gegebene Böse ist für Rousseau nicht mehr der einzelne, sondern die vorfindliche gesellschaftliche Lebensform: „So ist Gott entlastet und die Schuld für alles Übel dem Menschen zugeschrieben. Aber wie diese Schuld dem 'Diesseits', nicht dem 'Jenseits' angehört, wie sie nicht vor dem empirisch-geschichtlichen Dasein der Menschheit liegt, sondern in und mit ihm entstanden ist, so müssen wir auch die Lösung und Befreiung

einzig und allein auf diesem Boden suchen ..... Kein Gott kann sie uns bringen; sondern der Mensch muß zu seinem eigenen Retter und in ethischem Sinne zu seinem Schöpfer werden“ (ebd., S. 209f.). Die Wiederherstellung der wahrhaft menschlichen Gemeinschaft ist nicht mehr Gegenstand der religiösen Jenseitshoffnungen, sie ist nun vielmehr die zentrale Aufgabe der Ethik, mithin auch der Politik und der Pädagogik. Sie verlangt allerdings eine radikale Kritik der eigenen Existenzform, eine Rückbesinnung auf den Ursprung: „Wer innerhalb der bürgerlichen Ordnung seine natürliche Ursprünglichkeit bewahren will, der weiß nicht, was er will. Im Widerspruch mit sich selbst, zwischen seinen Neigungen und Pflichten schwankend, wird er weder Mensch noch Bürger sein“ (Rousseau 1985, S. 13). Um die Verfallenheit des einzelnen an die bürgerliche Gesellschaft aufzuheben, bedarf es einer klaren Vorstellung vom ursprünglichen Zustand des Menschseins: „Der natürliche Mensch ruht in sich. Er ist eine Einheit und ein Ganzes; er bezieht sich nur auf sich oder seinesgleichen“ (ebd., S. 12). Im Hinblick auf den natürlichen Menschen ist auch der Prozeß der Erziehung neu zu durchdenken. Dabei meint „Natur“ nicht so sehr einen geschichtlich vergangenen Lebenszustand des Menschen als vielmehr die ihm aufgegebene wahre Bestimmug.

Die aufklärerische Reflexion über den Menschen und seine Stellung in der Welt steht insgesamt im Spannungsfeld zwischen empirisch-sensualistischen und idealistisch-rationalistischen Positionen. Die „geistige Gesamtstruktur“ des achtzehnten Jahrhunderts ist für Ernst Cassirer bestimmt vom Gegensatz zweier idealistischer Gedankenströme, deren einer vom analytischen Rationalismus Descartes’ ausgeht, während der andere die universale Einheitsphilosophie Leibnizens weiter entfaltet: „Von der Logik der ‘klaren und deutlichen Begriffe’ führt der Weg zur Logik des ‘Ursprungs’ und zur Logik der Individualität weiter, von der bloßen Geometrie zur Dynamik und zur dynamischen Naturphilosophie, vom ‘Mechanismus’ zum ‘Organismus’, vom Prinzip der Identität zu dem der Unendlichkeit, der Kontinuität und der Harmonie“ (Cassirer 1932a, S. 46f.). Gerade von der universell gerichteten Philosophie Leibnizens her ergeben sich neue Antworten auf metaphysische, naturphilosophische und ethische Fragen, welche auch zu einem grundlegend anderem Verständnis der Erziehungs- und Bildungsprozesse führen. Darauf macht von erziehungsphilosophischer Seite mit besonderem Nachdruck Theodor Ballauff aufmerksam: „Es dürfte nicht übertrieben sein, wenn wir behaupten, daß auch die Pädagogik des 18. und 19. Jahrhunderts auf seinen Gedankengängen aufsucht, sie beibehält und immer wieder durchdenkt. Ja, wir sind Leibniz noch heute in vielen ‘Prinzipien’ und ‘Wertungen’ treu geblieben, oft gerade dort, wo wir meinen, eigene Einsichten gewonnen zu haben“ (Ballauff 1964, S. 145).

Die zukunftsweisenden *Grundgedanken der Leibnizschen Monadenlehre* sind die der Selbsttätigkeit, der Entwicklung und der Individualität. In seinen monadologischen Deduktionen unterscheidet Leibniz bei jedem natürlich geschaffenen (Lebe-)Wesen eine einheits- bzw. ganzheitsstiftende Substanz von der sie umgebenden bzw. sie ausfüllenden Masse: „Alles ist erfüllt in der Natur. Es gibt überall einfache Substanzen, die - voneinander durch ihre eigenen Tätigkeiten wirklich getrennt - fortwährend ihre Beziehungen ändern; und jede einfache Substanz oder Monade, welche den Mittelpunkt einer zusammengesetzten Substanz, wie z.B. eines Tieres, und das Prinzip seiner Einheit bildet, ist von einer aus unendlich vielen anderen Monaden zusammengesetzten Masse umgeben. Diese machen den dieser Zentralmonade zugehörigen Leib aus, und nach den Zuständen desselben stellt sie wie in einer Art Mittelpunkt die Außendinge vor" (Leibniz 1979, S. 66). Die Einheit der (Zentral-)Monade ist durch ihre Einfachheit, durch ihre Vereinzeltheit und durch ihre Einzigartigkeit bestimmt. „Einfach heißt, was ohne Teile ist.... Die Monaden haben keine Fenster, durch die etwas hinein- oder hinaustreten kann. ... Es ist sogar notwendig, daß jede einzelne Monade von jeder anderen verschieden ist. Denn es gibt in der Natur niemals zwei Wesen, von welchen das eine vollkommen so ist wie das andere..." (ebd., S. 13f.). Jede Monade ist also *selbständig* und auch schon in einer gewissen Weise vollendet; deshalb ist es gar nicht nötig, daß sie wie durch ein Fenster von außen beeinflußt oder verändert wird.
Die Monade ist keine statische, bloß numerische Einheit und auch keine aggregative Ganzheit; sie ist dynamische Einheit und organische Ganzheit. Leibniz nimmt an, daß sie „der Veränderung unterworfen ist, ja daß diese Veränderung sogar stetig in einer jeden stattfindet. Aus dem Gesagten folgt, daß die natürlichen Veränderungen der Monaden von einem inneren Prinzip herrühren, da eine äußere Ursache auf ihr Inneres keinen Einfluß haben kann" (ebd., S. 14f.). Dieses innere Prinzip der Veränderung bezeichnet Leibniz auch als *„Kraft"*, welche sich in einer unendlichen Fülle verschiedener äußerer Wirkungen darstellen kann. Die Tätigkeit des inneren Prinzips nennt Leibniz „Begehren" (appetition); den jeweiligen Zustand, in dem sich Erfahrungen der Monade darstellen, „Perzeption". Von der „Perzeption" als unbewußter Vorstellung ist die bewußte „Apperzeption" zu unterscheiden. Man kann alle Monaden als „Entelechien" begreifen; „denn sie haben eine gewisse Vollendung in sich. Es gibt in ihnen eine Selbstgenügsamkeit (Autarkie), welche sie zu Quellen ihrer inneren Tätigkeiten und sozusagen zu unkörperlichen Automaten macht" (ebd., S. 16f.). Leibniz spricht der Monade Aktivität zu, wenn sie deutlich (ap-)perzipiert, und Passivität, wenn ihre Perzeptionen verworren sind. Im Grad der Passivität zeigt sich die Unvollkommenheit; im Ausmaß der Aktivität die Vollkommenheit eines Lebewesens. Es ist umso vollkommener und freier, je ungehemmter sich in

ihm die Selbsttätigkeit darstellt und je ungetrübter sich seine Apperzeptionen zu einem „geordneten Vorstellungskreis“ (Herbart) zusammenfügen. Die Bewegung der Monade ist Selbstbewegung; der Antrieb und das Ziel der Bewegung trägt sich sie in sich. So ist die Monade durch Spontaneität und Autarkie ausgezeichnet, als selbstbewußte menschliche Monade auch durch Autonomie. Diese besitzt die Freiheit, unbeirrbar ihren Weg zu gehen nach dem Gesetz, nach dem sie angetreten ist. „Jeder Mensch existiert daher nur als Mensch, sofern er sich in dieser absoluten Spontaneität vollzieht und diese durchhält. Er ist nur in diesem Selbsttun, in dieser Kraft er selbst“ (Ballauff 1964, S.151).
Die aus sich selbst lebenden, „geschaffenen“ Monaden stuft Leibniz nach dem Grad ihrer Bewußtheit in schlafende Monaden, empfindende „Seelen“, selbstbewußte „Geister“ (und Gott). Die anorganische, fossile Welt erscheint nur körperlich leblos; sie muß aber eigentlich als erstarrte, unmerkliche Form des Lebens gedacht werden. Die „schlafenden Monaden“ der Pflanzen erfahren die Welt gleichsam im benommenen, betäubten Zustand des Schlafes, des noch nicht zu sich gelangten Lebens. Die „Seelen“ der Tiere empfinden Lust und Unlust und unterscheiden mit ihrem Gedächtnis in ihrer engen Umweltbezogenheit Fremdes von Vertrautem. Die „vernünftige Seele oder Geist“ des Menschen vollzieht reflexive Akte und begreift sich als „Ich“: „Die Erkenntnis der notwendigen und ewigen Wahrheiten aber ist es, was uns von den bloßen Tieren unterscheidet und in den Besitz der Vernunft und der Wissenschaft setzt, in dem sie uns zur Erkenntnis unsrer selbst und Gottes erhebt“ (Leibniz 1979, S. 19). Gott ist schließlich die Ur-Monade, die Ur-Einheit, die höchste Form der Tätigkeit und das Maximum an Bewußtheit: „In Gott ist die Macht, welche die Quelle von Allem ist; sodann die Erkenntnis, welche die Mannigfaltigkeit der Ideen enthält; schließlich der Wille, welcher die Veränderungen oder Erzeugungen gemäß dem Prinzip des Besten ins Werk setzt“ (ebd., S. 24). Die Differenzen zwischen den Fossilien, Pflanzen, Tieren und Menschen sind für Leibniz nicht essentieller, sondern nur gradueller Art; denn jede Substanz weist für ihn ja nur einen mehr oder minder ausgeprägten Grad an Streben und Vorstellung, mithin an Beseeltheit auf. Ähnlich wie jede Monade - als ein Mikrokosmos - kontinuierlich ihrem inneren Prinzip gemäß sich entfaltet, so gliedert sich auch das Ganze der Schöpfung in kontinuierlich ineinander übergehenden Abstufungen von einem Minimum zu einem Maximum an Bewußtheit und Deutlichkeit (distinction): von den kleinen Perzeptionen über die sinnliche Wahrnehmung bzw. konfusen Perzeptionen zu den reflexiven Apperzeptionen bis zur überweltlichen Helle des unendlichen Bewußtseins. Gemäß diesem Prinzip der *Kontinuität* nähern sich die unterschiedlichen Zustände der Bewußtheit und Beseeltheit der Seinsregionen genetisch einander an und gehen - ggf. über Metamorphosen (vgl. ebd., S. 30) - bruchlos ineinander über. „Mit dieser These ist

die moderne Entwicklungslehre (wie sie Leibniz im berühmten Brief an Varignon vorgezeichnet hat und worin ja auch auf Grund des Kontinuitätsprinzips das Dasein von Zoophyten postuliert wurde) ontologisch festgestellt. Das wahrhaft Seiende in seinem Sein ist in stetigem Übergang" (Jahnke 1966, S. 399). Damit schwindet jede prinzipielle Differenz zwischen den Arten; jedes Lebewesen entfaltet gemäß der ihm innewohnenden Präformation in einer je spezifischen *Entwicklung* seine eigene Art. Seine Einheit ist nicht als gleichgleibender Bestand zu denken, sondern als eine komplexe Ganzheit, die sich erst im Durchlaufen eines je einzigartigen Entwicklungsprozesses ergibt. In seinem Rahmen hat jeder einzelne Moment Bedeutung für das Ganze; denn so, wie der gegenwärtige Zustand von den früheren beeinflußt wird, so geht das Gegenwärtige schon „mit dem Zukünftigen schwanger" (Leibniz). In der Entwicklung der Monade gibt es keine Phase, die für das Ganze entbehrlich wäre. Jede einzelne hat ihre immanente Notwendigkeit und ihren eigenen Wert; ein Ganzes ergibt sich nur aus ihnen allen zusammen.

Die Monade besteht also im Prozeß ihrer Entwicklung. Sie entwickelt sich, indem sie ihre eigene, einzigartige Weltansicht zur Darstellung bringt. Die *Individualität* der Monade ist kein bloß quantitativ-begrenztes Bruchstück des Wirklichen, sie ist vielmehr seine vollkommene Repräsentation. Jede Monade ist „ein fortwährender lebendiger Spiegel der Welt" (Leibniz). Wegen der unendlichen Menge der Monaden gibt es auch unendlich viele verschiedene Welten, „die gleichwohl nichts anderes sind als die perspektivischen Ansichten des einzigen Universums, je nach den verschiedenen Gesichtspunkten jeder einzelnen Monade. Durch dieses Mittel wird die größtmögliche Mannigfaltigkeit erreicht, aber mit der größtmöglichen Ordnung, das heißt es wird dadurch so viel Vollkommenheit wie möglich erreicht" (Leibniz 1979, S. 26). Jede Individualität ist also gleichsam ein Mikrokosmos, die Welt gesehen unter einer je einzigartigen Perspektive, sozusagen unter einem je eigenen Gesetz.

Nur die umfassende Ganzheit der unendlich vielen perspektivischen Weltansichten macht das Universum aus, dessen Einheit unmittelbar nur dem Blick Gottes sich erschließt. „Der Zentralgedanke der Leibnizschen Philosophie ist daher weder im Begriff der Individualität, noch im Begriff der Universalität zu suchen. Beide Begriffe lassen sich vielmehr nur mit- und durcheinander erklären: sie reflektieren sich in sich selber und erzeugen in dieser Reflexion den Grundbegriff der *Harmonie*, der den Ausgangspunkt und den Zielpunkt des Systems ausmacht" (Cassirer 1932a, S. 43). Harmonie ist die Grundverfassung einer Welt, die zugleich die beste aller möglichen Welten ist. Denn: „Da nun die Ideen Gottes unendlich viele mögliche Welten enthalten und doch nur eine einzige davon existieren kann, so muß es einen zureichenden Grund für die Wahl Gottes geben, der ihn zu der einen Welt mehr als zu der anderen bestimmt“ (Leibniz 1979, S. 25). Die einzigartige Harmonie der Welt, in der wir leben, kann vom endlichen Bewußtsein der Menschen aus nicht erfaßt werden. Es ist aber für Leibniz gewiß, „daß wir, wenn wir die Weltordnung hinreichend zu verstehen imstande wären, finden würden, wie sie alle Wünsche der Weisesten übertrifft, und wie es unmöglich ist, sie besser zu machen als sie ist“ (ebd., S. 35). In diesen Schlußsätzen der „Monadologie“ manifestiert sich die basale theologische Voraussetzung der Leibnizschen Metaphysik: der Glaube an die von Gott prästabilierte Harmonie der Welt, die zugleich auch die beste aller möglichen ist.

Die pädagogisch bedeutsamste Errungenschaft der Leibnizschen Monadenlehre ist die Entdeckung des Entwicklungsbegriffs. Die (menschliche) Monade vollbringt, wie immer sie geschichtlich in Erscheinung tritt, eine Leistung der Selbstentfaltung. Aus innerem Vermögen erhebt sie sich in kontinuierlichen Übergängen aus dem Zustand dunkler Unbewußtheit zur Helle des Bewußtseins bis hin zur Selbstaufklärung. „Kurz: das monadische Bewußtsein wird selbst ‚historisch‘; und das vermeintlich ‚Irrationale‘ ist, ohne als solches im mindesten geleugnet zu werden, immer nur ein unendlich schwach Bewußtes, das der Entwicklung fähig bleibt. ... Perfektion ist nur durch Entwicklung zu erreichen; und die ist geschichtlich“(Funke 1963, S.60).

Aus der Leibnizschen Philosophie ergibt sich – wir folgen hier nochmals Theodor Ballauff - für die Pädagogik eine *neue anthropologische Grundlage* und ein veränderter Begriff der Erziehung. Im Gegensatz zur Auffassung als leeres Gefäß, bildsames Seelenwachs oder zu disziplinierender roher Natur wird der Mensch nunmehr als ursprüngliche Einheit vorstellender, schöpferischer Kräfte gedacht: „Der Mensch wird gedacht als ein Wesen, das sich apperzeptiv, d.h. durch Selbstbewußtsein, zu einem um sich wissenden Bild des Universums zu bilden hat. ... Totalität und Individualität, Reflexivität und grenzenloses Streben nach der Fülle kennzeichnen ihn“ (Ballauff 1964, S. 152). Der Lebenslauf des einzelnen stellt nicht einen Prozeß bloßen Wandels dar; er ist vielmehr Ausdruck einer inneren Entwicklung zu je individueller Vollkommenheit gemäß einem immanenten Bauplan: „Wer würde hier nicht an Rousseaus Erziehungslehre denken, aber ebenso auch an die Bildungslehre des Neuhumanismus, ferner an die ‘Pädagogik vom Kinde aus’, um nur an einige zu erinnern!“ (ebd.). Aus dieser Verschränkung von Entwicklung und Selbstbildung entspringt auch ein veränderter Begriff von Erziehung, welchen man mit den Attributen „genetisch“ und „maieutisch“in einer ersten Annäherung umschreiben kann. „Es gilt, das Bewußtsein in sich selber aufzuklären, den leuchtenden Funken zu entfachen, die Innerwelt nicht mit äußern Gegenständen anzufüllen, sondern das Licht ihrer Erkenntnis von solchen mechanischen Beeinflussungen frei zu machen, die es trüben und verdunkeln. ... Der Mensch..., der zur Freiheit erzogen werden soll, kann nur durch Selbsttätigkeit und Entbindung seiner schöpferischen Kräfte frei werden“ (Hoffmann 1955, S. 320f.).

3.2 Das Kind als der noch unentfremdete, natürliche Mensch bei Rousseau

Rousseaus im Jahre 1762 erschienener Erziehungsroman „Emile oder Über die Erziehung“ ist die erste große pädagogische Demonstration der Grundgedanken der Leibnizschen Monadenlehre: „Eine solche Autarkie des monadischen Subjekts, die ja nicht nur sein Erkennen, sondern auch sein Handeln betrifft, kann nur eine Philosophie postulieren, die sich durch die Annahme einer prästabilisierten Harmonie vor individualistischer Anarchie sicher weiß“ (Ballauff/Schaller 1970, S. 306). Dieses basale Welt- und Gottvertrauen bezeugt u.a. die folgende Bemerkung im Glaubensbekenntnis des savoyischen Vikars: „Die unwandelbare Ordnung der Natur allein zeigt uns am besten die weise Hand, die sie regieret“ (Rousseau 1985, S. 316); diese metaphysische Voraussetzung macht der Verfasser auch bereits im berühmten ersten Satz des „Emile“: „Alles ist gut, wie es aus den Händen des Schöpfers kommt; alles entartet unter den Händen des Menschen“ (ebd., S. 9). Mit dieser These verwirft Rousseau zugleich die kirchliche Lehre von der Erbsünde und der Erlösung allein durch die Gnade Gottes. Rousseau schafft ein neues Subjekt der Verantwortung für die Entartung des „natürlichen“ Menschen: die Gesellschaft. Wenn das menschliche Geschlecht ursprünglich gut und nur durch eigenes Verschulden entartet ist, dann kann es prinzipiell auch aus eigener Kraft wieder zu seiner wahren Bestimmung zurückfinden. Dann ist es aber auch durchaus vorstellbar, daß zukünftige Generationen gar nicht erst aus dem Zustand der ursprünglichen Güte in den der Selbstentfremdung eintreten müssen, wenn sie - vor der Unordnung und Sittenlosigkeit der (bürgerlichen) Gesellschaft geschützt - unmittelbar den Weg zur Selbstvervollkommung ihrer Natur beschreiten können. Dies ist der Gang der naturgemäßen Erziehung, die im „Emile“ gedankenexperimentell vorgeführt wird. Auf ihrem Weg wird dem Heranwachsenden die Möglichkeit eröffnet, inmitten einer Gesellschaft, die die Menschen moralisch depraviert und zur gegenseitigen Ausbeutung veranlaßt, seine ursprüngliche Menschlichkeit zu bewahren. Doch dazu bedarf es sowohl eines radikalen Neubeginns als auch der Besinnung auf jene ursprüngliche Natürlichkeit, in der auch schon die Bestimmung des Menschen sichtbar wird: „Je näher der Mensch seinem Naturzustand geblieben ist, um so kleiner ist der Abstand zwischen seinen Wünschen und seinen Fähigkeiten, und um so näher ist er seinem Glück“ (ebd., S. 58).

Glück und Leid entspringen für den Stoiker Rousseau aus nichts anderem als dem Gleichgewicht bzw. Mißverhältnis von Wünschen und Fähigkeiten, von Begehren und Können. Wenn sich der Mensch - wie der „Wilde“ oder das Kind am Ende des ersten Lebensjahrzehnts - darauf beschränkt, nur das zu wollen, was er kann, dann vollzieht sich sein Leben nicht nur im Glück einer erfüllten Gegenwart, sondern auch in Freiheit. „Der wahrhafte freie Mensch will nur, was er kann, und tut, was ihm gefällt. Das ist mein oberster Leitsatz. Man muß ihn nur auf die Kindheit anwenden, und alle Erziehungsregeln lassen sich daraus ableiten“ (ebd., S. 61). Im Naturzustand - sozusagen beim Eintritt in die gesellschaftliche Welt - sind Kräfte und Wünsche noch im Gleichgewicht, ist der Mensch ein autarkes, freies Wesen, weil er nur das will, was er kann. Leid und Entfremdung, die Verkehrung des Selbstseins in das Haben und der Wille, über die Mit- und Sachwelt zu herrschen, sind auch die Folgen einer maß-losen Erziehung, welche die natürliche Reihenfolge der Entfaltung der Vermögen mißachtet und stört. „Die Vorsorge ist es, die uns ständig über uns hinausreißt und die uns oft dahin stellt, wohin wir nie gelangen werden! Sie ist die wahre Quelle unserer Leiden. Welcher Wahn treibt den vergänglichen Menschen, immer in eine Zukunft auszuschauen, die er so selten erreicht, und darüber die sichere Gegenwart zu vernachlässigen!“ (ebd., S. 59f.) Unglück und Bosheit resultieren aus der Schwäche, aus dem Ungleichgewicht zwischen Bedürfnissen und den Kräften zu ihrer Befriedigung. Während die natürliche Selbstliebe („amour de soi“), die sich immer selbst genügt, zufrieden ist, wenn unsere wahren Bedürfnisse befriedigt sind, stellt die - durch die gesellschaftliche Existenz - induzierte Eigenliebe („amour propre“) immer Vergleiche an und ist nie zufrieden: „Wenige Bedürfnisse haben und sich wenig mit anderen vergleichen, das macht den Menschen wahrhaft gut. Viele Bedürfnisse haben und sich nach der Meinung anderer richten, macht ihn wahrhaft schlecht“ (ebd., S. 213). Der ursprüngliche, unschuldige Egozentrismus wird in der unnatürlichen Lebensform der bürgerlichen Gesellschaft zum Egoismus; hier liegt der Grund für die Selbstentfremdung des neuzeitlichen Menschen.

Aus der Utopie des autarken, noch unentzweiten Naturmenschen ergibt sich für Rousseau das besondere Interesse am Kind als einer eigenwertigen Gestalt des Menschseins. „So tritt nun auch jedes Kind zunächst als ‘homme naturel’ in die Welt. Kindheit ist etwas anderes als eine defiziente Form erwachsenen Menschseins, der Erwachsene ist nicht der ‘eigentliche Mensch’ ... Kindheit und Erwachsensein werden inkommensurabel“ (Spaemann 1978, S. 832). In diesem Sinne sind denn auch die folgenden Sätze aus dem „Emile“ zu verstehen: „Die Menschheit hat ihren Platz in der Ordnung der Dinge: die Kindheit den ihren in der Ordnung des menschlichen Lebens. Man muß den Erwachsenen als Erwachsenen und das Kind als Kind betrachten (56).... Die Kindheit hat eine eigene Art zu sehen, zu denken und zu fühlen, und nichts ist unvernünftiger, als ihr unsere Art unterschieben zu wollen (69). ... Jedes Alter, jede Lebensstufe hat seine eigene Vollkommenheit und seine eigene Reife“ (Rousseau 1985, S. 149). Deshalb hält Rousseau es für „barbarisch“, in der Erziehung des Kindes die Gegenwart einer ungewissen Zukunft aufzuopfern - erst recht angesichts der Tatsache, daß zu seiner Zeit nur ein Teil der Kinder der hohen Sterblichkeit entgehen kann und das Erwachsenenalter erreicht. „Liebt die Kindheit, fördert ihre Spiele, ihre Freuden, ihr liebenswürdiges Wesen! Wer von euch hat sich nicht manchmal nach dem Alter zurückgesehnt, in dem das Lachen immer um die Lippen spielt und der Friede immer in der Seele wohnt? Warum wollt ihr den unschuldigen Kleinen den Genuß dieser kurzen und flüchtigen Spanne und ein so kostbares Gut, das sie nicht mißbrauchen können, rauben?“ (ebd., S. 55). Die Aufwertung der Kindheit und der Gegenwärtigkeit des Augenblicks ergeben sich auch schon aus den metaphysischen Prämissen des Aufklärers Rousseau: „Der Verlust oder in anderer Tonart: die Überwindung des christlich-dogmatischen Sinnversprechens führt zur Existenzialisierung des Menschenbildes und damit auch der Kindheitsphase. Rousseau glaubt nicht mehr an die leibliche Auferstehung und die ewige Teilhabe des Menschen am göttlichen Sein ... (So) fällt die Sinngebung ausschließlich dem Menschen zu ... Die Kindheit bekommt deshalb eine nicht-mediatorische Wertigkeit zugedacht, weil im Grunde alle Augenblicke des (kurzen) Menschenlebens eine absolute Qualität erreichen können, dann nämlich, wenn sie in irgendeiner Form Autarkie verwirklichen“ (Hufnagel 1991, S. 141). Jeder Augenblick des Lebens hat seinen Sinn in sich selbst, wenn er die Zeit in der Zeit überwindet; deshalb kommt der sorglosen Gegenwartsorientierung des Kindes nun eine besondere Wertschätzung zu.

Das Kind hat für Rousseau eine eigene, in sich vollkommene, „sinnliche Vernunft“, die von der begrifflich-abstrakten des Erwachsenen verschieden ist. Die Kindheit ist der „Schlaf der Vernunft“. „Ihr ganzes Wissen liegt im Sinneseindruck, nichts dringt bis zum Verständnis vor“ (Rousseau 1985, S. 89f.). Das Kind lebt in einem Zustand annähernden *Gleichgewichts*, es hat die Kräfte, die es benötigt, um das ihm gemäße Leben zu führen: „Ehe die Vorurteile und die menschlichen Einrichtungen unsere Neigungen verdorben haben, besteht das Glück der Kinder wie der Erwachsenen im Genuß der Freiheit. Die Freiheit der Kinder ist aber durch ihre Schwäche begrenzt. ... Die Kinder genießen, selbst im Naturzustand, nur eine unvollkommene Freiheit, ähnlich der des Erwachsenen in der Gesellschaft“ (ebd., S. 62). Ihren mangelnden Kräften - besonders in der frühesten Lebensphase - sollen die Erzieher aber nur soweit entgegenkommen, „wie es deren bedarf, um frei zu sein, nicht aber um zu befehlen“ (ebd., S. 63). Das Kind ist aber auch ein *Wesen des Augenblicks*, das zu jeder Zeit ganz es selbst ist: „Ihr seid beunruhigt, wenn er seine ersten Jahre mit Nichtstun verbringt! Ist Glücklichsein denn nichts? Den ganzen Tag springen, spielen, laufen, ist das nichts? Sein ganzes Leben wird er nie wieder so beschäftigt sein" (ebd., S. 80).

Das Ziel der kindlichen Entwicklung ist nicht das Erwachsensein, sondern das reife, das vollkommene Kind: „l'enfant fait". „Das Besondere an Rousseaus Normbegriff scheint der Versuch zu sein, die Maßstäbe nicht bloß vom Ziel der Erziehung abzuleiten, sondern gerade auch den Weg zum Ziel, die Entwicklung selber und ihre verschiedenen Perioden jeweils unter einer für sie spezifischen Norm zu sehen" (Rang 1979, S. 133). Gemäß seiner charakteristischen Stufenfolge des Bildungsganges von der Sinnlichkeit über die Begrifflichkeit zur Sittlichkeit rät Rousseau dem Erzieher: „Übt seinen Körper und seine Glieder, seine Sinne und seine Kräfte, laßt aber seine seelischen Kräfte solange als möglich in Ruhe! Fürchtet alle Gefühle, ehe seine Urteilskraft sie beurteilen kann! Haltet fremde Eindrücke fern! Laßt die Kindheit im Kinde reifen!" (Rousseau 1985, S. 73).

Daß die Daseinsweise des Kindes für Rousseau nicht nur die Vorstufe, sondern die Grundlage, sogar der *Inbegriff des natürlichen, glücklichen Lebens* ist, zeigt seine Darstellung des Knaben im Alter von zehn bis zwölf Jahren: „Er ist auf dem Gipfel der Kindheit angelangt. Er hat das Leben eines Kindes geführt und seine Vollkommenheit nicht mit seinem Glück bezahlt. Im Gegenteil, eins hat zum anderen beigetragen. Während er sich die ganze Vernunft seines Alters erwarb, war er so frei und glücklich, wie es sein Zustand zuließ" (ebd., S. 154). Und an anderer Stelle: „Ich sehe das Kind überströmend, lebhaft und munter, sorglos, ganz dem Dasein hingegeben, im Genuß seiner übersprudelnden Lebensfülle. Seine Gestalt, seine Haltung und sein ganzes Wesen künden Sicherheit und Zuversicht an. Sein Gesicht strahlt vor Gesundheit. Sein fester Tritt ist voller Kraft. ... Seine Augen, noch ohne das Feuer des Gefühls, haben noch ihre ganze natürliche Heiterkeit. ... Sein Wesen ist offen und frei, weder übermütig noch eitel. ... Weiß er auch nichts auswendig, so weiß er doch viel aus Erfahrung. Liest er auch weniger gut als andere aus unseren Büchern, so liest er um so besser im Buch der Natur." (ebd., S. 150f.).

Diese Glückseligkeit des „enfant fait" speist sich aus dem Gleichgewicht zwischen seinen Bedürfnissen und Kräften, aus seiner Selbstgenügsamkeit und emotionalen Unabhängigkeit sowie aus seinem nüchternen Realitätssinn. Einbildungskraft und Phantasie erwachsen erst mit den Leidenschaften der Pubertät, der „zweiten Geburt" des Menschen. „Ein streng an der Erfahrung orientierter Wahrheitssinn, Klarheit der Gedanken und Utilitarismus der Wertungen - alle diese Eigenschaften lassen den kindlichen Intellekt, so beschränkt er auch sein mag, zum Muster eines aufgeklärten Geistes werden" (Ewers 1989, S. 47).

Andererseits trägt das vollkommene Kind unzweifelhaft die Züge des „guten Wilden", wie ihn sich das auf alle Schilderungen der Sitten der Naturvölker begierige Lesepublikum des 18. Jahrhunderts vorstellte. Der Naturzustand ist für Rousseau zwar menschheitsgeschichtlich definitiv überholt: er ist für ihn aber „am Rande der zivilisierten Welt noch wirklich präsent; bei den wilden Völkern ist er eine Realität, soweit diese von der Zivilisation noch unberührt sind. Doch auch innerhalb der zivilisierten Nationen kann der Naturzustand für Rousseau wieder Realität gewinnen - wenn auch nur eine punktuelle : in Gestalt nämlich einer natürlichen Kindheit" (ebd., S. 50f.). Die Epitheta des vollkommenen Kindes beschämen den zivilisierten Erwachsenen, der sich in mancher Beziehung sogar unterlegen fühlen muß. Hier liegt eine Wurzel für das romantische Ideal des Kindes als einer vollendeten Gestalt des Menschen. Rousseau entwirft zwar ein faszinierendes Bild von der Vollkommenheit des reifen Kindes, seine emotionale Erfüllung, religiöse Gewißheit und sittliche Verantwortlichkeit erreicht sein Zögling aber nach dem Verlassen der Kindheit erst im Verlauf der zweiten großen Lebensphase: der Jugend.

In engem Zusammenhang mit Rousseaus naturalistischer Auffassung des Kindes steht übrigens auch seine Beschwörung der Mutterliebe als „Regung der Natur" und „Stimme des Blutes". Mit dem Blick auf das verbreitete Ammenwesen seiner Zeit stellt er fest: "Wenn ein jeder bei seinen Urpflichten anfangen wollte, so fangt bei den Müttern an, und ihr werdet über die Veränderungen staunen. Alles entspringt aus dieser ersten Entartung: die ganze sittliche Ordnung gerät durcheinander. Die natürlichen Regungen erlöschen. Die Häuslichkeit erstarrt. ... Wenn sich jedoch die Mütter dazu verstünden, ihre Kinder selbst zu nähren, so werden sich die Sitten von selbst erneuern und die natürlichen Regungen erwachen. ... Dieser erste Punkt allein genügt, um alles wieder in Ordnung zu bringen. Der Zauber des häuslichen Lebens ist das beste Gegengewicht gegen schlechte Sitten" (Rousseau 1985, S. 19). Da es „am meisten ... auf die erste Erziehung an(kommt) , die unbestreitbar Sache der Frauen ist" (ebd., S. 9, Anm.), ist gerade die neue Mütterlichkeit, die im Stillen des eigenen Kindes zum Ausdruck kommt, für Rousseau eine wichtige Voraussetzung dafür, daß im sozialen Leben „die Natur wieder ihre Rechte zurückerhält".

Aus Rousseaus Vision eines unentfremdeten Naturzustandes und aus seiner Vorstellung vom Kinde als Wiederholung und Wiederverkörperung des frühgeschichtlichen „homme naturel" resultiert konsequent seine Idee von der *negativen Erziehung:* „Die erste Erziehung muß also rein negativ sein. Sie darf das Kind nicht in der Tugend und in der Wahrheit unterweisen, sondern sie muß das Herz vor Laster und den Verstand vor Irrtümern bewahren" (ebd., S. 72). Der Erzieher kann das Erwachen der Vernunft nicht durch Belehrung und Ermahnung beschleunigen, sondern nur die Hindernisse aus dem Weg räumen, die den Zögling dabei stören, seine Vermögen selbständig zu gebrauchen. Aufgabe der bewußten Erziehung ist es, den *Grundsatz der Autarkie* in jeder Phase der Entwicklung zu befolgen durch die Stärkung der Kräfte und die Verminderung der Bedürfnisse. Die wahrhafte Einsicht über die Dinge und die sozialen Verhältnisse erringt jeder nur in sich selbst. Hier gilt der „*Grundsatz unbedingter Autopsie*" (Cassirer). Der Zögling soll nicht wissen, was er nicht an sich selbst erprobt hat. Deshalb läßt Jean-Jacques auch die Kindheit Emiles verstreichen, ohne mit ihm über Religion zu sprechen: „Um Geheimnisse anzuerkennen, muß man wenigstens begreifen, daß sie unbegreiflich sind. Aber selbst dazu sind die Kinder unfähig. In einem Alter, in dem alles ein Geheimnis ist, gibt es keine Geheimnisse im eigentlichen Sinne des Wortes. ... Hüten wir uns also, jenen die Wahrheit zu verkünden, die nicht imstande sind, sie zu verstehen, denn das hieße, den Irrtum an ihre Stelle zu setzen. Es wäre besser, gar keinen Begriff von der Gottheit zu haben als einen niedrigen, phantastischen, beleidigenden, einen der Gottheit unwürdigen" (ebd., S. 267 ff.). Emile soll nicht etwa schon als Kind in die Religion seiner Väter eingeführt, sondern in die Lage versetzt werden, diejenige Form des Glaubens frei zu wählen, zu der ihn die eigene Einsicht und Erfahrung geführt hat. Um Emile nicht durch sein Beispiel belehrend zu beeinflussen, hält der Erzieher sich mit der eigenen religiösen Ansicht zurück; er bietet ihm statt dessen - gleichsam als versachlichendes Dokument - das Glaubensbekenntnis des savoyischen Vikars zur Prüfung an: „Das Postulat der Autopsie verschärft sich hier zum *Postulat der Autonomie*" (Cassirer 1989, S. 71).

Der von der Idee der negativen Erziehung bestimmte Erziehungsplan des Emile stellt den Zögling wieder zurück in die „natürliche Umgebung" der „ländlichen Einfachheit", um ihn vor den Gefahren der bürgerlichen Gesellschaft zu schützen. Er soll seinen eigenen Weg finden, um dieser Gesellschaft schließlich mit unbedingtem Erneuerungswillen entgegenzutreten. „Die Erziehung des Emile ist der Versuch, den Weg der Phylogenese in einer neuen Ontogenese zu korrigieren, den Sündenfall zu vermeiden und die Einheit des natürlichen Menschen mit sich selbst vom kindlichen Hominiden zum erwachsenen Gewissenssubjekt durchzuhalten. Emile soll nicht 'Mensch des Menschen' werden, sondern 'Mensch der Natur' bleiben" (Spaemann 1978, S. 829). Die Aufgabe der Erziehung ist also keine geringere als *die Wiederherstellung des ursprünglichen Menschen* und die sittliche Erneuerung der Gesellschaft - eine Aufgabe, die Kritiker Rousseaus als paradox und unwahrscheinlich bezeichnen. Die größte Paradoxie liegt dabei wohl in Rousseaus Anspruch, durch die Kontrolle der Umgebung exakt die individuelle Vollkommenheit und Freiheit hervorbringen zu können, die pädagogisch beabsichtigt ist.

Rousseau wirft den Pädagogen des aufgeklärten Zeitalters im Vorwort zum „Emile“ vor: „Man kennt die Kindheit nicht: mit den falschen Vorstellungen, die man von ihr hat, verirrt man sich um so mehr, je weiter man geht. Die Klügsten bedenken nur, was Erwachsene wissen müssen, aber nicht, was Kinder aufzunehmen imstande sind. Sie suchen immer nur den Mann im Kind, ohne daran zu denken, was er vor seinem Mannsein war. Gerade das habe ich am eingehendsten studiert, damit man aus meinen Beobachtungen auch dann noch lernen kann, wenn meine Methode phantastisch und falsch wäre“ (Rousseau 1985, S. 5f.). Zwar ist keiner „Philosoph genug, um sich ganz auf den Standpunkt eines Kindes versetzen zu können“; man kann aber die Daseinsform des Kindes besser verstehen, wenn man einen Perspektivenwechsel vollzieht und die kindliche Entwicklung genau studiert. Das *Verstehen des Kindes* hängt letztlich von unserem Verhältnis zu ihm ab, von der Achtung ihm gegenüber und von den Chancen, die wir ihm auf dieser Grundlage geben. Als eine bahnbrechende Entdeckung Rousseaus darf gelten, „daß die Verstehensformen von Kindheit als eigentümlicher Lebensform die Wahrnehmungsformen der Erscheinungen des Kinderlebens bedingen und daß diese Verstehens- und Wahrnehmungsformen die Gestaltungsmöglichkeiten des Kindeslebens bedingen und prägen“ (Herrmann 1997, S. 192). Das authentische Verstehen des Kindes ist für Rousseau bestimmt von der humanen Qualität der von den Erziehern gewählten Perspektive, welche sich nicht von selbst aus dem tatsächlichen Leben der Kinder ergibt.
Rousseau entdeckt das Kind als eigenwertige, in sich selbst erfüllte Gestalt des Menschseins. Er entwirft die erste explizite Anthropologie des Kindes unter säkularen, rein philosophischen Prämissen. Das Kind charakterisiert er als ein Wesen, das durch eine eigene Form sinnlicher Vernunft, durch Selbstgenügsamkeit und Autarkie, sowie durch Spontaneität und Augenblicksorientierung ausgezeichnet ist. Für seine Vorstellung vom vollkommenen Kind knüpft Rousseau an die Lehre vom „esprit d’enfance“ an, die in der mystischen Spiritualität des Kindwerdens der „Ecole française“ u.a. bei Fénelon entfaltet worden war. Was dort spirituell gemeint war, nimmt Rousseau gleichsam psychologisch-empirisch. Die tragende Inspiration für Rousseaus Entdeckung des Kindes ist seine Idee des Naturzustandes. Deshalb trägt auch seine Auffassung vom vorsozialen, autarken Wesen des Kindes dieselbe unauflösbare Zweideutigkeit von empirischer und idealistischer Bedeutung in sich, wie sie für Rousseaus Naturbegriff insgesamt kennzeichnend ist.
Rousseau hat zugleich mit seiner neuen Sicht des Kindes einer ebenso neuen Form der Liebe und der Achtung vor dem Kind Ausdruck verliehen, welche bislang - gerade auch in seinem eigenen Leben - noch von zahlreichen soziokulturellen und ökonomischen Zwängen erstickt worden war. Dieses Vertrauen

in das Kind ist aufs engste verbunden mit der Proklamation der Mutterliebe als dem Fundament einer „den Gang der Natur“ unterstützenden und beschirmenden Form der Erziehung. Diese „negative Erziehung“ dient mit ihren Grundsätzen der unbedingten Autopsie und der Sicherung der Autarkie nicht mehr primär der Ertüchtigung zum eleganten „gentilhomme“ oder zum nützlichen „bourgeois“, sondern allein der Erziehung zum Menschen. So spannt sich ein systematischer Zusammenhang von Rousseaus Auffassung des Kindes als noch unentzweiter natürlicher Mensch bis zum Anspruch der Erziehung auf eine Erneuerung der Kultur und Gesellschaft.

Mit Rousseaus anthropologischem Ansatz tritt ein neuartiges pädagogisches Denken hervor, das sich nicht mehr auf kulturelle Tradition und sozialen Stand bezieht, sondern auf die je individuelle Einheit des Menschen mit sich selbst. „Ein neuer Typus pädagogischen Verstehens - von den Lebenssituationen des einzelnen Kindes und seinen altersmäßigen Bedürfnissen, von der Biographie und ihren gesellschaftlichen Rahmenbedingungen aus - dringt nun erstmals mit solchem Aufsehen ins öffentliche Bewußtsein, daß noch Generationen von Pädagogen sich von den Anstößen dieser neuen Sichtweise in Anregung und Widerspruch betroffen sehen“ (Rang 1973, S. 116).

3.3 Das Kind als ursprünglicher, noch in umfassender Einheit lebender Mensch bei Herder

Nur sieben Jahre nach Rousseaus „Emile“ formuliert der junge Herder in seinem „Journal meiner Reise im Jahr 1769“ - einem der großen Manifeste des Sturm und Drang - enthuasiastisch das Motto seines pädagogischen Denkens: „Die Jugend der Menschlichen Seele in Erziehung wieder herzustellen, o welch ein Werk! Das einzige, was den Schwarm von Vorurtheilen tödten kann, der in Religion, Politik, Weltweisheit u.s.w. die Welt bedeckt! ich zweifle aber, ob es ganz in unsrer Gesellschaft angeht. Jeder lernt die Masse von hundert andrer Gedanken und wird damit alt“ (Herder 1967, IV, S. 453). Herder ist wie viele seiner Generationsgenossen inspiriert vom kulturkritischen Impuls Rousseaus, der angesichts der als gekünstelt und verderbt erlebten Sitten der aristokratisch dominierten bürgerlichen Gesellschaft und einer in geistloser Gelehrsamkeit erstickenden aufgeklärten Intelligenz auf die Wiederherstellung der „natürlichen Ordnung“ und der Freiheit des Individuums zielt.[6] Dem jungen Herder, „dem deutschen Rousseau“ (Korff), steht allerdings weniger die im Grunde aufklärerische Idee der Wiederherstellung der Bedürfnislosigkeit und Autarkie des „natürlichen Menschen“ vor Augen, er ist vielmehr getrieben von der „romantischen Sehnsucht“ nach Wiederbeseelung der Kultur und des Individuums.

Herder „empfindet in der Ferne, hinabgerissen zu dem dunklen Reich der Ursprünge, zu den Wilden und den Kindern, bei denen er das Spontane und Ursprüngliche der Menschenseele gesucht hat. Je mehr ihm sein eigenes Zeitalter als greisenhaft und erstarrt erscheint, um so inniger steht das Wunschbild einer noch unmittelbar fühlenden und genießenden Kindheit des Menschengeschlechtes vor seiner immer leidenschaftlich erregten Einbildungskraft. Es ist so, als ob Herder dieses verlorene paradiesische Glück mit der ganzen Glut seines Herzens und den impulsiven Stößen seines Denkens aus der Tiefe der Geschichte wieder heraufrufen möchte" (Wiese 1963, S. 39).
Mit dieser Wendung zu den Urbildern der frühen Menschheit entwirft der junge Herder auch ein völlig neues Ideal der Kindheit bzw. Kindlichkeit, das sich der noch „aufgeklärten" Rousseauschen Kindheitsvorstellung als schon „romantisch" von nun an im pädagogischen Denken zur Seite gesellt. Herders neuartige Anthropologie des Kindes „stellt gleichsam ein Abfallprodukt andersgerichteter theoretischer Bemühungen dar und ist damit prädestiniert, überlesen zu werden" (Ewers 1989, S. 9). Der Herdersche Kindheitsentwurf, den wir im folgenden rekonstruieren wollen, ist weniger ein Thema von Herders späten bildungstheoretischen und schulreformerischen Bemühungen („Schulreden", „Eingaben", „Humanitätsbriefen"), sondern ein Resultat vor allem seiner anthropologischen, sprach- und geschichtsphilosophischen Schriften und Entwürfe der 70er Jahre, der Sturm- und Drang-Phase seines Lebens.[7] Über die geistige Gestalt seines Freundes und Vorbildes Herder schreibt Jean Paul in der „Vorschule der Ästhetik", daß er „den Fehler (hatte), daß er kein Stern erster und sonstiger Größe war, sondern ein Faszikel von Sternen, aus welchem sich dann jeder ein beliebiges Sternbild buchstabiert". Als Theologe, Philosoph, Historiker, Psychologe, Literat und Lehrer ist Herder ein universeller Geist, dessen Reichtum und Spannweite es mit sich brachte, daß er fast jede Wissenschaft befruchtet hat und als „vielleicht größter Anreger in der Geschichte des deutschen Geistes" (Wiese) betrachtet werden kann.
Von Herkunft und Neigung war er - in einem „pädagogischen Jahrhundert" - Lehrer und erzieherischer Genius. Die Überfülle seiner Gedanken, seine bilderreiche Sprache und sein assoziatives Denken haben Herder davon abgehalten, sein Werk als ein widerspruchsfreies, begrifflich-systematisch geordnetes zu vollenden. So ist er „fast stets hinter seinen eigenen Intentionen zurückgeblieben" (Litt). Mit seinem genialen „Sinn für Wirkung" - wie Nietzsche es formulierte - hat er das Neue früher als andere gesehen und formuliert, wurde er zum geistigen Mittelpunkt der ersten kulturkritisch-intellektuellen Jugendbewegung - des Sturm und Drang. Gegen seinen Königsberger Lehrer Kant und die mächtige philosophische Tradition von Rationalismus und Kritizismus beharrte Herder auf der Eigenständigkeit der vorwissenschaftlichen Weltsicht,

versuchte er die Ursprünglichkeit der Seele vor den Anmaßungen des begrifflich-abstrakten Denkens zu retten. Als „Wegbereiter des geisteswissenschaftlichen Denkens" ist Herder deshalb für Theodor Litt trotz seiner systematischen Schwächen der kongeniale philosophische Antipode Kants (vgl. Litt 1949, S. 11f.).

Herder geht überall *von der Seele aus*. Sie ist für ihn Mikrokosmos, Spiegel des ganzen Universums im kleinen, Analogon der gesamten Schöpfung. Der Mensch ist für ihn „Bild Gottes, ein Auszug und Verwalter der Schöpfung: also schlafen in ihm tausend Kräfte, Reize und Gefühle; es muß also in ihnen Ordnung herrschen, daß Alle aufwachen und angewandt werden können, daß er Sensorium seines Gottes in allem Lebenden der Schöpfung, nach dem Maasse es ihm verwandt ist, werde" (Herder 1967, VIII, S. 200). Vermöge dieser Analogie der menschlichen Seele mit dem göttlichen Wesen erfaßt und umfaßt sie die ganze - natürliche und geschichtlich-kulturelle - Welt; sie erkennt in dieser erst ganz sich selbst, wie sie umgekehrt in ihrer Selbstversenkung auch die Welt der Natur und Geschichte erst wesensgemäß erkennt. Alles Äußere muß als Ausdruck eines Inneren verstanden werden. Der Weg in die Welt der Natur und Geschichte ist zugleich der Weg in das eigene Innere. Aus der Auffassung der menschlichen Seele als „Analogie der alles durchfühlenden Gottheit" (Herder) resultiert für jeden einzelnen die - auch bildungstheoretisch bedeutsame - Aufgabe, von seinem Mittelpunkt aus alle Gestalten des Lebendigen in der Natur sowie alle kulturellen und geschichtlichen Seelenformen zu durchwandern; denn: „Je mehr Geist und Wahrheit, d.i. je mehr thätige Wirklichkeit, Erkenntniß und Liebe des Alls zum All in uns ist, desto mehr haben und genießen wir Gott, als wirksame Individuen, unsterblich, unzertheilbar" (ebd. XVI, S. 575).

Herders Ausgang von der Seele als Mikrokosmos hat zur philosophischen Voraussetzung die von unmittelbarer Gewißheit getragene Metaphysik der unendlichen Harmonie des Alls, in der sich Subjekt und „An sich" entsprechen wie Erkennen und Sein, in dem alles eines Wesens ist. Damit verbindet sich die Zuversicht, gerade der Mensch, der das gesamte Stufenreich der Natur in sich enthalte, sei - als Krone der Schöpfung - dazu ausersehen, dieses System der universalen Harmonie zu vernehmen, in welches sich die Gottheit ausgegossen hat. Mit seiner Alleinheitslehre denkt Herder philosophisch in den Spuren der Leibnizschen Monadologie, denen ja auch schon Rousseau mit seinem Gedanken der „Ordnung der Natur" gefolgt ist.

Für Herder leuchtet uns „allenthalben in der Natur das Vorbild unsres Vaters selbst (vor), der im Kleinsten und Größesten ohn' alle schwache Willkühr mit der ganzen Schönheit und Güte einer selbstständigen Vernunft, Wahrheit und Notwendigkeit handelt" (ebd. XVI, S. 535). Überall „offenbaret sich uns die lebendige Harmonie der Natur, in der jedes Ding das vollkommenste Eins und doch Jedes mit Jedem in ihr so vielfach und manngfältig verwebt ist" (ebd. XVI, S. 551). „Jede Organisation ist nichts als ein System lebendiger Kräfte, die nach ewigen Regeln der Weisheit, Güte und Schönheit einer Hauptkraft dienen" (ebd. XVI, S. 569). Und weiter: „Leben ist also Bewegung, Wirkung; Wirkung einer innigen Kraft. ... Und da im Reich der Veränderung nichts unverändert bleiben kann und doch Alles sein Dasein erhalten will und muß: so ist alles in dieser rastlosen Bewegung, in dieser ewigen Palingenesie, damit es immer daure und ewig-jung erscheine" (ebd. XVI, S. 567). Als „genetischer Leibnizianer" (Wisbert) betont Herder insbesondere das Fließende, Sich-Wandelnde und sich Erneuernde - *das Organische* des Weltprozesses und dessen Richtung auf die Wiedervereinigung mit Gott: „Jetzt fühle ichs, daß Alles Gott ähnlich werden soll, ja wenn ich so sagen darf, ihm ähnlich werden muß, was in seinem Reiche lebet" (ebd. XVI, S. 526f.). Und er verallgemeinert den Gedanken der *Entwicklung* über den Bereich des organischen Lebens hinaus auf die menschliche Person und auf die Weltgeschichte. Wie der Anlage nach in der jungen Pflanze schon die Blüte und die Frucht des Baumes vorhanden sind, so verwirklicht sich in der Entwicklung des Einzelnen sowie in der Geschichte der Völker und Kulturen die Anlage des menschlichen Wesens, die wahre, göttliche Menschengestalt, die „Humanität". Auch die Geschichte ist somit nichts anderes als die kontinuierliche Fortsetzung des Werdeprozesses der Natur, dem planmäßigen Wirken der lebendigen Gottheit entsprechend: „Gang Gottes über die Nationen".

Halten wir fest: Auch Herder findet in der Leibnizschen Monadenlehre die für seine Auffassung der Seele grundlegenden Begriffe der All-Einheit, der Kraft und der Entwicklung. So wie er die Eigenart der menschlichen Seele aus der Analogie zum Ganzen der Schöpfung begreift, so erschaut er umgekehrt an dem Entwicklungsprozeß der Seele das Urphänomen des Genetischen überhaupt. Dem *„Dogma der Analogie"* (Litt) folgend, versteht Herder alles genetisch, d.h. aus seinem Werdeprozeß und aus dessen Entelechie heraus. Der Gedanke der Entwicklung der Kräfte, des Wachstums der Gestalt ist der zentrale Gesichtspunkt für die Erforschung von Individuum und Menschheit, Natur und Geschichte. Diese „Methode des analogisierenden Erkennens" (Irmscher) hat allerdings nicht nur heuristischen Wert; für den anthropozentrischen Realismus des Alleinheitsdenkers Herder ist die Analogie das Erkenntnismittel schlechthin, um die Wirklichkeit als eine menschliche zu entdecken: „Aber wie, ist in dieser 'Analogie zum Menschen' auch Wahrheit? Menschliche Wahrheit gewiß, und von einer höhern habe ich, so lange ich Mensch bin, keine Kunde. ... Was wir wissen, wissen wir nur aus Analogie, von der Kreatur zu uns und von uns zum Schöpfer. ... Die stille Aehnlichkeit, die ich im Ganzen meiner Schöp-

fung, meiner Seele und meines Lebens empfinde und ahnde: der größte Geist, der mich anweht und mir im Kleinen und Großen, in der sichtbaren und unsichtbaren Welt Einen Gang, Einerley Gesetze zeige, der ist mein Siegel der Wahrheit“ (ebd. VIII, S. 170f.). Mit den organologischen Metaphern, die er aus seinem Empfinden „im beständigen Horizont seines Körpers“ (ebd. VIII, S. 251) gewinnt, hat Herder das Bekannte im Unbekannten entdeckt und „die Zeit aus ihrer abstrakten Leere erlöst“ (Litt 1949, S. 214).
Jedes Lebewesen steht für Herder unter dem Gesetz von Wachstum, Reife, Fortpflanzung, Tod und Verwandlung, so daß Analogieschlüsse zwischen pflanzlichem, tierischem und menschlichem Leben legitim sind, ja das objektive Gesetz der Entwicklung nur klarer zum Vorschein bringen. Das *pflanzliche Werden* verkörpert am reinsten den in sich bestimmten Prozeß der organischen Gestaltbildung. Das Wachstum der Pflanze, ihre Blüte und ihr Vergehen sind die Formen, in denen sie sich in aufeinanderfolgenden Sinn- und Zeitgestalten (Phasen) entfaltet. „In jedem Ganzen solcher Art könnte nichts seinen Platz wechseln, nichts sich von der Stelle lösen, ohne daß das Ganze aus den Fugen ginge ...: da ist der Baum, der durch Wurzel, Stamm, Äste, Zweige und Zweiglein hindurch seine Gestalt in gegliederter Folge ausbreitet und in jedem seiner Teile das Ganze eben nur in der besonderen, unvertauschbaren Form und Weise verwirklichen kann, die seiner Gliedstellung entspricht. Da ist ganz besonders der Mensch in der Reihung seiner Lebensalter, von denen ein jedes an seiner Stelle, eingefügt in eine nicht zu durchbrechende Ordnung, nur die ihm eigenen Erlebnisse ernten, nur die ihm vorbehaltenen Werke an den Tag bringen kann. ... Ist doch das ganze Schauspiel der Weltgeschichte ihm nur ein fortlaufendes Zeugnis dafür, daß jede Persönlichkeit, jede Epoche, jedes Volk, jede Kultur in sich eine Gestalt des geistigen Daseins verwirklicht, die bis in ihre letzten und geringfügigsten Äußerungen hinein nur ein einziges Mal, nur dieses einzige Mal, nur in dieser bestimmten gliedlichen Stellung so und nicht anders ‘wesen’ konnte“ (ebd., S. 215). Der Wachstumsprozeß der Pflanze und daran anschließend die *Lebensalter* des Menschen sind die basalen Metaphern Herders, mit denen er sowohl ontogenetisch die Entwicklung der Seele als auch phylogenetisch die Geschichte der Menschheit zu verstehen sucht. Sie sorgen dafür, daß sich auf allen Ebene analoge Entwicklungsphasen ergeben, die von ein und demselben „Geist“ des Keimens, Knospens, Blühens, Fortpflanzens, Vergehens und sich Verwandelns geprägt sind. Alles Geschehen ist dadurch in eine sinnhafte und zeitliche Ordnung eingefügt, die als Insgesamt von in sich eigenwertigen Phasen ein organisches Ganzes bildet. Abgesehen von den Anfängen bedeutet jede genetische Stufe bzw. Phase zugleich Gewinn und Verlust: Gewinn, weil sich etwas Neues herausbildet, Verlust, da das Fortschreiten immer erkauft wird durch den Verzicht auf Teile der früher verwirklichten Möglichkeiten.

Aus der vegetativen Wachstumsanalogie ergibt sich für Herder auch der Gedanke der Wiedergeburt und Verjüngung, der ebenfalls auf den Menschen übertragen wird: Aus der Feststellung, daß die Natur nicht altert, sondern sich periodisch immer wieder verwandelt und verjüngt, ergibt sich so für Herder auch die Vorstellung von der jederzeit möglichen Verjüngung und Wiedergeburt des Menschen bzw. der Menschheit.
Herders genetische Analogien des Wachstums und der Lebensalter haben mit der Behauptung strukturanaloger Zusammenhänge zwischen Gebilden verschiedener Wirklichkeitsbereiche einerseits den Status deskriptiver Begriffe und damit kognitive Funktion. In ihrem metaphorischen Charakter liegt jedoch ebenso ein expressives und vor allem ein präskriptives, pragmatisches Moment. Herders Wachstumsmetapher ist auch eine „vérité à faire“ (Blumenberg), ein Vorentwurf für das Handeln: „Vergleicht man die menschliche 'Seele' mit dem so gesehenen Dasein der Pflanze, so wird mit dieser Analogie ein Gesamtglaube über den 'Menschen' gegeben, dessen Reichweite über die rein psychologischen Aussagen hinausgeht, ein Glaube auch, der zu einem großen Teil wenigstens erstlich nicht der reinen Erfahrung entstammt, sondern in dessen Bild vom Menschen eine Sehnsucht eingeht: so möge der Mensch beschaffen sein, so wäre der Mensch in einem idealischen Zustande der Welt, oder, steigernd und rechtfertigend, so war der Mensch in längst vergangenen, in 'natürlichen' Zeiten oder so ist der Mensch von Geburt an, wenn keine fremde Einwirkung sein 'Wachstum', seine 'Blüte' stört“ (Weil 1967, S. 43). Mit den Metaphern der Blüte und der Verjüngung hat Herder Sinnvorgaben verbunden, die die begriffliche Erkenntnis überschreiten, weil sie zu einem entsprechenden Umgang bzw. zur Neugestaltung auffordern.
Nach diesen eher allgemeinen Betrachtungen über Herders Denkart wollen wir im folgenden aus seinen Gedanken über die Seele, über die Sprache und über die Geschichte die - oft nur impliziten - Vorstellungen über die *Eigenart des Kindes* herausarbeiten. Herders Denken ist nicht nur getragen von der panentheistischen Weltfrömmigkeit und Harmonie seiner an Leibniz anschließenden philosophischen Alleinheitslehre (vgl. dazu auch Zdarzil 1993, S. 125ff.). Herders Weltanschauung und Menschenbild sind ebenso bestimmt von der pietistischen Unterwerfung unter einen geheimnisvollen, verborgenen Gott, dem das Menschenschicksal nur zum „Lustanblick“ dient (vgl. Litt 1949, S. 258 ff.) und der nur der gefühlshaften Innerlichkeit des Glaubens sich eröffnet. Seiner ursprünglichen pietistischen Gefühlsreligiösität geht es darum, in der Konzentration auf die eigene Seele den Funken des Glaubens gegenüber dem kalten Mechanismus aufgeklärter Gelehrsamkeit und bürgerlicher Rollenexistenz wieder zum Leben zu erwecken, das Innere gegen das Äußere zu retten: „Diese neue Innerlichkeit ist damit nicht nur pietistischer Herkunft und Artung, sondern er-

hält, philosophisch neu begründet, ihre Bedeutung durch die Abwendung vom Äußeren, vom 'Mechanischen', von der weltlichen Ordnung ..." (Weil 1967, S. 37). Die panentheistische Einbeziehung in das Alleben der Natur und die pietistisch inspirierte Rettung einer erfüllten Innerlichkeit vor gesellschaftlicher Entfremdung - diese beiden Hinsichten bestimmen auch Herders Auffassung von der Seele als Einheit und organischer Ganzheit.

Als Mikrokosmos und Monade ist die menschliche Seele Einheit und Kraft, von der Erregung der Sinne bis zur Begrifflichkeit der Vernunft: Empfinden und Erkennen sind nur verschiedene Arten der Äußerung der einen seelischen Grundkraft des Menschen: „... wie fein ist die Ehe, die Gott zwischen Empfinden und Denken in unsrer Natur gemacht hat! Ein feines Gewebe, nur durch Wortformeln voneinander zu trennen ... Alle unser Denken ist aus und durch Empfindung entstanden, trägt auch, Trotz aller Destillation, davon noch reiche Spuren" (Herder 1967, VIII, S. 233f.). Gerade die *Sinnlichkeit* ist die Wegbahnerin und Garantin jeglicher Erkenntnis, nur sie kann im Äußeren das Innere, in der Gestalt die wirkende Kraft ergreifen. Die Sinne sind für Herder die Pforten, durch die das göttliche Universum in die Seele hineinströmt und darin aufleuchtet. Jeder Sinn hat seine eigene Vorstellungsart und Intensität: Der Tastsinn (das „Gefühl") ist der stärkste, der Hörsinn der mittlere, als „Sinn für Sprache" bildungsfähigste, und das Sehen der schwächste, „trügerischste" Sinn. „Gefühl ist der erste, profondste und fast einzige Sinn der Menschen: die Quelle der meisten unsrer Begriffe und Empfindungen: das wahre, und erste Organum der Seele Vorstellungen von außen zu sammlen: der Sinn, der die Seele gleichsam ganz umgibt, und die andren Sinne als Arten, Theile oder Verkürzungen in sich enthält: ... der wahre Ursprung des Wahren, Guten, Schönen!" (ebd. VIII, S. 104). Den Beitrag der Sinne faßt die *Einbildungskraft*, der „sensus communis" zusammen; Einbildungen bestehen für Herder „nicht blos aus Bildern, sondern auch aus Tönen, Worten, Zeichen und Gefühlen, für die oft die Sprache keinen Namen hätte. ... Aus dem Allen webt und würkt nun die Seele sich ihr Kleid, ihr sinnliches Universum" (ebd. VIII, S. 189). Auf diesem „Meer innerer Sinnlichkeit" schwimmen die Empfindungen, die - wenn sie zu einer gewissen Höhe steigen - Gedanken („Apperzeptionen") werden, in denen die „innigste Kraft, aus Vielem, das uns zuströmt, ein lichtes Eins zu machen (steckt)" (ebd. VIII, S. 193). Diese Kraft kann sich als Selbstbewußtsein erfassen . Das Medium, in dem „die Phantasie auffliege" und „das Selbstbewußtsein die Flügel faltet", ist die Sprache: „Je mehr man diese innere Sprache eines Menschen stärket, leitet, bereichert, bildet: desto mehr leitet man seine Vernunft und macht das Göttliche in ihm lebendig, das Stäbe der Wahrheit braucht, und sich an ihnen, wie aus dem Schlummer, empor richtet" (ebd. VIII, S. 197). Die drei „Quellen der Offenbarung des göttlichen Universums an die Seele"

(Spranger) sind zugleich die drei Bereiche und Entwicklungsstufen des Seelischen: die Sinne und die Einbildungskraft, die Sprache als Besinnung sowie die Erkenntnis und das Selbstbewußtsein. Der innerste Bereich des Seelischen wächst aus der Empfindung der Sinne heraus und entfaltet sich im Medium der Sprache. Die Grundkraft, die in allen Bereichen des Seelischen vereinheitlichend wirkt und den Bildungsprozeß der Seele aus sich hervortreibt, nennt Herder „Besonnenheit". Die Seele des einzelnen vervollkommnet sich durch Allseitigkeit: Nur derjenige wird „den ganzen Gehalt des göttlichen Universums ausschöpfen, der alle Seelenformen und Perspektiven durchwandert, der sie alle in sich fühlt und, sich einfühlend, in sie hinausquillt" (Spranger 1972, S. 86).

Im Lichte seiner pietistisch inspirierten Kulturkritik läßt Herder andererseits „den Bildungsprozeß der Seele ganz in sich beschlossen sein ... Alle überkommenen Regeln, Dogmen, Konventionen lehnt er ab als fälschliche Mechanismen, als äußerliche, „weltliche" Ordnungen, die das Innere von außen her bestimmen wollen, während die wahre Bildung von innen nach außen 'erwächst'. Denn: wichtiger als die 'Gesellschaft' ist der einzelne Mensch und seine Besonderheit. Wichtiger als das Denken des Menschen ist sein Fühlen und Wollen. Das Fühlen und Wollen - aber auch das Denken - des einzelnen Menschen gründet auf seinen ihm von Gott oder der 'Natur' mitgegebenen Anlagen oder 'Keimen', die er zur Bereicherung und zur Beschönerung der Welt von innen nach außen auszubilden hat" (Weil 1967, S. 83). Allseitigkeit und Innigkeit (Authenzitität) sind also die Imperative, nach denen die Seele sich in organischer Ganzheit vervollkommnet und zugleich ihre Einheit und Einzigartigkeit bewahrt.

Als Schlüssel für das Verständnis der seelischen *Entwicklung* benutzt Herder u.a. die Wachstumsanalogie. Er setzt eine genetische Strukturhomologie zwischen den Gestalten des pflanzlichen, körperlichen Werdens und Vergehens - den Lebensaltern - und den Phasen des individuellen und menschheitlichen Bildungsprozesses der Seele. „Die Menschliche Seele hat ihre Lebensalter, wie der Körper. ... Jeder Mensch muß durch sie durchgehen: denn sie entwickeln sich aus einander: man kann nie das Folgende geniessen, wenn man nicht das vorhergehende genossen hat: das erste enthält immer die Data zum Zweiten" (Herder 1967, IV, S. 448ff.). In jedem Lebensalter entfalten sich andere seelische Kräfte und Formen der Weltbegegnung und -gestaltung. Jede Phase hat also ihre eigene Gestalt und Wertigkeit, ist zugleich in eine sinnhafte und zeitliche Ordnung eingestellt - alle zusammen bilden sie erst das „System des menschlichen Lebens": Kindheit, Jugend, Erwachsenen- und Greisenalter.

Die *Kindheit* entspricht der noch eingehüllten Knospe, die Jugend der Blüte, die späteren Lebensalter der Frucht, ihrer Verwesung und Verwandlung. Das

Kind ist bestimmt durch die „Neugierde, daher kindischer Glaube, unersättliche Begierde, Dinge zu sehen, insonderheit Wunderdinge, die Gabe Sprachen zu lernen, wenn sie nur an Begriffen und Dingen hangen ... Das Kind konnte an Allem, was es durch Neugierde kennen lernte, noch nicht viel Antheil nehmen: es sahe nur, es staunte, es bewunderte. Daher seine Ehrerbietung für die Alten, wenn sie ihm wahrhaftig ehrwürdig sind: daher die Tiefe seiner Eindrücke, die durch Staunen und Bewundern gleichsam eingerammelt werden" (ebd. IV, S. 448). Die Kindheit ist also das Lebensalter der Sinnlichkeit, der unbewußten tiefen Eindrücke, des naturreligiösen mythisch-animistischen Glaubens - die Lebensphase in der Entwicklung der Seele, in der sich mit den Sinnen die „Wurzeln" und „Knospen" der Seele, das Sensorium für die Weltbegegnung herausbildet: „Jeder Mensch wird finden, daß seine später verarbeiteten Gedanken immer von solchen Eindrücken, Visionen, Gefühlen, Sensationen, Phänomenen herrühren, die aber oft schwer zu suchen sind. Die Kindheit in ihrem langen tiefen Traum der Morgenröthe verarbeitet solche Eindrücke und modificirt sie nach allen Arten, dazu sie Methoden bekommt" (ebd. IV, S. 455f.). Die Kindheit ist das Alter der höchsten Bildsamkeit, in dem die Ausbildung der Sinne höchste Bedeutung hat. Nur andeutungsweise sei hier erwähnt, daß die Jugend die Zeit der Entfaltung der Einbildungskraft und Leidenschaft, der großen Begeisterungsfähigkeit und sehnsüchtigen Liebe ist. Im realitätsbewußten Mannesalter regieren zunächst beim Eintritt in die gesellschaftliche Position „Witz und Scharfsinn" und späterhin leidenschaftlicher „Bonsens, Weisheit zu Geschäften". Im starrer werdenden Greisenalter herrscht „die alte Vernunft" in einer ruhig gewordenen Seele, die sich im Rückzug aus der äußeren Welt dem Genuß der Erinnerung hingeben will.

Nur wenn ein jeder dieser natürlichen Ordnung der Lebensalter folgt, der immanenten Gesetzlichkeit jeder Phase entspricht, kann die Seele sich vervollkommnen „Hingegen aber wenn man 1) dem Lebensalter nicht Genüge thut, in dem man ist, 2) wenn man das folgende vorausnimmt, 3) wenn man gar alle auf einmal nimmt, 4) wenn man in verlebte zurückkehret: da ist die Ordnung der Natur umgekehrt, da sind veraltete Seelen: junge Greise, greise Jünglinge. Unsre Vorurtheile der Gesellschaft geben viel Gelegenheit zu solchen Monstern. Sie nehmen Zeitalter voraus, kehren in andre zurück, kehren die ganze Menschliche Natur um" (ebd. IV, S. 450). Sowohl in der Verfrühung der Entwicklung durch Gelehrsamkeit wie auch in den launischen Regressionen in schon zurückliegende Lebensphasen sieht Herder Verirrungen der Seele sich selbst gegenüber, welche zur „Veraltung" führen: Von dieser Metapher aus entfaltet er eine radikale Kulturkritik an seinem sich für aufgeklärt haltenden Jahrhundert.

Für Herder ist mit dem universalen, globalen Horizont der Aufklärung nicht nur ein Fortschritt an Reflexivität verbunden, sondern vor allem ein ungeheurer Verlust an konkreter sinnlicher Unmittelbarkeit in den Beziehungen der Menschen zueinander, zur Natur und zur Transzendenz: „... hier ward alles nun in Methode, in Form der Wißenschaft geschlagen - und dann kamen nun eben die neuen, kältesten, Mechanischen Erfindungen hinzu, die es ins Grosse spielten: Maschienen der kalten Europäischnordischen Abstraktion, für die Hand des Alllenkers grosse Werkzeuge!“ (ebd. V, S. 563f.). Ein großer Teil der aufgeklärten Bildung ist selbst zu lebloser Mechanik geworden; im Jahrhundert der Aufklärung ist „leider soviel Licht“, daß der „Trieb zu leben ungleich geschwächet ist! Ideen von allgemeiner Menschen-, Völker- und Feindesliebe erhöht: und und warmes Gefühl der Vater-Mutter-Bruder-Kindes-Freundesneigungen unendlich geschwächet!“ (ebd. V, S. 538). In den „Werkstätten des Kunstmäßigen“, im „Staube unserer Lehrkerker“ müssen „greise Kinder“ Phrasen lernen und Regeln pauken, anstatt sich „im Zusammenstoß mit der lebendigen Welt“ bilden zu können.
Gegen diese Erkrankungs- und Entfremdungssymptome, die zu einer „Veraltung“ der Kultur geführt haben, proklamiert Herder den Gedanken der *Verjüngung* und Wiedergeburt: „Die Jugend der Menschlichen Seele in Erziehung wieder herzustellen, o welch ein Werk! Das einzige, was den Schwarm von Vorurtheilen tödten kann, der in Religion, Politik, Weltweisheit u.s.w. die Welt bedeckt!“ (ebd. IV, S. 453). Für Herder wird die Idee der Palingenesie, „die wir mit Wieder-Schöpfung, Neu-Entwicklung, Neubeginn durch Gestaltwandel oder Wiederbelebung alter Formen in neuem Geist sinngemäß übersetzen können, die entscheidende Bildungskategorie“ (Lenzen 1964, S. 238). Sein Interesse, in einer „veralteten“ Kultur die organische Ganzheit der Seele durch „Verjüngung“ wiederherzustellen, führt Herder zu einem noch über Rousseau hinausgehenden Enthusiasmus für das Ursprüngliche, Anfängliche, Naive - phylogenetisch für die Frühformen der Kultur und ontogenetisch für die Daseinsweise des Kindes. „Wißen wir denn nicht, daß eben in den Winkeln der Erde, wo noch die Vernunft am wenigsten in die feine, gesellschaftliche, vielseitige, gelehrte Form gegoßen ist, noch Sinnlichkeit und roher Scharfsinn und Schlauheit und muthige Wirksamkeit! und Leidenschaft und Erfindungsgeist die ganze ungetheilte Menschliche Seele am lebhaftesten würke? ... Je minder die Seelenkräfte noch entwickelt und jede zu einer eignen Sphäre abgerichtet ist: desto stärker wirken alle zusammen, desto inniger ist der Mittepunkt ihrer Intensität“ (Herder 1967, V, S. 182). Wer im gegenwärtigen Leben noch Spuren dieses Ebenmaßes der Kräfte sucht, in dem Empfindung und Erkenntnis einander unterstützen, der wird suchen: „unverdorbne Kinder, Frauenzimmer, Leute von gutem Naturverstande, mehr durch Thätigkeit, als Spekulation gebildet, die

sind, wenn das, was ich anführete, Beredsamkeit ist, alsdenn die Einzigen und besten Redner unsrer Zeit“ (ebd., S. 182).

Um die „ewige Jugend der Seele“ durch Erziehung zu erhalten oder wiederherzustellen, entwirft Herder im „Journal“ von 1769 ein Programm des *genetischen Lehrens* und Erziehens; es ist darauf gerichtet, die sinnliche Erfahrung und die Einbildungskraft des Kindes als die mächtigsten Triebfedern des Seelischen überhaupt zu bewahren. Seine pädagogischen Imperative lauten:

1. Jede dauerhafte Einsicht beruht auf dem selbsttätigen Gebrauch der Sinne: „Lehrer! ... Kein Wort ohne Begrif, kein Begrif pärocupirt: so viel, als in der Zeit eine Menschliche Seele von selbst fassen kann, und das sind in der ersten Jugend, nichts als Begriffe durch Sinne. ... Ein Kind muß blos durch sich und seine Triebfeder handeln, das ist Neugierde: die muß geleitet und gelenkt werden; ihm aber keine fremde eingepflanzt werden“ (ebd. IV, S. 452f.). Deshalb ist es unabdingbar, alle Begriffe und Theorien der Wissenschaften auf die sinnliche Erfahrung zurückzuführen, aus der sie entsprungen sind.
2. Nur wenn alle Sinne gebraucht werden, bleibt das Denken produktiv: „... viele, starke, lebhafte, getreue, eigne Sensationen, auf die dem Menschen eigenste Art, sind die Basis zu einer Reihe von vielen starken, lebhaften, getreuen, eignen Gedanken, und das ist das Original Genie“ (ebd. IV, S. 454).
3. Am bedeutsamsten sind die ersten Eindrücke; sie stärken die Einbildungskraft und das Gedächtnis: In der Kindheit „da steht die Einbildungskraft offen, und o wenn nur die guten, die besten Bilder jedesmal hineingebracht würden!- ... Welch grosse Regel: mache Deine Bilder der Einbildungskraft so ewig, daß du sie nicht verliere, wiederhole sie aber auch nicht zur Unzeit! eine Regel zur ewigen Jugend der Seele“ (ebd. IV, S: 459f.).

Die Seele kann also zum schöpferischen Denken, zur ästhetischen Erfahrung und zur moralischen Urteilsfähigkeit - zum Wahren, Schönen, und Guten - zurückfinden, wenn die sogenannten „unteren“, die *kindlichen Seelenkräfte der Neugier, Sinnlichkeit, Einbildungskraft* wieder den Vorrang erhalten. Produktivität, Schönheitssinn und Moralität entfalten sich am reichsten von innen heraus, wenn schon in der Kindheit allseitige sinnliche Erfahrungen gemacht und erste Eindrücke großer ästhetischer und ethischer Vorbilder erlebt werden (vgl. auch Wisbert 1987, S. 449f.).

Aus den Grundgedanken der bisher dargestellten philosophischen Anthropologie Herders und aus seinem kulturkritisch motivierten Programm des genetischen Lehrens und Erziehens läßt sich folgende Auffassung des Kindes bzw. der Kindlichkeit erschließen: Das *Kind* ist für Herder nicht mehr das nur triebhafte, der Vernunft ermangelnde, noch unwerte Geschöpf, sondern im Gegenteil schon von Anfang an eine eigenwertige, in sich vollständige Form des

Menschlichen: „So viel sehen wir, daß ein Kind, wie die Gestalt seines Körpers und Angesichts, auch die Züge seiner Art zu denken und zu empfinden mitbringt: es ist ein gebildeter ganzer Mensch, obschon im Kleinen. Du kannst kein Glied hinzuthun, das ihm fehlet, keine Leidenschaft, keinen Hauptzug hinwegthun, der da ist. Wer das zarte Saitenspiel junger Kinder und Knaben zu behorchen, wer nur in ihrem Gesichte zu lesen weiß: welche Bemerkungen von Genie und Charakter, d.i. einzelner Menschenart wird er machen! Es klingen leise Töne, die *gleichsam aus einer andren Welt* zu kommen scheinen: hie und da regt sich ein Zug von Nachdenken, Leidenschaft, Empfindung, der eine ganze Welt schlafender Kräfte, einen ganzen lebendigen Menschen weissagt..." (Herder 1967, VIII, S. 226). Wie der Erwachsene besitzt auch das Kind schon „Vernunft", nur in einer anderen Ausprägung und Ausrichtung. Die „Besonnenheit" des Kindes „ist keine bloß virtuelle Vernunftfähigkeit, sondern bereits eine Form der Wirklichkeit von Vernunft" (Ewers 1989, S. 61). Im leiblichen und seelischen Leben des Kindes erscheint die Kraft der Vernunft in keimhafter, ursprünglicher Gestalt: „Im Kinde ist ein Quell von mancherlei Leben, nur noch mit Duft und Nebel bedeckt. Eine Knospe, in der der ganze Baum, die ganze Blume eingehüllt blühet. Nicht zu früh reiße sie auf, diese lebensschwangere Knospe..." (Herder 1967, VIII, S. 226). Die Seele des Kindes ist noch verhüllte organische Ganzheit, in der aber der ganze Reichtum späterer Empfindsamkeit und Erkenntniskraft schon gegeben ist: „Fühlst du die Freuden der Morgenröthe, ihren lieben ersten Dämmerungsstral nicht? Warte! die große Sonne wird schon hervor schreiten" (ebd.). Mit dieser Fülle an noch verborgenen Kräften erscheint die Seele des Kindes der durch Kultur und Erziehung „veralteten" und vereinseitigten Seele des Erwachsenen sogar in *gewisser Hinsicht überlegen*; diese Wertung bringt Herder im Bild der Morgenröte zum Ausdruck: „Sie verknüpft die Nacht mit dem Tage, sie bildet den Übergang von einem zum anderen, zugleich aber ist sie farbiger, leuchtender, zukunftskündender und darum schöner als das Dunkel vorher und das Helle danach. So kann sie ihm wie vorher Jakob Böhme als Ausdruck für Wesen und Weg echten Daseins ... dienen" (Dobbek 1960, S. 41).

Das Seelenleben des Kindes kann den „veralteten Seelen" der Erwachsenen im aufgeklärten Jahrhundert vor allem durch seine *Einheit* von Sinnlichkeit, Einbildungskraft und Empfindsamkeit zum Vorbild werden. Das Gefühl ist in der kindlichen Seele noch die ursprüngliche Kraft; für den Erwachsenen muß sie ebenfalls wieder gegenüber dem genetisch späteren abstrakten Denken die dauerhafte Führung übernehmen, wenn seine Seele sich verjüngen soll. Durch die Tiefe seiner Eindrücke, die Fähigkeit des Staunens und den Sinn für das Wunderbare ist die „Besonnenheit" des Kindes noch „eingewurzelt", noch näher mit der Alleinheit des Lebendigen verbunden. Deshalb hat die kindliche

Weltsicht für die Bildung des Menschen - auch und gerade noch im Erwachsenenalter - einen unersetzlichen produktiven Wert.
Die beiden Grundgedanken seiner Anthropologie des Kindes: das Kind ist schon ein ganzer Mensch (in verhüllter Form) und ein Mensch, der noch aus der ursprünglichen Einheit der Seelenkräfte lebt - hat Herder in seinen frühen sprach- und geschichtsphilosophischen Schriften noch weiter ausdifferenziert. Seine aus der Lebensalteranalogie abgeleitete Parallelisierung der Ontogenese der Seele und der phylogenetischen Entwicklung der Kulturen und Sprachen bildet dabei die Brücke von seiner Individualpsychologie der Kindheit zu den geschichts- und sprachphilosophischen Betrachtungen über Kindlichkeit.[8] Herders Enthusiasmus für den Geist der ursprünglichen „wilden" Völker und der „lebendigen" Ur-Sprache erschließt ihm so auch weitere Einsichten in das Wesen des „unverdorbenen" Kindersinnes.
Die Sprachauffassung des jungen Herder ist das zentrale Element seiner philosophischen Anthropologie: Der Mensch unterscheidet sich von den Tieren durch „Besonnenheit" und Sprache, er ist ein „Sprachgeschöpf", wie er ein „besonnenes" Geschöpf ist. Die Sprache ist Ausdruck der Besonnenheit, der Ausdruck der vereinheitlichenden Grundkraft der Seele" (vgl. Salmony 1949, S. 81 und S. 99ff.). Im Gegensatz zu den herrschenden Sprachauffassungen der Aufklärung ist Sprache für Herder nicht ein auf Konvention zurückgehendes Kommunikationsmedium, sondern die Kraft der Seele, mit der „der Mensch die ihm sinnlich zuströmende Naturwelt in eine nur ihm gehörende Geisteswelt umformt. Der Weg zum Selbstsein des Menschen im Ganzen der Natur geht notwendig über die Sprache ... So stiftet die Sprache die Kontinuität des Menschengeschlechtes als einer geschichtlichen Einheit, die sich nur in der Vielfalt verwirklicht. .... Im Wort des Menschen wird das Wesen seiner Seele anschaubar als einer von Gott geprägten Schöpferkraft" (Wiese 1963, S. 53f.). Die Sprache wurzelt für Herder nicht nur im Denken, sondern - als Ausdruck der Einheit des Seelischen - in der Totalität von Erkennen und Empfinden. Gerade in der Sprache bezeugt sich die Einheit von Sinnlichem und Unsinnlich-Geistigem, von äußerer und innerer Gestalt.
Herders genetische Fragerichtung und sein analogisierendes Denken führen ihn, wie in seiner Seelenlehre so auch in Bezug auf die Sprache, auf die Vorstellung vom Wachstum und von den verschiedenen Lebensaltern: „So ists mit jeder Kunst und Wissenschaft: sie keimt, trägt Knopsen, blüht auf und verblühet. - So ists es auch mit der Sprache" (Herder 1967, I, S. 152). Herder unterscheidet ein sinnlich-bildvolles kindliches Sprachalter (z.B. im Morgenland) von einem poetisch-jugendlichen (z.B. bei den Griechen) und ein prosaisches männliches Sprachalter von einem bloß noch begriffich-logischen Greisenalter der Sprache. In dem Maße, wie sich die Sprache in das Regelwerk gleichförmi-

ger Normen und logischer Begrifflichkeit hat einzwängen lassen, hat sie an Lebendigkeit, Anschaulichkeit und innerer Realität verloren. Als Kritiker der „veralteten“ Aufklärungskultur evoziert Herder die „lebendige Epopöe der tönenden, wandelnden Natur“, als welche *die ursprüngliche Sprache der kindlichen Menschheit* in Erscheinung getreten ist. „Indem die ganze Natur tönt: so ist einem sinnlichen Menschen nichts natürlicher, als daß sie lebt, sie spricht, sie handelt. ... Da wurde Alles Menschlich, zu Weib und Mann personificirt: Überall Götter, Göttinnen, handelnde, bösartige oder gute Wesen! Der brausende Sturm, und der süße Zephyr, die klare Waßerquelle und der mächtige Ocean - ihre ganze Mythologie liegt in den Fundgruben, den Verbis und Nominibus der alten Sprachen und das älteste Wörterbuch war so ein tönendes Pantheon, ein Versammlungsaal beider Geschlechter, als den Sinnen des Erfinders die Natur. Hier ist die Sprache jener alten Wilden ein Studium in den Irrgängen Menschlicher Phantasie und Leidenschaften, wie ihre Mythologie“ (ebd. V, S. 53f.).
Die Ur-Sprache der kindlichen Menschheit hatte *poetischen Charakter*: „Was so viele Alten sagen und so viel Neuere ohne Sinn nachgesagt, nimmt hieraus sein sinnliches Leben: ‘daß nehmlich Poesie älter gewesen, als Prosa!’ denn was war diese erste Sprache als eine Sammlung von Elementen der Poesie? Nachahmung der tönenden, handelnden, sich regenden Natur! Aus den Interjektionen aller Wesen genommen, und von Interjektion Menschlicher Empfindung belebet! Die Natursprache aller Geschöpfe vom Verstande in Laute gedichtet, in Bilder von Handlung, Leidenschaft, und lebender Einwürkung! Ein Wörterbuch der Seele, was *zugleich Mythologie* und eine wunderbare Epopoe von den Handlungen und Reden aller Wesen ist! Also eine beständige Fabeldichtung mit Leidenschaft und Intereße! Was ist Poesie anders?“ (ebd., S. 56f.). Je ursprünglicher, „kindlicher“ die Sprache, desto mehr Überfluß an sinnlichen Eindrücken, Metaphern, Synonymen und desto weniger „kalte“ Begriffe und „langweilige“ Regeln. Hier wirkt die Seele, die Erzeugerin der Sprache, noch am lebhaftesten, fühlt sich immer wieder jung und ganz. „Die Sprache in ihrer Urgestalt, gezeugt aus Seelengründen, in denen eine ungeschwächte Empfänglichkeit für die Eindrücke der Welt, die Leidenschaft eines naturgewaltigen Willens, die Anschauungskraft einer urtümlichen Phantasie sich begegnen, enthält in sich und bezeugt durch sich zugleich alle Grundmotive, die einerseits auf künstlerische Gestaltung, andererseits auf mythische Verbildlichung der Welterfahrung hindrängen“ (Litt 1949, S. 182f.). Vor allem bei „wilden Völkern“ und bei den Kindern können wir den Lebensdrang und die Schöpferkraft der urtümlichen Sprache noch erfahren, auf die „erste Szene“ schließen. „Da, nur da zeiget sie Kräfte, sich Sprache zu bilden und fortzubilden! Da hat sie Sinnlichkcit und glcichsam Instinkt gnug, um den ganzen Laut und alle sich

äußernde Merkmale der lebenden Natur so ganz zu empfinden, wie wir nicht mehr können" (Herder 1967, V, S. 110). Die Ursprache der kindlichen Menschheit wirkt für Herder inmitten einer erwachsen, ja greisenhaft gewordenen Kultur noch in der Sprache der Kinder - und der naiven Dichter - nach. Hier gibt es noch die verschwenderische Fülle der onomatopoetischen Wortbildung, die Anschaulichkeit und sinnliche Intensität des unmittelbaren Ausdrucks, die Empfänglichkeit für die Klänge und Bewegungen der beseelten Dinge. In der poetischen Sprache der Kinder äußert sich zugleich ihre animistische, naturmythische Weltauffassung, deren ursprüngliche Wahrheit von einem Zeitalter aufgeklärter Bildung und Rationalität nicht mehr verstanden und frühzeitig durch Grammatik und Gelehrsamkeit unterdrückt wird. „Die Volkspoesie mit ihren archaischen Formen und Gehalten stellt für Herder in der Moderne das einzig verbliebene Element dar, das der kindlichen Neigung zum Poetischen entspricht, das den archaischen ästhetischen Bedürfnissen der Kinder Befriedigung gewährt ... Mit der Erhebung der Volkspoesie zur idealen Kinderpoesie wird Herder zum Stifter einer Traditionslinie, die sich bis in die Gegenwart hinein erstreckt" (Ewers 1989, S. 79). In der These von der ursprünglichen poetischen Gestaltungskraft und archaisch-mythischen Weltauffassung des Kindes bzw. des kindlichen Menschen liegen die Wurzeln etwa für die Grimmsche Sammlung der Volksmärchen und ihre Deutung als Lesestoff für Kinder durch die Schriftsteller der Romantik.
In seinem anderen großen Frühwerk „Auch eine Philosophie der Geschichte zur Bildung der Menscheit" (1774) fügt Herder seiner bisher dargelegten poetischen Auffassung des Kindersinnes - im Lichte der Vorstellung eines goldenen Zeitalters, in welchem die Menschheit noch näher bei Gott war - eine explizit religiöse Dimension hinzu. Das historische Geschehen ist für Herder der in dem „Gang Gottes in der Natur" eingefügte „Gang Gottes über die Nationen", dessen Plan ein einzelner Mensch letztlich nicht erkennen kann. Denn keine Epoche, keine Erscheinung der Geschichte kann die Unendlichkeit Gottes ganz zum Ausdruck bringen. Jede spiegelt sie auf je individuelle Art und kann deshalb nur aus sich selbst verstanden werden. Wie der Bereich der organischen Natur zeigt auch der „Verfolg der Geschichte ... Wachstum ... nach innern Naturgesetzen", welches Herder wiederum vor allem mit der Lebensalteranalogie zu begreifen sucht. Was für den einzelnen Menschen, die einzelne Seele, gilt, gilt auch für die Menschheit: „Er muß durch verschiedne Lebensalter hindurch! alle offenbar im Fortgange! ein Streben auf einander in Kontinuität! Zwischen jedem sind scheinbare Ruheplätze, Revolutionen! Veränderungen! und dennoch hat jedes den Mittelpunkt seiner Glückseligkeit in sich selbst! Der Jüngling ist nicht glücklicher als das unschuldige, zufriedene Kind: noch der ruhige Greis unglücklicher, als der heftigstrebende Mann ... . Indeß ists doch ein ewiges

Streben! Niemand ist in seinem Alter allein, er bauet auf das Vorige, dies wird nichts als Grundlage der Zukunft, will nichts als solche seyn - so spricht die Analogie in der Natur, das redende Vorbild Gottes in allen Werken! offenbar so im Menschengeschlechte!" (Herder 1967, V, S. 512f.). Im babylonischen Orient wird die Kindheit, in Ägypten und Phönizien das Knabenalter, in Griechenland die Jugend der Menschheit verlebt, in Rom das Mannesalter. Alle diese Zeitalter sind allerdings gegenwärtig immer noch in den ursprünglichen Kulturen in „anderen Winkeln" der Erde zu finden. An ihrem „Zeitgeist" und innerem Gehalt muß sich das Zeitalter der Aufklärung „verjüngen", damit es nicht schon zum Greisenalter wird, sondern als „verjüngtes Geschöpf in neuem Frühlinge auflebet! - eine unsinnlichere, sich gleichere Menschheit! nun völlig Welt um sich, Lebenskraft und Principium ... in sich habend - welche Schöpfung!" (ebd. V, S. 575). *Das goldene Zeitalter der kindlichen Menschheit*, das sich gemäß seiner Lebensalteranalogie in jeder individuellen Kindheit wiederholt und rekapituliert, findet Herder im patriarchalischen Hirtenleben des alttestamentlichen Babylon: „Morgendland, du hiezu recht auserwählter Boden Gottes! Die zarte Empfindlichkeit dieser Gegenden, mit der raschen, fliegenden Einbildung, die so gern alles in göttlichen Glanz kleidet: Ehrfurcht vor Allem, was Macht, Ansehn, Weisheit, Kraft, Fußstapfe Gottes ist, und sodann gleich Kindliche Ergebung, die sich ihnen natürlich ... mit dem Gefühl von Ehrfurcht mischet ..., war nicht eben der Morgenländer mit seinem zarten Kindessinne der glücklichste und folgsamste Lehrling? ... Alles in Kindesherzen aufbewahrt und da mit dem Siegel Göttlicher Autorität versiegelt! der Menschliche Geist bekam die ersten Formen von Weisheit und Tugend mit einer Einfalt, Stärke und Hoheit, die nun - gerade herausgesagt - in unserer Philosophischen, kalten Europäischen Welt wohl nichts, gar nichts ihres gleichen hat. ... Ohne Zweifel gehörte hiezu auch Religion, oder vielmehr war Religion 'das Element, in dem das alles lebt' und webte' ... Diese zarte Natur, unwißend und dadurch auf alles begierig, leichtgläubig und damit alles Eindrucks fähig, zutrauendfolgsam und damit geneigt, auf alles Gute geführt zu werden, alles mit Einbildung, Staunen, Bewundrung erfaßend, aber eben damit auch alles um so vester und wunderbarer sich zueignend - 'Glaube, Liebe und Hofnung in seinem zarten Herzen, die einzigen Saamenkörner aller Känntniße, Neigungen und Glückseligkeit' - ... Wie thöricht, wenn du diese Unwißenheit und Bewundrung, diese Einbildung und Ehrfurcht, diesen Enthusiasmus und Kindessinn mit den schwärzesten Teufelsgestalten deines Jahrhunderts, Betrügerei und Dummheit, Aberglaub' und Sklaverei, brandmarken ... willt, die nur in deiner Seele existiren!" (ebd., S. 483ff.).

Mit der Selbstgerechtigkeit der Vernunft, dem Maßstab des aufgeklärten Jahrhunderts, ist die *Tiefgründigkeit und der Reichtum der kindlichen Weltauffas-*

sung nicht zu erschließen. In der Beeindruckbarkeit, in der ursprünglichen Bereitschaft zum Vertrauen und in der besonderen Art der Religiösität des Kindes, für die alles noch den „Glanz des Übersinnlichen“ trägt, liegt für Herder geradezu eine höhere, noch unschuldige Form der Menschlichkeit, die es „gegen alle Verluste späterer Zeiten“ zu bewahren gilt. Mit jedem neugeborenen Kind ersteht dieser ursprüngliche, „lebendige Kommentar der Offenbarung“ neu; denn: „Kindheit des Geschlechts wird auf Kindheit jedes Individuum würken: der letzte Unmündige noch im ersten Morgenlande geboren!“ (ebd., S. 562).

3.4 Exkurs: Kindheit als poetische Lebensform - die gedanklichen Vorgaben Vicos

Die Vorstellung von einem kindlichen, Gott näheren Zeitalter und einer entsprechenden poetischen Form der Sprache hat schon ein Menschenalter vor Herder der italienische Humanist, Historiker und Philosoph Giambattista Vico (1668-1744) entwickelt. Hierbei hat Vico auch andeutungsweise schon eine neuartige Sicht des Kindes als eines poetisch auffassenden und gestaltenden Wesens entworfen. Sie steht wie bei Herder im Zusammenhang von Modernitätskritik, Rückgang in die Geschichte und Beschwörung vergangener, ursprünglicher Lebensformen. Angesichts der Heraufkunft der experimentell und quantitativ verfahrenden Naturforschung eines Galilei und Newton sowie der rationalistischen cartesianischen Methode des Philosophierens bemerkt Vico kritisch in seiner „Nuova Scienza“: „Doch in der gegenwärtigen Zeit ist das Wesen unseres gesitteten Geistes den Sinnen allzu entfremdet, selbst im Volk, infolge der großen Zahl von Abstraktionen, von denen die Sprachen mit ihren vielen abstrakten Worten voll sind, und auch .. gewissermaßen ganz spiritualisiert durch den Gebrauch der Zahlen, die für die Allgemeinheit nur nach Rechnung und Begriff schmecken - als daß wir uns das ungeheure Bild jener Frau vorstellen können, die man ‘empfindende Natur’ nennt: denn während wir dies Wort mit den Lippen formen, haben wir nichts im Geiste, weil der Geist sich im Falschen, also im Nichts, bewegt; und die Phantasie unterstützt uns nicht mehr, daß wir daraus eine ungeheure Vorstellung formen könnten; so ist es uns folglich auch von Natur verwehrt, in die gewaltige Einbildungskraft jener ersten Menschen einzudringen, deren Geist in keiner Weise abstrakt, in keiner Weise verfeinert oder spiritualisiert war, sondern ganz versunken in den Sinnen, ganz gebändigt von den Leidenschaften, ganz vergraben im Körper ...“ (Vico 1965, S. 155). Im Rahmen der „querelle des anciens et des modernes“ beruft sich Vico als bewußter Antipode des modernen Rationalismus und des Allgemeingültigkeitsanspruchs der modernen Naturwissenschaft auf den begrifflich nicht ausschöpfbaren Bedeutungsgehalt des sensus communis und auf die humanistische Tradition der Rhetorik - „Momente, die schon in dem antiken Begriff des Weisen gelegen waren“ (Gadamer 1960, S. 16). Der historisch und rhetorisch gebildete Gelehrte Vico versucht, die moderne und antike Denkweise, neuzeitliche Wissenschaft und philosophische Tradition zu versöhnen: „So wie aber die Wissenschaft aus dem Wahren, der Irrtum aus dem Falschen entspringt, so erwächst aus dem Wahrscheinlichen der natürliche Allgemeinsinn ..., ... die Norm aller praktischen Klugheit und damit auch Beredsamkeit“ (Vico 1947, S. 27). Vico befürchtet, daß die einseitige Orientierung des modernen Denkens an der „kritischen“ Wissenschaft die Einbildungskraft und Gemeinschaftsfähigkeit des lebensweltlich-praktischen Gemeinsinnes erstickt. „Ist (dagegen) das Wahrscheinliche gegenüber dem Wahren in sein Recht eingesetzt, so birgt auch die Ursprache der Frühzeit - das Sinnlich-Phantastische, wie er später sagen wird - ihre ursprüngliche Metaphorik, eine eigene Lichtquelle in sich“ (Schalk 1947, S. 179). Für Vico kann nur Gott, der sie geschaffen hat, die Welt der Natur aus ihren Ursachen erkennen, nicht aber der Mensch. Indessen ist für den Menschen die Geschichte als Ergebnis seines Handelns in ihren Ursachen durchaus erkennbar. In der Geschichte, die sie selbst gemacht hat, kann die Menschheit den Formen ihres Geistes selber begegnen. Das Gesamt der Überlieferung - von der Frühzeit bis zur Gegenwart -, die Weltgeschichte, ist zugleich das Werk des menschlichen Geistes. Alle Stadien der Geschichte, nicht nur die Neuzeit, bilden insgesamt den sensus communis der menschlichen Gattung.

Der Lauf der Geschichte, die zugleich auch göttliche Vorsehung ist, gliedert sich für Vico in die drei Zeitalter der Götter, der Heroen und der Menschen, bzw. die primitiv-mythischen, die aristokratisch-epischen und die bürgerlich-rationalen Kulturen. Im Laufe dieses Prozesses gewinnen die Menschen an Verstand, verlieren aber zugleich an ursprünglicher Gefühlskraft und Stärke der Phantasie. Der ursprüngliche Gemeinschaftsgeist wird zusehends der abstrakten Berechnung und dem ökonomischen Eigennutz geopfert. Die Menschen des göttlichen Zeitalters, die „Kinder unter den Völkern“, besaßen für Vico die phantasiebestimmte, schöpferische Natur der „theologischen Dichter“; mit ihrem starken Gedächtnis aus mündlichen Überlieferungen, mit ihren lebendigen Sinnen, ihrer mächtigen Phantasie, ihrem genialen Scharfsinn beseelten sie die sie umgebende natürliche und soziale Welt. Aus ihrer „poetischen Weisheit“ heraus schufen sie die archaischen Mythen. Ihre „poetische Logik“ brachten sie mit ihrer metaphorischen Sprechweise zum Ausdruck; mit ihr verliehen sie den unbelebten Dingen Leben und Wirken. Ihre „poetische Moral“ zeigten sie in ihrer Frömmigkeit, die von ihrer Gottesfurcht den Ausgang nahm. Die Rede von der „kindlichen“ Menschheit ist von Vico nicht nur metaphorisch gemeint;

er findet die Züge der frühen Menschheit auch in den Kindern seiner Zeit wieder. Die Kinder des entstehenden Menschengeschlechts „verliehen ... den bewunderten Dingen wirkliche persönliche Existenz nach ihren eigenen Gedanken, ganz wie die Kinder, die wir beobachten, wie sie leblose Dinge in die Hand nehmen und damit spielen und sprechen, als wären es lebendige Personen" (Vico 1965, S. 152). Vielleicht darf Vico mit solchen Bemerkungen über den Animismus der Primitiven wie der Kinder als der eigentliche Entdecker bzw. Erfinder des ideengeschichtlich so folgenreichen *genetischen Parallelismus von Onto- und Phylogenese* gelten!

Vico vergleicht nicht nur die primitiven Kulturen mit dem Lebensalter der Kindheit, er sieht auch in den Kindern selbst poetische Wesen, „Dichter von Natur aus": „Bei den Kindern ist das Gedächtnis äußerst kräftig, folglich die Phantasie lebhaft bis zum Übermaß, denn die Phantasie ist nichts anderes als erweitertes oder zusammengefaßtes Gedächtnis. Dieser Grundsatz ist die Ursache der Schlagkraft der poetischen Bilder, die die früheste kindliche Welt bildete .... Die Kinder haben eine große Fähigkeit zur Nachahmung, denn wir beobachten, daß ihre Spiele meist Nachbildungen dessen sind, was sie fähig sind zu verstehen. Darum bestand die kindliche Welt aus dichterischen Völkern, denn Dichtung ist nichts anderes als Nachahmung" (ebd., S. 96f.). Für Vico bewegt sich *das Kind* in der Welt seines Spiels in derselben phantastischen Welt wie der Dichter; es ist von Natur aus poetisch veranlagt.

Im Leben des Kindes wiederholt sich das phantasiereiche Kindesalter der Menschheit, die *Welt des Mythos und der Poesie*. „Indem er die Welt des Mythos, der Phanatsie und der Poesie mit ihren eigenen Dimensionen vor die voll entfaltete Vernunft stellt und damit ein Licht auf das ganze humanistische Problem der 'antiken Mythen' wirft, lenkt Vico die Aufmerksamkeit auf eine Seite des Lebens der Menschheit, die in ihrer unverfälschten Eigenart verstanden, geachtet und gepflegt sein will und die man nicht vergessen, vergewaltigen oder ablehnen darf. Mehr noch als eine Berufung auf den Sinn der historischen Vorgänge ist die mythische Welt des Kindes als Teil der mythischen Welt der Menschheit eine Berufung auf die wahre Natur des menschlichen Geistes. Sie ist eine Aufforderung, seine Lebensformen zu achten" (Garin 1967, S. 65f.). Vico erfaßt, daß die kindliche Weltauffassung von der des Erwachsenen verschieden ist und daß man ihre „poetische Logik" und „poetische Physik" anerkennen muß, wenn man „naturgemäß" erziehen will - erst recht in einer Zeit, in der der Allgemeingültigkeitsanspruch der wissenschaftlichen Rationalität die Berechtigung vorwissenschaftlicher Denkweisen radikal in Zweifel zieht. „Die Polemik, die Vico gerade im Hinblick auf den Unterricht gegen die kartesianische 'Vernunft' geführt hat, bedeutet für die Erziehung des Menschengeschlechts eine revolutionäre Erkenntnis. Sie hatte eine genaue Bewertung der 'mythischen' Welt, eine stärkere Beachtung des geschichtlichen 'Wesens' der Menschheit und eine Erziehung 'gemäß der Natur' zur Folge. Und sie führte, wenn auch nur indirekt, zum Problem des Primitiven, des Ursprünglichen, des Einfachen und schließlich des Volkstümlichen" (ebd., S. 67f.). Vicos Berufung auf den sensus communis bedeutet bildungstheoretisch die Rettung der Sinne, der Anschauung und der Phantasie vor den begrifflichen Abstraktionen der wissenschaftlichen Erkenntnis. Vicos Rehabilitation des Mythos gegenüber dem rationalistischen Logos der neuzeitlichen Philosophie führt ihn auch - mehr spekulativ als empirisch - zur Evokation der Welt des Kindes als einer ursprünglichen poetischen Lebensform, zur Entdeckung des Kindes als Künstler.

Herder kannte vermutlich keines der Werke Vicos (vgl. Auerbach 1965, S. 17). Auf der Grundlage seiner verwandten Kulturkritik und Geschichtsphilosophie entwickelt er die Grundzüge einer neuen, 'romantischen' Auffassung des Kindes, für die auch Vico schon die gedanklichen Mittel bereitstellte. Als Ergebnis unseres systematischen Durchgangs durch das kulturkritische, anthropologische, sprach- und geschichtsphilosophische Frühwerk *Herders* halten wir als die wichtigsten Merkmale seiner *Anthropologie des Kindes* fest: (1.) Das Kind ist schon ganzer, vollkommener Mensch, nicht erst die Vorstufe zu ihm. (2.) Das Kind lebt im Gegensatz zum Erwachsenen unserer Kultur noch in der harmonischen Einheit der Seelenkräfte; daher rührt seine sinnliche Empfänglichkeit und sein intensives Gefühlsleben. (3.) Das Kind besitzt deshalb noch die ursprünglichen poetischen Gestaltungskräfte, die in den späteren Lebensjahren oft verkümmern. (4.) Das Kind erschließt die Welt um sich und in sich mit einer noch archaischen, animistischen und mythischen Weise des Denkens. (5.) Das Kind hat noch den Sinn für das Wunderbare, es lebt noch in einer Religiösität, mit der es das Wirken des Übersinnlichen überall erfährt. (6.) Das Kind empfindet gegenüber den signifikanten Anderen seiner unmittelbaren Umgebung noch uneingeschränkte Sympathie und intensives Zutrauen; daher seine Bereitschaft, ihnen vorbehaltlos zu folgen.

Aus Herders Auffassung vom Kinde als ursprünglichem, noch aus der Einheit lebenden Menschen ergibt sich zwangsläufig auch ein veränderter *Begriff der Erziehung*, der mit den Stichwörtern „Wachsenlassen", „Erweckung" und „Verjüngung" umschrieben werden kann. Erziehung „schafft den Genuß der ganzen Lebenszeit" (Herder 1967, IV, S. 450), indem sie die Entwicklung gewähren läßt: „Im Kinde ist ein Quell von mancherlei Leben, nur noch mit Duft und Nebel bedeckt. Eine Knospe, in der der ganze Baum eingehüllet blühet. Nicht zu früh reiße sie auf, diese lebensschwangere Knospe.... Fühlst du die Freuden der Morgenröthe, ihren lieben ersten Dämmerungsstral nicht? Warte!

die große Sonne wird schon hervor schreiten!" (ebd. VIII, S. 227). Bei seinem Begriff der Erziehung läßt sich Herder ebenfalls von der vegetabilen Wachstumsanalogie leiten. Wie man der Knospe gegenüber zart und behutsam vorgehen, genauer: „nachgehen" muß, so auch dem Kind gegenüber, denn es enthält im Keim sein ganzes Menschsein, alles, was später an ihm werden kann. „Die neue Anthropologie des Kindes auf der einen, die organische Psychologie auf der anderen Seite fügen sich zusammen zu einer Theorie organischen Wachstums, mit der Herder den Rahmen des bisherigen Erziehungsdenkens des 18. Jahrhunderts sprengt. ... Wachstum bedeutet ... für Herder wesentlich Ausfaltung des bereits innerlich und keimhaft Vorhandenen, Erfüllung der im Wesen selbst eingeschlossenen genetischen Neigungen, Realisierung der vorgegebenen unverwechselbaren Individualität ... Die Erziehung vermag für ihn nicht den Menschen zu 'schaffen'; sie kann seine Entfaltung allenfalls fördern, sein Wachstum bloß nähren" (Ewers 1989, S. 66f.). Das Ziel der Erziehung ist die Bildung der Individualität, die Selbstgestaltung aller Anlagen und Kräfte zu einem organischen Ganzen, zum „Kunstwerk der Person" (Nohl).

Erziehung geschieht also als Erweckung der Kräfte, in erster Linie nachgehend, „*genetisch*". Der ontogenetischen Entwicklung, den „Lebensaltern der Seele" gemäß soll die Erziehung dem Weg von der Beanspruchung der Sinne über die Entfaltung der Einbildungskraft zur Begriffsbildung folgen; vor jedem abstrakten Wissen soll das Kind die Welt mit all seinen äußeren Sinnen auffassen und mit seinen inneren Sinnen bedeutsame „Vor-Bilder" in sich aufnehmen. Als geeignete „Nahrung" für seine Einbildungskraft und seine ursprüngliche Religiösität entdeckt Herder die „Urpoesie" der Volksmärchen und der Mythologie. In bezug auf den Unterricht konkretisiert sich das genetische Prinzip in der sokratischen Methode. Sie erscheint Herder am besten geeignet, die schlummernden Kräfte im Kinde zu wecken und zu voller Entfaltung zu bringen. Am wichtigsten aber ist „selbsteigene Tätigkeit", die schließlich zur „Selbstbildung" wird. In bildungstheoretischer Hinsicht bedeutet der genetische Grundsatz Herders, daß das Individuum am „objektiven Geist" seiner Zeit nur dann aktiv teilhat, wenn es den bisher erfolgten geschichtlichen Wachstumsprozeß der menschlichen Kultur(en) in sich rekapitulierend nach- und damit neuerschafft. Herder skizziert hiermit den Grundriß sowohl für ein dialektisches, „kategoriales" Verständnis von Bildung als auch den Ansatz für die Konzeption eines „pädagogischen" Kulturstufenlehrplans, wie sie in schematischer Verkürzung vor allem bei den Schulpädagogen des 19. Jarhunderts Anklang finden sollte.

In kulturkritischer Absicht meint Herders genetischer Begriff der Erziehung schließlich die Bildungsbewegung der „*Verjüngung*", der Palingenese. In einer Epoche, die Herder als Phase der Erstarrung, der „Veraltung" des Menschen durch die zunehmende Zahl beziehungsloser, sinnentleerter einzelwissenschaftlicher Erkenntnisse erlebt, erinnert er an die Bedeutung gerade der Anfänge, an die Unverzichtbarkeit der ursprünglichen Weisen des Denkens, Fühlens und Handelns. Die Wiederbelebung ursprünglicher Formen des Verstehens und Gestaltens in neuem Geist ist die grundlegende „genetische" Bildungsvorstellung Herders, die ihn letztendlich auch zu einer Wertschätzung der Kindlichkeit und zu einem Verständnis des Kindersinnes führen mußte, welche weit über Rousseau hinausführen. Zwar geht Herder im Grunde von denselben Prämissen der wesenhaften Individualität und der ursprünglichen Güte des Menschen aus wie Rousseau; ebenso teilt Herder die Kritik Rousseaus an der Kultur der Aufklärung und seinen Enthusiasmus für die „Natürlichkeit" der Wilden und der Kinder; er entwickelt aber „ein Kindheitsbild, das dem Rousseaus diametral entgegengesetzt ist. So sehr Rousseau auch seine Idee natürlicher Kindheit als einen Gegensatz zur Aufklärung begreift, in der Geschichte der Kindheitsidee steht nicht er, wie vielfach angenommen, sondern Herder an der Schwelle zur Romantik. Der Rousseausche Kindheitsentwurf ist unschwer als eine selbst noch aufgeklärte Utopie zu erkennen; erst bei Herder scheint in der Kindheit etwas auf, das der Aufklärung in jeder Hinsicht vorausliegt" (Ewers 1989, S. 59). Erst Herders Vorstellung von der grundsätzlichen Gleichwertigkeit aller Lebensalter und seine Auffassung von der Kindheit als einer nicht nur vor- sondern auch überrationalen Denk- und Lebensform implizieren die radikale Infragestellung des aufgeklärten Erwachsenen und lassen den romantischen Gedanken aufkommen, daß Erwachsenwerden nicht nur Gewinn an Mündigkeit, sondern vor allem Verlust an Ursprünglichkeit bedeuten kann.

Die Differenz zwischen Rousseaus Radikalisierung der Aufklärung und ihrer Transzendierung beim frühen Herder wird exemplarisch deutlich an ihrer unterschiedlichen Auffassung von der Sprache und der Religion des Kindes. Rousseau betrachtet die Sprache des Kindes vor allem unter dem Aspekt grammatikalischer und logischer Klarheit. Die „Natürlichkeit" der kindlichen Sprache liegt für ihn in der Tatsache, daß Kinder sich aufgrund ihres geringen, noch von keiner Rhetorik verbildeten Wortschatzes einfacher, ökonomischer ausdrücken und deshalb sicherer urteilen (vgl. Rousseau 1985, S. 49ff.). Dagegen zeigt sich Herder beeindruckt von der ursprünglichen Sinnlichkeit und von der gefühlshaften Qualität der Sprache der Primitiven und der Kinder. Analog zur „Ursprache" trägt für ihn die Sprache des Kindes unverkennbar noch die Züge archaischer Poesie. Obwohl Rousseau die Erbsündenlehre zurückweist, zeigt er kein Verständnis für den Glauben des Kindes. Die bildhaften, anthropomorphen Vorstellungen des Kindes vom Göttlichen hält er für niedrige, der Gottheit unwürdige Phantasieprodukte eines noch auf die sinnliche Wahrnehmung eingeschränkten Denkens. Vor Eintritt in das Jugendalter, in dem das Ge-

fühlsleben erwacht, könne der Zögling nicht wirklich an Gott glauben. Rousseaus Auffassung des Kindes ist - wie schon bezüglich der Sprache - auch hier auf einen eindeutigen Realismus gerichtet; der kindlichen Phantasie und seinem Sinn fürs Wunderbare kann Rousseau keinen Wert abgewinnen - nicht einmal als Vorstufe seiner religiösen Entwicklung. Ganz anders Herder: „Die Religion des Kindes und der kindlichen Menschheit zugleich wird hier als ein notwendiges Stadium angesehen, das aus der Sicht einer späteren Zeit nicht verurteilt werden darf. Denn es sind für Herder die 'Grundsäulen', die in dieser frühen Zeit errichtet werden; alles Spätere müsse auf ihnen ruhen. Religion und Kindheit sind hier also aufs engste miteinander verbunden, und zwar individual- und menschheitsgeschichtlich. Der kindlichen Religion wird dabei ausdrücklich ein Eigenrecht zugesprochen, das sie auch gegenüber späteren Formen nicht verliert. Ohne in dieser Funktion aufzugehen, bleibt sie eine wesentliche Grundlage alles Späteren“ (Schweitzer 1992, S. 189).
Bewußt vereinfachend ließe sich sagen: Herders Auffassung des Kindes knüpft an Rousseaus Vorstellung von der Kindheit als einer natürlichen, noch unentfremdeten Existenzform an; sie wird erweitert sowohl durch die Analogisierung der Kindheit mit einer Phase des organischen Wachstums („Knospe“) als auch durch ihre Parallelisierung mit der Frühstufe der kulturellen Entwicklung der Menschheit („goldenes Zeitalter“). Ihre wesentlichen, das Aufklärungsdenken Rousseaus transzendierenden Einsichten verdankt Herders Anthropologie des Kindes der *Einbeziehung der Dimensionen von Poesie, Mythos und Religion*. In der Anschauungskraft und urtümlichen Phantasie des Kindes, seinem Drang zur mythischen Verbildlichung und (V-)Erklärung und in seinem Sinn für das Wunderbare spürt Herder das Wirken derselben schöpferischen Kräfte und Formen des Verstehens, die in der künstlerischen Gestaltung und der religiösen Erfahrung zum Ausdruck kommen. Mit diesem neuartigen und vielschichtigen Ansatz, das Kind zu verstehen, ist Herder - mehr noch als Rousseau - der große Anreger geworden, auf dessen Grundgedanken sich - bewußt oder noch häufiger unbewußt - die Pädagogen „vom Kinde aus“ bis in unsere Gegenwart beziehen. Herder darf deshalb als der eigentliche Entdecker derjenigen Einstellung gelten, die wir als „romantischen Blick“ auf das Kind bezeichnen.

3.5 Die Ausgestaltung der Kindheitsbilder Rousseaus und Herders bei Goethe, Schiller und Hölderlin

Der „Sturm und Drang“, die literarische Jugendgeneration um 1770 in Deutschland, steht ganz im Zeichen von Rousseaus Beschwörung der Natur und des Gefühls sowie von Herders Evokation des Ursprünglichen. Wie eine

Modewelle überflutet der Rousseauismus das damalige Geistesleben in Deutschland: Im Zusammenhang mit seiner sozialkritischen Ausrichtung dringt auch der Gedanke einer neuen Erziehung in die Literatur ein: „Neben der Freiheitsbeschränkung war es vor allem die Überladung des kindlichen Geistes mit totem Wissen, was man mit Rousseau als Hauptübelstand einer naturwidrigen Erziehung beklagte (Winkel 1971, S. 169).
Die Gedanken Rousseaus sind auch in *Johann Wolfgang von Goethe* von Jugend an wirksam. Sein epochemachender Briefroman „Die Leiden des jungen Werthers“ aus dem Jahre 1774 erinnert nicht nur durch seine Form an Rousseaus „Nouvelle Heloise“, sondern auch thematisch, etwa durch die Gestaltung des Kinderlebens und die neue Blickrichtung des Titelhelden auf das Kind (vgl. etwa die Briefe vom 15. Mai; 22. Mai; 26. Mai; 27. Mai). Repräsentativ dafür erscheint uns diejenige Stelle (Brief vom 29. Junius), in der Werther sich nicht einmal durch den Besuch des Arztes davon abbringen läßt, auf dem Boden liegend weiter unbeschwert mit Lottes Kindern zu spielen und zu toben. Während der Besucher dies gemäß der konventionellen, autoritär-distanzierten Haltung der Erwachsenen gegenüber Kindern „unter der Würde eines gescheiten Menschen“ findet, bemerkt Werther leidenschaftlich: „Ja, lieber Wilhelm, meinem Herzen sind die Kinder am nächsten auf der Erde. Wenn ich ihnen so zusehe und in dem kleinen Dinge die Keime aller Tugenden, aller Kräfte sehe, die sie einmal so nötig brauchen werden; wenn ich in dem Eigensinne alle die künftige Standhaftigkeit und Festigkeit des Charakters, in dem Mutwillen allen künftigen guten Humor und Leichtigkeit, über alle die Gefahren der Welt hinzuschlüpfen, erblicke, alles so unverdorben, so ganz! Immer, immer wiederhol ich dann die goldnen Worte des Lehrers der Menschen: wenn ihr nicht werdet wie eines von diesen! Und nun, mein Bester, sie, die unseresgleichen sind, die wir als unsere Muster ansehen sollten, behandeln wir als Untertanen. Sie sollen keinen Willen haben! - Haben wir denn keinen? und wo liegt das Vorrecht? - Weil wir älter sind und gescheuter! - Guter Gott von deinem Himmel, alte Kinder siehst du und junge Kinder, und nichts weiter; und an welchen du mehr Freude hast, das hat dein Sohn schon lange verkündigt. Aber sie glauben an ihn und hören ihn nicht, das ist auch was alt's! und bilden ihre Kinder nach sich und - Adieu, Wilhelm, ich mag darüber nicht weiter radotieren“ (Goethe1987, S. 218).
In diesem literarischen Manifest der Kinderfreundschaft und Lob der Kindlichkeit läßt Goethe vier verschiedene geistige Gedankenströme zusammenfinden: Zunächst begegnen wir der Überzeugung Rousseaus von der ursprünglichen Güte der Kindesnatur und der pädagogisch umwälzenden Forderung, der Erwachsene solle sich im Umgang mit dem Kind nach diesem richten. Mit der Auffassung von der „Unverdorbenheit“ der Kinder verbindet Werther aber

auch die biblische Vorstellung von der besonderen Gottesnähe und Gottgefälligkeit der Kinder, deretwegen es der Erwachsene als „Muster", als Vorbild im Gottvertrauen betrachten soll. Dieser Bezug auf die Kinderperikope des Matthäus-Evangeliums erhält allerdings eine gänzlich unorthodoxe Deutung, die mit der Idee der Vollkommenheit und Maßgeblichkeit des Kindlichen an die pelagianische Idee des noch vollkommenen Kindes anschließt. Von diesem Pelagianismus Goethes (vgl. Spranger 1967, S. 176) aus erklären sich auch die von Werther vorgenommenen Umdeutungen der „Unarten" der Kinder zu Zeichen der positiven Entwicklung. Die Rede von den „Keimen" späterer Tugenden weist schließlich auf das - an Herder anschließende - organologische Bildungsdenken hin, das uns unter dem Aspekt der Metamorphose an anderer Stelle noch beschäftigen soll.

In der Vielschichtigkeit seiner Auffassung vom Kind und vom erzieherischen Verhältnis zeigt Goethe schon im „Werther", daß er sich mit seiner Spielart des Rousseauismus nicht einer bestimmten, zum Dogma verhärteten Doktrin der Erziehung anschließt. In seiner späteren Kritik an der pädagogischen Verplanung der Kindheit durch den zeitgenössischen Philanthropen Basedow (vgl. Fertig 1991, S. 10f.) und in seiner Polemik gegen den inhaltsleeren Formalismus der Pestalozzianer (vgl. Blättner 1961, S. 141) hat sich Goethe gegen jede pädagogisch präparierte und didaktisch inszenierte Kunstwelt für Kinder gewandt; er setzt dagegen auf den Primat des ungestörten Wachsenlassens, auf den authentischen Umgang der Erwachsenen mit dem Kind und auf die Unmittelbarkeit der Erfahrung. Ihm ist es stets wichtiger, dem Kind zu ermöglichen, seine „Keime" ungestört zu entwickeln, als ihm rasch und systematisiert gesellschaftlich nützliches Wissen beizubringen.

Mit dem rousseauistischen Grundmotiv verbindet Goethe den besonders nachdrücklich von Herder akzentuierten Gedanken vom Eigenwert und eigenem Maß der Kindheit; er gilt für jedes Lebensalter bzw. für jede Stufe der Entwicklung. Goethe bemerkt zu Eckermann am 6.3.1831: „Der Mensch ... hat verschiedene Stufen, die er durchlaufen muß, und jede Stufe führt ihre besonderen Tugenden und Fehler mit sich, die in der Epoche, wo sie kommen, durchaus als naturgemäß zu betrachten und gewissermaßen recht sind. Auf der folgenden Stufe ist er wieder ein anderer, von den früheren Tugenden und Fehlern ist keine Spur mehr, aber andere Arten und Unarten sind an deren Stelle getreten. Und so geht es fort, bis zu der letzten Verwandlung, von der wir noch nicht wissen, wie wir sein werden" (Eckermann, zit. n. Fertig 1991, S. 98). Mit diesem Gedanken führt uns Goethe allerdings schon über die Kindheit hinaus in den Bereich seiner Entwicklungslehre.

Im Gegensatz zu vielen seiner rousseauistisch inspirierten Zeitgenossen ist Goethes Kindersinn nicht nur literarisch geblieben; er hat seinen Umgang mit

Kindern - eigenen wie fremden - bis in sein Alter auch in praxi bestimmt: „Goethes Verhältnis zu Kindern ist gleichwohl von hoher ethischer Qualität, und was Goethe ihnen gar an ästhetischen Möglichkeiten durch Spiel, Tanz, Wettkampf und musische Anregungen vermittelt, gehört zum Besten, was sie empfingen und genossen“ (Gamm 1980, S. 134). Goethes Mentorschaft in Weimar und das erzieherische Verhältnis zu seinem Sohn sind getragen von einem innigen Verständnis für die Eigenart der Entwicklung des Kindes, für das die neuen Kindheitsideen Rousseaus und der genetische Gedanke Herders gleichsam den weiteren gedanklichen Horizont bereitstellen. „Grundvoraussetzung waren in jedem Fall die genaue und geduldige Beobachtung der sich entwickelnden Anlagen, der Glaube an die Selbstbildungskraft, die Tolerierung individueller und wachstumsbedingter Eigentümlichkeiten, das Zulassen von zeitweiligen Irrtümern, das Bestreben, im Bildungsprozeß als Erzieher im Hintergrund zu bleiben, der Vorsatz, von gegebenen Umständen auszugehen und persönlichen Umgang in den Mittelpunkt zu stellen, das Vorhaben, die für den Beruf relevanten Fertigkeiten mit allgemeiner Bildung zu verknüpfen. Vor allem bedeutet dies alles einen bewußten Verzicht auf jede Spielart von abstrakter Wissensvermittlung. 'Theoretische' Kenntnisse sollten sich, nach Goethes unerschütterlichem Glauben, aus dem Umgang mit Menschen, Sachen und Problemen auf induktivem Weg quasi von selbst ergeben“ (Fertig 1991, S. 87f.).

Die dritte von uns herangezogene Äußerung Goethes über die Eigenart des Kindes - sie findet sich im Zusammenhang seines autobiographischen Rückblicks auf die eigene Kindheit - verdeutlicht allerdings, daß das eigentliche Fundament seiner Anthropologie des Kindes weder bei Rousseau noch bei Herder, sondern in seiner eigenen idealistisch-morphologischen Naturforschung zu finden ist: „... wer wäre im Stande, von der Fülle der Kindheit würdig zu sprechen! Wir können die kleinen Geschöpfe, die vor uns herum wandeln, nicht anders als mit Vergnügen, ja mit Bewunderung ansehen: denn meist versprechen sie mehr als sie halten, und es scheint als wenn die Natur unter andern schelmischen Streichen, die sie uns spielt, auch hier sich ganz besonders vorgesetzt, uns zum besten zu haben .... Das Kind, an und für sich betrachtet, mit seines gleichen und in Beziehungen, die seinen Kräften angemessen sind, scheint so verständig, so vernünftig, daß nichts drüber geht, und zugleich so bequem, heiter und gewandt, daß man keine weitere Bildung für dasselbe wünschen möchte. Wüchsen die Kinder in der Art fort, wie sie sich andeuten, so hätten wir lauter Genies. Aber das Wachstum ist nicht bloß Entwicklung; die verschiednen organischen Systeme, die den Einen Menschen ausmachen, entspringen auseinander, folgen einander, verwandlen sich in einander, verdrängen einander, ja zehren einander auf, so daß von manchen Fähigkeiten, von manchen Kraftäußerungen nach einer gewissen Zeit, kaum eine Spur mehr zu finden ist. ...; doch kann man hinterdrein wohl bemerken, was auf ein Künftiges hingedeutet hat" (Goethe 1985, S. 77f.). Goethe stellt hier erneut die uns schon im „Werther" begegnenden Ideen von der eigenen Vernunft, der überschießenden, quasi genialen Fülle, von der Vollkommenheit der Kindheit dar; als eine in sich selbst auf Vollendung gerichtete Phase ordnet er die Kindheit indessen ein in einen „natürlichen" Wachstumsprozeß, der nicht linear fortschreitet, sondern - wie im Bereich des pflanzlichen Lebens - durch Verwandlungen, „Metamorphosen", gekennzeichnet ist. Als Kind, als Jugendlicher, als Erwachsener, als Greis ist das Individuum jeweils ein anderes, und ebenso wandelt sich seine Auffassung der Welt. Das Leben des einzelnen ist - wie alles Leben überhaupt - eine Metamorphose, „geprägte Form, die lebend sich entwickelt" nach dem ihr inhärenten Gesetz. „Wie die Pflanze sich entwickelt, dadurch, daß sie einen Urtypus der Form teils festhält, teils sich umbilden läßt, so besteht das einzelne geistige Menschenleben in dem Suchen und Finden, Festhalten und Umbilden desjenigen Wesenkernes, den Goethe mit Aristoteles als Entelechie bezeichnet.... Zweck jedes Wesens ist Selbstverwirklichung seiner Form" (Spranger 1967, S. 169).

Goethes Denken über Kindheit, Entwicklung und Bildung steht in einem universellen, kosmischen Zusammenhang: „Bildung ist ihm ein allumfassendes Prinzip, das gleich sehr das natürliche wie das geistige Dasein umspannt, und das eben dazu dient, uns die notwendige und unverbrüchliche Einheit beider ständig vor Augen zu halten" (Cassirer 1932b, S. 342f.). Auch dem Naturforscher Goethe geht es bei der Untersuchung der Farben, der Pflanzen und der Tiere überall um das Geheimnis der Bildung und Umbildung; denn in den verschiedenen Bereichen bzw. Stufen der Natur sieht er nur Gleichnisse des Menschen als der vollkommensten Form des Lebens. Das Grundthema von Goethes idealistischer Morphologie ist die Bildung im umfassenden Sinn (vgl. auch Blättner 1961, S. 130f.). Die Schlüsselkategorie, die die Vorgänge der Entwicklung und Verwandlung, der Polarität und Steigerung des Lebens umfaßt, ist die Metamorphose. In diesem Begriff verbindet Goethe den Gedanken der entelechetischen Monade, die sich nach ihrem inneren Gesetz entfaltet, mit dem des kontinuierlichen Formenwandels - die beiden Entwicklungsprinzipien der Leibnizschen Philosophie: Einheitlichkeit, die im Inneren von jedem Wesen befolgt wird, und Wandel, der sich in der zeitlichen Abfolge in der äußeren Gestalt zur Erscheinung bringt. [9]

Die tiefere metaphysische Voraussetzung von Goethes Anthropologie und Bildungslehre liegt im Gedankenkreis der neuplatonischen Mystik und Identitätsphilosophie: Geist und Natur sind im Grund dasselbe; die Natur ist der sichtbare, sich entfaltende Geist, der Geist ist unsichtbar wirkende Natur. „Das Weltschema des Neuplatonismus begreift die erscheinende Welt unter der Grundkategorie des Ausdrucks. Die Welt ist ein Ausdruck Gottes, ein Abdruck Gottes ... Gott ein Weltkünstler; die Welt die Darstellung seiner unerschöpflichen Lebensfülle in Identität und Verwandelbarkeit" (Spranger 1967, S. 165f.). Die Urphänomene des Pflanzen- und Tierreichs sowie der Geisteswelt sind die Gedanken Gottes vor der Schöpfung. Dem Menschen als höchstem Geschöpf der Natur stehen die Naturreiche nicht nur äußerlich gegenüber, er trägt sie vielmehr als Mikrokosmos zusammengefaßt in sich: „Der Mensch kennt nur sich selbst, insofern er die Welt kennt, die er nur in sich und sich nur in ihr gewahr wird" (Goethe). Im „gleichstellenden Denken" (vgl. Cohn 1932, S. 40) von Goethes idealistischer Naturforschung erfaßt er mit künstlerischer Intuition die in ihm selbst wirkenden Formprinzipien der Gott-Natur; als Gleicher erkennt er Gleiches, mikrokosmisch spiegelt er den Makrokosmos. So ist auch der Entwicklungsprozeß der menschlichen Individualität, der im Wandel der äußeren Gestalt und der Abfolge je eigenwertiger Lebensalter in Erscheinung tritt, für Goethe primär der Ausdruck der universalen makrokosmischen Prinzipien der Entelechie („Werde der du bist!") und der Metamorphose („Stirb und werde!"). [10]

Sein naturphilosophisches Denken in kosmisch-universalen Bezügen umgreift und begrenzt schließlich in seinen Reflexionen über Erziehung die anfängliche rousseauistische Pädagogik des Wachsenlassens und die präromantische Auffassung von der ursprünglichen Fülle und Ganzheit des kindlichen Daseins. So geht auch Goethes Bildungsgedanke zunächst vom Primat der vielseitigen Entwicklung und damit von der Vorstellung einer nachgehenden, genetischen und maieutischen Methode der Erziehung aus, welche gegen jede äußere Normierung an der sich entfaltenden Individualität anknüpft. Dazu tritt aber mit zunehmendem Lebensalter immer stärker der Imperativ in den Vordergrund, die eigene Individualität in einen ethisch-sozialen Kosmos einzuordnen, die individuelle Vielseitigkeit bewußt auf die soziale Einseitigkeit zu begrenzen: „Die Ganzheit, nach der jede Bildung streben muß, findet ihre eigentliche Wirklichkeit nicht mehr im Individuum, sondern in der Gesamtheit: das ästhetische Ideal der Humanität ist für Goethe durch eine neue Forderung, durch das soziale Ideal der Humanität verdrängt und berichtigt. ... Nur wenn jeder Einzelne in seiner eng begrenzten Sphäre eine solche Erfüllung sucht und leistet, erfüllt sich in ihm und durch ihn das Ganze - wird er zum Träger der echten und wesenhaften Form des Seins" (Cassirer 1932b, S. 350f.).

Diese zunehmende Polarität von Goethes Bildungsdenken - exemplarisch in den „Wilhelm Meister"-Romanen (vgl. Blättner 1961, S. 132ff.) - zeigt sich auch in der Konstanz und im Wandel von Goethes Auffassung der Kindheit. Sein grundlegender Pelagianismus und seine Begeisterung für Rousseau veranlassen den jungen Goethe *literarisch* in der Romanfigur des Werther zu einer romantischen Apotheose der Kindheit als vollkommenster Stufe des Menschseins. In der *pädagogischen Praxis* seiner Vater- und Mentorschaft dominiert der Respekt vor der Eigenart der Entwicklungsstufe der Kindheit. Unter dem zunehmenden Einfluß seiner *Naturforschung* ordnet der ältere Goethe die Kindheit schließlich ein in den universalen Entwicklungsprozeß des „Stirb und werde". All die Fülle, Genialität und Harmonie der Kindheit sollen zwar erblühen; sie müssen aber „sterben", um den spezifischen Vollkommenheiten späterer Lebensalter Raum zu geben. Somit gebührt der Daseinsform des Kindes schließlich keine Vorzugsstellung mehr.

Die Kindheitsauffassung *Friedrich Schillers* ist weniger vielschichtig als die des Naturforschers und Poeten, Vaters und Mentors Goethe. Sie ist aber in ihrer Wirkung auf die Romantiker, etwa auf die Theorie des Spiels bei Fröbel, als die ungleich bedeutsamere anzusehen. Schillers Idee der Kindheit erschließt sich aus dem Zusammenhang seiner grundlegenden Schriften zur Ästhetik der Jahre 1793 bis 1796. Die hierin erfolgende kulturkritische Verschmelzung des Rousseauschen Naturenthusiasmus mit der Winckelmannschen Idealisierung der griechischen Antike und die dabei mit kantischen Mitteln vorgenommene systematische Reflexion über Natur und Bestimmung der Menschheit sowie die von daher begründete weltgeschichtliche Sendung der Kunst bedeuten auch eine Neuakzentuierung und systematische Vertiefung der Auffassung vom Kinde und von der Kindlichkeit.
Am Anfang von Schillers Ästhetik steht - wie bei Rousseau und beim jungen Herder - das „sentimentale" Leiden an der „Naturwidrigkeit unserer Verhältnisse", die kritische Diagnose des „mechanischen Lebens" in der aufgeklärten Kultur, der „fragmentarischen" Existenz in der arbeitsteiligen bürgerlichen Gesellschaft mit ihrer „abstrakten", totalitär-monarchischen oder -revolutionären Staatsform. „Auseinandergerissen wurden jetzt der Staat und die Kirche, die Gesetze und die Sitten; der Genuß wurde von der Arbeit, das Mittel vom Zweck, die Anstrengung von der Belohnung geschieden. Ewig nur an ein einzelnes kleines Bruchstück des Ganzen gefesselt, bildet sich der Mensch selbst nur als Bruchstück aus, ewig nur das eintönige Geräusch des Rades, das er umtreibt, im Ohre, entwickelt er nie die Harmonie seines Wesens, und anstatt die Menschheit in seiner Natur auszuprägen, wird er bloß zu einem Abdruck seines Geschäfts, seiner Wissenschaft.... Der tote Buchstabe vertritt den lebendigen Verstand, und ein geübtes Gedächtnis leitet sicherer als Genie und Empfindung" (Schiller 1960, S. 584). Die wahre Bestimmung des Menschen - als eines Bürgers der empirischen und der intelligiblen Welt, als eines Wesens der Sinnlichkeit und Sittlichkeit - liegt in der vollkommenen Harmonie von Natur und

Freiheit; diese nicht gegebene, sondern aufgegebene Idee der Menschheit ist in der Endlichkeit der Immanenz nur annäherungsweise, niemals völlig erreichbar. Für diesen Weg zum Ideal muß sich „der Charakter der Zeit ... von seiner tiefen Entwürdigung erst aufrichten, dort der blinden Gewalt der Natur sich entziehen und hier zu ihrer Einfalt, Wahrheit und Fülle zurückkehren" (ebd., S. 589f.). Dann kann die „Totalität in unserer Natur", welche das Leben in der bürgerlichen Gesellschaft zerstört hat, durch eine „höhere Kunst" wiederhergestellt, die Idee des Menschen mit der Unzulänglichkeit der geschichtlichen Wirklichkeit des Menschseins versöhnt, der Mensch wieder einig mit sich selbst werden.

Schiller reflektiert über die Bestimmung des Menschen in zweierlei Hinsichten, in einer anthropologischen und in einer moralphilosophisch-transzendentalen. In seinem anthropologischen Denken geht Schiller von der Zweiheit von Sinnlichkeit und Vernunft aus; er faßt diesen Dualismus in der Begrifflichkeit Kants, aber anders als dieser strebt Schiller nach der Aufhebung dieser Trennung. Seine Philosophie der Kunst ist daher ganz auf die Versöhnung beider Grundkonstituenten in der Idee des harmonischen Menschen und des ästhetischen Staates gerichtet. Diese Harmonie versteht Schiller ausdrücklich als Idee, als nicht gegebene, vielmehr aufgegebene Bestimmung der Menschheit. Im Erleben des Kunstschönen, augenblicksweise also, kann von jedem Menschen dieser Zustand der Vollendung schon vorweg erfahren werden. Denn in der schönen Seele stimmen Vernunft und Sinnlichkeit zu einem Ganzen harmonisch zusammen. Im Erlebnis der lebendigen Gestalt der Schönheit und in der Selbstvergessenheit des Stoff- und Formtrieb vereinigenden Spiels erfährt der Mensch schon im Hier und Jetzt die Vereinigung von Sinnlichkeit und Vernunft. Die Wirklichkeit des ästhetischen Zustands bezeugt für Schiller schon die Möglichkeit der idealen Einheit der menschlichen Natur. In der Schönheit zeigt sich die Freiheit in der Welt der Erscheinungen; denn das Schöne verwirklicht sich in der Autonomie der Form, in der Unabhängigkeit von subjektiven und objektiven Bestimmungen - analog zum Akt der moralischen Selbstgesetzgebung aus praktischer Vernunft.

Daneben gibt es eine zweite - moralphilosophische - Begründungsebene der Schillerschen Ästhetik und Bildungsphilosophie. Im programmatischen, nicht mehr nur begrifflichen Anschluß an Kant liegt für Schiller die höchste Bestimmung des Menschen im Akt der moralischen Selbstgesetzgebung, in der autonomen Befolgung des kategorischen Imperativs. Mit dieser Idee der Menschheit geht Schiller über die Vorstellung einer in der Schönheit und im Spiel antizipierten Versöhnung von Sinnlichkeit und Vernunft hinaus: „Das Schöne macht sich bloß verdient um den Menschen, das Erhabene um den reinen Dämon in ihm; und weil es einmal unsre Bestimmung ist, auch bei allen sinnlichen Schranken uns nach dem Gesetzbuch reiner Geister zu richten, so muß das Erhabene zu dem Schönen hinzukommen, um die ästhetische Erziehung zu einem vollständigen Ganzen zu machen und die Empfindungsfähigkeit des menschlichen Herzens nach dem ganzen Umfang unsrer Bestimmung, und also über die Sinnenwelt hinaus, zu erweitern" (ebd., S. 806f.).

Die zweifache - anthropologische und transzendentalphilosophische - Verankerung seines Freiheitsbegriffs führt Schiller also auch zu einer Zweiheit in der Zielbestimmung der ästhetischen Erziehung: so bringen Schönheit und Anmut bereits das Ideal der vollendeten Menschheit als Harmonie von Sinnlichkeit und Vernunft zum Ausdruck. Diese Versöhnung bleibt für den Kantianer Schiller allerdings auf der Ebene der sinnlich-empirischen Welt stehen, die ja im Akt der autonomen moralischen Selbstbestimmung und damit der Teilhabe an der intelligiblen Welt der Ideen gerade überwunden wird. Deshalb sieht sich Schiller auch veranlaßt, das Schöne durch das Erhabene, die Anmut durch die Würde zu ergänzen und erst in der Versöhnung beider Zustände die Totalität des Menschen verbürgt zu sehen. Diese beiden Vorstellungen der Harmonie bleiben in Schillers Ästhetik nebeneinander stehen, erfahren keine systematische Auflösung mehr.[11]

Die Leitbegriffe der Schillerschen Ästhetik, aus denen sich seine *Idee der Kindheit* ergibt, sind die des Spiels, der Anmut und der Naivität. Die Idee der Freiheit (und Vollkommenheit) des Menschen, der er sich in der empirischen Welt nur annähern kann, ist ihm im „ästhetischen Zustand", im Erleben der Schönheit schon unmittelbare Wirklichkeit; denn die Schönheit ist der einzig mögliche Ausdruck der Freiheit in der Welt der Erscheinungen. Der ästhetische Zustand, in welchem Sinnlichkeit und Sittlichkeit zugleich tätig sind, ist auch die Folge des „Spieltriebes". Nur im Spiel kann der Mensch „die Zeit in der Zeit aufheben", völlig in eine erfüllte Unendlichkeit gelangen und dadurch seine doppelte - physische und geistig-moralische - Natur in Freiheit setzen. Das „Symbol der ausgeführten Bestimmung" des Menschen ist das Spiel: „... der Mensch spielt nur, wo er in voller Bedeutung des Worts Mensch ist, und er ist nur da ganz Mensch, wo er spielt" (ebd., S. 618). Der Gegenstand des Spieltriebes ist die Schönheit, die „lebende Gestalt". Im Spiel mit der Schönheit vergeistigt der Mensch das Materielle, Zufällige, im Spiel versinnlicht er das Ideelle, Notwendige. Ganz in diesem Sinn wird Fröbel später vom Spiel des Kindes sagen, daß es das Äußere zu einem Inneren bzw. das Innere zu einem Äußeren macht. Zwar bezieht sich Schillers Theorie des Spiels hauptsächlich auf „das ganze Gebäude der ästhetischen Kunst und der noch schwierigern Lebenskunst" (ebd.); gleichwohl erhält innerhalb dieser ästhetischen Spieltheorie auch das *Spiel des Kindes* eine hervorragende Bedeutung. Mit der „Freude am Schein", mit der „Neigung zum Putz und Spiele", wie wir sie schon bei Kindern antreffen, „gibt uns die Natur schon in ihrem materiellen Reich ein Vorspiel des Unbegrenzten und hebt hier schon zum Teil die Fesseln auf, deren sie sich im Reich der Form ganz und gar entledigt. Von dem Zwang des Bedürfnisses oder dem physischen Ernste nimmt sie durch den Zwang des Überflusses oder das physische Spiel den Übergang zum ästhetischen Spiele, und ehe sie sich in der hohen Freiheit des Schönen über die Fessel jeden Zweckes erhebt, nähert sie sich dieser Unabhängigkeit wenigstens von ferne schon in der freien Bewegung, die sich selbst Zweck und Mittel ist“ (ebd., S. 663). In der freien Bewegung des Funktions- bzw. Übungsspiels hat die Natur schon ins animalische Leben „einen Schimmer von Freiheit gestreut“. In der freien Bewegung des Phantasiespiels zeigt sich beim Kind - in der völligen Unabhängigkeit von äußeren Eindrücken - das schöpferische Vermögen des Menschen zum ersten Mal: „Der ästhetische Spieltrieb wird also in seinen ersten Versuchen noch kaum zu erkennen sein, da der sinnliche mit seiner eigensinnigen Laune und seiner wilden Begierde unaufhörlich dazwischentritt“ (ebd., S. 664). Für den Kunsttheoretiker Schiller ist das „sinnliche“ Spiel des Kindes also nur die noch „gesetzlose“ Vorstufe des ästhetischen Spiels, d. h. der künstlerischen Gestaltung; hierfür ist der Sprung in die freie Form durch einen „gesetzgebenden Geist“ notwendig. Unabhängig von seiner ästhetischen Defizienz bleibt das Spiel des Kindes - gerade für den gespaltenen, abstrakten, entfremdeten Geist des bürgerlichen Menschen - ein Quell schöpferischer Kraft und ein Vorschein der Freiheit.

Hat das Kind im Spiel eine gewisse Nähe zur Tätigkeit des Künstlers, so hat es durch die Grazie seiner äußeren Gestalt eine besondere Affinität zum Ideal der Schönheit: „Wo findet man mehr Anmut als bei Kindern, die doch ganz unter sinnlicher Leitung stehen?“ fragt Schiller rhetorisch im Zusammenhang seiner Reflexionen „Über Anmut und Würde“ aus dem Jahr 1793 (vgl. ebd., S. 479). Er betrachtet die *Anmut* als Ausdruck einer schönen Seele, für welche die Natur die Schönheit der Gestalt, die Seele die Schönheit des Spiels erzeugt. Die Anmut des Kindes zeugt von seinem harmonischen Gemüt und von seinem empfindenden Herzen; sie weckt - wie die Anmut überhaupt - Wohlgefallen, Wohlwollen und Liebe. Sie ist allerdings nicht vom Subjekt hervorgebracht, sondern als „Schönheit des Baues“ bloß von der Natur geschaffen: „Ein glückliches Verhältnis der Glieder, fließende Umrisse, ein lieblicher Teint, eine zarte Haut, ein feiner und freier Wuchs, eine wohlklingende Stimme usf. sind Vorzüge, die man bloß der Natur und dem Glück zu verdanken hat; der Natur, welche die Anlage dazu hergab und selbst entwickelte; dem Glück, welches das Bildungsgeschäft der Natur vor jeder Einwirkung feindlicher Kräfte beschützte“ (ebd., S. 438).

Schiller hat seine Auffassung, daß der Vernunft in der Anmut des Kindes überraschend „eine ihrer Ideen“ in sinnlicher Erscheinung entgegen tritt, in seinen Betrachtungen „Über naive und sentimentalische Dichtung“ (1795/96) unter dem *Leitbegriff des Naiven* weiter konkretisiert. Im Rahmen seiner zukunftsgerichteten Geschichtsphilosophie gibt es ein Fortschreiten von einer Naturstufe der ursprünglichen, naiven Menschheit, die Schiller auch noch bei den Griechen findet, über die Stufe der Künstlichkeit und Vereinzelung, in der wir Modernen leben, hin auf das Ziel der Wiederversöhnung alles Getrennten in einer zur Allseitigkeit entwickelten und in Freiheit lebenden Menschheit: „Solange wir bloße Naturkinder waren, waren wir glücklich und vollkommen; wir sind frei geworden und haben beides verloren. Daraus entspringt eine doppelte und sehr ungleiche Sehnsucht nach der Natur, eine Sehnsucht nach ihrer Glückseligkeit, eine Sehnsucht nach ihrer Vollkommenheit“ (ebd., S. 707f.). Die Sehnsucht nach Glückseligkeit richtet sich nur auf die Einheit der Natur als Ursprung, diejenige nach Vollkommenheit zugleich auch auf die Harmonie der Natur als Ziel der Geschichte. Für den modernen „sentimentalischen“ Menschen ist der Verlust der sinnlichen Glückseligkeit der naiven Menschennatur unwiederbringlich; als Inbegriff der Einheit mit sich selbst kann die Natur des naiven Menschen aber weiterhin und gerade dem in Künstlichkeit lebenden bürgerlichen Menschen als Vorbild dienen: „Trittst du heraus zu ihr aus deinem künstlichen Kreis, steht sie vor dir in ihrer großen Ruhe, in ihrer naiven Schönheit, in ihrer kindlichen Unschuld und Einfalt; dann verweile bei diesem Bilde, pflege dieses Gefühl, es ist deiner herrlichsten Menschheit würdig“ (ebd., S. 708f.). Der zweifachen - anthropologischen und moralphilosophischen - Zielsetzung von Schillers ästhetischer Theorie entsprechend, verlangt auch sein Begriff der Natur eine Explikation auf zwei Ebenen.

In anthropologischer Hinsicht gewinnt die Natur in der Gestalt des Naiven eine herausragende Bedeutung für die Verdeutlichung der Harmonie von Sinnlichkeit und Vernunft als der Bestimmung des Menschen. Die sich im Naiven - menschheitsgeschichtlich in den Griechen, lebensgeschichtlich im Kind - verkörpernde reine Natur ist, wie das Schöne, ein Widerschein der Idee der Einheit mit sich selbst, der Totalität, welche Ausgangs- und Endpunkt der menschlichen Entwicklung ist; sie steht im scharfen Gegensatz zur Zerrissenheit in der gegenwärtigen Lebensform des Menschen. Der Zustand der ursprünglichen, natürlichen Einheit, wie er in der Gestalt des Naiven und in der Lebensweise des Kindes zum Ausdruck kommt, evoziert allerdings - wie die lebende Gestalt des Schönen - nur der *Form* nach auch das Bild derjenigen Einheit, die dem Menschen als Idee seiner künftigen Bestimmung aufgegeben ist. Diese selbstbewußte Einheit unterscheidet sich von der bewußtlosen Einheit des Ursprungs dadurch, daß sie Sinnlichkeit und Vernunft im Zustand ihrer vollen Entfaltung wieder vereint. Die naive Einheit des Anfangs muß sozusagen „inhaltlich" weit hinter sich gelassen werden; sie bleibt nur „der Form nach" maßgebend.

In moralphilosophischer Perspektive muß Schiller in der Spur Kants den Zustand der Naivität und Kindlichkeit als vernunftlose „ungeteilte sinnliche Einheit" qualifizieren, in der dem Menschen seine wahre Bestimmung zur Verwirklichung der Idee der Freiheit noch gar nicht ins Bewußtsein gelangt ist. Auf dem Wege zur sittlichen Autonomie des Willens muß er aus dem naiven, unmündigen Zustand der bewußtlosen Einheit heraustreten und in die (moderne) kritische Reflexionskultur des Sentimentalischen eintreten. Das Ziel des menschheitlichen Bildungsprozesses kann nun nicht mehr in der von der ursprünglichen Gestalt des Naiven und Kindlichen präfigurierten harmonischen Einheit von Sinnlichkeit und Vernunft liegen; es ist vielmehr die Versöhnung des Naiven mit dem Sentimentalischen, des Schönen mit dem Erhabenen in der Idee der Freiheit.

Bei seiner Evokation des schönen Naturwesens, des naiven Menschen als Symbol der Vollkommenheit steht Schiller kunsttheoretisch das Genie vor Augen, menschheitsgeschichtlich das antike Griechentum und lebensgeschichtlich die Daseinsform des Kindes. Schillers Definition des Naiven erfolgt auf drei Ebenen. Zunächst bezeichnet sie eine bestimmte Entwicklungsstufe des Menschen, dann betrifft sie eine geschichtsphilosophisch als vergangen erwiesene Dichtungs- und Empfindungsart und schließlich geht es ihm dabei um die Veranschaulichung einer Seinsweise des Menschen überhaupt, eines ontologischen Prinzips (vgl. Koopmann 1956, II, S. 22).

In den Kindern begegnet uns modernen, in künstlichen Verhältnissen lebenden bürgerlichen Menschen - wie in den Schönheiten der Natur und der Vitalität der kindlichen Völker - der Anblick der einfältigen Natur. „Wir lieben in ihnen das stille schaffende Leben, das ruhige Wirken aus sich selbst, das Dasein nach eigenen Gesetzen, die innere Notwendigkeit, die ewige Einheit mit sich selbst. *Sie sind, was wir waren; sie sind, was wir wieder werden sollen.* Wir waren Natur wie sie, und unsere Kultur soll uns, auf dem Wege der Vernunft und der Freiheit, zur Natur zurückführen. Sie sind also zugleich Darstellung unserer verlorenen Kindheit, die uns ewig das Teuerste bleibt; daher sie uns mit einer gewissen Wehmut erfüllen. Zugleich sind sie Darstellungen unserer höchsten Vollendung im Ideale, daher sie uns in eine erhabene Rührung versetzen. Aber ihre Vollkommenheit ist nicht ihr Verdienst, weil sie nicht das Werk ihrer Wahl ist. Sie gewähren uns also die ganz eigene Lust, daß sie, ohne uns zu beschämen, unsre Muster sind. Eine beständige Göttererscheinung, umgeben sie uns, aber mehr erquickend als blendend. Was ihren Charakter ausmacht, ist gerade das, was dem unsrigen zu seiner Vollendung mangelt; was uns von ihnen unterscheidet, ist gerade das, was ihnen selbst zur Göttlichkeit fehlt. Wir sind frei, und sie sind notwendig; wir wechseln, sie bleiben eins“ (Schiller 1960, S. 695). Bei dieser idealischen Vergegenwärtigung der Naivität des Kindes benutzt Schiller all die Attribute, die wir aus der hermetisch-gnostischen bzw. pelagianischen Tradition der absoluten Kindheitsidee kennen und denen wir in der romantischen Sicht des Kindes wiedergegnen: Vollkommenheit, Einheit, Ursprünglichkeit, Göttlichkeit; und tatsächlich soll der Erwachsene hier auch wieder zum Kinde werden. Die Daseinsform des Kindes ist für ihn aber nicht in sich die Erfüllung; sie wird zum *„Vor-Bild“*, weil sie als Natur über sich hinausweist auf die wahre Bestimmung des Menschen. Diese erreicht der erwachsene Mensch nicht einfach dadurch, daß er wieder zum Kinde wird, sondern indem er das, was die Natur dem Kind geschenkt hat, in freier Selbstbestimmung in seiner Person nachvollzieht. Die Idealisierung des Kindes ist eine mögliche, ja notwendige gedankliche Konsequenz für den sich seiner fragmentarischen, spezialisierten Existenzform bewußten Menschen der bürgerlichen Kultur und Gesellschaft. Erst im Zustand der Moderne wird für Schiller das Kind und seine Daseinsform zum Sinnbild der Vollendung und damit zum Gegenstand der Verehrung. „Das Kind ist uns daher eine Vergegenwärtigung des Ideals, nicht zwar des erfüllten, aber des aufgegebenen, und es ist also keineswegs die Vorstellung seiner Bedürftigkeit und Schranken, es ist ganz im Gegenteil die Vorstellung seiner reinen und freien Kraft, seiner Integrität, seiner Unendlichkeit, was uns rührt. Dem Menschen von Sittlichkeit und Empfindung wird ein Kind deswegen ein heiliger Gegenstand sein, ein Gegenstand nämlich, der durch die Größe einer Idee jede Größe der Erfahrung vernichtet“ (ebd., S. 697).

Schiller ist sich völlig im klaren darüber, daß er das Kind hier bewußt „idealischer“ betrachtet, als es der empirischen Wirklichkeit entspricht. Auch und gerade für dieses idealisierende Vorgehen gilt seine auf Humboldts Überhöhung der Griechen bezogene Bemerkung: „Wir sollen es, da wir ja durch seine Form und Stellung zu uns getrieben werden, darin Ideen und eine Wirkung zu suchen, die über das uns umgebende Leben hinausgeht“ (Schiller, zit. n. Blättner 1961, S. 149). Während der Verstand nicht umhin kann, die kognitive und lebenspraktische Unterlegenheit des Kindes, seine „kindische Einfältigkeit“ zu registrieren, bewundert unsere Vernunft bzw. Moralität gerade die „kindliche Einfachheit“, die in seiner Unschuld und Wahrhaftigkeit zum Ausdruck kommt: „Die Handlungen und Reden der Kinder geben uns daher auch nur so lange den reinen Eindruck des Naiven, als wir uns ihres Unvermögens zur Kunst nicht erinnern und überhaupt nur auf den Kontrast ihrer Natürlichkeit mit der Künstlichkeit in uns Rücksicht nehmen“ (Schiller 1960, S. 699). So kann Schiller bei aller Bewunderung der Kindlichkeit sagen, daß der Begriff des

Naiven (bzw. der Einfalt) der wirklichen Kindheit in strenger Bedeutung nicht generell zugeschrieben werden kann. In einer Gesellschaft verdorbener Menschen sind auch die Kinder ungezogen und handeln „aus Begierde, Leichtsinn, Ungestüm“ den vernünftigen Vorschriften zuwider. Das Naive der Denkart kommt ihnen nur zu, wenn die freie und gesunde Natur aus ihnen heraus handelt: „Sie vergessen aus eigener schöner Menschlichkeit, daß sie es mit einer verderbten Welt zu tun haben, und betragen sich selbst an den Höfen der Könige mit einer Ingenuität und Unschuld, wie man sie nur in einer Schäferwelt findet“ (ebd., S.702).
Halten wir fest: In der Daseinsform des Kindes - seiner äußeren Anmut, seinem schöpferischen Spiel, seiner Einfalt des Herzens - begegnet dem modernen, zum eigenen Vernunftgebrauch freigesetzten, von der (eigenen) Natur aber entfremdeten bürgerlichen Menschen noch die vollkommene Harmonie eines mit sich einigen freien Wesens, die Einheit von Sinnlichkeit und Vernunft auf der Stufe der naiven, ursprünglichen Menschheit und Menschlichkeit. Das anmutige, schöpferische und naive Kind ist für Schiller aber nicht bloß - im kantischen Verstand - ein Symbol, ein Analogon für die geschichtlich erst zu verwirklichende Idee der Freiheit; in der Anmut, im Spiel und in der Einfalt des Kindes tritt uns - hier geht Schillers Idealismus über Kant hinaus - wie in der Erfahrung des Schönen der Grund unseres sittlichen Wesens selber anschaulich vor Augen. Während für Kant die Idee der Freiheit durch keinen sinnlichen Ausdruck angemessen darstellbar ist, immer analogisch durch ein letztlich unausdeutbares Symbol nur indirekt verkörpert werden kann, kommt für Schiller die Idee in der schönen Gestalt unmittelbar zur Erscheinung. Das Schöne wird bei Schiller zum Ort der sinnlichen Selbstdarstellung der Vernunft im Hier und Jetzt selber[12]. Wie im ästhetischen Wohlgefallen am Schönen können wir Modernen im Kind einer ursprünglichen Daseinsform des Menschen wiederbegegnen, die für die vollständige Verwirklichung unserer Humanität unabdingbar ist. An Schillers Bild des Kindes als vollkommener Natur, die wir schon waren und die wir wieder werden sollen, knüpft unter anderen gedanklichen Voraussetzungen die romantische Bewegung an. Unter den Pädagogen der Romantik wird insbesondere Fröbel der sentimentalischen Sehnsucht nach der Kindlichkeit und der Auffassung vom schöpferischen Charakter des kindlichen Spiels praktische Gestalt geben.

Ähnlich wie Schiller entwickelt *Friedrich Hölderlin* seine Auffassung des Kindes als vollendeter Natur im Schnittpunkt von Rousseaus Naturbegriff und neuhumanistischem Griechenideal. Im Unterschied zum medizinisch ausgebildeten Berufsschriftsteller und außerordentlichen Professor für Geschichte Schiller und auch zum Hofjuristen und Naturforscher Goethe sichert Hölderlin seine

Alltagsexistenz wie viele seiner intellektuellen Zeitgenossen durch eine Tätigkeit als Hauslehrer in wohlhabenden Adels- und Bürgersfamilien (u.a. in Waltershausen bei Charlotte von Kalb, in Frankfurt am Main bei Suzette Gontard). Als praktischer Pädagoge ist Hölderlin ebenso stark von den Ideen Rousseaus beseelt wie als Denker und Dichter. Wie die Philosophie des Genfers im Tübinger Stiftsgenossen Hegel die Sehnsucht nach einem Zustand politischer Freiheit und Gleichheit entfacht, so dient Hölderlin die „Nouvelle Héloise" als Anregung für den Briefroman „Hyperion", so wird der „Emile" zum Vorbild seiner engagierten, empfindsamen Praxis als Privaterzieher. Diese wird - im völligen Gegensatz zu der von den Zwängen der bürgerlichen Herkunft und des elterlichen Ehrgeizes bestimmten eigenen Kindheit - ganz von der Achtung vor dem Recht des Kindes auf eigene Entfaltung getragen. Hölderlins pädagogische Prinzipien sind die des Zeitlassens, der Kindgemäßheit, der pädagogischen Atmosphäre und vorbereiteten Umgebung, der Erweckung zur Selbsttätigkeit und der erzieherischen Aufgabe des Unterrichts (vgl. Herrmann 1996, S.95ff.).

Diesen pädagogischen Naturalismus, diese Erziehung vom Kinde aus bekunden emphatisch auch die Worte seines Romanhelden Hyperion: „Denn jede Zucht und Kunst beginnt zu früh, wo die Natur des Menschen noch nicht reif geworden ist. Vollendete Natur muß in dem Menschenkinde leben, eh' es in die Schule geht, damit das Bild der Kindheit ihm die Rückkehr zeige aus der Schule zu vollendeter Natur...; denn wer nicht einmal ein vollkommenes Kind war, der wird schwerlich ein vollkommener Mann. ... Laßt von der Wiege an den Menschen ungestört! treibt aus der engvereinten Knospe seines Wesens, treibt aus dem Hüttchen seiner Kindheit ihn nicht heraus!... Kurz, laßt den Menschen spät erst wissen, daß es Menschen, daß es irgendetwas außer ihm giebt, denn nur so wird er Mensch" (Hölderlin 1992, S. 682f.). Wie die fortschrittlichen Pädagogen seiner Zeit glaubt Hölderlin an die Sendung der Erziehung für die Höherbildung der Menschheit. Wie u.a. ja auch später Herbart schwört er auf die besonderen Chancen einer vom Staat nicht bevormundeten, gesellschaftlich gleichsam exterritorialen, autonomen Privaterziehung, welche die seelische Entwurzelung des Kindes und seine Normierung durch das abstrakte Schulwissen vermeiden soll. In diesem Sinne klagt Hyperion: „Ach! wär' ich nie in eure Schulen gegangen. Die Wissenschaft, der ich in den Schacht hinunter folgte, von der ich, jugendlich thöricht, die Bestätigung meiner reinen Freude erwartete, die hat mir alles verdorben. Ich bin bei euch so recht vernünftig geworden, habe gründlich mich unterscheiden gelernt von dem, was mich umgiebt, bin nun vereinzelt in der schönen Welt, bin so ausgeworfen aus dem Garten der Natur, wo ich wuchs und blühte, und vertrockne an der Mittagssonne" (ebd., S.615).

Gemessen an Rousseaus Emile ist der praktische Pädagoge Hölderlin als Hofmeister allerdings „Revisionist". In einem Brief vom 2. September 1785 schreibt er an den Naturforscher Ebel, der ihm zu der Hauslehrertätigkeit im Hause Gontard in Frankfurt am Main verholfen hat: „Aber darin hat Rousseau Unrecht, daß er es ruhig abwarten will, bis die Menschheit im Kinde erwacht, und indeß sich gröstentheils mit einer negativen Erziehung begnügt, nur die bösen Eindrücke abhält, ohne auf gute zu sinnen. Rousseau fühlte die Ungerechtigkeit derer, die das Kind wo nicht mit dem Flammenschwerd doch mit der Ruthe aus seinem Paradiese aus dem glücklichen Zustande seiner Thierheit herausjagen wollten und gerieth, wenn ich ihn anders recht verstehe auf das entgegengesetzte Extrem. Wenn das Kind von einer andern Welt umgeben wäre, als die gegenwärtige ist, dann möchte Rousseaus's Methode zweckmäßig seyn" (Hölderlin, zit. n. Herrmann 1996, S.95). Da sein Zögling beim Beginn des pädagogischen Verhältnisses schon vom depravierenden Einfluß der Gesellschaft geprägt ist, kann seine Erziehung nicht mehr nur „negativ" als abwartendes Wachsenlassen erfolgen; der Erzieher muß vielmehr, auch wenn er jede Verfrühung und einseitige Belehrung zu vermeiden sucht, dem Heranwachsenden den rechten Weg zur Erlangung der sittlichen Mündigkeit aufzeigen und vorgeben (vgl. Fertig 1990a, S. 33f. u. S. 46ff.).
Hölderlin ist als *Pädagoge*, der die neuen Erziehungsauffassungen seiner Zeit aufnimmt und im Hinblick auf seine erzieherische Praxis reflektiert, bislang kaum von der pädagogischen Historiographie gewürdigt worden. Der Hauptgrund hierfür liegt vermutlich in der Tatsache, daß des Hauslehrers Hölderlin Reflexionen über Erziehung nicht - wie etwa bei Jean Paul - als Erziehungslehre abgefaßt worden sind, sondern nur verstreut in seiner Korrespondenz Platz gefunden haben.
Für eine Ideengeschichte der Kindheit bedeutsamer als der über seine pädagogischen Erfolge und Niederlagen reflektierende rousseauistische Hauslehrer ist der *Denker und Dichter* Hölderlin. Als solcher ist er „viel zu eigensinnig und selbständig, als daß er sich eine vorgegebene Lehre oder Philosophie einfach bloß aneignet und dann mit eigenen Worten repetiert" (Menze 1982, S. 450). Das Problem der Bildung als Erziehung und Selbstvollendung des Menschen ist auch von zentraler Bedeutung in Hölderlins literarischem Werk. Seine Vorstellung vom Verlauf der Bildung und seine Auffassung von der besonderen Bedeutung der Kindheit finden ihren poetischen, aber gleichwohl systematisch begründeten Ausdruck exemplarisch in den verschiedenen Fassungen seine Bildungsromans „Hyperion"[13].
In den Vorreden reflektiert Hölderlin explizit das *Problem und den Gang der Bildung*. Ihr allgemeines Grundschema ist der Dreischritt von Einheit, Entzweiung und Wiederzurückstreben nach der Einheit; die Verlaufsform der Bil-

dung ist die einer exzentrischen Bahn: „Wir durchlaufen alle eine exzentrische Bahn, und es ist kein anderer Weg möglich von der Kindheit zur Vollendung. Die seelige Einigkeit, das Seyn, im einzigen Sinne des Worts, ist für uns verloren und wir mußten es verlieren, wenn wir es erstreben, erringen sollten. Wir reißen uns los vom friedlichen En Kai Pan der Welt, um es herzustellen, durch uns Selbst. Wir sind zerfallen mit der Natur, und was einst, wie man glauben kann, Eins war, widerstreitet sich jetzt, und Herrschaft und Knechtschaft wechselt auf beiden Seiten. Oft ist uns, als wäre die Welt Alles und wir Nichts, oft aber auch, als wären wir Alles und die Welt nichts. Auch Hyperion teilte sich unter diese beiden Extreme. Jenen ewigen Widerstreit zwischen unserem Selbst und der Welt zu endigen, den Frieden alles Friedens, der höher ist, denn alle Vernunft, den wiederzubringen, uns mit der Natur zu vereinigen zu Einem unendlichen Ganzen, das ist das Ziel all' unseres Strebens, wir mögen uns darüber verstehen oder nicht. Aber weder unser Wissen noch unser Handeln gelangt in irgend einer Periode des Daseyns dahin, wo aller Widerstreit aufhört, wo Alles Eins ist; die bestimmte Linie vereiniget sich mit der unbestimmten nur in unendlicher Annäherung. Wir hätten auch keine Ahndung von jenem unendlichen Frieden, von jenem Seyn, im einzigen Sinne des Worts, wir strebten gar nicht, die Natur mit uns zu vereinigen, wir dächten und wir handelten nicht, es wäre überhaupt gar nichts (für uns), wir wären selbst nichts (für uns), wenn nicht dennoch jene unendliche Vereinigung, jenes Seyn im einzigen Sinne des Worts vorhanden wäre. Es ist vorhanden - als Schönheit..." (Hölderlin 1992, S. 558).
Die Grundlage dieser Bildungsphilosophie Hölderlins ist die metaphysische Gewißheit der ursprünglichen Einheit des Seins, das - der Identität des seiner selbst bewußten und damit sich in sich selbst unterscheidenden Ich vorausliegend - in Verhältnissen der Reflexion nicht gedacht, sondern nur im Erlebnis der Schönheit geschaut werden kann. Nach der „Ur-Teilung" des Einen, Ganzen in Objekt und Subjekt durch das dem Nicht-Ich sich entgegensetzende Ich und nach der Erfahrung der Identität durch das reflexiv sich von sich selbst trennende Ich strebt der menschliche Geist sehnsüchtig wieder zurück zur Ur-Einheit im Absoluten. „Eines zu seyn mit Allem, was lebt, in seeliger Selbstvergessenheit wiederzukehren ins All der Natur, das ist der Gipfel der Gedanken..., der Ort der ewigen Ruhe..." (ebd., S. 614f). Einheit und Wiedervereinigung sind also Ausgang und Bestimmung des menschlichen Daseins. Hölderlin denkt diese Bewegung im Verhältnis zum Sein in lebens- und menschheitsgeschichtlichen Phasen. Als Kind bzw. antiker Helene lebt der Mensch noch in unbewußter ursprünglicher Einheit mit dem Sein, im Zustand des Friedens. Als Erwachsener bzw. neuzeitliches bürgerliches Individuum hat er sich durch den Widerstreit von Ich und Welt, von Selbstbewußtsein und Natur vom Sein getrennt. Im Bewußtsein und im Leiden an der Trennung sucht er, diesen

Widerstreit aufzuheben und in den Zustand von Einigkeit und Frieden zurückzukehren; dies kann aber dem endlichen Bewußtsein reflexiv und im gesellschaftlichen Zustand praktisch letztlich nie gelingen, sondern nur in der ästhetischen Erfahrung des Schönen. Denn das in sich einige Sein, dem der Mensch als Kind unbewußt zugehört, bleibt ihm auch in der Phase der Trennung - als Schönheit - gegenwärtig. Die schöne Gestalt, z.B. Diotima im „Hyperion", erinnert an die Vollkommenheit des ursprünglich in sich einigen göttlichen Seins, die in der Kindheit bzw. bei den Athenern noch unmittelbare Wirklichkeit ist, bevor sie durch die Entzweiung des Menschen mit der Natur aus der Welt verschwindet. Für Hölderlin ist - anders als für Schiller - die Schönheit nicht nur Symbol der Freiheit als Bestimmung des Menschen, sondern der letzte Grund des Seienden selbst. In seinem „ästhetischen Platonismus" (Düsing) regiert die Idee des Schönen auch noch über die Ideen des Wahren und des Guten: „So ist die Schönheit für Hölderlin letzter metaphysischer Grund alles Seienden und der anderen Ideen. ... Für ihn ist die Dichtung Grund und Quelle auch der Philosophie sowie aller Vernunfttätigkeit" (Düsing 1981, S. 111). Für das endliche Bewußtsein ist allein die Schönheit der Widerschein des Zustands, in dem Alles Eins ist. Dadurch wird die Poesie zur Lehrerin der Menschheit, zum Organon der Philosophie: Denn „im Schönen zeigt sich das Absolute, und es zeigt sich nur im Schönen. So avanciert die Ästhetik zum höchsten Punkt der Philosophie, den vordem Selbstbewußtsein bzw. Freiheitsbewußtsein innegehabt hatten" (Frank 1989, S. 141).

Von diesen grundsätzlichen ontologischen Betrachtungen her wird der systematische Charakter von Hölderlins Bestimmung der Bildung und seiner Auffassung der *Kindheit als ursprünglicher Einheit mit dem Sein* deutlich: „Das Grundschema ist gekennzeichnet durch zwei Zustände, zwischen denen sich die exzentrische Bahn bewegt, auf der der Mensch zur Erfüllung seiner Bestimmung voranschreitet. Ein unreflektierter Zustand seligen Bei-sich-Seins, vollendeten Glücks, der sich in der von allen Verzweckungen noch unberührten Kindheit anzeigt, wird erst in der notwendigen Preisgabe auf dem Weg des Menschen zu sich selbst als solcher erkannt. Einmal in dem, was er von sich her ist, aufgefaßt, ist er immer schon verlassen und bleibt als dieser unzugänglich. Er ist der Grund dafür, das den Menschen eine unstillbare Sehnsucht treibt, sich in dieses allem Erkennen vorausliegende Sich-ganz-Fühlen zurückbegeben zu wollen. Das menschliche Leben erscheint als nichts anderes denn der Versuch, diesen Zustand des Friedens, der Einheit, der Schönheit für sich wiederzugewinnen. Bildung im weitesten Sinne ist deshalb die Anstrengung, ein einmal notwendig Verlorenes, von dessen Besitz der Mensch nichts wußte, jetzt, nachdem es als Verlust erfahren worden war, sich aus eigener Kraft wieder zu verschaffen" (Menze 1982, S. 471f.).

Das Kind ist für Hölderlin der Inbegriff der „seeligen Einheit“ mit dem Sein; unbewußt, intuitiv lebt es noch in völliger Übereinstimmung mit sich und der Natur. Es existiert in einer gleichsam übermenschlichen, gottgleichen Form des Daseins, in einem Zustand, den der im Widerstreit lebende erwachsene Mensch niemals willentlich mehr erreichen kann. Hölderlin hat seiner metaphysisch begründeten Idee der Kindheit in den erinnernden Worten Hyperions poetischen Ausdruck verliehen:

„Ruhe der Kindheit! himmlische Ruhe! wie oft steh' ich stille vor dir in liebender Betrachtung, und möchte dich denken! Aber wir haben ja nur Begriffe von dem, was einmal schlecht gewesen und wieder gut gemacht ist; von Kindheit, Unschuld haben wir keine Begriffe.

Da ich noch ein stilles Kind war und von dem allem, was uns umgiebt, nichts wußte, war ich da nicht mehr, als jetzt, nach allen Mühen des Herzens und all dem Sinnen und Ringen?

Ja! Ein göttlich Wesen ist das Kind, solang es nicht in die Chamäleonsfarbe der Menschen getaucht ist.

Es ist ganz, was es ist, und darum ist es so schön.

Der Zwang des Gesezes und des Schicksaals betastet es nicht; im Kind' ist Freiheit allein.

In ihm ist Frieden; es ist noch mit sich selber nicht zerfallen. Reichtum ist in ihm; es kennt sein Herz, die Dürftigkeit des Lebens nicht. Es ist unsterblich, denn es weiß vom Tode nichts.

Aber das können die Menschen nicht leiden. Das Göttliche muß werden, wie ihrer einer, muß erfahren, daß sie auch da sind, und eh' es die Natur aus seinem Paradiese treibt, so schmeicheln und schleppen die Menschen es heraus, auf das Feld des Fluchs, daß es, wie sie, im Schweiße des Angesichts sich abarbeite“ (Hölderlin 1992, S. 616).

Die Erinnerung an die Kindheit als ein Dasein in Unschuld, Frieden und Freiheit ist wie der sehnsüchtige Blick zurück ins Paradies. Das Kind ist für Hölderlins Hyperion der ganze, mit sich selbst noch in Einklang lebende und deshalb „schöne“ Mensch. Spielend, ganz in der Unendlichkeit des Augenblicks lebend, fühlt es sich „unsterblich“, im Reichtum seiner Möglichkeiten den Göttern gleich. Das in Einigkeit mit der Natur und mit sich selbst lebende Kind hat die Götterfamilie noch gar nicht verlassen. Deshalb heißt es in einem Gedicht Hölderlins u.a.: „Da ich ein Knabe war, /.../... kannt ich euch besser/ Als ich je die Menschen gekannt/ Ich verstand die Stille des Aethers,/ Der Menschen Worte verstand ich nie./.../ Im Arme der Götter wuchs ich groß“ (ebd., S. 167f.). Als Götterliebling lebt das Kind noch in unbewußter Einigkeit mit dem Sein. Die Schönheit seiner Daseinsform ist für den im Widerstreit und in Gottverlassenheit lebenden erwachsenen Menschen Erinnerung an den verlorenen

Naturzustand des Paradieses und zugleich Vorschein künftiger Bestimmung. In der Liebe zum Kind vor ihm und in der Erinnerung an das Kind in ihm verbindet sich der Erwachsene sozusagen „mystisch" wieder mit dem Ursprung, erfolgt eine Wiedergeburt des ursprünglichen Gefühls der Einheit mit dem Sein. Mit der Lebensform des Kindes ist für Hyperion untrennbar die Verheißung verbunden, daß „der Frühling" wiederkehrt und sich alles „verjüngen" wird: „Daß man werden kann, wie die Kinder, daß noch die goldne Zeit der Unschuld wiederkehrt, die Zeit des Friedens und der Freiheit, daß doch Eine Freude ist, Eine Ruhestätte auf Erden!" (ebd., S. 656).

Auf die gesellschaftskritische, politische Dimension von Hölderlins Utopie der Kindheit hat u.a. Gerd Ueding hingewiesen, auf ihren direkten Zusammenhang mit den Ideen der Französischen Revolution: „Sein Traum von der Wiederkehr des goldenen Zeitalters ist mit einer politischen Utopie verbündet und zielt auf die wirkliche Befreiung der Menschheit. ... Mit ihrem religiösen Pathos verweist Hölderlins Sprache besonders deutlich auf die Gestalt des Erlöser-Kindes, das in den meisten Religionen und kultischen Überlieferungen menschliche Glückserwartung in göttlicher Weise verkörpert. ... Im aufklärerischen Denken dient die säkularisierte Auffassung dieses Bildes zur Legitimation bürgerlicher Hoffnung auf gesellschaftliche Emanzipation" (Ueding 1977, S. 347). Auch Dieter Richter vertritt die Auffassung, daß (Hyperion)-Hölderlins Vorstellung von der alleinigen Freiheit des Kindes im tiefsten Grunde von einem politischen Motiv bestimmt ist: „Hyperion zeichnet ein Kindheitsbild, in dem, in politischer Begrifflichkeit, die uneingelösten Maximen der bürgerlichen Revolution eingeklagt werden und die Leiden an der Misere des bürgerlichen Alltags ihren Ausdruck finden. Was für sich genommen wie eine Mystifikation wirkt, gewinnt im Kontext des Romans seine kritisch-utopische Kraft" (Richter 1987,S. 256).

Diese primär politisch-gesellschaftskritische Lesart von Hölderlins Kindheitsidee darf allerdings die eigentlich religiöse Dimension nicht unterschlagen, die in Hyperions Worten („himmlische Ruhe", „Unschuld", „göttliches Wesen", „Paradies" u.a.m.) ungleich stärker zum Ausdruck gelangt. Mit mindestens gleichem Recht muß man feststellen, daß Hölderlins Kindbild ein Kernbestandteil seiner neuen Mythologie, seiner religiösen Verkündigung ist, der er in seiner Poesie Gestalt gibt: „Es ist die Lehre von der ursprünglichen Göttlichkeit des Menschen, für die sein Gefühl durch die Schönheit der Natur und des Geistes wieder erweckt werden muß, damit er wieder Göttliches verstehe und er frei werde und sein Wesen sich verjünge. Es ist die Lehre vom 'reinen, freien Leben', vom 'Einklang freier Wesen'; die Lehre von der Heiligkeit der Natur, die das Herz der Menschen erfüllen muß, damit sie ihrer eigenen Göttlichkeit wieder gewahr werden... . Es ist die auf heraklitischen und empedokleischen

Gedanken beruhende Lehre vom 'Bunde der Natur', dem alle Lebewesen, unlösbar und unverlierbar von der ewigen Liebe zusammengehalten, auch noch nach ihrem Tode angehören, und von dem ewigen Leben und der ewigen Jugend der Natur... „ (Rosteutscher 1962, S. 127). Durch die Rückkehr zur Natur und die Wiedervereinigung des Menschen in der Liebe tritt die Menschheit in den Stand einer „zweiten Kindheit", in dem sie sich zu ihrer ursprünglichen Göttlichkeit wieder verjüngt. „So wird die Idee Rousseaus von der Rückkehr zur Natur zur begeisterten unio mystica der Seele mit der großen Schöpfergöttin, und die politische Revolution, die sich an den Ideen Rousseaus entzündet, wird zu einer religiösen Revolution, die sich wie die Wiederherstellung des vorchristlichen und vorindogermanischen Kults der Großen Muttergottheit und einer auf den Grundprinzipien dieses Kults beruhenden Menschheitsordnung ausnimmt" (ebd., S. 169). In dieser Verkündigung Hölderlins spielt das Kind die Rolle des Vorbildes und des Mystagogen; in seiner Lebensform hält es unbewußt die Züge des goldenen Zeitalters fest, das am Ende der „religiösen Revolution" für alle Menschen wiederkommen soll.

Ob als Sinnbild für die Erfüllung der revolutionären Maximen der Freiheit, Gleichheit und Brüderlichkeit oder ob als mythische Chiffre für die ursprüngliche Göttlichkeit des Menschen - Hölderlins Evokation der Daseinsform des Kindes fungiert in seiner Dichtung allemal kulturkritisch als Gegenbild zur Zerrissenheit des aus dem Zusammenhang mit der Natur und der Transzendenz herausgetretenen und damit von seiner wahren Bestimmung entfremdeten modernen Menschen. Das Kind als „ganzer", mit sich selbst noch nicht zerfallender Mensch kennt noch nicht die Tragik der Individuation; es leidet auch noch nicht unter der Entgötterung der Welt, die aus der Verselbstung des neuzeitlichen Menschen und seiner wissenschaftlich-technischen Verfügungsmacht über die Natur resultiert.

Anders als etwa bei Schiller steht für Hölderlin im Zentrum der Kulturkritik das Leiden unter der Individuation, der Vereinzelung. „Die Individuation, ehemals als positives schöpferisches Weltprinzip verstanden, enthüllt sich jetzt in ihren tragischen Folgen für die Individuen und aus ihrer Perspektive darum als etwas Negatives - ja geradezu als eine Schuld, die Urschuld des Lebens, für die es darum zu leiden und zu büßen hat" (Korff 1959, S. 120). Anders auch als Schiller sieht Hölderlin in der Transzendentalphilosophie Kants und insbesondere im subjektiven Idealismus des frühen Fichte das philosophische Fundament für die hybride Selbstvergottung des Menschen, die zum modernen naturwissenschaftlichen Herrschaftswissen und damit zur völligen Entmythologisierung der Welt geführt hat: „Der Mensch hat den arglosen Göttern der Natur ihr Geheimnis abgesehen, er kennt jetzt ihre Schwächen, nun vermag er sie nach seinem Gefallen zu lenken, nun müssen ihm die Himmlischen wie blöde

Knechte dienen. Damit aber ist der Mensch in einem doppelten Sinn aus der Götterfamilie der Natur herausgetreten. Nicht nur hat er sich zum Herrn der Götter aufgeschwungen und die Familienbande zwischen sich und ihnen zerrissen, sondern er hat die Götter überhaupt vernichtet und die Welt entgöttert" (ebd., S. 399). Wie der neuzeitliche Mensch durch die empirisch-experimentellen Wissenschaften die Natur entmythologisiert und seiner technischen Herrschaft gefügig macht, so erhebt er sich andererseits in der intellektualen Anschauung der Fichteschen Transzendentalphilosophie gleichsam zu seinem eigenen Gott. Für Hölderlin tritt der Mensch durch beide Denkbewegungen in Wahrheit heraus aus dem universalen Zusammenhang göttlichen Lebens und findet sich erstmals in seiner Geschichte im traumatischen Zustand metaphysischer Heimatlosigkeit wieder.

Diese, den Humanismus und Vernunftidealismus Schillers (und den Pantheismus Goethes) hinter sich lassende, bewußt unzeitgemäße Kulturkritik ist der eigentliche Wurzelgrund für Hölderlins *mythisch-religiöse Auffassung des Kindes*. Nur die Wiedererweckung der religiösen Erfahrung, die sich an der Gegenwart des Schönen und Reinen - also auch in der liebenden Begegnung mit dem Kind - entfaltet, führt den in sich zerrissenen modernen Menschen wieder zurück auf den Weg zur Einheit mit dem All, in welcher er als Kind selber unbewußt noch gelebt hat. Die Abkehr von der als sinnlos und verderbt empfundenen geschichtlichen Gegenwart und die Rückkehr zur Natur als religiöse Suche nach der Wiedervereinigung mit dem Ursprung, mit dem Sein - das ist die Verkündigung des Dichter-Propheten Hyperion-Hölderlin. Dieser Weg nach Innen, diese Sehnsucht nach der bewußtseinserweiternden bzw. -aufhebenden unio mystica kann zugleich als die eigentliche Religion der romantischen Bewegung gelten, in die wir mit Hölderlins frühromantischen Bildungsroman (vgl. Mayer 1975-1977) bereits eingetreten sind. Mit seinem Naturidealismus und ästhetischem Platonismus bricht Hölderlin als Angehöriger der zweiten Generation der Goethe-Zeit mit dem vernunftidealistischen Humanismus und der Ich-Philosophie der Weimarer und Jenenser Klassik. Sein Denken und Dichten ist „klassische Romantik, d.h. der Einbruch jener Form von Romantik, die auf dem Grunde der klassisch-antiken Dichtung lag" (Korff 1959, S. 453).

Und so entwirft uns Hölderlin in seiner Dichtung auch die Umrisse des voll entfaltenten romantischen Kindheitsideals. Das Kind ist ihm nicht nur - wie bei Rousseau und bei Herder - der noch unentfremdete, in sich einige, ursprüngliche Mensch: Unschuld, Frieden, Ganzheit, Fülle; das Kind gilt ihm vielmehr durch seine Selbstgenügsamkeit und Schönheit als ein göttliches Wesen, das noch unbewußt im Urgrund des Seins, in Einheit mit dem Absoluten lebt. Hölderlins Transzendierung des bürgerlichen Fortschrittsoptimismus hin auf eine eschatologische Heilserwartung und seine Überschreitung der Grenzen der begrifflichen Erkenntnis in Richtung auf eine ästhetisch-religiöse Wiedervereinigung mit dem Absoluten führen ihn zugleich noch entschiedener zurück zu den Ursprüngen der Person und der Geschichte: Kindheit und Paradies werden in gewisser Weise auch zu Vorbildern künftiger Erfüllung. Die Apotheose, die Vergöttlichung des Kindes - der vergangenen Kindheit in mir und des geliebten Kindes vor mir - ist also ein folgerichtiges Resultat von Hölderlins romantischer Denkbewegung selber. Wir wollen im folgenden die Eigenart der romantischen Gedankenwelt eingehender darstellen und die in ihrem Horizont vollendete Auffassung der Kindheit als einer ursprünglich vollkommenen, schöpferischen, poetischen und religiösen Daseinsform genauer betrachten.

4 Die Vollendung des romantischen Kindheitsideals

4.1 Was heißt „romantisch“?

Der Romantik bzw. dem Romantischen ist man bis heute selten auf eine unbefangene, sachlich-distanzierte, neutrale Weise begegnet. Dies gilt insbesondere für die Pädagogik. Für Otto Friedrich Bollnow z.B. ist die Romantik „die am reichsten differenzierte Phase der großen geistigen Bewegung in Deutschland“, der „Deutschen Bewegung“ (Nohl), „eine das gesamte Geistesleben durchziehende allgemeine Bewegung“ (Bollnow 1977, S. 13). Herwig Blankertz hingegen widmet dieser Epoche bzw. „Bewegung“ im Rahmen seiner Pädagogik-Geschichte keinerlei besondere Beachtung (vgl. Blankertz 1982). Für Bollnow hat die Pädagogik der Romantik mit ihrem Grundgedanken der „Rückkehr zum Ursprung, d.h. Rückführung des der Veräußerlichung und Erstarrung verfallenen Menschen zu seinem ursprünglichen lebendigen Wesen ... eine solche metaphysische Tiefe gewonnen, wie sie nie zuvor erreicht war. Damit ist ein Maßstab gesetzt, an dem alle spätere pädagogische Besinnung gemessen werden muß“ (Bollnow 1977, S. 194).

Zu solcherart Wertschätzung, ja Identifikation mit dem Romantischen kontrastiert scharf die Feststellung Heinz-Elmar Tenorths: „Die Sorge über die ‘Trennung’ vom Leben beflügelt dann aber auch vormodern-ständische Gesellschaftsbilder, eine konservative und antimoderne, nicht-egalitäre Philosophie, mit fatalen Folgen für die politische Kultur in Deutschland, die mit romantischen Ideen die Zivilisation und die Idee der Demokratie kritisiert. Die Pädagogen schließlich belegen in der Erziehungslehre der Romantik auch schon die Formen der Mystifikation der ‘Kindheit’ und des ‘Kindes’, in der sie sich nicht nur von der Welt abwendet, sondern zugleich auch den hypertrophen Gedanken entwickelt, vom Ursprung aus, in der Rückkehr zum Kind die Welt durch Erziehung neu zu ordnen“ (Tenorth 1988, S. 134).

Klaus Mollenhauer steht - bildlich gesprochen - wieder eher auf der Seite Bollnows, wenn er darlegt, wie in der romantischen Suchbewegung nach dem in der Leiblichkeit zum Ausdruck kommenden Spirituellen auch ein pädagogisches Verstehen der Individualität des Kindes gelingt und damit auch jedes einzelnen Momentes in seinem Leben: „Diesen Moment verstehen, d.h. die Zeichen, die er enthält, lesen können, und in ihm als Moment eines zeitlich ausgebreiteten Bildungsprozesses des Kindes handeln können, ohne die Bedeutungen zu verletzen, die im Moment enthalten sind...“ (Mollenhauer 1985, S. 32) - dieser „divinatorische“ Kontakt mit dem Kinde ist eine Errungenschaft der Pädagogik der Romantik.

Diese wenigen Äußerungen von zeitgenössischen Erziehungswissenschaftlern zeigen, daß auch in der Gegenwart die Differenzen in Bezug auf die Romantik noch größer sind als im Hinblick auf andere geschichtliche Erscheinungen. Offensichtlich hat die Romantik Probleme aufgeworfen und Perspektiven eröffnet, die bis heute beeindrucken bzw. beunruhigen. Die Schwierigkeiten mit der Romantik bzw. mit dem Romantischen beginnen allerdings schon beim Begrifflichen selber: „Die eigentliche Unzulänglichkeit dieses Terminus rührt... daher, daß es sich bei ihm um eine von Gegnern geprägte, bewußt zu eng gewählte Bezeichnung handelt, in der all die Merkmale des Extravaganten, Ungezügelten, bloß Phantastischen nachklingen, die dieser Begriff seit seinem Entstehen im siebzehnten und achtzehnten Jahrhundert mit sich führte und trotz über hundertjähriger kritischer Sonderung heute noch nicht verloren hat" (Behler 1988, S. 109f.). Eine kritische Schärfung dieses Begriffs, auf den trotz seiner Verkürzungen und Entstellungen ja keineswegs mehr verzichtet werden kann, ist nur möglich, wenn Klarheit herrscht über seine sprachliche Herkunft, über seine Verwendung als historisch-epochaler oder typologischer Terminus, über seinen Bezug auf ein bestimmtes kulturelles Feld, z.B. die Literatur oder die Philosophie allein, oder auf eine Weltanschauung, Geisteshaltung allgemein oder nur auf eine bestimmte Generationslagerung bürgerlicher Intellektueller sowie schließlich über die ihm angesonnene nationale oder internationale Reichweite. Doch auch nach einer solchen begrifflichen Präzisierung wird man konzedieren müssen, „daß sich die romantische Denkform einer stringenten, kohärenten und einheitlichen Systematisierung in jedem Falle entzieht. Eine tiefe, unaufgelöste Ambivalenz gegenüber dem systematisierenden Denken ist ja charakteristisch für das romantische Bewußtsein" (Weiß 1986, S.287).
Das Wort „*romantisch*" hat bereits eine längere Geschichte, ehe es zur (Selbst-) Bezeichnung für eine literarische und gesamtkulturelle Bewegung wird. Als *volkstümlicher Begriff* bezeichnet das Romantische im 17. und 18. Jahrhundert die beliebten spätmittelalterlichen Ritter- und Abenteuerromane, sowie die darauf bezogenen Landschaften in der Natur oder in der Malerei. In der zweiten Hälfte des 18. Jahrhunderts wird das Romantische zu einem *kulturgeschichtlichen Begriff* erweitert, der (etwa bei Herder) sich auf die volkstümlichen Formen der Poesie in der mittelalterlichen Kultur Nord- und Südeuropas, des Orients und des Fernen Ostens bezieht. Die zweite Generation der Goethe-Zeit - die Frühromantiker - steigern das Romantische zu einem *kritischen Begriff*, mit dem sie ihre Konzeption der Poesie als einer die philosophische Reflexion noch überschreitenden Wahrheitserfahrung bezeichnen: „Auf der Grundlage, die durch die ästhetischen Qualitäten volkstümlicher Abenteuerromane, durch die romantische Landschaftstradition und den Begriff einer romantischen Kulturepoche in den Schriften ihrer Vorfahren gegeben war, bauten die deutschen

Frühromantiker ein ästhetisch-kritisches Programm und eine literarhistorische Theorie auf, ja eine vollständige romantische Weltanschauung. Der von ihnen ausgearbeitete kritische, kulturelle und philosophische Begriff des Romantischen wurde von ihren jüngeren Zeitgenossen und der nächsten Generation der Romantiker trotz individueller Verschiedenheiten und einer durchgängigen, leichten Akzentverlagerung beibehalten" (Immerwahr 1972, S. 178).
Die „*Romantik*" bezeichnet seitdem eine geistesgeschichtliche Epoche (von 1797 bis ca. 1830 in Deutschland), die man noch in die Phasen der Frühromantik, der Jüngeren Romantik und der Spätromantik zu untergliedern pflegt. Das „Romantische" fungiert dagegen als typologischer Begriff für die - etwa dem Klassischen entgegengesetzte - Geisteshaltung und Weltanschauung der „Romantiker", die man sozialgeschichtlich etwa als die Generation bzw. Gruppe der nachrevolutionären bürgerlichen Intellektuellen betrachten kann. Als *historischer Epochenbegriff* erscheint das Romantische bzw. die Romantik problematisch angesichts der ungewöhnlich großen Varietät der nationalen Unterschiede und der zeitbedingten Differenzen zwischen den ihr zugerechneten Vertretern. Mit ihm ist auch der „Zeitgeist" zwischen 1797 und 1830 weder vollständig zu erfassen, noch die Kontinuität oder Differenz dieses Zeitabschnitts zu den vorhergehenden oder nachfolgenden genau sichtbar zu machen. Als Epochenbegriff ist der Terminus „Romantik" heute vor allem auf literaturwissenschaftlichem Gebiet in Gebrauch und strahlt von hier aus auf die anderen geistigen Gebiete zurück.

Eine noch geringere historische Trennschärfe bei gleichzeitigem umfassenderen Deutungsanspruch bringt die Verwendung des Begriffs „*Romantische Bewegung*" mit sich. Hierdurch kann das Phänomen des Romantischen einerseits geschichtlich eher entgrenzt, andererseits noch globaler gedeutet werden. Beispielhaft für diese Vorgehensweise ist das Romantik-Konzept von Richard Benz. Für ihn beginnt die „romantische Geistesbewegung" mit ihrem Vorspiel in der englischen Kultur der Empfindsamkeit, erreicht dann, nachdem in ihr literarisch weitere „Elemente" herangewachsen sind, ihren poetischen Zenit in Deutschland, um dann auf dem Weg über die französische Dramatik und Musik erneut nach Deutschland zurückzufinden bzw. als Lyrik und Malerei bzw. Ornamentik in England ihr Finale zu absolvieren. Für Benz ist die Romantik ursprünglich eine protestantische Bewegung; sie mußte „in protestantischen Ländern sich bilden als Sehnsucht nach den verlorenen alten Bindungen, die darum oft auch im Katholizismus selbst ihre Stillung fand" (Benz 1960, S. 196). Für die romantische Bewegung ist charakteristisch, daß „sie wandert und immer andere Mittelpunkte gewinnt" (ebd. S. 214).
Anders als Benz verfährt die Hauptströmung der deutschen Romantikforschung *typologisch*, um einen präziseren Begriff der Romantik bzw. des Romantischen

zu gewinnen. Sie versucht, das „Wesen“ dieser geschichtlichen Epoche vor allem aus ihrer Gegenstellung zur Aufklärung oder zur Dichtung der Klassik zu verstehen. Exemplarisch für dieses primär *ideengeschichtliche* Vorgehen ist das Werk Hermann August Korffs, in dem die deutsche Romantik als Revolutionierung der Gedankenwelt der Aufklärung und als Revolutionierung der Gestaltenwelt der klassisch-humanistischen Dichtung verstanden wird (vgl. Korff 1959, S.1 ff u. S.235ff). Eine erste Revolutionierung der Gedankenwelt geschieht durch die „Romantisierung“ Kants im absoluten Idealismus der Fichteschen Wissenschaftslehre und in der Identitätsphilosophie Schellings. Eine Folge von Fichtes Vorstellung, daß die Erscheinungswelt eine Schöpfung des Geistes sei, ist das Lebensgefühl der Jenenser Frühromantiker, in einer übernatürlich-geistigen Welt zu leben, die am reinsten in der inneren „intellektualen Anschauung“ zu erfassen ist. Die naturphilosophische These Schellings, daß die tätige Natur („natura naturans“) der sichtbare Geist, der Geist die unsichtbare Natur sei, ist die gedankliche Voraussetzung für das romantische Einheitsgefühl mit der Natur und für die Zuwendung zu den geheimnisvollen, unbewußten Tiefen der menschlichen Seele. Die höchste Stufe der in der Natur und im Menschen wirkenden geistigen „Potenzen“ ist für Schelling die Kunst. In der Kunst - und nur in ihr - kann der Mensch das Unendliche, das Absolute in endlicher symbolischer Gestalt zur Darstellung bringen. Die Kunst, nicht die begriffliche Reflexion, wird zum eigentlichen „Organon der Philosophie“. Die Zweite Revolutionierung der aufklärerischen Gedankenwelt erfolgt in der Romantisierung des geschichtlichen Bewußtseins durch die Wiederentdeckung der „Wunderwelt des christlich-germanischen Mittelalters“ (Korff) als der wahren Heimat des abendländischen Menschen und durch die Rehabilitierung der Mythenwelt als einer früheren und ursprünglicheren Form der Weltdeutung. Im künstlerischen Werk eines Novalis kommt der neue Weg nach innen, die innige Verbindung mit der als verwandt erlebten Natur, die Hinwendung zum Mittelalter und die Rückkehr in die Welt des Mythos exemplarisch zum Ausdruck. Hier wird deutlich, wie auf der Grundlage der neuen Gedankenwelt auch eine neue Gestaltenwelt entsteht. Die romantische Dichtung ist in ganz neuem Maße freie Phantasiedichtung, bewußt phantastische Dichtung, das Märchen wird zur bevorzugten Kunstform: „Es ist Mythos in vollem Sinn und spricht in geheimnisvoll verhüllter Form letzte Erkenntnisse aus“ (Bollnow 1977, S 18). Es offenbart die in allem äußeren Geschehen wirkende innere Welt des geistigen Lebens.

Daß die deutsche Romantik mehr als eine Richtung der Poesie, der Kunst sei, vielmehr eine nahezu alle kulturellen Bereiche von der Religion bis zur Pädagogik und der Medizin umgreifende epochale Gesamtbewegung, wendet Martin Honecker mit Recht gegen die vorwiegend literarhistorisch ausgerichteten

Romantik-Theorien ein. In einem auch heute noch lesenswerten Beitrag macht er den Versuch, die „leitende *Weltanschauung der deutschen Romantik*", die „alles Denken und Handeln bestimmende Gesamtsicht von Sein und Sollen" herauszuarbeiten. Die Kerngedanken der romantischen Philosophie beinhalten seiner Ansicht nach eine gemeinsame Metaphysik, Erkenntnistheorie und Ethik. Ausgangspunkt der spekulativ-idealistischen „Metaphysik der Romantiker" ist die Vorstellung, daß sich das Absolute bzw. Göttliche mit sich selbst entzweit hat und in der Entwicklung der Natur und in der menschlichen Geschichte seiner selbst ansichtig wird. Die Welt erscheint als ein organisches und auf das Ziel der Wiedervereinigung mit dem Absoluten bzw. Göttlichen gerichtetes Ganzes, worin der Mensch als Mikrokosmos eine Schlüsselrolle besitzt. Denn er ist nach der romantischen Erkenntnistheorie in der Lage, in der intuitiven Erfassung der Natur und im divinatorischen Verstehen der Geschichte sowie in der unmittelbaren intellektuellen Anschauung seines eigenen Denkens das Absolute bzw. Göttliche hinter den Dingen und in sich selbst „ahndend" zu erfassen. „Im ganzen zeigt der romantische Intuitionismus eine starke Verwandtschaft mit der Geisteshaltung der Mystik" (Honecker 1968, S. 312). Die „romantische Ethik" ist vom Gedanken der universalen Vervollkommnung bestimmt. Von der metaphysischen Voraussetzung her, daß die Entwicklung der Natur und der Gang der Geschichte zugleich das fortschreitende Selbstbewußtwerden des Absoluten bzw. Göttlichen sind, ergibt sich die Pflicht für den einzelnen, durch die eigene Selbstvervollkommnung im Rahmen organisch entwickelter Gemeinschaften an diesem universalen Aufstiegsprozeß mitzuwirken. Durch ihre Rückkehr zur spekulativen Metaphysik, durch ihre intuitionistische Erkenntnis- und Wissenschaftslehre und durch ihre kosmisch und geschichtlich sich einordnende Ethik stellt die Romantik auch für Honekker im tiefsten Grunde eine weltanschauliche Gegenbewegung zur Aufklärung dar. In der allgemeinen ideengeschichtlichen Analyse stimmt er gänzlich mit der Einschätzung Korffs überein: „So bietet also die Geschichte der Romantik das eigentümliche Bild einer allgemeinen Konversion des Geistes, der auf der höchsten Höhe des Selbstbewußtseins mit einem Male die Ohnmacht dieses Selbstbewußtseins bemerkt und aus der Freiheit des Geistes, die drei Jahrhunderte sich erobert haben, zurückkehrt in eine Form der Gebundenheit" (Korff 1968, S. 215).

Den letzten Intentionen der deutschen Romantiker wird eine Konzeption nicht gerecht, die nur mit den philosophischen Begriffen des deutschen Idealismus arbeitet. Denn die eigentlichen Leistungen der Romantik liegen auf anderen Gebieten als der Philosophie. Den *einheitlichen Zusammenhang von Ideen*, der das Schaffen, Forschen und Handeln der Romantiker bestimmt, hat Paul Kluckhohn folgendermaßen charakterisiert: Im Zentrum des romantischen

Denkens steht die Idee des *Lebens* als einer dauernden Bewegung, die sich im Rhythmus polarer Gegensätze vollzieht und die einzelnen Gestalten zu immer umfassenderen Formen der Einheit emporträgt. Die *Natur* wird begriffen als organische Einheit, aus der auch der Mensch entstammt und in die er auch wieder eingehen wird: „An Stelle der Fremdheit und Geringachtung der Natur gegenüber und eines bloßen Nutzbarmachens der Natur für den selbstherrlichen Menschen ist eine gefühlsmäßige Bindung des Menschen an die Natur getreten, ein Angesprochenwerden von ihren lebendigen Kräften, von ihrer Bewegung, ein Sich-Einfühlen in liebender Hingabe an sie, ja ein Bewußtsein der lebendigen Wechselwirkung zwischen der Seele des Menschen und den Kräften der Natur" (Kluckhohn 1953, S. 34).

Der *Mensch* ist nicht nur Glied des organischen Ganzen der Natur, er ist ein Mikrokosmos, das Ebenbild der Welt; als Dreieinheit von vegetativen, animalischen und spirituellen Prozessen faßt er in sich alle Stufen und „Potenzen" der schaffenden (Geist-) Natur in sich zusammen. Der Gang der Bildung meint die organische Entfaltung aller Kräfte des einzelnen im Durchgang - gleichsam durch die Reiche der Natur und des Geistigen - von den Tiefen des Unbewußten bis zu den Höhen des Selbstbewußtseins. Das Unbewußte ist der Grund alles Lebendigen, das Reich der „Weltseele", mit der der Mensch im Traum sich wieder verbinden kann. Die höchste Steigerung der Persönlichkeit geschieht in der Ausbildung der intellektuellen Anschauung, der produktiven Einbildungskraft, durch die sie gleichsam überbewußt ihres geistigen Ursprungs innewird. Erst im Gegenüber seines Du z.B. in der Freundschaft, empfindet der Mensch die Entgrenzung seiner Individualität. Und erst die *Liebe* als Einheit des sinnlichen, seelischen und geistigen Erlebens hilft ihm, „ganz" zu werden. In der Liebe tritt der einzelne aus der alle Bereiche des Lebendigen durchwaltenden Urpolarität der Geschlechter heraus, kann seine Halbheit zur Einheit ergänzen: „Die Liebesvereinigung wird auch erlebt als ein Eingehen in die Natur, in den Urgrund der Dinge, der eben die Liebe ist" (ebd. S. 72). Wahre Liebe schließt für die Romantiker dauernde Zusammengehörigkeit ein; Liebe und Ehe sind wesenseins. Die romantische Ehe fängt mit der romantischen Liebe an und bleibt unauflöslich auf sie gegründet, ganz im Gegensatz zur herkömmlichen Standes- und Vertragsehe. Die natürliche Vollendung der Ehe ist das gemeinsame Kind und seine *Erziehung* im Schoße des häuslichen Familienlebens durch die Ehepartner selber. Diese Erziehung erfolgt in erster Linie „negativ", d.h. sie unterstützt nur den organischen Entwicklungsprozeß der kindlichen Individualität und schirmt ihn entschieden gegen alle von außen kommenden Störungen ab. Im Gegensatz zum abstrakten Begriff des Staates in der Aufklärung sehen die Romantiker den *Staat* als Organismus, als lebendiges Wesen an, das eine eigene Individualität besitzt. Der Staat ist ein Makroanthropos mit je eigenen Gesetzen, Sitten und Normen. Er ist in dem Maße vollkommen, in dem er die freie Entwicklung des individuellen Lebens ermöglicht und dabei gleichwohl die einzelnen zu gemeinschaftlicher Solidarität verbindet: „Gerade aus dem Erlebnis der Individualität, um des Wertes der Eigentümlichkeit willen müssen die Romantiker die Lehre von der Gleichheit der Menschen ablehnen wie ebenso aus der Erkenntnis der Eigentümlichkeit der Völker den Kosmopolitismus“ (ebd., S. 88).

Die *Geschichte* wird nicht, wie in der Aufklärung, als linearer Fortschrittsprozeß betrachtet, sondern als Gestaltwandel der Kulturen, die jeweils individuelle organische Gebilde sind. Die Menschheit wird so nicht als in sich unveränderliches Abstraktum gedacht, sondern als die Vielzahl je eigentümlicher Epochen und Kulturen. Das historische Bewußtsein und organizistische Denken der Romantiker sieht überall in der Gegenwart das Vergangene noch weiterwirken nach den Lebensprinzipien, die den einzelnen Kulturen innewohnen. Die schöpferischen Kollektivkräfte einer Kultur werden auf ihren „Volksgeist“ oder auf die Struktur ihrer Sprache zurückgeführt. Die Suche nach den frühesten Gestalten des Volksgeistes, nach dem Geist des „Urvolks“, endet - auch hier auf den Spuren Herders (und Vicos) - in der Welt des Mythos. In den Mythen der Frühzeit sind die Geheimnisse der Schöpfung aufgehoben; in ihnen haben Religion, Kunst, Recht und die Ordnungen des alltäglichen Lebens ihre Wurzeln. Das Verhältnis der Romantiker zur Natur, ihre Auffassung vom Menschen als Mikrokosmos, ihr Erleben der Liebe und ihr Mythenverlangen sind von *religiösem Empfinden* bestimmt, von einer mystischen Sehnsucht nach Einssein mit dem Universum und von der prophetischen Vision einer (Wieder-) Vergeistigung der Natur und der Menschheit. Das Christentum ist für sie nur eine, wenn auch die geschichtliche höchste Entfaltungsstufe der Religion als des „Sinnes für das Unendliche“. „Der transzendente Gott wird weniger als der gegenüberstehende erlebt denn als der in der ganzen Welt und ihrem ewigen Werden und Quellen (im Sinne Böhmes) und zugleich in der Seele des Menschen sich offenbarende“ (ebd., S. 142). Im Verlauf der romantischen Bewegung erfolgt indes bei vielen ihrer Vertreter eine Wandlung von der pantheistischen Gefühlsreligion zurück zum biblischen Offenbarungsglauben und zu den traditionellen Kirchen. Zu ihrem stärksten Ausdruck gelangen die Lebensauffassung und das Lebensgefühl der Romantiker im Bereich der *Kunst*, in Literatur, Malerei und Musik. Auch die romantische Kunstauffassung beruht „auf der Überzeugung, daß die Welt mit dem diesseitigen, irdischen Bezirk nicht zu Ende sei, daß eine jenseitige unendliche Welt sich im Inneren des menschlichen Gemüts auftue. Diese innere und zugleich transzendente Welt, die die Kraft der Sehnsucht erschließt, zu offenbaren, das ist die Aufgabe der Kunst. Aufs engste berühren sich in dieser Grundüberzeugung Kunst und Religion...“ (ebd., S. 159). Als

„progressive Universalpoesie“ (Friedrich Schlegel) soll sich die romantische Dichtung fortschreitend dem Unendlichen annähern, wie das Absolute selber alle Formen und Gehalte schöpferisch in sich vereinend, die Poesie lebendig und das Leben poetisch machend.

Kategorial, aus seinem Verhältnis zur Zeit, hat Fritz Strich den *„romantischen Menschen“* im Stilvergleich mit dem klassischen zu verstehen versucht. Der romantische Mensch tritt gleichsam aus der Zeit und aus seinem Selbst heraus, um in die Gemeinsamkeit des unendlichen Lebens einzugehen; und er hebt dabei die Begrenzung der Erkenntnis auf die Welt der Erfahrung auf, um hinter die Dinge zu gelangen. Die romantische Sehnsucht richtet sich nach rückwärts auf die geschichtlichen Anfänge und nach innen auf die mystische Vereinigung der Seele mit ihrem übernatürlichen Ursprung. „Die Grundbegriffe der Romantik: Zeit und Ewigkeit als Weg und Ziel waren eben die Grundbegriffe der Mystik auch“ (Strich 1962, S. 108) . Der Romantik-Begriff Strichs markiert den Übergang von einer historischen zu einer anthropologischen Typologie. Strich entgrenzt das Romantische über die geschichtliche Epoche seiner Entstehung hinaus zu einer überzeitlichen Geistesbewegung, wenn er abschließend feststellt: „Aber auch die Romantik wird einmal wiederkommen. Denn Romantik ist nicht nur ein Zeitliches, Einmaliges, ein vorübergerauschter Strom, sondern ein ewiges Element, das ewige Meer, in welches der Menschengeist immer wieder eintauchen muß als in ein heiliges Bad der Verjüngung... . Denn alle fest gewordenen Formen müssen immer wieder zerbrochen und aufgelöst werden, wenn sie nicht erstarren, und das heißt sterben, sondern lebendig bleiben sollen. Immer neue Verwandlung ist das Geheimnis der Lebensbewahrung, und Romantik ist das verwandelnde Element, das alle starr gewordene Form in sich zurücknimmt, um sie neugeboren wieder an den Tag zu fördern“ (ebd., S. 362f.).

Diese historisch-entgrenzende Sicht auf die Romantik hat Erich Ruprecht konsequent weiter entfaltet. Er hält es für eine vergebliche Forschungsbemühung, die romantische Bewegung als eine fest umrissene Erscheinung innerhalb des Ablaufs des geistesgeschichtlicher Epochen festlegen zu wollen. Für ihn ist die *romantische Denkart* eine in der europäischen Geistesgeschichte immer wieder zu Tage tretende schöpferische überzeitliche Bewegung, die in der Epoche der Romantik ihre bislang ausgedehnteste epochale Gestalt gewinnt. Das entscheidende Merkmal dieser „im weitesten Sinn philosophisch-religiösen Denkart und Haltung“ ist die Frage nach dem Ursprung. Der romantischen Weltanschauung geht es um Ursprung, Wesen und Ziel des Menschen und seiner Welt. Die romantische Denkart beschreitet zwei Wege zum Ursprung, den mystischen Weg nach innen und den genetischen Weg nach rückwärts in die Geschichte. Für Ruprecht sind im romantischen Denken die drei Stufen des mystischen Weges nach innen: Reinigung, Ent-Ichung, Einung - noch erkennbar, wenn auch in der Form des neuzeitlichen Subjektbewußtseins. Im mystischen Einheitserlebnis erfolgt auch für den Romantiker der Einbruch der Transzendenz, des Numinosen in die Seele; zugleich erfährt sich die Seele aber auch als Teil der schöpferischen Kraft des Göttlichen selber. „Dieses höchste schöpferische Prinzip erfahren die Romantiker in verschiedenen Graden der Annäherung als transzendentales Selbst, als Genie oder Genius" (Ruprecht 1986, S. 11). Neben dem mystischen Weg gibt es in der romantischen Bewegung als zweiten Weg zum Ursprung den - von Herder ihr eröffneten - Weg in die Geschichte, zurück zu den historischen Anfängen der Menschheit. Am Anfang der Geschichte steht für die Romantiker der Mythos als eine Uroffenbarung des Göttlichen. In der Welt des Mythos stehen Ich und Welt noch in einem einheitlichen Zusammenhang, gehört der einzelne noch untrennbar zu einer ihn übergreifenden kultischen Gemeinschaft. Diese Wendung der Romantiker zurück zum mythischen Anfang „ist der ungeheure Versuch der Rückbindung des immer weiter von seinem Ursprung sich entfernenden Menschen an den ihn bildenden Geist - im Sinne einer wahren religio" (ebd., S. 63)[14].

Ähnlich wie Ruprecht vom entgrenzenden Geist des Romantischen selbst erfüllt, versucht Albert Béguin bewußtseinsanalytisch-anthropologisch *die romantische Seele* aus ihrem besonderen Verhältnis zur Welt des Traumes und der Phantasie zu bestimmen. „Jede Epoche des menschlichen Denkens setzt den Traum in eine charakteristische Beziehung zum Wachen, ja die Art dieser Beziehung könnte als hinreichendes Epochenmerkmal dienen" (Béguin 1972, S. 7). Je nachdem, wie die Grenze zwischen Ich und Nicht-Ich abgesteckt wird, wird der Traum und die Phantasie als diffuse und dubiose Erfahrung, deren Bilderwelt an der exakten Erfassung des Wirklichen hindern, eher zurückgewiesen oder es werden die aus ihnen entspringenden Ahnungen und Einbildungen geradezu als besonders geeignete Erkenntnismittel aufgefaßt, mit denen man mit den höheren bzw. tieferen Schichten der Welt in Beziehung treten kann. Der neuzeitlich aufgeklärte Mensch hat die Grenze zwischen Wach- und Traumbewußtsein radikal und unüberwindlich gezogen: „Mythos, Poesie, Religion sinken für ihn zu bloßen Forschungsgegenständen ab, zu Geistesprodukten, die höchstens noch als psychologische Dokumente Beachtung verdienen. Der Mythos gilt als primitiver Ausdruck eines noch stammelnden Weltverständnisses, das nur verzerrte Bruchstücke der Wirklichkeit wahrnimmt... . Die Poesie wird zum bloßen Spiel, zu einer virtuosen Zerstreuung, welche einem irgendwie kindlichen Verlangen unseres Geistes entgegenkommt ..." (ebd., S. 69f.). Die romantische Seele gibt dem Mythos, der Poesie und der Religion wieder ihre tiefere Bedeutung zurück „aus der Gewißheit, daß wir tief in uns selbst die Züge einer geheimnisvollen Wirklichkeit tragen, die uns unendlich übersteigt... . An die Stelle einer streng psychologischen Ausrichtung tritt von neuem das Erlebnis des Innern, tief und kühn genug, eine metaphysische Ära auferstehen zu lassen" (ebd., S. 70f.).

Die romantische Haltung ist für Béguin zwar zunächst die einer vergangenen Epoche; sie ist aber zugleich - wie für Ruprecht - eine Erscheinungsform des überzeitlichen metaphysischen Verlangens, das in der Geschichte immer dann wieder hervorbricht, wenn die menschliche Seele sich - wie in der Aufklärungszeit und in der gegenwärtigen wissenschaftsorientierten Kultur - ausschließlich auf die Gesetzgebung des Verstandes beruft. „Da sie sich auf ihre luziden Vermögen reduziert hat, wird sie von Angst und Reue befallen, sobald sie spürt, daß im inneren Dunkel Kräfte weiterleben, die sie darin auf immer verbannt zu haben glaubte. Nach Ausweitung, nach Entfaltung drängend und um ihrer inneren Ruhe willen erfindet sie nun jene Mythen, die von Zeit zu Zeit auftauchen, um der Kreatur ihre Einsamkeit zu nehmen und sie wieder dem Weltganzen zurückzugeben. Sie erfindet sie im doppelten Sinn des Wortes: Sie entdeckt sie wieder in der Schatzkammer der Geistesgeschichte, wo sie bereits existieren. Sie erschafft sie aber auch neu, denn sie gibt diesen Mythen in diesem einen Augenblick eine Prägung, die sie noch nie zuvor besessen haben" (ebd., S. 476). Die Romantik bringt also gegen die analytische Ratio im Vertrauen auf die Kraft der Einbildung wieder die Wahrheit und Sinnhaftigkeit der mythischen Weltauffassung zur Geltung.

Die von der romantischen Seele neu - oder wiedererschaffenen großen Mythen sind nach Béguin: 1. der Mythos von der Seele als lebendiger, organischer Wesenheit, die „weiß, daß sie von weiter her kommt als von ihren bekannten Ursprüngen und daß ihr eine Zukunft in anderen Räumen bevorsteht" (ebd., S. 479); 2. der Mythos vom Unbewußten bzw. vom Traum, der die Hoffnung ausdrückt, daß die Seele sich in ihrer allertiefsten Schicht aus der Einsamkeit der Individuation lösen und wieder mit einer umgreifenden, unendlichen Wirklichkeit sich verbinden kann; 3. der Mythos von der Poesie bzw. vom Sehertum des Dichters, der die Einbildungen und Ahnungen des Unbewußten, des Traums, der Phantasie in die Sprache der Kunst bannen und damit als Chiffren des verborgenen unendlichen Seins festhalten kann (vgl. ebd., S. 479ff.). Diese drei großen Mythen der romantischen Seele setzen selber die fundamentale mythische Denkform der universellen Analogie voraus, nach der der Mensch als Mikrokosmos in Struktur und Entwicklung mit dem Universum übereinstimmt. Der darin herrschende Anthropozentrismus ist das Band, das den unverbrüchlichen Zusammenhang des Seins stiftet.[15]

Auch wenn Ruprecht und Béguin verschiedentlich von der romantischen „Haltung" sprechen, ihre Analysen gelten ausschließlich der romantischen Denkart bzw. der romantischen Seele. Die *romantische Haltung* hat genauer

Otto Friedrich Bollnow untersucht. Sie entsteht aus dem allgemeinen Widerstreben gegen jede festgeprägte Gestalt. Das ihr zugrunde liegende Ethos verlangt nach Unmittelbarkeit, Ursprünglichkeit, Lebendigkeit und Echtheit. Unmittelbarkeit meint ein Leben „aus dem inneren Quell des Herzens", den Rückgang auf die eigene Tätigkeit und Anschauung und die Abkehr von den Erfahrungen aus zweiter Hand und von lebensfern gewordenen Formen kultureller Überlieferung. Die unmittelbare Kraft des Lebens kommt im Gefühl reiner zum Ausdruck als in der begrifflich vermittelten Erkenntnis: „Das Gefühl ist ursprünglicher als alles begriffliche Wissen" (Bollnow 1958a, S.72). Ursprünglichkeit heißt, dem noch unverfälschten Leben zu folgen, sich nicht von der Reinheit und Schöpferkraft des Ursprungs zu entfernen: „Den Ursprüngen nahe: das ist das Ländliche gegenüber dem Städtischen, das Kind gegenüber dem Erwachsenen, das sind in der Geschichte die Frühzeiten gegenüber der späteren Entwicklung..., das sind die mythischen Formen des Denkens gegenüber der verselbständigten Rationalität" (ebd., S. 69). Lebendigkeit zeigt sich in der Offenheit für das Überraschende und Neue, in der Bereitschaft, sich zu verjüngen und zu verwandeln, das schon Erstarrte wieder lebendig zu machen: „Je voller, je reicher, je intensiver das Leben ist, desto höher ist es zu werten; Reichtum und Fülle sind die letzten Maßstäbe für ein erfülltes Leben" (ebd., S. 72). Echtheit schließlich ist die Übereinstimmung des inneren Erlebens mit dem äußeren Ausdruck. Echt ist eine Äußerung, wenn sie unmittelbar aus den inneren Tiefen der menschlichen Seele, aus den Schichten des Unbewußten hervortritt: „Je unbewußter ein Leben verläuft, um so besser ist die Echtheit jeder seiner Äußerungen gesichert; je bewußter dagegen, um so mehr entsteht die Gefahr, daß sich ein unechtes Verhalten einschleicht" (ebd., S. 147f.).

Für Bollnow wandeln sich die sittlichen Haltungen wie alle kulturellen, vom Menschen selbst erschaffenen Erscheinungen im Laufe des geschichtlichen Lebens; aus den besonderen Bedürfnissen einer jeweiligen Zeit gehen alte Tugenden unter und neue hervor. Die romantische Haltung entspringt als Entwurf einer irrationalen Einstellung in bewußter Opposition gegen die vom Wirtschaftlichen her aufgebauten bürgerlichen Tugenden. Sie hebt an mit Rousseau und dem Sturm und Drang, „ sie setzt sich sodann in einer stilleren Entfaltung des Gefühlslebens während der Romantik fort und bricht, nachdem sie eine Zeitlang durch das stärkere Hervortreten des nüchternen naturwissenschaftlichen Geistes unterbrochen war, in der zweiten Hälfte des 19. Jahrhunderts in einer neuen lebensphilosophischen Bewegung durch, als deren ersten großen Repräsentanten man Nietzsche betrachten kann und die sich in den verschiedensten Formen weiter ausbreitet. Hierhin gehört ebensosehr die von der Sehnsucht nach dem vollen Leben getragene Dichtung der Jahrhundertwende wie etwas später die nach neuer Ursprünglichkeit des Lebens suchende Jugendbewegung“ (ebd., S. 67). Die von Unmittelbarkeit, Ursprünglichkeit, Lebendigkeit und Echtheit bestimmte romantische Haltung ist gekennzeichnet von einer subjektiven Ethik, welche jeden von außen kommenden Maßstab und jeden objektiv zwingenden moralischen Imperativ als entfremdend und repressiv ablehnt. Die Größe dieser Tugend des Irrationalismus besteht in ihrer Nähe zur ungebrochenen Kraft des ursprünglichen Lebens und in ihrer Überlegenheit gegenüber dem mechanischen und zwanghaft festgelegten Dasein. Die Gefahr der romantischen Haltung liegt für Bollnow darin, daß sie sich in fraglosem pantheistischem Seinsvertrauen vom irrationalen Strom des Lebens tragen und dabei von dessen unbedachten „unheimlichen und dämonischen Zügen“ zu Maßlosigkeit und Zerstörung verführen läßt.

Seine Theorie über die Struktur der *romantischen Situation* entwirft Arthur Henkel in erster Linie von der deutschen Romantik her, weil sich das Romantische für ihn hier am radikalsten entwickelt und seine Kühnheit und Bedenklichkeit am klarsten erkennbar ist. Der Begriff „romantisch“ ist der „Ausdruck einer eingesehenen Krisensituation - und des Versuchs, aus dieser Krise zu einer neuen Kultursynthese zu kommen“ (Henkel 1967, S. 295). Die Romantik ist die erste Selbstkritik der Neuzeit, eine Zurücknahme der Aufklärung durch das aufgeklärte Bewußtsein selber. Sie wendet sich gegen die Entzauberung der Welt durch ein Denken, das alles aufs Ökonomische und Quantitative reduziert, und sie leidet unter der metaphysischen Leere der neuzeitlichen, auf Descartes fußenden Ich-Philosophie. Diese romantische Kulturkritik zielt auf eine Repoetisierung der Welt durch eine neue Mythologie, durch eine bewußte Wiederherstellung des mythischen Denkens und Geschehens. Die romantische Formel heißt: „Rückkehr in den Ursprung, Rückkehr in die Mythen als die Archetypen der Seele“ (ebd., S. 302). Daraus ergibt sich auch das romantische Geschichtsschema, in dem die Vergangenheit zum Wunschbild wird, universalhistorisch ebenso wie biographisch. „Aller Regreß soll dem dienen, daß der späte, hochbewußte Geist einfach wird und den Fluch des Bewußtseins als Spiegel im Spiegel überwindet. Hier liegt die fundamentale Problematik aller Romantik. Man kann sie in die Frage kleiden: Ist es möglich, durch das Denken des Denkens wieder naiv zu werden? Kann man den Intellekt intellektuell opfern, um das Unbewußte zum Sprechen zu bringen?“ (ebd., S. 301). Erst aus diesem „kühnen, vielleicht verzweifelten Paradoxon“ ist die Grundstruktur der romantischen Situation zu begreifen, die bis heute in ihrer Aktualität unüberholt ist und mit ihrem kulturkritischen Leitgedanken des mißratenen Fortschritts und der Selbstentfremdung des Menschen auch die Gegenwart noch beunruhigt. Die Romantiker sind allerdings durch ihre Wendung gegen die Aufklärung und hin zur retrograden Utopie nicht immer der Gefahr entgangen, der politischen Restauration und der kulturellen Reaktion nolens volens die Argumente und Formeln zu liefern.

Unsere ideengeschichtliche Darstellung der bekannteren, auf die deutsche Romantik als historische Epoche bezogene Konzepte der romantischen Weltanschauung (Korff, Honecker), der Leitideen der Romantik (Kluckhohn) und des romantischen Menschen (Strich) sowie der auf die Romantik als epochenübergreifende Bewegung gerichteten Ansätze der romantischen Denkart (Ruprecht), der romantischen Seele (Béguin), der romantischen Haltung (Bollnow) und der romantischen Situation (Henkel) wollen wir - im Sinne einer ersten Zusammenfassung - mit dem Versuch eines allgemeinen Begriffs der Romantik bzw. einer *Formel des Romantischen* abschließen. Diese Formel sollte zumindest die folgenden Grundgedanken umfassen, welche wir bei fast allen Interpreten vorgefunden haben und auch selber für essentiell halten: die Vorrangstellung der ursprünglichen Kräfte des Erlebens und Fühlens vor der begrifflichen Abstraktion; die wesensmäßige Zugehörigkeit des Menschen und seines Bildungsgangs zum universalen organischen Werdeprozeß der Natur; die Unentbehrlichkeit der von der Aufklärung verdrängten und entwerteten Welten des Unbewußten, des Traums und des Mythos für künstlerische Gestaltung, religiöse Erfahrung und philosophische Reflexion; die Möglichkeit einer intuitiv-ahnenden, vor- oder überbegrifflichen Erfassung der universellen Zusammenhänge bzw. Anschauung des Unendlichen.

In äußerster Abstraktion bestimmt der vergleichende Literaturhistoriker René Wellek den ideellen Kern des Romantischen als den „Zusammenhang zwischen Naturanschauung, Einbildungskraft und Mythos“ (Wellek 1971, S. 160). Die drei hauptsächlichen Ideengruppen, die „Kriterien“ des Romantischen sind: 1. die Entfaltung eines organischen Naturverständnisses, 2. die Entfesselung der Einbildungskraft bzw. der dichterischen Phantasie und 3. das Unternehmen einer mythisch-symbolischen Deutung der Welt. Die Natur wird als ein organisches Ganzes aufgefaßt, das dem menschlichen Wesen analog ist und in sich ästhetische Werte besitzt; die Einbildungskraft bzw. Phantasie gilt als das schöpferische Vermögen, durch welches der menschliche Geist die endliche Wirklichkeit überschreiten und als Symbol des Unendlichen wahrnehmen kann; Mythos und Symbol sind die eigentümlichen Ausdrucksmittel und angemessenen Deutungsformen der Einbildungskraft. Es gibt „einen tiefen inneren Zusammenhang und ein wechselseitiges Verhältnis zwischen der romantischen Anschauung der Natur, der Einbildungskraft und des Symbols. Ohne eine solche Naturanschauung wäre uns die Bedeutung von Symbol und Mythos unglaubwürdig. Ohne Symbol und Mythos fehlte dem Dichter das Medium, durch welches er die von ihm geforderte Erkenntnis der Wirklichkeit erreichte, und ohne eine derartige Erkenntnistheorie, die an die schöpferische Natur des menschlichen Geistes glaubt, gäbe es auch keine lebende Natur noch wahrhaften Symbolismus“ (ebd., S. 143). Die drei romantischen „Ideengruppen“ der Natur, der Einbildungskraft und des Mythos kann man nach Wellek durchaus als Wiederbelebung älteren Ideenguts - vor allem aus der Tradition des Neuplatonismus - betrachten; es ist hier aber „in eine Sprache übersetzt, die den durch das Erlebnis der Aufklärung hindurch gegangenen Menschen akzeptabel war“ (ebd., S. 142).

An Wellek bewußt anschließend formuliert sein komparatistischer Fachkollege Henry H.H. Remak als eine „mehr oder weniger einheitliche Schlüsseltheorie“ der westeuropäischen Romantik: „Die Romantik ist der Versuch, den Bruch im Universum zu heilen, sie ist die schmerzliche Erkenntnis des Dualismus verbunden mit dem Drang nach Lösung in einem organischen Monismus, sie ist die Konfrontation des Chaos’, gefolgt von dem Willen, es in die kosmische Ordnung zu reintegrieren, sie ist das Verlangen nach Versöhnung von Gegensätzen, nach Synthese im Gefolge von Antithese. ... Wie versucht der Romantiker, diesen Riß zu heilen? Durch und via die Natur, die äußerliche Quelle des Lebens, durch und via die Rückkehr zu den Quellen der Existenz (Kindheit), die uns der Natur und dem Göttlichen näher fanden, oder durch das, was ich ‘Primitivismus’ in der Zeit (Mythologie, Kindheit des Menschen, Hellenismus, Mediävalismus) oder im Raum (Exotik) oder in der Gesellschaft (Volk) nannte, oder durch das Stürzen ins Subrationale und Unbewußte, welches uns innerlich in dieselbe Richtung führt, oder durch das Wiederfinden der ‘primitiven’, unverfälschten Stadien des Christentums (Blake) oder durch institutionelle Religion (Chateaubriand, Novalis). Literarisch gesehen .... sind die Mittel der Vereinigung, wie Wellek überzeugend dargelegt hat, Mythos und Symbol, welche das Greifbare mit dem Ungreifbaren, das Objekt mit dem Subjekt, das Konkrete mit dem Andeutenden, das Reale mit dem Imaginären verschmelzen“ (Remak 1968, S. 438ff.).

Im Unterschied zu einer solchen geistes- und ideengeschichtlichen Wesensbestimmung des Romantischen betrachtet die sozialgeschichtliche Forschung die Romantik u.a. als bürgerliche Jugendbewegung der ersten nachrevolutionären, politisch und weltanschaulich entwurzelten Generation der um 1770 bis 1780 Geborenen. Vorangegangen ist hier u.a. Wilhelm Dilthey (vgl. Dilthey 1921, S. 183f.). Daß die Romantik eine *Jugendbewegung bürgerlicher Intellektueller* war, ist vor allem die These der historisch-materialistischen Geschichtsbetrachtung, die die romantische Bewegung nicht von ihren grundlegenden Ideen und Haltungen her versteht, sondern als Resultat der Wechselwirkung der materiellen und geistigen, wirtschaftlichen und ideellen, politischen und kulturellen Faktoren ihrer Zeit erklärt. Für Arnold Hauser ist die Romantik die bürgerliche Bewegung par exellence, die sich von der Welt der höfischen Aristokraten und der Tradition des Klassizismus entschieden losgesagt hat. „Die politische Revolution hatte die alten Schranken zwischen den Klassen aufgehoben, die wirtschaftliche Revolution die Mobilität des Lebens in einem zuvor undenkbaren Maße gesteigert. Die Romantik war die Ideologie der neuen Gesellschaft und drückte die Weltanschauung einer Generation aus, die an keine absoluten Werte mehr glaubte, an keine Werte mehr glauben konnte, ohne sich ihrer Relativität, ihrer geschichtlichen Determiniertheit zu besinnen. Sie sah alles an geschichtliche Voraussetzungen gebunden, weil sie den Untergang der alten und die Entstehung der neuen Kultur als ihr eigenes Schicksal erlebte“ (Hauser 1967, S. 692). Das prägende Erlebnis einer Generation, die sich in ihren revolutionären Hoffnungen getäuscht und um ihre Freiheitsrechte gebracht fühlt, ist die Erfahrung der Heimatlosigkeit, der Vereinsamung und der Entfremdung.

Die daraus entspringende Sehnsucht der Romantiker nach Wiederbeheimatung findet ihren „Ausdruck in einer Reihe von Fluchtversuchen, von welchen die Wendung zur Vergangenheit nur die ausgeprägteste war. Die Flucht in die Utopie und das Märchen, das Unbewußte und Imaginäre, das Unheimliche und Geheimnisvolle, zur Kindheit und Natur, in den Traum und den Wahnsinn waren lauter solche verschleierten und mehr oder minder sublimierten Formen desselben Gefühls, derselben Sehnsucht nach Unverantwortlichkeit und Leidlosigkeit...“ (ebd., S. 694). Durch die „Romantisierung“ der Welt versuchen die Romantiker, das Leben selber zum Kunstwerk zu gestalten. Dies bedeutet, „das Leben vereinfachen und vereinheitlichen, es von der quälenden Dialektik alles geschichtlichen Seins befreien, die unlösbaren Widersprüche aus ihm ausschalten und die rationalen Widerstände gegen die Wunschträume und Phantasien abschwächen“ (ebd., S. 696). Fluchtversuche und Romantisierung erfolgen bei den Romantikern anfänglich noch in voller Bewußtheit und Gewolltheit, in „romantischer Ironie“; später erliegen sie in ihrem Ästhetizismus dann der unbewußten Selbsttäuschung, und es beginnt nach Hausers Auffassung der eigentliche Prozeß der „Selbstzerstörung der Vernunft“ (Lukács).

Mit dieser polemischen Wendung gegen den romantischen Ästhetizismus kann Hauser an die tiefgründigere und systematisch anspruchsvollere wissenssoziologische Analyse Carl Schmitts über das *romantische Subjekt* und seine Haltung zur Welt anknüpfen. Der geschichtliche Kern des Romantischen liegt für Schmitt in der sozialen Eigenart der Menschen, die diese umfassende europäische Bewegung tragen. Auch für Schmitt ist der Träger der romantischen Bewegung das neue Bürgertum. „Nur in einer individualistisch aufgelösten Gesellschaft konnte das ästhetisch produzierende Subjekt das geistige Zentrum in sich selbst verlegen, nur in einer bürgerlichen Welt, die das Individuum im Geistigen isoliert, es an sich selbst verweist und ihm die ganze Last aufbürdet, die sonst in einer sozialen Ordnung in verschiedenen Funktionen hierarchisch verteilt war. In dieser Gesellschaft ist es dem privaten Individuum überlassen, sein eigener Priester zu sein, aber nicht nur das, sondern, wegen der zentralen Bedeutung und Konsequenz des Religiösen, infolgedessen auch der eigene Dichter, der eigene Philosoph, der eigene König, der eigene Dombaumeister an der Kathedrale seiner Persönlichkeit. Im privaten Priestertum liegt die letzte Wurzel der Romantik und der romantischen Phänomene" (Schmitt 1968, S. 92). Das romantische Subjekt entwickelt seine Produktivität im Bereich der Kunst und expandiert dann das Ästhetische auf die übrigen Gebiete des kulturellen Lebens, auf Religion, Philosophie, Naturwissenschaft, Politik, Erziehung, Liebe usw. Auf diesem Weg der allgemeinen Ästhetisierung privatisiert der Romantiker tendenziell alle Bereiche der Kultur. Die charakteristische romantische Haltung, die dieser Expansion des Ästhetischen und damit des Privaten zugrunde liegt, bezeichnet Schmitt als okkasionell: „Romantik ist *subjektivierter Occasionalismus*, d.h. im Romantischen behandelt das romantische Subjekt die Welt als Anlaß und Gelegenheit seiner romantischen Produktivität" (ebd., S. 89). Als Folge des unumkehrbaren neuzeitlichen Säkularisierungsprozesses verlagert sich in der Metaphysik des romantischen Menschen das Absolute, die letzte Instanz, von Gott weg in das emanzipierte, schöpferische Ich selber, das in seiner okkasionellen Haltung alles zum Anlaß dafür nimmt, ins Grenzenlos-Ferne und ins Unbewußt-Unfassbare zu schweifen. Der dabei entstehenden interessanten, wunderbaren Welt kann man nach Schmitt „ästhetisch zustimmen, aber es würde eine ironische Behandlung verdienen, wollte man sie moralisch oder sachlich ernst nehmen" (ebd., S. 91).

4.2 Zur Modernität der Romantik

Unser Überblick über den Begriff des Romantischen hat auch gezeigt, daß die angeführten Autoren mit ihren Betrachtungen über die geschichtliche Romantik zugleich - implizit oder explizit - einen Beitrag zur Bestimmung ihres eigenen Standorts in den geistigen Auseinandersetzungen ihrer Gegenwart geliefert haben. Wie sehr gerade die Romantik Probleme aufgeworfen und Perspektiven eröffnet hat, die bis heute bestimmend bleiben, wollen wir ergänzend mit einigen Hinweisen auf die aktuelle Diskussion über die Romantik als „Paradigma der Moderne" verdeutlichen.

Mit dem Blick auf die *Ästhetik* stellt Karl Heinz Bohrer fest, daß die traditionelle philosophische und soziologische Romantikforschung die geschichtsmetaphysisch-restaurativen Bezüge der Romantik überbetont und dabei ihre spezifischen reflexionstheoretischen und poetologischen Innovationen übersehen hat. Die beiden „zentralen Figuren des romantischen Bewußtseins, die Reflexivität des Kunstwerks und das Fantastische" (Bohrer), die in der literarischen Moderne maßgebend geworden sind, sind deshalb für fast ein Jahrhundert aus dem Romantik-Diskurs ausgeblendet worden. Für Bohrer haben die Frühromantiker als erste die Kontingenz der Moderne erfahren, das Bewußtsein vom Zufall und Zerfall entwickelt; darauf haben sie mit einer Ästhetik geantwortet, die nicht mehr auf eine Abbildung oder Spiegelung des Lebens zielt, sondern bewußt die Re-Poetisierung der Welt betreibt.

Ironischerweise hat gerade Carl Schmitt in seiner fundamentalistischen Polemik gegen den „subjektivierten Occasionalismus" die moderne Bewußtseinsstruktur des romantischen Subjekts entdeckt. Sozusagen ex negativo erkennt Schmitt, daß in der Romantik das Künstlerische erstmals den Anspruch auf Autonomie und absolute Geltung stellt und dadurch schließlich - wie die zeitgenössische moderne Kunst - zum Widersacher jedes ontologischen und ethischen Ordungssystems wird. Das „momentanistische" romantische Subjekt emphatisiert den Augenblick, intensiviert die Gegenwart durch das Ferne, das Seltene, das Phantastische und Mysteriöse; es punktualisiert die Wirklichkeit, indem es dem Gewöhnlichen traumhafte und geheimnisvolle Vieldeutigkeit verleiht. Das Prinzip des Romantisierens entspringt nicht etwa aus vorneuzeitlichen metaphysischen Quellen, sondern aus dem ganz auf sich gestellten neuzeitlichen Subjekt: „Wenn die metaphysischen Bestände einerseits nicht mehr verfügbar scheinen, die moderne Lebenswelt andererseits nicht das von der Aufklärung verheißene ‚Glück' garantieren kann, tritt die moderne Kunst an die leere Stelle, indem sie romantisiert und nicht, wie Schmitt es fordert, ‚repräsentiert'. Sie will nicht mehr das verlorene Metaphysische zurückgewinnen, sondern ersetzen" (Bohrer 1988, S. 197). Die Ästhetik der Früh-Romantik stellt damit das Paradigma für die ästhetische Moderne überhaupt dar.

Den Diskurs über die romantische Kunst führt Arno Combe fort, um die Relevanz ihres Erfahrungsbegriffs für die *Pädagogik* herauszuarbeiten. Seine These ist, „daß sich zumindest im Medium der avancierten Werke romantischer Kunst strukturelle Umrisse eines Prototyps der Erfahrung der Befreiung, der Erfahrungserweiterung ins Offene und Fremde abzeichnen. Auf dieser Theorie der Erfahrung beruht ihre heutige - insbesondere auch pädagogische - Aktualität" (Combe 1992, S. 184). In sozialwissenschaftlich-hermeneutischen Interpretationen zur romantischen Musik (Schubert), Lyrik (Eichendorff und Brentano) sowie Prosa (Romantische Ironie), arbeitet Combe heraus, daß deren Formgestalt „den modernen sozialen Erfahrungsgehalt eines in die offene Geschichtlichkeit sozialen Handelns entlassenen Menschen aufs genaueste widerspiegelt" (ebd., S. 120) und daß die Werke der Romantik „einen strukturell-reichhaltigen ästhetischen Ausdruckscode für moderne Erfahrungskrisen, Identitätsprobleme und nicht-konventionelle Identitätsentwürfe (dokumentieren)" (ebd., S. 178).

Die romantische Kunst steht sozialgeschichtlich in einem engen Zusammenhang mit der Idee der bürgerlichen Aufklärung und Demokratie, mit emanzipatorischen Hoffnungen also. Nach dem Scheitern in einer Epoche der poetischen und weltanschaulichen Restauration „entwickelt die avancierte romantische Kunst die Fähigkeit zur 'immanenten Kritik' ..., sie übernimmt implizit eine Katalysatorfunktion für den Entwurf nichtkonventioneller Identitätsformationen" (ebd., S. 181). Die Generation der Romantiker ahnt die Beschädigungen voraus, die die sich formierende Industriegesellschaft der Natur zufügt, und ebenso die Entfremdungserfahrungen, welche die Rationalisierung der Lebensbezüge für die Individuen bedeutet.

Die avancierten Werke der romantischen Kunst bringen diesen „Schock der Fremdheit zur Welt" authentisch zum Ausdruck. Sie ringen um die adäquate ästhetische Manifestation dieser Fremdheitserfahrung und der Identitätskrise des sich gewahrwerdenden modernen Subjekts. Die enttäuschten Hoffnungen und die Traditionsbrüche verbieten eine Fortschreibung klassischer Harmonie-Ideale. Mit tiefgründiger Ironie und artifizieller Naivität verweigert sich die romantische Avantgarde jeder definitiven ideologischen Zuordnung. Combe faßt seine Charakterisierung der romantischen Kunst in der Feststellung zusammen, daß „der im künstlerischen Handeln verkörperte Erfahrungsbegriff - der Erfahrungserweiterung ins noch Offene, Neue und Fremde - jenen romantischen Impuls darstellt, der in der ganzen westlichen Zivilisation tief nachwirkte und nachwirkt. Gerade diese Erfahrungsform war auch für die Schulpädagogik stets von besonderer Anziehungskraft" (ebd., S. 12f.).

Der ursprünglich radikal-aufklärerische, produktive Impuls der künstlerischen Romantik steht aber in diametralen Gegensatz zu ihrer Rezeption, die in Deutschland durch ideologische Vereinnahmungen und Umdeutungen ins Private gekennzeichnet ist. Romantische Motive werden einerseits in die bürgerlichen familialen Lebenszusammenhänge von Liebe, Häuslichkeit und Erziehung integriert und andererseits in den Bereichen institutionellen pädagogischen Handelns aufgegriffen, um die faktische Ausdifferenzierung und Rationalisierung der Beziehungsarbeit privatistisch-sentimental bzw. ästhetisch-ganzheitlich zu überhöhen. Als Beispiel für die populäre pädagogische Romantik-Rezeption analysiert Combe die Reformpädagogik, speziell die Kunsterziehungsbewegung. In ihrer „Ausdrucksanthropologie" wird das Schöpferische naturhaft-unmittelbar als ein aus dem Erleben und Gestalten des Kindes entspringender Prozeß begriffen: „Romantische Kunst geht im mystischen Erleben unter" (ebd., S. 181).

Doch selbst im Kontext ihrer Instrumentalisierung für pädagogische Projektionen enthalten die romantisch-ästhetischen Motive für Combe bis heute noch Momente des Widerstandes gegen die Zurichtungen und Vereinseitungen der

kulturellen Modernisierung, denn sie stehen auch hier noch gegen die Unterwerfung der Subjekte unter die Rationalität des politischen, ökonomischen oder technischen Nutzens. „Die Ansprüche des romantisch-ästhetischen Subjekts auf Authentizität, lebendige Erfahrung und Vermittlung mit Anderen - das alles war zumindest in der Intuition, daß das soziale Leben auch anders sein könnte, selbst in harmonisierend-narkotisierenden Schrumpfphilosophien enthalten. ... Die progressive Romantik 'überwinterte' als Reversbild ihrer bürgerlichen Integration..." (ebd., S. 154f.).
Die bleibende Herausforderung der romantischen Kunst für die Pädagogik liegt für Combe im Begriff der Erfahrung. An den Strukturmerkmalen des künstlerischen Handelns lassen sich die Verfahren ablesen, mit denen sich eine pädagogische Handlungslehre in Richtung auf eine mäeutische Kompetenz weiterentwickeln läßt. „Will die Pädagogik z.B. der Kulturindustrie etwas entgegensetzen, so wirft dies die Frage auf, wie sich das kriterienlos vermehrende Wissen noch in Erfahrung umwandeln läßt und wie sich zwischen den verstreuten Wissensbeständen noch identitätsbezogene Zusammenhäge herstellen lassen" (ebd., S. 184). In der genetischen Lehrkunst Martin Wagenscheins sieht Combe den Modellfall eines romantischen und zugleich revolutionären pädagogisch-didaktischen Projekts; denn hierin wird deutlich, daß der Lehrende durch die Entfaltung seiner sinnverstehend-rekonstruierenden Kompetenz zum professionellen Spezialisten für die Initiierung und Begleitung von individuellen und gemeinschaftlichen Bildungsprozessen werden kann[16].
Der Gedanke der *Individualität*, der Einzigartigkeit jedes einzelnen und der Eigentümlichkeit jeder Phase, jedes Augenblicks in seinem Leben avanciert im romantischen Denken zu einem Grundproblem nicht nur im Hinblick auf Kunst und Liebe, sondern auch hinsichtlich der Geselligkeit, der Bildung - der Seelenkunde allgemein: „Wie also sollen, wie können Menschen, sofern sie sich als Individualitäten, und sei es als sich entwickelnde, respektieren, miteinander in geselligen Verkehr treten, ohne sich, durch wechselseitige Beschränkung, in der Ausbildung ihrer Eigentümlichkeit zu schaden?" (Mollenhauer 1985a, S. 20f.). In diesem Zusammenhang entsteht, insbesondere bei Schleiermacher, das Projekt einer nicht nur auf Texte bezogenen philologischen, sondern auf die Individualität des anderen insgesamt sich richtenden anthropologischen Verstehenslehre, die an den „geselligen Verkehr" gebunden ist.

Wenn wir einen Menschen in seiner Individualität verstehen wollen und jeden Moment seines Lebens als einzigartiges Element seines lebensgeschichtlichen Bildungsprozesses auffassen, dann können wir die theoretischen Konstrukte des wissenschaftlichen Diskurses nur als eine erste grobe Annäherung zum Abstecken des Rahmens gelten lassen; denn mit ihnen lassen sich gerade die eigentümlichen Erfahrungen des anderen kaum erfassen. Der Individualität des anderen gegenüber wird eine allgemeinbegrifflich - typisierende, „komparative“ Haltung nicht gerecht, sondern erst eine erratende, erahnende, „divinatorische“ Einstellung, die jede Äußerung des anderen, jedes Ereignis als bedeutsames Moment seines Selbstbildungsprozesses auszulegen bereit ist. Allerdings können die Resultate dieses divinatorischen Prozesses keineswegs dieselbe Zuverlässigkeit beanspruchen wie das Wissen über die Naturgesetze. Beim divinatorischen Verstehen können wir nämlich nur von der Evidenz unseres eigenen Erlebens ausgehen, von uns auf den anderen schließen: „Nur sofern wir uns selbst kennen, sind wir imstande, den anderen zu verstehen, und zwar in dem, was er mehr oder anderes ist oder sein könnte ...“ (Mollenhauer 1985b, S. 430). Als divinatorisch Verstehenwollende müssen wir also nicht nur die Begriffe und Konstrukte des wissenschaftlichen Diskurses, sondern gerade auch unsere eigenen Erfahrungen und Erinnerungen ins Spiel bringen, um eine Ahnung davon zu erhalten, was eine bestimmte gestische oder symbolische Äußerung des anderen meinen kann. Dabei müssen wir der systematischen Unabschließbarkeit und Begrenzung der divinatorischen Interpretation eingedenkt bleiben: Wenn sie dem ganzen Umfang der Individualität des anderen Rechnung tragen will, wird sie das Nichtverstehen grundsätzlich niemals ganz aufheben können. Mit der Ausweitung des hermeneutischen Verstehens von der Explikation von Texten auf die Auslegung der menschlichen Individualität haben die Frühromantiker für Klaus Mollenhauer ein „zukunftfähiges“ Projekt begonnen, das seitdem als allgemeine Theorie der Interpretation alle Kulturwissenschaften beschäftigt[17].

Ein weiterer aktueller Bezug zur Romantik kann in der gegenwärtigen Neubesinnung des philosophischen Denkens über die *Natur* gesehen werden - angesichts von deren globaler Ausbeutung und drohender Zerstörung durch Ökonomie und Technik. In der technischen Kultur mit ihrer tendenziell totalen Verwissenschaftlichung und Verplanung der Lebensvollzüge ist das Verhältnis des Menschen zur Natur vom Interesse der Aneignung bestimmt. Damit er sich die Natur aneignen kann, muß der Mensch ihr gegenübertreten und ihr gleichsam den Prozeß machen. Durch die experimentellen Naturwissenschaften weiß er heute mehr über die Funktionszusammenhänge der Natur als je zuvor. „Doch dieses Wissen ist einerseits rein theoretisches Wissen, andererseits ein Verfügungswissen. Es hilft uns, über die Natur zu verfügen; es hilft uns nicht, oder doch weit weniger, als dies früher die Naturforschung tat, uns in der Welt zu orientieren“ (Mittelstrass 1987, S. 49). So geht mit der Herausbildung der wissenschaftlich-technischen Zivilisation ein Verlust traditionaler Anschauungen einher, denen zufolge der Mensch in einem gemeinsamen Ordnungszusammenhang mit der Natur steht. Eine vordringliche Aufgabe heutiger Naturphilosophie kann deshalb darin gesehen werden, Natur auch in technischen Kulturen wieder als etwas zu begreifen, das für das Selbstverständnis des menschlichen Lebens unverzichtbar ist; eine andere liegt darin, die besondere Verantwortung des Menschen für die Erhaltung des gesamten natürlichen Lebenszusammenhangs zu begründen.

Einige der aktuellen philosophischen Ansätze zu einer solchen Revision des einseitig technischen Verhältnisses des Menschen zur Natur verstehen sich dabei durchaus als Versuche einer Wiederholung der romantischen Naturphilosophie etwa eines Schelling unter veränderten materiellen und ideellen Voraussetzungen. Die romantische Naturphilosophie Schellings kann, wie die idealistische Morphologie und Farbenlehre Goethes, als ein Geschichte gewordener Versuch des Widerstands gegen den Monopolanspruch der neuzeitlichen quantitativ-experimentellen Naturwissenschaft angesehen werden, der in anschaulich verstehendem Erkennen die gesamte Natur wieder der Gesetzgebung der Organismus-Idee unterstellt. Die fundamentale Unterscheidung ist die zwischen natura naturans und natura naturata, zwischen der Natur als Subjekt und Produktivität und der Natur als Objekt und bloßem Produkt. Aus dieser Unterscheidung folgt, daß die modernen, an der mechanisch-quantitativen Physik Newtons orientierten Naturwissenschaften grundsätzlich nur mit der Natur als Produkt zu tun haben. Eine Aufgabe der Naturphilosophie ist es dagegen, Natur weiterhin auch als Produktivität zu denken, als einen dynamischen Prozeß, der in allen seinen Produkten - auch und gerade im Menschen - sich manifestiert.

Gernot Böhme stellt sich heute die Aufgabe, „auf der Basis einer naturphilosophisch befriedigenden Leibphilosophie ... Schellings Versuch (zu) wiederholen ....“ (Böhme 1987, S. 132). Dazu greift er zum einen auf die obige Unterscheidung Schellings von Naturwissenschaft und Naturphilosophie als grundsätzlich verschiedenen Wissenstypen zurück - „Herrschaftswissen“ und „Bildungswissen“ in der Diktion Schelers. Zum anderen geht es auch ihm um die Einsicht in die Naturbestimmtheit des Menschen, um die Anerkennung der Naturbedingtheit der Vernunft und der unbewußten Quellen des Denkens und damit um die Relativierung der auf die Verstandeserkenntnis eingeschränkten Form des wissenschaftlichen Wissens selber. „Am Ende des Baconschen Zeitalters“ ist eine Neubestimmung des Verhältnisses der Menschen zur exakten Naturwissenschaft und zu dem von ihr ermöglichten Programm der technischen Naturbeherrschung und –zerstörung notwendig. Voraussetzung dafür ist die Einsicht, daß die moderne Naturwissenschaft nur *eine* mögliche Wissensform in einem breiteren Spektrum von Erkenntnisweisen ist . „Es geht um eine Befreiung des Geistes aus einem nutzenorientierten Wissenstyp, eine Befreiung des Menschen selbst aus einer eindimensionalen Ausrichtung auf Rationalität, und es geht auch um die Befreiung des einzelnen Menschen aus der Herrschaft der Experten. Wissen sollte ... wieder Freude machen, die Bildung des Menschen und seine Alltagskompetenz erhöhen und schließlich zur Weisheit beitragen" (Böhme 1993, S. 31). Um solcherart Wissen zu erlangen, das nicht allein auf die Beherrschung der Natur gerichtet ist, sondern auf ein partnerschaftliches Zusammenspiel von natürlichen Prozessen und menschlicher Nutzung, müssen sowohl andere Ansätze von Wissenschaft (z.B. die Goethesche) rehabilitiert als auch vielfältige nichtwissenschaftliche Formen des Wissens über die Natur kultiviert werden. In diesem Sinne unterscheiden Rudolf Messner, Horst Rumpf und Peter Buck heute in schulpädagogisch-didaktischem Zusammenhang fünf Arten des Naturwissens: das lebenspraktische Umgangswissen, das systematische Wissen (der modernen Naturwissenschaft), das verstehende Wissen, das mimetisch-symbolische Naturwissen und das physiognomisch-porträthafte Naturwissen (vgl. Messner/Rumpf/Buck 1997).

Bei seiner Neukonzeption der Naturphilosophie geht auch Klaus Michael Meyer-Abich von dem Begriff der „natura naturans" aus und von der Auffassung, daß der Mensch dasjenige Lebewesen ist, in dem die Schöpferkraft der Natur zu vollendetem Ausdruck kommt: „Der Mensch ist mit Tier und Blume, Baum und Stein aus der Naturgeschichte hervorgegangen... . Sie alle und die Elemente der Natur: Luft und Licht, Erde und Wasser sind vermöge dieser naturgeschichtlichen Verwandtschaft unsere Mitwelt und sind nicht nur für uns da. Unter ihnen wiederum sind wir dasjenige Lebewesen, mit dem die Natur sich dadurch forttreibt, daß sie in ihm in besonderer Weise zur Sprache oder zur Vernunft kommt (ein Lebewesen, das den Logos hat) und das die Welt, zu der es selbst gehört, gleichermaßen erkennen und verändern kann. Dadurch ... fällt uns eine besondere Verantwortung zu, das Interesse des Ganzen der Natur stellvertretend zu wahren" (Meyer-Abich 1987, S. 68). Für den Menschen ist also die Bildungsaufgabe gestellt, den im Buch der Natur chiffrierten Sinn zu erschließen und auf die Natur als Schöpferkraft hörend das Richtige zu tun. Die Natur erkennen meint dann nicht allein, ihr als Fremder in distanzierter und selbstdisziplinierter Weise gegenüberzutreten, um sie wie in einem Verhör zum Zwecke der eigenen Sicherung „abstrakt" zu vermessen. Die Natur erkennen bedeutet vielmehr, eine Vertraute in Sympathie „gleichstellend" zu erforschen und sich mit der im Innersten verwandten Mitwelt der Tiere und Pflanzen zu verständigen. Und da die Natur mit der menschlichen Gattung auch den Gedanken des Weltfriedens und der Grundrechte hervorgebracht hat, ist die Menschheit damit auch in die Lage versetzt, den Frieden mit der Natur selber zu suchen und über eine „Rechtsordnung" mit unserer natürlichen Mitwelt herzustellen. Als aufständisch gewordener Teil der Natur muß der neuzeitliche Mensch seinen ökonomisch-technischen Herrschaftswillen selber zügeln - wie in einem Garten, in dem es Nutzpflanzen gibt, aber nicht nur diese. Meyer-Abich hält - wie übrigens auch Böhme (vgl. Böhme 1989, S. 79ff.) - „die Pflege von Gärten und Landschaften für die Keimzelle einer Erneuerung unserer Kultur. ... Die im Garten erneuerte Naturwahrnehmung kann in einer neuen Ästhetik des Alltags Gestalt gewinnen und für das Industriesystem den Weg einer Umkehr zum Leben weisen" (Meyer-Abich 1987, S. 71). Vor dem Hintergrund der ökologischen Krise der Gegenwart wiederholen und erneuern die beiden exemplarisch skizzierten Ansätze mit ihrer lebens- bzw. leibphilosophischen Relativierung und Kritik der naturwissenschaftlich-technischen Verfügung über die Natur und mit der moralischen und ästhetischen Utopisierung der Natur als Rechtsgemeinschaft und als Garten das ältere Unternehmen der romantischen Naturphilosophie.

Ein weiterer Hinweis auf die Aktualität der Romantik kann schließlich nicht nur allgemein in dem die Moderne insgesamt begleitenden Remythisierungsbedürfnissen gesehen werden, sondern insbesondere in den aktuellen Bemühungen um eine philosophische Rehabilitation des *Mythos*. Die Romantik hat die versunkene Welt des Mythos wiederentdeckt, die urzeitliche Erzählung von Ursprung und Schicksal einer Gemeinschaft, in der die Anfänge der Kunst, der Schrift, des Rechts, der Wissenschaft noch in ungeteilter Einheit ruhen. Besonders Schelling hat versucht, den Mythos nicht - wie die Aufklärung - logozentrisch als „Gebrechen des Geistes" zu diffamieren, sondern als „bildende Kraft", als eigenständige Möglichkeit eines ursprünglicheren menschlichen Seinsverständnisses zu rehabilitieren. Die aktuelle philosophische Diskussion über die Wahrheit und Gegenwärtigkeit des Mythos ist ein Ausdruck der Krise des wissenschaftlichen Legitimitätsbewußtseins, der Enttäuschung über die Beschränktheit und Überholbarkeit der wissenschaftlichen Erkenntnis - eine der Wirkungen des wissenschaftstheoretischen Historismus Thomas Kuhns und des Relativismus Paul Feyerabends. Wenn die Wissenschaft nur eine kontingente, geschichtlich wandelbare Weise des Erkennens ist, die auch noch andere Möglichkeiten offenhält, dann müssen diese Alternativen ernsthaft analysiert werden; vor allem diejenige, die unser alltägliches Wirklichkeitsverhältnis immer noch mitbestimmt - der Mythos.

Für Kurt Hübner ist der Mythos nicht weniger rational als die Wissenschaft; er ist ihr gegenüber bezüglich seiner kategorialen Form völlig analog und gleichwertig. Inhaltlich sind beide Denkformen inkommensurabel: der Mythos handelt von der göttlichen Schöpfung und vom göttlichen Wirken in der Natur, von den Archai; die Wissenschaft von den Naturgesetzen. Als Erfahrungsform ist die Wissenschaft nicht logisch besser begründet; sie hat nur andere Gegenstände als der Mythos. Da wir nach Hübner keinen beide Denkformen übergreifenden Maßstab besitzen, kann sich die wissenschaftliche Erkenntnis auch nicht anmaßen, dem Mythos gegenüber den erhöhten Standpunkt der Vernunft einzunehmen. Darin besteht der kardinale Irrtum eines Rationalismus, der mit der

Annahme einer Höherentwicklung der Erkenntnis vom Mythos zum Logos „sich blind für diejenigen Seiten möglicher Wirklichkeit gemacht hat, die keine durchgängige Formalisierung oder Rationalisierung zulassen" (Hübner 1981, S. 35).

Daß es eine Aufhebung des Mythos im Logos gar nicht geben kann, weil „sich die Arbeit an der Endigung des Mythos immer wieder selbst als Metapher des Mythos vollzieht" (Blumenberg 1979, S. 681), ist die hermeneutisch-rezeptionsgeschichtliche These von Hans Blumenberg, des zweiten Hauptrepräsentanten unter den aktuellen Mythostheoretikern. Im Mythos als „Geschichte der Geschichte a priori" hat sich die Menschheit ein Maß an existenziellen und metaphysischen Fragen gestellt, die allein schon deshalb lebendig bleiben, weil sie sich einer wissenschaftlichen Beantwortung entziehen. Die rationalistische Kritik und Destruktion des Mythos verkennt die intellektuellen und emotionalen Bedürfnisse, denen er in seinen uralten Wahrheiten korrespondiert. Im Unterschied zur Wissenschaft läßt der Mythos die Erfahrung von Kontingenz und Gleichgültigkeit gar nicht erst aufkommen; der Mythos „sagt, daß es schon immer so oder fast so gewesen ist wie gegenwärtig. Das macht Zeiten mit hohen Veränderungsgeschwindigkeiten ihrer Systemzustände begierig auf neue Mythen, auf Remythisierungen..." (ebd., S. 41). Mit solchen Überlegungen erneuern und vertiefen Hübner und Blumenberg unter den Bedingungen einer fortgeschrittenen wissenschaftlichen Zivilisation die Einsichten der romantischen Historiker, Philologen und Philosophen über die Wahrheit des Mythos, über die Allgegenwart seiner Themen und über das unstillbare Mythenverlangen auch und gerade des modernen Individuums.

Unsere bisherigen Darlegungen zum Begriff des Romantischen haben u.a. ergeben, daß die prominenten Romantik-Deutungen in Ansatz, Bezugspunkt und Reichweite soweit voneinander differieren, daß es keine stringente übergreifende Definition wird geben können. Gleichwohl wollen wir in eklektischer Absicht diejenigen *allgemeinen Bestimmungen des Romantischen* festhalten, die wichtige Ansatzpunkte für ein umfassenderes Verständnis insbesondere des romantischen Kind-Diskurses sein könnten. Die Romantik kann man sozialgeschichtlich als eine Art Konversionsbewegung der ersten nachrevolutionären Intellektuellengeneration im gebildeten deutschen Bürgertum auffassen. Diese Generation versucht, die für sie geschichtlich neue Krisenerfahrungen der Kontingenz, der politisch-kulturellen Ohnmacht und vor allem der metaphysischen Heimatlosigkeit durch die eigene künstlerische Produktivität und den Versuch einer Ästhetisierung der gesamten Kultur zu überwinden. In einer ideengeschichtlichen Perspektive kann die romantische Bewegung als radikale Selbstkritik des neuzeitlichen Prozesses der Säkularisierung und Entmythologisierung gelten, als Kritik der Reflexionskultur der Aufklärung, der „Dialektik der Aufklärung“ durch das aufgeklärte Subjekt selber. Dieses neuzeitliche Subjekt, das sich im Ausgang aus seiner bislang selbstverschuldeten Unmündigkeit erstmals auf sich selbst gründen will, erfährt dabei den Urgrund seines Selbstbewußtseins als unvordenklich und unverfügbar. Um diesen vorreflexiven Ursprung zu erfahren, richtet sich das romantische Bewußtsein darauf, die verborgene - überbewußte oder unbewußte - ursprüngliche Einheit und Ganzheit wieder zum Sprechen zu bringen.

Diese Rückkehr zum Ursprung kann in dreierlei Weise erfolgen: auf dem mystischen Weg ins Innere der Seele - als religiös-spirituelle Erfahrung der Einheit mit dem Universum; auf dem geschichtlichen Weg zurück in die Frühzeit der Kulturen - als Wiederbegegnung mit den mythisch-religiösen Weltauffassungen der Menschen im „goldenen Zeitalter“; auf dem organisch-genetischen Weg einer intuitiven Naturforschung - als Erfahrung der Urgestalten der natura naturans, welche zugleich die im menschlichen Individuum tätigen geistigen Urkräfte sind. Mit diesem Versuch, das Denken zu steigern und zu überschreiten, stellen die Romantiker den Wahrheitsanspruch der begrifflich-reflexiven Erkenntnis und den Geltungsanspruch der quantifizierenden Naturwissenschaften grundsätzlich in Frage; sie entwerfen das Programm einer „Neuen Mythologie“, d.h. einer bewußten Re-Poetisierung des gesellschaftlich verzweckten Individuums und der säkularisierten Kultur sowie einer Re-Spiritualisierung der experimentell sezierten und technisch ausgebeuteten Natur. Die mystische Vereinigung der Seele mit dem Göttlichen, die mythischen Erzählung von den göttlichen Ursprüngen der Kultur in der Frühzeit und die intuitive Erfahrung der ursprünglichen Verwandtschaft der menschlichen Person mit den organischen Bildungsprozessen der Natur gelten nun nicht mehr als unaufgeklärte, auf dem Weg von (Aber-)Glauben zum Wissen, vom Mythos zum Logos unwiderruflich vergangene Erfahrungsweisen und Denkformen der Menschheit. Gerade das Ursprungsnahe, das Vergangene und das Intuitiv-Erfaßte werden für das modernitätskritische romantische Denken wieder zur Zukunft. Im Rückgang zum - religiös, mythisch oder organisch erfaßten - Ursprung ist auch die Bestimmung des Menschen zu erfahren.

Wenn die begrifflich-analytische und wissenschaftlich-experimentelle Erkenntnis den ihr unverfügbaren Ursprung denkend nicht erfassen können, dann wird nach dem Verlust der religiösen Glaubensgewißheit die Kunst par excellence zur Verkünderin des Absoluten, des ursprünglichen schöpferischen Seins. Je geheimnisvoller, phantastischer, unausdenkbarer der Sinn des Kunstwerks, desto näher scheint es dem Unendlichen. Aus der romantischen Denkbewegung, aus der Suche nach den verborgenen Ursprüngen, entspringt ethisch eine Haltung, für die in allen kulturellen Bereichen das Ursprüngliche und Authentische wichtiger ist als die Tugenden des bürgerlichen Lebens - eine Achtung vor allem Anfänglichen also, deshalb geade auch vor dem Kind. Aus der Zentralstellung der Kunst im romantischen Denken entspringt ddie Überzeugung von der grundlegenden Bedeutung des Imaginären und der Phantasie. Diese Höherstellung der unbewußten Seelenkräfte, u.a. des Traums und der seherischen Ahnung, führt auch zur bewußten Erhaltung, Pflege und Neugestaltung alter Märchen und Mythen, u.a. auch derjenigen vom göttlichen Kind und vom goldenen Zeitalter.

Grob vereinfacht und in Anlehnung an die oben dargelegte Formel René Welleks läßt sich „das Romantische" als die Suche nach einer *mystisch-spirituellen Ursprungserfahrung* umschreiben, die sich in den Dimensionen des Organisch-Genetischen, des Ästhetischen und des Mythisch-Religiösen entfaltet. Der *Organizismus* des Romantischen zeigt sich in der genetisch-teleologischen Betrachtung des Lebenslaufs der Person, des Gangs der Geschichte und der Gestaltenwelt der Natur. Der *Ästhetizismus* offenbart sich im Glauben an die überlegene Wahrheit der Kunst und der schöpferischen Phantasie sowie im Versuch, den kulturellen Bereich zu re-poetisieren. Das *Mythisch-Religiöse* manifestiert sich in der damit einhergehenden Wertschätzung vorneuzeitlich-mythischer Formen der Weltauffassung und ihrer Deklarierung zu überzeitlich gültigen Wesenseinsichten und religiösen Wahrheiten. Diese Formel des Romantischen soll uns auch als Generalschlüssel für das Verständnis der romantischen Idealisierung und Vergöttlichung des Kindes dienen, der wir zuerst in den Dichtungen Friedrich Hölderlins begegnet sind.

4.3 „Überlegenheit in den höchsten Dingen" - die Mythisierung der Kindheit zur ursprünglichen, poetischen und religiösen Daseinsform

Für den *Höderlin* der Jahre 1795-1798 galt das Kind als der ganze, noch nicht durch die Individuation in sich gespaltetene Mensch, als der Inbegriff der unbewußt gelebten Einheit mit dem Sein, dem Göttlichen. Der genetischen Analogie Herders folgend, verkörperte das Lebensalter der Kindheit für Hölderlin zugleich noch das goldene Zeitalter in der Geschichte der Menschheit (bzw. das Paradies). Durch seine gleichsam übermenschliche, noch gottähnliche Vollkommenheit wurde ihm das Kind auch zum Leitbild künftiger Erfüllung, zur Verheißung einer Wiederkehr des Paradieses in einer höheren zweiten Kindheit. Der in der Geistferne des bürgerlichen Zeitalters lebende Erwachsene sollte in der Erinnerung an seine Kindheit des göttlichen Ursprungs im eigenen

Innern gleichsam mystisch wieder innewerden und so die eigentliche Bestimmung des Menschseins wieder erfahren.
Auf eine verwandte, allerdings nicht im Horizont der Griechenidealisierung, sondern in dem der christlichen Jesuskind- und Marienverehrung konzipierte romantische Idealisierung des Kindes treffen wir in der der durch Ludwig Tieck im Jahre 1799 posthum veröffentlichten „Phantasie" *Wilhelm Heinrich Wackenroders* „Über die Kinderfiguren auf den Raffaelschen Bildern". Die Kinder sind für Wackenroder in der Spur von Herders organologischer Metaphorik noch „verschlossene Knospen", die mit ihrem „unbefangenen Lächeln" und „ihren süßen heitren Augen ... sich so innig genießen, und nichts weiter zu wissen streben" (Wackenroder 1991, S. 183). In seiner ursprünglichen Einfalt und „himmelsüßen Unschuld" ist das Kind - wie bei Schiller - „die schöne Menschheit selbst" (ebd., S. 184). Auch bei Wackenroder begegnen wir der Herderschen Parallelisierung des kindlichen Lebensalters mit dem goldenen Zeitalter: „Wie zarte Pflanzen, die unerklärlich aus der längstentflohenen goldenen Zeit zurückgekommen sind, stehn die Kinder um uns" (ebd., S. 183). Wie die Menschen der Urzeit in ihrer mythisch-animistischen Weltauffassung dem göttlichen Ursprung näher stehen, so auch die Kinder „mit ihrer Weisheit, mit ihrem hohen geheimnißvollen Ernst". Die Kinder „sind so wahrhaft ernst und erhaben, weil ... sie dem Quell des Glanzes noch so nahe stehn, der immer dunkler sich entfernt, je mehr das Leben in die Jahre rückt" (ebd., S. 184). In ihrer Weisheit, in der „noch hell und frisch ... Erinnerungen der Engelswelt leben", werden die Kinder zu „heilsverkündenden Lichtern", zu religiösen Führern der „verdorbenen" Erwachsenen: „Und darum stehn die Kindlein wie große Propheten unter uns, die uns in verklärter Sprache predigen, die wir nicht verstehn" (ebd.). Erst wenn die Erwachsenen die Spuren ihrer eigenen Kindheit wieder aufsuchen und wieder zum Kinde werden, können sie auch wieder „das Reich Gottes schauen". Es erscheint nur konsequent, daß Wackenroder seine Betrachtungen mit Jesu Lob der Kindlichkeit beschließt. Ähnlich wie schon im Rückblick auf Hölderlins „Hyperion" sind wir auch in unserer kurzen Explikation des Kindbildes in der „Phantasie" Wackenroders auf die von uns postulierten grundlegenden Dimensionen des Romantischen gestoßen: den Organizismus (Knospe), den Ästhetizismus (schöne Menschheit), das Mythisch-Religiöse (goldenes Zeitalter, Heilsverkünder). Wir wollen uns allerdings nicht mit einer solch groben Analyse der romantischen Idealisierung des Kindes zufrieden geben, sie aber auch nicht bei möglichst vielen Romantikern wiederholen. Es erscheint uns vielmehr fruchtbarer, das von Hölderlin erstmals vollständig konzipierte romantische Kindbild noch einmal in paradigmatischer Absicht im Werke des Dichters und Philosophen Novalis (Friedrich von Hardenberg) systematisch zu rekonstruieren. Für die Konzentration auf diesen frühromanti-

schen Autor sprechen seine zentrale Position in der romantischen Bewegung , die herausragende Stellung des Kind-Motivs in seinem gesamten Werk und der günstige Umstand, auf einschlägige literaturwissenschaftliche Arbeiten zu unserem Thema zurückgreifen zu können.[18]

Über den denkerischen Ausgangspunkt des *Novalis* gehen die Auffassungen in der gegenwärtigen Forschung weit auseinander: Während er in der Germanistik traditionell als „magischer Idealist" betrachtet wird, sieht ihn die neuere philosophische Debatte als einen frühromantischen Erneuerer eines kantianischen Denkens. Hans-Heino-Erwers folgt eher dem traditionellen Novalis-Verständnis mit der Behauptung, daß Novalis die Jenenser Ich-Philosophie Fichtes in Richtung auf eine Erneuerung der neuplatonischen Metaphysik kosmologisch transzendiere: „Novalis spricht dem Menschen eine positive Unendlichkeit zu, die nicht bloß Bedingung seiner Endlichkeit, sondern eine aller Endlichkeit vorausliegende, in sich ruhende, sich anschauende und wollende Absolutheit ist. ... In der Selbstergreifung des Ich handelt für Novalis stets auch ein anderes Wesen, ein Nicht-Ich. Der mystisch-spekulative Akt, den wir bislang ausschließlich als eine freie Aktivität des Ich charakterisiert haben, ist für Novalis mehr als nur dies - nämlich auch ein Erweckungsvorgang; in ihm erfährt das Ich immer auch eine Berührung und Erregung durch ein höheres Wesen außerhalb seiner selbst" (Ewers 1989, S. 156f.). Das Göttliche bzw. Unendliche wird gemäß der pantheistischen Emanationslehre des Neuplatonismus in der aufsteigenden Stufenfolge der Gestalten der Natur, im fortschreitenden Bildungsprozeß der Menschheitsgeschichte und im mystischen Akt der intellektualen Anschauung des Ich seiner selbst gewahr. Dem Menschen kommt für Novalis - wie für die christlich-theosophischen Denker in dieser Tradition - die besondere Rolle des Helfers der Gottheit, des Mitschöpfers und Vollenders des kosmischen Prozesses zu: „Der anfängliche Gott hat mit dem Menschen ein Wesen erschaffen, das sich zu einer gleichgearteten Schöpferkraft emporzuheben vermag, das dazu übergeht, das wiederzuerschaffen, was ihn selbst produziert hat ... Sein progressives Gott-ähnlich-Werden (bewirkt) zugleich ein neues Werden Gottes" (ebd., S. 160). Novalis spricht in seinen philosophischen Fragmenten vom „Gefühl des absolut schöpferischen Vermögens, der produktiven Freyheit, der unendlichen Personalität, des Microcosmus der eigenthümlichen Divinitaet in uns" (Novalis 1968, S. 669).

Den Gang der Menschheitsgeschichte begreift Novalis einerseits in der Spur Herders als einen stufenweise aufsteigenden Bildungsprozeß von der thetischen Stufe der unbewußt gelebten Einheit und Harmonie mit dem Göttlichen über die antithetische Stufe der Individuation und Spaltung, wie sie für die Gegenwart charakteristisch ist, zur synthetischen Stufe der in Freiheit wiederhergestellten Harmonie und Wiedervereinigung mit dem Geistigen. Andererseits faßt

Novalis die Weltgeschichte als eine Art Kreisprozeß auf: Aus der ursprünglichen Einheit führt der Weg hinab in Trennung und Entfremdung und dann wieder zurück in die Wiedervereinigung mit dem Ur-Einen gleichsam auf einer höheren Ebene. Diesen Geschichtsverlauf hat Novalis poetisch durch den Mythos von der Wiederkehr des goldenen Zeitalters zum Ausdruck gebracht: Er handelt „von dem Ursprunge der Welt, von der Entstehung der Gestirne, von den Pflanzen, Thiere und Menschen, von der allmächtigen Sympathie der Natur, von der alten goldenen Zeit und ihren Beherrscherinnen, der Liebe und Poesie, von der Erscheinung des Hasses und der Barbarey und ihren Kämpfen mit jenen wohlthätigen Göttinnen, und endlich von dem zukünftigen Triumph der letztern, dem Ende der Trübsale, der Verjüngung der Natur, und der Wiederkehr eines ewigen goldenen Zeitalters" (Novalis 1977, S. 225): Verglichen mit dem goldenen Zeitalter muß die Gegenwart - das Zeitalter der Aufklärung und der politischen Revolution - als die Epoche der radikalen Entfremdung von Ursprung und Ziel der Menschheit sowie der barbarischen Zwietracht aufgefaßt werden: „Gegenstand seiner Kritik sind der Fortschrittsoptimismus, das unhistorische Denken, die Vernunftgläubigkeit sowie die Verabsolutierung der naturwissenschaftlich-technischen Denkens in allen Bereichen des menschlichen Lebens. Diese Verabsolutierung hat zur Folge, daß der Mensch nur noch einen Teil seines Wesens - die rationalen Kräfte - entfaltet, der Staat sich zu einem seelenlosen Mechanismus entwickelt, die Natur nur noch unter dem Gesichtspunkt technischer Verfügbarkeit betrachtet und Gott aus der Weltgeschichte eliminiert wird. Kurz: Indem der Mensch die Schöpfung zu einer 'Wüste des Verstandes' macht, wird die ursprüngliche organische Einheit von Gott, Mensch und Welt zerstört" (Geppert 1977, S. 329).

Die Poesie erhält nun die Aufgabe, dem Menschen wieder den ursprünglichen Sinn der Welt zu vergegenwärtigen, das Unendliche symbolisch darzustellen: „Poesie ist wahrhafter Idealismus - Betrachtung der Welt, wie Betrachtung eines großen Gemüths - Selbstbewußtseyn des Universums" (Novalis 1968, S. 640). Die Kunst, hier die Dichtkunst, erhält nun den Primat über das begrifflich-reflexive Denken bei der Aufgabe, die letztgültige Deutung der Welt zu geben. Die Funktion des Dichters berührt sich nun aufs engste mit der des Priesters. „Der echte Dichter ist immer Priester, so wie der echte Priester immer Dichter geblieben" (Novalis 1965, S. 26). Für Novalis wird das Märchen zur ursprünglichen Form der Poesie, weil es wie der Mythos die tiefsten religiös-metaphysischen Weisheiten in geheimsnisvoller Sprache ausspricht; deshalb kulminieren der „Heinrich von Ofterdingen" im Märchen von Eros und Fabel und die „Lehrlinge zu Sais" in dem von Hyacinth und Rosenblüthe. „In Mährchen glaube ich am besten meine Gemüthsstimmung ausdrücken zu können. POETIK. Alles ist ein Mährchen" (Novalis 1977, S. 431). Und weiter heißt es:

„In einem ächten Märchen muß alles wunderbar - geheimnißvoll und unzusammenhängend seyn - alles belebt. Jedes auf eine andre Art. Die ganze Natur muß auf eine wunderliche Art mit der ganzen Geisterwelt vermischt seyn. ... Die Welt des Märchens ist die durchausentgegengesezte Welt der Wahrheit (Geschichte) - und eben darum ihr so durchaus ähnlich - wie das Chaos der vollendeten Schöpfung. ... Das ächte Märchen muß zugleich Prophetische Darstellung - idealische Darstellung - absolut nothwendige Darstellung seyn. Der ächte Märchendichter ist ein Seher der Zukunft“ (Novalis 1968, S. 280f.). Das Märchen ist also der Schlüssel zum geheimnisvollen, überrationalen Grund der Dinge, zum verborgenen Innern von Welt und Seele. Und diesen Schlüssel besitzt außer dem Dichter für Novalis in selbstverständlicher Weise das Kind, das ja noch in der magisch-animistischen Märchenwelt selber wohnt. Das Kind lebt noch unmittelbar mit den Geheimnissen des Weltgrundes, von denen das Märchen erzählt. Es hat gleichsam noch unmittelbareren Zugang zur geistigen Welt.

Bevor wir die Auffassung des Kindes bei Novalis genauer darstellen, halten wir es für nötig, die bisher dargelegten Aussagen der Sekundärliteratur über die Gedankenwelt des Novalis mit den kritischen Einwendungen Manfred Franks zu konfrontieren und dessen philosophische Rekonstruktion der frühromantischen Ästhetik für den weiteren Gang unserer Untersuchung zu berücksichtigen. Frank warnt vor der weit verbreiteten Naivität, die Novalisschen Reflexionen zum „magischen Idealismus“ als positive, existenzsetzende Aussagen zu betrachten; sie haben für Frank nur postulatorischen Charakter: „ Wer an Sehnsucht leidet, besitzt das nicht, wonach er sich sehnt; und wessen Sehnsucht unendlich ist, kann sich das Ersehnte prinzipiell nicht aneignen“ (Frank 1989, S. 309). Das Unendliche, Absolute fühlen oder präreflexiv anschauen, bedeutet für Novalis keineswegs, es auch vergegenständlichen, es wissen zu können. Aussagen über das Absolute, über die „Geisterwelt“, haben bei den Frühromantikern nach ihrem Bruch mit dem Idealismus nur den Status „repräsentativen Glaubens“ (Novalis). Grundlage des Denkens des frühromantischen Fichte-Schülers Novalis ist die transzendentalphilosophisch-spekulative Einsicht, daß sich die Reflexion gar nicht als Urheber des Selbstbewußtseins begründen kann; dieses verdankt sich vielmehr einem vorgängigen Sein, welches die Möglichkeiten der Erkenntnis überfordert. Deshalb muß die Philosophie sich bei einer docta ignorantia bescheiden. Da alle philosophischen Reflexionen dem unfaßbaren Wesen des Absoluten gegenüber unangemessen, fragmentarisch bleiben müssen, haben sie auch notwendigerweise die Form von zusammenhanglosen „Fragmenten“, die sich eher aneinander brechen als systematisch ergänzen. „Nur die unausdeutbare Sinnfülle des Kunstwerks kann positiv zeigen, was sich nicht definitiv in Wissen auflösen läßt. So wird das Kunstwerk zur einzig möglichen 'Darstellung des Undarstellbaren' ; nicht im Ich, sondern in der Kunst findet 'Selbstbewußtsein des Universums' statt" (ebd., S. 255). Als Allegorie des anders nicht Darstellbaren entspricht die Poesie in ihrer Vielsinnigkeit der Unendlichkeit und Unbegreiflichkeit ihres Gegenstandes. Durch ihre Grundoperation des „Romantisierens" soll ein Endliches so dargestellt werden, als sei es ein Unendliches, ein Gewöhnliches wie ein Geheimnisvolles. Das „Romantisieren" bedeutet aber nicht etwa die Einebnung der unaufhebbaren Kluft zwischen Endlichem und Unendlichem. Nirgends steht der Charakter der Fiktion, das „Als-ob" des Unendlichen in Frage! „Die Poesie ... verschreibt sich nicht dem unsinnigen (sonst mit dem Titel der Romantik gern verknüpften) Projekt, Unwirkliches als wirklich auszugeben. Die Höherpotenzierung des Individuellen, Endlichen, seine 'Absolutirung-Universalisirung' 'ist das eigentliche Wesen des Romantisirens'; aber Romantisieren ist nicht Identifizieren" (ebd., S. 313). Die dichterischen Repräsentate des Unendlichen bleiben deshalb immer ideal.

Diese erkenntniskritischen und kunstphilosophischen Darlegungen Franks über den nur regulativen, postulatorischen Status der metaphysischen Gedanken- und Gestaltenwelt des Novalis wollen wir im folgenden im Auge behalten, um nicht gerade bei der Deutung von *Novalis' Idee des Kindes* den „Infantilismen" aufzusitzen, die man Frank zufolge in der bisherigen germanistischen Novalis-Forschung nur allzu oft antrifft. „Das Kind verkörpert, weil es noch nicht durch die Erwachsenenkultur verdorben ist, das reine 'Ebenbild' Gottes - es lebt gleichsam im Stand der 'Unschuld'. Dies ist gerade sein Vorzug: Aufgrund seiner 'Einfalt' und 'Unschuld', seiner Kraft der 'Phantasie' und 'Ahndung', seines 'Glaubens' und 'Zutrauens' und seiner 'Heiterkeit' und 'Fröhlichkeit' erscheint es als ein Wesen, das dem Erwachsenen in vielerlei Hinsicht überlegen ist. Obgleich es die Welt noch nicht im Medium des klaren Begriffs erfaßt, hat es dem Erwachsenen, der nach Novalis dazu neigt, die Welt einseitig zu fixieren, etwas voraus, und zwar jene ganzheitliche und damit allseitige Sicht der Welt, durch die sich der Mensch des goldenen Zeitalters auszeichnete" (Geppert 1977, S. 337). Mit diesem knappen Überblick hat Klaus Geppert das Kindbild des Novalis zutreffend zusammengefaßt. Mit seiner Aufzählung der fünf Wesensmerkmale des Kindes: Einfalt, Heiterkeit, Phantasie, Glauben, Ahnung (vgl. ebd., S. 238ff.) bringt er allerdings nur den Umfang der Kindesauffassung zum Ausdruck, nicht ihre innere Struktur und auch nicht ihre Originalität gegenüber den Vorläufern. Curt Grützmacher hat mit Recht auf die „Hierarchie des Kind-Motivs" bei Novalis hingewiesen und die aufsteigenden Erscheinungsformen unter den Gesichtspunkten: das Kind als Naturwesen, das Kind als Geistwesen, das Kind als das goldene Zeitalter sowie das Kind als religiöse Idee genauer beschrieben (vgl. Grützmacher 1964, S. 38ff.). Wir wollen uns an dieser Konzeption ebenso orientieren wie an der schon von Hans-Heino Ewers fruchtbar gemachten Unterscheidung zwischen einer romantischen Anthropologie des Kindes, wie sie von Herder vorgezeichnet ist, und einer romantischen Metaphysik des Kindes, zu der erst die eigentlichen Romantiker (wieder) vorstoßen (vgl. Ewers 1989, S. 140).

Das Kind ist für Novalis zunächst ein *Naturwesen*, keimhaft die Zukunft schon in sich tragend, aber auch schon auf seiner Stufe des Wachstums ein vollkommener Mensch. Im Vergleich zum Erwachsenen - der „Frucht" und dem „Herbst" des Lebens - ist das Kind „Blüthe ... Frühling" (Novalis 1968, S. 260); es ist „eine sichtbar gewordne Liebe" (ebd., S. 253). Die Blumen sind, so sagt es Heinrich von Ofterdingen, „die Ebenbilder der Kinder... Den vollen Reichthum des unendlichen Lebens, die gewaltigen Mächte der spätern Zeit, die Herrlichkeit des Weltendes und die goldene Zukunft aller Dinge sehn wir hier noch innig ineinander geschlungen, aber doch auf das deutlichste und klarste in zarter Verjüngung... So ist die Kindheit in der Tiefe zunächst an der Erde, da hingegen die Wolken vielleicht die Erscheinungen der zweyten, höhern Kindheit, des wiedergefundnen Paradieses sind, und darum so wohlthätig auf die Erstere herunterthauen" (Novalis 1977, S. 329f.). Wie in der Welt der Blumen die vegetativen Kräfte wirken, so lebt das Kind noch ganz aus den Kräften des Unbewußten: in seinem Träumen und Spielen, in seiner Märchenwelt, läßt es sich noch ganz von der Einbildungskraft, von der Phantasie bestimmen. Dem Heinrich von Ofterdingen „dünkt der Traum eine Schutzwehr gegen die Regelmäßigkeit und Gewöhnlichkeit des Lebens, eine freye Erholung der gebundenen Fantasie, wo sie alle Bilder des Lebens durcheinanderwirft, und die beständige Ernsthaftigkeit des erwachsenen Menschen durch ein fröhliches Kinderspiel unterbricht. Ohne die Träume würden wir gewiß früher alt..." (ebd., S. 199). Das Kind ist also der spontane, schöpferische Mensch, der sich noch nicht aus der vertrauten Natur, aus dem „unmittelbaren Verkehr mit dem Himmel" (ebd., S. 198) losgerissen hat, sich noch nicht durch die Individuation „zur Insel machte" (ebd, S. 87). Das Kind lebt noch im Zustand „roher Unschuld" (Novalis 1968, S. 302): wie der sich zurückziehende alte Mensch lebt das Kind noch „außer der Welt" (Novalis 1965, S. 616), als ein „Nichtstand", der vor, jenseits oder über aller gesellschaftlichen Verzweckung noch ganz mit seiner geistigen Herkunft verbunden ist. Das Kind erscheint so als der noch in ursprünglicher Einheit und vollkommener Harmonie lebende schöne Mensch vor jeder Entfremdung.

Mit jedem neugeborenen Kind kehrt diese ursprüngliche Lebensform - *das goldene Zeitalter* - wieder für eine kurze Zeit in die Gegenwart zurück; denn: „Wo Kinder sind, da ist ein goldnes Zeitalter" (ebd., S. 456). Und so wie der Mensch des goldenen Zeitalters ganz von Harmonie und Frohsinn erfüllt war, ist auch die grundlegende Stimmung des Kindes die Heiterkeit (vgl. Geppert 1977, S. 240). Wie die Menschen jener Frühzeit, die „in ewigen Spielen ... besucht (wurden) von den Kindern des Himmels“ (Novalis 1977, S. 104f.), leben die Kinder noch in der „allmächtigen Sympathie der Natur“, vernehmen sie überall noch das Walten des göttlichen Geistes: „Der erste Mensch ist der erste Geisterseher. Ihm erscheint alles, als Geist. Was sind Kinder anders, als erste Menschen? Der frische Blick des Kindes ist überschwenglicher, als die Ahndung des entschiedensten Sehers“ (Novalis 1965, S. 564). Dem Seherblick des Kindes ist - wie dem des Menschen der Frühzeit - all das noch unmittelbar gegenwärtig, was der neuzeitliche Mensch der Gegenwart philosophisch sich mühsam erst wieder erschließen muß. Mit der Auffassung des Kindes als eines noch unschuldigen, in sich vollkommenen Naturwesens und als eines phantasiebegabten, schöpferischen Wesens, das noch in ursprünglicher Einheit mit sich, mit der Natur und mit Gott lebt und in sich die vergangenen Frühzeiten der Menschheit immer wieder rekapituliert - mit diesen Vorstellungen folgt Novalis in seinen Dichtungen und Fragmenten ganz der Herderschen Anthropologie des Kindes und dem zugrundeliegenden organisch-genetischen Prinzip. Aus der romantischen Auffassung, daß im Ursprung auch das Ziel liegt, ergibt sich bei Novalis über der anthropologischen noch eine zweite, metaphysische Ebene der Kindheitsidee: als noch in ursprünglicher Nähe, ja, in *Einheit mit dem Göttlichen* stehendes Wesen wird es auch zum Vorbild und zum Mystagogen für den in der Geistferne der gegenwärtigen Epoche lebenden Erwachsenen. Das Kind rekapituliert so gesehen nicht mehr nur das vergangene goldene Zeitalter, es ist auch der Verkünder von dessen Wiederkehr: „es ist die Urwelt, die goldne Zeit am Ende“ (Novalis 1968, S. 676). Wie sehr das Kind noch im reinen Vollzug der Unendlichkeit begriffen und dabei aller menschlichen Einwirkung entrückt ist, verdeutlichen die folgenden Worte Heinrichs von Ofterdingen, mit denen er auf seine eigene Kindheit zurückblickt: „Mein Vater scheint mir ... eine stille Ehrfurcht und Gottesfurcht vor allen unbegreiflichen und höhern Erscheinungen zu haben, und daher das Aufblühen eines Kindes mit demüthiger Selbstverleugnung zu betrachten. Ein Geist ist hier geschäftig, der frisch aus der unendlichen Quelle kommt und dieses Gefühl der Überlegenheit eines Kindes in den allerhöchsten Dingen, der unwiderstehliche Gedanke einer nähern Führung dieses unschuldigen Wesens, das jetzt im Begriff steht eine so bedenkliche Laufbahn anzutreten, bey seinen nähern Schritten, das Gepräge einer wunderbaren Welt, was noch keine irrdische Flut unkenntlich gemacht hat, und endlich die Sympathie der Selbst Erinnerung jener fabelhaften Zeiten, wo die Welt uns heller, freundlicher und seltsamer dünkte und der Geist der Weissagung fast sichtbar uns begleitete, alles dies hat meinem Vater gewiß zu der andächtigsten und bescheidensten Behandlung vermocht“ (Novalis

1977, S. 326f.). Einem Wesen gegenüber, das noch in der anfänglichen Nähe zum Göttlichen steht und noch aus ursprünglicher Phantasie und Schöpferkraft heraus lebt, kann Erziehung nur nachgehend in „Demut" und Liebe erfolgen. Und auch der Weg der Bildung kann nicht mehr nur als aufsteigender Vervollkommnungsprozeß gedacht werden, wenn Kindlichkeit selber zum Ziel wird: „Jede Stufe der Bildung fängt mit Kindheit an. Daher ist der am meisten gebildete, irdische Mensch dem Kinde so ähnlich" (Novalis 1965, S. 433). Der Gang der Bildung „erhält nun die charakteristische Kreisstruktur, in der sich Anfangs- und Endpunkt auf ein und derselben Höhe berühren und zusammenschließen. Bildung erscheint nun immer auch als Rückkehr, als Wiedergewinnung anfänglicher Genialität" (Ewers 1989, S. 161).

Die Überlegenheit des Kindes in den höchsten Dingen zeigt sich in der Kraft seines Gottglaubens und in den „Ahndungen", in denen es in gefühlsmäßig-begriffsloser Anschauung des Universums des tieferen Sinnes für sich gewiß ist. So „ahndet" das Kind auch die vom neuzeitlichen Naturwissenschaftler vergessene „Chiffrenschrift" der Natur, die in der Moderne nur noch der Dichter beherrscht. In den „Lehrlingen zu Sais" heißt es diesbezüglich: „Oft erfahren diese liebenden Kinder in seligen Stunden herrliche Dinge aus den Geheimnissen der Natur, und thun sie in unbewußter Einfalt kund. Ihren Tritten folgt der Forscher, um jedes Kleinod zu sammeln, was sie in ihrer Unschuld und Freude haben fallen lassen, ihrer Liebe huldigt der mitfühlende Dichter und sucht durch seine Gesänge diese Liebe, diesen Keim des goldnen Alters in andre Zeiten und Länder zu verpflanzen" (Novalis 1977, S. 103f.). In der ursprünglichen, liebenden und animistisch-ahnenden Naturanschauung des Kindes und in der „romantisierenden" des Dichters kann die Natur noch bzw. wieder zu ihrer Selbstanschauung kommen, die ihr die neuzeitliche experimentelle und quantifizierende Naturwissenschaft verweigert.

Mit der Darstellung des Kindes als *Erlösers* - in Klingsohrs Märchen von Eros und Fabel erlöst das „ewige Kind" Fabel die Welt von der Tyrannei der Ratio (vgl. S. 290ff.) - und mit der Bezeichnung der Kinder als „heilige" Wesen (Novalis 1968, S. 397) betritt Novalis die höchste Stufe in der Bedeutungshierarchie seiner Idee des Kindes. In seinen geistlichen Dichtungen „kreuzen und summieren sich auch die verschiedensten Bedeutungsmöglichkeiten: das Kind als Weiser und Seher, als Herrscher und Stifter einer neuen Zeit, als bestimmende Instanz einer Anfangssituation, deren Zeichen die Erlösung ist. In der Nähe des messianischen Kindes finden sich die mit Kindersinn begabten Menschen als Empfänger und Träger der frohen Botschaft, die das Gott-Kind verkündet. Hier bekommt auch das Wort vom Kinde als einer sichtbar gewordenen Liebe eine umfassende Sinnbestimmung, die auf das ethische Zentrum des Christentums weist" (Grützmacher 1964, S. 48).

Halten wir fest: Das Bild des Kindes durchzieht und umgreift das gesamte dichterische und philosophische Werk des Novalis. Sein Bedeutungsfeld läßt sich als Hierarchie darstellen: Auf der untersten Stufe ist das Kind der unschuldige, in unbewußtem Einklang lebende, noch nicht gesellschaftlich entfremdete schöne Naturmensch. Auf der nächst höheren Ebene begreift Novalis das Kind als ursprünglich schöpferischen Menschen, der in seiner phantasiebestimmten Weltauffassung noch eng mit der „Geisterwelt" verbunden ist. In dieser Daseinsform wiederholt sich im Kind die mythische Welt der Frühzeit, das „goldene Zeitalter". Auf diesen beiden unteren Ebenen seiner Kind-Idee setzt Novalis den *anthropologischen* Kindheitsdiskurs Herders fort. Mit der Vorstellung vom Kind als einem Wesen, das durch seine noch ursprüngliche Nähe zum Geistigen, durch die Kraft seiner Ahnung dem Erwachsenen „in den allerhöchsten Dingen" überlegen ist und ihm damit zugleich den Weg zur Vollendung in eine zweite Kindheit weist, tritt Novalis in die im engeren Sinne *romantisch-metaphysische* Kindheitsreflexion ein, der wir bereits bei Hölderlin und Wakkenroder begegnet sind. Hier rückt die religiöse Dimension, das Verhältnis des Kindes zum Absoluten in den Mittelpunkt. Auf der höchsten Ebene der Bedeutungshierarchie wird das Kind zum ewigen Erlöser, welcher wie das messianische Jesuskind die gefallene Menschheit in die Gotteskindschaft des christlichen Glaubens zurückführt. Die metaphysische Kindheitsreflexion führt damit bei Novalis - wie bei Wackenroder - schließlich in die Spur der Kind-Jesu-Mystik zurück. Im literarischen und philosophischen Werk des Novalis tritt uns das romantische Ideal der Kindheit als einer ursprünglichen, mythisch-poetischen und mystisch-religiösen Daseinsform in bisher höchster Differenzierung entgegen. Mit einigem Recht darf es als eine Summe der dargelegten Kindheitsreflexionen, als Idealtyp des romantischen Blicks auf das Kind betrachtet werden. Zugleich begrenzt der Philosoph Novalis mit der Feststellung: „Nicht alle Kinder aber sind Kinder" (Novalis 1968, S. 243) den Geltungsanspruch seiner Reflexionen und dichterischen Aussagen über das Kind. Sie betreffen nicht das tatsächliche Kind in der Lebenswelt der bürgerlichen Kultur, sondern das Kind als Chiffre einer menschlichen Daseinsform, die nicht gegeben, sondern allenfalls aufgegeben ist.

Dem romantischen Blick offenbart sich also das Kind als ein eigenwertiges, organisch sich selbsttätig entwickelndes Wesen voller sinnlicher Empfindsamkeit. Seiner selbst nicht bewußt, lebt es in einer Welt des Spiels und des Tagtraumes, in der es seine intensiven Gefühle und seine grenzenlose Phantasie schöpferisch zum Ausdruck bringen kann; seine Zeiterfahrung ist die einer erfüllten Gegenwart, der Unendlichkeit des Augenblicks. Das Kind kann noch unmittelbar staunen und es hat noch Gefallen am Märchenhaft-Wunderbaren. Im zyklischen Lebensrhythmus der Natur, gleichsam noch in einem vorgesellschaftlichen Zustand, besitzt es noch natürliche Unschuld, Selbstgenügsamkeit und Harmonie. Allseitig und ungespalten wirken in ihm noch die ursprünglichen schöpferischen Seelenkräfte; damit wiederholt sich in ihm die naive Überschwenglichkeit des primitiven Menschen, der Frühling der Menschheitsgeschichte. Wie das mythische Denken des frühen Menschen beseelt auch das Kind mit seinen im weitesten Sinne poetischen Phantasien und Vorstellungen noch die Welt der Natur und die Wörter der Sprache; vom Umgreifenden noch nicht durch die Reflexion geschieden, lebt es noch in universeller Einheit und in fraglosem Einklang mit der Schöpfung. In seinem gefühlsbestimmten Gottvertrauen und durch seine geheimnisvollen Ahnungen erschaut es präreflexiv noch tiefere Weisheiten über das Welträtsel als der Erwachsene, der durch das gesellschaftliche Leben seiner selbst entfremdet und durch die rationale Daseinsbemächtigung in seinem Seelenleben immer stärker vereinseitigt wird. Für ihn ist somit das Leben des Kindes noch eine ideale Daseinsform, der Vorschein der wahren menschlichen Bestimmung, zu der man durch eine wiedergewonnene zweite Kindlichkeit gelangen kann. Das Kind wird so gesehen zum Messias, der die gefallene Menschheit immer wieder auf den Weg zu ihrer ursprünglichen Bestimmung zurückführen, sie verjüngen und erlösen kann.

Die Romantiker erneuern hier *ästhetisch* die jahrtausendalte Idee des absoluten Kindes, das Bild vom göttlichen Kind als säkularem Erlöser der Erwachsenen. Sie geben ihm aber eine neue Gestalt, indem sie die Kindheit auch als Archetyp der poetischen Daseinsform betrachten (vgl. Assmann 1978a, 1978b). Für die auf den Ursprung und auf das Ursprüngliche gerichtete romantische Seele wird das Kind zum Vorbild durch seine Natürlichkeit und Lebensfülle (Organizismus), durch das Schöpfertum seiner Phantasie (Ästhetizismus), durch die Kraft seiner Ahnungen und durch die kosmische Allverbundenheit mit dem Seinsgrund (mythisch-religiöse Erfahrung). Diese romantische Idealisierung des Kindes kann man mit guten Gründen als archaisierende Metaphysik (vgl. Ewers 1989), als utopiehaltige Projektion (vgl. Richter 1987) und auch als kulturellen Primitivismus (vgl. Boas 1966) bezeichnen - genau genommen handelt es sich hier um eine neue Mythologie der Kindheit. Aus ihrem persönlichen Glauben heraus, daß der Mensch tief in sich selbst die Züge einer geheimnisvollen, transreflexiven, metaphysischen Wirklichkeit trägt und gerade die noch unbeschädigte Kindheit - wie das seelisch Unbewußte und die Welt des Traums - ein Überrest des ursprüngliche Einsseins und der Keim seiner künftigen Wiederkehr ist, aus dieser intuitiven Gewißheit heraus haben die Romantiker auch einen *neuen poetischen Mythos des Kindes* geschaffen. Auf der Grundlage der drei großen romantischen Grundmythen von der kosmischen Einheit der Seele und der Welt, von der Schöpferkraft des Unbewußten in Phantasie und Traum und von der Poesie als endlicher Gestalt des Unendlichen (vgl. Béguin 1972,

S.479ff.) ist dieser Mythos des Kindes aus den Bildern neu geschaffen worden, die in der Schatzkammer der Geistesgeschichte bereitlagen: dem biblisch inspirierten Bild der Kindheit als verlorenem Paradies und dem heidnisch-antiken vom goldenen Zeitalter, dem neutestamentlichen Bild vom Kind als demütigem Erlöser und dem gnostisch-hermetischen als Wesen gottgleicher Vollkommenheit. Der Mythos vom goldenen Zeitalter wird von den Romantikern allerdings nicht mehr nur in seiner antiken Fassung einer vergangenen Idylle erzählt, der wir gegenwärtig noch bei den übriggebliebenen Naturvölkern begegnen können; das goldene Zeitalter meint nach neuzeitlich aufsteigendem Geschichtsverständnis zugleich die sich innerweltlich erfüllende Utopie vom neuen Menschen, der seine ursprüngliche göttliche Bestimmung verwirklicht. Mit diesen uralten Bildern haben die Romantiker die von der Leibnizschen Monadenlehre inspirierte und von Rousseau und Herder entfaltete Anthropologie des Kindes re-mythisiert und ihr damit eine bis heute anhaltende ästhetische Ausstrahlung und moralische Wirksamkeit verliehen. Die zentralen Kapitel ihrer Erfolgsgeschichte auf dem Gebiet der Erziehung werden wir im folgenden genauer darstellen.

5 Die Popularisierung des romantischen Blicks auf das Kind in der bürgerlichen Erziehung

Einen ersten Schritt zur Popularisierung der romantischen Auffassung des Kindes und zu ihrer Rezeption im Bereich der familialen Erziehung gehen die romantischen Dichter und Literaten selber, indem sie die *Märchen* und die Volkslieder zu der den Kindern gemäßen Literatur stilisieren. Die grundlegende ideelle Voraussetzung hierzu bietet wiederum der Rekapitulationsgedanke: „Wenn die Kindheit die ontogenetische Evokation einer mythischen Vergangenheit darstellt, dann kann Kindern nur eine Literatur gemäß sein, die vom Geist eben dieser Urzeit geprägt ist. Dies führt zu einer Bevorzugung archaischer Literaturformen, in deren Gattungssubstrat das Mythische eingedrungen, in deren Formcharakter Mythisches festgeschrieben ist. Der Spruchreim mit seiner Wortmagie, das archaische Volkslied und die Volksballade, das Märchen, die Sage, die Mythe, die Legende, die sogenannten Volksbücher, die Tierepen - alle diese Genres, die die Aufklärung aus der Kinderstube zu verbannen suchte, erhebt die Romantik zur idealen Kinderliteratur" (Ewers 1987, S. 332). Das Kind soll nicht mehr durch das von den Philanthropen eigens pädagogisch konzipierte Medium der Kinderliteratur belehrt, diszipliniert und kultiviert werden; vielmehr soll es sich in seiner Einfalt, seiner Bereitschaft zum Staunen und zum Glauben sowie mit seiner Schöpferkraft der Phantasie in den ursprünglichen, mythisch-religiösen Formen der Volkspoesie gleichsam selber begegnen. Mit der Sammlung der vom Versiegen des Traditionsstroms bedrohten Volkslieder und Märchen wird auch „den Kindern das Ihrige" (Brüder Grimm) wieder zurückgegeben.

Der Romantisierung des Märchens zur höchsten poetischen Gattung, in der das Kind „am besten (seine) Gemüthsstimmung ausdrücken zu können" glaubt, sind wir bereits bei Novalis begegnet. Für ihn sind die Märchen „Träume von jener heymathlichen Welt, die überall und nirgend ist", in denen „die ganze Natur auf eine wunderliche Art mit der ganzen Geisterwelt vermischt" ist. Deshalb ist das Märchen für ihn „zugleich Prophetische Darstellung". Der Frühromantiker Novalis rekurriert auf das Märchen nicht primär in archaisierender Absicht, er transformiert diese einfache Erzählform vielmehr in ironisch gebrochener Weise zu einem anspruchsvollen Stilmittel seiner Poesie. Der Weg zum Märchen (und Volkslied) als Literaturgattung für Kinder nimmt nicht hier seinen Ausgang, sondern in der poetisierenden Sammlertätigkeit der hochromantischen Dichter Achim von Arnim und Clemens Brentano und ihrer philologischen Gefährten Jakob und Wilhelm Grimm. Sie schließen mit ihrer Absicht, die jahrhundertealte „Weisheit" der mündlich tradierten Volkspoesie zu erhalten, an das Vorbild Herders unmittelbar an.

Mit der im Herbst 1805 erscheinenden Sammlung „Des Knaben Wunderhorn. Alte deutsche Lieder" wollen von Arnim und Brentano - dichterisch nachbelebend - den „Reichtum" und „den Glauben und das Wissen des Volkes", alles, „was seine eigene innere lebende Kunst gebildet", für die Nachwelt bewahren. Dabei spielt schon Achim vom Arnim in seiner „Nachschrift an den Leser" vom Juli 1805 mit der Bemerkung, daß jedes der gesammelten Lieder in seiner ursprünglichen Schönheit „lauter frische, spielende, ringende Kinder (atmet)" (Arnim 1957, S. 887) auf die innere Verwandtschaft der Volkspoesie mit der Welt des Kindes an. Diese Beziehung wird von den Brüdern Grimm in der Vorrede zum ersten Band der „Kinder- und Hausmärchen" im Jahre 1812 noch weiter entfaltet. Die für sie noch unmittelbar „aus jener ersten Quelle" des Lebens sprudelnden Märchendichtungen, in denen „wie in den Mythen, die von der goldnen Zeit reden, ... die ganze Natur belebt" ist, besitzen noch „dieselbe Reinheit, um derentwillen uns Kinder so wunderbar und selig erscheinen" (Brüder Grimm 1962, S. 8). Die Morgenröte des Ursprungs, der Einfalt und des Wunderglaubens begegnet uns in der Welt des Märchens ebenso wie in der Welt des Kindes. Die hier erfolgende Ineinsetzung von Kind, Volk und Märchen ist erst die Erfindung (und Entdeckung) der Romantiker. Vordem waren die Märchen - etwa bei Basile - zweideutige Lachgeschichten der aristokratischen Oberschicht über die Befremdlichkeiten des Landvolks oder - wie bei Perrault - geistvoll moralisierende Zaubergeschichten für ein erwachsenes, höfisch gebildetes Publikum (vgl. Richter 1987, S. 175ff.).

Erst mit den „Kinder- und Hausmärchen" der Brüder Grimm wird das Kind zum literarischen Adressaten und die Häuslichkeit der bürgerlichen Familie zum Erzählort des Märchens[19]. Dies bringt unverkennbar die Widmung von deren erstem Band „An die Frau Elisabeth von Arnim für den kleinen Johannes Freimund" zum Ausdruck; und in der Vorrede zum zweiten Band wird erstmals auch neben der allgemein kulturkritischen eine pädagogische Absicht der Märchensammlung eingeräumt: „Wir wollten indes durch unsere Sammlung nicht bloß der Geschichte der Poesie einen Dienst erweisen, es war zugleich Absicht, daß die Poesie selbst, die darin lebendig ist, wirke: erfreue, wen sie erfreuen kann, und darum auch, daß ein eigentliches Erziehungsbuch daraus werde" (Brüder Grimm 1962, S. 237). Der daraufhin einsetzenden Kritik an der fehlenden Kindgemäßheit einzelner Märchen, an ihren physischen und psychischen Grausamkeiten, an ihrer deutlichen sexuellen Symbolik und an der Schärfe der in ihnen vorkommenden sozialen Konflikte hat Wilhelm Grimm in den folgenden sechzehn Auflagen bis zum Jahre 1858 durch eine immer stärker psychologisierende Umarbeitung Rechnung getragen: „ Sie zeigt sich in der stärkeren

'Verkindlichung' einzelner Märchenfiguren, in der detailreicheren Schilderung kindlichen Verhaltens, in der differenzierteren psychologischen Gestaltung der Figuren und ihrer Einbindung in ein familiäres Milieu, das - mögen auch die Geschichten selber in Holzhackerhütten oder Königspalästen spielen - offenkundig dem Wunschbild der bürgerlichen Familie nachempfunden ist" (Richter 1987, S. 225).

Mit diesem Zuschnitt ihrer Märchen auf das neue, das romantische bürgerliche Kindheitsbild und auf die Intimität der bürgerlichen Familie haben die Brüder Grimm die bis heute gültige Vorstellung vom Märchen geprägt und die zahllosen weiteren Märchensammlungen für Kinder angeregt. Oder - von den Kindern her gesehen: Mit den Grimmschen Märchen haben die Kinder eines der berühmtesten unter ihren Lieblingsbüchern in einem großen, langwierigen Kampf für sich selber erobert; ein Buch, das sich ursprünglich an die großen Leute richtete, haben sie sich selbst zu eigen gemacht (vgl. Hazard 1952, S. 198ff.). Seitdem hat es sich auch erst eingebürgert, die frühe und mittlere Kindheit - ganz im Sinne der Romantiker - als „Märchenalter" zu bezeichnen (vgl. Bühler 1958, S. 21ff.), als diejenige Entwicklungsphase des Kindes, in der seine schöpferische Phantasie zur Entfaltung drängt. Die notwendige Voraussetzung für diesen Erfolg des Märchens als Kinderliteratur und für die damit einhergehende Rezeption des von den Märchen transportierten romantischen Kindbildes liegt in der bürgerlichen Häuslichkeit und ihrer Lesekultur; beide sind aufs engste verwoben mit der Entstehung der modernen Familie und der sich hier ergebenden neuartigen Beziehung zum (eigenen) Kind. Im folgenden wollen wir in einer kurzen sozialgeschichtlichen Betrachtung diesen tiefgreifenden Transformationsprozeß in Erinnerung rufen, denn er ist zugleich die hauptsächliche Antriebskraft für den Prozeß der Rezeption und der Popularisierung des romantischen Kindbildes in der bürgerlichen Erziehungswelt.

5.1 Die Geburt der modernen kindzentrierten Familie

Im letzten Drittel des 18. Jahrhunderts - etwa zur gleichen Zeit, als der romantische Blick auf das Kind sich literarisch herausbildet - entsteht im deutschen Bürgertum das neue Leitbild der privatisierten Kernfamilie, das eine besondere Wertschätzung der ehelichen Liebe und eine geschichtlich neue Form des Umgangs mit den Kindern mit sich bringt: „Tendenziell wurde die bürgerliche Familie zu einer geistig-gefühlsmäßigen Gemeinschaft; das gepriesene Ideal wurde das innig-gemütvolle Zusammensein, die glückselige Häuslichkeit. Die agierenden Personen gewannen mehr und mehr individuelle Züge, sie waren nicht mehr nur funktionierende Figuren. Für die Kindererziehung hatte diese gewandelte Einstellung gravierende Folgen: Nicht mehr das untertänige Objekt war alleiniges Ziel des Erziehungsprozesses, sondern auch und immer stärker das sich aus eigenen Möglichkeiten entfaltende Individuum“ (Fertig 1984, S. 17). In diesem neuen Familienleitbild manifestiert sich der tiefgreifende Mentalitäts- und Verhaltenswandel im Bereich des familialen, privaten Lebens, der von England und Frankreich ausgeht und dann auch die bürgerlich-gebildeten Kreise in Deutschland erfaßt. Er muß in einem engen Zusammenhang gesehen werden mit dem großen Schub der Modernisierung insgesamt, der in dieser „Sattelzeit“ für die Entstehung der Moderne erfolgt. „Am Ende des 18. Jahrhunderts lockern sich die traditionellen Bindungen des Menschen, ja zum Teil lösen sie sich auf. Bis dahin lebte der Mensch in einer segmentierten Gesellschaft, in kleinen Gruppen, lokalen, regionalen und ständischen, in personalen Beziehungen, in konkreter und anschaulicher Präsenz der Tradition. Auch die Bindungen an die Herrschaft, die Loyalitätsforderungen waren primär personal und anschaulich. Die Normen des Verhaltens waren in diesen Traditionen überliefert und gegenwärtig. ... Die sozialen Verbände endlich - unspezifisch, wenig arbeitsteilig, anschaulich nah - entsprachen dem vorherrschenden Typus ‘Gemeinschaft’. Das alles löst sich, wie gesagt, auf. Die Gesellschaft wird desintegiert. Das Individuum ... tritt ein in die entstehende Verkehrs- und Marktgesellschaft, in die Groß-Gruppen mit ihrer rationalen und abstrakten Struktur, Gesellschaft dominiert an Stelle von Gemeinschaft, das Individuum tritt dem stark gewordenen großen Abstraktum, dem Staat, gegenüber. ... Jeder wird von vielen abhängig, die im fremd sind. Endlich: Normen, Bindungen und Loyalitäten sind nicht mehr anschaulich und konkret symbolisch präsent, Sinn verlagert sich aus der Anschauungs- in die Reflexionswelt“ (Nipperdey 1986, S. 118f.).

Dieser soziale Differenzierungs- und Desintegrationsprozeß hat vielfältige Ursachen: in erster Linie die sich herausbildende Marktwirtschaft und Arbeitsteilung, die Alphabetisierung und Höherbildung der Massen und die Bürokratisierung und Zentralisierung der politischen Herrschaft. Im Laufe dieses Transformationsprozesses „individualisiert“ sich der einzelne; er bestimmt - zunächst allerdings nur als Angehöriger der gebildeten Schicht - seine Lebensführung nach eigenen Grundsätzen selbständig. Die Ideen der Aufklärung unterstützen das neue Selbstverständnis des Individuums, das nunmehr die herkömmlichen Imperative von Glauben, Stand und Geschlecht kritisch in Frage stellt. Die Kehrseite dieses Heraustretens aus den Bindungen von Tradition und Gemeinschaft ist die geschichtlich neue Erfahrung der sozialen - und metaphysischen - Heimatlosigkeit und das daraus entspringende Verlangen nach neuen Formen der Re-Integration. In dem Maße, wie das religiöse Leben säkularisiert und auf den institutionellen Rahmen der Kirche eingeschränkt wird, werden andere Bereiche der gesellschaftlichen Wirklichkeit sakralisiert. Ähnlich wie die Idee der Nation, die Kunst und die Arbeit erhalten für den bürgerlichen Menschen des beginnenden neunzehnten Jahrhunderts auch Liebe, Familienleben und Kindererziehung tendenziell religiöse Qualitäten. Diesen epochalen Mentalitäts- und Verhaltenswandel wollen wir im Hinblick auf das neue Leitbild der Familie und die veränderte Stellung des Kindes in ihr genauer betrachten.

In einer systematischen Perspektive läßt sich der historische Wandel der Familie als ein Differenzierungsprozeß begreifen, in dessen Verlauf diese soziale Gruppe neue Aufgaben übernimmt und herkömmliche abgibt; dabei verändern sich auch die Größe der Familie, die Zuständigkeiten der Familienmitglieder und ihre jeweilige Gewichtung (vgl. Herrmann 1994, S. 197). In der „Übergangsepoche" vom ausgehenden 18. bis zur Mitte des 19. Jahrhunderts verändert sich die Familienverfassung, beginnt sich das Verhältnis der Geschlechter und Generationen von alten Bindungen zu lösen (vgl. Conze 1976, S. 450ff.). Die Synonymität von „Familie" und „Haus" wird fragwürdig, insbesondere im Bereich des Rechts- und des Wirtschaftslebens. Im Gefolge der Naturrechtsphilosophie der Aufklärung und der Freiheitspostulate der Französischen Revolution wird die Eheschließung zu einem weltlichen Rechtsvertrag zwischen zwei mündigen Subjekten, wird die Familie zur Vertragsgemeinschaft grundsätzlich freier und gleicher Mitglieder: „Weder Ebenbürtigkeit, noch Standesgleichheit, noch Glaubensidentität, noch Sippeneinverständnis waren nun die offiziellen Voraussetzungen für das Eingehen einer Ehe, sondern lediglich das Einverständnis zwischen zwei Individuen, Mann und Frau ..." (Weber-Kellermann 1974, S. 99). Als Vertrag einvernehmlich geschlossen, kann die Ehe nunmehr ebenso unter bestimmten Bedingungen des Verschuldens oder der Zerrüttung auch wieder geschieden werden! Für dieses historisch neue Verständnis von Ehe und Familie legen das Allgemeine Landrecht für die preußischen Staaten von 1794, der Code civil von 1804 und das Allgemeine Gesetzbuch von 1811 in Österreich die rechtlichen Fundamente.

Gleichzeitig mit ihrer rechtlichen Verfassung verändert sich auch die sozialökonomische Funktion der Familie. Mit den neuen Produktionsweisen der Manufaktur und der Fabrik beginnt die Trennung von Erwerbsarbeit und Haushaltsarbeit, von Arbeitsplatz und Familie. Diese Trennung und die mit ihr einhergehende stundenmäßige Begrenzung der Arbeitszeit betrifft nicht nur die neue Klasse der proletarischen Fabrikarbeiter, sondern ebenso den ideellen Träger der Modernisierung, die Schicht des neuen, gehobenen Bürgertums: die Kaufleute und Unternehmer, die Staatsbeamten (Juristen, Geistliche, Gelehrte, Offiziere), die leitenden technischen und kaufmännischen Angestellten, deren gemeinsames Charakteristikum die relative Selbständigkeit und Entscheidungskompetenz im eigenen Arbeitsbereich darstellt: „Die Auflösung des 'ganzen Hauses' als Wohn- und Arbeitseinheit, als Produktionsstätte einer gemeinsam wirtschaftenden und hausenden Familie war damit besiegelt, wenn sich dieser Prozeß auch bis weit ins 19. Jahrhundert hinein erstreckte" (ebd., S. 101). Der epochale Strukturwandel der Familie ist eingebettet in den umfassenden Zusammenhang der zunehmenden gesamtgesellschaftlichen Entflechtung der ökonomischen, politischen, religiösen und familialen Vollzüge und ihrer Ausdifferenzierung in die tendenziell selbständigen, eigenlogischen Sphären der marktorientierten Wirtschaft, des bürokratischen Zentralstaats, der Kirche und der Kernfamilie. Die Familie wird zu einem ausdifferenzierten gesellschaftlichen Handlungsbereich neben den anderen, zu einem „Handlungsbereich, auf den das 'Privatleben' des Einzelmenschen geradezu monopolistisch konzentriert ist. Darüberhinaus aber rückt die bürgerliche Kultivierung der zum Inbegriff der 'menschlichen Nähe und Verbundenheit' aufgewerteten Familienbeziehungen diese strukturnotwendig in einen subjektiv erlebbaren Gegensatz insbesondere zur Sphäre der Arbeit und Öffentlichkeit" (Tyrell 1976, S. 395). In dem Maße also, wie sich das „Haus" von seiner früheren hausherrschaftlichen, politisch- und religiös-repräsentativen Verfassung löst, wird die Familie - beginnend im Kreis des neuen städtischen Bürgertums - zu einem Raum der Privatheit. Der Rationalität der neuen marktorientierten Produktionsweise und der Anonymität der bürokratischen staatlichen Herrschaft tritt die Sentimentalität und Intimität der privatisierten Kernfamilie gegenüber.

Die grundlegenden Merkmale dieses neuen Typus der bürgerlichen privatisierten Kernfamilie sind: (1.) Die Familie wird durch *öffentlichen Eheschluß* begründet; sie ist nicht mehr an Haus- und Grundbesitz gebunden, sondern an das regelmäßige Einkommen des Ehemannes, zu dem die Ehefrau und die Kinder nichts mehr durch Erwerbstätigkeit beitragen. (2.) Das wichtigste Element dieses Familienmodells ist der gegenseitige Wunsch allein der Ehepartner, dauerhaft miteinander zu leben; an die Stelle des materiellen Nutzens des „Hauses" oder der Sippe tritt die lebenslange Gefühlsbindung der Ehegatten, die *Liebesehe* als ausschlaggebende Grundlage der Beziehung. Eine mentalitätsmäßige Voraussetzung für das neue Eheideal, das es den Partnern zur Pflicht macht, einander wie Verliebte zu lieben, ist die erst seit der Mitte des 18. Jahrhunderts zu registrierende Tendenz, die bis dahin getrennt gehaltenen Formen der eher schamhaften und sprachlosen Liebe in der Ehe mit der erotisch-leidenschaftlichen Liebe außerhalb der Ehe zu verbinden: „Die außereheliche Erotik hat Eingang in die Ehe gefunden und die traditionelle Zurückhaltung zugunsten der Leidenschaft und auf Kosten der Dauer verdrängt" (Ariès 1984, S. 173). (3.) In Verbindung mit dem Grundsatz der Unverletzlichkeit der Wohnung als ihrem gesellschaftlichen Ort wird die Familie zum *Inbegriff des Privaten*, zum Refugium vor der Arbeitswelt und der Öffentlichkeit. In diesem gefühlsdichten Kleinraum erhält die Familie nun auch neue Aufgaben der Pflege der Geselligkeit und Wohnkultur. Explizit rückt die Erziehung der Kinder in den Mittelpunkt des Familienlebens; sie wird jetzt mit einer geschichtlich neuen Sensibilität und Empathie betrieben. (4.) Mit der Privatisierung der Familie geht auch eine tiefgreifende *Veränderung der Rollen des Vaters und der Mutter* einher: Der Vater ist nicht mehr der Hausvater des „ganzen Hauses", dem man bei der Arbeit begleiten und von dem das Kind als späterer Erbe nachahmend lernen kann. In der Rolle des den Unterhalt sichernden Ernährers der Familie ist er vielmehr tagsüber zumeist abwesend; nur die arbeitsfreien Stunden verbringt er als privater Familienvater im Raum der Familie. Aus der Hausmutter des „ganzen Hauses" wird durch die Entlastung von der hauswirtschaftlichen Arbeitsrolle und von der außerhäusigen Tätigkeit die allein auf die Privatsphäre bezogenen Gattin, Hausfrau und Mutter; die Frau wird zum Symbol des Privaten. Sie trägt Sorge für die Kultivierung der Intimität des elterlichen und familialen Zusammenlebens und für die Pflege des Freundeskreises: „Sie war zuständig für die tägliche Zeremonie der Essen und die gemeinsamen Abende am Kaminfeuer, aber auch für die Geselligkeit, für Einladungen und Besuche. ... Das Haus war ein Nest, der Ort, an dem die Zeit still stand. Die Idealisierung dieses Nestes ging einher mit der Idealisierung der Hausfrau. Wie eine gute Fee mußte sie Perfektion garantieren, ohne Mühe erkennen zu lassen" (Martin-Fugier 1992, S. 207f.). (5.) Indem die Frau zur „Herrscherin des Hauses", zum Angelpunkt der Familie wird, werden ihr als „Gattin, Hausfrau und Mutter neue Funktionen übertragen, die in ihrer kultur- und gesellschaftsgeschichtlichen Bedeutung gar nicht hoch genug veranschlagt werden können: ... der Mutter als der ersten Erzieherin der Kinder wird die Verantwortung für deren gelingende Kindheit und Jugendzeit und damit für einen gelingenden Start ins Leben auferlegt" (Herrmann 1994, S. 192). Zusätzlich zur Verfügung über die materiellen Besitztümer der Familie erhält sie die „Gewalt über Menschen", nämlich die faktische Entscheidungsbefugnis über das Leben und die Zukunft ihrer Kinder (vgl. Badinter 1984, S. 177f.). Für die Erfüllung dieser Aufgabe erwartet man von ihr *Mutterliebe* und Herzensbildung. Damit wird die Frau „verpflichtet, vor allem Mutter zu sein, und es entsteht ein Mythos, der auch zweihundert Jahre später noch immer sehr lebendig ist: der Mythos vom Mutterinstinkt oder von der spontanen Liebe einer jeden Mutter zu ihrem Kind" (ebd., S. 113).

Der entscheidende Faktor, der den Wandel der Familie zur privatisierten Gattenfamilie und die damit verbundene Festlegung der Frau auf Mutterliebe und Häuslichkeit verursacht hat, ist ein tiefgründiger Mentalitätswandel des bürgerlichen Menschen: Eine „Woge des Gefühls" (vgl. Shorter 1975, S. 17) hat beim einzelnen die Prioritäten auf den Gebieten der Partnerwahl, der Mutter-Kind-

Beziehung und des Verhaltens zur Öffentlichkeit in der Weise neu geordnet, daß die gefühlsmäßigen Beziehungen zu den signifikanten Anderen den höchsten Stellenwert einnehmen. In Bezug auf die Partnerwahl werden Liebe und Einklang der Gefühle die wichtigsten Kriterien, nicht mehr Besitz, Herkunft und Familieninteresse. Die romantische Liebe bringt das Paar zusammen, Intimität und Erotik werden Mittel der Selbstverwirklichung der Partner. „Romantische Liebe" meint die Fähigkeit zu spontanem Ausdruck der Gefühle und zum intensiven Gefühlsaustausch, zur Empathie in einer erotisch bestimmten Beziehung. Im Mutter-Kind-Verhältnis rückt das Kind an die erste Stelle in der Wertskala der Mutter: „Das Gefühl macht das Wohlergehen des Kindes in den Augen der Mutter zum wichtigsten aller Ziele und veranlaßt sie, ihren traditionellen Beitrag zur wirtschaftlichen Situation der Familie, der in Dingen wie Feldarbeit oder Arbeit am Webstuhl bestand, einzuschränken. Gefühl artikuliert sich hier als 'Mutterliebe'"(ebd., S. 31). Diese findet Ausdruck u.a. im Siegeszug des mütterlichen Stillens, in der Verbesserung der Kinderpflege und in der zunehmenden populären Literatur über Fragen familialer Kindererziehung generell. Die *Häuslichkeit*, d.h. die bewußte Betonung der Grenze zwischen einer privaten Sphäre, deren Intimität vor der Einmischung von außen geschützt werden soll, und dem öffentlichen Leben der Gemeinde, ist der dritte Bereich, der von der modernen „Woge des Gefühls" geschaffen wird. Die Häuslichkeit der privatisierten Kernfamilie bildet sich über das neue Mutter-Kind-Verhältnis heraus: „Die Frage nach dem kindlichen Wohlergehen tauchte zuerst im Bewußtsein der Mittelschicht auf, und die Häuslichkeit folgte ihr nach. Das Netz der Gefühle, das zwischen Mutter und Baby gesponnen wurde, umhüllte schließlich auch die älteren Kinder und den Ehemann: das Gefühl, daß die Kostbarkeit des kindlichen Lebens einen gleichen kostbaren Rahmen für ihre Erhaltung erforderte. Häuslichkeit, der letzte der drei großen Ausbrüche des Gefühls, erwärmte schließlich die häusliche Sphäre - und setzte sich in deren sozialer Umgebung fort" (ebd., S. 236). Privatheit und Intimität tragen somit den Sieg davon über die traditionalen Formen der Kollektivität: die Verwandtschaft, die Dorfgemeinschaft und das städtische Wohnviertel.

Der Preis für die Intensivierung der familialen Gefühle ist u.a. die höhere Instabilität der ehelichen Beziehungen, die Entlassung aus dem genealogischen Zusammenhalt der Verwandtschaft und der Verlust des Netzes der größeren sozialen Einheiten mit ihren Solidaritätsriten und jahreszyklischen Formen öffentlicher Geselligkeit. Eine der zentralen Ursachen für die „Woge des Gefühls", die in der romantischen Gattenliebe, in der Mutterliebe und in der häuslichen Intimität zum Ausdruck kommt, liegt auch für Shorter im Siegeszug der bürgerlich-kapitalistischen Marktwirtschaft über die traditionalen Formen der agrarischen und handwerklichen Subsistenzwirtschaft. Die romantische Liebe kann wie der Wunsch nach Freiheit und Selbstverwirklichung generell als eine soziale Haltung betrachtet werden, die mit dem ökonomischen Egoismus des bürgerlichen Subjekts verwandt ist. Die Entfaltung der Mutterliebe geschieht bezeichnenderweise zunächst in den Kreisen des wohlhabenden städtischen Bürgertums, in denen sich die Mutter selbst ökonomisch vom Zwang zur Erwerbstätigkeit freistellen und ohne materielle Sorgen der Pflege ihrer Kinder widmen kann. Die Häuslichkeit der Kernfamilie entsteht schließlich erst in dem Augenblick, in dem die Marktwirtschaft die früheren kollektiven Formen agrarischer und handwerklicher Arbeit aufzulösen beginnt (vgl. ebd., S. 293ff.).

Obwohl sie dem sozio-ökonomischen Wandel entspringt und sich mit ihm weiter ausbreitet, versteht sich die privatisierte bürgerliche Kernfamilie als autonome Gefühlsgemeinschaft. Ihre ökonomische Grundlage verleugnend, begreifen die Familienmitglieder ihre intimen Beziehungen als Ausdruck wahrhafter Humanität: „Private Autonomie, die ihren ökonomischen Ursprung verleugnet, ... verleiht denn auch der bürgerlichen Familie das Bewußtsein ihrer selbst. Sie scheint freiwillig und von freien Einzelnen begründet und ohne Zwang aufrechterhalten zu werden; sie scheint auf der dauerhaften Liebesgemeinschaft der beiden Gatten zu beruhen; sie scheint jene zweckfreie Entfaltung aller Fähigkeiten zu gewähren, die die gebildete Persönlichkeit aufzeichnet. Die drei Momente der Freiwilligkeit, der Liebesgemeinschaft und der Bildung schließen sich zu einem Begriff der Humanität zusammen, die der Menschheit als solcher innewohnen soll..." (Habermas 1969, S. 59). Obwohl dieses emphatische Selbstverständnis der bürgerlichen Kernfamilie ihrer realen ökonomischen Grundlage nicht entspricht, ist es keine bloße Ideologie. Die Überzeugung, daß sich in der Intimität der Familie die Ideen der Freiheit, der Liebe und der Bildung zuerst entfalten können, ist Vorbedingung für einen Humanitätsbegriff, der auf das Ganze der gesellschaftlichen Verhältnisse zielt: „Das Transzendieren der festgehaltenen Immanenz ist das Moment Wahrheit, das bürgerliche Ideologie über Ideologie selbst hinaushebt; am ursprünglichsten eben dort, wovon Erfahrung der 'Humanität' ihren Ausgang nimmt: in der Humanität der intimen Beziehung der Menschen als bloßer Menschen im Schutz der Familie" (ebd., S. 60).

In einer modernitätskritischen Perspektive stellt die privatisierte bürgerliche Kernfamilie den zentralen Faktor dar im Prozeß des Absterbens des öffentlichen Lebens, der mit dem Niedergang des Ancien régime einsetzt und sich mit der Herausbildung der kapitalistischen Wirtschaftsform und der säkularen städtischen Kultur fortsetzt: „Im Laufe des 19. Jahrhunderts trat die Familie als Zentrum eines spezifischen nichtöffentlichen Raumes allmählich zurück und wurde immer mehr zu einer idealistischen Zufluchtsstätte, einer völlig eigenständigen Welt, die der öffentlichen Sphäre moralisch überlegen war... . Privatheit und Stabilität schienen in der Familie vereinigt, und angesichts dieser idealen Ordnung wurde die Legitimität der öffentlichen Ordnung in Zweifel gezogen“ (Sennett 1986, S. 36f.). Die bürgerliche Kernfamilie wird zu einem Refugium vor den gewaltigen demographischen und ökonomischen Umbrüchen, nicht zu einem Weg der Partizipation an ihnen. Durch die Verringerung der Zahl der Handelnden und die Vereinfachung der Beziehungen reduziert die Familie das Ordnungsproblem, das der Einzelne lösen muß. In dem Maße, wie die Bedeutung der Öffentlichkeit, ihrer Plätze, Räume und Rollen im Verhalten und Denken der Menschen schwindet, wächst die der Familie: „Sie ist zum einzigen Modell geworden, anhand dessen wir bestimmen können, was emotional ‘echte’ Beziehungen sind“ (ebd., S. 282). Die in der privaten Sphäre der Familie erfolgende „Überbetonung psychischer Transaktionen“ ist die Reaktion des bürgerlichen Menschen auf die zunehmende „Isolation inmitten öffentlicher Sichtbarkeit“, die er im weithin abgestorbenen öffentlichen Raum empfindet.

Die Entwicklung der Familie zur Gefühlsgemeinschaft und der damit verbundene Ausbau eines abgeschirmten privaten Lebens ist also im Lichte einer optimistischen Theorie der sozialen Evolution als Chance zu einer psychologischen Emanzipation des Subjekts zu begreifen, in der Perspektive einer kulturkritischen Verfallsgeschichte des öffentlichen Lebens hingegen als Weg des Individuums in die soziale Isolation und in die Tyrannei der Intimität. Für uns erhält in einer dritten, historisch-anthropologischen Hinsicht die sich neuformierende bürgerliche Kleinfamilie ihre besondere Bedeutung gerade dadurch, daß sie angesichts des mit der Säkularisierung verbundenen Rückgangs der Religion für die Bestimmung der kulturellen Werte und des Lebenssinnes dem Einzelnen neue Möglichkeiten der Stiftung von sozialer Kohäsion und der Bildung von Identität eröffnet. Im Laufe des 19. Jahrhunderts erfindet das Bürgertum so gesehen *eine Art „Familienreligion“*, die es in seinen kleinen oder großen Ritualen - von der Hochzeit über die Taufe und den Schuleintritt der Kinder bis zu Begräbnis und Trauer - zelebriert: „Diese Rituale konnten eng mit religiösen Bräuchen verbunden oder ganz und gar davon gelöst sein. Sie boten Anlässe für Sentimentalität, Zärtlichkeit und Freude. Die Familie war gerührt und genoß sich selbst. Gleichzeitig schuf sie sich so eine eigene Zeitlichkeit - außerhalb historischer Zufälle und öffentlicher Konkurrenz ...“ (Martin-Fugier 1992, S. 265). Zum Mittelpunkt dieser neuen „Familienreligion“ des Bürgertums und seiner Rituale wird das Kind als Garant der Zukunft und als gesellschaftlich noch nicht verzwecktes Wesen.

Der Prozeß der Herausbildung der bürgerlichen Kernfamilie ist zugleich derjenige der *Verhäuslichung des Kindes*. Die Sentimentalität, die affektive Verbundenheit zwischen den Ehegatten, wird auch auf die Kinder ausgedehnt: „Die Familie beginnt also, sich um das Kind herum zu organisieren, ihm soviel Bedeutung beizumessen, daß es aus seiner einstigen Anonymität heraustritt. Man kann es nicht mehr ohne großen Schmerz verlieren oder ersetzen, den Vorgang der Kinderaufzucht nicht mehr allzu oft wiederholen, und es empfiehlt sich, die Zahl der Kinder zu beschränken, damit man sich ihnen besser widmen kann" (Ariès 1975, S. 48). Diese Veränderung der Einstellung zum Kind geht tatsächlich seit dem 18. Jahrhundert einher mit der freiwilligen Beschränkung der Geburtenzahl. Die sentimentale Wendung zum Kind führt in der bürgerlichen Familie auch zum Abbau der herkömmlichen sozialen Distanz zwischen Eltern und Kindern und zur Einstellung auf den Interessenhorizont der Kinder. Das ins Auge springende Indiz für den epochalen Wandel des Interaktionsstils ist das Duzen, das sich am Ende des 18. Jahrhunderts in den Familien des neuen Bürgertums durchsetzt; von nun an dürfen und sollen die Kinder ihre Eltern mit dem vertraulich, partnerschaftlichen „Du" anreden, was die letzteren bislang nur füreinander benutzt haben. Die damalige Neuigkeit dieses Umgangs erhellt aus den Worten des konservativen Familienhistorikers Riehl aus dem Jahr 1861: „Bei den Bauern reden sich die Ehegatten mit Du an, das Kind aber muß den Vater Ihr heißen. In der höheren Aristokratie sagt häufig nicht nur das Kind zum Vater, sondern mitunter wohl auch zum Übermaß der die Geschlechter scheidenden Etikette ein Gatte zum anderen Sie. Altbürgerliche Sitte war es, daß wenigstens das Kind den Vater Sie oder Ihr nannte. Neubürgerliche Sitte dagegen ist's, daß sich die ganze Familie, für welche Gemüthlichkeit des häuslichen Lebens an die Stelle der patriarchalischen Zucht getreten ist, durch die Bank duze" (Riehl zit. n. Tyrell 1976, S. 398). Die affektive Verbundenheit mit dem eigenen Kind und die Konzentration der bürgerlichen Mutter auf den privaten Raum der Familie steigern noch zusätzlich die Bedeutung, die der Erziehung des Kindes im neuen städtischen Bürgertum ohnehin schon beigemessen wird. Denn hier wird das Kind nicht mehr in einen, von der hierarchischen Ordnung der alteuropäischen Gesellschaft vorgegeben Stand hineingeboren; es hat vielmehr seinen späteren gesellschaftlichen Status durch Leistung und Erfolg selber erst zu erkämpfen und zu sichern.

Die bürgerliche Kindheit wird zur Familienkindheit, zum Schonraum für die Kultivierung des Kindes, für die Entfaltung seiner Individualität: Kinder „mußten nicht arbeiten, sie erfuhren die emotionale Zuwendung und Aufmerksamkeit der Eltern bzw. jener Personen, die zu ihrer Pflege und Wartung bestellt worden waren. Mütterliche Liebe auf der einen und väterliche Autorität auf der anderen Seite charakterisierten das Erziehungsklima. ... Wer es sich leisten konnte, ließ seine Kinder privat unterrichten, nicht nur aus Gründen der Vermeidung 'schlechten Umgangs', sondern um den Kindern einen ihren eigentümlichen Fähigkeiten angemessenen Unterricht zuteil werden zu lassen und so auf möglichst effektive Weise ihre geistige Selbsttätigkeit und Reife,

Selbständigkeit und Selbstbildung zu fördern" (Herrmann 1987, S. 59f.). Innerhalb des Hauses oder der städtischen Wohnung ersteht für die Kinder eine eigene pädagogisch gestaltete Welt: das Kinderzimmer mit vielerlei Spielzeug und mit einer eigens für die Kinder konzipierten Vorleseliteratur, darunter auch die „Kinder- und Hausmärchen". „Die Einrichtung von Kinderstuben in dieser Zeit war also gewissermaßen das kulturelle Zeichen für den zögernden Beginn von einem neuen Verständnis für Kinder als einer eigenen sozialen Gruppe. Sie spiegelt etwas wider von den veränderten Erziehungsvorstellungen der bürgerlichen Gesellschaft nach der Französischen Revolution. ... Die Wendung des weiblichen Wirkungskreises von der halböffentlichen Sphäre der Hausmutter in die gänzlich private der Nur-Hausfrau gab ihr als Positivum die Zeit für eine Beschäftigung mit den Kindern und für die Intimisierung des familiären Wohnens. Aus der Zuwendung zu ihren Bedürfnissen, Interessen, Liebhabereien und Möglichkeiten entstand die von Spielzeug erfüllte Kinderstube" (Weber-Kellermann 1989, S. 139). Diese eigens für das Kind gestaltete *„kindgemäße" Welt* umfaßt auch die Kinderkleidung, die sich nun nach den Grundsätzen der Natürlichkeit und Bewegungsfreundlichkeit richtet (vgl. ebd. S. 112ff.).

Die in all dem zum Ausdruck gelangende neuartige Einstellung zum Kind führt schließlich auch zu einem neuen Interesse an der Entwicklung der kindlichen Person: „Unverkennbar schärft sich die Aufmerksamkeit für Kinder. Selbst die pedantischen Schulakten lassen das erkennen - die Stereotype wichen einer verblüffenden Vielfalt konkreter Einzelbeobachtungen der Sprache, der Affekte, der Sexualität und der Spiele. Man fing an, die Kindheit als eigene und spezifische Lebens-Zeit zu entdecken. Biographien dokumentierten nun ausführlich die ersten Lebensjahre, Bildungsromane schilderten sorgsam Kindheit und Jugend des Helden. Das Kind, wie man nun erkannte, bildete den Entwurf des Erwachsenen und wurde allmählich als eigenständige Person begriffen" (Perrot 1992, S. 168). Den Reden und Vorfällen aus Kindertagen wird jetzt plötzlich Bedeutung beigemessen; insbesondere die Mutter sammelt die Erinnerungen an diese Lebensphase, dokumentiert und deutet damit die Entwicklung des Kindes: „Die Trennung von Eltern und Kinderwelt erlaubt liebenden Eltern, Pädagogen, Psychologen das Archivieren kindlicher Elternliebeserklärungen. Es entsteht, zumal bei den Müttern, ein mikrohistorisches Archiv, das Familienromane den Kindern als deren 'Erlebnisse' einfleischt. Sie werden Individuen, die statt der Zufälle von Geburt und Geschlecht 'Entwicklungen' und Ursprünge 'in' ihnen nach Regeln der 'Reflexion' und Hermeneutik auslegen" (Kittler 1978, S. 103). Die Intimität der bürgerlichen Kernfamilie bindet die nunmehr wenigen Kinder jetzt unmittelbar an die Gefühlswelt und die Projektionen der Eltern; sie erzeugt damit zugleich diejenige psychosoziale Konstellation, zu deren Entschlüsselung schließlich die Psychoanalyse auf den Plan tritt.

Für die kulturelle Durchsetzung des sentimentalen Familienmodells und der damit verbundenen veränderten Einstellung auf das Kind hat die bürgerliche Lesekultur - insbesondere der Roman und das Erziehungsbuch - eine kaum zu überschätzende Bedeutung. Der Formationsprozeß der bürgerlichen Familie und die damit verbundene Zentrierung auf das Kind ist ohne propagandistische Mitwirkung der Romanliteratur gar nicht zu denken. In den „empfindsamen" Romanen - von Richardsons „Pamela" (1740) über Rousseaus „Nouvelle Héloise" (1761) bis zu Goethes „Werther" (1774) - werden die für das Bürgertum geschichtlich neuen Affektlagen, Empfindungen und Entfaltungsansprüche literarisch zum Ausdruck gebracht; eine bildungsbeflissene bürgerliche Leserschaft kann sich hiermit identifizieren und auseinandersetzen. Etwa gleichzeitig wird innerhalb der Familie die - vor allem in den protestantischen Ländern weitverbreitete - patriarchalisch bestimmte religiöse Hauslektüre durch das immer stärker auch von der gebildeten Mutter mitbestimmte gemeinsame Lesen der Moralischen Wochenschriften abgelöst (vgl. Mollenhauer 1989, S. 608f.). So kreiert z.B. Christian Weiße in diesem Umfeld den „Kinderfreund" (1776 - 1782) als Erziehungsbuch für Erwachsene und als nützliche Unterhaltungslektüre für die bürgerliche Jugend. Mit dieser Zeitschrift verbindet sich der Anspruch, zugleich ein Modell der neuen Familienkultur und einer vorbildlichen, kindgemäßen Erziehung vor Augen zu stellen: „Die von Weiße vorgestellte Familie des Kinderfreundes zeigt auf überraschende Weise als literarisches Ideal bereits alle Kennzeichen der modernen Kleinfamilie" (Hurrelmann 1989, S. 205). Diese Moralischen Wochenschriften und die philanthropische Kinder- und Jugendliteratur bilden die gesamte neue bürgerliche Familie zum Lesepublikum. Die Lesesituation ändert sich durch den Rückzug der väterlichen Autorität und durch die Abkehr vom autoritativ bestimmten Vorlesen. Mit der Welle der „Empfindsamkeit" entstehen neue Formen der geselligen Literaturrezeption und der literarisch inspirierten Familienunterhaltung, das althergebrachte rethorische und mimetische Modell transformiert sich in das neue expressive und empathische; gleichzeitig fällt die belletristische Lektüre immer mehr in die Hand der gebildeten bürgerlichen Frau (und Mutter). Die „empfindsame" Literatur und die neue bürgerliche Lesekultur in geselligen Zirkeln und im Familienkreis können „psychogenetisch" als diejenige historische Etappe betrachtet werden, in der die für die moderne privatisierte Kernfamilie relevante Fähigkeit der Empathie entwickelt und eingeübt wird (vgl. Schön 1993, S. 219ff.).

In diesem Zusammenhang gelingt es Rousseau mit dem „Emile" (1762) sein aufgeklärtes und empfindsames Lesepublikum davon zu überzeugen, daß die

Lebensphase der Kindheit und der Umgang mit dem Kind der Beachtung intellektueller Menschen durchaus würdig sind (vgl. Robertson 1977, S. 565ff.). Nunmehr fühlen sich die Mütter dazu veranlaßt, ihre Kinder zu stillen und von der Tyrannei des Wickelns zu befreien sowie auf die Hygiene und Ernährung des kleinen Kindes zu achten: „Alle Frauen, die als 'aufgeklärt' zu gelten wünschten, wollten eine Rousseausche Traum-Mutter sein. Zwischen Versailles und Paris beschloß eine ganze Reihe von Frauen, ihre Kinder 'à la Jean-Jacques' aufzuziehen" (Badinter 1984, S. 170). Die Leserinnen und Leser Rousseaus nehmen jede Gelegenheit wahr, ihre neue Auffassung vom Kind als von Natur aus gutem, vernunftfähigem Wesen und die damit verbundenen Vorstellungen einer kindgemäßen, einfühlsamen Erziehung zu demonstrieren. Die auf den „Emile" folgenden Erziehungsbücher verfolgen die Absicht, das neu erwachte Interesse an der Kindererziehung weiter zu entwickeln. Sie werden in den ersten Jahrzehnten des 19. Jahrhunderts zum Transmissionsriemen für die Popularisierung der - zunächst nur literarisch konzipierten - romantischen Auffassung des Kindes im Bereich der bürgerlichen Familienerziehung.

5.2 Das neue Bild des Kindes in den Erziehungsbüchern der Romantik bei Arndt und Jean Paul

„Zuerst tritt das Kind zwischen euch junge Vermählte wie ein heiliger Lichtengel der Unschuld und winkt mit seinen kleinen Händen und seinen Augen voll Liebe und Leben euch wieder in euren früheren Paradieszustand zurück. Ihr werdet in seinem Umgange unschuldiger, unbewußter, natürlicher; das Leben des Gedankens wird wieder zum Leben des Lebens, und aus der Frucht schießt eine neue Blüte, die nun nicht mehr verwelken kann. Welchen Gefahren, welchem schrecklichen Vereinzeln und Verarmen, welchem traurigen Absterben und Verhärten seid ihr durch sein freundliches Dazwischentreten entrissen! - Das Kind als der Inhalt beider Gemüter, in der Kindheit und Jugend noch das gemeinsame Bild beider Geschlechter, zieht Mann und Weib wieder zur Einheit zusammen, gleicht alle Ungleichheiten aus und bringt alle Abweichungen wieder aneinander. Aber herrlicher und göttlicher führt euch das Kind als euer zukünftiger Repräsentant auch ins Leben zurück, woraus ihr euch einsam und abgeschnitten bald zurückgezogen haben würdet. Es erhält euch warm in der Sympathie mit dem ganzen Geschlechte, weil ihr in dem Kinde euch mitleben sehet in dem jetzigen und künftigen Geschlechte" (Arndt 1904, S. 40 f.). Diese mythisierende Überhöhung des Kindes als Natur, Ursprung, Einheit und Erlöser im Rahmen der kindzentrierten bürgerlichen Gattenfamilie begegnet uns hier nicht mehr als Poesie und Fiktion, sondern mit lebenspraktischem Bezug in einer Schrift über Fragen der Erziehung - in den „Fragmenten über Menschenbildung“ des Historikers, politischen Publizisten und Dichters *Ernst Moritz Arndt* (1769-1860) aus dem Jahre 1805.

Die „Fragmente“ hat Arndt aus den Materialien zweier Vorlesungen („Pädagogik mit praktischen Übungen“; „Geschichte der politischen und privaten Erziehungsmethoden...“) verfaßt, die er als 34-jähriger Adjunkt der philosophischen Fakultät in „Historie und Philologie“ während der Jahre 1803 und 1804 an der damals schwedischen Universität Greifswald gehalten hat. Zur selben Zeit faßt er auch den später immer wieder erwogenen, aber nicht verwirklichten Plan, selber eine Erziehungsanstalt nach Art der Philanthropine zu gründen (vgl. Müsebeck 1914, S. 87; Arndt 1904, S. XIV ff.). Arndts Interesse für Erziehungsfragen und seine Gedanken hierüber lassen sich zu einem Teil schon aus seiner eigenen Bildungsgeschichte erschließen. Als Zweitältester von acht Geschwistern in einer wohlhabenden bäuerlichen Gutspächterfamilie auf Rügen geboren, wird Arndt „durch kein frühes Lernenmüssen aus seinen Spielen und Träumen (er war ein großer Träumer!) aufgescheucht, sondern durfte in Feld und Wald und am Ufer des Meeres in Phantasieren und Denken sich bilden. ...Den ersten ordentlichen Unterricht erhielt Ernst Moritz Arndt mit seinen Geschwistern in den Wintermonaten beim Vater, und zwar im Rechnen und Schreiben; bei der Mutter aber lernte er das Lesen in Luthers Bibel und im Gesangbuch“ (Kern 1935, S. 504). Erst als Elfjähriger erhält er regelmäßigen Unterricht durch seine Hauslehrer. Die Gelehrtenschule in Stralsund besucht er nur in Sekunda und Prima; unvermittelt bricht er noch vor dem regulären Ende die Schullaufbahn ab, um sich zu Hause - parallel zur Unterrichtung seiner jüngeren Geschwister - als Autodidakt auf das spätere Studium der Theologie und Geschichte in Jena und Greifswald vorzubereiten. Dem kirchlichen Dienst aus Gewissensgründen entsagend, übernimmt dann der examinierte Theologe für etwa zwei Jahre als Hauslehrer die Erziehung und Unterweisung der Kinder in der befreundeten Familie des Landpfarrers und empfindsamen Dichters Ludwig Gotthard Kosegarten. Nach seiner - später publizistisch ausgewerteten - anderthalbjährigen Bildungsreise durch Deutschland, Frankreich und Italien heiratet der späte Stürmer und Dränger im Jahre 1801 - noch ohne feste Stellung und alle Rücksichten des Standes mißachtend - seine studentische Liebe, die uneheliche Tochter eines Greifwalder Universitätsprofessors. Nur vier Monate nach der Hochzeit schenkt Marie einem Sohn das Leben, verstirbt aber selber acht Tage nach der Niederkunft noch im Wochenbett. Als Arndt dann seine Pädagogik-Vorlesungen hält und sie zu den „Fragmenten“ ausarbeitet, kann er als verwitweter Vater eines dreijährigen Knaben auf vielgestaltige Erfahrungen vor allem aus der ländlichen familialen Erziehungswelt zurückgreifen. Daher betrachten manche von Arndts Biographen die „Fragmente“ in ihren ersten bei-

den Teilen (aus dem Jahre 1805) als „Wahrheit und Dichtung des eigenen Lebens; Wahrheit: so hatte er seine Jugend verlebt, so war seine Erziehung gewesen; Dichtung: so wagte er es, in einem zukunftsfrohen Bilde das eigene Erlebnis für die Allgemeinheit als ein für ihre Entwicklung begehrenswertes Ziel hinzustellen, den harmonischen Menschen, der von seiner ureigensten, ihm angeborenen Kraft aus sich in die Welt und in die Menschheit hineinlebt und hineinarbeitet, als den sittlichen Zweck einer wahrhaft humanen Bildung zu bezeichnen" (Müsebeck 1914, S. 151).
Diese biographische Perspektive erschließt aber nur den eher zufälligen Entstehungszusammenhang von Arndts thematischem Interesse an Kindheit und Erziehung, nicht auch schon den systematischen Gedankenzusammenhang seiner Erziehungslehre und Anthropologie des Kindes, die „als der vollendete Ausdruck der romantischen Gedankenwelt auf dem Gebiet der Pädagogik gelten (kann)" (Bollnow 1977, S. 22). Denn Arndt gibt in den „Fragmenten" u. a. dem Kindheitsgedanken Rousseaus, der sich aus dessen Kulturkritik und pädagogischem Naturalismus ergeben hat, sowie der organisch-genetischen Kindheitsauffassung Herders auf dem Hintergrund einer antirationalistischen romantischen Lebensphilosophie pädagogisch die neue Gestalt, die von der frühromantischen Ästhetik und Poesie vorbereitet worden ist.
Den Ausgangspunkt von Arndts Erziehungsdenken bildet - wie bei Rousseau und Herder - die radikale *Kulturkritik*, die Auflehnung gegen den 'Geist der Zeit', das „Maschinenleben" und den „Maschinenglauben" im Zeitalter der Aufklärung: „Die Welt ist bis jetzt verdorben durch Klügelei und Vielwissen, sie ist breit und flach geworden und hat ihre Täler und Berge verloren, von welchen man in die Tiefen der Erde und Hölle und zu den Himmelshöhen der Götter hinab- und hinaufstieg. Die Menschen sind so früh aus dem Weltleben des Seins in das Gedankenleben des Scheins hineingeführt... So sind sie selbst kein Bild geworden, kein Spiegel, worin die ganze Welt hell erschienen wäre in Wahrheit, sondern eine magische Verdunkelung oder eine teuflische Höllenerleuchtung hat wechselweise alles entstellt, was in dieses Spiegels Fläche fallen konnte" (Arndt 1904, S. 4). Die intellektuelle Kultur der Aufklärung hat die Welt entmythologisiert sowie die Menschen vom ursprünglichen, unmittelbaren Leben entfremdet und metaphysisch entwurzelt. Dieser Sieg des Gedankens über das Leben erhält durch den Vergleich mit dem biblischen Sündenfall bei Arndt eine zusätzliche religiös-metaphysische Dimension. Für ihn leben wir „in einer Welt voll Absicht und Sünde" (ebd. S. 44), wird die Sünde „gezeugt durch den Gedanken" (ebd. S. 50): „Sobald Adam auf sich merkte und sich ansah, war er ein Sünder und brachte die Sünde auf die Welt" (ebd. S. 51). Der Gedanke und das Wort sind also die teuflischen Frevler der Schöpfung; sie spalten die Menschen vom ursprünglichen Lebensprozeß ab und vereinzeln sie

voneinander. Das reflektierende Denken ist selber aber nur etwas Abkünftiges, das sich über seinen Ursprung erhoben und sich von ihm abgekehrt hat: „Alles Leben ist aber unbegreiflich, als das unmittelbare Sein, das Einzigwirkliche" (ebd. S. 70).

Der die Welt tragende Urgrund ist *der unbewußte, instinkthafte Lebensprozeß*, der sich im naturhaften Werden und Vergehen vor unserer Anschauung vollzieht. Für den romantischen Kritiker der Gedanken-„Helle" der Aufklärung ist das Dunkel, das Unbewußte, die Nacht, der Urgrund des Lebens, dessen Wesen der Tag niemals ganz erhellen kann: „Durch Nacht und Tag wandelt unser Leben, und aus Nacht und Tag ist unser Gemüt gemischt; doch so, daß grade die heiligsten Dinge in Nacht wohnen und uns nur in Offenbarung durch kurze und plötzliche Lichter zuweilen kommen, welche Blitzerleuchtungen gleich Staunen und Anbetung bringen und dem Anbetenden schnell verschwinden. Jeder Sterbliche hat eine heilige Nacht, welche als sein Allerheiligstes er zittern muß künstlich zu erhellen. ...In solcher Nacht stehen die Götter und die göttlichen Dinge in freundlicher Sichtbarkeit vor ihm" (ebd. S. 71 f.). Die Nacht mit ihrem Geheimwissen hat also für Arndt den Vorrang über den Tag, damit auch der religiöse Glaube und das phantasievolle Ahnen über das begriffliche, systematische Wissen, der Mythos über den Logos.

Dem „Wunderleben" des Seins entspricht am ehesten die zwischen den Polen der Dunkelheit und Helligkeit, des Unbewußten und des Denkens ausgespannte Seelenlage der Dämmerung. Sie eignet als Morgendämmerung besonders dem *Lebensalter der Kindheit*, das aus der Nacht zum Tage strebt, sowie als Abenddämmerung dem hohen Alter, welches aus der Helligkeit des Tages wieder in die Dunkelheit des nächtlichen Urgrundes zurückkehrt: „Aber die Mischung aus Nacht und Tag, die Dämmerung, also nicht bloß Wechsel zwischen Nacht und Tag, sondern Halblichter und Halbschatten hat die Kindheit und Jugend. Die Kindheit ist die Blume fast ganz unter der Knospenhülle; der Knabe sprengt einige Blättchen und hat ein dämmerndes Licht; der Jüngling streift die ganze Hülle ab, aber das Licht fällt nur auf seine Außenseiten, und lange hält er vor dem lockenden Sonnenstrahl sein Inneres in süßer Verborgenheit zusammen; wann sich alle Blätter der Blume auftun, so steht der Mann da: aber wir wissen, daß mit der sinkenden Sonne alle Blumen sich wieder zuschließen, die Jugenddämmerung kommt im Alter wieder" (ebd. S. 72). Arndt verschränkt hier in seiner Deutung der menschlichen Lebensalter die pflanzlich-organische Wachstumsmetaphorik, wie wir sie seit Herder kennen, mit der romantisch-religiösen Symbolik von Dunkelheit und Licht. Die herausragende Bedeutung des kindlichen Lebensalters liegt darin, daß es als Knospe schon alle seine späteren Entfaltungsformen in sich enthält und als Dämmerung noch an der unbewußten, geheimnisvollen mythischen Welt des göttlichen Ursprungs teil hat, welche der Erwachsene durch die Tageshelle seiner Gedanken und Worte hat hinter sich lassen müssen. In der Erziehung hat deshalb der Erwachsene einerseits bloß „negativ" die ungestörte Entwicklung des Kindes zu unterstützen, andererseits soll er gerade auch den kindlichen Sinn für das Geheimnisvolle und Ursprüngliche verwandelnd bewahren. Ja, im Umgang mit dem Kind kann der Erwachsene selber aus dem „Gedankenleben des Scheins" wieder in das „Weltleben des Seins", in die Ganzheit und Fülle des ursprünglichen Lebens zurückfinden: „Wie würden wir selber wieder natürlicher, frommer, kühner werden im Leben, wenn aus den Keimen der Jugend, die wir still und unschuldig pflegten, alle Göttergeheimnisse sich uns wieder aufschlössen! Christus sprach: so ihr nicht werdet wie die Kinder, könnet ihr nicht in das Himmelreich kommen, und wir Toren wollen, die Kinder sollen werden wie wir Alten?" (ebd. S. 73). Anders als es die zitierte Bibelstelle nahelegt, knüpft Arndt hier aber keineswegs an die christliche Vorstellung von der demütigen Gotteskindschaft an; statt der - zum Vatergott - relativen Kindesauffassung greift er vielmehr auf die mystisch-gnostische Idee des absoluten, selber gottähnlichen Kindes zurück. Das Kind wird hier wegen seiner Ursprungsnähe und Verbundenheit mit dem göttlichen Seinsgrund zum Vorbild und zum mystischen Führer des kulturell entfremdeten, der „Sünde" verfallenen Erwachsenen. Der Umgang mit dem Kind ermöglicht dem Erzieher auch die Umkehr, die Rückkehr aus der Verkehrung zum wahrhaften ursprünglichen Leben - die „Lebenseinigung", wie Fröbel dies später nennen wird.

Für Arndt gilt fraglos, daß alle Erziehung „negativ" zu verfahren hat, d. h. das *„Naturverfahren" der Bildung* vor jeder Störung von außen und vor jeder Verfrühung schützen soll. Diese Bildungskonzeption begründet Arndt auf dreierlei verschiedene Weise. Einer der ersten Sätze der „Fragmente" lautet: „Ein Mikrokosmos ist der Mensch, ein Bild aller Bilder, eine Gestalt aller Gestalten, ein großer Spiegel, der den Inhalt vieler kleiner Spiegel in sich versammeln soll. - Der Mensch ist, wie die Welt um ihn, und die Welt wird, wie der Mensch auf ihr" (ebd. S. 5). Arndt knüpft hier unverkennbar an das monadologische Denken in der Spur Leibnizens an mit der Vorstellung von der allumfassenden Weltenharmonie und ihrer Widerspiegelung in jedem einzelnen Lebewesen. Im Menschen als Mikrokosmos werden für Arndt alle diese Spiegelungen noch einmal zusammengenommen; als bewußte und weiter und tiefer erleuchtete selbstbewußte Monade wird der Mensch zum klarsten, geordneten (Spiegel-)Bild der Welt; immer genauer erfaßt sein Geist den Zusammenhang des Universums. „Als 'Bildung', ohne näheren Zusatz, versteht Arndt das 'Naturverfahren', durch das sich, auch ohne bewußtes Zutun, im Menschen ein Bild der Welt ausbildet und der Mensch selber durch die Ausbildung dieses Bildes geformt wird. ...Und von dieser 'Bildung' im allgemeinen Sinne hebt er dann, als etwas davon Verschiedenes, 'Menschenbildung' im besonderen Sinn ab, nämlich als den erzieherischen Vorgang, der vom Menschen am Menschen geschieht" (Bollnow 1977, S. 41 f.).

Wenn Arndt davon spricht, daß „Menschenbildung, Nichtstörung der Entwicklung und Klarmachung des Bilderlebens in und außer dem Menschen" (Arndt 1904, S. 11) die Aufgabe der Erziehung ist, dann bezieht er sich auch auf den Herderschen Gedanken der organischen Entwicklung und der genetischen Rekapitulation der Menschheitsepochen im Lebenslauf eines jeden Heranwachsenden. Danach hat - wie im Wachstum der Pflanze - jedes Lebensalter seine eigentümliche und eigenartige Gestalt, und erst alle zusammen machen das Ganze der menschlichen Person aus. Die spezifisch romantisch-retrograde Wendung gibt Arndt dem Entwicklungsgedanken durch die antirationalistische Höherstellung des instinkthaften Lebenstriebs und der „nächtlich"-unbewußten Seite des Seelenlebens über die gedankliche Helle des Bewußtseins. Diese Umwertung unterstützt er noch durch die religiöse Überhöhung des ursprünglichen, des „paradiesischen" Lebensanfangs über die späteren, von der „Sünde" des gedanklichen „Scheinlebens" gezeichneten Lebensalter. Im Bildungsgang des Menschen geht es somit nicht nur um die Ausgestaltung des Bilderlebens und auch nicht nur um die Nichtstörung der organischen Entwicklung, sondern auch und gerade um die Bewahrung der Anfänge, des ursprünglichen „ahndenden" Weltverstehens: „Unbefangenes, sorgenloses, bewußtseinsloses Leben fanden wir bei dem Kinde und Knaben und wollten wir ihm bewahren als sein erstes, woraus die Kraft und Schönheit der späteren Alter hervorbrechen sollte" (ebd. S. 129). Dieses „Paradies der Unschuld" und „Heiligste der Menschheit" gilt es also, möglichst lange vor den verderblichen „künstlichen Manipulationen" der bürgerlichen Erziehung zu schützen und zu bewahren.

Auch seine *Anthropologie des Kindes* entwirft Arndt im Spannungsfeld zwischen dem Begriff der Natur im Sinne einer organisch-genetischen Entwicklung einerseits und dem Bild der Dämmerung als Symbol für die noch gottähnliche ursprüngliche Daseinsform des Kindes andererseits. Arndt gliedert das Lebensalter der Kindheit in die Stufen des frühen und des späten Kindesalters. Die frühe Kindheit ist die Zeit, in welcher „der Keim alles Größten und Herrlichsten ans Sonnenlicht tritt und seine ersten Sprossen treibt" (ebd. S. 41); sie ist die „Knospenzeit auf der Welt", in der das Seelenleben des Kindes noch ganz in „ein dämmerndes Licht" gehüllt ist. „Diese Jahre sind die Jahre der Unschuld, die Bewahrungs- und Behütungsjahre, daß kein Unheil in das Paradies und zu dem Blumen- und Vögelleben dringe" (ebd. S. 42). Diese sorg- und bewußtseinslosen Jahre der ersten Kindheit, „wo die heilige Menschenkonstitution gegründet wird", sind für Arndt „die wichtigsten und entscheidendsten für das ganze Leben"; denn aus ihnen geht „die Kraft und die Schönheit der späteren Alter“ hervor. „Wer uns diesen Zustand störte, uns in dieses Paradies der Unschuld einbrach, der hieß uns ein Sünder an dem Heiligsten der Menschheit“ (ebd. S. 129).

Wie vor ihm Rousseau geht auch Arndt hier davon aus, daß das Kind ursprünglich „unschuldig“ ist, und er gibt seiner Auffassung mit dem Bild vom Paradies der Kindheit noch eine zusätzliche mythisch-religiöse Dimension. Erst durch die Künstlichkeit der traditionellen Erziehung verfällt das Kind der „Sünde“, entartet es seiner Natur: „Sobald es gewahr wird, wie alles absichtlich ist, wie man so vieles mit ihm vorhat und um des bloßen Tuns willen tut, wird es aufmerksam, eitel, kindisch für kindlich, kurz ein Renommist im kleinen, wie seine Meister es im großen sind. Seine weite Welt ist nun eng, seine offene Brust wird verschlossen, sein Engelsaug, das nur das Schöne sah, unterscheidet Gutes und Böses. Es ist kein Kind und kein Knabe mehr“ (ebd.).

Überzeugt von der ursprünglichen Vollkommenheit des Kindes versucht Arndt, die den Kindern gemeinhin zugeschriebenen Unarten des Eigensinns, der Habgier, des Geizes und der Gefühllosigkeit als Vorurteile der Erwachsenen zu entlarven, die aus einem tiefverwurzelten Unverständnis für die Wesensart des Kindes herrühren. Diese kinderpsychologisch interessanten Darlegungen Arndts kann man durchaus als eine Art grundsätzlicher Abrechnung verstehen mit der aufklärerischen Auffassung der Kindheit als einer rohen, erst noch zu disziplinierenden, zu kultivierenden und zu zivilisierenden tierhaften Vorstufe des Menschen, wie sie u.a. von Locke vertreten worden ist. Eine solche Betrachtungsweise bewegt sich für Arndt nur an der Oberfläche; denn sie mißt das Verhalten des Kindes bloß an den Regeln und Normen des Erwachsenenlebens. Ein tiefgründiges Verstehen des Kindes muß vielmehr danach fragen, welche für seine Entwicklung bedeutsamen Triebkräfte in den „vermeintlichen Untugenden der Kinderjahre“ zum Ausdruck kommen.

Nur dem Unverständigen muß das Verhalten des Kindes eigensinnig erscheinen; tatsächlich manifestiert sich für Arndt im Eigensinn des Kindes dessen „eigener Sinn“, d.h. seine Individualität: „Dieser eigne Sinn, am kräftigsten und ungestörtesten ausgebildet, gibt den schönsten Weltsinn. Man nennt dies auch wohl eines Menschen Individualität. Je mehr der Mensch ausgebildete Individualität hat, desto mehr Humanität wird er haben“ (ebd., S. 19). Im Eigensinn des Kindes äußert sich also „unschuldig“ seine Individualität; um diese zur Humanität zu bilden, bedarf es keiner Beschränkung, sondern nur der Liebe und der Geduld. Auch in der „Gierigkeit“ der Kleinen, in ihrer Lust, alles an sich zu reißen und andere von ihrem Besitz auszuschließen, zeigt sich für Arndt nicht etwa „Argheit und erbsündliche Erbsünde“. Vielmehr ist diese vermeindliche Untugend der Ausdruck eines ursprünglichen naturrechtlichen Besitzanspruches des Kindes. Der Grund für „dieses Ansichreißen und Usurpieren ist ...

auch in seiner unendlichen Tätigkeit zu suchen und daraus zu entschuldigen; diese Tätigkeit könnte auch unmäßig heißen, weil (es) selbst noch maßlos ist" (ebd., S. 23). Die unendliche, unmäßige Tätigkeit des Kindes ist weder böse noch asozial, sondern vital notwendig; sie bedarf aber, um ihr Maß selber zu finden, der abgestimmten Gegenwirkung der Erwachsenen: „Da muß ihm Gewalt gezeigt werden, aber so, daß es sie tragen kann" (ebd.). Auch das Für-Sich-Behaltenwollen, „was man gedankenlos Mißgunst, Neid, Anlage zum Geiz nennt", ist für Arndt nichts anderes als der Ausdruck des „reinen Instinkts", der unmittelbar hervortretenden Lebenskraft. „Was das Kind nämlich grade hat, woran es sich freuet, womit es beschäftigt ist, darin ist und lebt es, das ist dann seine einzige Welt; weil es unmittelbar lebt, so hält es seinen jedesmaligen Besitz wie sein Leben sträubend und kämpfend fest. ... Möchte es diesen Geiz immer bewahren, das Eine, was sein Gemüt grade liebt, festzuhalten und zu verteidigen!" (ebd., S. 24). Der Erzieher soll das Kind nicht von seinem intensiven Erkundungs- und Sammeltrieb abbringen, indem er es das Abgeben und Teilen lehrt: „Denn je früher Beschränkung und Zersplitterung des Lebens, desto mehr Egoismus künftig, der nur ein Kind der Schwäche ist" (ebd.). Arndt versucht schließlich, auch noch die Ansicht zu entkräften, Kinder seien von Natur aus noch gefühllos und grausam. Auch er sieht: „Das Kind spielt mit dem Schmetterling und mit der Schlange, bricht mit gleichem Mut einem Stöckchen und einem Vogel den Hals, faßt selbst den Totenkopf seiner Mutter an und fühlt nur, daß er kalt ist" (ebd., S. 25). Doch Arndt hält dieses Verhalten des Kindes nicht etwa für gefühllos oder grausam, sondern für den Ausdruck seiner unbekümmert und frei sich entwickelnden „jungen wilden Natur". Auf dieser frühen Stufe des Menschseins will das Kind „bloß leben und hat kein anderes Gefühl, als das des Lebens, vom Tode noch keine Ahnung" (ebd.). Wenn man das Kind - von den moralischen Wertmaßstäben der Erwachsenen her - einschüchtert und bestraft, obwohl es sich einer Untat noch gar nicht bewußt sein kann, „so wird sein Tun irre, und es behält oft für das künftige Leben keinen wahren Instinkt für sein Recht; sein rechtes Lebensinstrument, womit es künftig die Welt hebeln und aufwippen soll, wird ihm zerbrochen" (ebd., S. 26). Die Liebe der Eltern soll die Kinder nicht zermürben sondern stärken.

Mit diesen Betrachtungen über „die vermeintlichen Untugenden" des frühen Kindesalters hat Arndt, der bekanntlich zur gleichen Zeit Vater eines dreijährigen Söhnchens ist, eine psychologische Konkretisierung seines romantischen Kindbildes vorgenommen, welche vor dem philanthropisch-aufklärerischen Erziehungsdenken seiner Zeit wie eine kopernikanische Wende erscheinen mußte. Gleichwohl knüpft er dabei unverkennbar an Rousseau an, für den die Begehren des Kindes in dieser Lebensphase stärker sind als seine Kräfte, sowie an Herders Auffassung vom Kind als einem Sinnenwesen, das in seiner Entwicklung die frühe Stufe der Menschheitsgeschichte noch einmal rekapituliert. Zwar fühlt sich bereits das Kind in den ersten sechs Jahren seines Lebens, im Halbdunkel dieser Knospenzeit, selber gar nicht hilflos, doch es ist ihm zum Ausgleich der ihm nicht bewußten objektiven Hilflosigkeit „die süße Sehnsucht nach Liebe gegeben, den Eltern die weiche Brust des Erbarmens, daß ihm diese Ohnmacht nicht fühlbar werden sollte, als bis es Kraft hätte, sie zu tragen und ihr zu wehren“ (ebd., S. 40).

Die späte Kindheit, das „Knabenalter“ ist auch für Arndt diejenige Lebensphase, in der die Wünsche und die Kräfte des Kindes ganz im Einklang sind, „das leichteste, gefahrloseste und am wenigsten dem Verderben ausgesetzte“ Alter. Das Kind ist jetzt sorgenfrei, unbefangen, „göttlich bedürfnislos“, weil Denken und Sein noch eine Einheit bilden. „In dieser Zeit sind Leib und Seele wahrhaftig Eins, das Irdische und das Himmlische ist verbunden, und diese Epoche ist der begrenzten Menschennatur wirkliches Götterleben auf Erden“ (ebd., S. 45). Noch völlig in Harmonie mit sich und der Natur, drängt „der wilde und üppige Lebenstrieb“ des Kindes schier grenzenlos ins Weite; nichts sollte deshalb den „kleinen Wilden“ in der Autarkie seines Tätigkeitsdranges behindern und aus seiner naiven, instinkthaften Geborgenheit herausreißen. Der Mensch erscheint für Arndt nie göttlicher als im späten Kindesalter; enthusiastisch drückt er aus, daß „kein Lebenszustand dem göttlichen Urbilde sich mehr nähere, als gerade das Knabenalter. ... Es ist die Gottheit, in einer endlichen Natur am schönsten ausgedrückt“ (ebd., S. 75f.). Für die ungestüme, wilde, freie innere Natur des Kindes ist auch die wilde, äußere Natur, das freie Land, „die erste Bildnerin und Lehrerin“.

Die noch in ursprünglicher Einheit mit dem göttlichen All lebende Seele des Kindes verlangt als „Nahrung“ nicht den trennenden, hellen Begriff, sondern noch die alles miteinander verwebende Dämmerung des Unbegreiflichen: das „Wunderleben“ der Märchen, Fabeln und heiligen Schriften: „Nur das Unbestimmte, das Ungemessene, das Lebendige und Wunderbare in allem zieht ihn (i.e. den Knaben) gewaltig“ (ebd., S. 72). Der erste Unterricht soll das Kind deshalb „nicht aus dem Spiel mit der ganzen Welt in ein Spiel mit ihren Formen (reißen) ..., aus dem Nichtbewußtsein seines unendlichen Seins nicht in die Klarheit eines durch Begriffe beschränkten Zustands (treiben)“ (ebd., S. 79). Deshalb soll er erfolgen „als Spiel, als Fabel in Einfalt und so zum Kinde werden mit den Kindern und ihnen alles hineinspielen in das weite, unendliche und unverwelkliche Leben, welches sie noch haben“ (ebd., S. 72). Nur solche Inhalte sollen also im späten Kindesalter gelehrt werden, die sich „immer als lebendig, immer mythisch, immer mit dem All sich verbindend“ (ebd., S. 79) darstellen lassen.

Schauen wir zurück: Ernst Moritz Arndt hat in seinen „Fragmenten“ auf der Grundlage des monadologischen Bildungsgedankens, der Vorstellung einer organisch-genetischen Entwicklung des Menschen und der antirationalistischen Verklärung des unbewußten, instinkthaften Lebens eine romantisch-nachrousseauistische Erziehungslehre geschaffen. In ihrem Zentrum steht die *romantische Auffassung des Kindes* in ihrer vollständigen Gestalt: das Kind gilt als noch unschuldige Natur, als noch ursprüngliche Stufe des Menschlichen, als noch in der anfänglichen kosmischen Einheit lebenden Wesen, als Mystagoge und Erlöser. Arndt hat versucht, dieses Kindheitsideal psychologisch zu konkretisieren, in seinem Lichte die Eigenarten des Kindes pädagogisch neu zu verstehen. Durch die hier erfolgende Verbindung der vorromantischen „anthropologischen“ und der i.e.S. romantisch-mythischen Kindheitsauffassung erhält auch das erzieherische Verhältnis nun eine religiös erscheinende Dimension. Mit der These, daß sich den Eltern und Erziehern im Umgang mit dem Kind die „Göttergeheimnisse“ und der Weg zurück zum ursprünglichen kosmischen Einheitserleben wieder aufschließen, gibt Arndt dem Herderschen Gedanken der Verjüngung und Wiedergeburt die neue mythisch-religiöse Bedeutung der „Lebenseinigung“. Zugleich erhält damit die mit der Geburt der modernen Familie sich herausbildende mütterliche (und dann auch väterliche) Kindesliebe ihre neue pädagogische (und metaphysische) Begründung; unser Eingangszitat aus den „Fragmenten“ sollte genau dies zum Ausdruck bringen.

Die hauptsächlichen erziehungspraktischen Konsequenzen aus der Arndtschen Anthropologie des Kindes sind die Grundsätze der *nachgehenden Erziehung* und des *genetischen Lehrens*, die wir in ersten Ansätzen bereits bei Rousseau und Herder vorgefunden haben. Der Entwicklung des Kindes nachgehend, wird der Erzieher jede Verfrühung vermeiden. Er muß geduldig warten, bis jede Lebensalterstufe den ihr inhärenten eigenen Sinn erfüllt bzw. bis das Kind die spezifischen Entwicklungsaufgaben dieser Stufe selber bewältigt hat, ehe er mit ihm weiter vorangeht. Das genetische Lehren wird sich nach Inhalt und Methode ebenfalls dem Gang der Entwicklung anpassen und jede zu frühe Abstraktion und Vielwisserei vermeiden, die die spontanen Lebens- und Lernkräfte des Kindes schwächen könnte. Genetisch Lehren heißt auch bei Arndt, an das ursprüngliche, anschauungsgebundene, mythisch-bildhafte Weltverstehen des Kindes anknüpfen und es als unverzichtbare Grundlage des Bildungsprozesses „verwandelt bewahren“. Dazu dient die sinnenhafte Naturerfahrung ebenso wie das mythische „Wunderleben“ der Märchen und Legenden.

Der Poet und Pädagoge Arndt hat mit seinen „Fragmenten“ den Typ der romantischen Pädagogik vom Kinde aus geschaffen. Im Gegensatz zu seinen nur dichterischen Schriftstellerkollegen hat er mit dem romantischen Kindheitsideal nicht nur ästhetisch, sondern auch pädagogisch ernst gemacht. Allerdings hat er

die Gültigkeit seiner Anthropologie des Kindes noch nicht verallgemeinert, sondern vorsichtig eingeschränkt: „Man vergesse nicht, daß wir hier von der Erziehung der glücklichen Menschen sprechen; denn bei wie wenigen Kindern ist dies alles so möglich!" (ebd., S. 43). Zusätzlich beschränkt der Historiker Arndt den Geltungsbereich seiner Darlegungen ausdrücklich auf die Eltern und Kinder aus dem wohlhabenden bürgerlichen Stande seines Landes und seiner Zeit - auf die neue Formation der bürgerlichen Kernfamilie, die willens und in der Lage ist, ihren Kindern „eine freie Erziehung" zukommen und sie „zu einem stolzen, freien und menschlichen Dasein" aufwachsen zu lassen (vgl. Müsebeck 1914, S. 140).
Diese erste romantische Pädagogik vom Kinde aus hat in der damaligen deutschen Öffentlichkeit keine großen Wellen geschlagen. Das Frühwerk des noch wenig bekannten Publizisten Arndt ist seit seinem ersten Erscheinen im Jahre 1805 zeit seines Lebens nicht wieder aufgelegt worden. Doch trotz des geringen publikatorischen Erfolges hat es vermutlich für einen kleinen Leserkreis eine beachtliche gedankliche Wirkung erreicht. Für den damals 23-jährigen Hauslehrer Friedrich Fröbel wird es zu einer „Bibel über Erziehung". Im Rückblick auf die pädagogischen Suchbewegungen seiner Jugendjahre schreibt Fröbel später über Arndts „Fragmente": „Was ich Gutes und Vortreffliches von Erziehung empfunden, über sie gedacht und von ihr erkannt, hatte ich mir aus diesem Buch gelesen" (Fröbel, zit. n. Bollnow 1977, S. 22).

Die ungleich größere Breitenwirkung für den Prozeß der Popularisierung des romantischen Kindheitsideals erzielt indes die im Folgejahr 1806 veröffentlichte „Levana" Jean Pauls, des anderen Pädagogen unter den romantischen Poeten. „Unter den Dichtern, die man als exemplarische Fälle für das Lehrerdasein in der zweiten Hälfte des 18. Jahrhunderts vorstellen kann, ist *Jean Paul Friedrich Richter* (1763-1825) der einzige, der als pädagogischer Fachschriftsteller an die Öffentlichkeit getreten ist: seine 'Levana', 1806 - mit der Jahresangabe 1807 - in erster und 1814 in zweiter Auflage erschienen, diese beliebte 'Erziehlehre', die oft aufgelegt, nachgedruckt, illegitimerweise geplündert und in Auszügen wiedergegeben wurde, von der Jean Paul, nach einem Wort aus dem Nachlaß, meinte, er werde durch sie intensiver auf die Nachwelt wirken als durch seine Romane ..., stellt ihn in der Geschichte der Pädagogik neben einen Herbart und weist ihn als originären Pädagogen aus" (Fertig 1990b, S. 1). Die eigentümliche, besonders komplizierte und interessante Stellung Jean Pauls in der Geschichte des pädagogischen Denkens - auch und gerade über das Kind - ergibt sich daraus, daß er sowohl praktisch erfahrener Lehrer und Erzieher als auch rousseauistischer Schwarmgeist ist, daß er nicht als pädagogischer Fachgelehrter schreibt, sondern als leidenschaftlicher Poet und marktorientierter Berufsliterat und dabei Auffassungen entwickelt, die ihn ebenso der spätaufklärerischen Empfindsamkeitskultur zugehörig erscheinen lassen als dem Unendlichkeitserlebnis der Romantiker, zu deren Generation er aber biographisch nicht gerechnet werden kann.

Der Verfasser der „Levana" kann also - im Unterschied etwa zu Arndt - auf langjährige und vielseitige *pädagogische Erfahrungen* zurückblicken. So bemerkt er auch in den Vorreden, daß „Kinder (d.h. also Erfahrungen) dessen Lehrer und die Bücher zuweilen die Repetenten (waren)" (Jean Paul 1963a, S. 10) und er Gelegenheit hatte, „dreimal an fremden Kindern jedes Alters und Talents sie zu machen; und jetzt genießt er von seinen eigenen das pädagogische Jus trium liberorum (das Dreikinderrecht); und jede fremde Erfahrung in diesem Buch ist vorher die seinige geworden" (ebd., S. 15). An einer späteren Stelle weist der Verfasser auch darauf hin, daß er „einmal in einer Winkelschule von zehn Kindern seiner Freunde drei Jahre lang vor(stand)" (ebd., S. 266). Mit diesen Bemerkungen bezieht sich Jean Paul auf seine Tätigkeiten als Haus- und Privatschullehrer, mit denen er sich als junger, noch brotloser Poet nach dem Abbruch seines ursprünglich geplanten Theologiestudiums für fast zehn Jahre über Wasser hielt. Selber einer oberfränkischen Lehrers- und Pfarrersfamilie entstammend, arbeitet der hochverschuldete Studienabbrecher von Ende 1786 oder Anfang 1787 bis zum April 1789 als Hauslehrer auf dem Schloßgut eines Kammerrates in Töpen bei Hof. Vom Frühjahr 1790 an ist er dann als Schulmeister in Schwarzenbach tätig; in seiner kleinen Winkelschule unterrichtet er vier Jahre lang zwischen sieben und elf Kinder, die ihm von befreundeten Familien zum Unterrichten anvertraut sind. Danach dient er nochmals, bis ihm im Sommer 1796 sein schriftstellerischer Erfolg davon erlöst, für zwei Jahre als Hauslehrer in zwei wohlhabenden bürgerlichen Familien in Hof. Als Jean Paul zehn Jahre später als hochhonorierter Dichter und herzoglicher Legationsrat die erste Auflage der „Levana" verfaßt, ist er Vater dreier Kinder im Alter von fünf, drei und zwei Jahren. Vielleicht hat die Erziehungsaufgabe an seinen eigenen Kindern den unmittelbaren Anlaß für die „Erziehlehre" geliefert!

Das entscheidende Leseerlebnis auch seiner Jugend ist Rousseaus „Emile". Die Verehrung seines Vorbildes geht so weit, daß sich der junge Johann Paul Friedrich Richter zeitlebens nach einem Vornamen des Genfers „Jean Paul" nennt. Der rousseausche Geist der Erziehung hat ihn tief bewegt und auch seine eigene Erziehungspraxis bis in die Einzelheiten geprägt. Der in der Schwarzenbacher Winkelschullehrerzeit verfaßte Roman „Die unsichtbare Loge" (1793) spiegelt dies in Erziehungsbegriff, pädagogischen Grundsätzen und Methoden getreu wieder: „Rousseauistisch ist etwa die Betonung der Vorbilderziehung, des Anschauungsprinzips, des langsamen Reifeprozesses, die Warnung vor der

Versuchung, frühreife Kinder zu erziehen, Vorschriften zu geben und zu strafen, der Verzicht auf dogmatische Religionserziehung, die Beachtung der altersspezifischen Verhaltensweisen, die Hochschätzung der Kindheit als Sinnbild für die verlorene Güte und Tugend der Menschen, die durchgehende Gesellschaftskritik“ (Fertig 1990b, S. 61). Vieles von dem, was hier in der fiktiven Welt des Romans für den Bildungsgang eines „hohen Menschen“ in Szene gesetzt wird, wird später in der „Levana“ im Duktus der gängigen philanthropischen Ratgeberliteratur mit dem Anspruch der Anwendbarkeit auf das normale Kind wieder aufgegriffen und weiterentwickelt. Dabei zeigt sich, daß Jean Paul mit den aktuellen Beiträgen zur pädagogischen Diskussion - von Basedow über Pestalozzi bis zu Herbart - wohlvertraut ist.

Als Verfasser der „Levana“ ist Jean Paul nicht mehr der hungernde Poet, der sich als Hauslehrer und „Winkelschulhalter“ materiell nur mühsam durchs Leben schleppt. Er gehört nun vielmehr zur noch kleinen Gruppe der *erfolgreichen Berufsschriftsteller*. Damit hat er sich einerseits von den Beschränkungen seiner sozialen Herkunft und den Verpflichtungen eines höfischen oder gelehrten Amtes emanzipieren können, steht dafür aber unter dem damals neuartigen Zwang, seine literarischen Werke auch als verlegerisch aussichtsreiche Marktprodukte zu konzipieren und zu plazieren, sie für eine zahlungskräftige Leserschaft anziehend zu gestalten. Für seine „Erziehlehre“ hat Jean Paul das Publikum und dessen aktuelle Vorlieben und Interessen klar vor Augen. In einem Brief an Vieweg, den Verleger der ersten Auflage, bemerkt er: „Das Werk selber ist für die höhere (elegante) Welt und die Mütter didaktisch geschrieben - geht von dem Allgemeinsten, dem Geiste der Zeit, der Bildung zur Religion x. bis zu den bestimmtesten Regeln herab, über Spiele, Freuden, Strafen der Kinder - Von der Ausbildung des Menschen bis zu einem Briefe über Bildung der Fürsten, der Weiber x. und bis zur physischen Erziehung“ (Jean Paul an Vieweg 22.03.06, zit. n. Fertig 1989, S. 312). Und der kalkulierte Erfolg stellt sich tatsächlich auch ein: obwohl die napoleonischen Kriegszeiten den Absatz erschweren, sind die 2.500 Exemplare der Erstausgabe trotz ihres hohen Preises bald vergriffen, und nach gut sieben Jahren kann die zweite, erweiterte Auflage (mit abermals 2.500 Exemplaren) erscheinen. Die „Levana oder Erziehlehre“ wird eines der erfolgreichsten und bestdotierten Werke Jean Pauls (vgl. ebd., S. 368).

Offenbar hat er das Herz seiner vor allem weiblichen Leserschaft tatsächlich erobert, nicht nur durch seinen damals hochgeschätzten Stil, sondern auch durch seine empfindsame Verklärung der Mutterliebe und durch die dramatische Überhöhung der mütterlichen Erziehung im Rahmen der pädagogisch ambitionierten bürgerlichen Familie. Seine beschwörenden Worte treffen wohl das, was damals gleichsam „in der Luft liegt“: „Aber ihr Mütter, und besonders ihr in den höhern und freiern Ständen, denen das Geschick das Lasttragen der Haushaltung erspart, die es mit einem heitern grünen Erziehgarten für eure Kinder umgibt, wie könnt ihr lieber die Langweile der Einsamkeit und der Geselligkeit erwählen als den ewigen Reiz der Kinderliebe, das Schauspiel schöner Entfaltung, die Spiele geliebtester Wesen, das Verdienst schönster und längster Wirkung?... und wahrlich, die Mütter, welche der Zukunft die ersten fünf Jahre der Kinder erziehen, gründen Länder und Städte. Wer kann eine Mutter ersetzen?" (Jean Paul 1963a, S. 135). Die Leser(innen) der „Levana" können sich aber nicht nur an dieser Glorifizierung der neuen Mütterlichkeit erbauen, sondern auch an der hier damit verbundenen neuen romantischen Auffassung des Kindes. Jean Paul läßt sie am Schluß seines Erziehungsbuches am deutlichsten hervortreten: „Was sind denn eigentlich Kinder? Nur die Angewöhnung an sie und ihre uns oft drängenden Bedürfnisse verhüllen den Reiz dieser Seelengestalten, welche man nicht weiß schön genug zu benennen, Blüten, Tautropfen, Sternchen, Schmetterlinge. - Aber wenn ihr sie küßt und liebt, gebt und fühlt ihr alle Namen. - Ein erstes Kind auf der Erde würde uns als ein wunderbarer ausländischer Engel erscheinen, der, ungewohnt unserer fremden Sprache, Miene und Luft, uns sprachlos und scharf, aber himmlischrein anblickte wie ein Raphaelisches Jesuskind; und daher können wir jedes neue Kind auf ewig an Kindes Statt erwählen, nicht aber jeden fremden Freund an Freundes Statt. So werden täglich aus der stummen unbekannten Welt diese reinen Wesen auf die wilde Erde geschickt... und suchen nach dem Verlust des einzigen Vaters den adoptierenden hier unten" (ebd., S. 291). Dieser von uns im vorigen als „romantisch" bezeichnete Blick auf das Kind als ein „heiliges", noch ursprünglich vollkommenes Wesen und die damit verbundene Konzeption einer empfindsamen mütterlich-bewahrenden Erziehung vom Kinde aus bilden den gedanklichen Mittelpunkt auch der „Levana".

Deshalb liegt die Versuchung nahe, die gesamte Erziehungslehre Jean Pauls zur Pädagogik der deutschen Romantik zu rechnen. Tatsächlich ist die populäre erziehungsgeschichtliche Literatur bisher überwiegend so verfahren. Schon Willy Moogs aus der Weimarer Zeit stammende Pädagogik-Geschichte kommt zu dem Fazit, daß „die romantische Anschauungsweise bei ihm sich nicht verleugnen läßt. Ideen Rousseaus und Pestalozzis werden bei Jean Paul im Sinne eines romantischen Individualismus umgeformt" (Moog 1967, S. 278). Ähnlich generalisierend verfährt auch heute noch Heinz-Elmar Tenorth, indem er Jean Paul zur „romantischen Gesellschaftskritik und Pädagogik" rechnet, welche u.a. durch die „Mystifikation der Kindheit und des Kindes" und durch den „hypertrophen Gedanken" gekennzeichnet seien, „vom Ursprung aus, in der Rückkehr zum Kind, die Welt durch Erziehung neu zu ordnen" (Tenorth 1988, S. 134). Im Kommentar zu seiner Ausgabe der „Levana" warnt indes bereits K.G.

Fischer davor, Jean Paul „als einen Romantiker abzustempeln und einzuordnen,... ihn in einem Atemzuge mit der Mehrzahl der Romantiker zu nennen. Er nimmt eine Sonder- und Ausnahmestellung ein, ebenso wie E.T.A. Hoffmann" (Fischer 1963, S. 306). Auch für Otto Friedrich Bollnow steht fest, daß „Jean Paul nicht im eigentlichen Sinn unter die Romantiker gehört" (Bollnow 1977, S. 46); sein Vorgehen, „diesen so eigenwilligen und überhaupt schwer einzuordnenden Mann" trotzdem in den Zusammenhang der Pädagogik der deutschen Romantik einzufügen, begründet er nur mit der „geistige(n) Nähe zu dem ein Jahr zuvor erschienenen pädagogischen Hauptwerk Arndts" (ebd.).

In einer unaufhebbaren *Zwischenstellung* Jean Pauls sehen Ballauff und Schaller gerade das kennzeichnende und fruchtbare Element seiner Pädagogik: „Wie seine Dichtung sich nicht in das Schema Klassik-Romantik einordnen läßt, so entzieht sich auch sein pädagogisches Werk den Ordnungsbegriffen, mit denen man die pädagogischen Systeme einzuteilen pflegt: Philanthropismus und Neuhumanismus, Idealismus und Herbartianismus. ... (Er hat) die großen pädagogischen Gedanken seiner Zeit gekannt; er nimmt sie auf, er faßt sie zusammen - und er führt sie weiter. Und gerade diesem über schon Gedachtes hinausführenden Schritt muß unsere Aufmerksamkeit gelten, wenn er auch - oder gerade weil er sehr häufig übersehen wurde" (Ballauff/Schaller 1973, S. 123f.). Von der literaturhistorischen Forschung herkommend warnt Ludwig Fertig eindringlich davor, Jean Paul trotz mancherlei Bezugspunkten zur romantischen Schule unbesehen der Romantik zuzuschlagen. Für ihn ist er „in viel stärkerem Maße, als man es seither wahrhaben wollte, ein Kind der Spätaufklärung" (Fertig 1982, S. 68) - nicht nur durch die hierfür typische Bevorzugung der Erzählprosa in seinem dichterischen Werk, sondern auch durch die den Hintergrund seiner Pädagogik bildende Humanitätsreligion. Wie die Spätaufklärung der drei Jahrzehnte von 1785 bis 1815 die Klassik und die Romantik überlebt, so schlägt auch die Pädagogik Jean Pauls „die Brücke von der Spätaufklärung zum Biedermeier" (Fertig 1989, S. 274). Die für Jean Paul eigentümliche Hervorhebung der Existenzweise des Kindes gegenüber den späteren Lebensaltern berührt sich für Fertig „zwar mit spezifischen 'romantischen' Vorstellungen, ist jedoch auch und vor allem eine Fortführung des bei Basedow, Campe und anderen Angelegten" (Fertig 1984, S. 119). Jean Pauls religiös zu nennende Hinwendung zum Kind und der „romantische Blick", mit dem er seine Entwicklung erfaßt, hätten sich also für Fertig allein schon aus der spätaufklärerischen Empfindsamkeitskultur ergeben.

Dem widerspricht diametral die Analyse von Hans-Heino Ewers, für den mit Jean Pauls Anthropologie des Kindes „definitiv der Boden romantischer Kindheitsverehrung betreten ist" (Ewers 1989, S. 97). Ganz in diesem Sinne sieht auch Rudolf Lassahn im Kindheitsentwurf der „Levana" die für die Romantik exemplarische Ausgestaltung der mit dem Kinde verbunden Mythen vom glücklichen Wilden und vom paradiesischen bzw. goldenen Zeitalter (vgl. Lassahn 1983, S. 46ff.). Für uns schließen sich diese gegensätzlichen Ansichten keineswegs völlig aus; wir gehen davon aus, daß in Jean Pauls „Levana" sehr wohl die romantische Auffassung des Kindes anzutreffen ist, allerdings im Rahmen einer Pädagogik, die insgesamt noch stärker dem ideellen Horizont und der Gefühlskultur der Spätaufklärung zugehört. Deshalb erscheint es auch uns durchaus angemessen, ja geboten, den im folgenden genauer zu explizierenden Kindheitsdiskurs Jean Pauls wirkungsgeschichtlich in den Kontext der Pädagogik der deutschen Romantik zu stellen.

Dem Versuch einer systematischen Auslegung der Erziehungslehre Jean Pauls steht zunächst ihre beeindruckende poetische Sprachgestalt im Wege sowie der demonstrative Fragmentcharakter ihrer äußeren Form („Bruchstücke", „Anhänge", „Reden", „Briefe" usw.). Da liegt die Frage nahe, erst recht angesichts der bewußt gewählten Uneindeutigkeiten und Doppelbödigkeiten, der spielerischen Widersprüche und Geistesblitze seiner sonstigen Erzählprosa, ob der Verfasser der „Levana" es überhaupt ernst meint und ob sich seine Reflexionen überhaupt in einen systemhaften Zusammenhang bringen lassen. Im Bezug auf den Wirklichkeitsgehalt vergleicht Lassahn die „Levana" mit dem „Emile" und kommt zu dem einleuchtenden Fazit, daß Jean Paul hier mit dem Anspruch empirischer Evidenz schreibt: „So ist es, so ist die Natur des Kindes. Hier liegt kein Wunschbild mehr vor, die 'Levana' ist eine 'Erfahrungsseelenlehre' ... . Was er darlegt, erscheint gesichert, zwar ein Buch für Mütter und Väter, aber doch eben keine Utopie" (ebd.). Für Lassahn liegt die Überzeugungskraft dieses Werkes u.a. gerade darin, daß hier Ideal und Beobachtung miteinander verbunden werden. Über den systematischen Charakter der „Erziehlehre" gehen die Auffassungen der pädagogischen Fachleute weit auseinander. Bollnow ist der Ansicht, daß es sich bei Jean Paul eher lohne, die originellsten Ideen herauszugreifen; denn : „vieles ist nur äußerlich hinzugefügte Systematik, die die innere Gedankenführung nur unvollkommen widerspiegelt, und manche Gedanken sind wohl nur um der äußeren Vollständigkeit willen aus der Literatur seiner Zeit aufgenommen" (Bollnow 1977, S. 46) - es fehlt hier nur noch der Hinweis auf den publikumsorientierten Berufsschriftsteller! Dagegen stellt Fischer mit gleichem Recht fest, „daß der Autor selbst im Bemühen um Begriffe und deren Ordnung das Moment sah, welches die 'Levana' seinen Dichtungen voraushatte und sie auszeichnete" (Fischer 1963, S. 300f.).

Es ist also durchaus wahrscheinlich, daß für die „Levana" ein *systematischer Aufbau* zu erschließen ist; denn bei einem so universalen Geist und erfahrenen Pädagogen wie Jean Paul liegt die Vermutung viel näher, er habe wissenschaftlich Reflektiertes in seine dichterische Sprache zurückübersetzt" (ebd., S. 322).

Die oft festgestellten Inhomogenitäten im Gedanklichen verweisen dann möglicherweise auch auf spannungsvolle, uneinheitliche Grundlagen im Welt- und Menschenbild Jean Pauls, welche sich völlig erst im Zusammenhang seines gesamten schriftstellerischen Werkes genauer erfassen ließen. Er schreibt selber dazu: „Wer mich rein und recht beurteilen will, muß mich in meinem Ganzen nehmen; denn sonst gibt und nimmt er mir im einzelnen zuviel und ist nie meiner Meinung über mich" (Jean Paul, zit. n. Sengle 1977, S. 208). Doch eine solche, sein Gesamtwerk umfassende Darstellung der pädagogisch bedeutsamen Grundauffassung Jean Pauls - gar noch im Bezug zum Erziehungsdenken seiner Zeit - kann hier keinesfalls geleistet werden. Wir wollen im folgenden nur diejenigen Ideen seiner Erziehungslehre herausstellen, die für ein vertieftes Verständnis seiner Anthropologie des Kindes unabdingbar sind. Den Vorwurf der Vereinfachung und der Voreingenommenheit durch die Verabsolutierung eines Aspektes, eines Werkes und einer bestimmten Schaffensperiode müssen wir dabei in Kauf nehmen.
Ohne die Berücksichtigung des *religiösen Hintergrundes* von Jean Pauls Weltbild bliebe auch seine Anthropologie und Pädagogik unverstanden (vgl. Sengle 1977, S. 204). Jean Paul ist - wie etwa auch ein Lessing - Anhänger einer aufgeklärten Menschheitsreligion. Für ihn ist „jede fremde Religionsausübung ... so heilig wie die eigne" und er nimmt „die verschiedenen Religionen so liebend wie die verschiedenen Sprachen auf, worin doch nur Ein Menschen-Gemüt sich ausdrückt" (Jean Paul 1963a, S. 60). Die Religion der Humanität führt den Menschen dazu, die ganze Welt und vor allem den Mitmenschen mit den liebenden Augen des Schöpfergottes zu betrachten. Im Gegensatz zum (hoch-)romantischen Weg der Rückkehr zum geschichtlichen (insbesondere katholischen) kirchlichen Christentum bleibt Jean Paul der „Vernunft- und Gefühlsautonomie des 18. Jahrhunderts" (Sengle) treu und befreit seinen überlieferten christlichen Glauben vom kirchlichen Dogma und vom Wortlaut der Bibel: „Eine Religion nach der andern lischt aus, aber der religiöse Sinn, der sie alle erschuf, kann der Menschheit nie getötet werden; folglich wird er sein künftiges Leben nur in mehr geläuterten Formen beweisen und führen" (ebd., S. 49). In der von ihm selbst erfahrenen und für ihn unerträglich gewordenen Gottlosigkeit einer sich verabsolutierenden Verstandeskultur, im Unglauben erfolgt die „Erblindung gegen das Ganze". Der wiedergefundene Gott Jean Pauls ist aber nicht etwa der unpersönliche Urgrund des Pantheismus, der sich in den aufsteigenden Stufen des Kosmos und insbesondere im Menschen selber emaniert, sondern ein Gott, der den Charakter einer Person hat. Mit dieser panentheistischen Gottesvorstellung verbindet Jean Paul einen vehement bekundeten Glauben an die Unsterblichkeit der Seele sowie das Bekenntnis zu einem das christliche Erbe verallgemeinernden, universellen Liebesprinzip, zur „Heilig-

haltung des Lebens“: „Wo Religion ist, werden Menschen geliebt und Tiere und alles All. Jedes Leben ist ja ein beweglicher Tempel des Unendlichen“ (ebd., S. 55).

Aus Jean Pauls panentheistisch-religiösem Weltverständnis resultiert nun eine komplexe, spannungsreiche *Lehre vom Menschen*, welche die Grundgedanken einer dualistischen Leib-Seele-Methaphysik mit der uns u.a. schon von Arndt her bekannten monadischen Auffassung der menschlichen Individualität verknüpft (vgl. Ewers 1989, S. 97ff.). Nach dieser letzteren ist jede Person ein Mikrokosmos, die endliche und je einzigartige Zurückspiegelung der unendlichen Idealität. Das Göttliche drückt sich also in einer Mannigfaltigkeit von Individualitäten aus, welche das, was sie werden sollen, immer schon als Anlagen und Vermögen in sich tragen; diese gilt es, im Prozeß der Entwicklung vielseitig und harmonisch zu entfalten. Diese individuelle Potentialität bezeichnet Jean Paul auch als den „Preis- und Idealmenschen“, der einem jeden „am hellsten (wenn auch nur hinter Wünschen und Träumen) gerade in der Vollblüte des Jugendalters erschein(t)“ (Jean Paul 1963a, S. 41). Daß Jean Paul aber mit diesem „Preis- und Idealmenschen“ nicht nur die monadische Individualität und ihre sich organisch entwickelnde Entelechie meint, läßt folgende Feststellung erahnen: „Aber in einem Anthropoliten (versteinerten Menschen) kommt der Idealmensch auf der Erde an; ihm nun von so vielen Gliedern die Steinrinde wegzubrechen, daß sich die übrigen selber befreien können, das ist oder sei Erziehung“ (ebd.).

Die geistige Individualität des Menschen erscheint hier nicht mehr in erster Linie als selbsttätige Monade, sondern als Inkarnation eines überirdisch-jenseitigen Geistigen, das sich erst von physischen Fesseln befreien (lassen) muß, um zu seiner wahren Bestimmung zu finden. Mit der Geburt „ergreift“ die geistige Individualität, aus der jenseitigen göttlichen Welt „herabkommend“, den menschlichen Leib: „Der Seelenblitz, den wir Leben nennen, und von welchem wir nicht wissen, aus welcher Sonnenwolke er fährt, schlägt ein in die Körperwelt und schmelzt die spröde Masse zu seinem Gehäuse um, das fortglüht, bis der Tod ihn durch die Nähe einer andern Welt weiter entlockt. In diesem Ur-Nu ... hat sich der unsichtbare Ich-Strahl zum Farbenspektrum seiner körperlichen Erscheinung auf einmal gebrochen“ (ebd. S. 63). In der „Theogonie“ (Göttererzeugung) des kindlichen Geistes“ befeuert also ein unsterblicher, göttlicher „Ich-Funke“ die menschliche Physis, welche er im Tode, in die göttliche Welt zurückkehrend, wieder verläßt: „Die Einheit des menschlichen Organismus, die Seele, ist für Jean Paul der Aufenthaltsort einer ‘geistigen Individualität’, die Unsterblichkeit besitzt, die die Sphäre der endlichen Wirklichkeit und des irdischen Lebens überragt, stellt sie doch einen Reflex, eine Spiegelung der ‘unendlichen Idealität’, des Göttlichen, dar“ (Ewers 1989, S. 101). Die Uneindeutigkeit von Jean Pauls Anthropologie rührt also daher, daß er den monadologischen Individualitätsgedanken, der auf allseitige organische Entwicklung zielt, mit einer dualistischen Geistesmetaphysik zusammendenkt, für die die Aufgabe des Menschenwesens in der Aufrichtung und Rettung eines göttlichen Wesenskerns liegt, in der Bewahrung der Heiligkeit und Erweckung der Nächstenliebe.

Aus diesem doppelschichtigen Menschenbild ergeben sich auch zwei unterschiedliche Anschauungen über die Erziehung: Erziehung als Entfaltung des Ideal-Menschen und Erziehung als Erweckung von Glaube und Liebe. Das Hauptgeschäft der *Erziehung* ist - wie für Rousseau und Arndt - „negativ"; d.h. sie soll nicht eingreifend den Menschen „machen", sondern entfalten, was im Kind selber als Potenz schon angelegt ist und selber zur Entwicklung strebt. In einem Zusatz zur postum erschienenen dritten Auflage der „Levana" schreibt Jean Paul: „Wir sprechen so entschieden Entwickelung als Zweck der Erziehung aus, als wäre der Mensch ein Knäul, das man bis aufs Papierchen abzuwickeln vermöchte. O wer stirbt nicht mit dem Gefühle hier üppig, dort unterdrückt gehaltener Zweige, mit dem Gefühle der Zerstückelung?" (Jean Paul, zit. n. Ballauff/Schaller, 1973, S. 128). Da auch die „Bildungskraft" sich in einer „beinahe genetischen Stufenordnung" - Sprache, Aufmerksamkeit, Ein- und Vorbildungskraft, Witz, Reflexion und Erinnerung - entwickelt, ermahnt Jean Paul: „Bedenke doch der Erzieher, welcher überhaupt zu sehr alles Lernen den Lehrern zuschreibt, daß das Kind seine halbe Welt, nämlich die geistige (z.B. die sittlichen und metaphysischen Anschau-Gegenstände) ja schon fertig und belehrt in sich trage und daß eben daher die nur mit körperlichen Ebenbildern gerüstete Sprache die geistigen nicht geben, bloß erleuchten könne" (Jean Paul 1963a, S. 254). Und an anderer Stelle bemerkt er prägnant: „Je freier lassend die Erziehung, desto wahrer das Kind" (ebd., S. 224). Die Veranschaulichung dieser „negativen Erziehung" erfolgt in der Spur Herders durch die vegetabile Wachstumsmetaphorik: „Ungleich dem gewöhnlichen Erzieher begieße nicht die einzelnen Zweige, sondern die Wurzel, die jene schon wässern und entfalten wird. Weisheit, Sittlichkeit sind kein Ameisenhaufen abgetrennter zusammentragender Tätigkeiten, sondern organische Eltern der geistigen Nachwelt, welche bloß der weckenden Nahrung bedürfen" (ebd., S. 14).

Aus dieser organologischen Erziehungsauffassung leitet Jean Paul auch die dramatische Bedeutung der ersten Eindrücke ab; sie können die Keime aller späteren Knospen, Blüten und Früchte unwiderruflich stärken oder schädigen: „Alle erste Fehler sind folglich die größten" (ebd., S. 17). Und: „Alles erste bleibt ewig im Kinde; die erste Farbe, die erste Musik, die erste Blume malen den Vorgrund seines Lebens aus; noch aber kennen wir dabei kein Gesetz als dieses: beschirmt das Kind vor allem Heftigen und Starken, sogar süßer Empfindungen. Die so weiche, wehrlose und so erregbare Natur kann von Einem Mißgriff verrenkt und zu einer wachsenden Mißgestalt verknöchert werden" (ebd., S. 67f.). Die kardinale Bedeutung der Anfänge unterstreicht auch die Feststellung: „Das Schönste, was die Menschen taten, fiel' es auch in die kältere Jahreszeit, war nur spät aufgehender Samen, den der Lebensbaum des kindlichen Paradieses getragen hatte" (ebd., S. 219). In der „Knospenzeit des Kindes", in der frühen Kindheit „ist noch die rechte Erziehung möglich, die entfaltende; durch welche die lange zweite, die heilende, oder die Gegenerziehung zu ersparen wäre" (ebd., S. 17). Den Primat hat also immer die unterstützende Erziehung; Erziehung als Gegenwirkung setzt als zweite korrigierend erst dort ein, wo die erste, entfaltende Erziehung versagt hat. „Grundsätzlich gilt, daß das natürliche Wesen des Menschen gut ist und alles Böse erst aus fehlgeleiteter Entwicklung entspringt" (Bollnow 1977, S. 52). Die pädagogische Atmosphäre der entfaltenden Erziehung, „der Himmel, unter dem alles gedeiht", ist die Heiterkeit und Freudigkeit. Wie „eine dicke, feste Knospe", deren Blüte noch umhüllt ist, verlangt das Kind vor allem nach Wärme. „Und was ist Wärme für das Menschenküchlein? - Freudigkeit. Man mache nur Spielraum - indem man die Unlust wegnimmt - so fahren von selber alle Kräfte empor" (Jean Paul 1963a, S. 68).

Doch für den Verfasser der „Levana" hat die Erziehung nicht nur die Aufgabe der *Entfaltung* der Kräfte, die im Kinde selber zur Verwirklichung streben, sondern auch diejenige der *Befreiung* des geistigen Menschen aus seinen naturhaften Beschränkungen. Wir erinnern an die oben zitierte Auffassung Jean Pauls, wonach der Idealmensch in einem „Anthropoliten" versteinert auf der Erde ankommt und die Aufgabe der Erziehung darin besteht, „die Steinrinde wegzubrechen", damit sich seine übrigen „Glieder" selber befreien können. Das „Durch- oder Wegbrechen" der Rinde bzw. der Hülle durch eine von außen helfend eingreifende Person ist eine zweite, die Wachstumssymbolik der entfaltenden Erziehung ergänzende Grundmetapher für den Erziehungsprozeß (vgl. u.a. S. 235 u. 240). Am prägnantesten kommt dieses emanzipatorische Verständnis in der Feststellung zum Ausdruck, wonach „der Geist der Erziehung - überall das Ganze meinend - nichts ist als das Bestreben, den Idealmenschen, der in jedem Kinde umhüllt liegt, freizumachen durch einen Freigewordenen" (ebd., S. 15). In der Erziehung geht es also nicht nur - monistisch - darum, daß sich das Menschenwesen organisch entfaltet, sondern - dualistisch - auch darum, daß der „Idealmensch", der göttliche „Ich-Funke", die geistige Individualität sich selber ergreift. Andernfalls verfehlt sie als „Stief- und Kebs-Ich" ihre freitätige Bestimmung. Für Bollnow berührt sich Jean Paul hier eng mit den philosophischen Anschauungen Fichtes: „Fichtes Begriff des 'Ich' als Sitz des selbständigen inneren Lebens hat Jean Paul im Innersten, gradezu mit der Kraft einer Offenbarung ergriffen. Er sah im 'Ich' den Sitz des innersten sittlichen und religiösen Lebens, ja gradezu die Geburtsstätte des Göttlichen im Menschen. ... Diese Entdeckung bedeutet für ihn: ich bin nicht nur ein Stück Natur, nicht nur ein Organismus, der von selber wächst, sondern ein Wesen, das sich in Freiheit und Selbständigkeit zu sich selbst und zu seiner Welt verhalten kann. Hiermit ist also der letzte Seinsgrund des Menschen angerührt" (Bollnow 1977, S. 55f.). Wir lassen dahingestellt, ob der von Bollnow behauptete Zusammenhang zwischen dem „Ur-Ich" Jean Pauls und dem Ich im transzendentalen Idealismus Fichtes so eindeutig gegeben ist. Der Autor der „Levana" bleibt jedenfalls auch bei dem daraus resultierenden Begriff der Erziehung als Freisetzung des selbsttätigen Subjekts nicht stehen.

Jean Paul fügt seiner bisherigen „negativen" - organologischen und emanzipatorischen - eine „positive" Auffassung der Erziehung zur Sittlichkeit der *Liebe* hinzu, die sich nicht mehr vom monadologischen Individualitäts- und auch nicht vom idealistischen Subjektskonzept her verstehen läßt, sondern nur aus dem oben erwähnten universellen Liebesprinzip seiner Humanitätsreligion. Die Liebe ist für Jean Paul die „alles zusammenhaltende Gottheit, (die) eigentliche göttliche Einheit des All, ... in welcher das Ich viel mehr meint als es versteht" (Jean Paul 1963a, S. 227). Gott ist Ich-Du und verwirklicht sich im Ich nur, wenn dieses seine Stärke mit der Liebe verbindet, seine Selbstsucht überwindet und sein Gegenüber bejaht. „Dieses die Humanität der Individualität in ihrer Spannung von Stärke und Liebe sichernde Prinzip, das die Einheit des Selbst sichert, indem es dieses über sich als Selbstsucht hinausführt und an anderes bindet, nennt Jean Paul das 'Heilige', die 'Religion'. ... Die Religion 'erinnert' gleichsam die Stärke und die Liebe daran, daß nicht Selbstgewinn und Selbstgenuß ihr humaner Sinn ist, sondern Transzendenz der eigenen Subjektivität auf anderes hin" (Ballauff/Schaller 1973, S. 132). Die Liebe entfaltet sich im Kind nicht von allein; vielmehr muß das ursprüngliche Allbeseelungsverlangen des Kindes durch die „Versetzung in fremdes Leben" zur Achtung vor aller Kreatur geläutert werden: „Das Kind fängt mit Selbstsucht an, die es so wenig beleidigt als die tierische, weil das noch vom Bedürfnis überhüllte verfinsterte Ich bis zu keinem zweiten sich durchfühlen kann, sondern die Ich-Welten als eine eigene sich ankörpert. Insofern findet das Kind außer sich so wenig etwas Lebloses als in sich; es verlegt seine Seele als Weltseele in alles. ... Gleichsam ist die Liebe beim Kinde wie beim Tiere schon als Trieb lebendig, und dieses Zentralfeuer durchbricht in der Gestalt des Mitleids oft seine Erdrinde, aber nicht immer... . Folglich habt ihr nicht sowohl die Blütenknospe der Liebe einzuimpfen als das Moos und Gestrüppe des Ich wegzunehmen, das ihm die Sonne verdeckt. Jeder will gern lieben, falls er nur dazu könnte und dürfte" (Jean Paul 1963a, S. 227f.). Durch das lebendige Sich-Hinein-Versetzen in fremdes

Leben kann „die Gutartigkeit unserer Natur allein alle Liebe entwickeln" (ebd., S. 229). Wenn das Kind im eigenen Tun die ursprünglich in ihm schlummernde Liebe erfährt, bricht gleichsam von seinem Herzen „die Rinde weg, dann ist die Glanzwärme da" (ebd., S. 235). Das höchste Ziel der Erziehung liegt also nicht in der Vollkommenheit des Subjekts, sondern in der „Religionübung der Heilighaltung des Lebens, des allwaltenden Gottes im Baumgipfel und im Menschengehirn" (ebd., S. 233). Bekanntlich war für Rousseau die Bildung zur Liebe und Religion eine Aufgabe erst des Jugendalters, für die er die Erlangung des höchsten Grades der Selbstliebe und Autarkie am Ende der Kindheit voraussetzte. Für Jean Paul - wie übrigens auch schon für Herder - ist die religiöse Erziehung auch und sogar in erster Linie Aufgabe der Kindheit, weil die Erziehenden hier auf dem ursprünglichen Liebes-„Trieb" des Kindes und auf seinem animistischen Weltbezug aufbauen können.
Alle drei von uns unterschiedenen Auffassungen der Erziehung bei Jean Paul - die Entfaltung des Natur-Menschen, die Freisetzung des Idealmenschen und die Bildung zur Liebe und Religion - richten sich gegen den säkularen, utilitaristischen und maschinenmäßigen Geist der bürgerlichen Gesellschaft um einer besseren Zukunft willen: „Zum Ziele der Erziehungskunst, das uns vorher klar und groß vorstehen muß, ehe wir die bestimmten Wege dazu messen, gehört die Erhebung über den Zeitgeist. Nicht für die Gegenwart ist das Kind zu erziehen - denn diese tut es ohnehin unaufhörlich und gewaltsam - sondern für die Zukunft, ja oft noch wider die nächste" (ebd., S. 46). Die große Chance für die menschliche Zukunft liegt gerade im Kind; denn mit jedem Kind beginnt die Menschheit von neuem: „Ein Kind sei euch heiliger als die Gegenwart, die aus Sachen und Erwachsenen besteht. Durch das Kind setzt ihr, wie wohl mit Mühe, durch den kurze Hebelarm der Menschheit, den langen in Bewegung, dessen weiten Bogen ihr in der Höhe und Tiefe einer solchen Zeit schwer bestimmen könnt" (ebd., S. 20). Daher ist die *Anthropologie des Kindes* der eigentliche ideelle Mittelpunkt und Kraftquell der Erziehungslehre Jean Pauls (vgl. hierzu auch schon Giourtsi 1966, S. 19ff.). Und diese Lehre von der Daseinsform des Kindes weist auf der höchsten Abstraktionsebene die vierpolige Struktur auf, die wir in einem typologischen Verständnis als „romantisch" bezeichnet haben. Das Kind repräsentiert als „Natur-Mensch" zum einen im Sinne Rousseaus einen gleichsam vorgesellschaftlichen Zustand der Reinheit, Unschuld und Güte; es repräsentiert zum anderen im Sinne Herders in seinem frühlingshaften Lebensalter auch eine frühe, ursprünglichere Bewußtseinsstufe der Menschheitsentwicklung. Als „Ideal-Mensch" lebt das - absolute - Kind in seiner Gläubigkeit noch näher an der geistig-göttlichen Welt als der Erwachsene. Durch seine „Heiligkeit" erlangt es für eine „gefallene" Menschheit schließlich die Bedeutung des messianischen Gotteskindes selber. Wir wollen

diese allgemeinen Grundzüge von Jean Pauls Kindheitsauffassung, die im Text der „Levana“ in mannigfacher Weise miteinander verbunden werden, noch einmal im einzelnen belegen.

Das Kind lebt für Jean Paul noch in angeborener *Unschuld*, ... sprachlos noch unzugänglich der mündlichen Vergiftung... . Kinder (sind) die Reinen, noch von keiner Zeit und Stadt Verfälschten“ (ebd., S. 17f.). Sie leben noch in Einheit mit sich selbst: „Im Kinde leben noch Leib und Seele in den Flitterwochen einträchtig, und der freudigen Seele hüpft noch der lustige Körper nach, bis später beide von Tisch und Bett sich scheiden und endlich ganz verlassen“ (ebd., S. 84). Aus dem Vergleich mit den wesensverwandten „Weibern“ (!) ergeben sich weitere Eigentümlichkeiten des Kindes: „Dieselbe unzersplitterte *Einheit* der Natur - dasselbe volle Anschauen der Gegenwart - die selbe Schnelligkeit des Witzes - der scharfe Beobachtungs-Geist - die Heftigkeit und Ruhe - die Reizbarkeit und Beweglichkeit - das gutmütige schnelle Übergehen vom Innern zum Äußern und umgekehrt ...- die Vorliebe für Gestalten und Farben, und die Erregbarkeit, setzen die körperlichen Nähe beider Wesen mit einer geistigen fort“ (ebd., S. 138).

Das Bild des Kindes als eines gleichsam vorgesellschaftlichen, naturhaften Wesens der Unschuld, Güte und Einheit mit sich selbst ergänzt Jean Paul in einer genetischen Perspektive durch dasjenige des noch auf einer frühen (frühlingshaften) Kulturstufe lebenden primitiven, mythischen Menschen. Davor liegt noch der schon von Herder vorgenommene Vergleich des kindlichen Lebensalters mit der pflanzlichen Wachstumsphase der Knospe, in deren Höhle sich die Blüte und Frucht so entfalten wie im Kinde unbewußt seine künftige Bestimmung. „... ist der Erwachsene dem Erwachsenen so unergründlich, wie vielmehr ihm seines Ungleichen, das Kind; welches nicht die Früchte in Blätter, sondern diese selber in Knospen und die Blüten wieder in jene verhüllt“ (ebd., S. 238). Dank dieses knospenhaften Umhülltseins ihres sich selbst noch unbewußten Lebens sind die „Kinder fähig, auch am schlimmsten Tage zwanzigmal entzückt zu werden. Sie sind aus ihrem süßen Götterschlummer durch Haus- und Europa-Kriege so schwer zu wecken als die Blumen aus ihrem Schlafe durch Lärmen und Bewegung. So mögen die Lieben denn auch erwachen wie die Blumen, durch eine Sonne und zum Tage! „(ebd., S. 239). An die von Vico und vor allem Herder propagierte Analogiebildung zwischen den menschlichen Lebensaltern und den Kulturstufen der menschlichen Geschichte anknüpfend, entfaltet auch Jean Paul die Vorstellung, daß sich in der Entwicklung des Kindes eine frühere, *ursprünglichere Bewußtseinsstufe* der Menschheit wiederholt. Das Kind wird gleichsam zum Geistesverwandten des „bon sauvage“: „In der Kinderwelt steht die ganze Nachwelt vor uns, in die wir, wie Moses in das gelobte Land, nur schauen, nicht kommen; und zugleich erneuert sie uns die verjüngte Vorwelt, hinter welcher wir erscheinen mußten; denn das Kind der feinsten Hauptstadt ist ein geborner Otaheiter [i.e. Ureinwohner Tahitis - d.V.] und der einjährige Sanscülotte ein erster Christ... jede Kinderwelt (fängt) die Weltgeschichte von neuem an... „ (ebd., S. 18). Und an anderer Stelle heißt es prägnant: „Kinder sind kleine Morgenländer“ (ebd., S. 241); wie bei diesen ist dem Kind „das Reden Singen“ (ebd., S. 86), tanzt in ihm noch die Freude (vgl. ebd., S. 83), webt in ihm noch die „wunderkräftige“ Phantasie: „Wißt ihr denn nicht, daß es eine Zeit gibt, wo die Phantasie noch stärker als im Jugendalter schafft, nämlich in der Kindheit, worin auch Völker ihre Götter schaffen und nur durch Dichtkunst reden?“ (ebd., S. 76f.). Wie der primitive Mensch steht das Kind den Erscheinungen der Natur und den Mitmenschen noch nicht in objektivierender Distanz gegenüber, sondern es beseelt die Dinge und Wesen seiner Welt mit den lebendigen Bildern, die sein Inneres ausfüllen; es verklärt alles mit dem „Heiligenschein“ des Übersinnlichen. In der Kindheit erfreut sich die Phantasie „einer fast unumschränkten Herrschaft, da sie noch kein Terrain an die Vernunft hat abtreten müssen und auch der erst schwach entwickelte nüchterne Wirklichkeitssinn ihrem freien Spiel noch wenig Grenzen zieht. Ihr Wirken bleibt nicht nur auf die innere Vorstellungswelt beschränkt; es überflutet auch die Wahrnehmung der Außenwelt, die sie verklärend zu einem Spiegel des Unendlichen macht, das im kindlichen Innern sich regt“ (Ewers 1989, S. 114).

Durch diese Fähigkeit, die Welt zu beseelen, werden die Kinder für Jean Paul zu ursprünglich poetischen Menschenwesen. Er unterstreicht diese, auf Herder zurückgehende Auffassung der *Kindheit als poetischer Daseinsform* mit dem Hinweis auf „das Bürgerrecht, das den Kindern in der Gottes-Stadt des Romantischen gebührt“ (Jean Paul 1963a, S. 242), und durch den Vorschlag, ihnen als „gute Dichtung“ vor allem Märchen (u.a. aus Tausendundeiner Nacht) vorzulesen: „Aber die Hauptsache ist, daß wir ein romantisches Morgenrot in diesen erdnahen Himmel malen, welches einmal um das Alter sich als tiefe Abendröte lagert. ... In späten Jahren, wenn die Kinder in Mond- und Abendglanz schauen, wird ein wunderbares Entzücken in ihnen weich aufwallen, und sie werden nicht wissen, welcher fremde Äther sie anwehe und hebe. - - Es flattert die Morgenluft euerer Kindheit, meine Kinder!“ (ebd.). Es sei hier nur angemerkt, daß diese Empfehlung der Märchen als „romantischer“ Kinderliteratur von Jean Paul erst als längere Ergänzung in die zweite Auflage der „Levana“ von 1814 (vgl. Jean Paul 1963b, S. 1276) eingefügt worden ist - zwei Jahre nach dem Erscheinen der Kinder- und Hausmärchen der Brüder Grimm (!).

„Das Spiel ist die erste Poesie des Menschen“ (Jean Paul 1963a, S. 75), im Spiel äußert sich die Phantasie des Kindes in ursprünglicher Gestalt. Jean Paul schreibt im dritten Kapitel des dritten Bruchstücks der „Levana" gewissermaßen einen kurzen Traktat über die pädagogische Bedeutung des Kinderspiels, der, an einige Gedanken Schillers anknüpfend, schon die spielpädagogische Konzeption Fröbels in nuce entfaltet. Jean Paul handelt zunächst vom Wesen des Spiels: „Was heiter und selig macht und erhält, ist bloß Tätigkeit. Die gewöhnlichen Spiele der Kinder sind - ungleich den unsrigen - nichts als die Äußerungen ernster Tätigkeit, aber in leichtesten Flügelkleidern... Das Spielen ist anfangs der verarbeitete Überschuß der geistigen und der körperlichen Kräfte zugleich; später... leiten nur noch die Glieder durch Laufen, Werfen, Tragen die Lebensfülle ab" (ebd. S. 74 f.). Diese aus dem Kraftüberschuß entstehende *freie, schöpferische Tätigkeit des Kinderspiels* gliedert Jean Paul in zwei Klassen, in die „Spiele der handelnden, gestaltenden Kraft", in denen „sich das Kind seines geistigen Überflusses durch dramatisches Phantasieren und seines körperlichen durch Bewegung zu entladen sucht" (ebd., S. 75), sowie in die „Spiele... der empfangenden, auffassenden, lernenden Kraft". Während bei den ersteren die Tätigkeit von innen nach außen geht, richtet sie sich bei der zweiten Klasse von außen nach innen. Wir werden bei Fröbel dieselbe Unterscheidung wiederfinden! Über die Entwicklungsstufen des Spiels halten wir die folgenden luziden Beobachtungen Jean Pauls fest: „In den allerersten Monaten kennt das Kind noch kein schaffendes Spielen oder Anstrengen, sondern ein empfindendes. ...die überschüttete Seele... will nur blicken, horchen, greifen, tappen. ...Erst später, wenn in den fünf Akten der fünf Sinne die Erkennung der Welt geschehen ist und allmählich ein Wort um das andere den Geist frei spricht, hebt die größere Freiheit des Selbspiels an. Es regt sich die Phantasie, deren Flügelknochen erst die Sprache befiedert. Nur mit Worten erobert das Kind gegen die Außenwelt eine innere Welt, auf der es die äußere in Bewegung setzen kann. ...Zuerst spielt der Kindgeist mit Sachen. ...Vor der wunderkräftigen Phantasie treibt jeder Aaronstecken Blüten" (ebd., S. 76). Und weiter heißt es: „Die zweite Spielgattung ist Spielen der Kinder mit Kindern. ...In den ersten Jahren sind Kinder einander nur Ergänzungen der Phantasie über Ein Spielding; - zwei Phantasien spielen wie zwei Flammen neben und in einander unverknüpft. Auch nur Kinder sind kindisch genug für Kinder. Aber in den spätern Jahren wird das erste Bändchen der Gesellschaft aus Blumenketten gesponnen; spielende Kinder sind europäische kleine Wilde im gesellschaftlichen Vertrag zu Einem Spiel-Zweck" (ebd., S. 79).

Die heutige psychologische Spielforschung hat zu diesen Beobachtungen Jean Pauls über die Entwicklung des Spiels vom Übungs- über das Phantasie- und soziale Rollen- bis zum Regelspiel systematisch nur noch wenig hinzuzufügen! Auch der Bedeutung des Spiels für die Menschenbildung wird Jean Paul gewahr: „Ein Ganzes des Lebens ist also entweder nirgends oder überall.

...Folglich ist das Spielen und Treiben der Kinder so ernst- und gehaltvoll an sich und in Beziehung auf ihre Zukunft als unseres auf unsere. Das frühe Spiel wird ja später Ernst... Wie das Schachbrett Krieg- und Regierunterricht auftischen soll: so wächst auf dem Spielplatz der künftige Lorbeer- und Erkenntnis-Baum" (ebd., S. 80). Im Spiel bilden sich alle Kräfte; schon im frühen Kinderspiel entfalten sich selbsttätig die geistigen Fähigkeiten für die späteren Lebensalter. Es sei hier nur noch der Hinweis gestattet, daß Jean Paul seine Betrachtung über das Kinderspiel mit praktischen spielerzieherischen Vorschlägen abschließt, die darauf gerichtet sind, das Kind „im orbis pictus einer verjüngten Spiel-Welt für die vergrößerte auszurüsten" (ebd., S. 81).
Im Blick auf den „Natur-Menschen", in einer anthropologischen Perspektive, bestimmt Jean Paul also die Kindheit als eine kulturell noch nicht entfremdete, ursprünglich gute und mit sich im Einklang stehende Daseinsform des Menschlichen sowie als ein phantasiebetontes, poetisches und schöpferisches Lebensalter, in dem sich eine frühere, primitive Stufe der menschlichen Kulturgeschichte wiederholt. Im Hinblick auf den „Ideal-Menschen", unter einem metaphysisch-religiösen Aspekt, ist die Kindheit für Jean Paul gekennzeichnet durch ihre *Heiligkeit*, die aus ihrer Nähe zum göttlichen Ursprung entspringt. Wie für die Romantiker steht auch für Jean Paul der - paradiesische - Anfang des Lebens über den nachfolgenden „gefallenen" Zeit- und Lebensaltern. Diese Heiligkeit der Kindheit leitet Jean Paul allein schon aus der Herderschen Sicht des Primitivismus her: „Herder beweist, daß alle Völker von der Religion Sprache, Schrift und jede früheste Bildung überkommen haben; aber beweist er damit nicht noch etwas? Nämlich nicht dieses, daß in Völkern, wie folglich in Menschen, das Ideal älter ist als die Wirklichkeit? - daß also dem Kinde das Höchste näher als das Niedrigste liege, zumal da jenes in ihm liegt, und daß man früher nach der Sternenzeit und Sonnenuhr rechne als nach der Stadtuhr, und daß die Gottheit dem Menschen wie sonst ins Paradies jetzt in die Wüste ihr Ebenbild früher mitgebe, bevor er es entfärbt, ohne es je entraten oder verlieren zu können? Alles Heilige ist früher als das Unheilige; Schuld setzt Unschuld voraus, nicht umgekehrt; es werden Engel, aber nicht gefallne, geschaffen. Daher kommt eigentlich der Mensch nicht zum Höchsten hinauf, sondern immer von da herab und erst dann zurück empor; und nie kann ein Kind für zu unschuldig und gut gehalten werden" (ebd., S. 57).

Das Kind ist trotz seiner Erziehungsbedürftigkeit dem Erwachsenen *in der spirituellen Dimension überlegen*, weil es innerlich noch ganz von der göttlichen Welt erfüllt ist. In einem Zusatz zur zweiten Auflage heißt es daher: „Schliefe nicht eine ganze religiöse Metaphysik träumend schon im Kinde: wie wären ihm denn überhaupt die inneren Anschauungen von Unendlichkeit, Gott, Ewigkeit, Heiligkeit usw. zu geben, da wir sie durch keine äußern vermitteln können

und nichts zu jenen haben als das leere Wort, das aber nur erwecken, nicht erschaffen kann?“ (ebd.). Die Heiligkeit des Kindes zeigt sich in seinem Kinderglauben und in seiner Freudigkeit. Aus seinem Glauben entspringt das Urvertrauen zu den Eltern, ohne welches es keine gelingende Erziehung gibt und später auch keine Achtung vor der Menschenwürde des anderen: „Wer recht vertraut, zeigt, daß er die sittliche Gottheit von Angesicht zu Angesicht gesehen“ (ebd., S. 103). Damit das Kind seinen Glauben, diesen „so kostbaren Schatz der Menschheit“, bewahren kann, soll schon früh seine Bildung zur Religion beginnen: „Wann könnte denn schöner das Heiligste einwurzeln als in der heiligsten Zeit der Unschuld, oder wann das, was ewig wirken soll, als in der nämlichen, die nie vergißt?“ (ebd. S. 58) Die Symbole des Unaussprechlichen in der Natur, die Geschichten der Bibel und die religiöse Innigkeit gemeinsamer Andachten sind die „Baustätten einer wandernden Kinderkirche“, in der das Kind seinen ursprünglichen Glauben heilig bewahren kann. Wir haben schon an anderer Stelle darauf hingewiesen, daß Jean Pauls Vorstellung von religiöser Erziehung bezüglich des Zeitpunktes, des Zieles und der Wege grundsätzlich von derjenigen seines Vorbildes Rousseau sich unterscheidet.
Daß das Kind noch „heiliger als die Gegenwart“ ist, zeigt sich schließlich auch in seiner *Heiterkeit und Freudigkeit*: „Heiterkeit oder Freudigkeit ist der Himmel, unter dem alles gedeiht... So ist die Heiterkeit ein wiederkehrendes lichtes Gestirn, ein Zustand, der sich, ungleich dem Genusse, durch die Dauer nicht abnützt, sondern wiedergebiert“ (ebd., S. 71 f.). In der Heiterkeit des Kindes kommt zugleich sein gläubiges Seinsvertrauen und seine tiefgründige und allseitige Weltbejahung zum Ausdruck: „Freudigkeit - dieses Gefühl des ganzen freigemachten Wesens und Lebens, dieser Selbstgenuß der innern Welt, nicht eines äußern Weltteilchens - öffnet das Kind dem eindringenden All, sie empfängt die Natur nicht lieb-, nicht wehrlos, sondern gerüstet, und liebend und läßt alle jungen Kräfte wie Morgenstrahlen aufgehen und der Welt und sich entgegen spielen, und sie gibt Stärke, wie die Trübseligkeit sie nimmt“ (ebd., S. 73 f.). Im Gegensatz zum Genuß als passivem Aufnehmen von Eindrücken führt die Heiterkeit als „Selbstgenuß der innern Welt“ dazu, daß im Kind „von selber alle Kräfte empor“-fahren. So scheint in der Heiterkeit des Kindes gleichsam noch das Licht und die Schöpferkraft seines göttlichen Ursprungs auf. Während das Kind in seinem Kinderglauben und in seiner Heiterkeit schon vollkommene Formen der Menschlichkeit - und des Gotteserlebens - bekundet, gilt dies noch nicht für die praktische Seite seiner Religion, für die Liebe: „Das Kind fängt mit Selbstsucht an, die uns so wenig beleidigt als die tierische, weil das noch vom Bedürfnis überhüllte verfinsterte Ich bis zu keinem zweiten sich durchfühlen kann, sondern die Ich-Welten als eine eigene sich ankörpert“ (ebd., S. 227). Es ist eine Aufgabe der „abwehrenden“ Erziehung, die im egozentri-

schen Animismus und im Mitleid des Kindes „schon als Trieb lebendige" Liebe zur wirksamen Ich-Du-Erfahrung und zur Achtung vor allem Leben überhaupt zu erheben und zu befreien.

Die Auffassung des Kindes als eines heiligen, noch ursprünglich gläubigen und weltfreudigen menschlichen Wesens erinnert an das Bild des absoluten Kindes in der gnostisch-neuplatonischen Tradition. Die hier dem Kind zugedachte Rolle eines Vorbildes an ursprungsnaher Geistigkeit überschreitet Jean Paul auf einer gleichsam höchsten, religiösen Bedeutungsebene noch durch die Symbolik des messianischen Gotteskindes, des Kindes als *Erlöser* selber. Am Schluß der „Levana" heißt es in diesem Sinne: „Ein erstes Kind auf der Erde würde uns als ein wunderbarer ausländischer Engel erscheinen, der, ungewohnt unserer fremden Sprache, Miene und Luft, uns sprachlos und scharf, aber himmlischrein anblickte wie ein Raphaelisches Jesuskind; und daher können wir jedes neue Kind auf ewig an Kindes Statt erwählen, nicht aber jeden fremden Freund an Freundes Statt. So werden täglich aus der stummen unbekannten Welt diese reinen Wesen auf die wilde Erde geschickt, und... suchen nach dem Verlust des einzigen Vaters den adoptierenden hier unten" (ebd., S. 291). Jedes Kind erscheint also als Gotteskind unter den Menschen, um in ihnen - wie das Jesus-Kind - die Kräfte des Glaubens, der Hoffnung und der Liebe zu entzünden. Das Kind erweckt die schönste Form der Liebe. Die elterliche Liebe ist gegenüber anderen Formen der Liebe für Jean Paul durch ihre Selbstlosigkeit ausgezeichnet. Auf das Glück des Kindes gerichtet, verlangt sie im Unterschied etwa zur ehelichen Liebe nicht, selber erwidert zu werden. Unbewußt richtet sie sich auf den im Kinde keimenden schöneren, höheren, göttlichen Teil des menschlichen Wesens (vgl. Ewers 1989, S. 129).

Die Erinnerung an die eigene Kindheit, an die „Überfülle der Vergangenheit" kann für „das magere Jetzo des erwachsenen Lebens" (Jean Paul 1976, S. 960) wieder den Glauben an die ursprüngliche Gottnatur des Menschen stärken. In der „Selberlebensbeschreibung" aus den Jahren 1818/19 bemerkt Jean Paul hierzu: „Tief hinunterreichende Erinnerungen aus den Kindjahren erfreuen, ja erheben den bodenlosen Menschen, der sich in diesem Wellendasein überall festklammern will, unbeschreiblich und weit mehr als das Gedächtnis seiner spätern Schwungzeiten; vielleicht aus den zwei Gründen, daß er durch dieses Rückentsinnen sich näher an die von Nächten und Geistern bewachten Pforten seines Lebens zurückzudrängen meint und daß er zweitens in der geistigen Kraft eines frühen Bewußtseins gleichsam eine Unabhängigkeit vom verächtlichen kleinen Menschkörperchen zu finden glaubt" (Jean Paul 1963c, 6 ,S. 1048). In der Erinnerung an die eigene frühe Kindheit erhellt sich wieder der göttliche Ursprung des Ich, und der erwachsene Mensch gewinnt wieder ein Mehr an Freiheit gegenüber den materiellen Verstrickungen seines Daseins.

Kindheitserinnerungen dienen also der *Verjüngung* des eigenen „Ideal-Menschen" und damit in letzter Hinsicht der religiösen Selbstvergewisserung. Der Erwachsene lernt hier sozusagen von dem Kinde, das er einmal selber war. Das Kind wird zum Vorbild im Glauben. Daher spricht Jean Paul auch - in Anspielung auf Matthäus 18, Verse 3-5 - von den Kindern als „den schuldlosen Wesen, welche, und nicht sich, der erhabenste Mensch der Erde uns zu Mustern und nicht zu Schülern, sondern zu Lehrern vorgestellt (hat)" (Jean Paul 1976, S. 961). Das Kind entzündet nicht nur die Liebe, es verjüngt nicht nur den Glauben, es entfacht auch die Hoffnung auf eine bessere Zukunft: „Da jede Kinderwelt die Weltgeschichte von neuem anfängt - ...steht (in ihr - d.V.) die ganze Nachwelt vor uns, in die wir, wie Moses in das gelobte Land, nur schauen, nicht kommen" (Jean Paul 1963a, S. 18). Mit jedem Kind erfolgt gewissermaßen ein hoffnungsvoller weltgeschichtlicher Neuanfang. „Es fällt auf, wie oft Jean Paul sich, neben der Metaphorik des Frühlings, der mythologischen Bildsprache der besseren Weltzeit bedient, wenn er von Kindheit spricht. Kindheit ist ihm das 'goldne Jahrhundert des Menschen', das 'Paradies', das 'gelobte Land', das 'Kindheits-Kanaan'. Die utopische Metaphorik verweist sowohl auf verlorene bessere Vergangenheit als auch auf erträumte bessere Zukunft" (Richter 1987, S. 326). Der entfremdete Erwachsene der bürgerlich-aufgeklärten Kultur erfährt im Umgang mit dem Kind den Vorschein einer erfüllten Humanität.

Wir halten fest: Trotz der Bedeutungsvielfalt ihrer poetischen Diktion weist die „Erziehlehre" Jean Pauls durchaus systematische Grundzüge auf. Vor dem Hintergrund seiner spätaufklärerischen Humanitätsreligion versteht Jean Paul die Erziehung als Entfaltung des „Natur-Menschen", als Befreiung des „Ideal-Menschen" und als Bildung zu universeller Liebe. Den Kern der „Levana" bildet eine Anthropologie des Kindes, die wir deshalb „romantisch" nennen, weil das Kind hier - formelhaft gesprochen - organizistisch als sich entfaltende Natur, ästhetizistisch als poetisch-schöpferisches Wesen, mystisch als noch ursprungsnahes geistiges Wesen und religiös als Erlöser des Erwachsenen stilisiert wird. Die Eigenart des Kindes wird hier einerseits romantisierend ins Mythische überhöht, andererseits aber durch vielfältige Beobachtungen aus dem bürgerlichen Erziehungsalltag realistisch belegt und durch einfühlsame Deutungen verständlich gemacht. Als die pädagogisch originären Gedanken Jean Pauls verdienen in diesem Zusammenhang seine Auffassungen über die Bedeutung der Anfänge des Lernens, über den Bildungswert des Kinderspiels und über die Heiterkeit als Grundstimmung des Kindes (und des rechten Erziehers) festgehalten zu werden. Der mit dem romantischen Kindbild seit Herder verbundene Gedanke der Verjüngung wird von Jean Paul dadurch weiter vertieft, daß er die Erinnerungen an die eigene Kindheit - das Gespräch mit dem

Kinde in mir selber - als Kraftquelle für die „Lebenseinigung“ des Erwachsenen erschließt.
Jean Pauls Erziehungslehre ist insgesamt getragen von einer empfindsamen und religiös gestimmten Liebe zum Kind, von der Anerkennung des Eigenwertes seines Lebensalters und von der Achtung vor seiner personalen Würde und Verletzlichkeit. Mit dem großen publikatorischen Erfolg der „Levana“ hält nicht nur der kunstvolle und geistreiche Stil, sondern auch der Geist einer kindorientierten Erziehung Einzug in die Herzen einer immer größer werdenden Leserschaft.[20] Damit erreicht zugleich das romantische Kinderbild eine ungleich größere Popularität im gebildeten Bürgertum als durch die „Fragmente“ Arndts. Was Arndt und Jean Paul - die beiden Pädagogen unter den Poeten - im Erziehungsdenken vorbereitet haben, findet im Kindergarten Fröbels schließlich seine erste konsequente *erziehungspraktische* Gestalt.
Inzwischen hat Friedrich Schleiermacher in seine *erziehungstheoretischen* und theologischen Bestimmungen der Kindheit ebenfalls Grundzüge des romantischen Kindheitsbildes aufgenommen. Man findet sie in seinen Vorlesungen über Pädagogik, in seinen Predigten über den christlichen Hausstand und in kleineren Schriften, z. B. in der Grabrede auf seinen Sohn Nathanael. Wir schenken der Kindheitsauffassung Schleiermachers und seiner Sicht der Religiösität des Kindes hier keine weitere Aufmerksamkeit, weil sie von theologischer Seite schon sorgfältig untersucht worden (vgl. Schweitzer 1992, S. 153-186) und für unseren wirkungsgeschichtlichen Zusammenhang nicht von zentraler Bedeutung sind.

5.3 Die allseitige Lebenseinheit des Kindes als Ziel der Erziehung bei Friedrich Fröbel

Friedrich Fröbel (1782-1852) „stellt die romantische Pädagogik auf der Stufe ihrer vollen Entfaltung dar. Er war selber schon ganz in dieser Welt aufgewachsen, hatte frühzeitig die Dichter der Romantik und die ihnen nahestehenden Denker des Deutschen Idealismus kennengelernt und verfügt so schon von Anfang an über die Ergebnisse des romantischen Denkens“ (Bollnow 1977, S. 91). Der gelernte Forstgeometer, zeitweilige Student der Naturwissenschaft, Forstamtsaktuar und Privatsekretär eines Gutsherrn liest die Erziehungslehren Ernst Moritz Arndts und Jean Pauls in den Jahren 1806 bis 1808, nachdem er Pestalozzi in Iferten besucht und eine Tätigkeit als Hauslehrer in Frankfurt am Main aufgenommen hat (vgl. Heiland 1982, S. 22 u.27). Nach eigenem Bekenntnis werden ihm Arndts „Fragmente über Menschenbildung“ damals zur „Bibel der Erziehung“. Hierin begegnet der Autodidakt Fröbel einem pädagogischen Grundgedanken, den er in seinem gesamten späteren Werk, vor allem in

der „Menschenerziehung“ von 1826, umfassend entfaltet: „... die Entwicklung und Bildung parallel zu den Naturreichen verlaufen zu lassen, in denen sich die schöpferische göttliche Kraft stufenweise offenbart hat“ (Spranger 1960, S. 49). Bei Arndt findet Fröbel nicht nur den Gedanken der Rückkehr zu den ursprünglichen göttlichen Lebensgesetzen als Grundlage der Erziehung; hier erfolgt auch die Höherbewertung der vor- und unbewußten Urgründe des Lebens, der Ahnung und der Einbildungskraft über die Kräfte des Intellekts. Damit wird für Fröbel die Grundlage gelegt für seine basale Einsicht in die kardinale Bedeutung der (frühen) Kindheit für den gesamten Bildungsprozeß der Person. Auch bei Arndt geht der romantische Weg nach innen, der Weg zurück zu den Ursprüngen einher mit der Hoffnung auf eine Erneuerung des kulturellen Lebens insgesamt. Das Erziehungsdenken wird vom Enthusiasmus getragen, an einer Zeitenwende, am Beginn einer neuen Zeit zu stehen, für die gerade die Erziehung die Grundlagen zu legen hat. Bei Fröbel wird diese Sehnsucht nach einem neuen Menschheitsfrühling („Lilienzeit“) noch durch den Einfluß von Fichtes „Reden an die deutsche Nation“ der Jahre 1807 und 1808 verstärkt. Das zugleich menschheitliche wie nationale Sendungsbewußtsein führt ihn schließlich zur Gründung „Allgemeiner deutscher Erziehungsanstalten“ seit 1816, darunter auch zur Stiftung des „Allgemeinen Deutschen Kindergartens“ im Jahre 1840. Dieser reformerische Gestaltungsdrang kennzeichnet die besondere Stellung Fröbels innerhalb der romantischen Bewegung: er ist Romantiker der Tat, Erziehungsdenker und charismatischer Gründer zugleich.
Dieser Doppelseitigkeit entsprechend legt die erziehungswisenschaftliche Fröbel-Rezeption den Schwerpunkt entweder mehr auf seine romantische Erziehungskonzeption oder auf sein Wirken für die Reform der Erziehung. Die Fröbel-Renaissance im ersten Drittel des 20. Jahrhunderts erfolgt in engem Zusammenhang mit der Pädagogischen Bewegung; sie zeigt sich vor allem in einer Monumentalisierung der reformerischen Züge in Fröbels Leben und Werk, insbesondere seiner Praxis der Elementarerziehung vom Kinde aus. Die Reformpädagogik „legitimierte sich in Fröbels Werk und sah in Fröbel neben Pestalozzi einen Hauptvertreter ihrer pädagogischen Zielsetzungen“ (Heiland 1983, S.28). Die bis in unsere Gegenwart maßgebend gewordene geisteswissenschaftliche Fröbelforschung richtet sich primär auf den pädagogischen Genius Fröbel, der in seinen Schriften die *umfassendste Konzeption der romantischen Pädagogik* entfaltet hat. Eduard Spranger und die vom ihm inspirierten Forscher konzentrieren sich schon in den zwanziger Jahren ideengeschichtlich und erziehungsphilosophisch auf das „neuplatonisch-religiöse Weltbild“ und auf den „wahren Erziehungsgeist“ des „christlichen Romantikers“ Fröbel (vgl. u.a. Spranger 1927). Für Hermann Nohl und seine Schülerschaft steht Fröbel „ganz im Zuge des dynamischen schöpferischen Willens der Deutschen Bewe-

gung, insbesondere ihres aktiven Flügels in Fichte, mit dem er auch trotz seines Panentheismus das letzte Ziel immer in der Freiheit und Selbstbestimmung sieht“ (Nohl 1958, S.44). Für Nohl macht Fröbel pädagogisch Ernst mit den rationalitätskritischen Errungenschaften der „Deutschen Bewegung“: mit der Einsicht in den Totalitätscharakter des Lebens, mit der Priorität des unbewußten Lebens vor dem Begriff, mit dem Primat der organischen Gemeinschaft (z.B. der Familie) über die zweckrationalen Organisationen der Gesellschaft, mit der Anerkennung des Eigenrechts jeder Epoche bzw. jeder Phase im Ganzen der (lebens-) geschichtlichen Entwicklung. In seinem Standardwerk über „Die Pädagogik der deutschen Romantik“ hat Otto Friedrich Bollnow die hermeneutisch-lebensphilosophische Deutung seines Lehrers erweitert und vollendet. Bollnow erschließt - wie auch sein früherer Mitarbeiter Klaus Giel - den Erziehungsbegriff, das Menschenbild, die Spiel- und Unterrichtstheorie Fröbels ganz aus dessen eigenwilliger symbolisch-idealistischer Weltauffassung heraus. Auch wenn diese eine gewisse Verwandschaft mit dem Denken des Deutschen Idealismus aufweist - „ganz kann man ihn von hier aus nicht begreifen, und grade im Zentrum seines erzieherischen Denkens nicht. Im wesentlichen war er doch eine ganz selbständige Natur, die aus dem Geist ihrer Zeit heraus eine eigentümliche Pädagogik geschaffen hat: die eigentlich romantische Pädagogik“ (Bollnow 1977, S.91). Für diese vor allem ideengeschichtlich-rekonstruktiven Fröbel-Deutungen stehen seine pädagogischen Hauptschriften im Zentrum: „Die Menschenerziehung“ von 1826, die Schriften zu den Spielgaben der Jahre 1838 und 1851 sowie die „Mutter- und Koselieder“ von 1844. Die schulreformerischen Aktivitäten in der Nachfolge Pestalozzis und die nationalpädagogischen Impulse im Ausgang von Fichte rücken hier eher an den Rand.

Diese beiden Aspekte bilden indes die Brennpunkte der materialistischen Fröbel-Forschung, wie sie bislang vor allem von der marxistisch-leninistisch ausgerichteten Erziehungswissenschaft in der ehemaligen Deutschen Demokratischen Republik betrieben worden ist. Fröbel wird hier als *fortschrittlicher bürgerlicher Pädagoge* begriffen, der durch eigene Erziehungsreformen soziale Emanzipationsprozesse auslösen wollte, die politisch noch nicht durchsetzbar waren. Seine Auffassungen von Erziehung und Unterricht, insbesondere seine Entdeckung der allseitigen produktiven Tätigkeit des Kindes im Spiel, müssen im Hinblick auf seine Zeit als wegweisend betrachtet werden, als wichtige Impulsgeber für die Humanisierung der Bildungseinrichtungen. Mit der Gründung „allgemeiner“, „deutscher“ Erziehungsanstalten und Kindergarten-Initiativen stärkte Fröbel die bürgerlich-demokratischen und patriotisch-liberalen Bestrebungen seiner Zeit, die u.a. auf eine die starren Standes- und Klassenschranken durchbrechende einheitliche, allgemeine Bildung für alle gerichtet sind (vgl. Heiland 1983, S.46ff.). Für die materialistische Forschung steht Fröbels Erzie-

hungspraxis in Keilhau und die bildungspolitische Wirkungsgeschichte der Idee des Kindergartens im Vordergrund; Fröbels Erziehungsphilosophie liefert gleichsam nur die Stichworte dazu. In dieser gewollt einseitigen volkspädagogischen Perspektive rückt Fröbel wieder ganz in die Nähe Pestalozzis, dessen Wirken in Yverdon ja tatsächlich sein ursprüngliches Vorbild gewesen ist. Aber nicht nur in seinem sozialerzieherischen Wirken, sondern in seiner methodischen Orientierung an der letztlich aufklärungspädagogischen Konzeption einer elementaren kategorialen Bildung (u.a. im Spiel) steht Fröbel in der Nachfolge des großen Schweizers. In den Spielgaben und auch noch in den „Mutter- und Koseliedern" hat Fröbel den pestalozzianischen Gedanken des Normelements über das „ABC der Anschauung" hinaus für die Spielerziehung weiterentwickelt: „Das entscheidende Anliegen Pestalozzis, die kindliche 'Natur' durch Erziehungskunst, die kindlichen Erkenntniskräfte (Strukturierungsvermögen) durch Konfrontation mit strukturierter Realität (Norm-Elemente) zu fördern, (ist) bei allen Spielmitteln Fröbels ... festzustellen" (Heiland 1989, S.489). Nachfolger sowohl des Aufklärungspädagogen Pestalozzi als auch des Tatphilosophen Fichte, christlicher Romantiker und fortschrittlicher bürgerlicher Pädagoge sowie Vorläufer der reformpädagogischen Erziehung vom Kinde aus - unser kurzer Rückblick auf die prominentesten Fröbel-Deutungen zeigt die Vielfältigkeit und Eigenständigkeit von Friedrich Fröbels Pädagogik und die Herausforderung, die sie auch heute noch darstellt.
Wir wollen uns im folgenden nur einem Aspekt seines Werkes, seiner Anthropologie des Kindes, zuwenden, um ihre Bedeutung im Prozeß der Verbreitung des romantischen Kindheitsideals näher zu bestimmen. Für unser ideengeschichtlich-rekonstruktives Vorgehen werden wir vor allem auf die Beiträge der geisteswissenschaftlichen Fröbel-Interpreten zurückgreifen. Diese haben gegenüber anderen Forschungsansätzen mit Recht geltend gemacht, daß Fröbels Werk ein Ganzes ist, aus dem man nicht willkürlich einzelne Teile heraustrennen kann. Fröbels gesamte Pädagogik beruht auf der Voraussetzung „von der widerspruchslosen Einheit des Lebens, von der durchgehenden Sinnerfülltheit allen Seins und von der Geborgenheit jedes Einzelnen in diesem göttlichen Ganzen. Es ist ein durchgehend harmonisches Weltbild, in dem die Widersprüche von Anfang an aufgehoben und versöhnt sind und das Böse nur als die vermeidbare Fehlentwicklung eines ursprünglich Guten erscheint" (Bollnow 1952a, S.9f.). Mit dieser *Weltanschauung* wurzelt Fröbel tief im Denken der Romantik; er bedient sich aber zu ihrer Begründung nicht der Denkmittel der idealistischen Philosophie seiner Zeit, sondern schließt an tieferliegende, ältere Vorstellungen an (vgl. Giel 1979, S.249f.). Der „Menschenerziehung" aus dem Jahre 1826, seinem systematischen pädagogischen Hauptwerk, hat Fröbel als „Begründung des Ganzen" seinen philosophischen Grundgedanken

vorangestellt. Er wird in folgenden Sätzen gegenwärtig: „In allem ruht, wirkt, herrscht Göttliches, Gott. ... Die Bestimmung und der Beruf aller Dinge ist: ihr Wesen, so ihr Göttliches und so das Göttliche an sich entwickelnd darzustellen, Gott am Äußerlichen und durch Vergängliches kundzutun, zu offenbaren. ... Das Anregen, die Behandlung des Menschen als eines sich bewußt werdenden, denkenden, vernehmenden Wesens zur reinen unverletzten Darstellung des inneren Gesetzes, des Göttlichen mit Bewußtsein und Selbstbestimmung, und die Vorführung von Weg und Mittel dazu ist Erziehung des Menschen“ (Fröbel 1973, S.73f.). Das Fundament dieser metaphysischen All-Einheitslehre ist das Schema von „complicatio“ und „explicatio“; das Heraustreten der Welt aus der vorgängigen göttlichen Einheit in die Gegensätze von Außen und Innen bzw. Natur und Geist und ihre bestimmungsmäßig notwendige Wiedervereinigung. Seit seinen „Theses“ im Jahre 1811 bezeichnet Fröbel dieses kosmisch-universale Geschehen als „Gesetz der Vermittlung“ oder als das „sphärische Gesetz“; späterhin spricht er auch von der „Lebenseinigung“ (vgl. Heiland 1982, S.41ff.).

Das Gesetz der Sphäre bezeichnet also die „Ent-wicklung“ der göttlichen Ur-Einheit im Durchlaufen aller Bildungsstufen der Natur und des Geistes bis zur erneuten „Einigung“ von Natur und Menschheit in Gott auf der Stufe höchster Bewußtheit. „Fröbels Philosophie folgt also dem uralten neuplatonischen Typus einer panentheistischen Weltansicht. Sie gehört, noch näher bestimmt, dem Typus mystischer Grundhaltung an. Während aber der mittelalterliche Mystiker die unio mystica, das Einswerden mit Gott, in einem Jenseitigen und eigentlich Unaussagbaren erlangt, sucht Fröbel diese ‘Lebenseinigung’ auf dem Wege durch die Natur hindurch. Das Einswerden mit ihren Gestalten und Gesetzen ist der Weg, an dessen Ende der völlige Einklang des Gemütes mit dem alles durchwaltenden Gott steht. Die äußeren Formen der Natur sind ... eine Geheimschrift, eine Chiffre, heilige Zeichen (Hieroglyphen). Der Schlüssel zu ihrer Auslegung ist im Innern des Menschen enthalten. Aber diese Ahnung des Sinnes muß im Innern erst geweckt werden. Und dies geschieht durch Begegnung mit den äußeren Gestalten und durch den Umgang mit ihnen: durch Lebenseinigung, durch Einsfühlung mit ihnen“ (Spranger 1960, S.44). Die schöpferische Kraft Gottes, aus dem alles kommt und zu dem alles zurückstrebt, hat sich in drei Sprachen offenbart: in den äußeren Erscheinungen der Natur, in der inneren Welt des menschlichen Geistes und in der Heilsgeschichte der biblischen Schriften. Daher steht alles in universaler Entsprechung und Seins-Harmonie; die Naturerscheinungen sind ebenso sinnbildlicher Ausdruck des göttlichen Geistes wie das Wesen des Menschen den Stufenbau der Schöpfung mikrokosmisch in sich nachbildet. Die Entwicklung von Natur und Menschheit folgt demselben Gesetz, nur in verschiedener Steigerungsstufe bzw. Annäherung an

das Göttliche. Jedes Wesen entwickelt sich, seiner Seinsstufe gemäß, nach seinem eigenen Gesetz zu seiner ewigen, vollendeten Form (Entelechie).
Aus Fröbels neuplatonischer Kosmogonie, aus dem Bildungsgeschehen des Göttlichen, ergibt sich auch die dialektisch bewegte *Grundstruktur der Bildung* des Menschen: „Innerliches äußerlich, Äußerliches innerlich zu machen, für beides die Einheit zu finden; dies ist die allgemeine äußere Form, in welcher sich die Bestimmung des Menschen ausspricht" (Fröbel, zit. n. Ballauff/Schaller 1973, S. 107). Der Prozeß der Selbstbildung des Menschen folgt zum einem der dreiphasigen Dynamik der „Ent-wicklung" des Göttlichen aus der Einheit in die Vielheit und der „Lebenseinigung" als alles umfassender Rückkehr in den Ursprung; die Entwicklung des Menschen wiederholt zum anderen zugleich die Bildungsstufen der Natur (-reiche), in welchen sich die göttliche Schöpferkraft ebenso offenbart hat. Die Aufgabe des Menschen ist es, seine innere gottähnliche Unendlichkeit in der endlichen äußeren Erscheinung darzustellen und damit zugleich das in ihm wirkende Göttliche zu je individueller Vollkommenheit zu entfalten. Denn jeder Mensch symbolisiert und spiegelt auf je einzigartige, monadische Weise das Ganze: „... in jedem Menschen, als Glied der Menschheit und Kind Gottes, liegt und ist die ganze Menschheit, aber in jedem auf eine ganz eigene, eigentümliche, persönliche, in sich einzige Weise dargestellt und ausgeprägt und soll in jedem einzelnen Menschen auf diese ganz eigentümliche, einzige Weise dargestellt werden, damit das Wesen der Menschheit und Gottes in seiner Unendlichkeit, Ewigkeit, und als alle Mannigfaltigkeit in sich fassend, geahnt, immer mehr erkannt und immer lebendiger und bestimmter geahnt werde" (Fröbel 1973, S. 48). Die Menschheit kann die Fülle ihrer Möglichkeiten nur in der unendlichen Vielfalt je einzigartiger Bildungsprozesse zum Ausdruck bringen: die Ideen der Humanität und der Individualität sind untrennbar miteinander verknüpft. Für den mystischen Christen Fröbel stellt das Leben Jesu „das höchste vollendetste Menschenleben" der Menschheit dar; denn Jesus hat seinen göttlichen Ursprung erkannt und nach dem ewigen Gesetz Gottes gelebt. Wer das Urbild Jesu in seiner Seele besitzt, kann ein mit Gott einiges Leben führen (vgl. Spranger 1960, S. 65).
Die Aufgabe der *Erziehung* ist es, den Menschen seiner eigenen Bestimmung zuzuführen, ihn „zur freien Darstellung des in ihm wirkenden Göttlichen" zu erheben. Erziehung soll daher zuerst „nachgehend" verfahren, gleichsam dem Gang der Natur folgend. Auch Fröbel macht wie Rousseau die Voraussetzung, daß jeder Mensch ursprünglich gut ist: „denn das Wirken des Göttlichen ist in seiner Ungestörtheit notwendig gut, muß gut, kann gar nicht anders als gut sein. Diese Notwendigkeit muß voraussetzen, daß der noch junge, gleichsam erst werdende Mensch, wenn auch noch unbewußt, gleich einem Naturprodukt, doch bestimmt und sicher das Beste an sich und für sich will, und zwar noch

überdies in einer ihm ganz angemessenen Form, welche darzustellen er auch alle Anlagen, Kräfte und Mittel in sich fühlt" (Fröbel 1973, S. 40). Auch wenn wir diesem ursprünglichen, noch unverletzten Zustand in unserer Wirklichkeit nur selten begegnen, müssen wir seine Geltung weiterhin voraussetzen, andernfalls würde das Ursprüngliche, Gute gerade in den Menschen verletzt, in denen es sich noch findet. Das Böse hat seinen Grund im gestörten Verhältnis von Natur und Geist im Menschen; dieses resultiert aus willkürlichen Eingriffen in den gesetzmäßigen Entwicklungsgang des Menschenwesens und aus „Verdrehungen" der ursprünglich guten Bestrebungen.

Angesichts der vielen „fehlerhaften Kinder- und Knabenerscheinungen im Leben" muß jeder Erziehende sich darum bemühen, „die ursprünglich gute Quelle, Seite des menschlichen Wesens aufzusuchen und aufzufinden, in deren Zerdrückung, Störung und Mißleitung die Fehlerhaftigkeit ihren Grund hat, diese dann zu nähren, zu pflegen, aufzurichten, recht zu leiten" (ebd. S. 111). Vorschreibende und eingreifende Erziehung wirkt grundsätzlich hemmend und zerstörend auf die im tiefen Grunde göttlich bewirkten Prozesse der Entwicklung. „Gott pfropft und okuliert nicht, und so soll auch der menschliche Geist als göttlicher Geist nicht gepfropft werden; aber Gott entwickelt das Kleinste und Unvollkommenste in stetig steigender Reihe nach ewig in sich selbst begründetem, ewigem, sich aus sich selbst entwickelndem Gesetz, und Göttlichkeit soll ja des Menschen höchstes Ziel sein..." (ebd., S. 324). Das Erziehen ist für Fröbel also keinesfalls ein handwerkliches oder technisches Herstellen; es besteht aber auch nicht aus dem bloßen Wachsenlassen. „Weil das Kind sich nur unter dem erziehenden Zutun der Eltern zur Selbstbestimmung entwickelt, kann Fröbel auch von entwickelnder Erziehung reden. ... die Erziehung (wird) als die Tätigkeit angesetzt, die entwickelt: die Erziehung des Kindes ist die Entwicklung des Kindes durch das Zutun der Eltern" (Giel 1959, S. 198 f.). Erziehen meint die entwickelnde Tätigkeit, die vorschreibend nachgeht. Das Wort „entwickeln" ist nicht nur in intransitiver Verwendung als „sich entwickeln" im Sinne von „wachsen" zu verstehen; es meint ebenso als Transitivum „entwikkeln" die Tätigkeit des gestaltenden Emporbildens, die der Erzieher von seiner Deutung der Entwicklung des Kindes, von seinem pädagogischen Verstehen aus vollbringt.

Unter *Entwicklung* versteht Fröbel zunächst den stufenförmigen Prozeß der Steigerung im Sinne des Entelechiegedankens; dieser zeigt sich für ihn sehr prägnant im Bereich des organischen Wachstums. „Entwicklung" meint für Fröbel aber auch im Sinne des sphärischen Gesetzes das Heraustreten, den Fall aus der ursprünglichen Einheit in Trennung und Vielfalt und die Rückkehr zur allumfassenden Lebenseinigung. Mit dieser zweiten Entwicklungsauffassung verbindet sich, das sei schon hier angemerkt, schließlich das romantische Kindheitsideal. Auf die erste Bedeutung zielen folgende Aussagen: „Die Entwicklung und Ausbildung des Menschen zur Erreichung seiner Bestimmung, zur Erfüllung seines Berufes ist aber ... ein stetig, ununterbrochen fortgehendes, immer von einer Steigerungsstufe zur anderen sich emporhebendes, unzerstücktes Ganzes: aus dem in dem Säugling geweckten Gemeingefühl entwickelt sich in dem Kind der Trieb, die Neigung; sie führen zur Gemüts- und Herzensbildung, und aus ihr geht in dem Knaben Geistes- und Willenstätigkeit hervor" (Fröbel 1973, S. 94 f.). Der einzelne Mensch entwickelt sich „nach dem Gesetz ..., nach welchem sich alle Dinge entwickeln"; sein Leben entfaltet sich in Übereinstimmung mit den allgemeinen Entwicklungsgesetzen der Natur; er rekapituliert mikrokosmisch den in der hierarchischen Ordnung der Seinssphären wirkenden göttlichen Bildungsprozeß der Welt: „So wiederholt sich in dem Gemüt und Geist, in der geistigen Entwicklungsgeschichte, in der Geschichte des Bewußtwerdens des Menschen, in jedem Kind, in der Erfahrung jedes Kindes, von seinem Erscheinen auf der Erde an die Entwicklungs- und Schöpfungsgeschichte aller Dinge ..."(ebd., S. 61). Der heranwachsende Mensch rekapituliert nicht nur in seiner leiblich-seelisch-geistigen Entwicklung die ewige Stufenordnung der Natur, er soll ebenso in seinem Bildungsprozeß „die ganze gesamte frühere Entwicklung und Ausbildung des Menschengeschlechts in sich durchlaufen ..."(ebd., S. 47 f.). Fröbel verwendet also die auf Herder (und Vico) zurückgehende Rekapitulationslehre sowohl in einem naturgeschichtlichen als auch in einem kulturgeschichtlichen Verständnis.

Aus der Grundvorstellung der stufenförmigen organischen Entwicklung ergibt sich im Zusammenhang mit dem Individualitätsgedanken auch bei Fröbel die Überzeugung vom Eigenwert jeder Stufe: „Das Kind, der Knabe, der Mensch überhaupt, soll kein anderes Streben haben, als auf jeder Stufe ganz das zu sein, was diese Stufe fordert; darum wird jede folgende Stufe wie ein neuer Schuß aus einer gesunden Knospe hervorschießen, und er wird auch auf jeder folgenden Stufe bei gleichem Streben bis zur Vollendung wieder das werden, was diese Stufe fordert; denn nur die genügende Entwicklung des Menschen in und auf jeder vorhergehenden früheren bewirkt, erzeugt eine genügende vollendete Entwicklung jeder folgenden späteren Stufe"(ebd., S. 56 f.). Der Grundsatz vom Eigenwert jeder Stufe ergibt sich daraus, daß der Individualitätsgedanke nicht nur auf das (sozial-) räumliche Nebeneinander verschiedener Personen angewendet wird, sondern auch auf das zeitliche Nacheinander der Entwicklungsstufen im Lebenslauf ein und derselben Person. „Zwischen den einzelnen Stufen besteht kein quantitativer Unterschied der Vollkommenheit, sondern ein qualitativer der individuellen Eigenart. Jede ist eine grundsätzlich gleichberechtigte Erscheinungsform des menschlichen Daseins. ... Auf dieser Auffassung gründet die ganze Würde der Kindheit, wie überhaupt jedes einzelnen Lebensalters“ (Bollnow 1977, S. 128 f.).

Auch wenn somit eine jede Entwicklungsstufe ihre je eigene Vollendungstendenz in sich trägt und keine prinzipiell von höherem Rang ist, so ist für Fröbel als Pädagogen „das Frühere und Früheste immer das Wichtigere und Wichtigste.“ Der *Stufe der (frühen) Kindheit* kommt insofern ein besonderes Gewicht zu, als hier die Grundlage für die Bildungsprozesse auf allen späteren Stufen gelegt wird. Deshalb „ist diese Stufe, weil sie die Entwicklung des ersten Verknüpfenden und Einenden mit der Umgebung und der umgebenden Außenwelt, das Erste zur Deutung und zum Verständnis derselben, zur Erfassung ihres Innern hält, so hochwichtig“ (Fröbel 1973, S. 66). Was in diesen frühen Jahren vernachlässigt und versäumt worden ist, ist in späteren Lebensjahren nicht mehr nachzuholen: „nur mit der größten Mühe und höchsten Anstrengung wird das Kind zum Mannesleben erstarken, schwer, höchst schwer nur sich auf dem Entwicklungs- und Ausbildungsweg dahin vor Verkrüppelung, lindestens vor Einseitigkeit sichern“ (ebd., S. 68). Die herausragende Bedeutung der Kindheit im Bildungsgang der Person wird im Lichte von Fröbels anderer, der sphärischen Entwicklungsauffassung noch nachdrücklicher begründet. Das Kind lebt als anfängliches Menschenwesen noch stärker aus der schöpferischen Kraft der ursprünglichen Einheit; jene läßt im weiteren Lebenslauf nach. Entwicklung meint hier nicht nur Steigerung, sondern gerade auch Verlust: „Es ist höchst falsch, wenn wir glauben, die innenwirkende, belebende, vereinende (intensive) Kraft des Menschen nähme mit den Jahren und dessen Ausbildung zu. Die innenwirkende, belebende, einende Kraft nimmt ab, während die ausdehnende, herauswirkende, gestaltende, vermannigfachende (extensive) Kraft zunimmt. Das Gefühl und Bewußtsein der letzteren, der ausdehnenden, gestaltenden Kraft in dem Menschen vernichtet leider so leicht und so häufig die Er- und Anerkenntnis der früher dagewesenen innenwirkenden, belebenden, einenden Kraft“(ebd., S. 119). Mit der stufenförmigen Steigerung der extensiven Kraft der Realtitätserkenntnis und -beherrschung geht also in der Regel einher der allmähliche Verlust der intensiven Kraft der Ahnung und Beseelung, welche den Kindersinn ausmacht. Um das Ziel des menschlichen Bildungsganges - das Eintreten in eine erneuerte, umfassende Lebenseinigung aus Einsicht und Freiheit - nicht aus dem Blick zu verlieren, gilt es, auch und gerade die intensive Kraft des Kindesglaubens verwandelt zu bewahren.

Wie seine gesamte Pädagogik ist auch Fröbels *Auffassung des Kindes* von tiefgründigen metaphysischen Voraussetzungen getragen. Sie stellt in gewisser Weise weniger eine Anthropologie des Kindes dar als vielmehr eine Metaphysik der Kindlichkeit. Denn das Kindsein ist hier nicht allein eine eigenständige, in sich vollendbare Daseinsstufe des Menschen; es ist vielmehr die Wiedererscheinung des absoluten Anfangs, des ursprünglichen göttlichen Schöpfertums in menschlicher Gestalt. Die religiöse, messianische Grundschicht seiner Kindesauffassung beschwört Fröbel z.B. in den folgenden Worten:“ ‘Kind!’ Schon das Wort ‘Kind’ erregt den Menschen erhebend und macht ihn froh, wie der Anblick eines ‘gesunden Kindes’ ihn mit Freude und Wonne erfüllt und der Gedanke eines ‘reinen Kindes’ das Gemüt mit den schönsten Hoffnungen schwellt. Es ist dies das Gefühl der Wiedererscheinung eines Menschen in reiner Kindheit; es ist dies die Hoffnung der Wiederkehr eines neuen Frühlings der Menschheit, wie die schwellende Knospe die Wiederkehr des Erdenfrühlings verkündigt; es ist dies die Ahnung einer neuen Gottesoffenbarung im Kinde und durch das Kind; da ja Gott der Schöpfer aller Wesen, die Quelle alles Lebens ist und so in allem Leben, vor allem in dem ungetrübten Leben eines Kindes, sich uns das einige Gottesleben kund tut. Es ist also die Verkündigung eines dreifachen und doch einigen Lebens in dem Kinde: die Wiedererscheinung eines einzelnen Menschenlebens, die Erscheinung der Menschheit im Menschen und die Erscheinung des Göttlichen in der Menschheit, wodurch das Kind in Wort, Gedanke, Anblick so erregend und erhebend auf den gemütvollen und unverdorbenen Menschen wirkt.“ (Fröbel 1947, S. 18 f.). Mit dem Kind erscheint das verlorene Paradies wieder, die ursprüngliche Einheit des sich selbst noch unbewußten menschlichen Geistes mit der göttlichen Schöpferkraft. Dem Kind ist in den allerersten Regungen der Unruhe, des Schreiens und Weinens „aller Eigensinn und Eigenwille gewiß fremd“. In seinem ersten Lächeln erscheint ein Geistiges, das seinen tiefgründigen Einklang mit der es umgebenden Mitwelt bekundet. Dieses Alleben des Kindes quillt gleichsam noch aus der Einheit und Fülle einer überrationalen gottverwandten Totalität. Sie zeigt sich auch in seiner freien, schöpferischen Tätigkeit: „Wie nun aber Gott der Schöpfer und Vater der Menschen, das Leben und die Quelle alles Lebens ist ..., so ist auch des Kindes gleich erste Äußerung seines Daseins nur Wirken, Leben, Tätigkeit. Diese Tätigkeit, eben als erste Äußerung des erwachenden Kinderlebens, hat aber den eigentümlichen Ausdruck der Kundmachung des Innern und Innersten am Äußeren und durch Äußeres, sie hat den Ausdruck der Bearbeitung und Durchdringung des Äußeren vom Innern und Innersten; wie denn überhaupt der Ausdruck des geistigen Lebens es ist, welcher in allem Tun des Kindes fesselt“(ebd., S. 19). Die unbewußte geistige Tätigkeit des Kindes ist darauf gerichtet, sein Inneres äußerlich zu machen und nach einer „Einigung“ von Innen und Außen zu suchen.

Dieser schöpferische Prozeß der Entdeckung und Be-Deutung der Welt geschieht im Sprechen, im Spielen und in der Ahnung. „Das *Sprechen* ist auf dieser Stufe noch ein von dem Menschen ganz Ungetrenntes; ja er kennt und erkennt sie (i.e. die Sprache – d.V.) noch gar nicht als etwas Eigenes; sie ist eins mit ihm wie sein Arm, sein Auge, seine Zunge, ohne daß er selbst noch etwas von ihr weiß"(Fröbel 1973, S. 65). Mit dem geistigen Organ des Sprechens, mit dem Wort zumal, bringt das Kind die Welt der Dinge und Lebewesen erst hervor. Dabei ist das Wort aber nicht lediglich eine Bezeichnung für schon ohnedies gegebene Dinge, „sondern in einer Art von magischer Verschmelzung, wie sie uns auch aus früheren Stufen der Menschheitsentwicklung bekannt ist, verbindet sich das Wort mit seinem Gegenstand. Es wird eins mit der Sache"(Bollnow 1977, S. 131). Durch die Wörter, mit denen das Kind sein Inneres äußerlich macht, beseelt es zugleich die Dinge um sich herum. Es „erteilt ... jedem Ding Lebens-, Empfindungs-, Sprachfähigkeit mit, und von jedem Ding glaubt das Kind, daß es höre"(Fröbel 1973, S. 67).

Dieser animistische Drang zur Allbeseelung steht in engem Zusammenhang mit der intuitiven Einheitserfahrung des Kindes, mit seiner *Ahnung*. Das Kind ahnt nicht nur in jedem Ding dieselbe geistige Kraft, die es in sich fühlt, sondern es ahnt die höhere Einheit alles Lebens, aus der es selbst entsprungen ist und der es zugehört. Das Kind „sucht ja die alle Dinge und Wesen einende Einheit, und so auch sich in und unter allen Dingen zu finden" (ebd., S. 115). Diese metaphysische Sensucht des Kindes rührt daher, daß das Kind als „das im Endlichen, im Menschen, daseiend erschienene Göttliche ... sich seines Hervorgegangenseins aus dem Göttlichen, aus Gott, dunkel ahnend früh bewußt (ist)" (ebd., S. 53) und nun Gott in allen seinen Werken zu erkennen sucht. Ahnung meint „divinatio": gottgewirktes Erschlossensein für das divinum, das Göttliche (vgl. Spranger 1960, S. 10 u. 66). Für Spranger meint Fröbel mit der Ahnung „eine Frühform des Bewußtseins, die die Aufklärung verschüttet hat. Die kindliche Seele ist noch in die Dinge und ihr geheimes Leben hineinverwoben. Beseelt-Lebendiges spricht zu Beseelt-Lebendigem. Die Sympathie des Universums hat sich noch nicht aufgelöst in starres Subjekt hier und fremdes Objekt dort. Der urtümliche Mensch, den man mit Recht homo divinans genannt hat, besaß noch diesen engeren Kontakt mit dem Alleben" (ebd., S. 58). Und Bollnow hält Fröbels Charakterisierung der kindlichen Geistigkeit als „dunkle Ahnung" für „eine Entdeckung von ungeheurer Tragweite: daß nämlich das Kind in gefühlsmäßig ahnender Form schon eine Fülle von Lebens- und Weltverständnis lebendig in sich aufnehmen kann, zu dessen bewußter verstandesmäßiger Erfassung es noch gar nicht fähig ist, daß diese Dinge dann in einer unbewußten Form in ihm für die spätere begriffliche Aufhellung bereitliegen, ja daß der Weg zu den letzten Sinngesetzen des Lebens notwendig in dieser Weise über die dunkle Ahnung zur späteren Klarheit des Bewußtseins führt. Die Form aber, in der diese geistigen Gehalte vom Kind aufgenommen werden, ist das Verstehen eines Symbols, d.h. der Veranschaulichung eines geistigen Gehalts in einer sinnlich wahrnehmbaren Gestalt"(Bollnow 1977, S. 171). Im Symbol, im Sinnbild ahnt das Kind ein Übersinnlich-Geistiges; und aus dieser Ahnung entspringt die wesentlichere, überbegrifflich-metaphysische Erkenntnis: Denn „die Rückkehr in den Ursprung ist nicht in die Macht der Vernunft gelegt. ... In der Rückkehr in die Ahnung empfängt der Mensch sich von einer Macht, die höher ist als er selbst" (Giel 1959, S. 222). Wenn man davon ausgeht, daß für die Romantiker die tiefsten Weltzusammenhänge sich nur in der Ahnung erschließen, dann muß die Seele des Kindes, die wesentlich durch die Ahnung bestimmt ist, auch als die wahrhaft romantische bezeichnet werden!

Die metaphysische Sehnsucht, der „einende Sinn" der Ahnung wird „dem Menschen für die Stufe der Kindheit durch den vollendeten Besitz des lebendigen Spiels, in welchem er sich dort befindet, erfüllt, indem er durch dasselbe als Kind in den Mittelpunkt aller Dinge gesetzt wird, alle Dinge nur in Beziehung zu sich, zu seinem Leben gesetzt werden" (Fröbel 1973, S. 96). Das *Spiel* des Kindes ist die höchste, reinste seiner Tätigkeiten, ist die freie Tätigkeit, die sich selber das Gesetz gibt. Im Spiel des Kindes gibt sich „eine Geistigkeit künstlerischer Art" (Blochmann) kund, die es schon vor aller Rationalität besitzt. Das Kinderspiel ist für Fröbel weder nur biologisch ererbte Instinktäußerung noch hat es nur die psychologischen Funktionen der Erholung, der Entladung oder Kompensation aufgestauter Spannungen noch auch nur die soziale Funktion der Vor- und Einübung späterer Rollen. „Spielen, Spiel ist die höchste Stufe der Kindesentwicklung, der Menschenentwicklung dieser Zeit; denn es ist freitätige Darstellung des Innern ... . Spiel ist das reinste geistigste Erzeugnis des Menschen auf dieser Stufe, und ist zugleich das Vorbild und Nachbild des gesamten Menschenlebens, des innern, geheimen Naturlebens im Menschen und in den Dingen; es gebiert darum Freude, Freiheit, Zufriedenheit, Ruhe in sich und außer sich, Frieden mit der Welt. Die Quellen alles Guten ruhen in ihm, gehen ... von ihm hervor... . Das Spiel dieser Zeit ist, wie schon oben angedeutet, nicht Spielerei; es hat hohen Ernst und tiefe Bedeutung; ... . Die Spiele dieses Alters sind die Herzblätter des ganzen künftigen Lebens ... . Das ganze künftige Leben des Menschen ... hat in diesem Lebenszeitraum seine Quelle ...; denn des Kindes Leben in sich und mit sich, in und mit den Seinen, in und mit der Natur und Gott ruht hier noch ganz in seiner Einheit" (ebd., S. 67f.). Im Spiel des Kindes offenbart sich schöpferisch der seiner selbst noch unbewußte, ursprüngliche Geist des Menschen. Im Spiel wiederholt dieser gleichsam naturhaft den göttlichen Schöpfungsprozeß.

Mit der Vorstellung vom Spiel als höchstem, geistigstem Erzeugnis führt Fröbel den kunsttheoretischen Gedanken Schillers vom Spiel als erfüllter Unendlichkeit und als Vorschein der Freiheit, als „Symbol der ausgeführten Bestimmung" des Menschen fort. Und mit der Überzeugung, daß sich schon im Kinderspiel die geistigen Kräfte zeigen, die später das Leben des Erwachsenen bestimmen, kann Fröbel unmittelbar an Jean Pauls „Levana“ anknüpfen. Das Kind lebt aber im Spiel nicht allein seine geistige Schöpferkraft aus, sondern es erfährt - das ist der eigentliche romantisch-mystische Grundgedanke Fröbels - zugleich darin die verborgenen geistigen Gesetze seiner natürlichen Umwelt und sozialen Mitwelt. „Das Spiel lehrt das Kind in der Außenwelt die Mittel zur Darstellung seiner Innenwelt kennen und sich aneignen, wie es im Spiel seine Anlagen entwickelt und seine Kräfte steigert. Das Spiel macht aber auch das Kind in der Außenwelt eine Innenwelt, in der Körperwelt die Welt der Kräfte, eine Geisteswelt fühlen und ahnen; so wie es dem Kinde das Leben und die Liebe der Mit-ihm-Spielenden fühlen, erkennen und anerkennen macht“ (Fröbel 1947, S. 17). Das Spiel bewirkt nicht nur die Selbst-Erkenntnis; als ein „Spiegel des Lebens“ führt es das Kind zugleich zur All-Erkenntnis. „Das Spiel zeigt verschleiert die Gesetze des Lebens wie der Natur“ (ebd., S. 16). Selbst das kleinste Spiel - sei es das Ballspiel, der Reigen oder die Verkleidung - läßt das Kind „eine große Lebenswahrheit“ ahnen. Im Mitvollzug der Spielbewegung findet das Kind gleichsam wieder in grundlegende kosmische Zusammenhänge zurück. Durch seinen Symbolcharakter erschließt das Spiel dem Kinde die geistige Welt hinter den Dingen. Es läßt das Kind schauend ahnen „ im Sinne einer anfänglichen und unumgänglichen ‘Theoria’. Es ist die große Erfahrung des Miteinbezogenseins ins Ganze, des Dabeiseins und Mittuns, die uns in ihm zuteil wird“ (Ballauff/Schaller 1973, S. 117). Im sinnlich-praktischen Umgang mit der „lebendig gewordenen Weltmathematik“ (Spranger) der Fröbelschen Spielgaben (Ball, Würfel, Walze usw.) soll sich das Kind das sphärische Gesetz der Welt gleichsam ahnend erspielen.

Den „Spielpflegern“, den Eltern und Erzieherinnen im „Kindergarten“, öffnet sich im Spiel das Innerste ihrer Kinder: „ Das Spiel lehrt Euch so kennen, wie Euer Kind die Außenwelt in sich aufnimmt, dieselbe in sich fortbildet und in die Entwicklung seines Innern eingreifen läßt; so wie es ganz vor allem Euch mit Eurem Kind einigt. Das Spiel mit Euren Kindern führt Euch selbst in Eure eigene Jugend; es führt Euch dieselbe verschönt zurück; es zeigt Euch wie das, was jetzt in Euch lebt, in Eurer Kindheit, Eurem Jugendleben begründet ist ... . Das Spiel mit Euren Kindern, Ihr Eltern, lehrt Euch so wie Euer Leben und die Entwicklung desselben als ein Ganzes, so Euch selbst kennen; es ist darum auch Euch ein Spiegel und eine Ergänzung Eures eigenen Lebens, wie es ein Sinnbild des menschlichen, des allgemeinen Lebens überhaupt ist“ (Fröbel 1947, S. 17f.). Im gemeinsamen Spiel begegnet der Erzieher nicht nur dem *Kind vor sich* und lernt dieses besser verstehen; das Spiel mit dem Kind vor sich erschließt ihm zugleich auch den Rückweg zu dem längst schon vergessenen *Kind in sich* selbst. Das Spiel „einigt“ in einer mitmenschlichen Dimension die Erwachsenen mit den Kindern und in einer lebensgeschichtlichen Dimension den Erwachsenen mit seiner Kindheit. So wird das Kinderspiel auch für den Erwachsenen ein Weg der Selbstfindung und der Beheimatung. Im Spiel mit dem Kind wird ihm deutlich, daß die Bewahrung der Kindlichkeit ein unersetzbares Moment im Bildungsprozeß der menschlichen Person ist. Das „reinste und geistigste Erzeugnis" des Kindes kann also auch die Erwachsenen zu „allseitiger Lebenseinigung" zurückführen. Das Kinderspiel wird für Fröbel zum Modell einer humaneren, vergeistigten Daseinsform überhaupt: „Würden unsere Gesellschaften, was wir doch so sehr bedürfen und ersehnen, Gesellschaften werden, wie dieß wohl im reinen ächten Spiel, im Kinderspiel besonders noch der Fall ist, und würden wir dieses Seelen - und Geistes - und Geisterleben beachten pflegen fortbilden, wie ganz anders würde es mit unserem Menschenleben, mit unserm Gesellschaftsleben, ja mit unserm Familien- und Freundschaftsleben aussehen" (Fröbel 1932, S. 387).

Der Erzieher ist zwar „Spielführer" des Kindes, aber gleichzeitig kann ihn das Kind im Spiel auch zu seinem Ursprung zurückführen. Das intergenerationelle Verhältnis, der pädagogische Bezug kehrt sich hier partiell um: Das *Kind* wird zum *Führer des Erwachsenen*, gleichsam zu seinem Heilbringer. So kann Fröbel mit Nachdruck beteuern: „Es ist nicht möglich, daß uns von irgendeiner Seite her höhere Freude, höherer Genuß komme als von der Führung unserer Kinder, von dem Leben mit unseren Kindern, davon, daß wir unseren Kindern leben" (Fröbel 1973, S. 89). Gerade die Ursprünglichkeit und Lebendigkeit des Kindes kann den Erwachsenen aus den erstarrten und entfremdeten Formen seiner kulturellen Existenz erlösen. Die Voraussetzung dafür, daß das Kind in die Rolle des Vorbildes und Erlösers gelangt, ist bei Fröbel im tiefsten Grunde das Leiden an der Entzauberung der Welt durch den Triumph des wissenschaftlichen Herrschaftswissens. „O! Der Mensch hat sich, indem er alles zerstückt und zerschnitten und aufgehört hat das ewig einige Leben in seiner Einheit und Ungestücktheit anzuschauen und aufzufassen, sehr arm, arm wie am Geiste und Gemüthe so arm im Leben gemacht und wie sich selbst arm im Leben, so todt und sprachlos die Natur" (Fröbel 1932, S. 388). So wie die metaphysische Heimatlosigkeit den neuzeitlichen Menschen hat geistig verarmen lassen, so hat die bürgerliche Lebensform ihm auch seine innere Lebendigkeit und Authentizität geraubt.

Fröbels radikale Selbstanklage schreibt auch Rousseaus kulturkritische Motive fort: „Wir sind tot; was uns umgibt, ist für uns tot; bei allem Wissen sind wir leer, sind für unsere Kinder leer; fast alles, was wir spechen, ist hohl und leer, ohne Inhalt und ohne Leben; ... . Darum eilen wir! lassen wir uns, unseren Kindern, lassen wir durch sie unserer Sprache Gehalt und den uns umgebenden Gegenständen Leben geben. Darum leben wir mit ihnen, lassen wir sie mit uns leben: so werden wir durch sie bekommen, was uns allen Not tut. ... Was wir nicht mehr besitzen, die alles belebende, alles gestaltende Kraft des Kinderlebens, lassen wir sie von ihnen wieder in unser Leben übergehen! Laßt uns von unseren Kindern lernen; laßt uns den leisen Mahnungen ihres Lebens, den stillen Forderungen ihres Gemütes Gehör geben! Laßt uns unseren Kindern leben: So wird uns unserer Kinder Leben Friede und Freude bringen, so werden wir anfangen, weise zu werden, weise zu sein!" (Fröbel 1973, S. 90f.). Hier ist nicht nur das Kind, sondern der Erwachsene der eigentlich Lernende, und das Kind wird ihm dabei zum Spiegel seiner Menschlichkeit. Im Umgang mit dem Kind kann der Erwachsene sich wieder verjüngen, die geschwundenen Kräfte der Ahnung in sich wieder beleben und „das ewig einige Leben in seiner Einheit und Unzerstücktheit" in seinem Innern wieder erfahren. Im Umgang mit dem Kind erfährt der Erwachsene die ihn umgebende Welt damit wieder als eine sinnvolle. Im pädagogischen Bezug erfolgt also nicht nur die Höherbildung des Kindes, sondern auch die Rückkehr des Erziehers in den verlorenen Ursprung, der mit jedem neugeborenen Kind naturhaft wieder in die kulturellgeschichtliche Welt einbricht (vgl. auch Giel 1959, S. 21 u. 222).

Fröbels Imperative an die erziehenden Erwachsenen - Lebt Euren Kindern! und Lernt vom Kinde! - münden schließlich in die biblische Aufforderung Jesu: Werdet wie die Kinder! „Wir verschmähen überhaupt den prüfenden Rückblick in unsere eigene Jugend, von welchem wir zu unserem und zum Heil unserer Kinder so vieles lernen könnten; denn auch diese Forderung, dieser Sinn: Kehret beachtend zurück in eure eigene Jugend und weckt, erwärmt und belebt die ewige Jugend eures Gemütes, liegt in den Worten und in der Forderung Jesu: Werdet wie die Kinder; wie es überhaupt wahr ist, daß vieles, was Jesus zu seiner Zeit und zu seinen Zeitgenossen sagte, der Geist auch jetzt zu uns und zu unserer Zeit spricht" (Fröbel 1973, S. 326). Der anthropologische Gedanke der Verwandlung und Verjüngung des Erwachsenen durch den Umgang mit dem Kind wird hiermit umschlossen von der religiösen Vorstellung der Rückkehr des Menschen in die Gotteskindschaft. Im Leben mit den Kindern können wir in unsere eigene Kindheit zurückfinden, selber gleichsam wieder zum Kinde werden und dadurch Gott als unser aller Vater und Schöpfer erkennen.

Der Ort, an dem Kindheit und Kindlichkeit am reinsten angetroffen werden können - der Brennpunkt der christlichen Wahrheit - ist für Fröbel die *Familie*. „In ihr verwirklicht sich das dialektische Gesetz der Einswerdung des Entgegengesetzt-Gleichen, nämlich durch die Vereinigung von Mann und Weib. Ein drittes Wesen entsteht. Man spürt die Anspielung auf die Trinität, die ja meistens hinter der Dialektik christlicher Denker steht. Die Familie ist der dreieinige Ganzmensch: sie umspannt Licht, Liebe, Leben. Licht als Geist des Mannes, Liebe als Gemüt des Weibes, Leben als das Kind, das mit dem Alleben in ahnender Einigung verbleibt“ (Spranger 1960, S. 32). Dieses Familienbild bringt zum einen die Vorstellung der heiligen Familie zum Ausdruck, in der der Messias auf die Welt kam; es entspricht zum anderen aber auch dem damals sich herausbildenden Ideal der bürgerlichen Gattenfamilie, die sich nach dem Zerfall der tradierten Familienform des „ganzen Hauses“ als Gefühlsgemeinschaft in bislang unbekannter Ausschließlichkeit auf das Kind konzentriert.

Der Impuls zur bewußten Pflege dieses Familienlebens entspringt sowohl aus der faktischen Gegebenheit der intimen Häuslichkeit und Gefühlskultur der bürgerlichen Kernfamilie als auch aus der christlich-religiösen Auffassung, daß der Mensch nur in der Dreieinigkeit der Familie die tiefste Geborgenheit innerhalb der göttlichen Ordnung findet: „Das Familienleben ist als Einswerden mit Gott die Lebenseinigung. Dieses Einswerden besagt konkret, daß der Mensch das Streben als das ewige Suchen, das sich gleichsam nie beim ‘Gewonnenen’ zufrieden gibt, aufgibt und Friede findet. Das Familienleben ist der ‘Himmel auf der Erde’. Damit hat Fröbel nichts anderes im Blick als die Geborgenheit des Menschen im häuslichen Leben“ (Giel 1959, S. 189). Innerhalb der „dreieinigen“ Familie erhält die Mutter bei Fröbel eine neue erzieherische Bedeutung und kulturelle Mission. Die spezifische Geistigkeit der Frau liegt in ihrer „alles umfassenden Mutterliebe“, in ihrer pflegenden und lebenseinigenden Kraft. Fröbel wendet sich deshalb vehement gegen die „Kinderstube der Wortklugen, der so genannten Gebildeten“, die dem Kind keine freitätige Entwicklung zutrauen und es wie eine Sache der Amme in Verwahrung geben. „... Das Handeln der Naturmutter findet darin kein Plätzchen, göttliches Wirken keinen Raum ..... Auf! laßt uns wieder dahin gehen, wo nicht allein Mutter- und Kinderstube, sondern wo sogar Mutter und Kind noch eins ist, wo die Mutter nur ungern ihr Kind von sich und Fremden übergibt“ (Fröbel 1973, S. 74). Die „echte natürliche Mutter“ läßt ihr Kind, „dies Heiligtum nicht von ungeweihten Augen gemein machen“. Sie geht „dem leise in dem Kind sich allseitig regenden Leben allseitig leise nach, stärkt es und weckt so immer mehr das noch in der Tiefe schlummernde, allseitigere Leben und entwickelt es“ (ebd., S. 75).

Aus diesem wahren „Muttersinn“ und dem daraus entspringenden tiefgründigen Verstehen des Kindes soll in jeder Familie ein pädagogisch gestalteter Raum für das Kind, ein *„Kindergarten“* entstehen. Er soll eine Stätte der Pflege des freien Kinderspiels sein, worin das Kind mit Hilfe der Spielgaben zugleich die elementaren Aufbauprinzipien der Natur und der Geisteswelt ahnend erfahren soll. Mit dem Begriff „Kindergarten“ bezeichnet Fröbel also zunächst keine Einrichtung, die die Mütter von der vorschulischen Erziehungsarbeit entlasten soll, sondern vielmehr eine Art Idealzustand eines verständnisvoll gestalteten Kinderlebens im Rahmen der Familie. Da die Familie in ihrer religiösen Dimension für Fröbel die Offenbarung des dreieinigen Gottes darstellt, ist der

Kindergarten in dieser Perspektive der Garten Gottes, der sich im Familienleben wiederholende Zustand des paradiesischen Naturlebens (vgl. Giel 1959, S. 188).Er ist eine „Jenseitslandschaft im pädagogischen Diesseits“(Bilstein). Fröbel drückt dieses Verständnis in der folgenden Gleichung aus: „Garten-Paradies, also Kindergarten = das den Kindern wieder zurückzugebende und gegebene Paradies“ (Fröbel zit. n. Heiland 1982, S. 95). Der Kindergarten ist das ureigene Organ der Mütterlichkeit; jede Mutter soll zur „Kindergärtnerin“ werden und darin die Erfüllung ihrer Erziehungsaufgabe finden. „Ihr“ - der Mutter - widmet Fröbel seinen Aufruf zur Gründung eines „allgemeinen deutschen Kindergartens“ im Jahre 1840 anläßlich der 400-Jahrfeier der Erfindung des Buchdrucks. Der Aufruf trägt die Überschrift „'Kommt, lasst uns unsern Kindern leben!' Entwurf eines Planes zur Begründung und Ausführung eines Kinder-Gartens, einer allgemeinen Anstalt zur Verbreitung allseitiger Beachtung des Lebens der Kinder, besonders durch Pflege ihres Thätigkeitstriebes. Den Deutschen Frauen und Jungfrauen ... zur Prüfung und Mitwirkung vorgelegt“ (Fröbel zit. n. ebd., S. 106). Durch die Gründung dieses Frauenvereins will Fröbel auf lokaler Ebene Spielkreise von Kindergärtnerinnen bilden, die dann in der Sphäre der eigenen, aber auch einer anderen Familie die neue Praxis der Spielpflege einführen und kultivieren sollen. Die Aufgabe der Gründung von Kindergärten ist aber eigentlich allen Familien in gleicher Weise gestellt.

Die Idee der autonomen, naturgemäßen Erziehung des Kindes sprengt alle gesellschaftliche Konventionen und die Schranken von Stand, Klasse und Konfession. In der veränderten Form einer zugleich familienergänzenden vorschulischen Kindererziehung wird die Kindergarten-Idee Fröbels sogar von der Deutschen Nationalversammlung erörtert. Diese ungeahnte, die Absichten des Gründers überschreitende politische Wirkung seiner pädagogischen Vision führt zum Erlaß vom 23. August 1851, worin der preußische König zehn Monate vor Fröbels Tod die Kindergärten für fast ein ganzes Jahrzehnt verbieten läßt - mit der irreführenden Begründung, sie seien „Teil des Fröbelschen sozialistischen Systems, das auf Heranbildung der Jugend zum Atheismus gerichtet ist“ (Heiland 1982, S. 120). Die bürgerlich-demokratischen Reformer der Paulskirche konnten sich für ihre Forderung nach Einführung einer öffentlichen und überkonfessionellen Kleinkinderziehung allerdings nicht unmittelbar auf Fröbel selber berufen. Denn für diesen ist der Kindergarten keine sozialpolitische Reformmaßnahme; er zielt vielmehr auf eine „Erneuerung des Leben im Ganzen“, auf eine an die Wurzeln greifende Umerziehung der Menschheit überhaupt.

Fröbel begründet den allgemeinen deutschen Kindergarten nicht aus den sozialen Erziehungsnöten seiner Zeit heraus, sondern aus seinem menschheitlichen Sendungsbewußtsein und aus seiner romantischen Metaphysik der Erziehung. Wie Fichte lebt auch Fröbel in der Gewißheit, an einer entscheidenden Zeitenwende zu stehen, am Beginn eines „neuen Lebens- und Menschheitsfrühlings“. Die Forderung dieser neuen Zeit ist die „allseitige Lebenseinigung“, der Rückgang zu den göttlichen Quellgründen des Lebens. Die romantische *Suche nach dem Ursprung* führt bei Fröbel nicht zurück in die Geschichte und auch nicht hauptsächlich in die Gestaltenwelt der Natur, sondern zur Entdekkung der Vollkommenheit der Daseinsform des Kindes. Im Gespräch und im Spiel mit den Kindern kehren die Erwachsenen zu ihren Anfängen, zu den Quellen der Ahnung des Göttlichen zurück. Allein in der erzieherischen Zuwendung zu den Kindern ist für sie der göttliche Ursprung der Welt unmittelbar zu erfahren, welchen die neuzeitliche philosophische Erkenntnis zwingend nicht mehr darlegen kann (vgl. Giel 1959, S. 17f.). Wie in einem Spiegel erscheint den Erwachsenen der eigene göttliche Ursprung und der vergangene paradiesische Urzustand in den Kindern wieder. Die neue Erziehung, der Aufbruch in die neue Zeit, ist also zugleich Rückkehr zur ursprünglichen göttlichen Natur des Menschen, die im erzieherischen Umgang mit dem Kind erfahren werden kann. Alle wahrhafte Erziehung ist auf die Erneuerung des gesamten kulturellen Lebens gerichtet und geht dazu vom Kinde aus. Denn im Kinde können sich Ursprung und Bestimmung des Menschen noch unverfälscht von den Zurichtungen der gesellschaftlichen Rollenexistenz offenbaren.

Das *romantische Ideal des Kindes*, das wir auch schon bei Arndt und Jean Paul vorgefunden haben, bildet auch bei Fröbel das Fundament seines pädagogischen Ursprungsdenkens: Das Kind ist das ursprünglich gute Menschenwesen, das sich gemäß der ihm innewohnenden Selbstvollendungstendenz aus sich selbst heraus entwickelt (Organizismus); das Kind zeigt besonders im Spiel noch die schöpferische Einbildungskraft und Poesie des naiven Genius (Ästhetizimus); das Kind lebt als anfängliches Menschenwesen noch in inniger Allverbundenheit und ahnt in allem noch unmittelbar den göttlichen Urgrund (mystische Religiosität); das Kind kann schließlich durch seine ursprüngliche Vollkommenheit, seine schöpferische Phantasie und sein Leben in allseitiger Einheit dem vergesellschafteten Erwachsenen zum Vorbild werden, das ihn verjüngt und verwandelt (Mythisierung). Aus dem Organizismus des romantischen Kindbildes ergibt sich pädagogisch auch bei Fröbel die Konzeption einer entwicklungsgemäßen Erziehung und eines genetischen Lehrens; aus dem Ästhetizismus und Mystizismus des Kindes leitet Fröbel den bildungstheorischen Imperativ ab, den Phantasiereichtum, die Gestaltungskraft und die Religiösität der Kinderjahre für den gesamten späteren Lebenslauf verwandelt zu bewahren; und aus der mythischen Verklärung der kindlichen Daseinsform insgesamt resultiert tendenziell eine Umkehrung des Generationsverhältnisses im pädagogischen Bezug. In der Erziehung des Kindes durch den Erwachsenen erfolgt zugleich eine Nach-Erziehung des Erwachsenen durch das Kind. Denn vom Kinde können Eltern und Erzieher lernen, wie sie wieder zur ursprünglichen „Lebenseinigung“ zurückfinden. Bei Arndt und Jean Paul findet die romantische Sicht des Kindes nur als literarisches Thema informell Eingang in die Familienerziehung des gebildeten Bürgertum; bei Fröbel wird sie zum eigentlichen Kernstück seiner systematischen Pädagogik und führt zur Gründung einer neuen Praxis vorschulischer Erziehung im Kindergarten. Die Vorstellung vom Kinde als schöpferischem Ursprung beflügelt nicht nur allein die Phantasie der Poeten und bildenden Künstler, sie beseelt nun auch die Herzen der Eltern und Erzieher und beginnt damit, die Normen und Formen der Erziehungswirklichkeit selber zu transformieren.

Diese Inanspruchnahme des romantischen Kindheitsideals für die Neubegründung der Erziehung ist allerdings bei Fröbel höchst voraussetzungsvoll. Sie unterstellt die widerspruchsfreie Einheit des Lebens, die durchgehende Sinnerfülltheit alles Seins und die Geborgenheit jedes Einzelnen in diesem göttlichen Universum. „Es ist ein durchgehend harmonisches Weltbild, in dem die Widersprüche von Anfang an aufgehoben und versöhnt sind und alles Böse nur als die vermeidbare Fehlentwicklung eines ursprünglich Guten erscheint“ (Bollnow 1952, S. 9f). Das Menschenbild wird bestimmt vom Gedanken der organischen Entwicklung, wonach sich die Kompetenzen des Individuums in der tätigen Aneigung seiner Lebenswelt wie von selbst entfalten; alle Erziehung hat deshalb in erster Linie nachgehend zu verfahren. Der Selbstentfaltungsprozeß des Individuums ist von einem „ethischen Egoismus“ (Ballauff/Schaller) bestimmt: Sachen und Mitmenschen werden nicht in ihrer Eigenart und Andersheit belassen, sondern zu Mitteln der Selbstbildung, mithin des Selbstgewinns gemacht. Diese romantische Harmonisierung der Welt und Naturalisierung des Menschen müssen inzwischen höchst fragwürdig erscheinen. Weder Krankheit, Schicksal und Tod noch Elend, Sinnlosigkeit und Gewalt spielen hier eine Rolle. Die Widersprüche des natürlichen und geschichtlichen Lebens sind hier metaphysisch immer schon gelöst; Erfahrungen der Befremdlichkeit und Bedrohlichkeit von Mitmensch, Natur und Gott finden keinen Platz. Fröbels Welt ähnelt eher der des naiven Kindes als derjenigen des aufgeklärten, illusionslosen Erwachsenen. Dies zeigt sich auch darin, daß das gesellschaftliche Leben von ihm nicht in seiner Rollenhaftigkeit und Machtbestimmtheit - in seiner „künstlichen Natürlichkeit“ (Plessner) - begriffen, sondern gleichfalls harmonisch als ein Organismus betrachtet wird, welcher sich wie ein Individuum nur „naturgemäß“ zu entfalten trachtet. Diese geschichtsblinde, naturalistische Verklärung der gesellschaftlichen Lebensformen - von der Familie über die Gemeinde bis zur Nation - erschwert Fröbel die Analyse der tatsächlichen so-

zialen und politischen Voraussetzungen der Erziehung und die Bestimmung ihrer Grenzen.
Diese Kritik am romantischen Einheitsverlangen seines harmonistischen Weltbildes und seiner organizistischen Gesellschaftsauffassung wird allerdings nach Ansicht der namhaften - größtenteils geisteswissenschaftlich orientierten - Fröbel-Interpreten nicht der Genialität und Aktualität seines pädagogischen Ursprungsdenken vom Kinde aus gerecht. Die *produktiven Errungenschaften Fröbels* werden übereinstimmend gesehen im tiefgründigen Verstehen des Kindes, im Aufweis der anthropologischen Bedeutung gerade der frühen Entwicklungsstufen und in der Überzeugung, daß für das gedeihliche Aufwachsen der Kinder ein sinnvoll geordneter, harmonischer Lebensraum notwendig ist. Als bleibende Einsichten dürfen wir festhalten:
(1) *Kinder verstehen*: Fröbel hat mit systematischer Konsequenz die Auffassung von der organischen Entwicklung der Seele des Kindes ins Zentrum seiner Erziehungslehre gestellt und dazu noch den Gedanken vom Eigenrecht jeder Entwicklungsstufe betont. Danach kann der Mensch seine Individualität umfassend nur entfalten, wenn er entwicklungsgetreu jedes Lebensalter mit der entsprechenden Geistigkeit durchlebt. Und gerade die eigentümliche Seelengestalt des Kindesalters hat Fröbel in besonderer Weise erfaßt, indem er die Lebensäußerungen des Kindes - insbesondere das Spielen - symbolisch als Ausdruck seiner ursprünglichen Geistestätigkeit denkt. Er entdeckt „sinnstiftende Potenzen auch in dem ..., was als kindisch, irrelevant aus der gemeinsamen Welt ausgeschlossen ist: produktive Kräfte und Regungen des kindlichen Lebens, die noch nicht in gesellschaftlichen Funktionen aufgehen“ (Giel 1979, S. 269). Die Möglichkeit eines tiefgründigen Verstehens der spezifischen Geistigkeit des Kindes erschließt sich für Fröbel aus der überrationalen Kraft seiner Intuition. Er beobachtet das Kind nicht aus der Distanz mit dem Exaktheitsanspruch des Kinderpsychologen, sondern betrachtet es „ganzheitlich“ mit dem liebevollen Sinn für seine lebendige Seele. „Fröbel hat mit der Kraft der Intuition vieles gesehen, was uns heute noch zu fördern vermag, wenn wir es selbständig durchdenken. Sehen zu lehren, ist ja die Aufgabe aller Psychologie. Das Auge selbst muß jeder mitbringen, und das Wichtigste ist doch, daß in diesem Organ immer die Liebe zum Kinde und die Ehrfurcht vor seiner menschlichen Würde das eigentlich Entdeckerische bleibt“ (Spranger 1960, S. 23). Mit Recht hat Elisabeth Blochmann darauf hingewiesen, daß das intuitive Verstehen des Kindes bei Fröbel auch von einer „tief künstlerischen Freude am Kind“ getragen ist und daß sein pädagogisches Denken „wie ein Dichten über das Kind und sein geistiges Wachstum“ auf uns wirkt (vgl. Blochmann 1947, S.3 u. 11). Aus dieser Verbindung des Pädagogischen und des Künstlerischen bei Fröbel erklärt

sich auch sein einzigartiges Interesse an den Spielen und Liedern der Kinder; er sammelt und erfindet sie wie vor ihm die Brüder Grimm die Volksmärchen!

(2) *Die Anfänge bewahren*: Fröbels „Kultur der symbolischen Deutung der kindlichen Lebenserfahrungen“ (Nohl) beruht auf seiner Einsicht in die grundlegende Bedeutung der frühen Phantasietätigkeit des Menschen für die Herausbildung der späteren abstrakteren Formen des begrifflichen Denkens und technischen Gestaltens. Denn „das eigentliche Symbolische, d.h. die freie Sinngebung, die über das bloß erscheinende Sinnliche hinausgeht, ist des Menschen höchste geistige Kraft“ (Spranger 1960, S. 22). Ohne die inspirierende Energie der Bedeutungsverleihung, ohne das ursprüngliche Verstehen des Kindes bleibt das spätere exakte Denken kraft- und beziehungslos. In seinem Sprechen und Spielen bringt das Kind selbsttätig immer wieder von neuem die Welt der Bilder und Begriffe hervor, die den alltäglichen Bedeutungshorizont unseres kulturellen Lebens bilden.

(3) *In einer sinnstiftenden, harmonischen Welt aufwachsen:* Auch ohne seine metaphysischen Voraussetzungen behält Fröbels zentraler Gedanke der „Lebenseinheit“ grundlegende pädagogische Bedeutung: Wo das Kind in einem sinnvoll gestalteten Lebensraum in Geborgenheit und im Einklang mit den Dingen und Wesen seiner Welt aufwächst, kann es eher die Kraft gewinnen, die Unübersichtlichkeiten und Dissonanzen seines späteren Lebens auszuhalten. Für Bollnow stiftet die Erfahrung der Lebenseinheit im Kindesalter für den Erwachsenen die Möglichkeit, das früher erworbene Bild der Ordnung als Zielentwurf für sein Verhältnis zu seiner sozialen Mitwelt und natürlichen Umwelt lebenslang zu bewahren. Jedenfalls bleibt „die Schaffung einer heilen, harmonischen Welt, in der allein Kinder ‘gedeihen’ können, ... auch heute noch die eigentliche geistige Leistung jeder wahren Erziehung...“ (Giel 1959, S. 6). Klaus Giel hat versucht, deutlich zu machen, daß dieser Gedanke einer einheitlichen, harmonischen Welt von Fröbel nicht philosophisch begründet, sondern allein aus dem pädagogischen Verstehen des Kindes heraus entwickelt wird. Deshalb kann er auch von keiner kritischen oder fatalistischen Philosophie wieder hinwegdiskutiert werden.

Mit seinem idealen Entwurf einer romantisch inspirierten Anthropologie des Kindes und der Vorstellung vom zärtlichen Umgang mit den Kindern im „Kindergarten“ hat Fröbel der pädagogischen Reflexion Maßstäbe hinterlassen, mit denen sich auch und gerade die heutigen Gefährdungen der Kinder genauer bestimmen lassen: u.a. der Abbau der Nischen für ihre freitätige Phantasie, die immer früher einsetzende Entzauberung ihrer Spielwelt, die immer umfassender organisierte Belehrung sowie die steigende Belastung des erzieherischen Verhältnisses durch die Identitätskrisen der Erwachsenen.

6 Die Verwissenschaftlichung des romantischen Kindbildes in der Kinderpsychologie

Friedrich Fröbel ist auf der Grundlage seiner romantischen Auffassung des Kindes zu Einsichten gelangt, welche für die Pädagogik des Kindesalters bis heute grundlegend geblieben sind. Sein tiefgründiges Verständnis für die Lebensäußerungen des Kindes hat Fröbel nicht aus einer empirischen Forschungshaltung gewonnen, sondern vor allem aus seiner spekulativen und künstlerischen Intuition. Die Auffassung der Kindheit als ursprünglich-schöpferischer, der geistig-göttlichen Sphäre noch näherstehender menschlicher Daseinsform verdankt sich in erster Linie Fröbels metaphysisch-spekulativer Reflexion über das göttliche All-Eine und seine emanative Dynamik.
Es ist dagegen die programmatische Absicht der in den beiden letzten Dekaden des 19. Jahrhunderts auf den Plan tretenden empirischen Kinderpsychologen, „daß sie an die Stelle des verschwommenen Kinderideals, mit denen die Schriftsteller früherer Zeiten sich zufrieden gaben, oder den vereinzelten und nicht genügend geprüften Erfahrungen einzelner Erzieher ein faßbares und genau erforschtes Bild des sich entwickelnden Kindes setzen wollen, um auf Grund einer Erkenntnis des Erziehungsobjektes die Erziehungsmaßregeln zu bestimmen“ (Frischeisen-Köhler 1962, S. 151). Als Phase bzw. Stufe in einem zur Erwachsenheit aufsteigenden Prozeß der Persönlichkeitsentwicklung verliert die Kindheit nun zwar den ihr von den Romantikern zugeschriebenen überlegenen absoluten Status, welcher sie zum Ideal auch der Erwachsenen machen konnte. Aber damit verschwindet keineswegs auch das romantische Kindheitsbild insgesamt. Wir wollen im folgenden den erstaunlichen Sachverhalt belegen, daß auch die Gründer und Klassiker der neuen Kinderpsychologie bei der Entdeckung ihrer Hypothesen über die „Natur“ und Entwicklung des Kindes an den Grundzügen des romantisches Kindheitsbildes festhalten und diese bis weit in unser Jahrhundert kontinuierlich weitergeben. Die schöpferischen Kräfte des Kindes und sein ursprüngliches Weltverstehen werden nicht mehr wie bei den Dichtern ästhetisch imaginiert oder wie bei den romantischen Pädagogen spekulativ deduziert, sie sollen nun vielmehr durch Beobachtung und Experiment empirisch erwiesen werden (vgl. dazu auch Ewers 1984, S. 55 ff.).

6.1 Die Entstehung der Kinderpsychologie

Auch für die Kinderpsychologie gilt das Diktum von Hermann Ebbinghaus, daß sie eine Wissenschaft mit kurzer Geschichte, aber mit einer langen Tradition ist. In ihrer langen Präliminarphase von der Antike bis in die späte Aufklärungszeit ist sie ganz in den größeren Zusammenhang der medizinischen, theologischen und philosophischen Seelenkunden und Lebensalterslehren eingebunden. Ihre Initialphase hebt an mit Dietrich Tiedemanns 1787 erschienenen „Beobachtungen über die Entwicklung der Seelenfähigkeiten bei Kindern". Mit diesem ersten bislang bekannt gewordenen psychologischen Tagebuch über die Entwicklung eines Kindes in den ersten zweieinhalb Lebensjahren begründet der Marburger Altphilologe und Philosoph eine auf eigener Beobachtung beruhende Erfahrungsseelenkunde des Kindes. Viele Tagebücher von Forschern über ihre eigenen Kinder sind gefolgt, u.a. diejenigen, die Darwin im Jahre 1840 über seinen Sohn und Ludwig Adolf von Strümpell in den Jahren 1846 und 1847 über seine Tochter geführt haben (vgl. auch Reinert 1976, S. 869 ff. u. 879). Die Etablierungsphase der Kinderpsychologie als exakter Wissenschaft lassen die Psychologiehistoriker gemeinhin mit Wilhelm Preyers „Die Seele des Kindes" im Jahre 1882 beginnen. Hierin legt der in Jena tätige Physiologe chronologisch und systematisch geordnete Beobachtungen über die Entwicklung seines Sohnes in den ersten drei Lebensjahren vor. Die Publikation dieses noch eher entwicklungsphysiologisch ausgerichteten ersten Klassikers der Kinderpsychologie erfolgt, nachdem Wilhelm Wundt drei Jahre zuvor an der Universität Leipzig das weltweit erste psychologische Laboratorium gegründet hat. Ihm folgen Stanley Hall 1883 in Baltimore und Alfred Binet 1889 an der Pariser Sorbonne. Die Kinderpsychologie ist also eigentlich als ein deutsches Kind auf die Welt gekommen. Es dauert allerdings noch zwei Jahrzehnte, bis die junge Wissenschaft - nach ihrem frühen Siegeszug durch die Vereinigten Staaten - schließlich auch in ihrem Geburtsland endgültig Fuß fassen kann (vgl. dazu Depaepe 1993, S. 66 f.). Weltweit werden in der Zeit zwischen 1890 und 1915 21 kinderpsychologische Fachzeitschriften und 26 Forschungsinstitute gegründet (vgl. Weinert 1970, S. 328).

Ihren Erfolg verdankt die Kinderpsychologie vor allem drei geistigen Strömungen des ausgehenden 19.Jahrhunderts. Sie steht erstens in engem Zusammenhang mit dem Triumphzug des positivistischen Wissenschaftsverständnisses: die im Bereich der Naturforschung so erfolgreichen experimentellen und quantifizierenden Untersuchungsmethoden sollen nunmehr auch zu exakten Forschungsergebnissen über den Menschen führen. Ein zweiter tiefgründiger Anstoß kommt aus der unwiderstehlichen Anziehungskraft der Evolutionstheorie Darwins. Durch dessen neuartigen biologischen Entwicklungsgedanken verliert der Mensch seine Sonderstellung und wird nunmehr zu einem „noch nicht festgestellten Tier“ (Nietzsche); der Mensch gerät nun zur Tierwelt in ein unmittelbares Verhältnis, über dessen Beschaffenheit gerade die Erforschung der Entwicklung des Kindes näheren Aufschluß geben soll. Denn mit der Beobachtung des Kindes öffnet sich für viele Kinderpsychologen zugleich das Fenster zur stammesgeschichtlichen Vergangenheit der menschlichen Gattung. Ein dritter Impuls, der zur Konsolidierung der Kinderpsychologie führt, liegt in den Bestrebungen nach einer Erneuerung der Erziehung, die sich im pädagogischen Denken schon vor der Jahrhundertwende bemerkbar machen. Die Sehnsucht nach einer natur- und kindgemäßen Erziehung schafft ebenfalls einen fruchtbaren Boden, in dem die klassische Kinderpsychologie systematisch ihre Wurzeln schlagen kann (vgl. Depaepe 1993, S. 46).

6.2 Der Begriff der Entwicklung

Im Zentrum der Kinderpsychologie steht der Begriff der Entwicklung und die Auffassung, daß sich im Bereich des Seelischen ebensolche Gesetzmäßigkeiten nachweisen lassen wie im Wachstum des organischen Lebens. Der Begriff „Entwicklung“ kann sowohl quantitative als auch qualitative Veränderungen bezeichnen (vgl. zum folgenden Stern 1906, S. 288 ff.). In *quantitativem Sinne* meint Entwicklung zumeist einen Prozeß der Steigerung, der fortschreitenden äußeren Differenzierung ebenso wie der Zunahme an innerer Komplexität. Als absolute kann sich die Steigerung innerhalb des sich entwickelnden Gebildes selber bekunden; als relative kann sie sich in der zunehmenden Komplexität des Verhältnisses des Gebildes zur Außenwelt manifestieren. *Im qualitativen Sinne* bezeichnet Entwicklung nicht nur eine Reihe von Steigerungen, sondern zugleich und insbesondere eine Reihe von Verwandlungen. Hier stellt Entwicklung eine Abfolge von Stadien oder Stufen dar, die sich durch ihre qualitative Beschaffenheit voneinander unterscheiden. In jedem Stadium der Entwicklung kann sprunghaft etwas Neues entstehen und Vorhandenes ebenso plötzlich wieder vergehen oder von der folgenden Stufe der Entwicklung „aufgehoben“ werden. Die menschliche Gesamtentwicklung kann dann etwa als eine Folge von partiellen Reifungsprozessen aufgefaßt werden, die jeweils in sich eine je bestimmte Reihenfolge nach einem festen genetischen Rhythmus aufweisen, wobei individuelle Entwicklungsverläufe durchaus mit anderen parallel verlaufen können bzw. diese in sich noch einmal rekapitulieren.
Die Klassiker der Kinderpsychologie stehen mit ihrem Vorverständnis der Entwicklung des Kindes im Horizont der biologischen Evolutionslehre. Als deren grundlegende Voraussetzung darf das von Leibniz postulierte Prinzip der

Kontinuität des Lebens (bzw. der Geschöpfe) gelten. Leibniz hielt es für denkbar, daß die Menschen von den Tieren, diese von den Pflanzen und diese wiederum von anorganischen Substanzen abstammen. Mit diesem Kontinuitätsgedanken hat er die Möglichkeit eröffnet, den tradierten Dualismus, d.h. die strikte Trennung von Naturwesen und Geisteswesen aufzuheben und dadurch den Menschen biologisch in ein genetisches Verhältnis zum Tier zu bringen ähnlich wie den Erwachsenen zum Kind. „Daß wir das Kind als 'das genetische Wesen', das sich auf intensivste Weise in Entwicklung befindet, sehen, verdanken wir der Kontinuitätslehre des 18.Jahrhunderts und seiner Sehnsucht nach dem 'Ursprünglichen, Natürlichen, Nicht-Entarteten'. Eine Sehnsucht, die wir bei Rousseau, aber auch reichlich in der deutschen Romantik antreffen. Sie findet neue Gestalt im Evolutionismus..."(Langeveld 1956, S. 134). Die genetische Rekonstruktion der kontinuierlichen Lebens- und Werdeprozesse führt bei Leibniz noch auf letzte, vollkommene Ordnungsprinzipien zurück, aus denen zu schließen ist, daß die Welt und ihre Entwicklung das Werk eines höchst vernünftigen, göttlichen Wesens ist. „Entwicklung" bedeutet hier also Auswicklung eines vorher Eingewickelten, Entfaltung eines vorgebildet Angelegten zu seiner Vollkommenheit. Alle Entwicklung - die universelle wie die individuelle - wird von einem inneren Zweck, einer *Entelechie* bestimmt; sie ist aber noch nicht gedacht als reine Selbstentfaltung, läßt sich vielmehr nur final als exoterische Teleologie, d.h. als das Werk der zwecksetzenden Ideen des Schöpfers erklären. „Den ersten Anfang zur Überwindung dieser äußeren Teleologie durch eine innere macht Herder, indem er gerade auf das unbewußte Werden und Erwachen im Völkerleben die Blicke lenkt. Zur vollen Entfaltung aber gelangt die innere Teleologie als Kausalprinzip der Entwicklung erst zu Beginn des 19.Jahrhunderts in der deutschen idealistischen Spekulation" (Stern 1906, S. 304). Der Kontinuitätsgedanke und die teleologische, von innen her determinierte Entwicklungsauffassung beherrschen die biologische Naturforschung, die Geschichtsphilosophie, die Völkerkunde und die Psychologie dann bis weit ins 19.Jahrhundert hinein.

In Anlehnung an Leibniz erklärt noch Lamarck als *Biologe* die allgemeine Richtung des Evolutionsprozesses aus der durch den Schöpfer gesetzten natürlichen Ordnung. Die etwa im Tierreich zu beobachtende Stufung der Gestalten weist für Lamarck darauf hin, daß die schaffende göttliche Natur sie nacheinander mit zunehmender innerer Komplexität hervorgebracht hat. Und grundsätzlich tendieren alle Organismen dazu, entelechetisch gemäß der exoterischen Teleologie des Schöpfers aus sich selbst heraus immer vollkommenere Formen zu entwickeln. Neben dem immanenten Entwicklungsgeschehen bemerkt Lamarck aber ergänzend bereits die bedeutsame Rolle der Anpassungsfähigkeit der Organismen an ihre jeweilige Umwelt im Fortgang der Evolution. Wesent-

liche Seiten der Entwicklung der Lebewesen lassen sich *epigenetisch* auch auf ihre Elementarfähigkeit zur Anpassung an wechselnde Milieus zurückführen: die jedem Organismus eigene Tendenz, seine Lebensfunktion in ein möglichst günstiges Verhältnis zu den Wirkungen der Umwelt zu bringen, kann in veränderten Milieus auch zur Herausbildung neuer Gewohnheiten und sogar zu veränderter Organausstattung führen. Entwicklung meint nun nicht mehr nur Präformation, sondern zugleich Epigenese: Entstehung neuer Verhaltensweisen und Gestalten. „Und da die äußeren Daseinsbedingungen sich fortschreitend immer mehr komplizieren, so muß fortschreitende Anpassung auch die Individuen immer komplexer gestalten. So erklären sich ... wesentliche Seiten der Entwicklung aus dem Anpassungsprinzip" (ebd., S. 315).
Die sich aus dem immanent-teleologischen Entwicklungsgedanken und seiner Ergänzung durch die Fähigkeit der Anpassung ergebende *psychologische Theorie* der Entwicklung hat Rousseau modellhaft in seinem „Emile" (1762) vorgezeichnet: Entwicklung ist nicht mehr nur der Prozeß der sequentiellen Entfaltung präformierter Anlagen, sondern zugleich Ergebnis eines Prozesses qualitativer Differenzierung, auf welchen Umweltfaktoren unterstützend oder einschränkend einwirken können. „Rousseau behauptete, jede Entwicklung bestehe aus einer Reihe von innen her regulierter Phasen, die nach festgelegter Art und Ordnung ineinander übergingen. Dieser Entwicklungsvorstellung zufolge besteht die einzige wesentliche Aufgabe der Umwelt in der Vermeidung eines Konflikts mit dem Prozeß der Selbstregulierung und spontanen Reifung. Sie fördert die Entwicklung nicht durch Restriktionen oder durch Aufstellung strenger Ziele und Maßstäbe, sondern durch die Schaffung eines maximal permissiven Bereichs, in dem die vorbestimmten Wachstumsergebnisse ohne Behinderung durch äußere Zwänge optimal erreicht werden können"(Ausubel/Sullivan 1978, S. 550).
Eine wirkungsgeschichtlich bedeutsame Übertragung dieser qualitativen Entwicklungsauffassung von der biologischen nicht nur auf die psychologische, sondern auch auf die historisch-kulturelle Ebene stellt die *Rekapitulationslehre* dar: die Vorstellung, daß das Kind im Durchgang durch die Stadien seiner Entwicklung zugleich die Stufen der menschlichen Stammes- und Kulturgeschichte wiederhole. „Nun ist ja die sich entwickelnde Gattung selber ein solches quasi-persönliches Ganzes, das in seiner Gesamtheit einem entsprechenden Entwicklungsgesetz unterliegt. Jedes Individuum, das zur Gattung gehört, ist eine Entelechie im kleinen, wie es die Gattung im großen ist; und so muß die immanente Gesetzmäßigkeit in der Abfolge der Dispositionen sich hier und dort in entsprechender Weise äußern. Die schrittweisen Übergänge von einer geringeren zu einer größeren Differenzierung der Organe, von einem mehr rezeptiven zu einem mehr produktiven Verhalten, von konkretem Vorstellungsle-

ben zu abstrakten Gedankenleistungen sind nichts als Sonderanwendungen jenes allgemeinen Entwicklungsgesetzes und daher in der phyletischen wie individuellen Entwicklung in gleicher Weise zu finden"(Stern 1918, S. 110). Wir haben an früherer Stelle in dieser Arbeit ausführlich darzulegen versucht, daß vor allem Herder - und vor ihm bereits in einem ersten Anflug Vico - diesen Gedanken eines genetischen Parallelismus entfaltet und propagiert haben. Zumal Herder folgt ja mit seinem organologisch-genetischen Denken ganz der qualitativen, teleologischen Entwicklungsvorstellung der Leibniz-Schule.

Für das kinderpsychologische Denken wird man aber erneut Rousseau als den Wegbereiter des Rekapitulationsgedankens bezeichnen müssen, auch wenn sich diese Idee nirgendwo explizit bei ihm findet. Darauf hat überzeugend schon Claparède hingewiesen: „Rousseau revient cependant constamment sur le développement mental du sauvage, et sur l'analogie entre la mentalité primitive de celui-ci et celle de l'animal; à diverses reprises il établit une sorte de comparaison entre l'état de sauvagerie et la jeunesse"(Claparède 1946, S. 88). Rousseau will, daß Emile erst das Stadium des edlen, freien Wilden durchlebt, bevor er sich zu den höheren Stufen der Kultivierung emporbildet. Die organisch-genetische Theorie der Rekapitulation, die Analogie zwischen den Stufen der Kulturgeschichte und denen der „natürlichen" Entwicklung des Kindes, begleiten die Kinderpsychologie also schon in ihrer Initialphase fast wie ihr Schatten.

Insbesondere in der Entwicklungspsychologie der Romantik, etwa bei Carl Gustav Carus (1789-1869), hat diese Spielart des genetischen Parallelismus eine umfassende kosmisch-spekulative Ausprägung gefunden und dem damaligen Zeitgeist entsprechend Schule gemacht. Für C. G. Carus durchlebt jeder heranwachsende Mensch in seiner psychischen Entwicklung die bisherige „Weltgeschichte der Seele" noch einmal. Zunächst befindet er sich auf der animistischen „Stufe der Bewußtlosigkeit", die er mit der Seele der vegetativen und niederen animalischen Welt sowie mit den im Zustand der Wildheit lebenden Völkern teilt; dann betritt er die realistische „Stufe des Weltbewußtseins", das sich auch in der Seele der höheren Tierwelt findet und die Mentalität der gegenwärtigen eurozentrischen Menschheit ausmacht; schließlich kann er die kritische „Stufe des Selbstbewußtseins" erreichen, auf der er seine eigene geistige Individualität vervollkommnet (vgl. Reinert 1976, S. 875 f.). Die Vertreter des teleologischen Entwicklungsbegriffs gehen also davon aus, daß die seelische Entwicklung des Kindes von einem inneren Streben bestimmt wird, dessen Richtung vorweg bestimmt ist. Der Prozeß der Entwicklung vollzieht sich dabei nach einer festliegenden genetischen Ordnung in je qualitativ eigenwertigen Phasen, welche in diskontinuierlichen Rhythmen aufeinander folgen. Für die Anhänger der Rekapitulationslehre verläuft die individuelle Entwicklung

zudem parallel zu derjenigen der menschlichen Gattung insgesamt, welche ebenfalls von einer immanenten Teleologie bestimmt wird.
Diese qualitative Auffassung und teleogisch-finale Erklärung der Entwicklung wird durch die biologischen Forschungen Darwins zutiefst erschüttert und durch einen *quantitativen, kausal-mechanischen Entwicklungsbegriff* abgelöst. Im Kern lassen sich für Darwin die Entstehung der Arten und ihre Evolution allein aus den Lebensprozessen der Variation, Vererbung und Vermehrung ableiten: „Aus den allgemein annehmbaren Prämissen: (1) Organismen variieren, wie gering auch immer, tendenziell in allen Merkmalen; (2) Variationen, wie gering auch immer, sind tendenziell erblich; und (3) es werden mehr Organismen geboren, als überleben können, um sich fortzupflanzen, können wir ableiten, daß adaptativer Wandel bei natürlichen Arten ohne vorgegebenes Ziel und gänzlich unbeschränkt stattfindet. Die heute lebenden Organismen sind allesamt die modifizierten Nachfahren von Organismen, die in der Vergangenheit gelebt haben. Setzen wir ferner voraus, daß Populationen räumlich ausgedehnt sind und die Möglichkeit der reproduktiven Isolation besteht, können wir weiter ableiten, daß die diskontinuierlichen Gruppen einander ähnlicher Organismen, die wir Arten nennen, ihrerseits die modifizierten Nachfahren einer kleineren Zahl früher existierender Arten sind. ... Folglich gibt es offenbar kein apriorisches Argument, das die gemeinsame Abstammung aller Lebewesen ausschließt: von Wesen, die die Eigenschaften der Variation, Vererbung und Vermehrung teilen, worauf das Argument basiert“ (Howard 1996, S. 57f.).
Charles Darwin lehnt also jede Absichtsteleologie als Erklärung für die Entstehung der Arten und ihrer individuellen Entwicklung ab. Er demonstriert, daß die Verschiedenartigkeit der Lebewesen und die Zweckmäßigkeit ihres Verhaltens auch ohne die Annahme eines obersten Zwecksetzers allein als Folge ihrer natürlichen Selbsterhaltungsprozesse erklärbar ist. Die Arten sind nicht etwa unabhängig voneinander je für sich geschaffen bzw. sprunghaft neu entstanden; die Evolution des Lebendigen stellt vielmehr einen stetigen, in minimalen Veränderungen fortschreitenden Gleitprozeß dar, der sich aus der Selbsterhaltungstendenz der Organismen allein erklären läßt: „Der Selbsterhaltungstrieb jedes Individuums gerät mit dem anderer Individuen in Konflikt: Kampf ums Dasein. Zufällige kleine Variationen der konkurrierenden Individuen bewirken, daß das eine in gewisser Hinsicht dem anderen überlegen ist und daher siegt. Sieger bleibt also der Besitzer einer zufällig günstigeren Eigenschaft; als Sieger aber hat er eher als der Besiegte die Aussicht, am Leben zu bleiben und der Erzeuger einer neuen Generation zu werden. Und nun greift das zweite Selbsterhaltungsprinzip ein: die Vererbung stabilisiert, was der Daseinskampf zum Siege geführt hatte; jene zufällig günstigste Eigenschaft wird den Nachkommen überliefert. Jeder dieser Prozesse bringt nur eine minimale Änderung

hervor; aber durch Summation unzähliger solcher kleinsten Schritte entsteht schließlich eine hochgradige Veränderung, die nun als Merkmal einer neuen Art angesprochen wird“ (Stern 1906; S. 309f.). Die Entstehung der Arten und ihre Progression erklärt Darwin also nicht mehr teleologisch, sondern kausal als Folge der Selbsterhaltung der Organismen im „struggle for life“: Entwicklung ist kein entelechetisches Urphänomen mehr, sondern kausal-mechanisches Epiphänomen der Selbsterhaltung. Darwin verwirft damit auch jegliche Annahme einer prästabilierten Vollkommenheit der Natur und ihrer notwendig progressiven Entwicklungsrichtung. Die Evolution folgt blind der Bahn der Nutzenmaximierung der Ressourcen. „Diese kann nach ‘vorwärts’ oder ‘rückwärts’ gehen, je nach Auffassung des Beobachters. Im allgemeinen scheint sie jedoch vorwärts zu gehen, weil der Wettbewerbsvorteil stets bei den leistungsfähigeren Individuen einer Art liegt“ (Howard 1996, S. 137).

Die neue Sicht Darwins auf die Evolution des Lebendigen und damit auch auf die Stellung des Menschen wird von nur wenigen seiner Zeitgenossen in ihrer Radikalität mitvollzogen. Vielmehr entstehen in seiner großen Anhängerschaft starke postdarwinistische Tendenzen, die darauf zielen, den Zufallscharakter der Variation zu beseitigen und die Rolle der Auslese bei den Anpassungsvorgängen einzuschränken. Damit soll die Evolution wieder als ein zielgerichteter Prozeß des Wandels postuliert werden, der auf eine übergreifende, sinnvolle Ordnung der Schöpfung zurückverweist.

Der mit der Selektionstheorie Darwins erfolgende Paradigmenwechsel in der Biologie hat auch unmittelbare Auswirkungen auf das kinderpsychologische (und pädagogische) Denken: Die Entwicklung des Kindes muß nun nicht mehr qualitativ als eine immanent vorbestimmte Folge je differenter eigenwertiger Stadien der Selbstentfaltung begriffen werden; sie kann ohne philosophisch-anthropologische Voraussetzungen nunmehr als ein tendenziell unabschließbarer kontinuierlicher Prozeß quantitativer Veränderung aufgefaßt werden, in welchem das heranwachsende menschliche Individuum seine ererbten Funktionen in der Anpassung an die Herausforderungen der Umwelt erhält und steigert.

Eine erste philosophische Reflexion des von Darwin biologisch fundierten ateleologischen, quantitativen Entwicklungsgedankens und seine *Übertragung auf das Gebiet der Psychologie* geschieht bei *Herbert Spencer* (1820-1903). Das Zentrum seines umfassenden Werkes, welches von der Erkenntnistheorie bis zur Nationalökonomie reicht, bildet eine universelle Evolutionstheorie. Spencer begreift hierin Entwicklung quantitativ als kontinuierliche Zunahme eines Aggregats an Masse und an Verschiedenartigkeit seiner Elemente und Funktionen. In der seelischen Entwicklung vollzieht sich der allmähliche Übergang von niederen zu höheren Formen der psychischen Aktivität in Richtung auf größere

Spezialisierung, höhere Komplexität und Abstraktion. Spencer erklärt diesen Steigerungsprozeß nicht mehr - wie Darwin - aus der Selbsterhaltungstendenz des Organismus, sondern völlig mechanisch als Resultat der auf ihn einwirkenden äußeren Umweltbedingungen. Die zunehmende innere Differenzierung des Organismus ist alleinige Folge des höheren Differenzierungsgrades der Umwelt, an die er sich erfolgreich angepaßt hat; Entwicklung ist bei Spencer gänzlich zu einem Umwelterzeugnis geworden, zu einem „Epiphänomen von mechanischen Vorgängen" (Stern).

6.3 Entwicklung und Erziehung

Mit seinem ungewöhnlich einflußreichen Werk „Education" (vgl. dazu auch Muhri 1979) legt Spencer im Jahre 1861 die erste Erziehungslehre vor, die von dem neuen kausal-mechanischen Evolutionsbegriff der biologischen Forschung ausgehen will. Spencer ist sich sicher: „So tief noch die Wissenschaft des Lebens in ihren Anfängen steckt, so hat sie es doch bereits zu gewissen Fundamentalgesetzen gebracht, welche der Entwicklung sämtlicher Organismen, die menschlichen eingeschlossen, zugrunde liegen. Das, was noch zu tun ist, und was bis zu einem gewissen Grade zu tun wir hier vorhaben, ist, den Einflüssen dieser Fundamentalgesetze auf die ... Erziehung der Kindheit und Jugend nachzuspüren" (Spencer 1905, S.234f.). Da für ihn „die Gesetze des Lebens durch die ganze organische Schöpfung wesentlich dieselben sind" (ebd., S.139), resultieren aus ihrer Kenntnis auch die für die *Erziehung* nötigen Ziele und Maßnahmen: „Einige Bekanntschaft mit den obersten Prinzipien der Physiologie und den Grundwahrheiten der Psychologie ist zur richtigen Kindererziehung unerläßlich" (ebd., S.51). Die Ziele der Erziehung ergeben sich für Spencer aus den Zwecken der Natur, deren „Hauptzweck die Glückseligkeit der Nachwelt ist" (ebd., S.297); und an anderer Stelle heißt es: „auf ein vollkommenes Leben vorzubereiten, ist die Aufgabe, welche die Erziehung zu lösen hat" (ebd., S.13). Dazu muß der leiblichen Erziehung gegenüber der geistigen und sittlichen ein besonderes Gewicht zugesprochen werden; denn sie stiftet die basale Kontinuität für die Nachkommenschaft und bildet zugleich die entscheidende Grundlage für das Bestehen des „struggle of life" und des Konkurrenzkampfes der Staaten und Kulturen um die Vorherrschaft: „Daher gewinnt es eine ganz besondere Wichtigkeit, daß die Erziehung der Kinder so betrieben werde, daß dieselben nicht nur geistig für den bevorstehenden Kampf gewaffnet, sondern auch körperlich ausgerüstet seien, die übermäßige Abnutzung ihrer Kräfte ertragen zu können" (ebd., S.233). Dabei darf der Geist nicht auf Kosten des Körpers entwickelt werden!

So wie die Erziehung sich in ihren *Zielen* nach den „Zwecken der Natur“ richten soll, so hat sie auch in ihrer *Form* dem „natürlichen Prozeß“ zu entsprechen: „die Erziehung (ist) zu einem Prozeß der Selbstentwickelung zu machen“ (ebd., S.158). Mit der Vorstellung, daß „die Erziehung im kleinen eine Wiederholung der Entwickelung sein sollte“ (ebd., S.121), knüpft auch der erklärte Mechanist Spencer an den Rekapitulationsgedanken an. „Erziehung setzt Erfahrung voraus und beruht auf entsprechender Vermittlung adäquater Erfahrung. Voraussetzung jeder individuellen Erfahrung ist die von den Vorfahren ererbte stammesgeschichtliche Erfahrung. Der Mensch ist, wie alle Lebewesen, Teil des universellen Evolutionsprozesses. Sein grundlegendes Verhaltens- und Leistungsrepertoire, seine organisch-physiologische und psychische Ausstattung, seine Antriebe, seine Emotionen, seine Vernunft, seine Freiheit, sind zunächst das Ergebnis eines langwierigen Entwicklungsprozesses aus früheren Zustandsformen, sie sind das Produkt von Erfahrungen, die über lange Zeit hinweg gesammelt und von Generation zu Generation weitervererbt worden sind. Deshalb ist die auf stammesgeschichtlichem Wege gewonnene Erfahrung auch weit zuverlässiger als kulturelle und individuelle Erfahrungen“ (Muhri 1979, S.307). Die Erziehung soll also so erfolgen, daß der individuelle Geist durch die vom allgemeinen Geist durchschrittenen Stufen zu leiten ist.
So wie die Erziehung sich in ihren Zielen und Formen an den Zwecken der Natur orientiert, so soll auch ihre *Methode* den Weg der Natur beschreiten: die „Methode der Natur ist das Vorbild der Methoden“ (Spencer 1905, S.104). Ihr Prinzip muß sein, die Inhalte und Fertigkeiten so anzuordnen, daß sie „mit dem natürlichen Prozeß geistiger Entwickelung übereinstimmen“ (ebd.). Die in Anlehnung an Pestalozzi von Spencer breit entfaltete „Methode der Natur“ schreitet vom Einfachen zum Zusammengesetzten, vom Unbestimmten zum Bestimmten, vom Konkreten zum Abstrakten voran - sie ist „*genetisch*“: „Die Entstehung des Wissens im Individuum muß denselben Verlauf befolgen wie die Entstehung des Wissens im ganzen Menschengeschlecht“ (ebd., S.119). Zur Absicherung dieses Parallelismus rekurriert Spencer auf die hegelianisierende Drei-Stadien-Lehre des positivistischen Sozialphilosophen Auguste Comte.
Mit seiner *Auffassung vom Kinde* steht Spencer nur noch teilweise im Bannkreis des romantisch-rousseauistischen Denkens. Mit diesem verbindet ihn lediglich die Vorstellung, daß das Kind ein Wesen des Wachstums und der Entwicklung par exellence ist, dessen „rastloser Beobachtungsdrang, statt vernachlässigt oder gar gehemmt zu werden, sorgsam und kräftig gefördert“ (ebd., S.47) werden muß; „denn auf eines Kindes geistige Instinkte dürfen wir uns mehr verlassen als auf unser Nachdenken und Grübeln“ (ebd., S.125). Die Bewunderung des Tätigkeitsdranges, der gedanklichen Beweglichkeit und der

Schöpferkraft des Kindes verschränkt sich bei Spencer jedoch - ganz im Gegensatz zu den Rousseauisten - mit der Geringschätzung der moralischen Natur des Kindes. Er qualifiziert diese als grausam und brutal, als barbarisch: „Erwarte von einem Kinde nicht einen hohen Grad von sittlicher Güte. In seinen ersten Jahren durchläuft jeder gebildete Mensch jene Phase des sittlichen Zustandes, wie sie dem barbarischen Stamme eignete, deren Abkömmling er ist. Wie des Kindes Gesichtsbildung - platte Nase, aufgestülpte Nasenlöcher, breite Lippen, weit offene Augen, geringer Gesichtswinkel usw. - eine Zeitlang der der Wilden ähnelt, so auch seine Triebe. Daher der unter Kindern so allgemeine Hang zur Grausamkeit, zum Stehlen, zum Lügen ... . Die landläufige Idee von der 'Unschuld' der Kinder, so wahr sie ist in bezug auf das Wissen des Bösen und die böse Absicht, ist gänzlich falsch in bezug auf böse Neigungen, wie eine halbstündige Beobachtung in der Kinderstube jedem beweisen kann" (ebd., S. 213f). Die augenfällige Brutalität der Kinder macht für Spencer „Gewaltverfahren unerläßlich". Ein höherer Grad der Moralität ist wie auch eine höhere Stufe der Intelligenz erst in einem späteren Stadium gegeben, wenn das Individuum in seiner Entwicklung bis zur gegenwärtigen Evolutionsstufe der Gattung, zur Stufe der wissenschaftlichen Zivilisation, vorangeschritten ist.

Spencers biologisch-naturalistische Pädagogik stellt insofern einen Neubeginn dar, als Erziehung hier ganz als Beitrag zum Wachstum und zur Anpassung des menschlichen Organismus an die je gegebene natürliche und soziokulturelle Umwelt aufgefaßt wird. Grundlegend ist der kausal-mechanische Entwicklungsbegriff der modernen Biologie. Die rousseauistisch-romantischen Vorstellungen vom Erziehen als Wachsenlassen und von der natürlichen Lehrart erhalten von hier aus nunmehr eine dezidiert empirische, physiologische und psychologische Fassung. Den Imperativ dieses biologistischen Erziehungsverständnisses hat Wilhelm Preyer zutreffend mit dem Schlagwort: „Zuerst Natur ohne Dressur, dann Kultur" (Preyer, zit. n. Langeveld 1956, S.123f.) wiedergegeben. In diesem gedanklichen Zusammenhang wird das Kind von Spencer als eine frühe Form des Menschlichen begriffen; es vollzieht - auf seiner Instinktbasis aufbauend - tätig den Weg der menschheitlichen Kulturwerdung in sich nach. Zur Veranschaulichung dieses genetischen Vorgangs greift auch Spencer in heuristischer Absicht wieder auf den spekulativen Rekapitulationsgedanken zurück.

Als „*psychogenetisches Grundgesetz*" wird dieser Analogieschluß in der Folge zu einem intensiv diskutierten Thema der Kinderpsychologie. Die Annahme, daß die Stufen der Menschheitsentwicklung in der Individualentwicklung wiederkehren, kommt den latenten philosophisch-spekulativen Interessen vieler Kinderforscher in zweierlei Art entgegen: Zum einen beflügelt sie das philosophisch-anthropologische Interesse an der Kinderforschung als dem Königsweg zu einer empirischen Antwort auf die Frage nach der Herkunft bzw. nach dem Ursprung des menschlichen Geistes, zum anderen erlaubt diese Sichtweise die Beibehaltung der romantischen Qualifizierung der Kindheit als einer noch natürlichen, ursprünglichen und poetischen Daseinsform des Menschen innerhalb des kinderpsychologischen Forschungsgebiets.

Für viele Zeitgenossen wird die Rekapitulationstheorie dann durch das im Jahre 1874 von dem Jenenser Zoologen Ernst Haeckel (1834-1919) proklamierte „biogenetische Grundgesetz" untermauert. Angesichts der vielen offensichtlichen Gestaltparallelen zwischen den Phasen der biologischen Evolution in erdgeschichtlicher Zeit und den Stadien der aktuellen Embryonalentwicklung formuliert Haeckel den Satz, daß die Reihe der Entwicklungsformen, die ein Individuum während seiner pränatalen Entwicklung durchläuft, eine gedrängte Wiederholung der langen Gestaltenreihe ist, welche die Vorfahren seiner Art von den Urzeiten bis heute durchlaufen haben (vgl. dazu auch Ausubel/Sullivan 1978, S. 557 ff.; Ewert 1994, S. 384 f.). Aus dem *biogenetischen* schließen viele Kinderpsychologen auch auf ein *psychogenetisches* Grundgesetz; sie übertragen den Rekapitulationsprozeß auch auf die postembryonale Entwicklung und auf die Kulturgeschichte der menschlichen Gattung - von einem rein naturalen auf einen auch und insbesondere kulturell gestalteten Bereich (zur damaligen Kontroverse hierüber vgl. Reinert 1976, S. 881).

6.4 Die geistige Entwicklung des Kindes als Rekapitulation der Gattungsgeschichte bei Baldwin und Hall

Ein Verdienst Herbert Spencers kann darin gesehen werden, daß er die biologische Theorie der organischen Evolution auf das Gebiet des geistig-kulturellen Lebens und hier u.a. auf das der Erziehung übertragen hat. Dieses Projekt einer biologischen Evolutionstheorie des Geistes versucht der Kinderpsychologe *James Mark Baldwin* (1861-1934) durch die Erforschung der Intelligenzentwicklung des Kindes empirisch zu fundieren. In seinem 1895 erschienenen Werk „Die Entwicklung des Geistes beim Kinde und bei der Rasse" geht auch Baldwin von der Voraussetzung der Gleichförmigkeit und Kontinuität in der Natur und damit auch des gemeinsamen Anfangs von Leben und Geist aus. Wie das Organische entwickelt sich auch das geistige Leben durch selektive Reaktion im Laufe der Naturgeschichte zu immer komplexeren Formen und erreicht in der menschlichen Intelligenz seine bislang differenzierteste Ausprägung: Auch die „Stadien der geistigen Accomodation und Entwickelung [können] auf dieselben Prinzipien der Adaptation zurückgeführt werden" (Baldwin 1898, S. 198). Die phylogenetische Entwicklung des Geistes stellt für Baldwin also das Ergebnis der progressiven Anpassung des menschlichen Organismus an seine Umgebung dar.

Den Motor der Entwicklung bildet die „circuläre Thätigkeit", die der zweiteiligen basalen Bewegung von Lust und Schmerz entsprechende Wechselwirkung von Gewohnheit und Accomodation im Wachstumsprozeß des Individuums: „Was ist das Mindeste, das wir über die Entwickelung eines Organismus aussagen können? Jedermann giebt zu, daß zweierlei ausgesagt werden muß: erstens, daß er sich entwickelt, indem sich *Gewohnheiten* bilden; und zweitens, daß er sich entwickelt, indem er neue Adaptionen erhält, die das Zerstören oder die Modifikation von Gewohnheiten bewirken - diese letzteren modifizierten Gewohnheiten nennt man *Accomodationen*. Das Gesetz der Gewohnheit können wir jetzt etwa in folgende Form fassen: Gewohnheit ist die Tendenz eines Organismus, Prozesse, die vital wohlthätig sind, immer leichter und leichter fortdauern zu lassen. Dies Prinzip ist ein Axiom in der Biologie und Psychologie (445) ... Die Accomodation ist in zwei Weisen der Gewohnheit entgegengesetzt: erstens, bezieht sie sich auf neue Bewegungen - eine prospektive Beziehung - während Gewohnheit sich stets auf mehr oder weniger alte Bewegungen - retrospektiv- bezieht, und so schießt sie über die Gewohnheit hinaus; und zweitens, sucht sie durch Selektion von neuen Bewegungen mit den alten habituellen Bewegungen direkt in Konflikt zu kommen und dadurch die Gewohnheiten zu zerstören. ... Accomodation ist das Prinzip, nach dem ein Organismus sich an mehr komplizierte Zustände der Reizung durch Leistung von mehr komplizierten Funktionen adaptiert. ... Das Lernen einer Handlung ist eben Accomodation. .... Eine fortgesetzte Accomodation ist aber nur möglich, weil das andere Prinzip, das der Gewohnheit, immerfort die Vergangenheit bewahrt und die points d'appui in solider Struktur für neue Accomodationen liefert. Insofern ferner, als die Vorlage durch die Übertragung aus der Welt in den Geist einer inneren Wiederbelebung im Gedächtnis fähig wird, erhält die Accomodation einen neuen Charakter - einen bewußten, subjektiven Charakter - im Wollen" (ebd., S. 447f.).

Baldwin erklärt die *geistige Entwicklung* beim Kind und bei der Gattung also vollständig aus den Wirkungen der im menschlichen Organismus genetisch tradierten, in sich zweiteiligen, zirkulären „Lebensmethode" der Umwelt-Adaptation. Die von den Individuen der menschlichen Species erlangten Accomodationen sind der ausschlaggebende Faktor im Fortschritt der Gattung: „Die Intelligenz stellt die höchste und specialisierteste Form der Accomodation durch circuläre Reaktion dar. ... Die Intelligenz erreicht die weiteste mögliche Ausdehnung der personellen Adaptation, und dadurch erweitert sich die Sphäre der organischen Selektion so sehr, daß ein Geschöpf, das denkt, im allgemeinen vor der Wirkung der Naturzüchtung geschützt wird" (ebd., S. 442). In dem Maße, wie die Intelligenz wächst, tritt der frühere physische Kampf ums Dasein zurück, entfalten sich die sozialen Regungen, insbesondere die ethischen und religiösen Bestrebungen. Aus der Beherrschung der Entwicklung durch die Intelligenz resultiert die „sociale Vererbung" der Erwerbungen der Gattung an die Kinder durch Tradition und Erziehung.

Trotz dieser Unterscheidung zwischen einer organisch-naturalen und einer sozial-kulturellen Entwicklung geht auch Baldwin von einer grundlegenden Analogie zwischen der Entwicklung des Kindes und derjenigen der Gattung aus: „Das Kind beginnt in seiner pränatalen und der ersten postnatalen Periode mit einfachen Empfindungen, Lust und Schmerz, nebst den motorischen Anpassungen, zu denen diese führen; es tritt dann in ein zweites Stadium ein, mit Vorstellungen von Objekten, mit Reaktionen auf diese durch 'Suggestion', Nachahmung u.s.w., wird mehr oder weniger selbstbeherrschend, erhält stärkere Einbildungskraft und stärkeres Wollen, und schließlich wird es nachdenkend, social und ethisch" (ebd., S. 17). Baldwin hält den Parallelismus von Phylo- und Ontogenese zwar für plausibel, aber für empirisch ungesichert. Außerdem bedarf er der Modifikation durch die Annahme von Abkürzungen und Abweichungen besonders auf psychologischem Gebiet: „Bei einer strengen Verwirklichung des Gesetzes der Rekapitulation sollten wir finden, daß das Kind zuerst durch ein Stadium sehr verschiedenartiger und wunderbarer instinktiver Einrichtungen - die der instinktiven Ausstattung des Tieres entsprechen - hindurchgeht, und daß es dann später, wenn es willkürlich zu handeln lernt, diese Instinkte verliert. Das Kind zeigt aber nichts derartiges, sondern wir sehen, daß es direkt von dem suggestiven, sensori-motorischen Stadium, das viel niedriger steht und eher erscheint in der phylogenetischen Reihe als das extreme instinktive Stadium, in das Willensstadium übergeht. Es ist dies möglich wegen der hoch differenzierten Organisation, die durch die Ausübung bewußter geistiger Selektion mit Vererbung oder durch Naturzüchtung sich ergeben hat, und das Kind überspringt somit in seiner individuellen Entwickelung eine große Menge von phylogenetischem Detail" (ebd., S. 25). Als Abweichungen führt Baldwin an die eigentümliche Länge der extrauterinen Kindheitsperiode beim Menschenjungen und die gerade hierdurch erfolgende Beschleunigung der geistigen Entwicklung durch Erziehung und Unterweisung.

Für Baldwin führt der neue biologische Evolutionsgedanke schließlich auch zu einer grundlegend veränderten Sicht auf *das Kind*. Hatte man vordem den Geist des Kindes von der höchsten Entwicklungsstufe des Erwachsenenbewußtseins her betrachtet, so wird dieses nun durch Züge erklärbar, die funktionell schon in frühester Kindheit am Werk sind: „Der genetische Gedanke kehrt alles dies um" (ebd., S. 4). Der Erwachsene ist nicht länger der Vater des Kindes, sondern das Kind wird vielmehr zum Vater des erwachsenen Menschen. Denn gerade das Studium des Kindes kann uns über die natürlichen Ursprünge des menschlichen Geistes belehren. Baldwins Charakterisierungen der Natur des Kindes indes führen uns aber nicht nur - darwinistisch - ins Stadium der Tierheit zurück, sondern zugleich - rousseauistisch - in die Daseinsform des noch nicht entfremdeten Menschen: „Die Erregung eines Kindes dagegen ist so spontan, wie eine Quelle. Ihr Einfluß auf das Geistesleben äußert sich in einer reinen, von Berechnung, Falschheit und Zurückhaltung, wie sie bei Erwachsenen vorkommen, unbeeinflußten Handlung. Einen Jeden von uns umgiebt ein selbstgesponnenes Gewebe von konventionellen Vorurteilen ... . Demgegenüber kennt das Kind noch nicht seine eigene Wichtigkeit, seine Schönheit, seine sociale Stellung, seine Religion, seine ererbten Vorteile und Nachteile: es hat noch nicht gelernt, sich durch alle diese zahlreichen Vergrößerungsgläser von Zeit, Ort und Umständen zu betrachten. Es hat sich selbst noch nicht zum Gott, die Welt nicht zu einem Tempel gemacht: so können wir es getrennt von den komplizierten Zugaben, die sein Selbstbewußtsein später hinzufügt, studieren" (ebd., S. 6).

Wir sehen: selbst der stringent theoriegeleitete biologisch-interaktionistische Forschungsansatz Baldwins, der bekanntlich späterhin von Jean Piaget aufgenommen und in dessen Hauptwerk fruchtbar gemacht wird, ist in seinem Entdeckungszusammenhang geprägt von zwei zentralen Motiven des romantischen Kindbildes: der Hochschätzung des genetisch Frühen, Ursprünglichen, aus welchem sich die späteren Stufen und Ergebnisse der Entwicklung herleiten lassen, sowie der Annahme, daß das Kind in seiner Entwicklung die evolutionären Errungenschaften der menschlichen Gattung rekapituliert. In Baldwins Werk werden diese Voraussetzungen in bemerkenswert kritischer Weise reflektiert. Vielleicht erklärt sich hieraus die geringere Wirkung seiner Gedanken auf die unmittelbare Zeitgenossenschaft (vgl. Reinert 1976, S. 881).

Ungleich größere Resonanz finden damals das kinderpsychologische Werk und das erziehungsreformerische Wirken seines Kollegen von der Clark-University in Massachusetts, *G. Stanley Hall* (1846-1924); denn dieser stellt in seinen eher spekulativ ausgerichteten Studien wieder eine intensive direkte Beziehung zur romantischen Auffassung des Kindes und dem daraus entspringenden pädagogischen Naturalismus her. Die Grundlage von Halls kinderpsychologischem Denken bildet seine Überzeugung von der umfassenden Erklärungskraft der *Rekapitulationstheorie* und die daraus entspringende Auffassung, daß das Wachstum und die Entwicklung des Kindes die gesamte Gattungsentwicklung in wenigen Jahren wiederholt: „Im Wachstum von der Kindheit oder dem ersten vorgeburtigen Anfang an wiederholt jeder von uns in seinem eigenen individuellen Leben die ganze Geschichte des Lebens, seitdem dieses auf unserem Planeten begann. Wir alle sind thatsächlich Pflanzen oder Protophyten, Protozoen, Metazoen u.s.w. gewesen, da wir jede Stufe rekapitulieren. Das menschliche Gehirn, durch welches alle Entdeckungen gekommen sind, ist das einzige Mundstück für das Göttliche in der Welt. ... Die Persönlichkeit des Menschen ist deshalb naturgemäß unser Mittel zur Erkenntnis der Gottheit ....“ (Hall 1902, S. 172).

Hall versteht sich sowohl als biologischer Evolutionist in der Nachfolge Spencers wie auch als pantheistischer Spiritualist in der Spur der romantischen Naturphilosophie. Für ihn ist die Welt dynamisch, von der Kraft des Geistes durchwirkt (vgl. ebd., S. 189), und der Mensch stellt das erhabenste Geschöpf der geistigen Allnatur dar. Von diesem weltanschaulichen Hintergrund aus verbindet Hall den kausalen Evolutionsbegriff der modernen Biologie (Anpassung und Steigerung) mit dem teleologischen Entwicklungsverständnis der idealistischen Philosophie (Entfaltung und Verwandlung). Der Postdarwinist Hall denkt den Menschen sowohl als das noch nicht festgestellte Tier als auch als Mikrokosmos, „und um alles zu kennen, was im Menschen liegt, wird man Kenntnis von all dem haben müssen, was in seinem Universum ist“ (ebd., S. 172). Die Rekapitulationstheorie ist deshalb für Hall sowohl das große biologische Grundgesetz, welches retrospektiv die Entstehung und Entwicklung der Arten erklären kann, als auch die Rekonstruktion des bisherigen Weges, auf dem sich prospektiv der „Übermensch“ zeigt, „zu welch erhabenem Ziel die besten Entwicklungseinflüsse in der Welt hinstreben“ (ebd., S. 189). Die Rekapitulationstheorie erklärt deshalb auch nicht nur als psychogenetisches Grundgesetz kausal die Entwicklung des Kindes, sie enthält zugleich final einen Bildungsgedanken, den Hall im Rekurs auf die Pädagogik der Romantik in folgenden Worten formuliert: „To linger in the paradise of the recapitulatory stages is the new ideal of liberal humanistic culture, which is that each should experience all the essentials that the race has experienced in its long pilgrimage upward“ (Hall zit. n. Depaepe 1993, S. 154): Jede Entwicklungsstufe besitzt ihre eigene Wertigkeit, und erst der Durchgang durch alle zusammen bildet den Menschen zur Vollkommenheit.

Hall stellt die psychologische Kinderforschung in den größeren Zusammenhang einer allgemeinen „*genetischen Psychologie*“ und einer genetischen kulturellen Erneuerungsbewegung. „Die genetische Psychologie ist viel umfassender als die Kinderforschung in gewöhnlicher Bedeutung und ist nur eine Übertragung der Entwickungslehre auf das Gebiet des Geistes. Ihr liegt der große Umwandlungsbegriff zu Grunde, daß die Seele so zusammengesetzt, so alt ist und allmählich sich so entfaltet hat wie der Körper und ebenso wie dieser in einer vergleichenden Weise unter Berücksichtigung alles dessen, was das geistige Leben der niederen und sogar der niedersten Organismen uns lehren kann, studiert werden muß“ (Hall 1902, S. 19). Die genetische Psychologie beschreibt und erklärt also die Entwicklung der „höheren Geisteskräfte“ aus ihren Anfängen heraus. Sie umfaßt die drei Gebiete der Kinderpsychologie, der vergleichenden Tierpsychologie und der Psychologie der Naturvölker. Die genetische Forschung erbringt empirisches Wissen auch für die Lösung fundamentaler erkenntnistheoretischer Probleme. Untersuchungen über die Entwicklungsstufen des Seelenlebens bei „Tieren, Wilden und Kindern“ (!) haben für Hall bereits belegt, „daß das Bewußtsein nicht der Schöpfer oder Träger der Ichsynthese, sondern nur eine Form ihrer Äußerung ist. ... Die Seele ist viel größer als das Bewußtsein und die vollkommensten Kräfte sind jene, welche aus Wurzeln entspringen, die in der Lebensskala am tiefsten beginnen“ (ebd., S. 334). Und wie es zunächst eine größere, unbewußte Existenzweise des Seelischen, eine „natura naturans“ der Seele gibt, so verspricht auch die ursprüngliche Daseinsform der Kindheit „viele Arten der Persönlichkeit und des Bewußtseins ..., ehe die Schatten des Gefängnisses sich auf sie senken“ (ebd., S. 318). Die genetische Perspektive führt für Hall zwangsläufig zu der Auffassung von der Kindheit als dem entwicklungsreichsten Lebensstadium, in welchem die Individualität noch nicht so stark beschränkt wird wie im Erwachsenenalter. Durch diese Hochschätzung der Daseinsform des Kindes „ist die Kinderforschung ein Teil einer großen Kulturbewegung, welche gekennzeichnet wird durch eine neue Liebe zum Naiven, Spontanen und Ungekünsteltem, wie auch durch ein Verlangen, das Primitive und Originale der Menschennatur, so wie es frisch aus ihren ersten Quellen kommt, zu ermitteln" (ebd., S. 41).

Halls *Anthropologie des Kindes* weist trotz ihres empirischen psychologischen Geltungsanspruchs sämtliche Grundzüge des romantischen Kindheitsideals auf. Hall ist davon überzeugt, „daß die Kindheit, wie sie frisch aus Gottes Hand kommt, nicht verdorben ist, sondern das Fortbestehen des vollkommensten Dinges in der Welt darstellt ... [und] daß es nichts gibt, was der Liebe, der Verehrung und der Arbeit würdiger ist, als Leib und Seele des sich entwickelnden Kindes" (ebd., S. 228). Das Kind verkörpert in einer fortgeschrittenen Kultur eine frühere Stufe der Menschengattung: „Die Seele und der Körper des kleinen Kindes sind mit Kräften und Rückstrahlungen aus der vielleicht sehr weit entfernten Vergangenheit beladen" (ebd., S. 219). Deshalb lebt das Kind noch in völliger Übereinstimmung mit der Natur (vgl. ebd., S. 191). Die Ungespaltenheit des kindlichen Geistes gibt sich in seinen mythologisierenden Weltdeutungen und in seinem animistischen Verständnis der Natur kund: „Für das Kind plaudern die Bäume buchstäblich, wenn ihre Blätter im Winde rauschen" (ebd., S. 174). Die Gefühls- und Gedankenwelt des Kindes stellt für Hall ein „Wunder" dar, das uns an die ursprüngliche Vollkommenheit der Menschennatur erinnert: „Die Kindheit ist also unsere Wolkensäule bei Tag und unsere Feuersäule bei Nacht. Andere Wunder können ausbleiben, aber dieses eine wird niemals fehlen" (ebd., S. 41). Diese enthusiastische Verehrung der Kindheit gipfelt in der Beschwörung des Kindes als Führer durch die Wirrnisse und Widrigkeiten der modernen Kultur: „Noch mehr; es giebt wirklich keinen Faden, an dem wir uns durch das ganze Gewirr der Kultur und die Zerstreuungen des modernen Lebens hindurchwinden können, als die Kenntnis von der wahren Natur und den Bedürfnissen der Kindheit ..." (ebd., S. 41).

Die Kinderforschung wird somit bei Hall zur maßgebenden Wissenschaft für eine *Erneuerung* der gesamten Kultur, insbesondere *der Erziehung*. Diese soll „sich einzig und allein auf eine gesunde und umfassende Ansicht über die Natur und die Bedürfnisse der Kindheit gründen" (ebd., S. 227). Hall leitet aus seiner oben dargelegten Auffassung von der Natur und Entwicklung des Kindes die Notwendigkeit einer tiefgreifenden Veränderung der gesamten Erziehungspraxis ab: „ Dieses Erziehungssystem wäre aber der Hauptsache nach mehr pädozentrisch als scholiozentrisch; es mag einigermaßen der Reformation gleichen, welche darauf besteht, daß der Sabbath, die Bibel und die Kirche für den Menschen, aber nicht er für diese da ist; es würde sowohl der Praxis und den Resultaten der modernen Wissenschaft wie auch der psychologischen Untersuchung entsprechen, die Religion und Moral wirksamer machen und vor allem der Individualität ihre vollen Rechte in der Schule einräumen und etwas dazu beitragen, die Rasse zur höheren Reife des Übermenschen zu bringen und die Wirksamkeit der Entwicklung hervorzurufen ..." (ebd., S. 247). In einer auf Kinderforschung gegründeten „idealen Schule" werden die Inhalte und Methoden nicht mehr von der Fachlogik der Wissenschaften, sondern „vom Standpunkt der Werde-Perioden aus" bestimmt.

Die logisch-scholastische Methode, die dem Geist des Erwachsenen entspricht, wird von der „*genetischen Methode*" abgelöst, welche sich nach der Psychogenese des Kindes richtet. Wenn die Entwicklung das höchste Kriterium für die Gestaltung der Lernumwelt ist, dann kann das Wissen nicht das Ziel, sondern nur das Mittel zu immer umfassenderer Bildung sein; die Inhalte des Curriculums müssen dann selber auch in dem Sinne „genetisch" gelehrt werden, daß sie sich in Reihenfolge und Zugangsweise nach den Bewußtseinsstufen richten, in welchen das Kind den Erkenntnisweg der Menschheit von der magisch-animistischen über die mythische zur rationalen Weltauffassung noch einmal rekapituliert. In den naturkundlichen Fächern z.B. wird der genetisch Unterrichtende deshalb von den ursprünglich-naiven Formen des Weltverstehens ausgehen und über die frühen Etappen der Wissenschaftsgeschichte zu den Problemen und Theorien der heutigen Forschung vordringen: „Hier wie überall sollten vor den Fachstudien und zwar lange vor denselben die menschlichen, interesseerzeugenden Studien kommen, aus welchen jene herauswachsen; denn ohne diese Propädeutik haben sie keinen tiefen Boden, in den sie ihre Wurzeln schlagen könnten" (ebd., S. 180).

Hall versteht seine vielfältigen, an dieser Stelle nicht weiter darzulegenden pädagogisch-anthropologischen, schulreformerischen und didaktisch-methodischen Überlegungen nicht nur als Extrapolationen seiner genetischen Psychologie. Sie ergeben sich für ihn ebensosehr aus den pädagogischen Lehren der Romantik, deren Maximen er in seiner Zeit wissenschaftlich neu begründen und fortschreiben will: „Wir dürfen keine Silbe von der kostbaren positiven Philosophie Fröbels, des tiefsten aller modernen pädagogischen Denker, verlieren; wir müssen aber jeden praktischen Ausdruck seiner Ideen vom Grunde aus wieder aufbauen ..." (ebd., S. 230). Stanley Halls Anthropologie des Kindes, sein entwicklungspädagogisches Denken und sein Konzept des genetischen Lehrens schließen also noch unmittelbar an das romantische Vorbild an; und auch seine kinderpsychologischen Aussagen werden - im Gegensatz etwa zu denen James Baldwins - noch stärker von den spekulativen Elementen eines spirituellen Evolutionismus und christlichen Pantheismus bestimmt als von den Ergebnissen eigener empirischen Forschung. Letztere beruht nicht auf unmittelbaren Beobachtungen an Kindern oder auf Gesprächen mit ihnen, sondern in erster Linie auf der statistischen Auswertung von Fragebögen, in denen eine große Zahl von Lehrern und Eltern über verschiedene Aspekte der kindlichen Entwicklung befragt wurden. Der geringe Grad an Objektivität und Originalität dieser Ergebnisse hindern Hall indes nicht daran, seine phantasievollen Hypothesen weiter zu vertreten.

Die seit 1894 jährlich an Lehrer, Erzieherinnen und Eltern verschickten Fragebögen zum Studium des Kindes werden vielmehr zum Lebensnerv der von Hall programmatisch geführten „Child Study"-Bewegung in den Vereinigten Staaten. Den anderen Multiplikator des neuen kinderpsychologischen und erziehungsreformerischen Interesses bilden die jährlichen psychologischen Sommerferienkurse Halls an der Clark-Universität, an denen durchschnittlich 300 bis 400 Teilnehmer aus allen Bereichen des Erziehungswesens mitwirken. Seit den ersten zwölf Vorlesungen, die Hall im Jahre 1881 samstags vor Lehrern an der Harvard-Universität gehalten hat, finden seine neuen Ideen über die Erforschung und Erziehung des Kindes die Unterstützung von tausenden von Eltern und Pädagogen, die sich in mehr als zwanzig Bundesstaaten zu Vereinen zusammenschließen („State Associations"; „Round Table Groups", „Mother's Clubs"). Obwohl seine Forschungsergebnisse eher bescheiden bleiben, gelingt es Hall, als Inspirator und Hauptrepräsentant der Child-Study-Bewegung eine tiefgreifende Mentalitätsveränderung in Gang zu setzen. Im Gefolge der Popularisierung der Kinderforschung gehen in den Vereinigten Staaten Kindersterblichkeit und Kinderausbeutung weiter zurück, wird die hygienische und gesunde Gestaltung der Erziehungseinrichtungen und die Ausrichtung der pädagogischen Arbeit auf das Kind zum Thema des öffentlichen Diskurses (vgl. Depaepe 1993, S. 50f.). Von daher darf man Stanley Hall nicht nur als den Gründer der Kinderforschungsbewegung, sondern auch als einen Pionier des Progressive Education Movement - der amerikanischen Reformpädagogik - bezeichnen. Von Baltimore geht auch der internationale Siegeszug der Kinderforschung aus: Nachdem es Hall und seinen Anhängern gelungen ist, im Jahre 1893 ein „Child Study Department" in der National Education Association zu gründen, springt der Funke nach Europa zurück. Im Jahre 1898 ensteht die „British Child Study Association" in London, 1899 bilden sich der „Verein für Kinderpsychologie" in Berlin und die „Société Libre pour l'étude psychologique de l'enfant" in Paris. Den Schlußpunkt dieser Rückkehr in die Heimat bildet in gewisser Weise die Gründung des „Institut Jean-Jacques Rousseau" im Jahre 1912 in Genf, an dem wenige Jahre später Jean Piaget seine epochemachenden Forschungen beginnen wird.

6.5 Animismus, Eidetik, Monismus - die Weltanschauung des Kindes bei Piaget, Jaensch und Kroh

Im Zentrum von Halls genetischer Psychologie stand die Rekapitulationslehre: die Überzeugung vom Walten einer festen genetischen Ordnung der Entwicklungsstadien und eines genetischen Parallelismus zwischen der Evolution der menschlichen Gattung und der Entwicklung des Kindes. Im strengen empirischen Sinne nicht beweisbar, hat dieser qualitative Entwicklungsbegriff und der darauf beruhende genetische Analogieschluß der Kinderpsychologie indes einen „fruchtbaren Suchhorizont“ (Ewert) eröffnet für ein umfassenderes hypothetisches Verständnis der eigenartigen und eigenwertigen Entwicklungsstadien der Kindheit. Einige der bedeutendsten Kinder- und Entwicklungspsychologen haben daher diese Perspektive noch bis tief in das 20. Jahrhundert hinein weiterverfolgt.
Beispielsweise hält der deutsche Psychologe und Philosoph *William Stern* (1871-1938) die Geltung des genetischen Parallelismus trotz der zahlreichen Disparitäten zwischen individuellen und überindividuellen Entwicklungen für unabweisbar. Vom „biogenetischen Grundgesetz“ Haeckels ausgehend entfaltet er den *Rekapitulationsgedanken* auch psychogenetisch noch im Jahre 1906 in ganzer Breite: „Aber die Geltung jenes Parallelismus ist eine viel weitere; auch das postembryonale Leben zeigt das Entsprechende. Nehmen wir den Menschen als Beispiel. Das menschliche Individuum steht in seinen ersten Lebensmonaten, als „Säugling“, mit dem Vorwiegen der niederen Sinne, des dumpfen Trieb- und Reflexlebens, auf dem Stadium des Säugetieres, erreicht im zweiten Halbjahr, mit der Fähigkeit des Greifens und des vielseitigen Nachahmens, das Stadium der höchsten Säugetiere, der Affen, und erlebt im zweiten Jahre durch Erwerbung des aufrechten Ganges und der Sprache die eigentliche Menschwerdung. In den nächsten fünf Jahren des Spiels und des Märchens steht es auf der Stufe der Naturvölker. Sodann folgt der Eintritt in die Schule, die straffere Eingliederung in ein soziales Ganzes mit festen Pflichten, die scharfe Scheidung von Arbeit und Muße - es ist die ontogenetische Parallele zum Eintritt des Menschen in die Kultur mit ihren staatlichen und ökonomischen Organisationen. In den ersten Jahren des Schulalters sind die einfachen Verhältnisse der Antike und des alten Testaments dem kindlichen Geiste am adäquatesten, die mittleren Jahre bringen die schwärmerischen Züge der christlichen Kultur, und erst die Zeit um die Pubertät herum erreicht jene geistige Differenziertheit, die dem Kulturstand der neueren Zeit entspricht. Hat man doch oft genug das Pubertätsalter selbst als die ‘Aufklärungszeit’ des Individuums bezeichnet. - Und wie der genetische Parallelismus für die Gesamttendenz der Entwicklung gilt, so auch für manche Partialprozesse. So zeigen neuere Untersuchungen, daß die

Sprachwerdung im Kinde gewisse Hauptzüge aus der Sprachentwicklung der Menschheit deutlich wiederholt; und das kindliche Zeichnen weist in seinem Werdegang überraschende Analogien zu der Kunstentwicklung der Naturvölker auf. - Umgekehrt kann man auch die im Individuum beobachtete Entwicklungsordnung auf überindividuelle Evolutionen übertragen: daß die Stadien des Jungseins, Reifens und Alterns auch von Völkern gelten, ist nicht nur ein schönes Bild, sondern wirklicher genetischer Parallelismus“ (Stern 1906, S. 299f.)
Die Geltung dieses universellen Entwicklungsprinzips leitet der „kritische Personalist“ Stern aus letztheitlichen metaphysischen Setzungen ab. Im Selbstentfaltungsstreben der menschlichen Person gelangt das auf stetige Wertsteigerung gerichtete „wirksame Wesen der Welt“ zum Ausdruck. Das Urphänomen der Entwicklung als spontaner, schöpferischer Selbstentfaltung ist nicht an Sachen, sondern nur an und durch Personen möglich - sowohl an individuellen „Unterpersonen“ als auch an kollektiven „Überpersonen“: „Die Unterpersonen sind zwar Produkte der Überperson; aber sie sind zugleich Personen, also eigene Wirkungseinheiten; sobald sie da sind, funktionieren sie als Selbstzwecke und haben die Tendenz zur Selbständigkeit“ (ebd., S. 334). Jedes menschliche Individuum ist eine Entelechie im Kleinen, so wie es die Menschheit im großen ist. Die tatsächliche Entwicklung der Einzelperson kann - allein schon durch die Verschiedenartigkeit der Umweltbedingungen - beträchtlich von den immanent homologen Entfaltungsphasen der Kollektive abweichen. Deshalb kann der genetische Parallelismus für Stern auch nur eine formale Analogie sein, ein abstraktes Schema für die je konkreten individuellen bzw. historisch-kollektiven Entwicklungsverläufe: „Um es kurz zusammenzufassen: die Gleichläufigkeit zwischen Einzel- und Gattungs-Entwicklung, soweit sie überhaupt besteht, beruht nicht auf spezialisierter Vererbung einer Reihenfolge fester inhaltlicher Beschaffenheiten, sondern auf der allgemeinen Vererbung des Entelechiecharakters von der Gattung auf das Individuum, wodurch eine formale Analogie in der Abfolge der Dispositionen entstehen muß“ (Stern 1918, S. 110).

Während William Stern die Rekapitulationstheorie in der Spur Leibnizens philosophisch-systematisch zu begründen versucht, benutzen namhafte Kinderpsychologen den genetischen Parallelismus nur heuristisch als Bezugspunkt ihrer empirischen Forschungen über die Weltauffassung der Kinder. Das basale Anliegen der epochemachenden entwicklungspsychologischen Forschungen *Jean Piagets* (1896-1980) ist die Ausarbeitung einer genetischen Epistemologie, d.h. einer Theorie der Entwicklung der menschlichen Erkenntnisfähigkeit. Hierfür knüpft Piaget in erster Linie an die Vorarbeiten Baldwins an. Zur Erprobung der Hypothesen der genetischen Erkenntnistheorie wäre für Piaget „das fruchtbarste und sich am ehesten anbietende Feld der Untersuchung ... natürlich die

Rekonstruktion der menschlichen Geschichte - der Geschichte des menschlichen Denkens vom vorgeschichtlichen Menschen an. Doch leider wissen wir über die Psychologie des Neandertalers oder diejenige des Homo siniensis von Teilhard de Chardin nicht sehr viel. Da uns diese Dimension der Biogenese nicht zugänglich ist, werden wir uns wie die Biologen der Ontogenese zuwenden müssen. ... Überall sind Kinder um uns, und die Entwicklung der logischen Erkenntnis, der mathematischen Erkenntnis, der physikalischen Erkenntnis und so fort können wir nirgendwo besser studieren als an Kindern“ (Piaget 1973, S. 21). Das Studium der Intelligenzentwicklung beim Kind eröffnet uns heute also den einzigen Weg zurück zu den früheren Etappen der Evolution der menschlichen Erkenntnistätigkeit. Diese Auffassung des zünftigen Biologen Piaget von der Kinderpsychologie als Fenster zur Vorgeschichte der Menschheit beruht letztlich auf der Annahme eines Rekapitulationsprozesses der Phylo- in der Ontogenese. Das Vertrauen Piagets in den genetischen Parallelismus wird besonders deutlich in seinem Frühwerk über „ Das Weltbild des Kindes“ (La représentation du monde chez l'enfant) aus dem Jahre 1926; denn hierin begreift er - wir werden dies noch genauer darlegen - die Eigentümlichkeit der kindlichen Weltauffassung noch primär aus ihrer Verwandtschaft mit dem prälogischen Denken der Primitiven.
Fünf Jahre zuvor hatte der an der Genfer Universität lehrende Entwicklungspsychologe *Edouard Claparède* (1873-1940) den jungen Piaget zur Fortführung seiner an der Pariser Sorbonne bei Théodore Simon begonnenen kinderpsychologischen Forschungen an das „Institut Jean-Jacques Rousseau - École des sciences de l'éducation“ eingeladen und zu dessen geschäftsführendem Assistenten („chef de travaux“) bestellt. Als Piaget nach vierjähriger Lehrtätigkeit an der Neuenburger Universität dann im Jahre 1929 selber als Professor für Wissenschaftsgeschichte endgültig nach Genf zurückkehrt, wird er stellvertretender Leiter und ab 1932 Ko-Direktor des Rousseau-Instituts, das mittlerweile zu einer Einrichtung der Genfer Universität geworden ist. Das „Institut Jean-Jacques Rousseau“ war am 21. Oktober 1912 von Pierre Bovet zusammen mit Edouard Claparède und Adolphe Ferrière zunächst außerhalb der konservativen Genfer Universität auf privater Basis gegründet worden. Es sollte in erster Linie dazu dienen, einer vom Geiste der „Éducation Nouvelle“ und der „École Active“ beflügelten Lehrerschaft ein wissenschaftliches Studium des Kindes und damit eine psychologische Grundlegung ihrer Pädagogik zu ermöglichen (vgl. Depaepe 1993, S. 105 f.).
Jean Piaget arbeitet also zunächst vier Jahre lang am IJJR. Das ihm im Jahre 1913 angegliederte „maison des petits“, ein nach reformpädagogischen Grundsätzen geführtes Kinderhaus, bietet ihm hervorragende Voraussetzungen für die exakte Beobachtung und sorgfältige Erfassung des kindlichen Denkens. Im

IJJR kommt Piaget aber auch in Berührung mit den neo-rousseauistischen Ideen Claparèdes und der „Genfer Schule“ über die *Entwicklung des Kindes* sowie mit der reformpädagogischen Konzeption einer „éducation fonctionnelle“. Beides verbindet sich dann unauflöslich mit seinem weiteren Werk (vgl. Meili-Dworetzki 1978). Wir wollen dies hier in der gebotenen Kürze nur skizzieren. Der Wahlspruch der drei Gründer des Instituts Jean-Jacques Rousseau lautet: Discat a puero magister (vgl. Claparède 1946, S. 149): Er stellt eine Fortschreibung der romantischen Auffassung dar, daß der Erzieher auch vom Kinde lernen soll. In seinem so betitelten Beitrag aus dem Jahre 1913 skizziert Claparède seine Auffassung des Kindes, welche ihn zu dieser Einstellung geführt hat: „ L'enfant est un être plein de curiosité, possédant une qualité d'impulsions qui le dirigent vers la conquête du nouveau. Mais comme nous savons mal profiter de toutes ces sources naturelles d'énergie que l'enfant recèle dans le tréfonds de son être et qu'il faudrait capter! Imitons la nature qui sait si bien les faire jaillir. Arrangeons-nous pour que les activités que nous réclamons de l'enfant rentrent davantage dans le cercle de ses préoccupations naturelles. L'enfant est avant tout un être fait pour jouer. Le jeu, voilà l'artifice que la nature a trouvé pour pousser l'enfant à déployer une activité considérable, activité utile à son développement physique et mental. Usons un peu plus de cet artifice. Mettons davantage notre enseignement au niveau de l'enfant, en nous faisant de ses instincts naturels des alliés, non des ennemis. ... Et pour cela, ne séparons pas l'instruction de l'action. N'oublions pas que l'intelligence, l'attention ne sont que des instruments destinés à préparer l'action; c'est là leur fonction propre“ (ebd., S. 148). Die Stärken des Kindes liegen also in seinem Tätigkeitsdrang, seiner Neugier und Entdeckerfreude, die es autonom in vollendeter Form im Spiel zum Ausdruck bringt und hierin auch weiter vervollkommnet. Diese Vorzüge des Kindes führen Claparède dazu, die Maßgaben der Erziehung nicht mehr in der immer ungewisser werdenden Zukunft der späteren Erwachsenheit zu suchen, sondern in der Gegenwart der kindlichen Entwicklung selber.

Das Kind ist für Claparède bereits „un être parfait - biologiquement parlant“ (ebd., S. 99), ein vollkommenes menschliches Lebewesen. Vom Erwachsenen unterscheidet es sich nicht funktionell, sondern nur strukturell: „Ce n'est que sous le rapport de la structure que l'enfant présente un type sui generis. Sous le rapport fonctionnel, il y a identité entre l'adulte et lui, c'est-à-dire que l'enfant, autant que l'adulte, est un être autonome, soumis à la loi du besoin, à la loi de l'intérêt. Ses besoins ne sont pas les mêmes, parce que sa structure est autre. Mais, pour lui comme pour l'adulte, c'est le besoin qui est le ressort de l'action“ (ebd., S. 195). Aus der Differenz der mentalen Strukturen ergibt sich, daß die Erziehung das Kind nicht unmittelbar mit den Lebens- und Wissensformen des Erwachsenenalters konfrontieren soll; aus der Gleichheit der dynamischen Funktionen leitet Claparéde die Forderung ab, daß auch das Kind schon von problemhaltigen Situationen herausgefordert werden soll, in denen es seine Kräfte üben und entfalten kann. Die im Spiel des Kindes zum Ausdruck kommende Selbsttätigkeit, ihr Gegenwarts- und Sozialbezug werden für Claparède Maßgaben für die Erziehung überhaupt. Er nennt diese, auf die selbsttätigen Handlungsimpulse des Kindes abzielende Erziehung „éducation fonctionnelle". Ihre Aufgabe besteht vor allem darin, Situationen zu schaffen, in denen spontan die Bedürfnisse und Interessen des Kindes geweckt werden, weil sie seinen Drang zu eigener Tätigkeit hervorrufen: „Le principe de *l'école active* dérive tout naturellement de la loi fondamentale de l'activité des organismes, qui est la loi du besoin, ou de l'interêt: L'activité est toujours suscitée par un besoin. Un acte qui n'est pas relié directement ou indirectement à un besoin, est une chose contre nature" (ebd., S. 155). Die herkömmliche Schule zwingt das Kind zu widernatürlichem Lernen und macht es unglücklich, weil das Schulwissen in keinem Bezug zu seinen Bedürfnissen und Interessen steht. Naturgemäßes Lernen erfolgt „funktionell", d.h. im Dienste des Handelns; es befähigt das Kind dazu, seine Lebensprobleme selbsttätig zu lösen. Erziehung und Unterricht dürfen nicht als Vorbereitung auf eine spätere Lebensphase mißverstanden werden; funktionell gesehen müssen sie vielmehr ein Teil des kindlichen Lebens selber werden.

Der in der Malakologie promovierte Biologe Piaget begegnet in seiner Tätigkeit am Institut Jean-Jacques Rousseau diesen anthropologischen Auffassungen und reformpädagogischen Prinzipien seines Förderers und späteren Bewunderers Claparède. Als Kinderpsychologe schließt sich Piaget diesem Neo-Rousseauismus im wesentlichen an: Auch er geht aus vom Aktivismus und Spontaneismus des Kindes, von seinem inhärenten Erkundungsdrang - von Merkmalen also, die dem Kind funktionell schon dieselbe Kompetenz und Autonomie zubilligen wie dem Erwachsenen und welche für die Erziehung die „aktive Methode" als naturgemäß nahelegen (vgl. Aebli 1978, S. 613f.; Fatke 1979, S. 308ff.). Diesen oft übersehenen Sachverhalt, daß Piaget seine kinderpsychologischen Studien als Reformpädagoge der Genfer Schule beginnt, hat auch Hans-Ulrich Grunder vor Augen, wenn er bemerkt: „Es sind demnach die Genfer Pädagogen, Psychologen und Lehrerbildner, die Piagets Start als Forscher im entwicklungspsychologischen Bereich ermöglichen. Das von ihnen zur Disposition gestellte Umfeld ist jedoch durchwegs pädagogisch gefärbt; dort arbeitet Piaget zunächst an eher pädagogischen Fragestellungen. Es scheint Piagets Denken wesentlich angeregt und durchwirkt zu haben. Nur aufgrund dieser Annahme ist die Existenz seiner unterrichtsmethodischen Beiträge plausibel, worin er die „nouvelles méthodes", das heißt jene der „éducation fonctionnelle" und der „école active" energisch favorisiert. Als unterrichtspraktische Korrelate entsprechen sie offenkundig seiner Sicht des Kindes als eines aktiv Lernenden“ (Grunder 1992, S. 549). Auch bei der Weiterentwicklung seines Forschungsansatzes zu einer genetischen Epistemologie behält Piaget diese reformpädagogischen Grundauffassungen bei.

Der *frühe Piaget* geht in seinem *Kindbild* sogar noch einen Schritt über seinen geistigen Mentor Claparède hinaus - genauer gesagt: hinter ihn zurück in romantische Bezüge. Denn er beschreibt nicht nur die qualitativ andersartigen Formen des kindlichen Denkens, sondern denkt diese als Wiederkehr der Weltanschauung des „edlen Wilden“. In seiner bereits erwähnten Monographie über das Weltbild des Kindes („La représentation du monde chez l'enfant“) stellt er die Ergebnisse der „klinischen“ Gespräche dar, die er und seine Mitarbeiter mit drei- bis zwölfjährigen Kindern über das Wesen des Denkens, der Träume, der Namen, über die Unterscheidung von Seelischem, Lebendigem und Leblosem sowie über die Entstehung der Gestirne, des Lebens, der Berge, der Pflanzen und der meteorologischen Erscheinungen geführt haben. Anders als in seinen übrigen Werken beschreibt Piaget die Eigenart des kindlichen Denkens hier noch nicht strukturell, sondern inhaltlich im Hinblick auf die zugrundeliegenden Deutungen und Haltungen. Für ihn ist die Weltauffassung des Kindes auf den frühen Stufen etwa vom 4. bis zum 10. Lebensjahr primär von drei zentralen Deutungsmustern bestimmt, die es im Laufe seiner Entwicklung hinter sich läßt: vom Realismus, Animismus und Artifizialismus.

Realismus meint die Nichtunterscheidung zwischen dem Ich und der äußeren Welt: „Der Realismus stellt ein primäres Nichtauseinanderhalten dar, wenn man es so sagen darf, ein Nichtauseinanderhalten, das einfach darin besteht, daß Eigenschaften, die in Wirklichkeit zum Denken gehören, von denen aber das Denken noch nicht weiß, daß sie zu ihm gehören (die Namen zum Beispiel), in den Dingen lokalisiert werden“ (Piaget 1988, S. 213). Die Grenze zwischen dem Ich und der Außenwelt ist beim Kind sozusagen noch nicht gezogen. Daher setzt es zunächst voraus, daß das Denken mit seinem Gegenstand identisch ist; deshalb verlegt es die Namen in die Dinge hinein und behandelt die Träume wie Vorgänge, die außerhalb seiner selbst stattfinden.

Während der Realismus ein primäres Nichtauseinanderhalten darstellt, bezeichnet der *Animismus* des Kindes ein sekundäres; denn hier werden den Dingen Eigenschaften zugesprochen, die denen entsprechen, die das Ich sich selber zuschreibt: Bewußtsein, Seele, Absichten, Bedürfnisse usw.: „Die Natur stellt ein Lebenskontinuum dar, so daß alle Körper mehr oder weniger Aktivität und Einsicht aufweisen. Dieses Kontinuum ist ein Netz von intentionellen Bewegungen, die mehr oder weniger miteinander verbunden sind und alle um die Menschheit, im Hinblick auf ihr Wohl, kreisen. Das Kind arbeitet aus diesem Kontinuum schrittweise bestimmte Kraftzentren, wenn man so sagen darf, heraus, die von einer spontaneren Aktivität als die übrigen Dinge beseelt sind" (ebd., S. 209). Den kindlichen Animismus kann man auch als einen einfachen Intentionalismus bezeichnen; denn das Kind verhält sich zunächst so, als sei alles in der Natur mit Absichten ausgestattet und als gäbe es keinen Zufall und keine Notwendigkeit.

Mit diesem Intentionalismus eng verwandt ist der *Finalismus bzw. Artifizialismus* des Kindes, seine Auffassung, daß alles in der Welt einen Zweck für den Menschen zu erfüllen hat und speziell dafür geschaffen ist. Die Dinge sind von den Menschen oder von menschenähnlichen göttlichen Wesen (etwa dem gütigen Gott-Vater) gemacht worden, um für die Menschen bestimmte Aufgaben zu erfüllen; und zur Erfüllung dieser Aufgaben sind sie auch quasi moralisch verpflichtet. „Daß eine solche nicht nur finalistische, sondern utilitaristische und anthropozentrische Geisteshaltung notwendig mit Artifizialismus verbunden ist, anders gesagt, daß die Definition 'das ist für' die Erklärung 'das ist gemacht für' nach sich zieht, das scheint evident zu sein" (ebd., S. 313). Aus dem Realismus und Animismus ergibt sich nicht nur der Artifizialismus, sondern auch die kindliche *Magie*. Weil das Kind zwischen der Welt seiner Gedanken und der der Dinge nicht klar unterscheidet und die Gegenstände als beseelte Wesen auffaßt, erscheinen ihm viele Sachen und Geschehnisse von wohlwollenden oder feindseligen Gefühlen und Absichten gesteuert. Da sie aber letztlich von den Menschen oder für die Menschen erschaffen worden sind, meint das Kind auch, sie müßten seinen magischen Praktiken, z.B. sprachlichen Beschwörungen, ebenso gehorchen wie es selber den Anordnungen seiner Eltern.
Der Realismus, Animismus und der Artifizialismus sind für Piaget Äußerungsformen einer grundlegenden Eigenschaft der frühen kindlichen Weltauffassung, die er als *Egozentrizität* bzw. als egozentrische Illusion bezeichnet: „Das Wirkliche ist ganz vom Ich durchdrungen .... . Die Wünsche und Befehle des Ich werden für absolut gehalten, denn der eigene Standpunkt wird als der einzig mögliche betrachtet: eine integrale Egozentrizität mangels Ichbewußtsein. ... In der Logik führt es [i.e. das Kind - d.V.] alles auf seinen eigenen Standpunkt zurück, weil es glaubt, daß jedermann wie es denke" (ebd., S. 155). Piaget unterscheidet eine ontologische von einer logischen Egozentrizität: ontologisch nimmt das Kind noch nicht den Widerstand der Dinge wahr und neigt deshalb zur Magie; logisch macht es Aussagen ohne Beweis, weil es ganz von unmittelbaren Überzeugungen geleitet wird.

Die sich in der Egozentrizität dokumentierende Weltauffassung des Kindes beruht auf seiner eigentümlichen Seinsbeziehung, dem Gefühl der *Partizipation*: „Als 'Partizipation' bezeichnen wir im Einklang mit der Definition von Lévy-Bruhl die Beziehung, die das ursprüngliche Denken zwischen zwei Wesen oder zwei Phänomenen zu sehen glaubt, welche es als teilweise identisch

betrachtet oder die nach seiner Meinung einen starken Einfluß aufeinander ausüben, obwohl zwischen ihnen weder ein räumlicher Kontakt noch eine einsichtige kausale Konnexion besteht“ (ebd., S. 125). Zur Bezeichnung der adualistischen, logisch noch undifferenzierten, affektiv noch unmittelbar „seinsverbundenen“ Weltauffassung des Kindes bedient sich Piaget hier also einer Kategorie, mit der der Philosoph und Völkerkundler Lévy-Bruhl (1857-1939) die prälogische Denkform und magisch-animistische Mentalität der Naturvölker bestimmt. Piaget hält es zwar für möglich, daß die Partizipationsform des Kindes sich von derjenigen der Primitiven unterscheidet: „Sie sind aber einander ähnlich, und schon das allein berechtigt uns, unsere Terminologie um den adäquatesten Ausdruck zu bereichern, den man gefunden hat, um das Denken der Naturvölker zu beschreiben“ (ebd., S. 125). Im Realismus, im Animismus und Finalismus des kindlichen Weltbildes begegnen wir nach Piaget also zugleich der vom Gefühl der mystischen Partizipation an den Dingen und Geschehnissen der Welt bestimmten *ursprünglichen Weltauffassung der Primitiven* wieder. In seiner geistigen Entwicklung rekapituliert das Kind also auch für Piaget ein früheres Stadium der kulturellen Evolution der Menschheit.
Piaget hat in seinem späteren Hauptwerk diese inhaltliche Deutung der Weltauffassung des Kindes nicht mehr fortgesetzt und auch den genetischen Parallelismus nicht mehr in dieser Weise konkretisiert. In den Vordergrund rücken nun die Forschungen über den strukturellen Wandel der Denk- und Urteilsformen; damit geht zugleich eine nur noch progressistische Sicht der geistigen Entwicklung des Kindes einher. Die rousseauistische und romantische Vorstellung eines im Kinde immer wieder zutage tretenden ursprünglichen Denkens verliert sich dabei ganz.

Von einer weitgehenden Gültigkeit des psychogenetischen Parallelismus zwischen der Weltauffassung des Kindes und derjenigen der Naturvölker ist auch der Marburger Psychologe und Philosoph *Erich R. Jaensch* (1883-1940) überzeugt. Die von ihm und seinen Mitarbeitern in zahlreichen Untersuchungen seit etwa 1920 herausgearbeitete *eidetische Anlage* bei Kindern hält er ebenso für ein Charakteristikum des „ursprünglichen Geistes“ der Primitiven. Jaensch rekurriert dazu ebenso wie Piaget auf die „mystischen Partizipationen“, welche für Lévy-Bruhl das zentrale Element des primitiven, prälogischen Denkens darstellen, und setzt sie in Beziehung zur eidetischen Veranlagung: „Alles aber, was von der ‘mystischen Partizipation’ gesagt wird, trifft auch von jenen inneren Anschauungsbildern zu, so daß an der Wesensgleichheit beider kaum zu zweifeln ist. Wie das innere Anschauungsbild unserer Eidetiker, so verleiht auch die mystische Partizipation des primitiven Bewußtseins selbst den toten Gegenständen ein inneres Leben. Wenn ferner das Erlebnis der mystischen

Partizipation als eine Wesensverwachsung von Subjekt und Objekt, als eine 'Symbiose' oder 'Kommunion' beider beschrieben wird, so stimmt dies wieder zu der Schilderung des dem optischen Anschauungsbild oft vorausgehenden Zustandes 'innerer Wesensschau', in dem nach der Schilderung unserer älteren Eidetiker Subjet und Objekt zueinanderstreben und zu einer untrennbaren Einheit zu verschmelzen scheinen" (Jaensch 1923, S. 240).

Die eidetische Anlage meint die Fähigkeit zu subjektiven Anschauungsbildern, die sich in ihrer Qualität sowohl von den Wahrnehmungsbildern als auch von den inneren Vorstellungsbildern unterscheiden. Wie diese sind sie subjektiv, von der Gegebenheit realer Objekte unabhängig; wie jene sind sie sinnlich-anschaulich für die Wahrnehmung gegeben. Sie können als Erzeugnisse subjektiver Einbildungskraft gelten. Unter den eidetischen Phänomenen gibt es Gedächtnisbilder, die frühere Eindrücke noch einige Zeit nach der ursprünglichen Wahrnehmung wiedergeben, und Phantasiebilder, die eher individuelle Seelenzustände zum Ausdruck bringen. Jaensch und seine Mitarbeiter haben nachweisen können, daß die eidetische Anlage - vor allem diejenige zu Phantasiebildern - eine normale Eigentümlichkeit des Kindesalters darstellt, welche auf den frühesten Entwicklungsstufen am häufigsten anzutreffen ist und im weiteren Verlauf zurücktritt (vgl. Jaensch 1923, S. 216ff.; Jaensch 1927, S. 10f.).

Die eidetische Veranlagung erhält sich im Erwachsenenalter hauptsächlich bei Künstlern und steht hier in einem engen Zusammenhang mit einer erhöhten geistigen Regsamkeit, ja mit dem Drang zur schöpferischen Gestaltung: „Der echte Künstler zeigt wohl stets gewisse Züge der Jugend. Während die Kultur jeden einzelnen von uns in verschiedene, aber immer einseitige Bahnen drängt und unser Gesicht zur Grimasse verzerrt, sucht der Mensch in der Kunst immer wieder die ursprüngliche Einheit und Harmonie seines Wesens wieder herzustellen, indem er zu jugendlicher Geistesart zurückkehrt, wo die Tätigkeiten des Bewußtseins, wie alles, was die Natur aus ihrem Schoße entläßt, noch in ungetrübter Harmonie einander friedlich durchdringen, wo sie noch nicht so scharf, wie später, voneinander geschieden sind, und dann auf getrennten Bahnen gehend, plötzlich in hartem Kampfe zusammenprallen" (Jaensch 1923, S. 563). Das Zurücktreten der eidetischen Veranlagung im Laufe der normalen Entwicklung zu einem höheren Grad an Bewußtheit und Differenzierung ist für Jaensch und seine Schule nicht nur Fortschritt, sondern auch „Verkümmerung" und Verlust der „ursprünglichen Heimstätte unseres Geistes" (vgl. ebd. S. 244): „Die Wahrnehmungswelt, die uns jetzt als etwas Kaltes, unserem inneren Wesen Fremdes gegenübertritt, hat in der Jugendzeit [Jaensch meint hier: Kindheit - d.V.] des Einzelnen wie der Menschheit mit dem Innenleben eine viel engere Einheit gebildet. Unsere Kräfte können nun anscheinend eine Steigerung erfah-

ren, wenn wir diese ursprüngliche Einheit nicht völlig preisgeben, sondern etwas von ihr hinüberretten in der Kunst oder auch in der Erziehung ..." (ebd., S. 563).
Die Eidetik bleibt für Jaensch nicht nur ein Gegenstand empirischer Forschung, sie wird vielmehr - wie bei vielen seiner (kinder-)psychologischen Zunftgenossen - zugleich Ausgangspunkt für philosophisch-weltanschauliche Reflexionen. Den Philosophen Jaensch führt die postulierte eidetische Veranlagung des Kindes zurück zur ursprünglichen, schöpferischen Stufe des menschlichen Geistes, welche sich in der mystischen Partizipation der Primitiven ebenso manifestiert wie im Genius der Künstler. Mit Jaenschs eigenen Worten darf man feststellen, daß uns im Gewande seiner kinderpsychologischen Forschung *„das ewige, nur noch nie zu Ende gesungene Lied der Monadenlehre in neuer Tonart entgegenklingt*" (ebd., S. 564). Aus der romantischen Gleichsetzung der kindlichen Daseinsform mit dem schöpferischen Ursprung ergibt sich auch für Jaensch als Aufgabe der Erziehung, im Heranwachsenden den Reichtum der frühen Stufe „verwandelt zu bewahren" (vgl. ebd., S. 244).

Das Phänomen der eidetischen Anschauungsbilder ist für den von Jaensch promovierten und dann in Tübingen, München und Berlin lehrenden Kinderpsychologen und Pädagogen *Oswald Kroh* (1887-1955) Ausgangspunkt für eine Fülle weiterer psychologischer Untersuchungen. Kroh stellt die eidetische Veranlagung des Kindes schließlich in den umfassenden Zusammenhang einer Entwicklungslehre, welche man als repräsentativ für die deutsche Kinderpsychologie der Zwischenkriegszeit betrachten kann. Sein Werk hat in der Lehrerbildung, vor allem an den Pädagogischen Akademien und Hochschulen, bis in die sechziger Jahre hinein eine bedeutsame Rolle gespielt. Kroh begreift die seelische Entwicklung wieder als einen Prozeß, in dessen Verlauf sich die „schlummernden Anlagekräfte" nach einem von innen her bestimmten Gesetz entfalten. In den natürlichen Entwicklungsantrieben der Menschen herrscht bereits ein „Drang zur Vervollkommnung", welcher bestimmt, was aus der dargebotenen Umwelt zu welchem Zeitpunkt wirksam wird. Diese von einer *inneren Teleologie* gesteuerte Entwicklung verläuft nach einem diskontinuierlichen Rhythmus von kürzeren labilen Übergangszeiten und längeren stabilen Phasen. Die „Trotzperioden" (des 4. und des 12./13. Lebensjahres) markieren Übergänge von einer auslaufenden zu einer neu beginnen Entwicklungsphase; in ihnen manifestieren sich tiefgründige Wandlungen im Werdeprozeß der kindlichen Person: „Jede der auf diesem Wege zu durchschreitenden Phasen besitzt ihre eigentümliche, natürliche Aufgabe und damit ihr Daseinsrecht. Jede dieser Phasen muß das Kind bis zum Ende durchschreiten, um Vollmensch werden zu können. Dabei sind einschneidende Änderungen (Indienstnahme neuer Funktionen, Umzentrierungen, Verselbständigungsschritte, Verwandlungen des Weltbildes) nötig, damit das Ziel erreicht werden kann" (Kroh 1958, S. 59).

Die psychische Entwicklung des Kindes versteht Kroh als einen Vorgang qualitativen Wandels, als einen organisch verlaufenden Prozeß, der analog zum Wachstum der Pflanze durch rhythmische Gestaltwandlungsvorgänge gekennzeichnet ist. Der Weg führt jeweils von der Triebbestimmtheit über die Interessenbestimmtheit zur Idealbestimmtheit, von der Ichzentriertheit über die Umweltgebundenheit zur Wertgerichtetheit bzw. von der affektiv ganzheitlichen Allverbundenheit über die vielseitig teilnehmende Ausrichtung auf die Sach- und Mitwelt zur distanzierten Wendung gegen diese und Suche nach eigenen Standpunkten und neuen Bindungen. Die Wirkung der „seelischen Richtkräfte" zeigt sich auch im Wandel der vorherrschenden Tätigkeit des Kindes: vom gänzlich spielerischen Weltbezug über die allmähliche Ersetzung des Spiels durch das Lernen bis zu einer Lebenseinstellung, für die alles, was ursprünglich Spiel war, den Charakter der Arbeit besitzt. Kroh beschreibt die Entwicklung des Kindes als Abfolge typischer Phasenbilder, die durch eine je einheitliche Weltanschauung gekennzeichnet sind: die frühe Kindheit ist bestimmt von der *physiognomischen Weltdeutung*, die Vorschulzeit vom magisch-phantastischen, das Grundschulalter vom naiven und das Ende der Kindheit vom kritischen Realismus. Mit der Zunahme an Einsicht und logischer Urteilsfähigkeit geht ein Verlust an selbsttätigem Spiel und schöpferischer Phantasie einher.

In Krohs Charakterisierung der frühen Entwicklungsphasen kommt seine romantische Denkweise und sein Vertrauen in die Geltung der Rekapitulationslehre am deutlichsten zum Vorschein. In der Phase des physiognomischen Sehens (ca. drittes und viertes Lebensjahr) lebt das Kind für Kroh noch in engster Verbundenheit mit der sozialen Mitwelt und der Welt der Dinge. Es ist hier „noch leib-seelisches Totalwesen in fast ungebrochener Einheit. ... Innen und Außen sind noch ungeschieden ... Nicht anders, wie das Kind selber ist, erscheinen ihm die Gestalten der Welt, in der es lebt. Die Dinge, die es angehen, haben ebensosehr ihre gesichthaften Züge wie Personen und Tiere. Diese Physiognomie wird als Ausdruck des Wesens erlebt" (ebd., S. 47). Indem das Kind die Dinge - etwa im Phantasiespiel - zu ausdruckshaften Wesen verlebendigt, erhöht es ihre Bedeutung für sein Erleben. Seine Welt hat dadurch einen Bedeutungsreichtum, den der Erwachsene kaum mehr nachvollziehen kann. „Sein *Weltbild* gleicht dem *des Monisten*. Tote Natur und lebendiger Geist sind noch nicht auseinandergetreten" (ebd., S. 44) - es erlebt sich gleichsam noch unmittelbar als Glied der natura naturans. Die physiognomisch-animistische Weltdeutung ist nach Kroh nicht nur der Phase der frühen Kindheit eigen; sie gilt ihm vielmehr - wie für Jaensch und wie für den jungen Piaget - als die „Frühform des geistigen Lebens" überhaupt, in onto- wie in phylo-genetischer Hinsicht. „Für den primitiven Menschen gewinnt jeder ungewohnte und jeder lebenswichtige Eindruck Bedeutung, weil er ihm mit einer erregenden Physiognomie gestaltet erscheint. Primitive Masken, Körperbemalungen, Schmuckzeichen aller Art, Besitzmarken, sie dienen alle dem Zweck der Erhöhung des personhaften Ausdruckscharakters, sind Unterstreichungen und Übersteigerungen des Physiognomischen“ (ebd., S. 48).

Seinen Animismus und sein monistisches Weltbild läßt das Kind auf seinem weiteren Entwicklungsgang hinter sich. Sie wirken in der folgenden Phase des magischen Realismus insbesondere auf dem Gebiet der Magie und in der märchenhaften Vorstellungswelt noch nach, um sich nach dem Sieg des naiven und kritischen Realismus in die Bereiche von Traum und Phantasie zurückzuziehen. In den späteren Lebensphasen geht somit der Zugang zur ursprünglichen geistigen Welt verloren. „Sie sinkt unter und kann nur geweckt werden, wo die Haltung erneuert wird, in der sie erfahren wurde“ (ebd., S. 50). Auf unserer rationalistischen Kulturstufe weisen vor allem die Künstler den Weg zurück zur ursprünglichen, schöpferischen Alleinheitserfahrung des Kindes; denn sie haben vielfach die physiognomische Sicht des Kindes auch noch als Erwachsene in sich bewahrt.

Halten wir fest: Der entelechische Entwicklungsbegriff von Leibniz und Rousseau und das romantische Bild vom Kind als einem naturhaft schon vollkommenen, schöpferischen, noch aus der anfänglichen Alleinheit heraus lebenden Wesen, dessen Geist den Erwachsenen verjüngen und verwandeln kann - beide Leitvorstellungen begleiten die klassische Kinderpsychologie wie ein ständiger Unterstrom von Anfang an. Zum Durchbruch kommen das teleologische Entwicklungsdenken und das romantische Kindheitsideal hier über die Lehre vom genetischen Parallelismus zwischen Individual- und Gattungsentwicklung, zwischen Kindheit und primitiver Kultur. Die explizite Höherbewertung alles Anfänglichen über die späteren Entwicklungsstadien - die Mythisierung des Kindes in der Spur der Romantiker, insbesondere Fröbels - ist kennzeichnend für Stanley Hall und für führende Repräsentanten der deutschen Kinderpsychologie. Ein Grund für ihre romantische Reaktion kann darin gesehen werden, daß sich bei ihnen stärker als bei ihren westeuropäischen Fachkollegen die weltanschaulich-kulturkritische Reflexion gegenüber ihren empirischen Forschungsbefunden verselbständigt hat. Die Fortschreibung bzw. Wiederbelebung des romantischen Kindheitsideals in der klassischen Kinderpsychologie resultiert also keineswegs aus den vielfältigen, methodisch oft unzulänglichen Ergebnissen der empirischen Forschung; sie entspringt vielmehr primär aus den philosophisch-spekulativen Voraussetzungen und erziehungsreformerischen Motiven der Repräsentanten dieser noch jungen Disziplin. Bei Psychologen wie Jaensch und Kroh hat die Verabsolutierung des romantischorganischen Ursprungsdenkens in der dunkelsten Zeit der deutschen Geschichte - in ihren Schriften zwischen 1933 und 1945 - zugleich zu Formen der völkisch-rassistischen Diskriminierung geführt, die bis heute wie ein Schatten auch noch über ihren theoretisch anspruchsvollen kinderpsychologischen Werken liegen.

Die hier in motivgeschichtlicher Perspektive ausgewählten und knapp umrissenen Ansätze der klassischen Kinderpsychologie durchzieht insgesamt ein *impliziter Naturalismus*. Immer ist die Rede von „dem" Kind, seiner „Natur" und seiner „Entwicklung", so als sei es möglich, diese unabhängig von den je gegebenen sozialen und kulturellen Lebensformen zu bestimmen. Von seiten der pädagogischen Anthropologie hat schon vor Jahrzehnten Martinus J. Langeveld dagegen eingewendet, daß die seelische Entwicklung keine biomechanische Erscheinung ist, die sich innerhalb bestimmter Intervalle unaufhaltsam mit Naturgewalt vollzieht. Was die Kinderpsychologen für primär naturale Tatsachen der Entwicklung halten, ist in hohem Maße von kulturellen Umständen abhängig. „Vorsicht also mit dem Axiom, daß Phasen in der psychischen Entwicklung, welche uns so unvermeidlich und selbstverständlich vorkommen, auch wirklich unvermeidlich seien! Es gibt verschiedene Wege zur Erwachsenheit, und nur in einem bestimmten Kulturmilieu macht man eine bestimmte Art der Erwachsenheit - und dementsprechend eine bestimmte, dahinführende Entwicklung - zum Maßstab dessen, was man vom Menschen zu erwarten hat. Die Umstände, die Erziehung und die eigene Geschicklichkeit des Individuums sind in unendlich wichtigerem Maße verantwortlich für die Gestalt, die [Kindheit - d.V.] Jugend und Erwachsenheit annehmen, als eine Art biologischer Mechanismus von Gesetzmäßigkeiten ..." (Langeveld 1956, S. 47). Die menschliche Entwicklung ist also eine kreative Aufgabe; und es sind die je gegebenen kulturellen Lebenssituationen und insbesondere die Erziehung, welche die Gelegenheiten zur Entdeckung der eigenen Möglichkeiten schaffen.
Die heutigen Kinderpsychologen sind nicht durch diese kulturphilosophischen Einwände Langevelds, sondern erst durch die historischen, kulturvergleichenden und soziologischen Kindheitsforschungen der beiden vergangenen Jahrzehnte dafür sensibilisiert worden, daß ihr zentraler Forschungsgegenstand - das Kind und seine Entwicklung – nicht nur eine naturale Gegebenheit, sondern auch *eine kulturelle Kreation* ist. Auf der Folie seiner eigenen Forschungen über die so gänzlich verschiedene Kindheit in China gibt der amerikanische Kinderpsychologe William Kessen seinen Fachgenossen zu bedenken: „And it may be that the child is essentially and eternally a cultural invention and that the variety of the child's definition is not the removable error of an incomplete science" (Kessen 1983a, S. 27). Verschiedene menschliche Kulturen haben

auch verschiedene Auffassungen von der „Natur“ und der „Entwicklung“ des Kindes hervorgebracht, und selbst innerhalb ein und desselben kulturellen Zusammenhangs - etwa des europäischen - hat es in wenigen Jahrhunderten spektakuläre Wandlungen des Kindbildes gegeben. Für Kessen ist aber nicht nur das Kind, sondern auch und gerade die klassische empirische Kinderpsychologie - von Preyer bis Piaget - eine kulturelle Kreation, die im Gefolge einer bestimmten Auffassung vom Kind in Europa und Nordamerika entstanden ist. „For not only are ... children shaped and marked by the larger cultural forces of political maneuverings, practical economics, and implicit ideological commitments (a new enough recognition), child psychology is itself a peculiar cultural invention that moves with the tidal sweeps of the larger culture in ways that we understand at best dimly and often ignore“ (Kessen 1983b, S. 262).

Der Entdeckungszusammenhang der klassischen Kinderpsychologie und ihr zentraler Forschungsgegenstand sind von impliziten Voraussetzungen getragen, die an eine geschichtlich entstandene Formation des intergenerationellen Verhältnisses gebunden sind: (1.) die Annahme von der essentiellen Bedeutung der Mutter-Kind-Beziehung für die gedeihliche Erziehung des Kindes, (2.) die Überzeugung von der herausragenden, schicksalhaften Bedeutung der frühen Entwicklungsphasen für den gesamten Lebenslauf und (3.) die Auffassung vom Kind als einem Einzelwesen, das sich selbsttätig aus sich heraus zu einer Individualität entwickelt und hierfür schon die nötigen Antriebe in sich trägt. Diese impliziten Dogmen der klassischen Kinderpsychologen - die „home-and-mother-situation“, die Bedeutung der frühen Stufen und der Individualismus des Kindes - können Kessen zufolge keine universelle Geltung beanspruchen. Sie sind auf die soziale Formation der städtischen bürgerlichen Kernfamilie mit ihrer radikalen Trennung der Rollen von Mutter und Vater bezogen. Während letzterer ins „kalte“ Berufsleben hinausgeht und durch seine Leistung Karriere macht, gestaltet die Mutter in der emotionalen „Wärme“ des häuslichen Binnenraums die von den Mühen der Arbeit entlastete Spiel- und Lernwelt der nur noch wenigen, bewußt geplanten Kinder. Die gewollt-ungewollte Freistellung der bürgerlichen Frau von der Erwerbsarbeit, ihre geschichtlich neue Aufgabe der Gefühlsbindung durch Häuslichkeit und Mütterlichkeit sowie die sentimentale Beziehung zu den eigenen Kindern als neuem Sinnzentrum der Familie - dies sind die Bedingungen, unter denen zunächst bei den gebildeten bürgerlichen Müttern auch das Interesse an Kinderpsychologie und Neuer Erziehung entsteht.

Das Kind der klassischen Kinderpsychologie lebt in dieser pädagogisch durchgestalteten bürgerlich-häuslichen Welt; bezeichnenderweise gibt es keine wissenschaftliche Psychologie der proletarischen oder Bauernkinder! Die enge Gefühlsbeziehung der Eltern zum Kind, die auf ein Verstehen des Kindes und seiner Entwicklungsbedürfnisse gerichtete mütterliche Erziehung, die von den Mühen landwirtschaftlicher, handwerklicher oder industrieller Arbeit freigestellte Spiel- und Märchenwelt der Kinder, die mit dem Besuch der priviligierten Vorklassen des Gymnasiums bzw. der Höheren Töchterschule abschließt - dieser Schonraum der bürgerlichen Erziehungskindheit ist also der ureigene Resonanzboden der klassischen Kinderpsychologie und auch die Wiege für das von ihren Klassikern propagierte romantische Bild des Kindes.

6.6 Der schöpferische Ursprung der Sprache und des Geistes beim Kind - Kinderpsychologie und Pädagogik bei Berthold Otto

Die Neubegründung der Erziehung, des Unterrichts und der Schule auf dem Fundament der empirischen Kinderpsychologie fordert in seinem bahnbrechenden Vortrag „Die Schulreform im 20. Jahrhundert" am 3. Dezember 1897 der damalige Redakteur und vormalige Hauslehrer *Berthold Otto* vor der sächsisch-thüringischen Sektion des Deutschen Schriftstellerverbandes: „Und die Psychologie ist es, die die Unterrichtsreform machen wird; ...jene nüchterne, dem chemischen, physikalischen und medizinischen Experimentieren entsprechende Psychologie, ...für die Kinderstube und Unterrichtszimmer das Laboratorium sind" (Otto 1963, S. 29). Otto sieht sich und seine Zeitgenossen „an der Wende zwischen dem historischen und dem psychologischen Jahrhundert" (ebd.). Das zwanzigste Jahrhundert wird für Lehrer- und Erzieher(innen) das psychologische Studium einführen, und auch das Laienpublikum, „Hunderttausende von Eltern müssen das Interesse ihrer Mußestunden diesem Fach zuwenden" (Otto 1903, S. 323). Aus der psychologischen Haltung heraus ergibt sich von selbst das Interesse an der Entwicklung als dem „natürlichen Wachstum des kindlichen Geistes; und die sorgfältige Beobachtung des Kinderlebens hat für Otto selber schon den Beweis dafür erbracht, „daß der Geist einen autonomen Entwicklungsgang inne(hält), dem man durch Erziehungs- und Unterrichtskünste garnicht beikommen kann" (ebd. S. 294). Der Lerntrieb des Kindes ist für ihn unvergleichlich viel stärker, als es zur Bewältigung der kulturellen Aufgaben nötig wäre; das Kind würde deshalb auch, ja gerade dann lernen, wenn man es frei wachsen ließe. Als ein auch schon in seinem Lebensalter vollkommener Mensch braucht es zur Entfaltung seiner geistigen und sozialen Kräfte die Gleichberechtigung mit den Erwachsenen und die Gewährung der Redefreiheit. Mit der Kultivierung des „freien geistigen Verkehrs" mit den Kindern sollen Eltern (und Lehrer) „denselben Schritt tun, den das Staatswesen getan hat beim

Übergang vom absolutistischen Regiment zur konstitutionellen Monarchie" (Otto 1912a, S. 8). Otto plädiert deshalb für die Abschaffung der traditionellen Schule, der „Zwangsanstalt, in der geistige Leistungen als sittliche Pflicht gefordert werden"; und er glaubt, „daß die Schule in diesem Sinne wirklich das Ende des zwanzigsten Jahrunderts nicht erleben wird" (Otto 1963, S. 31). Die „*Zukunftsschule*" muß dagegen eine Stätte des freien geistigen Verkehrs mit dem Kinde sein, in welchem seine Lust am Fragen und Gestalten, sein organisches Wachstum nicht durch Bücher- und Lehrplanwissen verkrüppelt wird. Hier werden „mit allem Rüstzeug der um Jahrzehnte fortgeschrittenen Psychologie versehene Lehrer einen verhältnismäßig kleinen Schülerkreis in einem Grade von Freiheit unterrichten..., wie sie jetzt etwa der Arzt seinem Patienten gegenüber besitzt, dem nicht durch ein Reglement, sondern nur durch seine erlernte Kunst sein Verhalten vorgeschrieben wird" (ebd., S. 36). Ihre hauptsächliche Sorge wird es sein, die in den Kindern sich offenbarenden Keime einer größeren Zukunft nicht zu hemmen, sondern sich ungestört entwickeln zu lassen.

Als Berthold Otto diese Vision einer neuen Schule für das „Jahrhundert des Kindes" entwirft, unterrichtet der Philologe und Politologe ohne Studienabschluß neben seiner ganztägigen Redaktionsarbeit täglich seine fünf, zwischen 1887 und 1893 geborenen Kinder in der eigenen Wohnung selbst. Der Schulpflicht hatte er sie mit der Begründung entzogen, daß er die üblichen Formen der schulischen Erziehung und der Unterrichtsmethodik nicht mit seinem pädagogischen Gewissen vereinbaren könne. Nach einer vom sächsischen Kultusministerium angeordneten Prüfung des Kenntnisstandes seiner Kinder durch den zuständigen Schulrat wird dem unexaminierten Hauslehrer auch offiziell gestattet, seinen Nachwuchs weiterhin allein zu unterrichten. Ottos Vortrag über die Schulreform im 20. Jahrhundert findet eine unerwartet starke Resonanz und wird in großer Auflage publiziert. Von nun an tritt Berthold Otto in nahezu ununterbrochener Folge als Herausgeber eigener Wochenzeitschriften mit seinen pädagogischen (und politischen) Zielen vor die Öffentlichkeit: von 1898 bis 1899 in „Die Deutsche Schulreform. Wochenschrift für psychologische Politik und Pädagogik"; ab 1901 in „Der Hauslehrer. Wochenschrift für den geistigen Verkehr mit Kindern" und ab 1917 in „Deutscher Volksgeist. Wochenschrift zur Verständigung zwischen allen Schichten des Volkes". Durch die Beiträge im „Hauslehrer" wird Friedrich Althoff, damaliger Abteilungsleiter im Preußischen Kultusministerium, auf Berthold Otto aufmerksam. Überzeugt davon, daß die pädagogischen Ideen Ottos von großer Bedeutung auch für die staatliche Bildungsreform sein werden, läßt er Otto im Jahr 1902 als freien Schriftsteller nach Berlin berufen; der preußische Staat garantiert ihm lebenslänglich sein vormaliges Redakteursgehalt gegen keine andere Verpflichtung als die, in Berlin zu wohnen. Dort wollen immer mehr Eltern, die dem von Otto geleiteten „Ausschuß zur Förderung gesunden Unterrichts“ beigetreten sind, auch für ihre Kinder den Hauslehrer-Unterricht in Anspruch nehmen, den Otto mit seinen eigenen Kindern als freien geistigen Verkehr durchführt.

Am 23. April 1906 entsteht so in Ottos Lichterfelder Wohnung der Unterrichtszirkel, aus dem - zehn Jahre nach seinem Leipziger Vortragsdebut - die „Hauslehrerschule“ (!) wird. Am 25. November 1907 genehmigt - nach vorher versuchter Schließung durch die lokale Schulaufsicht - das Preußische Kultusministerium versuchsweise den Betrieb dieser privaten Unterrichtsanstalt unter der Leitung des Schriftstellers Otto und unterstellt sie unmittelbar dem Minister. Diese „vielleicht freiheitlichste Schule, die es jemals auf der Welt gegeben hat“ (Otto 1912 a, S. 94), erlangt in der Folgezeit internationale Bekanntheit. In den zwanziger Jahren erfährt sie ihre stärkste Anerkennung: „Tausende von Lehrern an öffentlichen Schulen kamen, um dort zu hospitieren, an zahlreichen Volksschulen wurde von einzelnen Lehrern in Ottos Sinn unterrichtet“ (Kreitmair 1963, S. 267). Während Johannes Kretschmann Ottos pädagogische Ideen für die Umgestaltung der einklassigen Landschule fruchtbar macht, gründet Fritz Rauch in der Vorstadt Magdeburgs die Berthold-Otto-Schule als Einheitliche Volks- und Höhere Schule. Nachdem die ersten Reifeprüfungen 1933 ausgezeichnet ausfallen, wird die Schule als Vollanstalt anerkannt; doch noch im selben Jahr schließen die Nationalsozialisten die Schule, weil sie in Berthold Otto, der zur gleichen Zeit im Sterben liegt, einen Vertreter liberalistischen und individualistischen Geistes sehen (vgl. Röhrs 1980, S. 222).

Über die Gründe dieser außerordentlichen Resonanz von Ottos pädagogischen Ideen und ihrer schul- und erziehungspraktischen Wirksamkeit kann man nur Vermutungen äußern. Ein wichtiges Moment ist der Anspruch auf Wissenschaftlichkeit, mit dem Otto vor einem wissenschaftsgläubigen städtischen Publikum seinen radikalen Reformdiskurs eröffnet. Den Kernpunkt bildet dabei die *Anthropologie des Kindes*, die sich für ihn aus den Ergebnissen der neu entstandenen empirischen kinderpsychologischen Forschung ergibt. Mit ihr legitimiert er die besondere Wertschätzung des Kindes in der bürgerlichen Familie und die sich hier gerade neu herausbildenden partnerschaftliche Umgangsform mit ihm. Bei all ihrem empirischen Geltungsanspruch trägt Berthold Ottos Anthropologie des Kindes überraschenderweise alle Grundzüge des romantischen Kindheitsideals. Das Kind ist für ihn *von Natur aus gut*: „Jedes Kind ist von Natur aus bestrebt, seinen Charakter und seinen Geist so gut wie möglich zu entwickeln. Die Tendenz jedes Menschen geht zum Guten, nur äußere Hemmnisse können ihn ablenken“ (Otto 1912 a, S. 171). Wie für seinen Ahnherrn Rousseau hat deshalb die Erziehung als einzige Aufgabe, diese äußeren

Hemmnisse zu beseitigen. Das Kind ist ein *sich selbsttätig entwickelndes Wesen,* dem „wie jedem Naturwesen überhaupt die Gabe innewohnt..., sich so zu entwickeln, daß (es) als Einzelexemplar seinen Vorfahren mindestens gleichkommt, vielleicht sie in der einen oder anderen Weise übertrifft" (ebd., S. 166f.). Das Kinderleben ist nicht etwa als noch unfertiges Vorstadium des Erwachsenenlebens zu betrachten. Vielmehr sind in den Äußerungen des Kindes „die Keime der werdenden Kunst und Wissenschaft (zu) sehen, die in der nächsten Generation unsere und der ganzen Menschheit Kultur wieder um einen Schritt gegen das Bestehende fördern sollen" (ebd., S. 25). Gegenüber dem Kind als der „Knospe aller Kulturblüte und Kulturfrucht" müssen die Erwachsenen sich so verhalten, daß sie ihm die Möglichkeit der höchsten geistigen Entfaltung gewähren.

In der Entwicklung des Kindes walten nicht nur die Gesetze des organischen Wachstums; vielmehr *rekapituliert* sich darin auch *die Gesamtentwicklung des menschlichen Geistes*: „Auch in den Albernheiten des Schulkindes offenbaren sich die ewigen Gesetze des menschlichen Geisteslebens und zwar sehr viel frischer und unmittelbarer als in den Überresten toter Geistesheroen" (Otto 1903, S. 110). In jedem Kind begegnen wir also dem Urmenschen, einer ursprünglicheren Weise menschlichen Verhaltens wieder: „Der eigentlich reale Urmensch... ist nicht in nebelhafter Form vergangener Jahrhunderte, er ist in jeder Familie zu finden: es ist das kleine Kind, das sprechen lernt" (ebd., S. 109 f.). Von der erstaunlichen Tatsache ausgehend, daß das Kind innerhalb weniger Jahre von sich aus die hochkomplexen Kompetenzen des Sprechens und des Erkennens erwirbt, gelangt Otto zu der These, daß Kinder *die Schöpferkraft des Genies* besitzen: „Jedes Kind, jedes ohne Ausnahme, ist bis zum sechsten Lebensjahr ein Genie. Alle Kriterien des Genies kehren für die nüchternste psychologische Prüfung bei jedem Kinde wieder; die Plötzlichkeit der Erkenntnis, das sprungweise Denken, die Unmöglichkeit, den Geist in bestimmte Gedankenbahnen zu lenken, da er sich selber die Gedankenbahnen vorgezeichnet hat; die souveräne Selbständigkeit des Denkens, die durch allerlei Eingriffe in die konventionelle Weltordnung Anlaß zu unserem Jammer über die 'unerhörte Ungezogenheit', über den 'unglaublichen Eigensinn' der Kinder gibt, das alles braucht man nur mit ernstem, psychologischem Blick in der Nähe anzusehen, um die Spuren des Genies zu erkennen" (ebd., S. 300). Die herkömmlich als Schwächen betrachteten Eigentümlichkeiten des Kindes, seine Sprunghaftigkeit, sein Eigensinn, sein Ungehorsam werden hier - wie schon bei Ernst Moritz Arndt - geradezu die Insignien seines noch ursprünglichen schöpferischen Geistes. Kindlichkeit wird hiermit zu einer höheren Daseinsform stilisiert, der wir auch in der Poesie wiederbegegnen. Denn zusammen mit der Schöpferkraft des Genies lebt für Otto im Kind auch noch die Phantasie des Urmenschen, des

Primitiven. In jedem Kind sieht er einen Künstler, dessen unbewußten sprachlichen und bildhaften Gestaltungsdrang es bis ins Erwachsenenalter zu erhalten gilt.

Die ursprüngliche, schöpferische Daseinsform des Kindes offenbart sich für Otto vor allem im Sprechen, Erkennen, Spielen und Gestalten. Im *Spracherwerb des Kindes* wiederholt sich der organische und schöpferische Vorgang der menschheitlichen Sprachentstehung immer wieder aufs Neue. Die Muttersprache wächst im Kind gleichsam organisch-triebhaft ohne jedes Lernen: „Wenn man das Erwachen der Sprache 'sprechen lernen' nennt, so müßte man ebenso gut das Aufblühen der Blume ein 'blühen lernen' nennen. Daß das Kind nicht 'sprechen lernt', wenn es keine sprechende Umgebung hat, beweist gar nichts dagegen, denn auch die Blume blüht nicht, wenn sie die Nahrungsstoffe nicht erlangen kann, die zu ihrem Wachstum und zu ihrer Blüte gehören" (Otto 1912a, S. 175 f.). Jedes Kind schafft die Sprache neu, die Mitwelt gibt ihm nur das Material dazu. Diese Neuschaffung der Sprache ist „eine Schöpfung, die den gewaltigsten technischen Mannesschöpfungen mindestens ebenbürtig, vielleicht sogar weit überlegen ist" (ebd., S. 41). Im Erwerb der Muttersprache offenbart sich der unvergleichlich starke „Lerntrieb", die Schöpferkraft des Kindes für Otto am eindrucksvollsten.

Die Ausdrucksweise des Kindes ist in ihrem Wortschatz, ihrer Grammatik und ihrer Stilart aber nicht nur die Vorstufe für die gelehrte Schriftsprache der Erwachsenen; in ihrer Ursprünglichkeit und Lebendigkeit ist sie vielmehr ein schon in sich eigenständiges und ebenbürtiges Medium der Welt- und Selbsterfahrung: „Wie Knospe, Blüte und Pflanze jede für sich etwas durchaus Vollkommenes sind, so ist die Altersmundart eines sechsjährigen, eines achtjährigen, eines zehnjährigen Kindes etwas in sich durchaus Vollkommenes, das nebenbei sicherlich die Keime der Entwicklung zu etwas Anderem in sich trägt, aber darum doch nicht lediglich die Vorstufe für dieses Andere ist. Kann man doch die Knospe nicht Vorstufe der Blüte oder die Blüte Vorstufe der Frucht nennen!" (ebd., S. 52). Die Sprechsprache der Kinder, ihre *Altersmundart* kann jeder Erwachsene, der sich mit ihnen in seelischen Kontakt und in geistigen Verkehr begibt, wieder erlernen. In seinen zahlreichen Beiträgen in der Wochenschrift „Der Hauslehrer" hat Berthold Otto in derselben Sprache zu schreiben versucht, in der er mit seinen fünf Kindern gesprochen hat. Der Gebrauch der Altersmundart des Kindes erscheint ihm nicht nur nützlich für das zuhörende oder lesende Kind, sondern auch für den bislang auf die gelehrte Schriftsprache hin orientierten Erwachsenen. Dieser macht nun die Erfahrung, „daß wir mit der Behandlung der Dinge in Kindersprache überhaupt von der Oberfläche der Dinge wegkommen und in die tiefsten Tiefen der Dinge hineinsteigen. Wir müssen überall das Wesen der Dinge selbst erfassen, erst dann bekommen wir eine Formulierung heraus, die das Kind als zu seiner Sprache gehörig anerkennt. Mit Abstrakten, mit Phrasen weiß das Kind absolut nichts anzufangen. Sie sind ihm wesenlos. Und das ist kein Fehler des Kindes, sondern ein Vorzug, den es vor dem Erwachsenen hat" (ebd., S. 50 f.). Wenn wir einen Sachverhalt in der Sprache der Kinder formulieren wollen, stellen wir oft erst fest, daß wir ihn bisher noch gar nicht verstanden haben. Schauen wir eine Sache mit den Augen des Kindes an, kommen wir auch eher zur rechten Erkenntnis. Die Altersmundart des Kindes ist aber nicht nur das Medium für sein ursprüngliches Verstehen; für Otto gibt das Kind in seiner Altersmundart zugleich den Stimmungen seines unbewußten Seelenlebens die entsprechende naive künstlerische Gestalt. „Gerade dieser Umstand, daß das Kind nicht unverstandene Redensarten nachplappert, sondern mit eigener Sprachgestaltung ringt - wie sichtbar ist oft dies Ringen, wobei der ganze Körper mimisch beteiligt ist - gibt der sprachlichen Schöpfung des Kindes den Charakter des Kunstwerks" (Baumann 1959b, S. 23).

Der Altersmundart spricht Otto als literarischer Gattung ebenso Kunstwert zu wie den - schon in den ersten Jahren der Hauslehrer-Schule gesammelten und ausgestellten - *Kinderzeichnungen* auf dem Gebiet der bildenden Kunst. Das Kind zeigt sich hier als primitiver Künstler, der seinen unbewußten Anschauungen einer noch allbeseelten Welt eine authentische Gestalt verleiht. Die Schlichtheit und Natürlichkeit der Sprache des Kindes und die archaischen Chiffren seiner Bilder haben für Otto auch vorbildlichen Wert für die Erneuerung der Gegenwartskunst. Mit dieser Auffassung hat er übrigens zu Beginn des neuen Jahrhunderts auf die damals mit ihm befreundeten Dichter des vorexpressionistischen Berliner „Charon"-Kreises um Rudolf Pannwitz und Otto zur Linde gewirkt. Ein Literaturhistoriker bemerkt dazu: „Wie die expressionistischen Maler auf die Primitiven, weisen diese Dichter darum auf die Sprache und die Kunstäußerungen des Kindes zurück: 'Lernt', so sagen die Charondichter und nehmen damit Gedanken des Pädagogen Berthold Otto, des Herausgebers des 'Hauslehrers' auf, 'lernt vom Kinde. Hört zu, wie das Kind unbeeinflußt spricht, jedes Jahr anders, jedes Jahr in seiner 'Altersmundart', das ist in des Kindes eigener, echter und damit schöner Sprache. Hört zu, wie es sich seine Welt schafft'"(Soergel 1911, S.700).

Nicht nur in der sprachlichen und bildnerischen Gestaltung, sondern auch in seinem „Erkenntnistrieb" manifestiert sich für Otto der schöpferische Genius des Kindes. Kinder haben Freude an der Anschauung und Erkundung ihrer Welt. „Sie verstehen das am besten, was eigentlich die erste Vorbedingung für jede Freude am Erkennen ist: das Erstaunen, das Sichwundern... Und der glücklichste Mensch und der auf dem Gebiete der Erkenntnis vollkommenste Mensch bleibt immer der, dem es gelungen ist, grade auf diesem Gebiete soviel wie möglich Kind zu bleiben, das heißt, bis in sein Alter zu verstehen, ebenso zu erstaunen und sich ebenso zu wundern wie ein Kind" (Otto 1912 a, S. 35 f.). Wie beim ursprünglichen Philosophieren (vgl. Pohl 1991) beginnt das selbsttätige Erkennen des Kindes mit dem Staunen; aus ihm entspringt als eigentliche Antriebskraft die *Kinderfrage*: „Es ist und bleibt vom Standpunkt der Psychologie aus eine Brutalität, wenn man die Fragen der Kinder zurückscheucht. Die Frage ist die Kundgebung, daß der Geist seine Türen öffnet für die Aufnahme eben der Erkenntnis, nach der das Kind fragt; für dieses selbe Kind kommt ein so günstiger Moment für die Erwerbung dieser Erkenntnis nie wieder, wie der, in dem das Kind zum ersten Male danach fragt" (Otto 1903, S. 304). Die Fragen des Kindes richten sich auf den Grund der Sache, sie zerstören das Scheinwissen und die gelehrten Phrasen der Erwachsenen.

Ein zentrales Element der Lebensform des Kindes ist auch für Otto - der Spur Fröbels folgend - das Spiel. Es ist die ausgezeichnete Form kindlichen Lernens; im Spiel kommt das geistige Wachstum und der schöpferische Charakter der Tätigkeit des Kindes am klarsten zum Ausdruck: „In diesen Spielen, die ohne erzieherische Beihilfe ganz von selbst den Drang in sich tragen, das Gesamtleben des Erwachsenen zwanglos nachzubilden, findet der Geist des Kindes den Anlaß zu schlechterdings jeder Betätigung, die er zu seinem Erwachstum braucht" (ebd., S. 287). Deshalb soll man das Kind hier grundsätzlich gewähren lassen; die Beeinträchtigung des Kinderspiels „ist immer eine Schädigung, die nicht wieder gut zu machen ist" (ebd.).

Das schöpferische, den Urmenschen vergegenwärtigende Kind ist für Otto von Natur aus kein egoistisches Einzelwesen, sondern es ist durch seinen „sozialen Trieb" vom ersten Lebenstag an auf das Leben in der Gemeinschaft bezogen. Nicht erst der Erwachsene, schon das Kind drängt mit aller Kraft nach gemeinschaftlicher Betätigung; „...dem Urgrund nach ist es derselbe Trieb, durch den - vom Kleinsten angefangen - die Familie, die Dorfgemeinde, die Stadtgemeinde, der Staat zusammengehalten wird" (Otto 1912 a, S. 169 f.). Diese sozialen Formationen sind nicht als kulturelle Artefakte oder politische Herrschaftsformen „von außen" über die Menschen gestülpt worden; für Otto haben sie sich „organisch" aus den sozialen Urtrieben des Menschenwesens entwikkelt. Von einem freien Wachsenlassen dieser Triebe beim Kind kann daher keine Beeinträchtigung oder Zerstörung des Gemeinschaftslebens, sondern nur seine Verbesserung bewirkt werden. Aus seinem Vertrauen in die anthropologischen Grundlagen einer natürlichen Gemeinschaftlichkeit der Kinder heraus spricht Otto die folgenden programmatischen Worte: „Wir gehen überall die Wege mit, die der Kindergeist einschlägt. Wir zeigen, daß diese Wege niemals in Wildnis und Wüste, sondern immer nach dem gelobten Land der besten Entwicklung hinführen, gewiß niemals sofort ganz hinein, aber immer in der

Richtung dahin“ (ebd., S. 170 f.). Einem Wesen, das von Natur aus gut ist und sich selbsttätig und schöpferisch entwickelt, wenn man seine sprachlichen, denkerischen, spielerischen und gemeinschaftlichen „Triebe“ frei wachsen läßt, kann „man durch Erziehungs- und Unterrichtskünste garnicht beikommen“ (Otto 1903, S. 294).

Man kann dem autonomen Entwicklungsgang des Kindes nur *nachgehen* und ihm *im freien geistigen Verkehr* - wie die Mutter beim Spracherwerb des Kleinkindes - eine reichhaltige geistige „Nahrung“ anbieten, aus der es sich zwanglos und spielerisch das aussucht, was ihm gerade förderlich ist. Wenn man dem natürlichen Interesse des Kindes für seine Umwelt „immer die Nahrung gibt, die es verlangt, dann wächst es normal heran zu einem begrifflich durchaus gut durchgearbeiteten Weltbild, so daß der so aufgewachsene Mensch unzweifelhaft den Gebildeten zuzurechnen ist“ (Otto 1967a, S. 188). Mit seinem schöpferischen Neuerwerb der Sprache hat das Kind instinktiv auch die in ihr niedergelegten Kategorien und Wissensvorräte erworben. Eine vordringliche Aufgabe des - Gleichberechtigung und Rederecht gewährenden - freien geistigen Verkehrs der Eltern mit dem Kinde ist es daher, die unbewußt erworbenen Denkformen und -inhalte bewußt zu machen: „Es wird nichts gelernt - denn es ist ja schon alles da; das Kind braucht nur zur Selbstbeobachtung geführt zu werden; es wird nichts ‘beigebracht’, sondern es wird nur die Bewußtheit über das eigene Denken hergestellt, und das Wissen um sich selbst ist ja gerade das, worin der Mensch sich von den anderen Wesen unterscheidet. Das eigene Denken verstehen zu lernen, ist also die erste und menschlichste aller Aufgaben“ (Baumann 1958a, S.67f.). Der Prozeß der Bildung wird hier also rein formal bestimmt. In seinem „Lehrgang der Zukunftsschule“ zeigt Otto, wie sich im Gespräch mit dem Kinde dessen unbewußtes Denken zum bewußten umbildet: „Gebildet ist, wer versteht, was er spricht“ (Otto, zit. n. ebd., S.72). Erziehung begreift Otto gänzlich vom Kinde aus als „negativ“, nur als eine „nachgehende“ Begleitung, Unterricht als sokratisch-maieutisches Gespräch. Urphänomen der Erziehung ist für ihn der pflegend-schützende Umgang der bürgerlichen Mutter mit dem Kind, Urphänomen des natürlichen Unterrichts das patriarchalisch bestimmte Tischgespräch der Eltern mit den Kindern in bürgerlichen Kreisen.

Dieses, Erziehung und Unterricht umfassende Familienmodell, das Otto selbst mit seinen eigenen Kindern gelebt hat, gilt ihm auch als Grundlage für die Schule der Zukunft: „Die *Hauslehrerschule*, die ich eigentlich als Schulzirkel mit 10 Schülern beginnen wollte und die ich tatsächlich mit nur 17 Schülern begann, stellte sich von Anfang an als eine etwas erweiterte Familie dar und erforderte meines Bedünkens deshalb überhaupt keine besondere Organisation“ (Otto 1912b, S.113). In dieser Schule des organischen Wachstums wird grundsätzlich die Schablone des Lehrplans und des Lehrbuchs verworfen und der natürliche Unterricht sowie das Schulleben auf die geistigen Interessen der Kinder gegründet, die aus ihren schöpferischen „Urtrieben“ des Sprechens, des Erkennens, des Spielens, des Gestaltens und des sozialen Handelns entspringen.

Die Hauptform der schulischen Geistesgemeinschaft ist der *Gesamtunterricht*. Es ist die Übertragung des freien geistigen Verkehrs mit Kindern aus der Familie auf die Schule und zugleich seine Weiterführung zum Erkenntnisprozeß einer Forschergemeinschaft; denn: „Vieles gemeinsam erforschen und sich darüber verständigen, das ist Geisteswachstum, das ist Entwicklung“ (Otto 1967b, S.192). Im freien geistigen Verkehr des Gesamtunterrichts lernt das einzelne Kind die eigene Sprache begrifflich genau zu handhaben und mit ihrer Hilfe die Vorgänge seiner Mit- und Umwelt genau aufzufassen und mitzuteilen; im gesamtunterrichtlichen Gespräch entwickelt sich die Geistesgemeinschaft der Kinder auf die Höhe der gegenwärtigen Kultur. Der Gesamtunterricht ist wie das Tischgespräch zwischen Eltern und Kindern in der Familie „die uralte Form, in der die Menschen von Uranbeginn in beständigem geistigen Verkehr miteinander sich in der Welt zurecht gefunden und so den Grund zu allem gelegt haben, was nachher in Einzelwissenschaften einzeln ausgebaut worden ist“ (ebd., S. 191). Der Gesamtunterricht ist also Rückkehr zum ursprünglichen, organisch-ganzheitlichen Erkennen, das auf der Verständigung in der gemeinsamen Sprache gründet. „Im Gesamtunterricht schwindet die Trennung von Lehrenden und Lernenden. Jeder teilt mit, was er weiß, erfahren und beobachtet hat, und fragt nach dem, was andere wissen, erfahren und beobachtet haben. Es schwindet die Trennung der Forschungsgebiete und die Einteilung der Fächer, wie es ja in der Welt keinen Gegenstand gibt, der nicht in mehrere solcher Fächer gehörte. Es schwindet die Trennung der Teilnehmer in Alters- oder Ausbildungsstufen, da es keiner dieser Stufen an eigener Beobachtung, Erfahrung und Wissenschaft mit durchaus mitteilenswerten Ergebnissen fehlt... Und mit allem anderen Trennenden schwindet wirklich auch wenigstens zeitweise die Trennung in einzelne; die Teilnehmer fühlen sich in ihren Interessen und deren Betätigung als Gesamtheit, als Geistesgemeinschaft“ (ebd.).

Der Gesamtunterricht ist aber nicht nur das „Erkenntnisorgan“ der Schule, sondern auch eine „ganz natürliche Volksversammlung“, auf der die politischen Fragen des Schullebens eine Regelung erfahren. Auf Antrag der Schüler werden hier Gesetze beschlossen, die für die ganze Schule bindend sein sollen. Aus dem Gesamtunterricht heraus ist auch die Einrichtung eines Schülergerichts erfolgt, das - unter der Leitung Ottos (!) - die Einhaltung der Disziplin in der Schule gewährleistet und bei groben Verfehlungen im Extremfall auch Strafen verhängt. Schon vorher gab es „eine ganz spontane Organisation aus der Schülerschaft selbst heraus, sogar einigermaßen ähnlich der heiligen Feme des Mittelalters. Es stellte sich ein Rechtsschutzverband her, der die Übergriffe der einzelnen Schüler bekämpfen wollte. Es wurden feierliche Gerichtssitzungen veranstaltet..." (Otto 1912b, S.114). Otto respektiert und unterstützt diese Initiativen, weil sie für ihn aus den „sozialen Trieben" der Kinder, ihrem ursprünglichen Gemeinschaftsgeist entspringen.

Es ist hier nicht der Ort, um eingehend über die Praxis der Berthold-Otto-Schule zu berichten, in der der Gesamtunterricht und die Selbstverwaltung der Schüler eher eine marginale, die charismatische Persönlichkeit des Gründers hingegen eine zentrale Rolle spielte. Es war nur unsere Absicht zu zeigen, daß Otto seine „Hauslehrerschule" gänzlich aus dem privaten geistigen Verkehr mit dem Kind zu begründen sucht - einem Kind, das er wie die Romantiker organizistisch als sich selbst zur Vollkommenheit entwickelndes Wesen, ästhetizistisch als naiven Künstler und mystisch-religiös als noch näher am schöpferischen Ursprung lebenden Menschen begreift.

Zum Kindheitsideal der Romantiker gehört untrennbar auch die Vorstellung von der Vorbildlichkeit des Kindes und der Wunsch des - kulturell entfremdeten - Erwachsenen, *vom Kinde wieder zu lernen*, was ihm verloren gegangen ist. Entsprechendes äußert auch Berthold Otto: „Es ist schon so: In gewisser Weise bedeuten unsere Bestrebungen eine vollständige Umkehrung der bisher herrschenden Tendenzen. Wir wollen den Kindern ganz und gar nichts beibringen; wir wollen in erster Linie von ihnen lernen" (Otto 1903, S. 322). Im geistigen Verkehr mit dem Kind „wird die Erkenntnis wieder jung", „unser Denken wird klarer, unser Empfinden reiner". Wenn wir die Welt „mit dem Forscherblick des Kindes" betrachten und in der „phrasenlosen, schlichten und einfachen Sprache des Kindes" darstellen, entwickeln sich für viel mehr Dinge Interessen als vorher: „...die allgemeinen Interessen, die jeder von uns gehabt hat, die bei den meisten nur eingeschlafen sind, und die durch den geistigen Verkehr mit Kindern geweckt werden, das sind die Interessen, wodurch das ganze Volk und schließlich auch die ganze Menschheit geeint wird" (Otto 1912a, S.37 f.). In solchen Worten erhält der Umgang der Erwachsenen mit dem Kind eine gewissermaßen menschheitsreligiöse Bedeutung: das Kind gelangt in die Rolle des innerweltlichen Erlösers, der die hochgebildeten, gleichwohl aber tief gefallenen Erwachsenen wieder einfach, ganz und eins werden läßt und sie „mitunter in Tiefen führt", in denen sie selber noch nicht gewesen sind (vgl. Otto 1963, S.229 f.). Vielleicht ist der Glaube an die mythisch-religiöse Sendung des Kindes der eigentliche Kern von Ottos Anthropologie des Kindes! Dann ist es auch keine bloße Rhetorik, wenn auch er für sein pädagogisches Credo auf die bekannten Jesus-Worte zurückgreift: „Wir aber sehen in der Kindheit selbst das Ideal; wir sehen in der Kindheit die höchste und edelste Form der Menschheit: 'Wahrlich ich sage euch, so ihr nicht werdet wie die

Kinder, werdet ihr nicht in das Himmelreich kommen'. Das ist der Ausdruck unserer pädagogischen Überzeugung" (Otto, zit. n. Baumann 1959b, S.39).

Berthold Ottos Anthropologie des Kindes ist auf den ersten Blick von einem charakteristischen Widerspruch zwischen Methode und Gehalt bestimmt: Einerseits beruft er sich als zeitgemäße Erkenntnisquelle auf die objektiv beobachtende empirische Kinderpsychologie, andererseits glaubt er „an die unverwüstliche Kraft des kindlichen, des völklichen Geistes" (Otto 1912 a, S. 111). Diese bezeichnende Spannung zwischen wissenschaftlichem Geltungsanspruch und Beschwörung des romantischen Kindheits- (und Gemeinschafts-)ideals läßt sich nur auflösen, wenn man auch noch die Wurzeln von *Ottos Weltanschauung* freilegt, welche er selber „volksorganisches Denken" nennt. Die Grundannahmen seiner anthropologischen Konzeption hat er wie folgt zusammengefaßt: „Alles Denken entspringt nur in der Gemeinschaft. Das menschliche Denken ist in seiner Form durch die Sprache bestimmt. Diese Sprache ist Gemeinschaftsschöpfung und zwar immer wiederholte Schöpfung" (Otto 1963, S. 250). Die Neuschöpfung der Sprache geschieht jeweils im selbsttätigen Spracherwerb des Kindes, das damit zugleich die bisherige kulturelle Entwicklung in sich rekapituliert. Das Geistesleben der Kinder ist deshalb für ihn „die tiefste Offenbarung unseres Volksgeistes, an der wir dessen Wunder immer wieder von neuem mit Erstaunen sehen können" (Otto 1912 a, S. 182).

Otto ist sich durchaus im klaren darüber, daß er mit seiner volksorganischen Auffassung des Kinderlebens und mit seinem sprachpsychologischen Ansatz „abseits von der offiziellen Psychologie" seiner Zeit steht, welche er durch Wundt, Preyer und Hall repräsentiert sieht. Er sieht sich als Schüler des heute zu Unrecht nur noch wenigen bekannten vergleichenden Sprachwissenschaftlers und Psychologen *Heymann (Chajim) Steinthal* (1823-1899), unter dessen kleiner Hörerschaft Otto - wie übrigens auch Ferdinand de Saussure - Anfang der 80er Jahre an der Berliner Universität weilte. Da Steinthal als Jude damals nur eine außerordentliche Professur bekleiden durfte, blieb es Otto versagt, bei ihm zu forschen und zu promovieren. Für Otto enthält Steinthals „Einleitung in die Psychologie und Sprachwissenschaft" (2. Aufl. 1881), worin dieser die psychischen Gesetze darlegt, nach denen Sprache heute wie in der Urzeit entsteht, „obwohl in deduktiver Form geschrieben, ...die genialsten Induktionen, die auf psychologischem Gebiet bisher gemacht worden sind" (Otto 1963, S.30). Heymann Steinthal und sein Schwager Moritz Lazarus (1824-1903) haben von 1860 bis 1890 die „Zeitschrift für Völkerpsychologie und Sprachwissenschaft" herausgegeben. Sie gelten als die Begründer der Völkerpsychologie, einer empirischen, aber primär introspektiven Sozial- und Sprachpsychologie, welche die Entwicklungsgesetze der geschichtlichen „Natur" des Menschen in den kulturellen Manifestationen der verschiedenen „Volksgeister" als historisch maßgeblichen Individuen höherer Ordnung erforschen soll (vgl. Steinthal 1860; 1970, S. 307 ff.; Anger 1979, S. 32 ff.; Belke 1971, S. CXIV ff.). Von den Resultaten dieser kulturellen Anthropologie her sollen sich schließlich auch Grundsätze und Regeln für die Gestaltung des politischen Lebens (und des pädagogischen Handelns) begründen lassen.

Für Ottos Lehrer Steinthal (vgl. zum folgenden vor allem Steinthal 1860; 1970, S. 307 ff.) ist der Mensch „ein geistiges Thier". Der Geist bildet „die höchste Spitze der Natur" und erhebt sich damit zugleich über sie hinaus. Die wahre Bestimmung des Menschen ist die gemeinschaftliche Hervorbringung des Geistes, dessen „gesetzmäßig gleichbleibende Thätigkeit" fortschreitende Entwicklung ist: „Das Maß der geistigen Kraft des Menschen... wächst nicht. Aber der Geist schafft sich unaufhörlich neue, materielle und geistige Organe, und mittels ihrer wirkt er immer schneller und immer mehr" (ebd., S. 371). Der Mensch gehört nicht bloß dem Menschengeschlecht als der allgemeinen Art an; die Entwicklung der Menschheit ist vielmehr an die Verschiedenheit der Völker gebunden. Die allen Menschen, die sich zu einem Volk rechnen, gemeinsame innere Tätigkeit ist der Volksgeist; er ist das innere Band, das Prinzip, das die bloße Summe aller individuellen Geister eines Volkes zu einem Organismus macht. Der Volksgeist lebt nur in den einzelnen, hat keine vom „Einzelgeist" abgesonderte Existenz. Sprache, Mythologie, Religion u. a. m. sind die objektiven Elemente bzw. Mächte des Volksgeistes, die aus dem gemeinschaftlichen geistigen Verkehr der Einzelnen hervorgegangen sind.

Die *Sprache* ist „das erste geistige Erzeugniß, das Erwachen des Volksgeistes"; sie übt „einen constitutiven Einfluß auf die innerste Eigenthümlichkeit des Volksgeistes aus, wie er sich in seinen folgenden Schöpfungen weiter entwickelt" (ebd., S. 346). Jede Sprache ist also Ausdruck und Maßstab eines eigentümlichen Volksgeistes: „die Sprache allein stellt neben dem Vorstellungs-Inhalt in den Wörtern auch die Gedanken-Form dar, die Gedanken-Bewegung, in der Wortbeugung und den Satzbildungsmitteln. Die Sprache enthält nicht nur die Weltanschauung des Volkes, sondern ist auch das Abbild der anschauenden Thätigkeit selbst" (ebd., S. 348). In der Sprache zeigt sich der Geist des Menschengeschlechts in seiner konzentriertesten, urbildlichen Form: Als „Apperzeptionsorgan" ermöglicht sie dem Menschen, von der Anschauung der Wirklichkeit zu ihrer inneren Vorstellung zu gelangen und mit Hilfe der ihr inhärenten Begriffe und Kategorien neue Inhalte aufzunehmen und in sein inneres Weltbild und Selbstbewußtsein einzuordnen. Die Sprache ist das hervorragende Mittel, mit dem die kulturellen Erwerbungen früherer Zeiten und ihr kollektiver Geist an die Gegenwart überliefert und in ihr weiterentwickelt werden können. Durch und in Sprache erfolgt die tiefgründige Eingliederung des einzelnen in den Volksgeist als ausgeprägteste Form des Allgemeinen; durch und in Sprache erreicht der einzelne am wirkungsvollsten die Gestaltung seiner Individualität, das Besondere seiner geistigen Physiognomie. Die Sprache der Menschengattung hat sich geschichtlich in vielfältiger Weise entfaltet und ausdifferenziert. Im verschiedenen Bau der Sprachen kommt jeweils eine verschiedene Weltansicht, ein verschiedener Volksgeist zum Ausdruck. In der Verschiedenheit der Sprachen, in ihrer Rangordnung von den „formlosen“ zu den „Formsprachen“ manifestiert sich auch ein Fortschritt in der kategorialen „inneren Form“ der Sprache als dem innersten Kern des Geistes. Die Sprache ist aber nicht nur ein systemhaftes kollektives Verständigungs- und Erkenntnismittel, als lebendiger Sprechakt ist sie für Steinthal vor allem eine Tätigkeit, ein fortgesetzter Schöpfungsprozeß, in dem jeder Einzelne die Sprache immer wieder von neuem erschafft: „Ihr ganzes Wesen liegt in ihrem Ursprunge: weil es ihr Wesen ist, immer neu zu entspringen. Sie hat nicht einen einmaligen Ursprung in der Urzeit gehabt: sondern so oft sie erscheint, nimmt sie ihren Ursprung. Wie nun ihr Wesen sich nicht ändert, so ändert sich auch ihre Entstehungsweise nicht, da es ihr Wesen ist, immer neu zu entstehen, ewig sich neu erzeugende Tätigkeit zu sein“ (Steinthal 1881, S. 86).

Steinthal knüpft mit seiner Theorie der Sprache unmittelbar an Wilhelm von Humboldt an. Schon für diesen ist die Sprache das bildende Organ des Gedankens; schon hier gilt die im Sprachbau wirkende innere Form als der kategoriale Rahmen für eine besondere Weltansicht; und schließlich denkt Humboldt Sprache nicht nur als fertiges Werk (ergon), sondern als Sprechen, als in jedem Augenblick aus der Tätigkeit des Geistes (energeia) neu Entstehendes. Steinthal geht von Humboldts sprachphilosophischer Grundlage aus; als Sprachpsychologe führt ihn sein Weg aber insofern darüber hinaus, als er zum einen die kognitiven Leistungen der Sprache (als bildendem Organ des Gedankens) auf der Bahn der Herbartschen Apperzeptionslehre (vgl. ebd., I. Teil) genauer analysiert und zum anderen den Ursprung der Sprache nicht mehr metaphysisch auf ein Göttliches zurückführt, sondern als eine Errungenschaft der phylogenetischen und ontogenetischen Entwicklung betrachtet.

Das Kind ist für den Sprachentwicklungspsychologen Steinthal sozusagen das lebendige vorgeschichtliche Fossil, bei dem sich die Entstehung der Sprache in analoger Weise ereignet wie unter den ungünstigeren Verhältnissen die Urschöpfung der Sprache beim Urmenschen damals, als er aus seiner bloß tierischen Natur heraustrat: „Weder der Urmensch noch das Kind späterer Geschlechter macht oder schafft die Sprache; sondern sie entsteht und wächst im Menschen, er gebiert sie. Hat er sie geboren, so hat er seine eigene Geburt aufzunehmen, verstehen zu lernen. ...Die Sprache ist also eine Geburt, eine Emanation aus dem Bewußtsein, eine Entwicklungsstufe des Geistes, die mit Notwendigkeit dann eintritt, wenn die geistige Bildung an einen gewissen Punkt gelangt ist“ (ebd., S.84f.). So ereignet sich also in jeder Kinderstube - nunmehr in einer Gesellschaft schon Sprechender - stets von neuem der *Ursprung der Sprache* und darin zugleich der Selbstschöpfungsakt des Geistes. Das Sprechen kann - „wie ein Erzeugniss der Natur, ein wachsender Organismus“ - genauso wenig gelehrt werden wie Hören und Sehen. „Man sollte also gar nicht vom Lernen der Sprache bei Kindern reden. Denn wo keine Lehre, da ist kein Lernen. Nur was der Gärtner mit Samen tut, aus dem er Pflanzen ziehen will, nur das tun wir mit unseren Kindern, um sie zur Sprache zu bringen: Wir bringen sie in die nötigen Bedingungen geistigen Wachstums, nämlich in die menschliche Gesellschaft. ...nach dem Gesetze, dort der Natur, hier des Geistes, entsteht dort die Blume, hier die Sprache im Bewußtsein des Kindes“ (ebd., S. 83).

Das Sprechenlernen ist also sowohl organisches Wachstum gewissermaßen eines geistigen Keimes, der sich zur Sprache entfaltet, als auch Entstehung, fortgesetztes *Schöpfertum*, durch welches das Kind innerhalb nur weniger Jahre auf die Höhe einer jahrtausendealten Entwicklung und in den virtuellen Besitz einer großen Zahl kollektiver Vorstellungen gelangt, die es sich im geistigen Verkehr mit den Erwachsenen allmählich erst bewußt machen wird. Diese dreifache Eigenart der menschlichen „Geist-Natur“ zeigt sich beim Kind am deutlichsten. In seiner Erläuterung zur Sprachentwicklungstheorie seines Schwagers stellt Moritz Lazarus daher fest: „Der schöpferische Trieb der Sprache, den man in der Kinderstube beobachten kann, macht sich während der Erlernung geltend, um dann durch die Forderung der Erwachsenen und die Macht der Überlieferung verdrängt zu werden, aber glücklicherweise überdauert er in energischen Geistern die Zeit der Erlernung, um später nach vollendeter Kenntniß der erlernten Sprache dieselbe zu bereichern und zu veredeln“ (Lazarus 1878, S. 175). Man kann aus diesen Worten eine Achtung vor dem schöpferischen Genius des Kindes entnehmen, welche die Einstellung Berthold Ottos vorwegnimmt.

Otto hat mit Recht von sich behauptet, daß er die pädagogischen Folgerungen aus dem völkerpsychologischen, „volksorganischen“ Denken, aus der Sprachtheorie Heymann Steinthals und aus dessen Betrachtungen über den urmenschlichen Ursprung der Sprache im Kind gezogen habe. Ottos romantische Auffassung des Kindes als schöpferischen Ursprungs der Sprache und des Volks-Geistes, seine Ehrfurcht vor der Sprechsprache (Altersmundart) des Kindes und seine Gestaltung des freien geistigen Verkehrs mit ihm zu einem sprach- und volksgeistbezogenen Erkenntnisprozeß - diese Elemente seiner Pädagogik lassen sich durchaus verstehen als konsequente Anwendungen des völkerpsychologischen Forschungsprogramms von Steinthal und Lazarus auf das Problem der Erziehung. Wie dieses kulturanthropologische Denken wurzeln Ottos Auffassungen - trotz seiner Bezugnahme auf die zeitgenössische empirische Kin-

derpsychologie - selber noch tief in den spekulativen Voraussetzungen des romantisch-idealistischen Denkens, in der Volksgeistlehre Herders, in der Sprachidee Humboldts und in Hegels Begriff des objektiven Geistes - mithin in der klassischen Humanitätsidee überhaupt.
Otto hat die innovativen Elemente seiner sprachphilosophisch inspirierten Pädagogik vom Kinde aus nach eigenen Angaben bereits in den 80er Jahren des 19. Jahrhunderts entwickelt und als Hauslehrer praktiziert (vgl. Otto 1912 b, S. 5), fast zwei Jahrzehnte vor dem Beginn des „Jahrhunderts des Kindes". Er hat deshalb als Wegbereiter einer Bewegung zu gelten, die bis heute unmittelbar weiterwirkt - mit Berthold Otto haben wir das Feld der Reformpädagogik betreten.

7 Das romantische Kindbild als Kern des reformpädagogischen Denkens

7.1 Die Reformpädagogik - eine epochale Erneuerungsbewegung der Erziehung

Üblicherweise bezeichnet man mit „Reformpädagogik" („Progressive Education", „Education Nouvelle" etc.) die von kultur- und gesellschaftskritischen Motiven inspirierten pädagogischen Programme und Reformversuche in Europa, Nordamerika und Palästina im Zeitraum von etwa 1890 bis ca. 1950 - in Deutschland offiziell nur bis 1933. Wer sich heute mit der deutschen Reformpädagogik beschäftigt, kann dies nicht ohne Auseinandersetzung mit der großen, bis in die siebziger Jahre nahezu fraglos geltenden monumentalisierenden „Meistererzählung" *Herman Nohls* aus dem Jahre 1933. Nohl sah die - wie er sagte - „Pädagogische Bewegung" als eine „kulturelle Bewegung" in einem Zusammenhang mit der Arbeiterbewegung, der inneren Mission, der Frauenbewegung, der sozialpolitischen Bewegung und der national ausgerichteten Kulturkritik. Wie in diesen sah Nohl auch in der Pädagogischen Bewegung eine „Reaktion des Lebens (auf)... die neue soziale, sittliche und geistige Not unseres Volkes, die durch die Entwicklung der Industrie, der Großstädte, der Arbeits- und Wohnverhältnisse, aber auch die naturwissenschaftliche Aufklärung und die Entwicklung der Spezialwissenschaften über die Seele hereingebrochen ist" (Nohl 1933b, S.302). In diesem Modernisierungsprozeß ging für Nohl der Selbstwert des Subjekts ebenso verloren wie die Bindungen seines sozialen Lebens. Nohl beschreibt die Pädagogische Bewegung als Gefüge und als Verlauf. Ihr Gefüge ergibt sich aus den volkspädagogischen Grundströmungen der Jugendbewegung und der Volkshochschulbewegung sowie aus den pädagogischen Einzelströmungen der Kunsterziehungsbewegung, der Arbeitsschulbewegung, der ethisch-politischen Gemeinschaftserziehung und der Landerziehungsheimbewegung. Die Pädagogische Bewegung wirkt in das öffentliche Schulwesen hinein als Einheitsschulbewegung, als Pädagogik vom Kinde aus und als Erlebnisunterricht.

Nohl sieht im Verlauf der Pädagogischen Bewegung ein überzeitliches Dreiphasen-Gesetz am Werk, die „autonome Struktur des pädagogischen Lebens selber". Das Schlagwort für die erste Phase lautet „Persönlichkeit", das der zweiten „Gemeinschaft" und das der dritten „Dienst":"Wo eine pädagogische Bewegung größeren Ausmaßes erscheint, wendet sie sich gegen eine abgelebte Form und macht ihr gegenüber die Forderung der Persönlichkeit des einzelnen geltend. Es folgt bald eine Bewegung, das neue Ideal in sozialpädagogischer

Arbeit auf die Masse zu übertragen und jedem einzelnen dieses neue Menschentum zugänglich zu machen. Bis sichtbar wird, daß solches Menschentum gegründet ist in dem Glauben an objektive Gehalte und Mächte, denen sich der einzelne wieder unterwirft. Das ist der Gang der Pädagogik ..."(ebd., S.307f.). Auf jeder späteren Stufe soll die Wahrheit der früheren „aufgehoben" werden. Erstarrt das kulturelle und pädagogische Leben schließlich zur sinnleeren, „toten Form", setzt die pädagogische Bewegung von neuem ein.
Für Herman Nohl ist die Pädagogische Bewegung seiner Zeit kein nur für sich stehendes Ereignis; sie gilt ihm vielmehr problemgeschichtlich als „die echte Fortsetzung jenes schöpferischen Stroms geistigen Lebens unserer Nation, den wir die Deutsche Bewegung nannten" (Nohl 1933a, S.77). Mit dieser Deutung gibt Nohl der deutschen Reformpädagogik eine besondere geschichtliche Mission: Sie ist die zeitgemäße Stufe eines mit dem Sturm und Drang und der Romantik anhebenden modernitätskritischen Erneuerungsprozesses, der „als Durchbruch des höheren Lebens in unserem Volke" mit seinen lebensreformerischen Gestaltungstendenzen noch über die Gegenwart hinausweist. Mit dieser Deutung der Reformpädagogik verstand sich Nohl weniger als Historiker einer gerade zu Ende gehenden pädagogischen Ära, sondern vielmehr als ihr kulturphilosophischer Interpret und zukunftsweisender Mitvollzieher. Nohl stellt die Pädagogische Bewegung in einen direkten Zusammenhang mit der Pädagogik der Romantik. Er sieht in der Reformpädagogik die zeitgemäße Form der Fortsetzung der romantischen Impulse der Kulturkritik und der Freisetzung der ursprünglichen Kräfte des Individuums und der Gemeinschaft. Nohl schreibt damit der Reformpädagogik nicht zurückblickend ihre Geschichte; er gibt ihr vielmehr eine zukunftsbezogene, spezifische humanitäre Sendung. Bis heute haben allerdings weniger Nohls lebensphilosophische Kulturdiagnose und nationale Mythenbildung weitergewirkt als vielmehr sein Konzept der Reformpädagogik als einer Epoche und als einer in sich einheitlichen sozialen Bewegung mit einer notwendigen immanenten Phasenfolge. In dieser Form hat Nohls Deutung für die meisten bisherigen Gesamtdarstellungen nahezu kanonische Geltung behalten.
Aus dem Kreis der geisteswissenschaftlich orientierten, an die Deutung Nohls heute noch anknüpfenden Historiographen der Reformpädagogik monumentalisiert und kanonisiert sie keiner solcherart wie *Hermann Röhrs*. In dem von ihm eingeleiteten Standardwerk über „Die Schulen der Reformpädagogik heute" bringt er nochmals zum Ausdruck, daß zum einen „die Reformpädagogik ... die pädagogisch wohl reichste Epoche der Bildungsgeschichte (ist)..., die die pädagogische Theorie und Praxis fortlaufend anzuregen und zu bereichern ver(mag)" (Röhrs 1986, S.13). Zum andern ist die Reformpädagogik für Röhrs keine abgeschlossene, sondern eine „permanente Bewegung", die - angesichts

der Paradoxien institutionalisierter Erziehung - weiterhin auf die praktische Einlösung des Anspruchs auf umfassende Entfaltung der Individualität gerichtet ist. Nach den Phasen der Einzelreformen (ab 1890), der Herausbildung des Gemeinsamen (ab 1914), der Klärung des Grundsätzlichen (ab 1924), der Umgestaltung unter veränderten Voraussetzungen (ab 1934), der Reaktivierung und Renaissance (seit den 60er Jahren) befinden wir uns heute mit der Gründung Freier Alternativschulen in der sechsten Phase der Reformpädagogik: „Die eigentliche Kontinuität in der gesamten Entwicklungslinie wurde in der Bundesrepublik Deutschland durch die Existenz der Reformschulen gewahrt; sie nahmen eine pädagogische Modellfunktion seit der Jahrhundertwende für die Bildungsreform wahr" (ebd. S.18). Die Reformpädagogik war in besonderer Weise in den zwanziger und dreißiger Jahren international erfolgreich, weil sie damals zum bestimmenden Faktor in der pädagogischen Diskussion avancieren konnte und ihr geistiger Einfluß „unermeßlich vielfältig und handlungs(mit)bestimmend" war. Ihre Wirksamkeit bekundet sich für Röhrs bis heute auch noch im Weltbund der „New Education Fellowship", der im Laufe von über sieben Jahrzehnten auf der internationalen Ebene in den jährlichen Konferenzen Tausende von Menschen ebenso zusammengeführt hat wie die weltumspannenden Montessori- und Dalton-Vereinigungen und der Bund der Freien Waldorfschulen.

7.2 Die sogenannte Reformpädagogik - eine geschichtliche Fiktion

Jürgen Oelkers hat sich mit seinen zahlreichen Arbeiten über die Reformpädagogik kein geringeres Ziel gesetzt, als deren bis heute wirksame Kanonisierung durch Nohl und seine Schülerschaft zu bestreiten und aus den Angeln zu heben. In seiner „kritischen Dogmengeschichte" über die reformpädagogische Bewegung (vgl. Oelkers 1989) geht es ihm weder um eine antiquarisch-musealisierende Darstellung noch um eine monumentalische Verklärung einer Tradition, sondern um die ideen- und formengeschichtliche Neuverortung und kritische Analyse einer pädagogischen Ideologie und ihrer Praxisformen. Oelkers' Argumentation läßt sich vereinfachend auf drei bewußt destruktive Hauptthesen zurückführen; sie betreffen 1. die theoretische Trivialität und Inhomogenität der Reformpädagogik, 2. ihre mangelnde praktische Originalität und 3. ihr relatives Scheitern im gesellschaftlichen und politischen Zusammenhang.

Oelkers' erste These lautet: Was die Geschichtsschreibung gemeinhin „Reformpädagogik" nennt, ist keine neue Epoche oder soziale Bewegung mit einer originären und originellen Theorie und Praxis der Erziehung, sondern lediglich die Fortsetzung des Projekts der neuzeitlichen Pädagogik „mit den Theoriemitteln der Nachaufklärung“. Im Gegensatz zu Nohl und seinen Nachfolgern sieht Oelkers in der Reformpädagogik keine einheitliche „Bewegung“ mehr, sondern ein inhomogenes „Theorieaggregat“, worin nur die Konzepte der „Pädagogik vom Kinde aus“ und der „Lebensgemeinschaft“ einen gegenüber früheren Ansätzen unterscheidbaren neuen Korpus bilden. Wo andere Einheit unterstellen, sieht Oelkers Differenz. Die Gemeinsamkeiten der Reformpädagogen ergeben sich für ihn gleichsam nur von außen: durch das gemeinsame Generationsschicksal, durch das Thema einer „natürlichen“ Erziehung „vom Kinde aus“ und durch die suggestive, metaphorische Rede über Erziehung (vgl. ebd., S.11ff.).

Oelkers' zweite These bezieht sich auf die Praxis der Reformpädagogen. Deren pädagogischer Gehalt ist ebenfalls kein grundlegend neuer, sondern schließt an die Prinzipien der klassischen Pädagogik an: Anschauung, Naturgemäßheit und Selbsttätigkeit. Die für die Reform der Schule vorgeschlagenen Konzepte - ästhetische Bildung und künstlerische Erziehung („Ganzheit“), das praktische Lernen und die Methode des Arbeitsunterrichts („Selbsttätigkeit“), die Forderung nach einer Erziehung des Leibes („Harmonie“) und die innere Gestaltung der Schule zur Schulgemeinde („Gemeinschaft“) - diese Konzepte waren gemäß Oelkers bis ins Detail auch schon die Diskussionsthemen der Schulpädagogik des 19.Jahrhunderts. Unter Heranziehung einer Vielzahl von heute kaum mehr beachteten Schriften von Schulpädagogen aus der Mitte des vergangenen Jahrhunderts versucht Oelkers seine Kontinuitätsthese zu belegen. In Oelkers' Sicht ist auch die Schulkritik als „Denkmodell und rhetorische Figur“ längst vorhanden, bevor die Kritik eines Nietzsche, Lagarde oder Langbehn als angebliches „ideologisches Movens“ auf den Plan tritt. Für Oelkers gibt es auch „keine 'Kulturkritik' in irgendeinem tiefgreifenden Sinn. Was so genannt wird, ist die Überschätzung einer Diskussion am Jahrhundertende, die zum einen nicht einheitlich war und zum anderen viel weniger gewirkt hat, als es den Anschein hat“ (ebd., S.57). Man wird einer solchen Pauschalbehauptung zumindest die erstaunliche Tatsache entgegenhalten müssen, daß Langbehns „Rembrandt als Erzieher“ von 1890 bis 1936 nicht weniger als 90 Auflagen erlebte.

Nachdem Oelkers der Reformpädagogik sowohl die theoretische als auch die praktische Originalität abgesprochen und die Reformpädagogen gegen ihr Selbstverständnis ganz in das Umfeld der schulpädagogischen Diskussion des 19.Jahrhunderts „zurückgestuft“ hat, behauptet er mit seiner dritten These auch noch die Erfolglosigkeit ihrer Reformanstrengungen im gesellschaftlichen und politischen Leben. Er räumt zwar ein, daß sie „als gesellschaftliche Kraft“ in der Weimarer Republik nicht aufzuhalten war, auch nicht auf dem politischen Weg der Schulreform. Doch mit Ausnahme des Grundschulkompromisses und der Akademisierung der Volksschullehrerausbildung war „der Erfolg ... hier wiederum im wesentlichen ein publizistischer“.

Oelkers hat das traditionelle (Selbst-)Verständnis der Reformpädagogik als Epoche einer neuen Erziehung und als einer Bewegung aus einheitlichem Geist aufgelöst und ihren Praxisinitiativen die Neuartigkeit und sogar noch den sozialen Erfolg bestritten. Was sich als Neue Ära und als Neue Erziehung verstand, hat er zum déja vu, zum bloß Altbekannten entwertet; aus dem behaupteten Bruch der Reformpädagogen mit der alten Erziehung ist pure Kontinuität geworden. „’Neu’, so gesehen, ist an der Reformpädagogik zu Beginn des 20.Jahrhunderts fast nichts“ (Oelkers 1994, S.577) - allenfalls die Rhetorik ihrer Wortführer. Doch bei diesem eindeutigen negativen Fazit bleibt Oelkers nicht stehen. Mit seiner angestammten Vorliebe für Paradoxien, die seine Position so schwer greifbar und angreifbar macht, attestiert er der Reformpädagogik, die er mit seinen drei Hauptthesen als historische Fiktion entlarvt hat, sogleich wieder eine „paradoxe Originalität“ und ein nur „relatives Scheitern“. In einer vierten These gesteht er zu, daß die Reformpädagogen - ohne es zu bemerken (!) - auch neue Formen der Reflexion und der Praxis entwickelt haben, die bis zum Bruch mit der pädagogischen Theorietradition führen. Seine vierte These behauptet also eine „paradoxe Originalität“: Neben der Kontinuität der Motive und Postulate des pädagogischen Denkens sind zu Beginn des 20.Jahrhunderts auch Diskontinuitäten zu verzeichnen, eigentümliche Wendungen der Problemlage, die vor allem die Stilisierung des Kindes betreffen. Einen Bruch sieht Oelkers zunächst ideengeschichtlich in der überhöhenden Mythisierung des Kindes und der Gemeinschaft zumal bei Ellen Key, Berthold Otto und Maria Montessori. Die Vereinigung von Kind und Gemeinschaft ist für ihn also die eigentliche Pointe der Reformpädagogik. Der Mythos vom leidenden Kind wird gegen die krankmachende Schule, das Bild der organischen Gemeinschaft gegen die lebensfeindliche, anonym-mechanische Großstadt gesetzt. Für Oelkers gibt es also doch eine Besonderheit, eine originelle Leistung der Reformpädagogik. Sie liegt vor allem in dem Versuch, eine neue Sichtweise des Kindes zu entwickeln. Die ‘Natur des Kindes’ ist, „die theoretische Herausforderung dieser Epoche“. Dies neue Bild des Kindes - „die zentrale Hintergrundsannahme der Reformpädagogik“ - beschreibt das Kind selbst als Aktivität. Seine Entwicklung, seine natürliche Teleologie ist der Maßstab einer primär negativen Erziehung, die vor allem fehlerhafte Eingriffe fernzuhalten hat. Die Reformpädagogen hofften für Oelkers vergeblich, daß die Kinderpsychologie empirisch bestätigen würde, was ihre pädagogische Intuition verweggenommen hatte.

Oelkers' Schlußthese ist die vom „relativen Scheitern" der Reformpädagogik. Hier stellt er dem angeblichen Mißerfolg auf der gesellschaftspolitisch-öffentlichen Ebene gegenüber die vermeintlich umwälzenden Wirkungen der Neuen Erziehung im Bereich der lebensreformerischen Subkulturen an den Rändern der modernen Gesellschaft. Im Schnittpunkt von lebensreformerischen Landkommunen, revolutionär gestimmten Jugendbünden und expressionistischem Menschheitspathos entsteht, z.B. auf Heinrich Vogelers „Barkenhoff" in Worpswede und im Hamburger „Wendekreis", ein Spektrum alternativer, ja antipädagogischer Praxisformen. Getragen vom vitalistischen Irrationalismus und vom mystischen und erotischen Vereinigungsverlangen mit der Natur, dem Leiblichen, der Gemeinschaft und dem „Genius" im Kinde wird hier eine Form anarchischer Erziehung praktiziert, die das tradierte Generationenverhältnis und jede Form seiner Institutionalisierung aufheben will. Für Oelkers liegt in dieser „postmodernen" Form der Erziehung die größte Sprengkraft der Reformpädagogik.

Mit dieser These revidiert Oelkers allerdings implizit seine negative Gesamtbilanz über die Reformpädagogik; denn in den radikal anmutenden Erziehungspraxen der lebensreformerisch gesonnenen „Aussteiger" kommt immer auch der gesamte Gedankenkreis und Formenreichtum der Reformpädagogen, ihr innovatives Potential, zur Erscheinung. Diese alternativen Gründungen sind für Oelkers der radikale Ausdruck des tiefgründigen großstadtfeindlichen Affekts der Reformpädagogen und ihres daraus entspringenden Dranges zur Gründung von Inseln und Idyllen. Landerziehungsheime, Schulfarmen und alternative Siedlungsschulen sind so gesehen die Versuche, ideale Orte der reinen Erziehung zu schaffen, in denen Kinder sich ungehindert entwickeln können. Die Annahme war, daß *ein* gelingendes Modell unbeschränkt viele nach sich zieht, bis der Raum der Gesellschaft mit alternativer Erziehung erfüllt ist.

Trotz dieser beschwichtigenden Schlußthesen über die paradoxe Originalität der Reformpädagogen in der Stilisierung der Natur des Kindes und ihres peripheren Erfolges in den historisch neuen radikalen Gemeinschaftsexperimenten meint Oelkers sein Fazit im Grunde negativ: Für ihn überdauerten nur wenige, außerstaatliche Reformschulen und sonst nur die Reformmotive. Oelkers' Schlußbilanz über die nur geringfügige Wirksamkeit der „Neuen Erziehung" läßt sich wahrscheinlich empirisch so überhaupt nicht belegen. Sie resultiert in erster Linie aus der Absolutsetzung seiner motivgeschichtlichen Forschungsperspektive. Denn Oelkers begreift die Reformpädagigk als eine Form pädagogischer Reflexion, nur mittelbar als ein Praxis des Erziehens und Bildens. Aus dieser metatheoretisch von ihm nicht ausdrücklich begründeten Voraussetzung ergeben sich die Chancen und Grenzen seiner Deutung. Es geht ihm nicht darum, in den Programmatiken und Praxisinitiativen der Reformpädagogen etwa ein neues methodisches Instrumentarium, neuartige institutionelle und organisatorische Alternativen mit dem Ziel einer Humanisierung der Erziehungspraxis aufzuspüren; von diesem praktischen Interesse sind ja u.a. die einschlägigen Untersuchungen von Herman Nohl über Wilhelm und Andreas Flitner bis zu Horst Rumpf und Hartmut von Hentig bestimmt. Dagegen betrachtet Jürgen Oelkers - wie der Kunstgeschichtler die Stilrichtungen und Motive - die „Dogmen" der Reformpädagogen zuallererst motivgeschichtlich: diachron als Fortsetzung der Denkgestalt neuzeitlicher Pädagogik und synchron in ihrer Einbettung in den kulturellen Wandel des Fin de Siècle. Im gleichen Atemzug holt er aus zu einer ideologiekritischen Beurteilung der Antimodernismen, insbesondere in den zentralen „Mythen" vom Genius im Kinde und von der organischen Solidarität in der Gemeinschaft. Durch diese motivgeschichtliche und ideologiekritische Engführung ergibt sich für Oelkers die Möglichkeit, den bekannten Gegenstand „Reformpädagogik" in eine neue Perspektive zu rücken und dessen traditionelles Verständnis radikal in Frage zu stellen.

Die Auffassung von der Reformpädagogik als einer historiographischen Fiktion der Nohl-Schule vertritt - ohne Polemik und Paradoxien - auch Hans-Ulrich Grunder, langjähriger Mitarbeiter von Jürgen Oelkers (vgl. Grunder 1994). Er versucht, sie zu belegen auf der Grundlage eigener Quellenstudien über die Reform der schweizerischen Lehrerseminare zur Zeit der Jahrhundertwende und über die Gründer der ersten Landerziehungsheime in der Schweiz. Was im nachhinein „Reformpädagogik" genannt und als einheitliche Bewegung kanonisiert wurde, umfaßt für Grunder eine Reihe weitverzweigter, vielschichtiger, politisch und pädagogisch heterogener, in Zielen, Inhalten und Methoden zuweilen sogar widersprüchlicher Ideen, staatlicher und privater Praxismodelle und schließlich realisierter Experimente. Und diese Vielfalt von Ideen und Praxisformen ist für Grunder erziehungswissenschaftlich nicht auf einen irgendwie gearteten Epochen- und Typenbegriff „reformpädagogisch" reduzierbar. Was gemeinhin als das Neue der „Reformpädagogik" gilt - Selbsttätigkeit, Arbeitsunterricht, Schulleben u.a.m. - wird nachweisbar schon vor 1870 diskutiert. Grunder verficht die These einer Reformpädagogik „avant la lettre"; er versucht zu belegen, daß es - etwa in der schweizerischen Lehrerbildung - schon eine Reformpädagogik vor der Reformpädagogik gegeben hat: Die Reformpädagogik ist weniger als Anfang einer neuen pädagogischen Epoche einzustufen, wie es ihre Chronisten heute vielfach tun. Vielmehr ist sie die Schlußphase einer im letzten Drittel des 19.Jahrhunderts sich abspielenden, kontinuierlich verlaufenden, pragmatisch orientierten Reform. Angesichts der Kontinuität der Reformbewegung in den Seminaren und des gleitenden Übergangs vom Herbartianismus zur Neuen Erziehung in den Köpfen der Gründer der Landerziehungsheime weist Grunder das Schema von einer neu anbrechenden einheitlichen Epoche oder geschlossenen Bewegung sowohl für die Geschichte der pädagogischen Institutionen wie für die Ideengeschichte als inadäquat zurück. Die bisher kommentierten Darstellungen der Reformpädagogik - sowohl die monumentalisierenden als auch die nivellierenden - bewegten sich in erster Linie im Bereich einer ideen- bzw. motivgeschichtlichen Historiographie. Allerdings haben Erziehungswissenschaftler wie Oelkers und Grunder nicht nur motiv- und formengeschichtlich-rekonstruktiv der Reformpädagogik die Originalität bestritten und sie als eine pure Einbildung ihrer geschichtlichen Hauptakteure zu entlarven versucht. Sie haben zugleich auch schon ideologiekritisch-bewertend bestimmte, grundlegende Züge im Erziehungsdenken der Reformpädagogen als antimodernistisch, regressiv und totalitär gebrandmarkt.

7.3 Die Reformpädagogik - ein antiaufklärerischer Rückfall und Flucht aus der Moderne

Diese denkerischen Schwächen und modernitätsflüchtigen Motive vor allem der deutschen Reformpädagogen werden von den Erziehungshistorikern noch deutlicher gemacht, die sich - von einem *materialistischen* Erziehungsverständnis oder von einer *kritischen Bildungstheorie* herkommend - einer primär sozialgeschichtlichen Historiographie widmen. Sie fassen die Erziehung auf als grundlegenden Reproduktionsprozeß der Gesellschaft mit der Möglichkeit ihrer emanzipativen Umgestaltung. Die Geschichte der Erziehung - und darin die Reformpädagogik als epochale soziale Bewegung - begreifen sie als Teil eines gattungsgeschichtlichen Prozesses, der von ökonomischen und kulturellen Transformationen ebenso bestimmt ist wie von widerstreitenden Klasseninteressen. Die reformpädagogische Bewegung ist in dieser Perspektive ein emphatischer pädagogischer Protest gegen die Mechanisierung der Lebensverhältnisse und die dadurch sich grundlegend ändernden Erziehungsbedingungen, welche durch einen Umbruch im Industriekapitalismus des 19. Jahrhunderts geschaffen werden. Die Reformpädagogik reagiert auf den sozialen Wandel mit einer „symptomorientierten Zivilisationskritik“ in einer nur pädagogischen Perspektive. Ihr fehlt eine gesellschaftskritische Theoriebildung, die die entfremdenden Auswüchse der industriellen Zivilisation von ihren ökonomischen Grundlagen und politischen Machtverhältnissen her hätte erklären können.

Die meisten Reformpädagogen bleiben in ihrer Kulturkritik und Erziehungsreform gesellschaftsanalytisch blind. Ihre ganzheitlichen Erziehungskonzepte sind durchgehend von einer Verkehrung des Verhältnisses von Politik und Pädagogik bestimmt: „Grundlegende Gesellschaftsveränderung wird in diesem edukativen Fundamentalismus voluntaristisch umdefiniert in kulturelle Reform und damit in den Zuständigkeitsbereich der Pädagogik delegiert" (Bernhard 1993, S.567). In diesem „edukativen Fundamentalismus", der hybriden Selbstüberschätzung der Pädagogik als Politik, liegt eine erste grundlegende gedankliche Regression der Reformpädagogen.

Ihr zweiter Grundirrtum ist ihr pädagogischer Naturalismus, die Verabsolutierung der spontanen Kräfte des Kindes zur Maßgabe der Erziehung. Aus dem Vertrauen auf die spontane Selbstbildung des Kindes resultiert der Verzicht auf die notwendige pädagogische Führung, welche die eigentliche Voraussetzung für ein hochentwickeltes Bewußtsein und für die selbsttätige (Um-)Gestaltung der Verhältnisse durch das Subjekt selber ist. Mit der Absolutsetzung des Entwicklungsgedankens und der schöpferischen Entelechie des Individuums und dem damit verbundenen primären Interesse an methodischen Fragen (Selbsttätigkeit, praktisches Lernen usw.) erfolgt nolens volens ein regressiver Angriff auf die materiale und reflexive Seite der Bildung. Adalbert Rang schreibt: „Die expressiven Qualitäten junger Menschen werden nicht systematisch mit deren kognitiv-intellektuellen Möglichkeiten zu produktiver Wechselwirkung verbunden, sondern einseitig und verselbständigt in den Mittelpunkt gerückt. Die Möglichkeit, ja die Notwendigkeit rationaler und systematischer Erfahrungsverarbeitung schnitt man sich damit selbst ab. Das Ich, das seine Stärke gerade auch durch begreifende Erkenntnis gewinnen könnte, blieb intellektuell schwach. Und die Pädagogen machten aus dieser Not eine Tugend" (Rang 1989, S.293).

Aus der Verklärung der kindlichen Phantasiekräfte und der Kritik des enzyklopädischen, „verkopften" Schulwissens ergibt sich bei vielen Reformpädagogen ein ausgeprägter Anti-Intellektualismus, der vormodernen, weltanschaulich bestimmten Einheits- und Gemeinschaftssehnsüchten freien Lauf läßt. Aus dieser dritten Regressionstendenz entspringen auch die elitären Refamilialisierungstendenzen, die für die - zumeist elitären - reformpädagogischen Modellschulen kennzeichnend sind. Hier erfolgt „die Rückbiegung der Schule als formal-öffentlicher gesellschaftlicher Institution (für welche Generationen von Bürgern, Bauern und schließlich auch Arbeitern sich eingesetzt hatten) zur informellen Schule mit familienähnlichen, zwanglos-naturwüchsige 'Gemeinschaft' verkörpernden Zügen" (ebd., S.287).

Rang vertritt ebenso wie Bernhard die These, daß es eine Kontinuität zwischen Reformpädagogik und deutschem Faschismus gegeben habe: „Viele der Reformpädagogen ... haben ihre ganze Aufmerksamkeit 'dem Kind' geschenkt und doch eben damit auch (!) den Interessen der sich im Zeichen des Spätkapitalismus 'modernisierenden' Gesellschaft gedient. Die Verselbständigung der Aktivität als solcher ('Selbsttätigkeit') und der Vorrang 'formaler Bildung' mit starkem Akzent darauf, daß alle 'Lehrstoffe ... nur Bildungsmittel der Kräfte'

(Nohl) seien - dies beides, verbunden mit kulturkritisch motivierter Sehnsucht nach der 'Einheit' künftiger 'Gemeinschaft', hat in Deutschland die Entstehung einer substantiellen, dem Nationalsozialismus gegenüber zur Kritik und zum Widerstand fähigen Selbständigkeit häufig eher behindert als gefördert" (ebd., S.299). Das Bildungskonzept der meisten deutschen Reformpädagogen war daher - gerade wegen ihrer kopernikanischen Wendung zum Kind - ein „Harmonisierungs- und Anpassungskonzept" an die Lebensbedingungen der in den Faschismus hineintaumelnden spätkapitalistischen Gesellschaft in Deutschland.
Mit ihrer Gesamtbeurteilung der Reformpädagogik treffen Bernhard und Rang durchaus zentrale Probleme des reformpädagogischen Denkens. Durch ihren eigenen materialistischen, genauer: politökonomischen „Fundamentalismus" werden sie aber dem Sachverhalt nicht gerecht, daß die meisten Reformpädagogen – in unterschiedlicher begrifflicher Adäquanz und mit deutlich divergierenden politischen Optionen – die enthumanisierenden Tendenzen der modernen Industriegesellschaft durchaus wahrgenommen haben und mit der „Neuen Erziehung" darauf eine bewußt *pädagogische*, d.h. auf die eigentätige und vielseitige Bildung des heranwachsenden Individuums gerichtete konkrete Antwort gegeben haben. Aus diesem Primat des Pädagogischen gegenüber dem Politischen resultieren nicht schon zwangsläufig gesellschaftsanalytische Blindheit und politischen Fungibilität.
Dietrich Benner und Herwart Kemper wollen mit ihrem „differenzierten Begriff von Reformpädagogik" auf der Grundlage einer systematischen und dialektischen Theorie der Bildungsreform[21] die Einseitigkeiten einer „monumentalen Hofberichtserstattung" aus der modenitätskritischen Umbruchsperspektive der reformpädagogischen Akteure vermeiden; und andererseits versuchen sie sich damit auch von der kritisch-nivellierenden Form der Geschichtsschreibung abzuheben, „welche die Normalisierungsphasen gegen reformpädagogische Utopien in ihr Recht zu setzen sucht, dabei durchaus Naivitäten und Einseitigkeiten reformpädagogischer Theorie und Praxis offenlegt, zuweilen aber auch die Fragen und Probleme übersieht, die zu den verschiedenen reformpädagogischen Konzepten geführt haben und in diesen reflektiert wurden" (Benner/Kemper 1993, S.8). Im Ausgang von der These, daß die (zweite) Reformpädagogik der Auslöser eines neuen Schubes vor allem geisteswissenschaftlicher, neukantianischer und empirischer Theoriebildung in der Pädagogik der Weimarer Zeit gewesen ist, richtet sich das Augenmerk Benners und Kempers weniger auf die vielfältige Praxis und die Wirkungen der reformpädagogischen Initiativen, sondern in erster Linie nur auf deren theoretische Grundlagen. Schon von daher wird erklärlich, daß sie ihre Bilanz - ähnlich der von Bernhard und Rang - zum größten Teil in roten Zahlen schreiben. Als Positiva nennen sie den Protest der Reformpädagogen gegen den Leistungsdruck

und Konkurrenzzwang in den saatlichen Schulen und ihre berechtigte Kritik am Herbartianismus als der Normalpädagogik der wilhelminischen Ära. Gegenüber diesem geringen pädagogisch-praktischen Guthaben nehmen sich die erziehungstheoretischen Schulden der Reformpädagogen geradezu beängstigend hoch aus.

Die von uns oben bereits angesprochenen Regressionen im Erziehungs- und Schulverständnis werden von Benner und Kemper ebenfalls erwähnt und in anthropologisch-bildungstheoretischer, curricularer und schultheoretischer Hinsicht ausdifferenziert. Die als exemplarisch verstandenen Gegenstände ihrer Reflexionen über die Reformpädagogik sind dabei die kindorientierten Hamburger Lebensgemeinschaftsschulen, die Lietzschen Landerziehungsheime, die Arbeitsschulkonzeption Kerschensteiners und die Jena-Plan-Schule Petersens

In der „kopernikanischen Umwälzung" der Pädagogik vom Kinde aus sehen sie die antiaufklärerische Tendenz, „hinter die Geschichte der gesellschaftspolitischen Konflikte des 19.Jahrhunderts auf die gutartige Natur des Menschen im Kinde zurückzugehen" (ebd., S.38), um von dieser „Symbiose von Kindheit und Natur" aus die Widersprüche der bürgerlichen Gesellschaft anzuklagen und innerpädagogisch zu überwinden. Das Kind als eine sich selbst entfaltende natürliche Entelechie wird hier zum gesellschaftlichen Maßstab. Die Schule wird deshalb vorrangig in den Dienst der „natürlichen" kindlichen Entwicklung gestellt, anstatt auf die Funktionsansprüche der modernen Gesellschaft vorzubereiten. Damit werden „bei den Kindern in ihren Schulalternativen kognitive, emotional-soziale und praktische Kompetenzen als naturgegeben vorausgesetzt, die doch erst mit Hilfe der Erwachsenen in langjähriger Auseinandersetzung mit den eigenen Triebbedürfnissen erworben werden können" (ebd., S.42). Mit dem Naturalismus ihrer Kulturkritik ist die Erziehung vom Kinde aus für Benner und Kemper schulreformerisch ein Rückfall noch hinter die Pädagogik der Aufklärung: „Durch retrograde Utopien eines ganzheitlich-vorindustriellen Sinnzusammmenhangs von Leben und Sitte, Arbeiten und Lernen wird ... die Moderne generell in Frage gestellt. Neuzeitliche Phänomene wie die berufliche Arbeitsteilung und die daraus folgenden gesellschaftlichen Interessengegensätze werden im Interesse einer ungestörten Kindheit nicht zur Kenntnis genommen bzw. verdrängt, anstatt produktiv mit ihnen umzugehen" (ebd., S.38). Durch die Stilisierung des Kindes zum neuen Menschen und die Mythisierung der Jugend zur zukunftsgestaltenden Macht verlieren die Reformpädagogen den Begriff einer sich intergenerationell aufklärenden Öffentlichkeit. „Dies wiederum hatte zur Folge, daß Teile der Jugendbwegung und der Reformpädagogik in die nationalsozialistische Bewegung und Ideologie übergehen und die Fragen nach einem über demokratische Öffentlichkeit vermittelten Verhältnis von Bildung und Politik ausklammern konnten" (ebd., S.15).

Einen Fluchtweg aus der modernen urbanen Industriegesellschaft sehen Benner und Kemper auch im „nicht-reflexiven, autoritären Charakter" der Lietzschen Landerziehungsheime mit ihrer charakteristischen Orientierung an der vorbürgerlichen Bauern- und Handwerkerfamilie als der ursprünglichen erzieherischen Lebensform. Und den Arbeitsschulpädagogen Kerschensteiner und Oestreich werfen sie vor, daß sie mit ihrer Konzeption eines pädagogischen Arbeitsbegriffs und ihrer idealistischen Auffassung wie viele andere Reformpädagogen „letztlich unhistorischen Wunschkonstruktionen einer vorindustriellen praktischen Einheit von Leben, Arbeit und Sitte (unterliegen), die durch die Entwicklung der industriellen Arbeitsgesellschaft und nicht zuletzt durch die Verschulung der Erziehungsaufgabe gerade unwiederbringlich verlorengegangen war" (ebd., S.124).

In schultheoretischer Hinsicht beanstanden Benner und Kemper zum einen die faktische Re-Personalisierung von Erziehung und Unterricht in den reformpädagogischen Modellschulen (vgl. etwa die 'Hauslehrerschule' Berthold Ottos oder die 'Lebensgemeinschaftschulen'). Der Versuch, die Schule von Grund auf pädagogisch als freie, gemeinschaftliche und sich zur Lebenswelt der Kinder öffnende Stätte des natürlichen Unterrichts, der gemeinschaftlichen praktischen Arbeit und des freien Gestaltens umzubauen, endet „in einer Personalisierung der Erziehungsaufgabe, die nicht nur die je persönlich-private bis willkürliche Erziehungsauffassung des Erziehers an die Stelle der öffentlichen Aufgaben der Schule setzt, sondern auch die gesellschaftlich-historische Funktion von Schule leugnet. Denn die Schule als bewußt geschaffene und zugerichtete Organisation von Erziehung entsteht seit der Antike immer dort, wo die naturwüchsig-willkürlichen und selbstverständlichen Formen des erziehenden Umgangs mit der nachwachsenden Generation nicht mehr ausreichen, um die wachsenden und differenzierter werdenden gesellschaftlichen Ansprüche an die berufliche Tätigkeit und das öffentliche Leben des einzelnen zu erfüllen" (ebd., S.162).

Mit dem naiven, inadäquaten Verständnis der Aufgaben der Schule in einer komplexeren Gesellschaft geht bei den Reformpädagogen einher der hybride Anspruch, in ihren Schulinitiativen zugleich das Modell einer humaneren Gesellschaft zu gestalten und damit zugleich auch schon politische Veränderungen bewirken zu können. Auch mit dieser Sicht der Schule fallen für Benner und Kemper die Reformer hinter das Problembewußtsein der neuzeitlichen Pädagogik zurück: „Denn diese wußte noch darum, daß die Schule als gesellschaftliche Institution nicht vernünftiger sein kann als die Gesellschaft, der sie dient, daß die gesellschaftliche Vernunft folglich in der Schule nicht stellvertretend für die übrigen gesellschaftlichen Handlungsbereiche organisiert werden kann, sondern daß diese Institution allenfalls dazu beitragen kann, daß der einzelne zur Vernunft kommt und als Folge davon die Unvernunft der bestehenden Verhältnisse erkennen und seinen Teil zu ihrer Veränderung beitragen kann" (ebd., S.165). Voraussetzung für diese Bildungswirkung der Schule ist für Benner und Kemper allerdings, daß sie „den Heranwachsenden durch systematische, wissenschaftsorientierte Lernprozesse ein distanziertes, reflektiertes Verhältnis zu ihrer natürlichen und sozialen Umwelt ermöglich(t) und sie dadurch zu einer Veränderung ihres Selbstverständnisses befähig(t), die erst eine verändernde Praxis in Schule und Gesellschaft möglich macht" (ebd.).

Die Reformpädagogen - so das Fazit Benners und Kempers - haben der jungen Generation nicht die Anstrengung der Reflexion und Kritik abverlangt, die allein zum eigenen Vernunftgebrauch befähigt. Sie haben vielmehr die Kinder und Jugendlichen den eigenen anthropologischen und gesellschaftlichen Wunschkonstruktionen angepaßt, über deren regressive, ideologiehaltige Tendenzen sie sich zumeist selber nicht im klaren waren. Für Benner und Kemper können reformpädagogische Schulmodelle und Unterrichtsformen deshalb heute nur noch dann Anerkennung beanspruchen, wenn sie sich von einer kritischen Theorie der Bildung und der Schule her neu begründen lassen. Ansonsten sind sie geschichtlich überholt. Bevor man Reformpädagogen für die heutigen Herausforderungen von Erziehung und Schule überhaupt konsultiert, müssen die erziehungs- und schulgeschichtlichen Hintergründe ihrer Konzepte erst ansatzweise beantwortet sein. Denn es könnte ja durchaus sein, daß die damaligen Lösungen - im Gegensatz zum Verständnis ihrer Verfechter - bereits Scheinlösungen waren. Nur eine bewußt distanzierende erziehungshistorische und ideologiekritische Betrachtung kann davor bewahren, Fehler im Bereich von Erziehung und Unterricht immer wieder von neuem zu begehen. Die Reformpädagogik ist also in erziehungshistorischer und in ideologiekritischer Sicht der „Schnee vom vergangenen Jahrhundert", den man nicht mehr aufschaufeln, sondern endlich wegräumen sollte (vgl. Böhm 1994, S. 73.).

Zu dieser etwas voreiligen Distanzierung von allem Reformpädagogischen werden Benner und Kemper vermutlich schon durch ihre dialektische Betrachtung der Erziehungshistorie aus einer hegelianisch-affirmativen geschichtsoptimistischen Position verleitet. So übersehen sie durch die Verabsolutierung der „Funktionsansprüche der modernen Gesellschaft" die Belastungen, die jene für ein gedeihliches Aufwachsen von Kindern und Jugendlichen darstellen können. Mit ihrer impliziten Monopolisierung des staatlichen Schulwesens und seiner fachspezifisch professionalisierten Lehrerschaft umgehen sie die nötigen Fragen nach den Grenzen des Staates und nach der Bedeutung der personalen und gemeinschaftlichen Dimension in Bildungsprozessen. Mit der exklusiven Betonung des systematisch-wissenschaftsorientierten Lernens vernachlässigen sie die Frage nach den Anfängen und Wegen, auf denen die Selbsttätigkeit der

Vernunft herausgefordert und auf denen persönlich bedeutsame sachhaltige Einsichten erlangt werden können. Gerade auf solche, von ihnen ausgeklammerte Fragen hätten Benner und Kemper bei einzelnen Reformpädagogen durchaus Antworten finden können, die möglicherweise auch heute noch diskutabel wären. Ganz in diesem Sinne ist Kemper in einer früheren Studie bei dem „sokratischen" Reformpädagogen Janusz Korczak fündig geworden. In diesem Zusammenhang stellt er fest, daß die bei Korczak geschehende radikale Umgestaltung des tradierten Generations- und Erziehungsverhältnisses im Sinne des dialogischen Prinzips eine Gestaltung des Lehrens und gemeinschaftlichen Lebens zur Folge hat, deren Wirkung weit über die Bereiche von Unterricht und Erziehung hinausgehen kann (vgl. Kemper 1990, S.167ff.).

7.4 Reformpädagogik - eine zukunftsfähige Aufgabe

Die bisher referierten kritischen Interpreten der Reformpädagogik haben sie entweder als eine geschichtlich abgeschlossene, pädagogisch und kulturell rückwärtsgewandte Fluchtbewegung aus der Moderne begriffen, die durch die theoretisch-reflexiven Schwächen ihrer Hauptvertreter hierzulande in antiaufklärerischen Ideologemen befangen blieb. Oder sie haben die Vorstellung von einer einheitlichen Pädagogischen Bewegung - im Gegensatz zum Selbstverständnis der geschichtlichen Akteure - in ein unzusammenhängendes Konglomerat einzelner Reformversuche aufgelöst, die größtenteils weder gedanklich originell noch praktisch besonders erfolgreich waren. Deshalb sind für sie die Versuche einer Übertragung reformpädagogischer Konzepte und Praxisformen als Lösungen für heutige oder gar zukünftige Probleme der Erziehung und Bildung nicht legitim, ja sogar gefährlich.
Andreas Flitner hat mit seiner Schrift „Reform der Erziehung. Impulse des 20.Jahrhunderts" (1992) diese Warnungen bewußt in den Wind geschlagen und den Dialog mit den „Klassikern der Reformpädagogik" wiedereröffnet. Er führt diese „nicht als Historiker, sondern als Pädagoge vor, also nicht mit der Absicht ihrer genauen geschichtlichen Würdigung und Verortung, sondern als Positionen und Anregungen der Pädagogik, als Partner oder als Widerlager für das Gespräch, das heute Pädagogen zu führen haben" (Flitner 1992, S.11). Für Flitner greifen alle diejenigen Darstellungen der Reformpädagogik zu kurz, die sie als kulturkritische Entmodernisierungsbewegung sehen, als Gegentendenz zu den Lebensformen in einer urban-industriellen, demokratischen Leistungsgesellschaft. Für ihn hat die Reformpädagogik zwei Seiten; mit ihrer Modernitätskritik und mit ihrem Reformwillen ist sie „ein Ausdruck der Modernisie-

rungsprobleme, die uns in dieser 'Dialektik' nicht mehr verlassen" (ebd., S.111). Sie ist - wie etwa auch die Psychoanalyse, das ökologische Denken und die basisdemokratischen sozialen Bewegungen der Gegenwart - eine zukunftsfähige Antwort auf die Herausforderungen des heutigen öffentlichen und privaten Lebens. Im Unterschied zu Röhrs geht es Flitner deshalb nicht in erster Linie um ein geschichtliches Panorama der Originalität und Wirksamkeit der reformpädagogischen Bewegung, sondern um die exemplarische Darstellung solcher Konzepte der damaligen pädagogischen Denker und Praktiker, die für das heutige Gespräch über die Reform der Erziehung produktiv sein können. Die Reformpädagogik ist für Flitner die „Ouverture", in der „fast alle Fragen aufgeworfen, fast alle Ideen auch schon in praktische Beispiele umgesetzt wor-den (sind), welche die 'moderne' Pädagogik bestimmen, das heißt auch, welche unsere heutigen Probleme und Diskussionen enthalten" (ebd., S.14). Deshalb ist für unsere Suche nach der richtigen Erziehung in der Gegenwart der Dialog mit den Klassikern der Reformpädagogik zu führen, welche die Zeichen der Zeit schon früh wahrgenommen haben.

Flitners Auswahl und Definition der reformpädagogischen Klassiker ist ganz von der problemgeschichtlichen Frage nach ihrem Beitrag für die Erneuerung der heutigen Erziehungspraxis bestimmt. In exemplarischer Darstellung geht Flitner von wenigen, berühmt gewordenen programmatischen Texten und Praxisberichten aus und erschließt von ihnen her das Ganze des jeweiligen Konzepts bzw. Reformwerks: von Key, Otto, Montessori und Korczak aus die neue Orientierung der Erziehung an der Entwicklung des Kindes, von Lichtwark und den Hamburger Kunsterziehern her das Programm einer künstlerischen Laienbildung, von Kerschensteiner aus den Bildungswert der Arbeit und des praktischen Lernens, von Dewey und von den Freien Schulgemeinden her das Modell der Schule als demokratischer Lebensform bzw. als pädagogischer Provinz, die neue Deutung des Kinderlebens und der Erziehung im Lichte der Psychoanalyse, die Frauenbildungsbewegung am Beispiel Gertrud Bäumers, die lebensweltorientierte Sozialpädagogik bei Aichhorn und Bondy sowie die Friedenserziehung im Ausgang von der Erlebnispädagogik Kurt Hahns. Am Ende seiner Darlegung, die sich immer mehr vom geschichtlichen Bericht löst und auf die Hauptprobleme heutiger Erziehung hinbewegt, steht die Beschreibung der erfolgreichen Wirkungsgeschichte der Reformpädagogik, ihre Popularisierung und damit das Eindringen der veränderten Sicht auf das Kind in die heutige Familienerziehung. Die Förderung der Selbständigkeit des Kindes, die Anerkennung seiner Neugier und Lust an Erkenntnis, Ausdruck und Gestaltung sowie ein partnerschaftlicher Umgang zwischen den Generationen, diese grundlegenden Forderungen der Reformpädagogen haben - im Gefolge der Bestseller

Ellen Keys, Benjamin Spocks und Alexander S. Neills - als „Stiländerungen" weitgehend Eingang in die Familienerziehung der Mittelschichten gefunden. Flitners exemplarisch vereinfachende Darstellung zielt sowohl auf eine Deutung der geschichtlichen Epoche der Reformpädagogik als auch auf die systematische Entfaltung seines Grundbegriffs „Reform der Erziehung". Er bezeichnet damit die vielfältigen pädagogischen Antworten auf die Modernisierungsprozesse der Gesellschaft, auf die „Züge der industriellen, ökonomischen, medialen Entwicklung, die nicht nur das Aufwachsen und Lernen der Kinder in den Griff nehmen, sondern im ganzen das humane Leben einer Umgestaltung und Erosion unterwerfen, deren Reichweite noch gar nicht abzusehen ist. Diesem Prozeß Formen gestalteten kultivierten Lebens entgegenzusetzen oder abzugewinnen, ihn an sein ursprüngliches Vernunftpotential zu erinneren und in ihm neue Formen des sozialen Lebens und Helfens zu entwickeln" (ebd., S.233f.) - das ist das Programm und der Prozeß der „Reform der Erziehung", die zugleich eine Reform aus dem Geiste des Erzieherischen ist. Sie umfaßt für Flitner die geschichtliche Reformpädagogik samt den von ihr wieder neu entdeckten „Paten" Rousseau, Pestalozzi und Fröbel ebenso wie die humanistisch-kulturkritische Reflexion der Gegenwart. Die Auffassung, daß die Reformpädagogik in einem größeren wirkungsgeschichtlichen Zusammenhang steht und aus diesem heraus verstanden werden muß, ist auch unsere These, die wir im folgenden konkretisieren wollen. Mit „Reform der Erziehung" meint Flitner nicht die tatsächlichen Veränderungen in der gesellschaftlichen Praxis von Erziehung und Bildung, vielmehr eine Art pädagogisches Apriori, eine Idee der Erziehung, deren Impulse nie an ihr Ziel kommen, sondern „in immer wieder neuen Verhältnissen ihre kritische Botschaft anders ausrichten und ihre praktischen Möglichkeiten neu finden (müssen)" (ebd., S.210).

An den Schluß seines Werkes stellt Flitner zwölf „unendliche Themen der Reform" als Herausforderungen an die Gegenwart. Diese Themen sind zugleich seine Bilanz aus der geschichtlichen Darstellung der Impulse der Reformpädagogik und sein Programm für die zukünftige Erneuerung der Erziehungs-, genauer: der Schulwirklichkeit. Sie lassen sich auf drei Brennpunkte hin konzentrieren, die untereinander in systematischem Bezug stehen: (1) Kinder verstehen (zur Selbständigkeit ermutigen, Begabungen finden und fördern, hilfreich beurteilen); (2) Ganzheitlich lehren und lernen (Ausdruck und Gestaltung ermöglichen, Vertiefung und „Einwurzelung" anbahnen, Konzentration und Stille üben, praktisch lernen, Brücken zur Wirklichkeit schlagen); (3) Gemeinsam leben und arbeiten (Gemeinschaft über Konkurrenz stellen, an die Aufgaben öffentlicher Verantwortung heranführen, aus dem Funktionsgebilde Schule einen Lebensraum entwickeln).

Modernitätskritik, anthropologische Begründung der Erziehung, praxisbezogenes Lernen, Freiheit der Schule und ihre solidarische Gestaltung - dies sind in äußerster Vereinfachung die Elemente der reformpädagogischen Bewegung; und dies sind zugleich die Koordinaten von Andreas Flitners Idee der Erziehungsreform. Eine tiefgründige Verwandtschaft zwischen dem Geist der geschichtlichen Akteure und dem Horizont ihres heutigen Interpreten ist also die Voraussetzung von Andreas Flitners assimilierender Darstellung und engagierter Fortschreibung der Reformpädagogik - ganz ähnlich wie schon bei Herman Nohl. Flitners Grundbegriffe der „Reform der Erziehung" und des „Erzieherischen" haben für seine Konzeption der Reformpädagogik dieselbe Schlüsselfunktion wie der Begriff der „Deutschen Bewegung" und die „Idee der Erziehung" für die - allerdings aus der zeitgenössischen Teilnehmerschaft heraus verfaßte - Theorie Nohls über die Pädagogische Bewegung in Deutschland. Flitner erneuert aus unserer Gegenwart heraus den Nohlschen Versuch einer hermeneutisch-pragmatischen Selbstvergewisserung im Prozeß eines epochalen Wandels der Erziehungswirklichkeit.

Flitner Auffassung der Reformpädagogik als „klassischer Phase" einer den Modernisierungsprozeß der Gesellschaft insgesamt begleitenden Bewegung kindorientierter Erziehungs- und Schulreform hat zwei tiefgreifende Konsequenzen für seine Art der pädagogischen Geschichtsschreibung: die zeitliche Entgrenzung der Pädagogischen Bewegung und die Depersonalisierung der Reformansätze. Flitner verzichtet bewußt darauf, die Reformpädagogik - vor allem in Richtung auf unsere Gegenwart - zeitlich abzugrenzen, und verleiht damit dem historischen Geschehen einen höheren Grad an Kohärenz, als es das Selbstverständnis der geschichtlichen Akteure nahelegt. Auf diese Weise überspielt seine auf das Exemplarische bzw. Repräsentative gerichtete Darstellung zwangsläufig interne Disparatheiten und Befremdlichkeiten - zumal im Kontext der Reformpädagogik der deutschen, der „verspäteten" Nation.

Für den Historiker bleibt es unerläßlich, die Initiativen der Reformpädagogen erst einmal klar zu unterscheiden nach dem Grad der Militanz ihrer Ambitionen, die von nur methodischen über weltanschaulich-spirituelle bis zu politisch-revolutionären reichen; ebenso wichtig ist dabei eine Unterscheidung nach dem Grad ihrer jeweiligen empirischen oder philosophisch-systematischen Fundierung. Flitner vernachlässigt bewußt diese vielfältigen Differenzen zugunsten der Betonung eines einheitlichen pädagogischen sensus communis[22].

Die Gleichberechtigung beider Zugänge - der positiven pädagogischen Nutzung der Reformpädagogik aus der Teilnehmer-Perspektive und ihrer kritischen historischen Analyse aus der des Beobachters - wollen die systematischen Überlegungen *Heinz-Elmar Tenorths* begründen. „Reformpädagogik" als ein „diffuses Syndrom von pädagogischen Hoffnungen und Ansprüchen, Erfahrungen und Konzepten“ gibt es für Tenorth in zweierlei Weise - als historische Gestalt und als pädagogisches Konstrukt, als Wirklichkeit und als Bild. Als historische Gestalt ist die Reformpädagogik vergangene Gegenwart, ein Geschehen, das in Deutschland schon im Jahre 1933 an sein Ende gelangt ist. Es bestand aus vielerlei sozialen Experimenten, einzelnen hochambitionierten, gelingenden und mißlingenden Schulreformversuchen und einer dichten internationalen Kommunikation (insbesondere über die „New Education Fellowship“). „Es gab, endlich, andere soziale Bewegungen um und seit 1900, der Frauen, der Arbeiter, in den Universitäten, in der Philosophie oder Psychoanalyse, die nahelegten, die eigene Praxis auch in diesem Topos zu begreifen, Pädagogik ebenfalls über die Form der ‘sozialen Bewegung’ zu mobilisieren und zu modernisieren“ (Tenorth 1994, S.596f.). Es gab viele Experimente, aber keine einheitliche Struktur und keineswegs eine durchgreifende Veränderung der Erziehungsverhältnisse. Die erziehungspraktischen Reforminitiativen entstanden sowohl als Reaktionen auf den äußeren ökonomischen, politischen und soziokulturellen Wandel als auch als Reflex auf die Wirkungen, die sich von innen aus der Modernisierung des Erziehungswesens selber ergaben: aus seiner vollständigen Institutionalisierung, aus seiner akademischen Professionalisierung, seinen Überfüllungskrisen und Überbürdungssymptomen. Das historische Geschehen „Reformpädagogik“ ist ohne diese bürokratisch-funktionelle Struktur der modernen Erziehung gar nicht erklärbar: „Erziehungsprobleme, -reformen und ihre Permanenz ... bilden den Alltag einer Gesellschaft, die sich selbst modernisiert und dabei bemerkt, in welch gravierendem Maß sie von der pädagogischen Ordnung des Generationenverhältnisses politisch wie ökonomisch abhängig ist“ (ebd., S.591). Während die erste Reformpädagogik - im Sinne der Systematik Benners und Kempers - um 1800 im Namen der modernen, aufgeklärten Kultur gegen die vormoderne Welt argumentiert, protestiert die Reformpädagogik der zweiten Phase seit 1900 im Angesicht der Moderne gegen deren krisenhaften Folgen im Generationsverhältnis und im Schulwesen. Dies zeigt die Identifikation der Reformer mit der „gelernten Rebellion“ (Aufmuth) der bürgerlichen Jugend ebenso wie ihr Ausbruchsversuch aus dem gesamtgesellschaftlichen Verschulungsprozeß.

Nicht diese, „bis heute allenfalls leidlich erforschte“ historische Gestalt der Reformpädagogik macht Karriere in der Pädagogik, sondern ihre pädagogische Gestalt. Als solche ist sie gegenwärtige Vergangenheit, Bild einer einheitlichen „Pädagogischen Bewegung“, das von Herman Nohl und seiner Schülerschaft bewußt als Dogma konstruiert und kreativ durchgesetzt worden ist. Aus der Vielzahl der oft disparaten Reforminitiativen destillieren sie die Einheit eines übergreifenden pädagogischen Programms und schaffen damit den „Mythos Reformpädagogik“(Tenorth), der eine pädagogische Identifikation erlaubt und geradezu fördert. Er ist so offen angelegt, daß auch nachträglich noch die sozialistischen und psychoanalytischen Reformprogramme darin Platz gefunden haben, die Nohl noch ignorierte. Diese Kreation ist „uno actu ein Prozeß der Disziplinierung (der Reform) und der Befreiung (von der Tradition), ein Prozeß, in dem die Theoretiker der Bewegung Freiraum gegenüber der Tradition verschaffen, zugleich aber gegen 'revolutionären' Überschwang den Reformismus zum Prinzip erheben und die legitime Form pädagogischer Arbeit definieren" (ebd., S.598). Nohl und seine Schülerschaft haben also für das historisch „diffuse Syndrom von pädagogischen Hoffnungen und Ansprüchen, Erfahrungen und Konzepten" mit der Idee der Erziehung und ihrer Bewegung eine eigene Logik konstruiert, die sich in der Folge von ihren Erfindern ablöst und als Deutung erfolgreich durchsetzt. Andreas Flitners „Reform der Erziehung" ist so gesehen eine aktuelle Fortschreibung dieser Kreation, dieser pädagogischen Gestalt der Reformpädagogik.

Tenorth sieht den Grund für den Erfolg dieser Konstruktion der Nohl-Schule in ihrer Modernität: „Wie die Rückkehr in die Vormoderne sieht die Reformpädagogik tatsächlich aus, aber zunächst nur deswegen, weil sie Erziehung pädagogisch qualifiziert und dann bewußt berücksichtigt, daß sie letztlich nur als Interaktion, als Ereignis zwischen Personen, hier und jetzt konkretisiert wird" (ebd., S.601). Mit ihrem Kerngedanken von der Autonomie bzw. Eigenlogik der Erziehung ist die Reformpädagogik in Wirklichkeit der modernen Gesellschaft hochgradig funktional. Denn sie entspricht damit sowohl der Verselbständigung (Systembildung und Professionalisierung) der Erziehungseinrichtungen gegenüber den traditionalen Lebensformen als auch den Erfordernissen der sich verwissenschaftlichenden Kommunikation und Reflexion der Pädagogenschaft über die kontinuierliche Reform der Erziehung. „Reformpädagogik ist, so kann das systematische Fazit lauten, der um 1900 entstehende und dann systematisch verstandene Versuch, das Funktionsprinzip der Moderne auch in der Erziehung zur Geltung zu bringen durch funktionale Reinigung und Konzentration und in einem einheitlich-eigenen Sozialsystem" (ebd., S.600).

Die von Tenorth behauptete Funktionalität gerade der Reformpädagogik für eine moderne Wirklichkeitsform der Erziehung erweist sich in der Sachdimension darin, daß sie die Erwartung erzeugt, daß die Erziehungsprozesse vom Subjekt aus zu organisieren sind und das intergenerationelle Verhältnis tendenziell als eine symmetrische, partnerschaftliche Beziehung gestaltet werden soll. In der sozialen Dimension setzt sie entsprechend auf Methoden, die die Selbsttätigkeit des Edukanden befördern und die spontane, intensive Begegnung mit Personen und Sachen ermöglichen können. In der zeitlichen Dimension zählt für die Reformpädagogen mehr das Hier und Jetzt der Gegenwart und die Offenheit der Zukunft als die Orientierung an einer verbindlichen Vergan-

genheit. „Autonomie gewinnen, das ist, letztlich, die leitende Formel. Selbständigkeit in der Abhängigkeit, Eigenzeit gegenüber der gesellschaftlichen Zeit, eigene Form gegenüber den Strukturen der Sozialisation, ein eigenes Handlungsmuster gegenüber Religion und Politik" (ebd.).
Die pädagogische Konstruktion der Reformpädagogik verkörpert also für die heute Erziehenden die notwendige Idee der Autonomie der Erziehung, das Bewußtsein von dem, was möglich und wünschenswert ist in Erziehungsinstitutionen, die immer wieder zu struktureller Verfestigung und gedanklicher Erstarrung tendieren. Die Reformpädagogik versinnbildlicht angesichts der alltäglichen Widersprüche und Enttäuschungen in der Erziehungspraxis ein „Dennoch"; sie erzählt den „Mythos eines Aufbruchs, der notwendig war, aber so nie stattgefunden hat, wie er erzählend fingiert wird. ... als Stachel für unerledigte konstruktive Ansprüche und als Modus des Umgangs mit der pädagogischen Paradoxie der Moderne ... ist Reformpädagogik nicht nur ein historisch wichtiges und in der Bildungsgeschichte notwendiges Thema, sondern tatsächlich auch pädagogisch unentbehrlich" (ebd., S.602). Die Schwächen von Nohls ursprünglichem Konstrukt sieht Tenorth darin, daß der zukunftsweisende, modernitätsfunktionelle Gedanke von der Eigenlogik der Erziehung hier noch in eine heute überholte antimodernistische und nationale Kulturkritik (und -theorie) eingebettet ist. Die Gefahren der heutigen Rezeption der pädagogischen Gestalt der Reformpädagogik liegen in einer unreflektierten Aufhebung der Dialektik von Kind und Kultur und in ihrer Reduktion auf ein bloßes Rezeptbuch für praktische Innovationen.
Der Gewinn von Tenorths Deutung liegt in seiner Differenzierung zwischen einer historischen und einer pädagogisch-systematischen Gestalt der Reformpädagogik und im Aufweis der erziehungstheoretischen Modernität der letzteren. Damit bietet sein Ansatz die Möglichkeit, eine klare Bilanz zwischen einer zukunftsfähigen Idee der Reformpädagogik und ihren überholten geschichtlichen Formen zu ziehen, auf welche sich in erster Linie die Einwände der Kritiker beziehen.
Die Schwächen seines Vorgehens sind darin zu sehen, daß er die pädagogische Gestalt der Reformpädagogik allein an Herman Nohls kanonischer Deutung festmacht, welche für die reformpädagogische Internationale keine nennenswerte Bedeutung besitzt. Die Vorliebe Tenorths für Nohls Konstrukt einer relativen Eigengesetzlichkeit des Pädagogischen erklärt sich weniger aus dessen wirkungsgeschichtlicher Bedeutung für die Historiographie der (deutschen) Reformpädagogik als vielmehr aus ihrer Korrelation mit dem systemtheoretischen Begriff der Autonomisierung auch der Erziehung. So gerät die Reformpädagogik in ihrer Engführung auf die Deutung Nohls hauptsächlich zum Demonstrationsobjekt eines aktuellen erziehungsphilosophischen Theorems. Aus dieser

doppelten Blickverengung allein auf die pädagogische Gestalt der Reformbewegung und auf das Erziehungsverständnis der Nohl-Schule ergibt sich die fragwürdige Identifikation von Reformpädagogik und Moderne. Und hieraus ist auch erklärbar, daß die oben dargelegten Vorwürfe der mangelnden theoretischen Originalität der Akteure und die Kritik an ihren antimodernistischen Optionen und erziehungstheoretischen Regressionen bei Tenorth gar keinen Ansatzpunkt mehr finden. U.E darf sich auch der Versuch eines systematischen, konzeptionellen Verständnisses der Reformpädagogik nicht zu weit von seinem geschichtlichen Gegenstand - den primär erziehungspraktischen Reforminitiativen und dem theoretischen Selbstverständnis der historischen Akteure - entfernen; sonst läuft er Gefahr, die Komplexität des Gegenstandes und dessen eigentlichen Einheitspunkt zu verfehlen.

7.5 Reformpädagogik - Erziehung vom Kinde aus

In der pädagogischen Denk- und Urteilsstruktur der geschichtlichen Akteure der Reformpädagogik läßt sich u. E. ein einheitsstiftender gedanklicher und motivationaler Zusammenhang aufweisen. Er erscheint uns allerdings komplexer als Nohls Idee der Erziehung und der reformpädagogischen Bewegung, als Tenorths Autonomiebegriff und als Flitners Konzept der „Reform der Erziehung". Und er stellt, wie Jürgen Oelkers zu Recht angedeutet hat, auch im Grunde nichts Neues und Originielles dar; er ist nur eine Transformation eines älteren Ideen- und Motivkomplexes, der die gesamte neuzeitliche Pädagogik wie ein Schatten begleitet. Wir schlagen vor, diesen „sensus communis"[23] in einem idealtypischen Sinne „reformpädagogisch" zu nennen und bewußt vom Epochenbegriff „Reformpädagogik" als einer realen, geschichtlichen Manifestation der reformpädagogischen Denkgestalt zu unterscheiden. Diese reformpädagogische Denk- und Urteilsstruktur bezeichnen wir in Anlehnung an Rudolf Künzli als ein „primordiales" Denken über Erziehung (vgl. Künzli 1987), als ein pädagogisches Ursprungsdenken. Das Fundament bzw. den Fokus dieses Gemeinsinns bildet das *romantische Ideal des Kindes*.
Über die kardinale Bedeutung dieser Kindauffassung für die geschichtliche Reformpädagogik sind sich ihre Verteidiger und Kritiker einig. Jürgen Oelkers findet mit Recht „die Besonderheit der 'Reformpädagogik' ... in dem Versuch, eine neue Sichtweise des Kindes zu entwickeln" (Oelkers 1988, S.475), welche nicht empirisch-wissenschaftlich begründet, sondern „mythisch imaginiert" wird. „Die 'Natur des Kindes' als entscheidende Formel der Pädagogik vom Kinde aus läßt sich als metaphorische Redeweise verstehen, die einer empirischen Differenzierung nicht standhält, aber ebendarum diskursbestimmend

wirken kann“ (ebd., S.482). Die Stilisierung des Kindes bleibt einem „Mythos“ überlassen, weil es den Reformpädagogen um eine neue Erziehungsethik geht, mit der das Bewußtsein der Erziehenden ebenso verändert werden soll wie die Praxis in den Institutionen der Erziehung. Mit dieser „Intuition ‘vom Kinde aus’“ (Oelkers) wird hier ein pädagogischer Weg aus den Asymmetrien der modernen Gesellschaft eröffnet, ein Weg heraus aus der Pluralisierung und bürokratisch-funktionalen Differenzierung und fort von der sich spezialisierenden und gegen Wertfragen immunisierenden Denkweise der anthropologischen Wissenschaften. Durch die „Wiederverzauberung“ des Kindes zur heilen und zur heiligen Natur sowie durch die emphatische Gestaltung des pädagogischen Verhältnisses erfüllt die Erziehung nun auch die Funktion der Kosmisierung und Gemeinschaftsbildung. In der „Mikro-Religion“ der Neuen Erziehung soll im authentischen Umgang mit dem Kind wieder die ursprüngliche Ganzheit und Fülle eines noch unentfremdeten Lebens erfahren werden.

Was Oelkers angesichts der gesellschaftlichen Differenzierung und der kulturellen Komplexität der Moderne mit ihren notwendigen Fremdheitserfahrungen eine trügerische, „auf unbedingte Einheit ausgerichtete Idealfiktion der (pädagogischen) Schriftsteller“ (Oelkers 1993, S.646) nennt, ist für Andreas Flitner geradezu der zentrale Programmpunkt im notwendigen Prozeß der „Reform der Erziehung“. Der Blick auf das Kind als eine ursprüngliche, schöpferische Form des Menschlichen, in der die Lebenseinheit, Band zwischen Mensch, Natur und Universum, noch bewahrt erscheint, sowie der Imperativ, die Erziehungspraxis auch gegen die ökonomischen und technischen Zwänge der modernen Gesellschaft aus dem pädagogischen Verstehen des Kindes zu erneuern - dies sind für Flitner die Koordinaten sowohl der geschichtlichen Reformpädagogik als auch der sich fortentwickelnden „Reform der Erziehung“.

Selbst Klaus Prange, der den Originalitätsanspruch und das Projekt der Reformpädagogen am entschiedensten zurückweist, kommt nicht umhin, die didaktischen und methodischen Veränderungen zu registrieren, welche die reformpädagogischen Blickwendung „vom Kinde aus“ zur Folge hat. Er stellt lapidar fest, daß in der kunsterzieherischen Erlebnisdidaktik und in der Projektpädagogik der Progressive Educators „die Bewegungsrichtung des Lernens ... gegenüber den Herbartianern grundsätzlich umkehrt (ist). ... Der Weg des Lernens geht von den erlebten und erfahrenen Problemen aus, die sich antreffen lassen und die uns betreffen. Deshalb hat die spezifische Interessen- und Bedürfnislage des Kindes und Jugendlichen ein eigenes Recht und muß in der Form berücksichtigt werden, wie Unterricht Lernen organisiert“ (Prange 1986, S.101). Hier sieht auch Prange die entscheidende Gewichtsverlagerung in der Neuen Erziehung, die dadurch erfolgt, daß nun das Kind der Mittelpunkt ist, um den sich alles organisiert und und aus dem alles organisch herauswachsen soll. Denn das Kind (und der Jugendliche) wird hier nicht mehr - wie in der aufklärerischen Traditionslinie Herbarts - durch den systematischen Aufbau eines geordneten Gedankenkreises zur späteren mündigen Person gebildet; für die meisten Reformpädagogen *ist* das Kind (und der Jugendliche) bereits eine Persönlichkeit, eine ursprüngliche, schöpferische Form des Menschlichen, deren Reichhaltigkeit es in Unterricht und Erziehung „verwandelt zu bewahren“ gilt.

Diesen „Mythos des Kindes“(Oelkers) bzw. diese „Anthropologie des Kindes“(Flitner) halten wir für den ideellen Quellpunkt der internationalen Reformpädagogik. Aus ihm entspringt die radikale Kritik der traditionellen Erziehungsinstitutionen und die Forderung nach der Neuen Erziehung. Von ihm her wird diese neu durchdacht und in zahllosen Neugründungen bis heute implementiert. In exemplarischer Absicht wollen wir die zentralen Bestimmungsmomente dieser „Anthropologie“ bzw. „Mythologie“ des Kindes aus programmatisch gewordenen Texten führender Reformpädagogen herausarbeiten. Damit setzen wir zugleich die bei Berthold Otto begonnene Analyse fort.

7.5.1 Das Kind als der neue Mensch bei Ellen Key

Die Schrift der schwedischen Pädagogin Ellen Key (1849-1926) „Das Jahrhundert des Kindes“ erreichte allein in deutscher Übersetzung von 1902 bis 1911 schon 17 Auflagen (vgl. Dräbing 1990, S.6). Rainer Maria Rilke hat dieses epochemachende Werk sogleich nach dem Erscheinen mit einer enthusiastischen Besprechung bedacht. Er sieht in der mit ihm befreundeten Schwedin den „Anwalt und Apostel des Kindes. Sie ist unzufrieden mit der Gegenwart und hofft auf das Kind, welches die Zukunft ist. ... Freie Kinder zu schaffen wird die vornehmste Aufgabe dieses Jahrhunderts sein“(Rilke 1965, S.568f.). Keys Kampf für die Rechte des Kindes steht in engem Zusammenhang mit ihrem politischen Engagement für die internationale Frauenbewegung und die Verbreitung der Friedensidee. Das weltanschauliche Fundament für ihren Fortschrittsoptimismus liegt in ihrem synkretistischen „Lebensglauben“, dessen Mitte der biologische Evolutionismus bildet. „Erst wenn man im Kind die neuen Schicksale des Menschengeschlechts ahnt, wird man behutsam mit den feinen Fäden in der Seele des Kindes umgehen, weil man dann weiss, dass es diese Fäden sind, die einstmals das Gewebe der Weltgeschehnisse bilden werden. ... Durch die Nachkommen, die wir uns schaffen, können wir in gewissem Masse als freie Wesen die zukünftigen Schicksale des Menschengeschlechts bestimmen. Dadurch, dass die Menschen ... alles im Lichte der Religion der Entwickelung sehen, wird das zwanzigste Jahrhundert das Jahrhundert des

Kindes werden. Es wird es in zweifacher Bedeutung: in der, dass die Erwachsenen endlich den Kindersinn verstehen werden, und in der anderen, dass die Einfalt des Kindersinns auch den Erwachsenen bewahrt werden wird. Dann erst kann die alte Gesellschaft sich erneuern“ (Key 1902, S.183f.). Die hier enthusiastisch zum Ausdruck kommende Anthropologie des Kindes beruht letztlich auf der These Darwins, daß die Artenbildung im Verlauf der Evolution der Lebewesen durch die natürliche Auslese der Nachkommenschaft (im Kampf ums Dasein) bewirkt wird. Die Sozialdarwinistin Key überträgt die biologischen Gesetze der natürlichen Auslese auf das soziale Leben der Menschengattung - hier auf das Verhältnis der Generationen im Erziehungsprozeß. Sie schlägt vor, „in dem Geist dieser Gesetze zu handeln“(ebd. S.44). In ihrem leidenschaftlichen Plädoyer für die *Erziehung bzw. Züchtung eines neuen Geschlechts*, „das einmal die Gesellschaft bilden wird, in der der vollendete Mensch - der ‘Uebermensch’ - von einer noch fernen Morgenröte bestrahlt wird“ (ebd. S.105), versteigt sie sich dann sogar zur Befürwortung der eugenischen Kontrolle der Erbkranken und Verbrecher sowie der Euthanasie bei „psychisch und physisch unheilbar Kranken und mißgestalteten Kindern“ (ebd. S.31; vgl. auch Malmede 1991, S.199ff.).

Doch diese ethischen Verirrungen ihres Biologismus sind nicht ausschlaggebend für Keys fulminante Wirkungen auf den reformpädagogischen Zeitgeist. Als ihre zentralen Ideen gelten vielmehr - dies zeigt sich auch schon in der Rezension Rilkes - die Anerkennung der Persönlichkeit des Kindes und seines „Reichtums“ sowie die Konzeption einer Pädagogik vom Kinde aus: „Selbst wie das Kind zu werden, ist die erste Voraussetzung, um Kinder zu erziehen. ... Erst dann werden die Erwachsenen wirklich einen tiefen Einblick in die Kinderseele, dieses noch fast immer verschlossene Reich, erlangen können. ...Das Kind hat seine eigene unendliche Welt, um sich darin zurechtzufinden, sie zu erobern, sich hineinzuträumen“ (ebd., S.112ff.). Wenn das Kind bereits von sich aus Kenntnisdrang, Selbsttätigkeit und Beobachtungsgabe entwickelt, dann müssen Erziehung und Unterricht in der „Schule der Zukunft“ dieses Wachstum nur noch unterstützen, anstatt es wie in der alten Schule verkümmern zu lassen. Denn: „Ruhig und langsam die Natur sich selbst helfen lassen und nur sehen, dass die umgebenden Verhältnisse die Arbeit der Natur unterstützen, das ist Erziehung“ (ebd. S.110). Ihren *pädagogischen Naturalismus* verdeutlicht Key noch in den folgenden Bemerkungen: „Der Fröbelsche Satz: Lasst uns für die Kinder leben! muss in den inhaltsreicheren verwandelt werden: Lasst uns die Kinder leben lassen! Und das bedeutet unter anderem, sie von der Dressur des Einlernens, von den Formen der Methodik, von dem Druck der Herde in den Jahren zu befreien, wo die stille, verborgene Seelenarbeit ebenso bedeutungsvoll ist wie das Wachsen des Samens in der Erde!“(ebd. S.262). Keys

Apotheose des freien Kindes der Zukunft und ihre Vorstellung einer negativen Erziehung in der organologischen Metaphorik des Wachsenlassens führen sie zu einer radikalen Ablehnung der bestehenden Einrichtungen der Erziehung und zur Beschwörung eines neuen Anfangs: „Einzelreformen in der modernen Schule bedeuten nichts, solange man durch dieselben nicht bewußt die grosse Revolution vorbereitet, die, welche das ganze jetzige System zertrümmert. ... Die Schule hat nur ein großes Ziel: sich selbst entbehrlich zu machen, das Leben und das Glück - das will unter anderem sagen, die Selbsttätigkeit - anstelle des Systems und des Schemas herrschen zu lassen"(ebd. S.275f.). Erste Reformschritte auf diesem langen Weg in die Zukunft sieht Key in einer wieder an Fröbel anknüpfenden Verhäuslichung der vorschulischen Erziehung sowie in der Bewegung der „Schulen für das Leben durch das Leben"(Demolins), wie sie durch Cecil Reddies Gründung der „New School of Abbotsholme" seit 1889 auf den Weg gebracht worden ist. Diese Formen der „Neuen Erziehung" sollen auch der zunehmenden Verstädterung, Bürokratisierung und Anonymisierung des sozialen Lebens entgegenwirken.
Die praktischen Auswirkungen von Keys visionärer Programmschrift sind nur schwer einzuschätzen. In Deutschland wurde ihre evolutionistische Pädagogik wohl am entschiedensten von den Hamburger Schulreformern aufgegriffen und praktisch folgenreich ins Werk gesetzt. William Lottig zieht nur die Gedanken Keys weiter aus, wenn er vor der reformentschlossenen Hamburger Volksschullehrerschaft im Jahre 1909 ausruft: „Alle Kräfte des Kindes werden gelöst, gepflegt und entwickelt. ... nie wieder dürfen Ziele, und seien sie die höchsten und edelsten, sich zu Tyrannen aufwerfen, denen die Kindesnatur zum Opfer fällt" (Lottig 1961, S.71). Unter diesem pädagogischen Kampfruf sammelten sich alle jene Lehrer und Eltern, die nach den Novemberunruhen 1918 in Hamburg die kindorientierten, selbstverwalteten „Lebensgemeinschaftsschulen" ins Leben riefen (vgl. Rödler 1987, insbes. S.150ff.).

7.5.2 Das Kind als der naive Künstler bei Gustav Hartlaub

Die reformpädagogisch (und sozialistisch) gesonnene Hamburger Volksschullehrerschaft war auch der Hort der Kunsterziehungsbewegung. Die im Jahre 1906 unter dem Vorsitz von Carl Götze gegründete „Lehrervereinigung für die Pflege der künstlerischen Bildung" wollte zunächst, inspiriert durch die Museumspädagogik Alfred Lichtwarks, die Kinder aus allen sozialen Klassen zum Kunsterlebnis befähigen; schließlich stellte sie aber immer stärker die Pflege des bildnerischen, sprachlichen und musikalischen Gestaltens bei den Kindern selber in den Vordergrund (vgl. Fiege 1970, S.64ff.). Die Pioniere der Kunsterziehungsbewegung berufen sich auf ein ursprüngliches Ausdrucksbedürfnis des Kindes, welches von der „alten Schule" bislang unterdrückt worden ist. Ihnen geht es um die Befreiung des kindlichen Ausdrucks und um den Aufweis seiner besonderen Bedeutung für die Entwicklung und Vervollkommnung der kindlichen Weltauffassung.

Als ein Manifest dieser Bewegung auf dem Höhepunkt ihrer praktischen Wirksamkeit darf der Essay des damaligen Kunstkritikers und späteren Kunsthistorikers Gustav Hartlaub (1884-1963) mit dem bezeichnenden Titel „Der Genius im Kinde" gelten, in dem er die im Frühjahr 1921 in der Mannheimer Kunsthalle mit großer Resonanz ausgestellten Zeichnungen und Malversuche begabter Kinder interpretierte. Die Mannheimer Ausstellung ist übrigens im größeren Zusammenhang der Entdeckung der Kinderzeichnung als bildnerischer Ausdrucksform seit der Jahrhundertwende zu sehen (vgl. Boas 1966, S. 79ff.; Scheibe 1969, S.144f.). Hartlaub beabsichtigt, „den Eigenwert kindlichen Gestaltens uns bewußt zu machen und so ... Zeugnis abzulegen für das freie Kind und für das, was wir in bewußter Wiederaufnahme romantischer Vorstellungen seinen '*Genius*' nennen wollen" (Hartlaub 1922, S.11). Das Kind wird von Hartlaub unter dem Gesichtspunkt seiner religiösen Lebensform als ein menschliches Wesen bestimmt, das noch vom Genius bestimmt ist; kulturgeschichtlich repräsentiert es eine primitive Stufe des Menschlichen und im Bereich des bildnerischen Gestaltens ist es als „naiver Impressionist" zu charakterisieren. Der mystisch-hermetischen Spekulation folgend sieht Hartlaub - ähnlich wie sein anthroposophischer Zeitgenosse Rudolf Steiner - in den Formen des Spiels und in den Ausdrucksgestalten der Phantasie beim Kind noch die Wirkungen „überpersönlicher und unbewußter Lebens- und Seelenkräfte" am Werk. „Was beim bloßen Spielen und Träumen an solchen Verwirklichungen für Andere abfällt, all' jenes Sprachschöpferische, Erfinderische, Bildnerische, ist nicht gewollt und verantwortet, sondern absichtslos, gleichsam ohne sein Zutun, als 'Mehrleistung' seines Genius aus ihm entstanden"(ebd., S.23). Das Kind ist gleichsam noch unmittelbar an ein „allwissendes Unbewußtes" angeschlossen.

In kulturgeschichtlicher Perspektive sieht Hartlaub das Kind im Lichte des psychogenetischen Parallelismus bzw. der *Rekapitulationslehre*, wonach seine Entwicklung frühere Stufen der Phylogenese in sich wiederholt. Auch wenn zahlreiche soziokulturelle Gegebenheiten „die innewohnende Grundrichtung im rhythmischen Werden des Kindes" überdecken, gilt für Hartlaub: „All jene Grundeigenschaften, die wir im Kinde als keimhafte Anlagen zum Naturzustand des 'Genies' erkannt haben, hat es auch mit den Primitiven gemein"(ebd., S.24): seinen Einklang mit dem Naturzusammenhang, seinen magischen Animismus, seine Einbildungskraft und seine Empfänglichkeit für die übersinnli-

che Welt der Mythen und der Märchen. Im „unbändigen Romantisierungsbedürfnis" des Spielens und Wachträumens versucht das Kind, die primitiven, archaischen Bewußtseinsstufen der Menschheitsentwicklung „unwillkürlich zu retten und unbewußt zu vergegenwärtigen"(ebd., S.27). Dies bringt es auch in seinem bildnerischen Gestalten zum Ausdruck. Die typische Kinderzeichnung gewisser Altersstufen stimmt für Hartlaub „mit der Stilweise gewisser Abschnitte in der vorgeschichtlichen Entwicklung und der ihnen heute entsprechenden Naturvölker" (ebd., S.56) überein. Das *Kind ist „naiver Impressionist"*; es zeichnet und malt mehr aus seinem „Augengedächtnis" als aus der unmittelbaren Beobachtung heraus. „Überhaupt bleibt der kindliche Impressionist ganz unfolgerichtig, unwissenschaftlich und unwillkürlich, er verläßt sich eben auf sein mehr oder weniger vages Innenbild, auf seinen zeichnerischen Instinkt und auf die Natur der Mittel, die er anwendet" (ebd., S.39).
Die Entwicklung des Kindes zum Erwachsenen ist für Hartlaub nicht nur Fortschritt und Gewinn an Selbständigkeit, sondern auch ein Rückschritt und Verlust der „einbildungskräftigen Möglichkeiten", die sich im Erwachsenenalter allenfalls noch der geniale Künstler und Dichter erhalten haben. Für die wahrhafte Erziehung stellt sich daher die Aufgabe, das Kind nicht nur für die Situationen des gegenwärtigen sozialen Lebens zu qualifizieren, sondern auch und gerade „die schöpferischen All-Möglichkeiten der Geniuszeit" in ihm zu bewahren: „Je mehr ein Kind 'lernt', je mehr seine Unbefangenheit schwindet, das Spiel einer künstlerischen Absicht weicht, um so mehr schwindet auch seine ahnungslose Überlegenheit gegenüber dem heillos Fertigen ... . Es in der Abwehr zu bestärken, es anzuleiten, daß es sein Bestes, Eigenstes nicht ganz preisgibt, auch unter den veränderten Umständen des Lebens bewußt wahrt, sei es nun schöpferisch oder bloß aufnehmend, das 'Kind im Manne' zu retten: dies ist gewiß nicht die letzte Aufgabe einer zeichnerischen Unterweisung, die den Genius im Kinde ehrt" (ebd., S.69).
Hartlaub sieht schließlich in dieser neuen Bewertung des Kindes als einer schöpferischen Persönlichkeit, wie sie im zeitgenössischen Expressionismus und in der Kunsterziehungsbewegung zum Vorschein kommt, die *„Quelle innerer Erneuerung"* auch für den erwachsenen Menschen der Gegenwart. Angesichts „unserer heutigen Kulturkrisis" drückt die künstlerische Nachahmung des kindlichen Gestaltens, der Kult des Primitiven und Kindlichen in der expressionistischen Kunst denselben allgemeinen Willen nach Verjüngung aus, der auch die Neue Erziehung vom Kinde aus beseelt. Mit Recht hat man Hartlaub vorgeworfen, daß seine Deutungen sich nur auf Zeichnungen und Malereien begabter Kinder beziehen und daß seine Auffassung vom Kind als genialem, archaischem Künstler allzusehr von spekulativen Voraussetzungen bestimmt ist. Gleichwohl bleibt festzuhalten, daß er im Anschluß an Ricci, Sully, Levin-

stein und Kerschensteiner (vgl. Scheuerl 1997, S. 211) den Sinn für Eigenart und Bildungswert des kindlichen Gestaltens weiter geschärft und das Interesse an deren genauer Erforschung (vgl. Schaal 1952) verstärkt hat. Seine „romantisierenden Anleihen sind zunächst Hilfs- und Arbeitsbegriffe, in denen gefaßt wird, wofür noch keine andere Sprache zu Gebote steht, um die Differenz zwischen dem, was noch nicht ist, aber zukünftig sein könnte, auszudrücken" (Combe 1992, S. 152). Hinter Hartlaubs romantizistischer Überhöhung des kindlichen „Genius" steht die Suche nach der Eigenart von dessen noch nicht gänzlich festgelegten Formen der Wahrnehmung und Erfahrung der Dinge, die sich in seinen Zeichnungen ebenso dokumentieren wie in seinen Spielen und Sprachschöpfungen. „Im Verstehen solcher, die Eigenart und Situation des Kindes zugänglich machender Spuren, hätte der Lehrer ... 'Künstler' zu sein" (ebd., S. 153).

7.5.3 Das Kind als Mystagoge und Erlöser bei Maria Montessori

Wie für Ellen Key ist auch für *Maria Montessori* (1870-1952) der Kampf für die Anerkennung der Rechte des Kindes und die Gestaltung einer kindgemäßen Welt „das brennendste Sozialproblem" der Gegenwart. Da „die Altersstufe, in der sich die Entwicklung vollzieht, die wichtigste Periode des ganzen Lebens ist..., ...ist die Kindererziehung das wichtigste Problem der Menschheit" (Montessori 1971, S.51). Wie für Gustav Hartlaub kann auch für die „Dottoressa" eine Erziehung vom Kinde aus zugleich zu einer Verjüngung der Erwachsenen führen: „Der Geist des Kindes kann vielleicht einen wirklichen Fortschritt der Menschen und unter Umständen sogar den Anbruch einer neuen Kultur herbeiführen" (Montessori 1987, S.15). Und Montessori versichert ihren Lesern: „Ohne das Kind, das ihm hilft, sich ständig zu erneuern, würde der Mensch degenerieren" (ebd., S.112).

Anders als Key und Hartlaub weist die Italienerin aber daraufhin, daß die wahre Natur des Kindes auch von der gerade entstandenen Kinderpsychologie und von den Vertretern der Neuen Erziehung noch gar nicht verstanden worden ist. Wenn die Entwicklung des Kindes nur als zunehmende Differenzierung seines Verhaltens bzw. seiner Kompetenzen empirisch beschrieben wird, gelangt man niemals dazu zu „wissen, daß das Kind ein Lebensgeheimnis in sich birgt, das imstande ist, einen Schleier von den Mysterien der menschlichen Seele zu heben, daß es etwas Unbekanntes in sich trägt, aus dem der Erwachsene die Möglichkeit gewinnt, seine individuellen und sozialen Probleme zu lösen" (ebd., S.16). Der ursprüngliche Sinn der Entwicklung des Kindes ist nämlich in seinem Inneren verborgen. Deshalb bedarf es nicht nur einer empirisch-experimentellen Entwicklungspsychologie, sondern vor allem einer „Psychologie des unbekannten Kindes“, welche sein geheimes Seelenleben zu entdecken sucht, indem sie das Kind aus seiner bisherigen Gefangenschaft und Verkehrung befreit:“Bereiten wir also dem Kind eine offene, seinem Lebensmoment angepaßte Umwelt, so wird sich die kindliche Seele spontan offenbaren; das *Geheimnis des Kindes* muß sich enthüllen“ (ebd., S.116). Montessoris eigentliche Forschungsmethode ist daher nicht die Beobachtung oder die Befragung des Kindes in seinem Alltag, sondern die „wahre neue Erziehung..., die das Wachstum des Kindes begünstigt, indem sie alle Hindernisse auf ein Mindestmaß reduziert“ (ebd.).

In dieser vorbereiteten Umgebung muß alles Ordnung und Maß haben, das didaktische Material wie die Formen der Gemeinschaft, damit sich der „immanente Bauplan“ des Kindes und die Kraft seines Geistes in den „sensiblen Perioden“ seines Wachstums offenbaren können. So stellt Montessori fest: „Nur die Beobachtung der Kinder, deren Freiheit beachtet wurde, hat mir bestimmte Gesetze ihres inneren Lebens offenbart, von denen ich später entdeckte, daß sie allgemeine Gültigkeit haben“ (Montessori 1954, S. 71). Ihre zentrale Entdekkung ist bekanntlich die Fähigkeit auch schon kleiner Kinder, sich mit angespannter Aufmerksamkeit auf die Lösung einer Ordnungsaufgabe so zu konzentrieren, daß sie dabei vollkommen von ihrer Umgebung absehen können. „Nach jeder Aufgabe, die mit dieser Art von Konzentration erfüllt wurde, erschienen die Kinder ausgeruht und innerlich gestärkt. Es schien fast, als ob in ihrer Seele ein Tor aufgetan worden wäre für die strahlenden Kräfte, die nun die beste Seite ihres Charakters enthüllten“ (Montessori 1971, S.57f.). Die Italienerin deutet die mit dieser „Polarisation der Aufmerksamkeit“ erfolgende (Wieder-)Vereinigung der geistigen Kräfte des Kindes als einen plötzlichen Vorgang der Verwandlung, der Heilung und „Normalisierung“.

Hier liegt der Ausgangspunkt für ihr Erziehungskonzept, das ganz auf die „autoeducazione“, auf die Selbsterziehung des Kindes setzt(vgl. auch Böhm 1986, S.135ff.). „Was wir, solange es nur das Zutagetreten einer überraschenden Tatsache war, Bekehrung nannten, das muß nach all unseren ausgedehnten Erfahrungen als eine ‘Normalisierung’ angesehen werden. Im Menschen liegt eine verschüttete und darum unbekannte Natur verborgen, die dennoch einfach die wahre ist, die Natur, die er bei der Schöpfung erhielt und die Gesundheit und Heil in einem bedeutet“ (Montessori 1987, S.152). Diese „normale“ Natur, die nur in einer wahrhaft kindgemäßen Erziehung zutage tritt, ist die des ursprünglichen Menschen - im Zustand unmittelbar nach seiner Erschaffung. Die Wesensart des Kindes, wie sie uns im gesellschaftlichen Umgang mit ihm begegnet und wie sie die empirische Kinderpsychologie erforscht, ist dagegen nur etwas Scheinhaftes - sie ist die Natur des „gefallenen Menschen", der sich vom Geist der Schöpfung und des Schöpfers entfremdet hat.

Eine „verhängnisvolle Entgleisung" hat in den Augen der theosophischen Christin Montessori die Menschheit vom Weg ihrer eigentlichen kosmisch-geistigen Bestimmung abgebracht. „Aber das Kind wird stets aufs neue geboren, trägt unangetastet in sich den Plan, nach dem der Mensch sich entwickeln sollte" (ebd., S.158). Das Kind ist deshalb „machtvoll und geheimnisreich". Es lebt noch in einer kosmischen Verbundenheit und Liebe, mit der es alle Lebensäußerungen interessiert beobachtet und „absorbiert", um sie an die eigene Persönlichkeit zu assimilieren: „Dieses aktive, brennende, eingehende und dauernde Sichversenken in Liebe ist ein Merkmal des Kindesalters"(ebd., S.109). Deshalb ermüdet das Kind auch nicht bei seiner Arbeit, sondern wächst an ihr; seine Tätigkeit ist „fortgesetztes Schöpfertum". Im Kinde schlummern unbekannte Energien, die der weiteren Entwicklung der Menschheit noch zugute kommen können. In einer hochartifiziellen technischen und sozialen Welt, die zur Passivität und Standardisierung verführt, hängen die Möglichkeiten der Humanisierung davon ab, inwieweit die Erwachsenen das Kind die ihm anvertraute geheimnisvolle Sendung erfüllen lassen. Denn „das Kind ersteht immer wieder und kehrt immer wieder, frisch und lächelnd, um unter den Menschen zu leben. Wie Emerson sagt: das Kind ist der ewige Messias, der immer wieder unter die gefallenen Menschen zurückkehrt, um sie ins Himmelreich zu führen"(ebd., S.221).

Die wahrhafte *Neue Erziehung* folgt nur der Entwicklung des Kindes und seiner Bitte:"Hilf mir, es selbst zu tun; mehr hilf mir nicht". Die Fortschritte, die das Kind in seiner Selbstwerdung macht, wirken indes auf den Erzieher zurück: „Ist die psychische Energie des Kindes einmal erweckt, entwickelt sie sich nach ihren eigenen Gesetzen, und zwar auf eine Weise, daß sie auch auf uns zurückwirkt. Die Tatsache, neben einem menschlichen Wesen zu leben, das sich so entwickelt, kann für uns zu einer neuen Energie werden. Das Kind, das sich harmonisch entwickelt, und der Erwachsene, der in seiner Nähe ein höheres Niveau erreicht, sind ein sehr begeisterndes und anziehendes Bild. Das ist der Schatz, dessen wir heute bedürfen: dem Kinde helfen, sich von uns unabhängig zu machen, allein voranzugehen; und von ihm Hoffnung und Licht zu empfangen" (Montessori 1989, S. 79). So wird das Kind selber zum Lehrmeister des Erwachsenen, „und die Erziehung kann uns auch den Weg zeigen, auf dem sich die Normalisierung der Gesellschaft der erwachsenen Menschen erreichen läßt" (Montessori 1987, S.210).

Das Geheimnis des Kindes und seine kosmische Sendung der *Verjüngung und Erlösung der Erwachsenen* sind also die beiden Fluchtpunkte des Erziehungsdenkens der „Dottoressa", eines Denkens, das mit seinen Voraussetzungen und

Bildern mehr noch auf dem Gebiet der Religion zu Hause zu sein scheint als auf dem der Wissenschaft. Die besondere religiöse Färbung zeigt sich auch in der verwendeten Erziehungsmetaphorik: Die uns schon von Key und Hartlaub her vertrauten organologischen Bilder der Entwicklung und des Wachsenlassens werden bei Montessori ergänzt und umklammert von den Metaphern der Bekehrung und Erweckung. Den für ihre Erziehungslehre zentralen Vorgang der Konzentration deutet sie als ein plötzliches Erwachen und Sich-Befreien, als Umwendung zum Geistigen und als Verwandlung; Erziehung wird im tiefsten Grunde gleichbedeutend mit dem Vorgang der Erlösung. Dieser unstete Prozeß der Befreiung wird eingebunden in den steten Vorgang des körperlichen, seelischen und geistigen Wachstums. Charakteristisch für Montessoris Erziehungsmetaphorik ist das Bild einer durch immer neue Anstöße in Gang gehaltenen und dennoch letztlich aus sich selbst entspringenden Entwicklung. Die Vorstellung, daß es das Innere des Menschen selbst ist, das sich entfalten soll, stellt Montessori in das Umfeld einer Pädagogik des Wachsenlassens. „Das entscheidende Moment aber, das sie davon unterscheidet, liegt darin, daß dies Wachsen nicht von allein geschieht, sondern erst eines Erweckens bedarf, einer besonderen Hilfestellung, die dem Kind erst das Aufwachen ermöglicht" (Bollnow 1970, S.362).
Der grundlegende Impuls Maria Montessoris, jedes Kind als den Schöpfer seiner selbst zu verstehen und den Kindern in allen Bereichen der Gesellschaft ihre Rechte und soziale Anerkennung zukommen zu lassen, die prophetische Einsicht in die kardinale Bedeutung der (Selbst-)Erziehung für den Fortbestand und die Weiterentwicklung der Kultur, ihre eindringliche Forderung nach der Selbsterziehung der Erzieher im Umgang mit dem Kind - all diese Intentionen sind für die Interpreten und Anhänger der Dottoressa „noch keineswegs ausgeschöpft und für heutige Problemstellungen immer noch relevant" (Eggers/Frost 1993, S. 277).

7.5.4 Das Kind als der Inbegriff des Werdens bei John Dewey

Anders als Ellen Key, Gustav Hartlaub und Maria Montessori gilt *John Dewey* (1859-1952) gemeinhin nicht als Repräsentant einer Pädagogik vom Kinde aus. Mit Recht verweist man darauf, daß auch Dewey sich den Progressive Educationists entgegenstellte, als sie dazu übergingen, die Gestaltung des Schullebens und des Unterrichts immer mehr von den aktuellen Lernwünschen der Kinder abhängig zu machen. „Dewey ging es immer darum, den Dualismus von 'alter' und 'neuer' Erziehung zu überwinden. Nie trat er für eine unbedachte Revolution in der Pädagogik ein" (Knoll 1992, S.104). Die besondere Stellung John

Deweys innerhalb der internationalen Reformpädagogik ergibt sich aus seiner biographischen Doppelrolle als herausragender Erziehungsphilosoph des Pragmatismus einerseits und als Gründer einer Modellschule der Neuen Erziehung mit sozialreformerischer Zielsetzung andererseits.
Als *systematischer Denker* widmete sich Dewey zusammen mit seinem Freund George Herbert Mead und anderen Kollegen der „Chicago School" der Ausarbeitung einer empirischen, experimentellen Philosophie, die unter Bezugnahme auf die Ergebnisse der biologischen und sozialen Wissenschaften das menschliche Handeln und die soziokulturelle Evolution in den den Blick nahm. Die cartesianische Leitvorstellung vom einsamen, zweifelnden Ich als Ausgangspunkt des Philosophierens wird hier abgelöst von einer Philosophie der kooperativen Wahrheitssuche zur Bewältigung der realen Handlungsprobleme des einzelnen und der Gesellschaft (vgl. Joas 1988, S.420f.). In Deweys „naturalisiertem Hegelianismus" (Joas) begegnen wir der dialektischen Denkbewegung wieder mit ihrer Tendenz, Individuum und Gesellschaft, Natur und Vernunft als widerstreitende Momente einer Kontinuität aufzufassen; die entscheidende Neuerung liegt allerdings beim philosophischen Evolutionisten und Instrumentalisten Dewey im Rückgang auf den biologischen Prozeß des Lebens selbst. Das Leben ist die Grundkategorie, die alle übrigen Begriffe bestimmt. Aus dem Organismus und Umwelt umschließenden Lebens- und Erfahrungsprozeß heraus entwickeln sich die motorischen, psychischen, sozialen und intellekturellen Fähigkeiten als Instrumente im biologischen und sozialen Daseinskampf zur Steigerung und Vermehrung der individuellen und gattungsspezifischen Kompetenzen. So ist auch das Denken eine instrumentelle, schöpferische Probehandlung, die im Dienste der Vervollkommnung des menschlichen Lebens steht. Es entzündet sich an einer Störung im Handlungsablauf und dient mit seinen Ergebnissen der erfolgreichen Fortsetzung des Handelns gleichsam auf einer höheren Stufe. Wie das Denken wird auch die Erziehung nur in ihrer Funktion für die Vervollkommnung der Handlungsfähigkleit des einzelnen und der Gattung gesehen; sie ist „Wachstum von, durch und für Erfahrung" (Dewey): Man kann Deweys Erziehungsauffassungen in vier Punkte zusammenfassen: „1. Erziehung ist selbst schon aktuelles Leben und nicht erst Vorbereitung auf das künftige Leben. 2. Erziehung ist ein Wachstumsprozeß und dauert so lange wie dieser. 3. Erziehung ist eine beständige Organisation und Reorganisation von Erfahrungen. 4. Erziehung ist ein sozialer Prozeß, zu dessen Förderung die Schule selbst eine demokratische Gemeinschaft sein muß" (Ludochowski, zit. n. Ballauff/Schaller 1973, S.643). Für den Humanisten Dewey ist das Individuum der Ursprung des Neuen; nur eine demokratische Lebensform kann für ihn gewährleisten, daß möglichst viele Mitglieder der Gesell-

schaft zu eigener Initiative und zu selbständigem Denken herausgefordert werden.

Dewey hat seine hier nur skizzenhaft angerissene Pädagogik im Gegensatz zu seinen Chicagoer Kollegen auch praktisch werden lassen. Im Jahre 1894 gründet er mit seiner Ehefrau in Anlehnung an die herbartianistische Tradition der Universitätsübungsschule an der Universität von Chicago die „Laboratory School". Er leitet sie bis zu seinem plötzlichen Wechsel an die Columbia Universität nach New York im Jahre 1904. In seiner Eigenschaft als *Gründer* wird Dewey nun auch ideen- und sozialpolitisch für die amerikanische Reformpädagogik maßgeblich. Er vertritt als Schulreformer programmatisch das Konzept der neuen Schule als demokratisch verfaßter „embryonic society"; als didaktischer Neuerer verficht Dewey die Methode des genetischen, handlungsbezogenen Arbeitsunterrichts, der curricular von den primären Erfahrungen in der praktisch-handwerklichen Tätigkeit ausgeht und erst allmählich in die Welt der symbolischen sekundären Erfahrungen von Wissenschaft, Politik, Kunst usw. aufsteigt (vgl. Schäfer 1985, S. 222ff.).

Dewey ist also Beobachter und Teilnehmer der Neuen Erziehung, ihr Anwalt und ihr systematischer Kritiker zugleich. Von seiner jeweiligen Rolle scheint es abzuhängen, ob er der strengen *Dialektik seines Erziehungsbegriffes* folgt und die Kindorientierung der Reformpädagogen kritisiert oder ob die „romantischen Reste" in seinem Denken (vgl. Bohnsack 1976, S.36f. und 105) ihn zu einer Höherbewertung der Eigenwelt des Kindes veranlassen.In seinem Essay „The Child and the Curriculum" aus dem Jahre 1902 brandmarkt Dewey die Verleugnung des Kindes bei den traditionellen, am Problem des Lehrplans orientierten Schulpädagogen sowie ihre rigide lehrerzentrierte Didaktik „von oben". Er wendet sich aber genauso entschieden gegen die Auflösung des Lehrgefüges bei den kindorientierten Reformpädagogen, die die aktuell gegebenen Interessen des Kindes als maßgebenden Ansatzpunkt für Erziehung und Unterricht betrachten. Beide Lager verabsolutieren jeweils einen Faktor, welcher in Wahrheit nur mit dem anderen zusammen seine Bedeutung hat.

Kind und Curriculum sind für Dewey keine miteinander unverträglichen Orientierungen, sondern die beiden Seiten eines sich in dialektischer Einheit vollziehenden Erfahrungsprozesses. Ein jeder der beiden Faktoren kommt sozusagen erst im anderen zu sich selbst: Man kann auf seiten des Kindes schon Elemente der Erfahrung sehen, die in ausdifferenzierter Form in den Schulfächern und wissenschaftlichen Disziplinen anzutreffen sind; und die „race experience" der Fächer und Disziplinen stellt ihrerseits Entwicklungsmöglichkeiten dar, die der unmittelbaren Erfahrungsweise des Kindes schon innewohnen. Kind und Curriculum markieren also letztlich die Stadien des Anfangs und der Reife ein- und desselben, onto- und phylogenetischen Wachstumsprozesses. Die adäquate

pädagogische Vermittlung leistet die genetische Methode: „The logically formulated material of a science or branch of learning, of a study, is no substitute for the having of individual experiences. ... It must be restored to the experience from which it has been abstracted. It needs to be psychologized ...“ (Dewey 1976, S.284f.). Hier bleibt Deweys Argumentation konsequent innerhalb seiner dialektischen Gedankenbewegung, die auf eine Rehabilitierung eines geordneten Lehrgefüges und auf die Begründung der Methode des Erfahrungslernens zugleich zielt. In diesem Zusammenhang relativiert Dewey die Lebensform des Kindes: „The child's present experience is in no way self-explanatory. It is not final, but transitional. It is nothing complete in itself, but just a sign or index of certain growth-tendencies“(ebd., S.279). Hiermit wendet er sich zugleich explizit gegen die „sentimentale Idealisierung“ des Kindes in der Neuen Erziehung; sie ergibt sich daraus, daß hier eine Phase des Übergangs herausgelöst und als ursprünglich verabsolutiert wird.
In seinem „Pädagogischen Credo“ von 1897 hebt dagegen der praktisch engagierte Erziehungs- und Sozialreformer Dewey eindeutig den *Primat des Kindes* innerhalb der Dialektik des Bildungsprozesses hervor:“The child's own instincts and powers furnish the material and give the starting point for all education“ (Dewey 1959, S.20). In den Antrieben und Kräften des Kindes sieht er hier das Erbe früherer Menschheitserfahrungen. Die Inhalte des Curriculums sollen sich allmählich aus der ursprünglichen, unbewußten Einheit der kindlichen Lebenswelt herausdifferenzieren. Schließlich ist auch das Problem der Methode „reducible to the question of the order of development of the child's powers and interests“ (ebd., S.27f.). Deshalb soll die aktive Seite der Erfahrung der passiven der Belehrung vorausgehen wie der Ausdruck dem Erlebnis und die Probleme der Gegenwart den Themen aus der Vergangenheit.
Das einheitsstiftende Moment des reformpädagogischen Erziehungsdenkens liegt auch noch für den Dewey des Jahres 1938 in der Überzeugung, daß Erziehung ein Wachstum von, durch und für Erfahrung ist. „Das zentrale Problem einer auf Erfahrung gegründeten Erziehung (ist es), diejenige Art von Erfahrungen auszuwählen, die fruchtbar und schöpferisch in nachfolgenden Erfahrungen fortleben“ (Dewey 1974, S.254f.). Und das sind für den Pragmatisten vor allem diejenigen mit Handlungs-, Gegenwarts- und Sozialbezug. Die Auffassung der Erziehung als Ermöglichung wachsender Erfahrungsfähigkeit , deren Ziel nur in ihr selber liegt, führt bei Dewey „zu einer augenfälligen Vorherrschaft der anfänglichen Entwicklungsstadien über die letzten Stadien der Entwicklung“ (Hessen 1930, S.674). Vereinfacht ausgedrückt: die charakteristischen *Erfahrungsformen des Kindes* - handelndes Lernen, Sozialbezug und Gegenwartsorientierung - werden hier zu Prinzipien der Erziehung überhaupt. Dewey sieht übrigens explizit die Eigentümlichkeiten der kindlichen Erfahrung

darin, daß es (1.) völlig im gegenwärtigen Tun lebt, daß es (2.) ganz in der vorrationalen Einheit von Person und Umwelt zu Hause ist, daß es (3.) gänzlich in persönliche Sympathie-Bezüge verwoben ist und daß es (4.) in der Zweckfreiheit des Spiels als seiner wesentlichen Wachstumsbedingung völlig aus dem Daseinskampf herausgenommen ist und dadurch seine ganze Kompetenz und Konzentration gleichsam erst auf Probe zum Einsatz bringen kann (vgl. Bohnsack 1976, S.94ff.).

Es wird deshalb auch keineswegs überraschen, wenn Dewey in seinem pädagogischen Hauptwerk „Demokratie und Erziehung" im Jahre 1915 selber aus der dialektischen Grundbewegung seines Denkens herausspringt und seine reformpädagogische „Ehrfurcht vor dem Kinde „ offen zum Ausdruck bringt. Dewey argumentiert hier wie folgt: „Wenn Leben identisch ist mit Wachstum, so lebt ein Geschöpf in einem Stadium seines Lebens genau so wirklich wie in einem anderen, mit der gleichen inneren Fülle und den gleichen Ansprüchen auf Absolutheit" (Dewey 1964, S.77). Jedes Lebensalter hat also seinen eigenen innewohnenden Wert. D.h. das Kind darf man nicht in erster Linie als einen Noch-nicht-Erwachsenen betrachten; Kind und Erwachsener repräsentieren vielmehr zwei verschiedene Formen des Wachstums, die nur eingeschränkt miteinander verglichen werden dürfen. Unreife ist dann nicht nur als Mangel zu sehen; „an sich betrachtet bedeutet Unreife eine positive Kraft oder Fähigkeit, nämlich die Kraft zu wachsen" (ebd., S.66).

In gewisser Weise ist das Kind *dem Erwachsenen sogar überlegen*: durch seine „leidenschaftliche Aktivität" und durch seine „Ausstattung erster Ordnung für sozialen Wechselverkehr"; durch „den Vorzug einer Menge instinktiver Tendenzen zu versuchsweisem Reagieren und der zahlreichen Erfahrungen, die es bei diesem sammelt" (ebd., S.69). - kurz: durch seine „ursprüngliche Bildsamkeit". Der Entwicklungsgang zum Erwachsenenalter ist hier auch für Dewey nicht nur verbunden mit einem Gewinn an Selbstbestimmungsfähigkeiten, sondern auch mit einem Verlust an ursprünglichen Wachstumskräften: „Nur wenige Erwachsene bewahren die große Biegsamkeit und sinnliche Empfänglichkeit des Kindes, können wie dieses mit den Haltungen und Handlungen der Menschen in ihrer Umgebung anteilnehmend mitschwingen" (ebd., S. 67). Und weiter: „Das instinktiv bewegliche, eifrig variierende Handeln, die Vorliebe für neue Reize und neue Entwicklungen geht nur allzuleicht über in die 'abgeklärte Reife', in Abneigung gegen jede Veränderung und Ausruhen auf den errungenen Lorbeeren" (ebd., S.74). Wer die besonderen Kräfte des Kindes vernachlässigt, schwächt die eigenen „Wachstumsorgane" par excellence. Genau genommen kann der Erwachsene geradezu vom Kind lernen: „Mit Bezug auf interessiertes Mitgefühl, vorurteilslose Reaktionsbereitschaft, geistige Aufnahmefähigkeit können wir sagen, daß der Mann (genauer: der Mensch - d.V.) wach-

sen sollte in Kindlichkeit“ (ebd., S.76) - d.h. wieder werden sollte wie die Kinder! Dewey beschließt sein Lob des Kindes als Vorbild an Offenheit, Bildsamkeit, Tätigkeitsdrang, Unmittelbarkeit und Sympathie mit dem Gebot der „Ehrfurcht vor der Unreife“. Er findet es am tiefsinnigsten ausgedrückt in den Worten des romantischen amerikanischen Philosophen Ralph Waldo Emerson, auf den auch Montessori Bezug genommen hat: „'Respektiere das Kind! ...; daß sein Wesen bewahrt bleibe und mit Erkenntnis gerüstet werde gerade in der Richtung, in die es weist'“ (ebd., S.78f.).
Sozusagen erst auf den zweiten Blick haben wir auch innerhalb der strengen, systematischen erziehungsphilosophischen Reflexion des Pragmatisten John Dewey die Spuren der romantischen Kindauffassung gefunden, welche wir für die bestimmende Intuition der Reformpädagogik halten. Hierin bestätigt uns auch der Kommentar Borstelmanns, der auf die für Deweys Anthropologie des Kindes charakteristische Stellung zwischen biologischem Evolutionismus und romantischem Idealismus hinweist: „The conception of the child formed by Dewey and his contemporaries was more romantic and primitivist than it was post-Darwinian, in the sense that these pedagogical reformers set up an antithesis between the development of the individual and the imperatives of the social order. The child is at once natural and divine, a merger of post-Darwinian naturalism with the Romantic heritage. The natural pattern of child's needs and instincts become an imperative that is profane for educators to violate“ (Borstelmann 1983, S.33). In Deweys erziehungsphilosophischem Werk verdeckt die Dialektik seines evolutionären Progressismus vielerorts die tieferliegenden lebensphilosophischen Motive des Aufbegehrens gegen eine in sinnentleerten Traditionen und autoritären Hierarchien erstarrte Kultur und Erziehung. Diese Doppelbödigkeit zeigt sich exemplarisch auch an seiner Anthropologie des Kindes. Für den dialektischen Denker Dewey, für den jede Gegebenheit immer schon eine vermittelte ist, muß jeder Versuch suspekt erscheinen, die Erziehung von einem Anfänglichen, Ursprünglichen - etwa vom Kinde aus - begründen zu wollen. Für den Lebensphilosophen Dewey aber (vgl. Bollnow 1958b, S.8, 16 u. 59f.), für den der Sinn des Lebens im schöpferischen Werden selber liegt, wird gerade das Kind in seiner „*Unschuld des Werdens*“ immer wieder zum befreienden Element, das die verkrampften Gewohnheiten und die verfestigten Strukturen der Erwachsenenwelt auch und gerade im Bereich der Erziehung je von neuem aufbricht und in Frage stellt. Das Kind ist somit auch für Dewey der unentbehrliche Verjüngungsfaktor der Kultur.

Wir schauen zurück: Unsere bisherigen Analysen der Kindauffassung programmatisch bedeutsamer Persönlichkeiten der Neuen Erziehung haben gezeigt, daß ein einheitsstiftendes Element der geschichtlichen Reformpädagogik in einer Anthropologie des Kindes gesehen werden kann, welche die Grundzüge des romantischen Kindheitsideals fortschreibt: Das Kind als neuer Mensch einer besseren Zukunft, das Kind als Inbegriff des Werdens in einer sich zunehmend wandelnden Welt, das Kind als Offenbarung des naiven ursprünglichen Genius, das Kind als Mystagoge und Erlöser der „gefallenen" Erwachsenenwelt - dies sind die bestimmenden Bilder der reformpädagogischen „Mythologie" des Kindes. Sie verbinden sich hier konsequent mit der entsprechenden Metaphorik von der Erziehung als organologischem Wachsenlassen und kultischem Dienst am Kinde und zielen auf eine radikale Erneuerung der Praxis von Erziehung und Unterricht.

Bei allem gründerhaften Pathos des Neuanfangs sind sich die von uns näher betrachteten Pädagogen aber durchaus dessen bewußt, daß sie mit ihrer „kopernikanischen Wende" vom Kinde aus auch in den Spuren einer Tradition fortschreiten. Ellen Key beruft sich neben Spencer vor allem auf Rousseau und Fröbel; Maria Montessori und John Dewey erwähnen beide Emerson, und Gustav Hartlaub spricht von einer „bewußten Wiederaufnahme romantischer Vorstellungen". Der ideelle Kern der geschichtlichen Reformpädagogik - das romantische Bild des natürlichen, ursprünglichen, noch heilen, die entfremdete Menschheit verjüngenden Kindes - ist ideengeschichtlich gesehen also keine Innovation, sondern die „verwandelnde Bewahrung" einer schon bekannten Denkgestalt im Kontext einer fortgeschrittenen Stufe sozialer, ökonomischer und wissenschaftlicher Modernisierung. Die geschichtlichen Reformpädagogen konzipieren das Ideal vom Kinde als schöpferischem Ursprung neu in ihrem epochalen Zeitgeist - in der Spannung zwischen biologischem Evolutionismus und spekulativer Neo-Romantik. Gemeinsam ist ihnen das primordiale Denken: der Ausgang von der „Natur" des Kindes (und des Jugendlichen) und die Auffassung, daß dessen ontogenetische Entwicklung eine frühe Phase in der menschheitlichen Phylogenese rekapituliert. Die Unterschiede zwischen ihnen ergeben sich dabei aus ihren verschiedenen weltanschaulichen Orientierungen. Während in Keys und Deweys Anthropologie des Kindes ein auf entwicklungspsychologische Empirisierung gerichteter, evolutionistisch-progressiver Duktus vorherrscht, ist Hartlaubs Kindbild völlig bestimmt von einem gnostisch-spekulativen, retrograden Neoromantizismus. Für Montessori hingegen ist kennzeichnend die spannungsvolle Orientierung sowohl an einem biologisch-naturalistischem Entwicklungsbegriff als auch an einer christlich-theosophischen Erlösungsmythologie.

Unsere Analyse legt es nahe, einen (reform-)pädagogischen *Denktypus* – das Ursprungsdenken vom Kinde aus – von seinen geschichtlichen Konkretisierungen – z.B. in der epoche der Reformpädagogik – zu unterscheiden. Das *pädagogische Ursprungsdenken* läßt sich als mehrschichtiges Gefüge begreifen:

1. Das Fundament bzw. die Grundschicht bildet eine *Anthropologie des Kindes* (und des Jugendlichen), in der dieses als noch nicht entfremdeter ursprünglich-schöpferischer, eine vollkommenere Zukunft in sich tragender Mensch vorgestellt wird.
2. Als zweite Schicht kommt dazu eine Auffassung vom *pädagogischen Verhältnis*, welches der Erziehende, um das Kind zu verstehen und anzuerkennen, als Dialog, als Begegnung, als erfüllte Gegenwart gestalten soll.
3. Für den Bereich des organisierten Unterrichtens resultiert daraus als dritte Schicht eine *Methode des Lehrens*, die auf Selbsttätigkeit und auf Freigabe vielseitigen schöpferischen Ausdrucks zielt. Die Methode verfährt nicht „logisch" nach der Struktur des fertigen Wissens, sondern „genetisch" von den Ursprüngen des kindlichen Verstehens und des fachlichen Wissens her.
4. Die vierte Schicht betrifft die *Gestaltung der Schule* als Lebensraum: Um die Schule als Raum für die Neue Erziehung umzubauen, wird sie neu gegründet als familienähnliche Lebensform, als Gemeinschaft, als insulare pädagogische Provinz; der Unterricht wird hierin geprägt oder ergänzt durch ein reichhaltiges Schulleben, etwa durch Arbeit, Spiel, Gespräch und Feier.
5. Die *Lerninhalte* als fünfte Schicht werden ebenfalls neu strukturiert: Um subjektrelevante, lebensunmittelbare Erfahrungen zu ermöglichen, werden sie oft mit den Schülern zusammen festgelegt; und sie werden in offenen, überfachlichen Zusammenhängen bzw. in gesamtunterrichtlichen oder projektorientierten Formen erarbeitet.

Dieses (reform-)pädagogische Ursprungsdenken hat sich geschichtlich gesehen mit Rousseau und Herder herausgebildet und findet bei Fröbel seine erste praktische Gestalt in der Kindergartenerziehung. In der Epoche der Reformpädagogik (Progressive Education, Education Nouvelle etc.) erreicht es eine internationale Verbreitung. Es richtet sich nun primär auf die Veränderung der Schule und trachtet zugleich danach, seine basale romantische Anthropologie des Kindes von der neu entstandenen empirischen Kinder-(und Jugend-)Psychologie wissenschaftlich bestätigen zu lassen. Die Vertreter der internationalen Reformpädagogik lassen sich in ihren Konzeptionen nach dem Grad der Ausprägung der einzelnen Schichten des reformpädagogischen Denkens unterscheiden - etwa von Lietz und Kerschensteiner aus, bei denen die basale romantische Kindauffassung fehlt, zunehmend bis zu Berthold Otto und den Hamburger Lebensgemeinschaftspädagogen, bei denen alle Schichten des reformpädagogischen Ursprungsdenkens entfaltet erscheinen.

Es ist für die geschichtliche Reformpädagogik (von Dewey über Bernfeld und Zeidler bis zu Reichwein) geradezu charakteristisch, daß sie in einem Prozeß der *Selbstkritik und Revision* über die Einseitigkeiten des reformpädagogischen Ursprungsdenkens hinausgelangt ist zu einem polaren bzw. dialektischen Verständnis von Erziehung, Unterricht und Schule (vgl. Konrad 1993; Herrmann 1995). Die „Wiederentdeckung der Grenze" war die Einsicht der zunächst nur kind- und gemeinschaftsorientierten Gründer der Neuen Erziehung in die unerläßliche Bedeutung der Techniken, Inhalte und Werte der Kultur sowie einer pädagogischen Führung für den Bildungsprozeß des Subjekts. Gerade die Praktiker der Reformpädagogik mußten erkennen, daß die Schule nicht das Leben selber sein konnte und durfte, sondern immer nur die Vorbereitung auf ein späteres gesellschaftliches Handeln in Mündigkeit. Sie machten mit ihren Neugründungen und Reformversuchen auch die ernüchternde Erfahrung, daß sie gegen ihren eigenen Anspruch im politischen Leben ihrer Zeit oft insular und elitär bleiben mußten. Die Neue Erziehung konnte die Selbstkraft der Heranwachsenden also nur in dem Maße und nur auf dem Terrain freisetzen, das die gegebene gesellschaftlich-kulturelle Formation und staatliche Ordnung zuließ.

Das (reform-)pädagogische Ursprungsdenken begleitet, wie Andreas Flitner verdeutlicht hat, die Moderne von Anfang an - als kritischer Reflex und als andauernder Reformimpuls. Als Sinnlieferant für den inzwischen noch weitergehend säkularisierten und bürokratisch institutionalisierten Bereich der Erziehung stellt es eine ebenso unentbehrliche wie riskante Orientierung dar, deren Anziehungskraft auf Familie und Schule sich in Zukunft vermutlich noch verstärken dürfte. Die Praxismodelle und die Erfahrungen der geschichtlichen Reformpädagogik sind als *ein* Prüffeld für die Möglichkeiten und Grenzen dieser pädagogischen Denkgestalt anzusehen.

8 Das Kind als schöpferischer Ursprung - Mythos oder Anthropologie des Kindes ?

In der Feststellung, daß die Vorstellung von der schöpferischen Natur des Kindes ein zentrales Element der Reformpädagogik ist und daß hiervon die „kopernikanische Wendung" zu einer Erziehung vom Kinde aus inspiriert worden ist, sind sich die führenden Kontrahenten in der gegenwärtigen erziehungswissenschaftlichen Kontroverse einig. Für Jürgen Oelkers ist die Pädagogik vom Kinde aus mit ihrem Versuch, erstmals die Individualität des Kindes in den Mittelpunkt zu stellen, „der einzig originale Teil der Reformpädagogik" (vgl. Oelkers 1989, S. 13); und Andreas Flitner sieht in der Auffassung der Kindheit als eigenwertiger Daseinsgestalt des Menschen den Auftakt zu einer neuen Epoche, in der sich die Rolle und Bedeutung der Kinder völlig verändern wird (vgl. Flitner 1996, S. 190). Mit dieser Betonung der zentralen Stellung des neuen Kindbildes und seiner nachhaltigen Wirkungen erschöpft sich allerdings die Gemeinsamkeit unter den Interpreten. Bei der Beurteilung seiner pädagogischen Relevanz ergeben sich tiefgreifende Differenzen. Sie reichen vom Aufweis eines zukunftsfähigen Humanisierungspotentials in dieser „Anthropologie des Kindes" bis zur Brandmarkung der kryptoreligiösen Antimodernismen in dieser „Mythologie des Kindes".
Für Rudolf Lassahn etwa hat in diesem Bild vom Eigenwert und von den besonderen Aufgaben des Kindes „ein ganz großes humanistisches Ideal", an dem Schriftsteller, Philosophen und Pädagogen in vier Jahrhunderten gearbeitet haben, sein Ziel erreicht. Es „wurde einer kinderfeindlichen Umwelt abgetrotzt, ... wird immer noch gegen eine Welt gehalten, die den Kindern wenig Platz läßt. Dieses Bild vom Kinde ... gehört nach Geist und Herkommen nach Westeuropa, es war der Antike fremd, wie auch dem christlichen Mittelalter, die Araber kennen es nicht, man weiß nichts davon in Indien und dem fernen Osten. Der europäische Geist versuchte, eine Quelle für seine eigene Schöpferkraft freizulegen" (Lassahn 1983, S. 57). Andreas Flitner verweist darauf, daß mit der „kopernikanischen Wende" vom Kinde aus in *ethischer* Hinsicht die Gleichachtung des Kindes und die Anerkennung seiner spezifischen Lebensform verbunden ist. Dies hat nicht nur zur „Reform der Erziehung" geführt, sondern ebenso zur Herausbildung der Kinderheilkunde, der Kindersozialfürsorge und des rechtlichen Schutzes der Kinder vor Ausbeutung und Mißbrauch. Auf der *theoretischen* Ebene eröffnet die Pädagogik vom Kinde aus (samt den sie begleitenden Konzepten der klassischen Kinderpsychologie) für Flitner die Möglichkeit einer „Reflexion über den Menschen aus der Perspektive seiner frühen Lebensjahre" (Flitner 1992, S. 45) und damit die Chance, Kinder päd-

agogisch zu vestehen. „Solcher Sichtveränderungen bedurfte es, um die Phänomene des Kinderlebens in allen Altersstufen auf eine neue Weise ernstzunehmen, sie als Ausdruck von Erlebnisweisen und seelischen Bedürfnissen anzusehen, die uns Erwachsenen entweder verloren gegangen sind oder so stark kulturell überformt sind, daß wir uns ihrer nur noch mühsam erinnern" (ebd., S. 46). Wenn die Entwicklungsstufe des Kindes nicht mehr nur als Vorstufe zum eigentlichen Menschsein betrachtet wird, sondern als eine schon in sich eigenwertige, ursprüngliche Form des Menschlichen mit je spezifischen Möglichkeiten und Herausforderungen, dann stellt sich die Aufgabe, den ganzen Reichtum von kindlichen Ausdrucksweisen zu erfassen und in seiner Bedeutung für das Aufwachsen des Kindes zu ergründen. In der Pädagogik vom Kinde aus zeichnet sich für Flitner deshalb eine moderne Anthropologie des Kindes ab, die sich - anders als die hochspezialisierte empirisch-analytische Entwicklungspsychologie - behutsam und offen, phänomenologisch und biographisch-hermeneutisch auf die Lebenswelt und auf die Lebensläufe der Kinder einläßt (vgl. auch Fatke 1985).

Während Flitner und Lassahn die Grundzüge des reformpädagogischen Kindbildes auch heute noch für maßgeblich halten, versucht Jürgen Oelkers in seinen Beiträgen immer wieder die reflexive Beschränktheit und den tiefgründigen Antimodernismus dieser Auffassung des Kindes herauszustellen. Die zentrale Hintergrundannahme ist „hier die Vision des 'reinen und unschuldigen' Kindes, das sich wie ein mythisches Objekt betrachten und mit unbegrenzten Erwartungen besetzen läßt" (Oelkers 1991, S. 170). Die Vorstellungen von der ursprünglichen Güte und von der schönen Gestalt - Oelkers demonstriert dies vor allem an den Schriften Ellen Keys - beherrschen die Reflexion über das Kind. Dieser *„Mythos des Kindes"* läßt gedanklich nur zu, was diesem Bild entspricht; er will nicht deskriptiv und begrifflich überzeugen, sondern ästhetisch beeindrucken und moralisch wirksam appellieren: „Kinder sollten unschuldig und rein bleiben und wurden auch so wahrgenommen; die störenden Tatsachen ließen sich gerade ästhetisch gut ausblenden. Entscheidend war das Bild, nicht die Wirklichkeit" (Oelkers 1996, S. 191). Das Bild des Kindes, diese „eigenartige Mischung aus Ästhetik und Moral im pädagogischen Bewußtsein" (Oelkers), wird nicht von den Kindern selber bestimmt, sondern durch die Projektionen der Erwachsenen über sie erzeugt. Die Erwachsenen beschwören mit ihren ästhetischen Klischees die Verheißungen der Kindheit und verbauen sich gerade dadurch den authentischen Zugang zur Welt der Kinder, die durch die Differenz der Geschlechter, die Vielgestaltigkeit der sozialen Milieus und die Indiviudalität der Biographien gekennzeichnet ist. Die mythisch bestimtme „Einheitsanthropologie" des Kindes gerät durch ihre Theoriearmut und empirische Undifferenziertheit in zunehmende Distanz zur Kinderpsychologie, welche - so Oelkers - die wissenschaftlich längst überwundenen Entwicklungslehren der Reformpädagogen gerade nicht bestätigen kann (vgl. Oelkers 1988,S. 480f.). Das Ausbleiben seiner empirischen Untermauerung und theoretischen Absicherung führt aber keineswegs zur Abschwächung des mythenbildenden Diskurses über das Kind. Denn dieser lebt ja vor allem aus einem tiefgründigen antimodernistischen Affekt gegen die Verwissenschaftlichung der Kultur und gegen die Urbanisierung des sozialen Lebens. Die Reformpädagogik „reagierte auf diese Entwicklung mit einem horror vacui, der gefüllt wurde durch die ästhetische Produktion von Idyllen. Das wesentliche Idyll war das Kind selbst" (Oelkers 1991, S. 163).

Die reformpädagogische Mythisierung des Kindes ist nicht nur als ideengeschichtlicher Anachronismus und als kultureller Antimodernismus deutbar, sondern ebenso als ein Resultat der weltanschaulichen Säkularisierungsprozesse des 19. Jahrhunderts. In Ergänzung zu Oelkers hat Jan Weisser - ebenfalls am Beispiel Ellen Keys - dargelegt, wie am Ende des 19. Jahrhunderts im Gefolge des Materialismus und der Religionskritik für immer mehr Menschen der Bezug auf die christliche Gottesidee schwindet. Nunmehr wird das Bild vom ursprünglichen, reinen Kind zum Inbegriff religiöser Innerlichkeit; es steht für Ursprünglichkeit, Ganzheit und Vollkommenheit. Der Mythos des Kindes ist also eine projektive Ursprungskonstruktion von Erwachsenen, die hierin einen heilen Lebensanfang suchen und ihn aus dem Gegensatz zu ihrer eigenen, immer komplexer werdenden kulturellen Lebensform heraus bestimmen. Das mythische Bild vom Kind als schöpferischem, heilem Ursprung markiert für Weisser „als säkulares religiöses Wissen ... eine Größe, die sich in das Erziehungswissen einschleicht und sich dort beinahe ausschließlich pädagogisch stabilisiert" (Weisser 1995, S. 80). Und hier, im Bereich der Erziehung, erzielt diese „ästhetisch-moralische Chiffre" wegen der mit ihr verbundenen theoretischen und empirischen Verkürzungen - kurz: wegen des sacrificium intellectus - einen durchschlagenden Erfolg unter dem Slogan „vom Kinde aus".

Die Schwäche der „dogmenkritischen" Analysen von Oelkers und Weisser liegt in der ungeklärten Verwendung des Terminus „Mythos" für einen Sachverhalt, der von anderen Erziehungswissenschaftlern als „Bild," „Idee", „Ideal", „Ideologie" bzw. „Anthropologie" des Kindes bezeichnet wird. Die pauschale Gleichsetzung des Mythischen mit allem Nichtwissenschaftlichen, ja Unaufgeklärten läßt befürchten, daß mit dem Begriff „Mythos" hier gar nichts Präzises erfaßt wird. Diese durchweg *pejorative Begriffsverwendung* ergibt sich aus der nicht eigens explizierten, dogmatisch-abstrakten Prämisse von der fortschreitenden Entzauberung der Kultur durch die Wissenschaften, von der notwendigen Überwindung des Mythos durch den Logos.

In bewußtem Gegenentwurf gegen solchen aufklärerischen Perfektionsglauben kann man die von den Reformpädagogen propagierte „Mythisierung" des Kindes zum schöpferischen Ursprung mit gleichem Recht von einer romantischen Position aus als die notwendige Wiederkehr eines mythisch-religiösen Urbildes in einer lebensbedrohlich verwissenschaftlichten Kultur begreifen. Begründungen für eine solche *positive Mythos-Auffassung* lassen sich beispielsweise in Carl Gustav Jungs tiefenpsychologischen Reflexionen über den kollektiven Kind-Archetyps finden (vgl. Jung 1997, S. 107ff.). Der Bilderwelt der Mythen wird hier eine vitale Bedeutung für den Fortbestand der Kultur und für die seelische Gesundheit des Individuums zugewiesen. Mythen sind für Jung ursprüngliche Offenbarungen einer vorbewußten Kollektivseele, unwillkürliche Aussagen über unbewußtes seelisches Geschehen.[24] Die über die gesamte Menschheit verbreiteten Urbilder der Mythen, die kollektiven Archetypen, erscheinen in den religiösen Verkündigungen, in den Sagen und Märchen ebenso wie in den Erzeugnissen der unbewußten Phantasietätigkeit der Individuen - von den Träumen bis zu den Schöpfungen der Kunst. Für die mythischen Urbilder gibt es keinen rationalen Ersatz; sie müssen auch und gerade in einer verwissenschaftlichten Kultur als unentbehrliche seelische Lebensmächte, als sich beständig wandelnde „Urformen der religio" (Jung) ernstgenommen werden.

Das Urbild vom göttlichen Kind bzw. von der ewigen Kindlichkeit ist äußerst weit verbreitet und verbindet sich mit anderen kollektiven Archetypen, z.B. dem des paradiesischen Urzustandes. „Das Kindmotiv repräsentiert den vorbewußten Kindheitsaspekt der Kollektivseele" (ebd., S. 117). Es kann Zukunft, Ganzheit und Kraft symbolisieren. Das Kind ist potentielle Zukunft und damit immer zugleich Chance der Lebenserneuerung. Die Kindlichkeit ermöglicht einen Wandel der Erwachsenenpersönlichkeit - die Synthese der bewußten mit den unbewußten seelischen Prozessen; das Kind „ist daher ein die Gegensätze vereinigendes Symbol, ein Mediator, ein Heilsbringer, das heißt Ganzmacher" (ebd. S. 120). Häufig stellt der Kindarchetyp auch den Drang nach Selbstverwirklichung der menschlichen Natur dar. Das Kind „personifiziert Lebensmächte jenseits des beschränkten Bewußtseinsumfanges, Wege und Möglichkeiten, von denen das Bewußtsein in seiner Einseitigkeit nichts weiß, und eine Ganzheit, welche die Tiefen der Natur einschließt. Es stellt den stärksten und unvermeidlichsten Drang des Wesens dar, nämlich den, sich selber zu verwirklichen" (ebd., S. 126).

Aus der Tatsache, daß das Bild des vollkommenen Kindes bis heute nicht aufgehört hat, die Menschen zu beschäftigen, folgert Jung, daß die Menschheit immer wieder in Widerspruch zu ihrem ursprünglichen, unbewußten Seelenzustand gerät. Die Wiedererzählungen des Kind-Mythos haben daher den Zweck, den Zusammenhang der Seele mit den menschheitlichen Urerfahrungen nicht abreißen zu lassen. Doch: „Das Kindmotiv stellt nicht nur etwas Gewesenes und längst Vergangenes dar, sondern auch etwas Gegenwärtiges; das heißt, es ist nicht nur ein Überbleibsel, sondern ein gegenwärtig funktionierendes System, welches bestimmt ist, in sinnvoller Weise die unvermeidlichen Einseitigkeiten und Extravaganzen des Bewußtseins zu kompensieren respektive zu korrigieren" (ebd. S. 118). Der Archetyp des göttlichen Kindes schlägt also eine Brücke zwischen dem von Entwurzelung bedrohten differenzierten Bewußtsein des modernen Menschen und seiner ursprünglichen „unbewußt-instinktiven Ganzheit". In Verbindung mit anderen Archetypen, z.B. dem des paradiesischen Urzustandes (bzw. der Großen Mutter), liefert er den Menschen weiterhin Vollkommenheitsbilder, die selbst dann noch in ihnen lebendig bleiben, wenn sie sich klargemacht haben, daß sie den tatsächlichen Gegebenheiten nicht entsprechen. Die Vorstellung vom Kind als schöpferischem Ursprung, die Leitfigur reformpädagogischen Denkens, wäre dann als eine moderne, säkulare Manifestation des kollektiven Kindarchetyps zu begreifen, durch welche die Erwachsenen im pädagogischen Verhältnis zum Kind wieder Gemeinschaft und Ganzheit erleben können.

Man sieht: auf der Grundlage der tiefenpsychologischen Reflexionen Jungs lassen sich die Analysen von Oelkers und Weisser durchaus verifizieren und vertiefen - allerdings unter gänzlich anderen Vorzeichen. Ist der „Mythos des Kindes" für Oelkers und Weisser nur widerrationale, abergläubische Projektion, so besitzt er für Jung und seine Schülerschaft geradezu einen Vorrang an Wahrheit, welchen Reflexion und Forschung gar nicht einholen können. Gemeinsam ist beiden Seiten die dogmatische Behauptung eines Gegensatzes zwischen Mythos und Logos, zwischen urbildlichem Verstehen und begrifflich-exakten Denken. Dabei gerät aus dem Blick, daß alles mythische Verstehen immer auch schon selbstbewußtes Wissen ist und mit dem Wissen seiner Zeit in Verbindung steht[25].

Mit dem Begriff „Mythos" kann man - grob vereinfacht - entweder (1.) eine Erzählung bezeichnen, die über ein Ursprungsgeschehen Auskunft gibt, oder (2.) eine bestimmte Denk- und Vorstellungsweise, die zentral durch die Ineinssetzung von Sinnlichem und Ideellem bestimmt ist; schließlich kann „Mythos" auch (3.) die Ausdrucksform des Religiösen überhaupt meinen (vgl. Schmidt 1994). Der Mythos stellt sein Wissen in bildhafter, symbolischer Weise dar; er bietet die Möglichkeit der Identifikation und Orientierung.

Wenn man im Sinne dieser Unterscheidungen präzise bleiben will, dann man die reformpädagogische Auffassung vom Kind als schöpferischen Ursprung nicht mehr als originär mythisch betrachten. Denn es geht hier nicht um die (Wieder-)Erzählung eines im substanziellen Sinn religiösen Geschehens, sondern um die Darlegung und Erklärung alltäglicher Erfahrungen. Mythologische Kindbilder verstehen sich dagegen ausdrücklich nicht als Darstellungen empirischer Kinder; sie symbolisieren vielmehr in ihnen das Walten außergewöhnlicher, wunderbarer, numinoser Kräfte. Der pädagogische Vorstellungskomplex vom Kind als schöpferischen Ursprung besitzt keine im strikten Sinne kultisch-religiöse Verankerung mehr. Er ist deshalb nicht als Mythos, sondern als *Denk-Bild* des vorwissenschaftlichen pädagogischen Gemeinsinns zu begreifen. „Wer über Erziehung nachdenkt und redet, der hat nahezu unumgänglich Bilder und Vorstellungen vor Augen, die seiner Gedankenführung und Argumentation Richtung geben: orientierende Leitphantasien, ohne die alltägliches Handeln wie theoretische Reflexion diffus und ohne Sinn bleiben würden. Sie bündeln sich in einem nicht unbegrenzt großen Repertoire und behandeln einige wenige, immer wieder aktualisierte Themenbereiche" (Bilstein o.J., S.19). Die Bilder des pädagogischen Gemeinsinns und der pädagogischen Rhetorik, welche oft über Jahrhunderte hinweg mit wechselnder Akzentuierung als Argumente benutzt werden, lassen sich thematisch in vier Gruppen gliedern: Sie beziehen sich als (1.) anthropologische auf den Adressaten, als (2.) teleologische auf die Ziele und Normen, als (3.) methodische auf die Wege und Formen sowie als (4.) topographische auf die Orte und Räume der Erziehung. Das *anthropologische Bild* vom Kind als schöpferischem Ursprung liefert nicht nur eine idealisierende Beschreibung, welche im wissenschaftlichen Diskurs erst noch begrifflich zu präzisieren und empirisch zu differenzieren ist. Es ermöglicht vielmehr, ein anderes Verständnis von der Daseinsform des Kindes schon gedanklich durchzuspielen und praktisch zu erproben, bevor theoretische Begründungen und empirische Nachforschungen nötig und sinnvoll erscheinen. Dieses sprachliche Bild bildet also seinen Gegenstand nicht nur ab, es stellt ihn durch seine Analogien auch in vorher ungewohnte Bezüge hinein; es hat nicht nur eine substitutive, sondern auch eine kreative Funktion. Als vorbegriffliches Rohmaterial weist das Bild auch auf Neues, in Begriffen noch nicht Faßbares hin. Die Wirkung des Bildes vom Kind als schöpferischem Ursprung entspringt gerade auch daraus, daß es sich von der begrifflichen Reflexion nicht völlig ausschöpfen läßt. Seine beschwörende anschauliche Präsenz und die von ihm repräsentierte ideale Einheit seines Gegenstandes entziehen sich der vollständigen theoretischen Systematisierung und empirischen Validierung. Im Denk-Bild vom Kind als schöpferischem Ursprung sind mythische Imagination und begriffliche Reflexion noch ineinander verschlungen. Durch Bilder, „durch Metaphern wird der Weg vom Mythos zum Logos auch rückwärts begehbar; sie führen zurück vor die Entwicklung von Begriffssystemen, stellen rückwärtige Verbindungen zu derjenigen Lebenswelt her, aus der sich alle Theorie speist. ... (Bilder und – H.U.) ‚Metaphern sind in diesem Sinne Leitfossilien einer archaischen Schicht des Prozesses der theoretischen Neugierde'"(Bilstein 1996, S.160). Pädagogische Bilder, wie dasjenige vom Kind als schöpferischem Ursprung, ermöglichen auch dem Erziehenden Rückwege in die eigene Lebensgeschichte; sie können Hinweise geben auf Probleme, die von einer Anthropologie des Kindes bzw. eine pädagogischen Kinderforschung reflexiv, empirisch und historisch erst noch bearbeitet werden müssen.

Wenn man den Bedeutungsumfang und den Verweisungszusammenhang eines pädagogischen Denk-Bildes erschließen will, dann muß man fast immer auf geschichtlich frühe mythische Formen des Nachdenkens über den Menschen zurückgehen. In den vorangehenden Studien haben wir den Weg dargestellt, auf dem sich ursprünglich religiöse, mythische Urbilder des Kindes zunächst zu poetischen Topoi und dann zu Metaphern eines pädagogischen Gemeinsinns[26] säkularisiert haben. Dabei hat sich auch gezeigt, daß das Denk-Bild vom Kind als schöpferischem Ursprung Elemente aus zwei noch deutlich unterscheidbaren Ursprungserzählungen in sich vereinigt, die ihren jeweiligen religiösen Ausgangspunkt im Mythologem des paradiesischen Urzustandes (bzw. des goldenen Zeitalters) und in dem des göttlichen Kindes haben.

Die erste können wir die *vorromantisch-rousseauistische Ursprungserzählung* nennen. Im Kind begegnen wir dem vollkommen natürlichen, noch unschuldigen Menschen des Paradieses wieder, der noch nicht von den Einflüssen der Kultur verdorben, noch nicht seiner selbst entfremdet worden ist. Das Kind lebt noch in Einheit mit sich selbst und im Einklang mit der natürlichen (göttlichen) Ordnung. In seiner Anmut liegt ein Versprechen auf menschliche Vollkommenheit; im Leben des Kindes zeigt sich ein Vorschein der Freiheit. In der Entwicklung des Kindes wiederholen sich die Zeitalter der Menschheitsgeschichte. Zuerst lebt es im goldenen, im göttlichen Zeitalter der frühen Naturvölker, dann im heroischen der Antike und schließlich tritt es in die bürgerlich-rationale Epoche der Neuzeit ein. Das Kind vollzieht also mit allen seinen Kräften den Prozeß der Kulturschöpfung vom Anfang bis in die Gegenwart nach. Deshalb gleicht es anfangs noch dem „edlen Wilden" bzw. dem „naiven Ge-nius", der mit seiner poetischen Weltauffassung dem göttlichen Ursprung der Dinge noch näher ist. Die schöpferische und poetische Natur des Kindes zeigt sich besonders in seinem Spieltrieb, in seiner Fragelust und in seiner Phantasie. Das Kind stellt mithin noch eine andere Art und Stufe des Menschlichen dar; es lebt in seiner Welt noch „ganzheitlicher" als die Erwachsenen. Deshalb muß die Erziehung natur- und kindgemäß erfolgen, d.h. sie soll das Kind in seiner Entwicklung unterstützen und vor schädlichen Einflüssen bewahren. Der Erwachsene, der in einer alten, zur Vereinseitigung und Erstarrung tendierenden Kultur lebt, kann sich im Umgang mit dem Kind wieder verjüngen.

Die zweite Erzählung über das Kind als schöpferischen Ursprung kann man als *die eigentlich romantische* bezeichnen. Mit der Geburt des Kindes erscheint auch das Göttliche wieder in der Welt und ermöglicht der abgefallenen Welt der Erwachsenen eine Rückkehr zum Ursprung. Das Kind kann diejenigen, die sich auf es einlassen, aus ihrer Selbstentfremdung erlösen; denn es ist in seiner Seele noch unmittelbar mit dem geistlich-göttlichen Urgrund der Welt verbunden. Seine „Überlegenheit in den höchsten Dingen" (Novalis) kommt in seinem Lächeln, in seinem Urvertrauen, in seinen Ahnungen und in der Schöpferkraft seines Spiels zum Ausdruck. Im Spiel und im Gespräch mit dem Kinde vor ihm findet der Erwachsene auch wieder zurück zu dem verschütteten Kind in ihm, kann er gleichsam wieder heil und ganz werden. Er gelangt selber zu der „allseitigen Lebenseinigung" (Fröbel) zurück, zur Erfahrung der geistig-göttlichen Allverbundenheit der Wesen und Dinge. Das Kind ist also nicht nur das noch unfertige Menschenwesen, das zu seiner Mündigkeit der Erziehung bedarf, es ist zugleich in seiner Ursprünglichkeit das Vorbild des Erwachsenen, der es verwandelt in sich bewahren soll. In der Erziehung des Kindes liegt also zugleich die Chance der Nacherziehung der Erwachsenen. So wie das Kind erwachsen werden will, so sollen die Erwachsenen auch wieder werden wie die Kinder!

Diese beiden Erzählungen bzw. sprachlichen Bilder vom Kind als schöpferischem Ursprung repräsentieren zusammengenommen das romantische Kindheitsideal des bürgerlichen Zeitalters. Dieses besteht aber nicht bloß aus den literarisch wiederbelebten mythischen Urbildern des paradiesischen Menschen bzw. des göttlichen Erlöserkindes; es dient vielmehr zugleich dazu, die *Ideen über den Menschen*, die im 18. und 19. Jahrhundert zu einer neuen Wahrnehmung des Kindes geführt haben, anschaulich zu repräsentieren. Deshalb wird man diesem Ideal des Kindes nicht gerecht, wenn man nur seine Bilder auslegt sowie deren Macht beschwört oder kritisiert; mindestens genauso wichtig ist die systematische Explikation der Ideen, die damit in Beziehung gesetzt werden. Denn dieses Denk-Bild haben nicht nur die Dichter und Maler geschaffen, sondern ebenso die Philosophen und Pädagogen.

Als wichtige Ergebnisse aus unseren Analysen halten wir fest: Die erste ideelle Voraussetzung der vorromantisch-rousseauistischen Erzählung über das Kind ist die Zurückweisung des christlichen Erbsündedogmas im Zeitalter der Aufklärung und die Wiederanknüpfung an die optimistische pelagianische Auffassung vom Menschen. Damit wird die Verantwortung für die eigene Person und für Sach- und Mitwelt ganz in die Hände des Menschen gelegt und nicht mehr von der göttlichen Gnade abhängig gemacht. Das in der Renaissance und in der Frühaufklärung wiedergewonnene Vertrauen in eine prästabilisierte Ordnung der Welt und in die gut erschaffene Natur des Menschen war es, „welches der

Selbsttätigkeit des Menschen und auch der Selbsttätigkeit und Eigenaktivität des Kindes jenen überragenden pädagogischen Wert verlieh, der ihm bei Rousseau ... und schließlich auch in der Reformpädagogik für die Bildung des Menschen zukam" (Böhm/Grell 1995, S. 85).

Hier deutet sich schon die zweite ideelle Voraussetzung an, der aus der monadologischen Philosophie Leibnizens entspringende Gedanke der entelechialen Struktur und der Kontinuität der Entwicklung. „Das Bewußtsein des Menschen stammt entwicklungsgeschichtlich ab von dem des Tieres, dieses von den Pflanzen usw. Der Weg des Bewußtseins von der ersten organisierten Materie an bis zum Menschen ist der einer Formgestaltung, welche nicht durch äußere Einflüsse bedingt ist, sondern welche sich als eine immanente Zweckverwirklichung darstellt. ... von Anfang an entwickelt sich das Subjekt durch eigene Tätigkeit und aus eigenen Kraftquellen zu immer höheren Gestaltungen und zu immer freierer Aktivität, so daß schließlich im Menschen das Ich wird, welches die Dinge macht, nicht aber von ihnen passivisch Wirkungen erleidet" (Hoffmann 1955, S. 320).

Durch die Übertragung des genetischen Gedankens von der Stufenordnung der Lebewesen sowohl auf die Entwicklung des Individuums als auch auf die Geschichte der menschlichen Gattung kommt es - vorbereitet bei Vico - schließlich bei Herder zur Formulierung des wirkungsmächtigen Rekapitulationsgedankens. Danach wiederholen sich im Entwicklungsprozeß der Person stets von neuem die Kulturstufen der Menschheit. Somit begegnet man in jedem Kind wieder der Seelenstruktur der Primitiven. Dieses genetische Prinzip führt in pädagogischer Hinsicht zu einem dritten Grundgedanken, der schon bei Rousseau ausgesprochen, aber erst im romantischen Diskurs über das Kind konsequente Berücksichtigung findet: die Anerkennung der Eigenwertigkeit jeder einzelnen Lebensphase im Lebenslauf der Person - damit auch und gerade der Kindheit als eigenständigen Modus des menschlichen Seins.

Die zentrale ideelle Voraussetzung der im engeren Sinne romantischen Ursprungserzählung über das Kind liegt in der aus der versuchten Überwindung der aufklärerischen Rationalität resultierenden Höherwertung der unbewußten, vor- und überrationalen Seelenkräfte, welche im Mythos und in der Religion ihre eigentümlichen Ausdrucksformen finden. Diese ursprünglichen Seelenkräfte, zu denen der aufgeklärte Mensch erst in der intellektuellen Anschauung wieder zurückfindet, walten nach Ansicht der Romantiker noch ungestört im Kind. Dies ermöglicht ihm noch ein ungespaltenes Leben mitten unter den Wesen und Dingen. „Das Kind, das ja von jeher eine wichtige religiöse Mittlerrolle innegehabt hat, lehrt den romantischen Dichter, das Ewige im Vergänglichen, das Heilige im Profanen zu sehen und weiht ihn ein in das Mysterium der Natur" (Assmann 1978a, S. 121). Mit der Vorstellung vom Kind als Vater des

Menschen wird hier - zuerst von den Poeten, dann von den Pädagogen der Romantik - die uralte Idee des absoluten Kindes erneuert, die hermetisch-neuplatonischer Herkunft ist. Das Kind wird zum Vorbild des Erwachsenen, weil es vermutlich noch eine besondere Nähe zum Urgrund des Seins bewahrt hat.

Das romantische Kindheitsbild, das also gedanklich im wesentlichen von Rousseau und Herder begründet und von den Dichtern und Denkern der Romantik vollendet wird, dient bei Fröbel als Ausgangspunkt einer neuen Praxis frühkindlicher Erziehung. Zuvor hat es hierzulande in Erziehungsbüchern, vor allen anderen in Jean Pauls „Levana" die Herzen der bürgerlichen Leserinnen erobert, die an der „Geburt der modernen Familie" (Shorter) maßgeblich beteiligt sind. An der Wende zum „Jahrhundert des Kindes" bewegt das romantische Kindheitsideal die Klassiker der Kinderpsychologie, insbesonders Stanley Hall und Edouard Claparède, aber auch noch den frühen Jean Piaget bei ihren Forschungen über das Weltbild des Kindes, und es begleitet die Pioniere der Reformpädagogik bei der Formulierung ihrer Programme und bei der Gründung ihrer neuen Schulen. Im Laufe des zwanzigsten Jahrhunderts bestimmt die Vorstellung von der Ursprünglichkeit und schöpferischen Phantasie des Kindes schließlich - sozusagen als „kulturelles Kapital" (Bourdieu) - zunehmend den distinktiven Lebensstil, speziell die Gestaltung der Erziehungskultur der kindzentrierten Familien im breiten Spektrum der arrivierten sozialen Mittelschichten.

Wir können festhalten: Der Topos von der ursprünglichen Schöpferkraft des Kindes findet sich bei allen Repräsentanten einer Pädagogik vom Kinde aus seit Rousseau. Die tiefgreifenden Unterschiede zwischen ihnen ergeben sich aus der Art ihres Umgangs mit den beiden Ursprungserzählungen und deren gedanklichem Substrat. Die einen erzählen die Ursprungsgeschichten ganz, die anderen entnehmen nur Teile daraus; die einen vertrauen auf die Überzeugungskraft der Bilder, die anderen versuchen, die damit in Zusammenhang gebrachten Gedanken psychologisch-empirisch oder erziehungsphilosophisch anschlußfähig zu machen; schließlich formulieren die einen damit ihr pädagogisches Credo, die anderen gestalten hieraus andere Formen der Praxis. Es spricht vieles dafür, daß es vom jeweiligen Umgang eines Pädagogen mit dem romantischen Kindheitsbild abhängt, ob seine Konzepte heute als anachronistisch, antimodernistisch und primitivistisch zu bewerten sind oder als humanistisch und zukunftsfähig.

Beispielsweise hat unsere Analyse etwa in bezug auf die Pädagogik Berthold Ottos folgendes Resultat erbracht: Wir begegnen auch bei ihm der Gestalt des pädagogischen Ursprungsdenkens, welches sich hier auf allen fünf Ebenen - von der Natur des Kindes über das pädagogische Verhältnis, die Methode der

Erziehung, die Gestalt der Schule bis zu den Inhalten des Lernens - entfaltet. Das Fundament von Ottos Pädagogik bildet das romantische Denk-Bild vom Kind als schöpferischem Ursprung: das Kind ist von Natur aus gut; es rekapituliert in seiner selbsttätigen Entwicklung die bisherigen Stufen der menschheitlichen Kulturgeschichte innerhalb nur weniger Jahre; deshalb wohnt dem Kind eine genie-ähnliche Schöpferkraft inne; die Daseinsform des Kindes hat ihre eigene Vollkommenheit, welche sich in seinem bildnerischen und sprachlichen Ausdruck sowie in seinem Forscherdrang dokumentiert; wenn sich die Erwachsenen ganz auf das Kind einlassen, kann es sie durch seine Ursprünglichkeit gleichsam verjüngen. Otto bezieht sich einerseits auf die zu Rousseau und zu den Romantikern zurückführenden Gedanken über die Entwicklung des Kindes und seine „naturgemäße" Erziehung. Andererseits beschwört er zugleich die Bilder aus den beiden Ursprungserzählungen über das Kind als paradiesischen Menschen und als göttlichen Erlöser. Ja, diese Bilder rücken verschiedentlich so sehr in den Vordergrund, daß sie ihn von einer begrifflichen und empirischen Differenzierung zu entheben scheinen.

Indes leistet aber gerade Berthold Otto auch einen beachtenswerten Beitrag zur *Entmythologisierung des romantischen Kindheitsideals*, indem er den Grundgedanken der selbsttätigen Entwicklung des Kindes auf der Folie der sprachwissenschaftlichen (und kulturpsychologischen) Theorie seines Berliner akademischen Lehrers Steinthal systematisch begründet. Von dieser Grundlage aus kann Otto auch seine wohl bekanntesten Innovationen, das freie fachübergreifende Unterrichtsgespräch und die Anerkennung der „Altersmundart" des Kindes, als pädagogisch notwendig und fruchtbar reklamieren. Das gesamtunterrichtliche Verfahren würdigt in besonderem Maße die Bedeutung der Frage als Explorationsmittel des Kindes und die produktive Offenheit des Gesprächs als Grundlage eines gemeinsamen Forschungsprozesses. Hierauf kann Jahrzehnte später Martin Wagenschein zurückgreifen und ihm in seiner genetisch-sokratischen Lehrkunst ein sachlich und fachlich verbindlicheres Gepräge geben. Ottos Auffassung vom Kinde weist also alle divergierenden Prädikate zugleich auf, welche die Interpreten der Pädagogik vom Kinde aus verliehen haben: sie ist einerseits der Ausdruck kulturkritischen Mythisierungsverlangens und projektiver Verklärung der Lebensform des bürgerlichen Kindes. Sie eröffnet andererseits eine theoretisch und empirisch gehaltvolle Reflexion über den Menschen aus der Sicht seiner frühen Lebensjahre; und sie zeigt in der neuen Gestaltung der Erziehungs- und Unterrichtspraxis durchaus Züge eines pädagogischen Humanismus.

Anderas Flitner sieht in dieser, zwischen mythischen Urbildern und (sprach-) philosophischen Reflexionen oszillierenden Erziehungslehre Berthold Ottos den Grundriß einer modernen *Anthropologie des Kindes*. Eine solche Qualifizierung kann man nur treffen, wenn man voraussetzt, daß allgemeingültige systematische Aussagen über das „Wesen“ bzw. über die Aufgabe des Kindes auf einer Ebene oberhalb der hochdifferenzierten Forschungskonzepte der Verhaltens-, Entwicklungs- und Sozialisationsforschung nach wie vor möglich sind. Angesichts des inzwischen umfassend dokumentierten historischen und ethnologischen Polymorphismus des Kindes und des Konstruktcharakters der Kindheitskonzepte scheint dies aber eine problematische Annahme zu sein.

Um die systematischen Schwierigkeiten einer Anthropologie des Kindes zu verdeutlichen, ist in exemplarischer Absicht an den Versuch Eduard Sprangers zu erinnern. Er will die „Gesamtlebensform des Kindes“ vom Ansatz einer geisteswissenschaftlichen Struktur- bzw. Ganzheitspsychologie aus bestimmen, welche die Einzelheiten der Forschung über das Kind aus der Totalität des kindlichen Lebensvollzugs heraus verstehen will. Spranger geht dazu von der Prämisse aus, daß der Mensch die Welt immer nur perspektivisch sieht und daß ein fundamentaler Bedingungsfaktor seiner Perspektive das jeweilige Lebensalter ist. Die Entwicklung, der Lebenslauf des Individuums manifestiert sich in der Abfolge der Lebensalter, deren jedes sein eigentümliches Weltbild hat, sozusagen „unmittelbar zu Gott“ ist.

Deshalb kann Spranger sagen, daß das Kind in einer ganz anderen Welt lebt als wir; vieles ist für das Kind da und bedeutsam, was für uns Erwachsene nicht vorhanden oder gleichgültig ist. Das Wirklichkeitsbewußtsein des Kindes zwischen dem dritten und siebten Lebensjahre ist dadurch gekennzeichnet, daß es noch nicht zwischen Phantasie und Wirklichkeit unterscheidet: „Seelische Innenwelt, fremde Seelenwelt und unbeseelte Welt sind noch nicht auseinandergerissen“ (Spranger 1924; 1963, S. 24). Die Raumerfahrung des Kindes zeichnet sich durch eine intensive Vertrautheit mit der das Ich unmittelbar umgebenden Zentralsphäre aus; die Zeit erfährt das Kind noch nicht als lineares Geschehen, sondern als eine Folge von in sich unendlichen Momenten. Raum und Zeit erlebt es also „nicht so sehr als extensive, wie als intensive Unendlichkeiten“ (ebd., S. 45). Seine natürliche Umwelt und soziale Mitwelt erfaßt das Kind noch nicht als von sich getrennt; Eigenes und Fremdes werden von ihm noch nicht geschieden. Erst in der späteren Kindheit wird durch eigenes Erforschen die bewußte Außenwelterkenntnis gesucht, und die Phantasie bindet sich stärker an die selbstgefundenen Regeln. Für Spranger ist das Kind also noch stärker in die Welt hineinverwoben. Deshalb ist seine charakteristische Handlungsform das mitlebende und frei Bedeutung verleihende (Phantasie-)Spiel. Nur wer diese Daseinsstufe des menschlichen Lebens mit ihrer „einsfühlenden Wesensverschmolzenheit“ ganz tief durchlebt hat, kann sich zum vollen Menschen entfalten. Der eigentliche Reichtum der Frühstufen darf nicht völlig verloren

gehen; er soll vielmehr verwandelt erhalten bleiben, damit der Erwachsene seine geistige Lebendigkeit stets wieder daran erneuern kann (vgl. Spranger 1958, S. 50 u. S. 95f.).
Mit diesem Entwurf einer geisteswissenschaftlichen Anthropologie des Kindes beansprucht Spranger, die schon damals kaum noch zu überblickenden Forschungsresultate der klassischen Kinderpsychologie zu einem Gesamtbild zusammenzufassen bzw. einem lebensphilosophischen Wesensbegriff des Kindes unterzuordnen. Auch wenn es Spranger gelingt, in einer pädagogischen Perspektive Grundzüge der Lebenswelt des Kindes zu akzentuieren; sein Versuch bleibt grundsätzlich fragwürdig, weil er nicht alle Ergebnisse der anthropologischen Einzelwissenschaften über die Kindheit berücksichtigen kann und auch kein einheitlicher, unverrückbarer Gesichtspunkt oberhalb der Wissenschaft auszumachen ist, von dem aus inhaltlich das „Wesen" des Kindes als konstante Entität ein für allemal bestimmt werden könnte. Auf der empirischen Ebene kann Sprangers Gesamtcharakteristik nur für eine bestimmte soziokulturelle Formation von Kindheit Geltung beanspruchen; und auf der konzeptionellen Ebene bleibt sie ebenfalls an ein zeitgebundenes, geschichtlich überholbares Vorverständnis von Kindheit gebunden. Spranger ist sich übrigens über diese Beschränktheiten selber durchaus im klaren; denn er bemerkt beiläufig, daß sich seine Beschreibung der „Gesamtlebensform der Kindheit" (und der Jugend) auf die „norddeutsche, großstädtische, gebildete Bevölkerungsschicht der Gegenwart", d.h. des Jahrhundertbeginns bezieht (vgl. Spranger 1924; 1963, S. 41) - auf dieselbe bürgerlich-gutsituierte Erziehungskindheit also, der die Schülerschaft der „Hauslehrerschule" Berthold Ottos entstammte. Auf der konzeptionellen Ebene begegnet uns in Sprangers „Gesamtcharakteristik" der kindlichen Lebensform - eingebettet in seine Philosophie der Lebensalter (vgl. dazu auch Spranger 1941; 1976, S. 328ff.) - das romantische Kindheitsideal wieder, welches ja selbst den Dichtern und Philosophen des Bürgertums seine Entstehung verdankt. Spranger verleiht hier also diesem Komplex aus Bildern und Ideen eine lebensphilosophische Dignität.
Sicher trifft unsere kritische Anmerkung zu Spranger nicht im selben Maße auf die späteren Ansätze einer phänomenologischen und biographischen Anthropologie des Kindes zu. Es ist allerdings bemerkenswert, daß in nicht wenigen dieser Versuche, vorspezialistisch die eigentümliche Seinsform und Lebenswelt des Kindes zu beschreiben und von seinen spezifischen Ausdrucksformen her zu verstehen, Wesenszüge des romantischen Kindbildes erneut zutage treten. Als ein aktuelles Beispiel mögen Käte Meyer-Drawes „phänomenologische Notizen zum Verständnis von Kinderbildern" dienen. Hierin deutet sie die eigentümlichen bildnerischen Gestaltungsformen des Kindes als Ausdruck dafür, daß es noch „mitten unter den Dingen" lebt, sich „noch nicht aus der Ordnung

der Dinge isoliert" hat. In seiner „schöpferischen Geste" zeigt sich seine „subversive Kraft", sein „Widerstand gegen eine vermeintlich fertige Welt, die uns nichts mehr zu sagen hätte" (vgl. Meyer-Drawe 1993). Das Kind lehrt also den für seine Bilder aufgeschlossenen Erwachsenen, dessen Denken durch die Spaltung und Frontstellung von Subjekt und Objekt bestimmt ist, die Möglichkeit der unmittelbaren ästhetischen Welterfahrung nicht zu vergessen. Mir scheint, daß selbst hier noch bzw. wieder die romantische Ursprungserzählung mit ihren Bildern vom Kind als noch in Ur-Einheit lebendem, schöpferischen Menschen, von dem der Erwachsene lernen kann, den Horizont der Deutung mitbestimmt.

Das Bild des Schöpfertums allein steht im Mittelpunkt von Martinus Jan Langevelds Anthropologie des Kindes. Langeveld begreift die Entwicklung des Kindes als eine „schöpferische Genese", in welcher das Kind auf der Basis der kulturell tradierten symbolischen Formsysteme immer neue „Entdeckungen" macht. Eine zentrale Feststellung lautet: „Das Kind ... entdeckt, erfindet, schafft Nie-Dagewesenes. Es ist schöpferisch in der Sachwelt, aber auch in der personalen Welt und ganz besonders auch in der seines eigenen Ich" (Langeveld 1959, S. 16). Das Bild des Schöpfertums dient Langeveld allerdings in erster Linie nur dazu, das anthropologische Spezifikum zu verdeutlichen, daß das Kind seine natürliche und kulturelle Gegenstandswelt nicht passiv aufnimmt und registriert, sondern selber mit Bedeutung versieht. Langeveld zeigt eindrucksvoll, daß das Kind in seinen Begegnungen mit der Welt der Dinge – im Lernen, Spielen, Gestalten und Erinnern – vielfältige Akte der Sinnverleihung vollzieht. Als Erzeugnisse seiner „Sinngebungsarbeit" sind die Dinge außer ihm und in ihm zugleich. Sie sind ihm ganz Aufgabe, fordern und fördern seine Tätigkeit (vgl. Langeveld 1956, S. 91ff.).

Das romantische Bild des Kindes hat mit seiner anschaulichen Präsenz und seinem ideellen Gehalt also nicht nur die historischen Reformpädagogen zu ihrer „kopernikanischen Wende" inspiriert; in einer stärker reflexiven Distanz zur Bild-Bindung bestimmt es bis heute auch Konzepte einer pädagogischen Anthropologie des Kindes, welche auf einer Ebene „oberhalb" der einzelwissenschaftlichen Forschungen weiterhin allgemeingültige Aussagen über das Kind und seine Welt anstreben.

Die bahnbrechenden Untersuchungen über den geschichtlichen Wandel und die interkulturelle Varianz der Kindheit haben uns inzwischen aber mit einem „*Polymorphismus des Kindes*" (Lévi-Strauss) konfrontiert, der es verbietet, weiterhin von der „Natur" des Kindes als einer konkreten Entität zu reden. Deutlicher vielleicht als jemals zuvor erfahren wir heute, daß das „Wesen" des Kindes niemals endgültig ausgedeutet werden kann, also stets eine offene Frage bleiben muß. Im sozialisationstheoretischen Diskurs über das Kind dominiert inzwischen der konstruktive Relativismus: „das Kind" gibt es nur als ein kulturelles Konstrukt innerhalb einer gesellschaftlich hervorgebrachten generationalen Ordnung. Jede Vorstellung vom Kind enthält also immer auch einen räumlichen, zeitlichen und politischen Standpunkt, ist immer aus einer besonderen, eingeschränkten Erwachsenen-Perspektive aus „erfunden". Mit dem Bild, das sich die Erwachsenen in einer Kultur vom Kind machen, thematisieren sie sich unausgesprochen selber, verbinden sie also auch projektive Absichten. Die Popularisierung des romantischen Kindbildes, die etwa mit Fröbel beginnt, in der Reformpädagogik durchschlägt und „heute die öffentlichen Diskurse über Kinder und Kindheit bestimmt" (Honig 1996b, S. 10), setzt zum einen eine generationale Ordnung voraus, in welcher der soziale Raum der Kinder von dem der Erwachsenen institutionell abgetrennt ist, und weist andererseits auf einen innerfamilialen Wandel der Rolle des Kindes hin, der es „economically useless, but emotionally priceless" (vgl. Zelizer 1985) gemacht hat.

Der überwältigende Erfolg dieser Kindheitssemantik, die für Dieter Lenzen die Grundlage für die „Vergöttlichung" des Kindes im heutigen Alltag bildet, sagt allerdings noch nichts über ihre wissenschaftliche *Geltung* aus; er bestätigt nur den spezifischen funktionellen Sinn dieses Konstrukts für das Selbstverständnis heutiger Mütter und Väter sowie kindorientiert engagierter Pädagoginnen und Pädagogen. Die damit verbundene sentimentale Überhöhung des Kindes, die sich heute in vielfacher Weise zeigt, dient den Erwachsenen wahrscheinlich oftmals eher zur Kompensation ihrer eigenen tiefgründigen Wertunsicherheiten als zum besseren Verständnis der Kinder. Die Bilderwelt vom Kinde als schöpferischem Ursprung darf dann durchaus auch nur als Projektion verstanden werden, mit der die Erwachsenen ihren alltäglichen Umgang - besonders mit dem eigenen Kind - ästhetisch und moralisch überhöhen. Die Veralltäglichung der Vorstellung vom Kind als schöpferischen Ursprung in der Erziehungswirklichkeit der modernen Gesellschaften darf also nicht schon als Beweis für ihre pädagogische Valenz und Validität angesehen werden.
Kindbilder regeln den Blick der Erwachsenen auf das Kind. Sie sollen dem Kind seine doppelte Fremdheit nehmen; denn es ist im Grunde für die Erwachsenen wegen seiner anderen Innerlichkeit noch weniger zugänglich als der erwachsene Andere. Das Bild, mit dem der Erwachsene das Kind „ent-fremdet", bestimmt auch die Art seiner Begenung mit ihm. Von seinem Kindbild hängt es ab, ob der Erwachsene fraglos an der Selbstverständlichkeit des Eigenen festhält und damit „kolonial" über das Kind als Unterlegenen verfügt oder ob er durch die Zulassung der Eigenaktivität und Widerständigkeit des Kindes auch sich selber von beengenden (Schein-)Sicherheiten befreien kann[27].

Im Erziehungsalltag sind Kindbilder faktisch unvermeidlich; denn sie strukturieren als Leitfiguren unseren Umgang mit den Kindern vor, eröffnen Möglichkeiten und bestimmen die Grenzen für das Gespräch der Erwachsenen mit den Kindern. Kindbilder können aber keinen absoluten Erkenntniswert beanspruchen; sie haben immer nur eine „transitorische Funktion" (vgl. Schäfer 1997). Die Pädagogik ist auf einen Fundus von Bildern verwiesen und auf deren Weiterbestimmung angewiesen. Sie müssen vom Erziehungswissenschaftler befragt werden auf die ethischen Richtlinien, denen sie folgen. Und auf die Form des Verstehens, die sie ermöglichen oder verhindern. Die sozialwissenschaftlich-sozialisationstheoretische Kindheitsforschung zeigt gegenwärtig stets aufs neue die historische Relativität der Kindbilder und ihren „adultistischen" Konstruktcharakter auf (vgl. Alanen 1994). Mit ihrem eigenen, implizit gesetzen Denk-Bild vom Kind als eigenständigem, erwachsenengleichen Akteur eskamotiert sie die traditionelle pädagogische Frage nach der Eigenart der kindlichen Lebensformen.

Angesichts des damit einhergehenden Desinteresses an der „Entwicklungstatsache" kann in der Fortschreibung des pädagogischen Denk-Bildes vom Kind als schöpferischem Ursprung geradezu ein guter Sinn, ein kritisches Potential liegen. Denn es gebietet den Erwachsenen, dem Kind gegenüber die Haltung der „egalitären Differenz" (vgl. Göppel 1997) einzunehmen, d.h. es einerseits als schon vollwertigen Menschen anzuerkennen und andererseits die Eigenart seines Wollens, Fühlens und Denkens zu achten. Wenn man durch die mythisch-religiöse und ästhetische Bilderwelt hindurch nach dem ideellen Grundgehalt des romantischen Kindheitsideals fragt, dann stößt man durchaus auch auf einen unversalisierbaren *ethischen Begriff der Kindheit*, der seit Rousseau pädagogisch prinzipielle Geltung beanspruchen kann (vgl. zum fogenden Loch 1981; Hufnagel 1991). Mit dem Bild vom schöpferischen Ursprung kann das Kind als eine schon vollkommene Erscheinung des Menschlichen aufgefaßt werden. Die Würde des Menschen, die in seiner Selbstzweckhaftigkeit und Selbstbestimmungsfähigkeit begründet ist, wird hiermit auch schon dem Kind zugebilligt. Dies impliziert für den Pädagogen die Anerkennung der Unverfügbarkeit des Kindes und die Achtung vor seinem Können-Wollen. Das Kind ist selbst Subjekt seiner Erziehung; kein Erzieher soll über es verfügen. Auch und gerade das Kind lebt schon im Modus des Könnens und Immer-besser-können-Wollens; es entwickelt primär aus seinem eigenen Antrieb eine Reihe von basalen Vermögen, welche sich in der Interaktion mit seiner Umwelt zur Geltung bringen und seinen späteren Ausgang aus der Unmündigkeit ermöglichen, wenn sie methodisch gesichert und diszipliniert werden[28].

Eine Anthropologie, welche das romantische Kindbild in dieser Weise begrifflich präzisiert, steht in Verbindung mit einer Pädagogik, die sich nicht auf die

Entwicklungspsychologie oder Sozialisationstheorie und ihre leitenden Modelle einengen läßt. Da diese das anthropologische Spezifikum des Könnens beim Kind nicht berücksichtigen, können sie das pädagogische Handeln nicht zureichend begründen. Als Wesen des Könnens ist das Kind , tatsächlich „schöpferischer Ursprung“, genauer: *tätiger Urheber* seines So-und-nicht-anders-Wollens, es entfaltet seine Fähigkeiten ohne äußeren Zwang aus sich heraus auf der Höhe der jeweiligen Kultur. Erziehung ist darum nicht nur als Sozialisation zu begreifen, sondern als Lernhilfe, welche Lernhemmungen behebt (oder bestärkt), damit sich an den kulturellen Lernaufgaben die Lern- und Handlungsfähigkeiten des Kindes entwickeln können. Obwohl es im Verhältnis zum Erwachsenen noch in einem defizitären Zustand verbleibt, kann das Kind in der Entfaltung seiner Kompetenzen temporär auch schon Formen der Autarkie verwirklichen, etwa im Erkunden, im Erzählen, im Spielen oder Gestalten. Im Gelingen, in der Erfüllung seines Könnens erfährt es sich hier im Einklang mit sich selber. Insbesondere im Spiel eröffnen sich ausgezeichnete, nur wenig eingeschränkte Räume der Erfahrung, genießt das Kind ein fast unbegrenztes Urhebertum. Im Spiel zeigt sich am deutlichsten, wie sehr die Entwicklung des Kindes aktive Gestaltung auf Selbstwerden hin ist, die von Phantasie geleitet wird (vgl. Bittner 1981). Das pädagogische Denk-Bild, der sensus communis, vom Kind als schöpferischem Ursprung kann also zur Achtung vor jedem Augenblick führen, in dem es in irgendeiner Form sein Können erfüllen und Autarkie verwirklichen will.

Insbesondere diese *pädagogische Achtung* vor dem Urhebertum und vor der Einzigartigkeit des Kindes hat den polnisch-jüdischen Arzt und Pädagogen Janusz Korczak dazu bewogen, drei Grundrechte zu formulieren, die in gleicher Weise für alle Kinder gelten sollen, für das „schöne“ und privilegierte ebenso wie für das beeinträchtigte und benachteiligte: „1. Das Recht des Kindes auf seinen Tod, 2. Das Recht des Kindes auf den heutigen Tag, 3. Das Recht des Kindes, so zu sein, wie es ist“ (Korczak 1967, S. 40).

Nicht nur der ideelle Kern des romantischen Kindheitsideals, auch die ihn veranschaulichenden organizistischen, ästhetischen und religiösen Bilderwelten können pädagogisch fruchtbare Perspektiven eröffnen. Denn diese Bilder vom Kind als Inbegriff schöpferischen Werdens, als naiver Künstler und als ursprünglicher Mystiker erschließen als Metaphern der Differenz, in welchen das ausgedrückt werden kann, wofür noch keine exakten Begriffe bereitstehen, besondere Möglichkeiten des Verstehens im Umgang mit Kindern. Als „vérités à faire“ (Blumenberg) können sie divinatorisch-heuristisch Interesse wecken für die Fremdartigkeit, Offenheit und Widerständigkeit der noch nicht konventionell eingefahrenen kindlichen Weltwahrnehmung und sie können Suchbewegungen auslösen nach den authentischen Ausdrucksformen der Kinder. Diese

Bilder sind eine Voraussetzung dafür, daß der Pädagoge die Perspektive des Kindes einnehmen kann, um es in seinen Lebensäußerungen verstehen und in seinen Lernprozessen unterstützen zu können. Er muß dabei allerdings stets zulassen, daß die realen Erfahrungen im Umgang mit einem Kind den Horizont dieser Bilder überschreiten, „paradox formuliert: Man braucht die Bilder vom Kind, damit man etwas hat, was gestört werden kann. Das Kind als Fremder ist das Kind, das diese Bilder stört" (Schäfer 1997, S. 390). Denn das pädagogische Verhältnis ist immer konkret und individuell. Der Pädagoge muß sich auf die einmalige Lebenswirklichkeit eines einzigartigen Kindes in all seiner Widerständigkeit einlassen. Hierin verweigert es sich jedem Bild und jedem Begriff, der es um seine Eigentümlichkeit reduzieren will.

Unsere Rekonstruktion der Genese und Tradierung des romantischen Kindbildes hat schließlich auch ergeben, daß im Zuge seiner Popularisierung zugleich *Formen des pädagogischen Umgangs* geschaffen worden sind, mit denen der Einbildungskraft und Selbsttätigkeit der Kinder Raum und Zeit gegeben werden kann: etwa von einer eigenen Märchen- und Erzählliteratur für Kinder über die Spielgaben des Kindergartens und das bildnerische Gestalten bis zum freien geistigen Verkehr im genetisch- sokratischen Unterrichtsgespräch. Nicht zuletzt in der Erschaffung dieser *Kultur der Kindheit* hat das „große humanistische Ideal" (Lassahn), das Theologen, Philosophen, Poeten und Pädagogen über fast zwei Jahrtausende hinweg entwickelt haben, sein Ziel erreicht.

Anmerkungen

[1] Immer, wenn im folgenden von Wissenschaftlern, Pädagogen, Erziehern usw. die Rede ist, sind selbstverständlich beide Geschlechter gemeint.

[2] Das Kind wird zur Gegenvision eines ursprünglichen Wesens, mit dem man angesichts der metaphysischen Heimatlosigkeit und zunehmenden Isolierung der Menschen untereinander wieder in eine authentische Beziehung treten kann: „Im Kind kann man ... sich eingebunden fühlen in den unendlichen Kosmos, wenn keine Religion mehr die Hoffnung auf Ewigkeit spendet“ (Beck-Gernsheim 1988, S.147). Ungleich stärker noch als in der bürgerlichen Familie des Industriezeitalters scheint demnach in den individualisierten Formen der Beziehung einer ganz „zu sich“ gekommenen, pluralistisch-säkularen Moderne das Kind als *der* Faktor der Nomisierung und Kosmisierung des Lebens, als Stifter der „Lebenseinigung“ erfahren werden zu können. Mit der weiter fortgeschrittenen Rationalisierung und Sinnentleerung der sozialen Bezüge wächst so das Verlangen nach der Mythisierung des Kindes als eines Anderen, Ursprünglichen, ja Numinosen.

[3] Hier verdient besonders Vergils (70 v. Chr.-19 n. Chr.) vierte, sog. messianische Ekloge als Manifestation des Kinderkultes erwähnt zu werden. Darin symbolisiert die Geburt eines göttlichen Knaben das Anbrechen eines neuen goldenen Zeitalters. Vergil gestaltet das altmediterrane Motiv des göttlichen Kindes, das mythologisch das ins Dasein tretende Weltall symbolisiert, hier auf eine solch neuartige Weise, daß die frühchristliche Kirche hierin die messianische Weissagung auf Jesus Christus vernimmt. Vergil wird von ihr deshalb zu den Propheten gerechnet (vgl. Oepke 1954, S. 639f.).

[4] Die christliche Lehre hat diesen Gedanken dadurch vertieft, daß Christus, der Sohn Gottes, als hilfsbedürftiges Kind in ärmlichen Verhältnissen zur Welt kommt - nicht als das herrliche göttliche Kind der antiken Mythologie.

[5] Comenius beschreibt im "Orbis Pictus", der ja bekanntlich noch das Lesebuch des kleinen Goethe war, am Bild der Lebenstreppe die Lebensalter wie folgt: „Der Mensch ist/erstlich ein Kind/1 - danach ein Knab/2 - dann ein Jüngling/3 - wied'um ein Jungmann/4 - folgens ein Mann/5 - als dann ein Altmann/6 - Endlich ein Greiß/7" (Comenius 1991, S. 76f.).

[6] Zur Wirkung Rousseaus auf die Sturm- und Drang-Generation vgl. Korff 1962, S. 76 ff. und Winkel 1971, S. 161ff.

[7] Zur Gliederung von Herders Leben vgl. Salmony 1949, S. 5ff.

[8] Die sogenannte Rekapitulationslehre geht auf dieselbe Analogiebildung zurück; sie drückt den Zusammenhang in umgekehrter Richtung aus durch die zentrale These, daß die Phasen bzw. Stufen der kindlichen Entwicklung Epochen der Menschheitsgeschichte in sich rekapitulieren.

[9] Frank Teichmann hat genauer dargelegt, wie dieser von Leibniz konzipierte dynamische Entwicklungsbegriff zunächst bei Herder vor allem für die Erklärung der Menschheitsgeschichte und schließlich bei Goethe sowohl für das Verständnis der schaffenden Natur überhaupt als auch des menschlichen Lebenslaufs Verwendung findet (vgl. Teichmann 1989, S. 12ff. u. 18ff.).

[10] Die Überzeugung, daß man es in der Erziehung mit dem Wirken eines Göttlich-Geistigen zu tun hat, das sich in der Stufenfolge von Metamorphosen des Leiblichen und Seelischen manifestiert, lebt heute noch fort im „Goetheanismus“ der auf Rudolf Steiner zurückgehenden Pädagogik der Freien Waldorfschulen (vgl. Ullrich 1996).

[11] Diese Zielunklarheit läßt sich systematisch wie folgt erklären: „Da die moralische Vernünftigkeit des Menschen in der Moralphilosophie Kants, deren Boden Schiller nicht verläßt, als Zielvorstellung über jeden Zweifel erhaben ist, Schiller aber das sozusagen anthropologisch motivierte und von ihm sogar als moralisch verpflichtend verstandene Konzept des harmonischen Menschen nicht auf einen stimmigen Begriff zu bringen und daher auch nicht in den vorgegebenen ethischen Rahmen zu integrieren vermag, etabliert sich schließlich die unverbundene und unversöhnte Zweiheit der Bestimmung des Menschen“ (Ruppert 1996, S. 110).

[12] Laut Dieter Henrich weist Schillers kunstphilosophisches Denken hier über seine kantianischen Grundlagen hinaus (vgl. Henrich 1957, S.529).

[13] Bei unseren Darlegungen beziehen wir uns auf die letzte Fassung des „Hyperion" sowie auf die Vorrede zur vorletzten Fassung; als Werke der Frankfurter Zeit (1795-1798) stehen sie in einem einheitlichen gedanklichen Zusammenhang, der sich späterhin allerdings wieder verändert (vgl. Menze 1982).

[14] Die das Alleinheitserlebnis der Mystik und die Ursprünglichkeitserfahrung des Mythos immer wieder erneuernde romantische Denkart ist also für Ruprecht eine überzeitliche Bewegung mit schöpferischer Kraft. Sie findet ihren ersten großen Ausdruck in der spekulativen deutschen Mystik des Mittelalters, exemplarisch in der christlichen Theosophie Jakob Böhmes, die nicht zufällig gerade von den geschichtlichen Romantikern wieder entdeckt wird. Der romantische Denkansatz und die beiden in ihm angelegten Wege zum Ursprung werden für Ruprecht über die historische Romantik hinaus bis in unsere Gegenwart fortgesetzt, beispielsweise in der Mythen neuerschaffenden metaphysischen Lebensphilosophie Friedrich Nietzsches, in der das höhere Ich erkennen wollenden anthroposophischen Geisteswissenschaft Rudolf Steiners, in der tiefenpsychologischen Archetypenlehre Carl Gustav Jungs oder in der das Geheimnis des Seins aus der prälogischen Wurzel der Sprache erschließenden Existenzialphilosophie Martin Heideggers (vgl.Ruprecht 1986, S. 73 ff.).

[15] Der Mythos vom Unbewußten, vom höheren Rang des Traumes (bzw. der Phantasie, des Märchens, der Bilder) hat seine Gestaltung erst in der romantischen Kunst gefunden. Denn als Sehnsucht nach dem Unendlichen und als Weg nach innen steht das Romantische gerade mit der Phantasie und dem Traum in einer wesensverwandten Beziehung. Selber ganz romantisch beseelt, bemerkt Béguin: „Der wirkliche Gewinn aus dem Traum .... (liegt - d.V.) in der Tatsache, daß wir überhaupt träumen, daß es in uns selbst diese ganze Welt der Freiheit und der Bilder gibt, daß wir erfahren, daß die augenfällige Ordnung der Dinge nicht die einzige Ordnung ist. Nach der Rückkehr aus dem Traum ist das Auge des Menschen zu jener Verwunderung, zu jenem Staunen fähig, das uns befällt, wenn die Dinge plötzlich für einen Augenblick ihre ursprüngliche Neuheit zurückgewinnen... das Staunen gibt der Welt ihre zauberhafte Erscheinung zurück“ (Béguin 1972, S. 483). Die Eigenart und die Größe der romantischen Seele sieht Béguin darin, daß sie sich in ihrem Dichten und Denken der Sehnsucht der „verbannten Kreatur“ nach Erlösung aus ihrer metaphysischen Heimatlosigkeit und nach Wiederverzauberung der Welt so geöffnet hat wie vordem die mit ihr verwandte Seele der Mystiker.

[16] Während die Aufklärung ihr rationales Potential auf den Gebieten der Politik und Wirtschaft, der Naturwissenschaft und Technik verwirklicht, bringt für Hauke Brunkhorst die Romantik ähnliche Motive in den Bereichen der Kunst und der *Liebe* zur Geltung: „Die spätestens seit der Romantik in Gang gesetzte, zunächst von ihr, später vom Ästhetizis-

mus weiter radikalisierte Ausdifferenzierung und Autonomisierung von Kunst und Erotik trennt den kulturellen Eigensinn beider Bereiche voneinander, vor allem aber von den anderen 'Wertsphären' der Gesellschaft: von Wissenschaft und Politik, von Stand und Klasse, von Recht und Moral, von Wissenschaft und Technik" (Brunkhorst 1985, S. 488). Die von den Romantikern entworfenen reflexiven Autonomieformeln weisen jeden Übergriff von Religion und Tradition auf Kunst und Liebe ebenso zurück wie den von Aufklärung und Wissenschaft. Wie die moderne Kunst bringt auch die romantische Liebe das Prinzip der Subjektivität in der autonom verfaßten Sphäre intimer Beziehung zu Geltung: „Ob die Liebe gilt, bestimmt in letzter Instanz, nämlich im Zweifelsfall, weder der väterliche Wille noch die korrekte Zeremonie oder der Trauschein, das wissen am Ende nur die Liebenden selbst" (ebd., S. 489). Vor der Zeit der Romantik wird die Familie noch primär als eine den Wandel der Generationen überdauernde Haushalts- und Verwandtschaftsseinheit verstanden; die Eheschließung wird deshalb nicht einer Wahl des Partners aus Liebe überlassen, sondern als Reproduktionsvorgang der Familie überwacht und gesteuert. Mit der alteuropäischen Form der Eheschließung war die Annahme verbunden, daß die Liebe der Eheschließung folgen werde, nicht vorausgehen müsse. Mit der Romantik wird die Liebe zum tendenziell alleinigen Grund der Ehe und die Ehe zum immer wieder neuen Beweis der Liebe. „Liebe um Liebe" heißt die Formel, die diese Subjektivierung und Autonomisierung der Intimbeziehung zum Ausdruck bringt. „Gerade daß für die Liebe nur die Liebe zählt, heißt zwar, daß sie eine Welt für sich konstituiert - aber eben auch: für sich eine Welt. Es geht dabei... um Konstitution einer gemeinsamen Sonderwelt, in der die Liebe sich immer neu informiert, indem sie das, was etwas für den anderen bedeutet, ihrer Reproduktion zu Grunde legt. Nur so kann Liebe Ehe sein. Nur so gibt Liebe sich selbst Dauer" (Luhmann 1982, S. 177f.). Eine wichtige philosophische und literarische Voraussetzung der romantischen Liebessemantik ist das Prinzip der Individualität. Für die einzigartige Entwicklung des einzelnen wird die Liebe als „Steigerung aller Relevanzen durch Bezug auf einen anderen Menschen", als Erhöhung der Chance der Selbstbildung begriffen. Als Startmechanismus der Liebesbeziehung wird der Zufall zur Notwendigkeit stilisiert, zum Schicksal: Das voraussetzungslose Beginnen des Liebesverhältnisses schmälert nicht etwa seinen Wert, sondern steigert gerade seine Bedeutung durch die darin zum Ausdruck kommende Unabhängigkeit von früheren Formen der Außenlenkung. Mit der Freigabe der Eheschließung und der Verabschiedung der Verwandtschaft wird die Liebe zum einzigen legitimen Grund der Partnerwahl. Angesichts des damit gegebenen Risikos erhält das Konzept der romantischen Liebe die Aufgabe, die Unsicherheit in subjektive Gewißheit zu verwandeln. Für die Gestaltung von „Intimverhältnissen als ausdifferenzierten, selbstreferentiellen sozialen Systemen mit hoher zwischenmenschlicher Interpenetration" (Luhmann) liefert die Semantik der romantischen Liebe bis heute einen unverzichtbaren Orientierungsrahmen, insbesondere durch den Begriff der weltoffenen, eine einzigartige Eigenwelt konstituierenden Individualität und durch die Vorstellung der Selbstreferenz des Liebens um der Liebe willen.

[17] Das zukunftsfähige „Paradigma der Moderne" läßt sich nach der Auffassung Manfred Franks auch in der *Philosophie* der Frühromantiker entdecken und aus ihr entfalten. Mit der Frühromantik tritt für ihn die entscheidende Wende in der neuzeitlichen Subjektphilosophie ein: „Die allen anderen Erfahrungen vorgängige Einsicht: nur aus sich selbst zu sein und sich nur aus sich selbst erhalten zu können, ist im Selbstbewußtsein unlösbar verbunden mit dem 'Gefühl', sich aus sich selbst nicht begründen zu können. Das Prinzip

Selbstbewußtsein, zunächst mit dem Pathos einer großen Revolution als das befreiende, zur Handlung emanzipierende Wesen des Menschen ergriffen, zeigt seine Untauglichkeit als Prinzip darin, daß im Akt der Selbstvergegenwärtigung als dem fundamentalsten Akte der Existenz das Dasein sich selbst erfährt als geschickt aus 'unverfüglichem Grunde'"(Frank 1990, S. 19). In diesem Vorgang der Kritik der Reflexion durch die Reflexion selbst wird für Frank der Idealismus verabschiedet und das Subjekt gegenüber dem Sein an die zweite Stelle gesetzt. Damit verbindet sich ein Wandel der Auffassung der Wahrheit und der Bedeutung der Kunst. Die Keim- bzw. Initialidee der Frühromantiker ist die Überzeugung, daß „Selbstsein einem transzendentem Grunde sich verdankt, der sich nicht in die Immanenz des Bewußtseins auflösen lasse. So wird der Grund von Selbstsein zu einem unausdeutbaren Rätsel. Dies Rätsel kann nicht mehr (allein) von der Reflexion bearbeitet werden. Darum vollendet sich die Philosophie in der und als Kunst. Denn in der Kunst ist uns ein Gebilde gegeben, dessen Sinnfülle von keinem möglichen Gedanken erschöpft wird" (ebd., S. 501). Hier wird die Kunst zum Organ einer aufs Absolute gerichteten Philosophie, die Ästhetik zum Gipfel der Philosophie, den vordem die Erkenntnistheorie und die Ethik innegehabt haben. Wenn nur die Kunst den Weg zum „ursprünglich-sinnschöpferischen Wahrheitsgeschehen des 'Seyns'" (Frank) zeigt, erhält die begrifflich-systematische Erkenntnis nur noch eine abkünftige zweite Stelle. Der „romantische Bruch" - die Grundüberzeugung von der Transreflexivität des Seins und von der Bedeutung der Kunst als Darstellung des unvordenklichen Grundes - bedeutet auch einen „Paradigmenwechsel" in der Auffassung der Wahrheit. Die Wahrheit wird nun nicht mehr gedacht als Imitation oder Konstitution des Gegebenen, sondern als Kreation, als endliche Darstellung eines Unendlichen: „Aber eben das macht die Wahrheit der Kunst aus, daß sie nicht das Sichtbare wiedergibt, sondern sichtbar macht. Und sichtbar machen heißt: mehr zeigen, als von der begrifflichen Arbeit der Interpretation erfaßt werden kann. ... Je geheimnisvoller, unendlicher ihr Sinn, je näher ist sie dem Höchsten, begrifflich Undarstellbaren" (Frank 1989, S. 174). Die Wahrheit der romantischen Kunst liegt darin, daß sie in ihrer Unausschöpflichkeit dem unverfügbaren, unvordenklichen Grund angemessen ist, als dessen Ausdruck sie sich versteht. Für Manfred Frank entspringt also die ästhetische Moderne in der romantischen Initialidee der unverfügbaren Abhängigkeit des Subjekts von einem transreflexiven Sein und der daraus gefolgerten kreationistischen Wahrheit der Kunst als endlicher Darstellung der Unendlichkeit. Diese philosophisch-systematische Beurteilung konvergiert im Ergebnis mit der oben dargelegten literaturhistorischen These Bohrers über die Modernität der romantischen Kunsttheorie (!).

[18] In beeindruckend gründlicher Weise hat Gerhard Schaub das Bild des Kindes und die Kategorie der Kindlichkeit bei Clemens Brentano untersucht (vgl. Schaub 1973). Zum Kindheitsentwurf Ludwig Tiecks findet sich Grundlegendes bei Ewers (vgl. Ewers 1989, S. 203ff.).

[19] Schon drei Jahre vor den Brüdern Grimm veröffentlichte im Jahr 1809 deren Namensvetter, der Weinheimer Dichter und Schulrektor Albert Ludwig Grimm seine "Kindermärchen" als eine bewußt pädagogisch-moralisierende Zubereitung der Märchen als Geschichten, durch die die Kinder ihre Einbildungskraft stärken sollten: "Der Weinheimer Grimm setzte - wie die Brüder Grimm - die Tradition der romantischen Sammelpraxis fort, an die "Wunderhorn"-Tätigkeit anknüpfend, reicherte sie aber mit spätaufklärerischer pädagogischer Überlieferung an" (Fertig 1994, S. 110). Diese unmittelbare Pädagogisierung der Märchen war den Romantikern ein Sakrileg.

[20] So zitiert beispielsweise der englische Philosoph Herbert Spencer in seiner epochemachenden Schrift „Education" im Jahre 1861 noch wörtlich aus der „Levana" - mehr als fünf Jahrzehnte nach ihrer ersten Veröffentlichung (vgl. Spencer 1905, S. 169f. u. S. 218f.).

[21] Ihre Basishypothese besagt, daß die Erziehungswissenschaft sich im Kontext dreier pädagogischer Reformbewegungen herausgebildet hat: der Pädagogik des Philanthropismus im 18.Jahrhundert, der Reformpädagogik im ersten Drittel unseres Jahrhunderts sowie der aktuellen Schulkritik und Alternativpädagogik seit dem Ende der sechziger Jahre. Nach jeder dieser reformpädagogischen Phasen erreicht auch die wissenschaftliche pädagogische Reflexion ein neues Entwicklungsniveau. Diese Reformpädagogiken sind Sondersituationen der Bildungsreform, in denen die neue Erziehungspraxis nicht wie im Normalfall der staatlich geplanten Reform des Bildungswesens nachfolgt, sondern spontan als etwas Neues entsteht, das erst im weiteren Verlauf seiner Entwicklung politisch gesichtet und theoretisch reflektiert werden muß. Während sich die Normalsituationen staatlich geplanter Bildungsreform mit dem Begriff der Modernisierung umschreiben lassen, zeichnen sich Reformpädagogiken als Sondersituationen dadurch aus, daß „in ihnen Modernisierungsstrategien zum Gegenstand der Kritik erhoben und einer Modernitätskritik unterworfen werden" (Benner/Kemper 1993, S.2).

[22] Dadurch vernachlässigt er auch die je unterschiedlichen Optionen der Reformpädagogen bezüglich der damaligen staatlichen Bildungspolitik und unterläßt auch die Darlegung ihrer weltanschaulich-politischen Aspirationen und ihrer Verstrickungen in die dunkelste Seite der deutschen Geschichte. Im Rahmen seiner bewußt auf Aktualisierung zielenden Darstellung läßt Flitner überraschenderweise diejenige Reforminitiative unerwähnt, die sich inzwischen zum Anführer der reformpädagogischen Internationale entwickelt hat: die Freie Waldorfschule; aber auch diejenige, die für die gegenwärtige innere Schulreform wieder maßgeblich zu werden scheint: die Jena-Plan-Schule.

[23] Mit „sensus communis" oder „Gemeinsinn" bezeichnen wir eine spontane Urteilsfähigkeit in praktischen Alltagsfragen, welche dem kritisch-reflexiven Denken vorausliegt. Der sensus communis legt auch den Grund dafür, daß Menschen sich überhaupt als Gemeinschaft erfahren und verstehen. An die Traditionslinie der humanistischen Rhetorik anknüpfend und unter Berufung auf Aristoteles, Vico und Shaftesbury hat Hans-Georg Gadamer die Arbeitsweise der Geisteswissenschaften auf den Begriff des sensus communis gegründet; er betrachtet ihn als notwendige Vorbedingung des geisteswissenschaftlichen Verstehensprozesses (vgl. Gadamer 1960, S.16ff.). Der sensus communis ist für Gadamer ein gemeinschaftlicher Sinn für das Rechte und für das Gemeinwohl, der – anders als die theoretisch-systematische Erkenntnis – weder begrifflich ausschöpfbar noch zwingend logisch beweisbar ist; er gestattet gleichwohl, das Einleuchtende zu finden. Als präreflexiver Konsens in Motiven, Urteilen und Schlüssen, als eine Tugend mehr des Herzens als des Kopfes, kann er nicht systematisch gelehrt und geübt, sondern nur durch die Gemeinsamkeit des Lebens und seiner Orientierungen erworben werden. Hierin liegt eine gewisse Verwandtschaft mit den Begriffen des Takts, des Geschmacks und der Bildung. Für die inhaltliche Bestimmung des sensus communis haben gemeinsame Sprach- und Bildwelten eine zentrale Bedeutung.

[24] Micha Brumlik hat deutlich gemacht, daß Jung hier die romantische Theorie des Unbewußten fortschreibt; in seiner transpersonalen, ontologisierenden Archetypenlehre steigert er jene zu einer Form religiöser Erfahrung. Die ergreifende Kraft der Urbilder des kollek-

tiven Unbewußten wird empirisch von der Kraft eines sich hierin offenbarenden anonymen Göttlichen nicht mehr unterscheidbar: „Jungs religionspsychologisch, genauer gesagt religiös begründete Tiefenpsychologie ist nichts anderes als eine moderne Religion mit therapeutischen Zügen" (Brumlik 1993, S. 107). Brumlik plädiert im übrigen dafür, die Theorie der kollektiven Archetypen - also auch den Kind- Archetypus - wieder zu rehistorisieren: „Ja, so läßt sich resümieren, es gibt Archetypen, aber sie sind ... weder ewig noch unsterblich, sondern an gegebenen Punkten der Geschichte erfunden, änderlich wie die Geschichte selbst und gelegentlich sogar sterblich, wenn ihr pschychosozialer Gebrauch erschöpft ist" (ebd., S. 143). In unserer Untersuchung über die Genese des romantischen Kindbildes haben wir uns von einem ähnlichen Gedankengang leiten lassen.

[25] Es muß hier wenigstens andeutungsweise darauf hingewiesen werden, daß der Begriff „Mythos" in verschiedenartiger, aber klar unterscheidbarer Weise gebraucht werden kann. Erkenntnistheoretisch bezeichnet er bei Cassirer und Hübner eine eigenständige Weltauffassung neben der wissenschaftlichen, religionswissenschaftlich etwa bei Eliade die Manifestation des Heiligen in einer Erzählung von den Ursprüngen, ethnologisch z.B. bei Malinowski die damit verbundene soziale Funktion der Traditionssicherung, ideologiekritisch bei Roland Barthes die herrschaftsstabilisierende latente Verklärung alltäglicher Vorzüge und (existenz-)philosophisch bei Kolakowski die fundamentalen Wertentscheidungen in einer Kultur (vgl. Bürkle 1988; Ullrich 1989, insbes. S. 153ff.).

[26] Zum Begriff des Gemeinsinns (sensus communis) vgl. Anmerkung 23.

[27] Im Zusammenhang seiner phänomenologisch-existenzialen Analyse der Begegnung mit dem Fremden äußert sich Michael Wimmer skeptisch über diese Möglichkeit der Anerkennung des Kindes im romantisch-reformpädagogischen Diskurs: „Repräsentationen des Kindes als Vorstellungen, Darstellungen und Stellvertretungen machen es verfügbar und berechenbar selbst da, wo es als selbsttätiges Wesen repräsentiert wird, denn die Vorstellung der Selbstverwirklichung ist auch nur eine, die das Kind im Akt der Repräsentation menschlich vermißt und in ihrer Repräsentationsfunktion das menschliche Maß selber besitzt. So ist in der pädagogischen Vermessung der Kindheit die Fremdheit der Kinder verschwunden" (Wimmer 1998, S.108). Der Verfügungsgewalt der Bilder kann man nur entrinnen, wenn man sich dem „Zauber" des Kindes überläßt und damit auch selber anders werden kann. „Dann kann man vielleicht die Spur des Anderen wiederfinden und in seiner Antwort dem gegenüber eher gerecht werden, was auf der Grundlage seiner Einzigartigkeit seine Anerkennung fordert" (ebd., S.110). Nur im Verzicht auf das Bild vom Anderen könnte demnach die eigentliche Mitmenschlichkeit entstehen.

[28] Klaus Giel hat in diesem Zusammenhang bemerkt, daß das auf Potenzierung angelegte Können immer auch von innerem Zerfall bedroht ist: „Niemand ist sich seines Könnens gewiß. Das Können muß sozusagen künstlich am Leben erhalten werden. Es ist so gesehen auf ‚methodische' Disziplinierung – Übung also – angewiesen und somit immer in Künste eingebettet, Künste in dem ursprünglichen Sinn der artes, unter denen eine regelgeleitete, disziplinierte Praxis verstanden wurde. Als ein in diesem Sinne ‚künstlich' Vermitteltes ist das Können eingebettet in kulturelle und soziale Kontexte" (Giel 1997, S.27).

Literatur

Aebli, Hans: Von Piagets Entwicklungspsychologie zur Theorie der kognitiven Sozialisation. In: Gerhard Steiner (Hrsg.): Piaget und die Folgen. Zürich 1978, S.604-627 (= Die Psychologie des 20.Jahrhunderts. Bd. VII).

Alanen, Leena: Zur Theorie der Kindheit. Die 'Kinderfrage' in den Sozialwissenschaften. In: Sozialwissenschaftliche Literaturrundschau 28 (1994), S.93-112.

Anger, Hans: Die historische Entwicklung der Sozialpsychologie. In: Annelise Heigl-Evers (Hrsg.): Lewin und die Folgen. Zürich 1979, S.29-50 (= Die Psychologie des 20.Jahrhunderts. Bd. VIII).

Ariès, Philippe: Geschichte der Kindheit. München 1975.

Ariès, Philippe: Liebe in der Ehe. In: Ders., André Béjin, Michel Foucault u.a.: Die Masken des Begehrens und die Metamorphosen der Sinnlichkeit. Zur Geschichte der Sexualität im Abendland. Frankfurt a. M. 1984, S.165-175.

Arndt, Ernst Moritz: Fragmente über Menschenbildung. Nach der Originalausgabe neu herausgegeben von Wilhelm Münch und Heinrich Meisner. Langensalza 1904.

Arnim, Ludwig Achim von: Nachschrift an den Leser. In: Des Knaben Wunderhorn. Alte deutsche Lieder. Gesammelt von L. Achim von Arnim und Clemens Brentano. Vollständige Ausgabe nach dem Text der Erstausgabe von 1806/1808. Mit einem Nachwort von Willi A. Koch. München 1957, S.887.

Arnold, Klaus: Kind und Gesellschaft in Mittelalter und Renaissance. Beiträge und Texte zur Geschichte der Kindheit. Paderborn 1980.

Arnold, Klaus: Kindheit im europäischen Mittelalter. In: Jochen Martin/ August Nitschke (Hrsg.), a.a.O. (1986), S.443-467.

Assmann, Aleida: Werden was wir waren. Anmerkungen zur Geschichte der Kindheitsidee. In: Antike und Abendland Bd. XXIV, hrsg. von Albrecht Dihle u.a. Berlin/ New York 1978, S.98-124. (a)

Assmann, Aleida: Wordsworth und die romantische Krise: Das Kind als Vater. In: Hubertus Tellenbach (Hrsg.): Das Vaterbild im Abendland II. Stuttgart u.a. 1978, S.48-61. (b)

Auerbach, Erich: Vorrede des Übersetzers. In: Giambattista Vico: Die neue Wissenschaft ... a.a.O.(1965), S.7-39.

Augustinus, Aurelius: Vom Gottesstaat. Buch 11-22. Bd. II. Übersetzt von Wilhelm Timme. 2. vollst. überarb. Aufl. Zürich/ München 1978.

Augustinus, Aurelius: Bekenntnisse. Übersetzt von Kurt Flasch und Burkhard Mojsisch. Stuttgart 1989.

Ausubel, David P./ Sullivan, Edmund V.: Historischer Überblick über die theoretischen Ansätze. In: Gerhard Steiner (Hrsg.): Piaget und die Folgen. Zürich 1978, S.547-567 (= Die Psychologie des 20.Jahrhunderts. Bd. VII).

Baader, Meike Sophia: Unterlegene Erwachsene, überlegene Kinder. Der romantische Blick auf das Kind und die Kindheit. In: Eckart Liebau/ Christoph Wulf (Hrsg.): Generation. Versuche über eine pädagogisch-anthropologische Grundbedingung. Weinheim 1996, S.190-200. (a)

Baader, Meike Sophia: Die romantische Idee des Kindes und der Kindheit. Auf der Suche nach der verlorenen Unschuld. Berlin 1996. (b)

Badinter, Elisabeth: Die Mutterliebe. Geschichte eines Gefühls vom 17.Jahrhundert bis heute. München 1984.

Baldwin, James Mark: Die Entwickelung des Geistes beim Kinde und bei der Rasse. Berlin 1898.

Ballauff, Theodor: Pädagogische Konsequenzen aus der Philosophie von Leibniz. In: Ingrid Schindler (Hrsg.): Pädagogisches Denken in Geschichte und Gegenwart. Festschrift zum 65.Geb. von Josef Dolch. Ratingen 1964, S.145-154.

Ballauff, Theodor: Pädagogik. Eine Geschichte der Bildung und Erziehung. Bd. I. Freiburg i.Br./ München 1969.

Ballauff, Theodor/ Schaller, Klaus: Pädagogik. Eine Geschichte der Bildung und Erziehung. Bd. II. Freiburg i.Br./ München 1970.

Ballauff, Theodor/ Schaller, Klaus: Pädagogik. Eine Geschichte der Bildung und Erziehung. Bd. III. Freiburg i.Br./ München 1973.

Baumann, Paul: Berthold Otto. Bd. 1: Kindheit - Schulzeit - Jugendzeit. München 1958. (a)

Baumann, Paul: Berthold Otto. Bd. 2: Von Berlin über Hamburg nach Leipzig. Berlin 1958. (b)

Baumann, Paul: Berthold Otto. Bd. 3: Berthold Otto und die Schulreform der Jahrhundertwende. Berlin 1959. (a)

Baumann, Paul: Berthold Otto. Bd. 4: Berthold Otto erkennt das Kind als Künstler. Berlin 1959. (b)

Beck, Ulrich: Risikogesellschaft. Auf dem Weg in eine andere Moderne. Frankfurt a.M. 1986.

Beck-Gernsheim, Elisabeth: Die Kinderfrage: Frauen zwischen Kinderwunsch und Unabhängigkeit. München 1988.

Béguin, Albert: Traumwelt und Romantik. Versuch über die romantische Seele in Deutschland und in der Dichtung Frankreichs. Bern/ München 1972.

Behler, Ernst: Kritische Gedanken zum Begriff der europäischen Romantik. In: Ders.: Studien zur Romantik und zur idealistischen Philosophie. Paderborn u.a. 1988, S.86-115.

Belke, Ingrid: Einleitung. in: Moritz Lazarus/ Heymann Steinthal: Die Begründer der Völkerpsychologie in ihren Briefen. Tübingen 1971, S. I-CXLII.

Benner, Dietrich/ Kemper, Herwart: Zur Theorie und Geschichte der Reformpädagogik. Hagen 1993 (= Fernuniversität Kurseinheit 4-5).

Benz, Richard: Die romantische Geistesbewegung. In: Golo Mann (Hrsg.): Propyläen Weltgeschichte. Achter Band. Berlin/ Frankfurt a.M./ Wien 1960, S.194-234.

Berg, Hans Christoph: Bilanz und Perspektiven der Reformpädagogik. In: Zeitschrift für Pädagogik 36 (1990), S.877-892.

Berger, Peter L./ Kellner, Hansfried: Die Ehe und die Konstruktion der Wirklichkeit. In: Soziale Welt 16 (1965), S.220-235.

Bernfeld, Siegfried: Sisyphos oder die Grenzen der Erziehung. Frankfurt a.M. 1967.

Bernhard, Armin: Erziehungsreform zwischen Opposition und Innovation. In: Neue Sammlung 33 (1993), S. 557-574.

Bilstein, Johannes: Zur Metaphorik des Generationenverhältnisses. In: Eckart Liebau/ Christoph Wulf (Hrsg.): Generation. Versuche über eine pädagogisch-anthropologische Grundbedingung. Weinheim 1996, S.157-189.

Bilstein, Johannes: Jenseitslandschaften im pädagogischen Diesseits: Garten, Fabrik und Werkstatt. In: Gerold Becker/ Johannes Bilstein/ Eckart Liebau (Hrsg.): Räume bilden. Studien zur pädagogischen Topologie und Topographie. Seelze-Velber o.J., S.19-52.

Bittner, Günther: Was bedeutet „kindgemäß“? In: Zeitschrift für Pädagogik 27 (1981), S.827-838.

Blättner, Fritz: Geschichte der Pädagogik. 7.erw. Aufl. Heidelberg 1961.

Blankertz, Herwig: Die Geschichte der Pädagogik. Von der Aufklärung bis zur Gegenwart. Wetzlar 1982.

Blochmann, Elisabeth: Einleitung. In: Friedrich Fröbel: Fröbels Theorie des Spiels I. 2.Aufl. Weimar/ Langensalza 1947, S.3-14.

Blomenkamp, P.: Erziehung. In: Theodor Klauser (Hrsg.): Reallexikon für Antike und Christentum. Bd. VI. Stuttgart 1966, Sp. 502-559.
Blumenberg, Hans: Arbeit am Mythos. Frankfurt a.M. 1979.
Boas, George: The Cult of Childhood. London 1966.
Böhm, Winfried: Die Montessori-Philosophie und ihre erziehungspraktische Relevanz. In: Hermann Röhrs (Hrsg.): Die Schulen der Reformpädagogik heute. Düsseldorf 1986, S.129-142.
Böhm, Winfried: Aurelius Augustinus. In: Clemens Menze/ Gerhard P. Bunk/ Birgit Ofenbach (Hrsg.): Menschenbilder. Festschrift für Rudolf Lassahn. Frankfurt a.M. u.a. 1993, S.29-45.
Böhm, Winfried: Über das „Praktische" am Praktischen Lernen. In: Ders. u.a. (Hrsg.): Schnee vom vergangenen Jahrhundert. Neue Aspekte der Reformpädagogik. 2.Aufl. Würzburg 1994, S.71-81.
Böhm, Winfried/ Grell, Fritjof: Reformpädagogik und Christentum - ein problematisches Verhältnis. In: Winfried Böhm/ Jürgen Oelkers (Hrsg.): Reformpädagogik kontrovers. Würzburg 1995, S.75-87.
Böhme, Gernot: Bedingungen gegenwärtiger Naturphilosophie. In: Oswald Schwemmer (Hrsg.): Über Natur. Philosophische Beiträge zum Naturverständnis. Frankfurt a.M. 1987, S.123-133.
Böhme, Gernot: Für eine ökologische Naturästhetik. Frankfurt a.M. 1989.
Böhme, Gernot: Am Ende des Baconschen Zeitalters. Studien zur Wissenschaftsentwicklung. Frankfurt a.M. 1993.
Bohnsack, Fritz: Erziehung zur Demokratie. John Deweys Pädagogik und ihre Bedeutung für die Reform unserer Schule. Ravensburg 1976.
Bohrer, Karl Heinz: Die Modernität der Romantik. Zur Tradition ihrer Verhinderung. In: Merkur 42 (1988), S.179-198.
Bollnow, Otto Friedrich: Die Rückkehr zum Ursprung als Grundgedanke der Fröbelschen Pädagogik. In: Blätter des Pestalozzi-Fröbel-Verbandes 3 (1952), Nr. 3/4, S.3-11.
Bollnow, Otto Friedrich: Wesen und Wandel der Tugenden. Frankfurt a.M. 1958.(a)
Bollnow, Otto Friedrich: Die Lebensphilosophie. Berlin/Göttingen/Heidelberg 1958.(b)
Bollnow, Otto Friedrich: Maria Montessori. In: Günter Schulz-Benesch (Hrsg): Montessori. Darmstadt 1970, S.358-365.
Bollnow, Otto Friedrich: Die Pädagogik der deutschen Romantik. Von Arndt bis Fröbel. 3. überarb. Aufl. Stuttgart 1977.
Bonner, Gerald: Pelagius / Pelagianischer Streit. In: Theologische Realenzyklopädie. Hrsg. von Gerhard Müller. Band XXVI. Berlin/New York 1996, S.176-185.
Borstelmann, Lloyd J.: Children before Psychology: Ideas about Children from Antiquity to the late 1800s. In: Paul H. Mussen (Ed.): Handbook of Child Psychology. Fourth Edition. Vol. I. New York et al. 1983, S.1-40.
Brüder Grimm: Kinder- und Hausmärchen. In der ersten Gestalt. Mit einem Nachwort von Walther Killy. Frankfurt a.M. 1962 (= Text der Erstausgabe. 2 Bde. 1812 und 1815. Durchgesehen u. der heutigen Schreibart angegeglichen).
Brüder Grimm: Kinder- und Hausmärchen. Gesammelt durch die Brüder Grimm. Vollständige Ausgabe auf der Grundlage der 3.Aufl. (1837). Hrsg. von Heinz Rölleke. Frankfurt a.M. 1985.
Brumlik, Micha: C.G. Jung zur Einführung. Hamburg 1993.
Brunkhorst, Hauke: Romantik und Kulturkritik. Zerstörung der dialektischen Vernunft? In: Merkur 39 (1985), S.484-496.

Büchner, Peter: „Ich weiß nicht, ob ich Zeit habe, aber ich ruf dich an!“ Über den Formwandel der kindlichen Freizeitgestaltung und Verabredungspraxis im Zeitalter des Familientelefons. In: Neue Sammlung 30 (1990), S.522-530.

Bühler, Charlotte: Das Märchen und die Phantasie des Kindes. In: Dies./ Josephine Bilz: Das Märchen und die Phantasie des Kindes. Mit einer Einführung von Hildegard Hetzer. München 1958, S.17-72.

Bürkle, Horst: Theologische Konsequenzen aus der Wiedereröffnung des Zugangs zum Mythos. In: Hans Heinrich Schmid (Hrsg.): Mythos und Rationalität. Gütersloh 1988, S.352-367.

Cassirer, Ernst: Die Philosophie der Aufklärung. Tübingen 1932. (a)

Cassirer, Ernst: Goethes Idee der Bildung und Erziehung. In: Pädagogisches Zentralblatt XII (1932), S.340-358. (b)

Cassirer, Ernst: Das Problem Jean Jacques Rousseau. In: Ders./ Jean Starobinski/ Robert Darnton: Drei Vorschläge, Rousseau zu lesen. Frankfurt a.M. 1989, S.7-78.

Claparède, Edouard: L'Education Fonctionnelle. Deuxième Edition. Neuchâtel/ Paris 1946.

Cohn, Jonas: Goethes Denkweise. In: Archiv für Geschichte der Philosophie XLI (1932), S.1-56.

Combe, Arno: Bilder des Fremden. Romantische Kunst und Erziehungskultur. Zur Genese der Struktureigenschaften künstlerischen und pädagogischen Handelns. Opladen 1992.

Comenius, Johann Amos: Große Didaktik. Übers. und hrsg. von Andreas Flitner. 5. unveränd. Aufl. Stuttgart 1982.

Comenius, Johann Amos: Orbis sensualium pictus. Nachdruck der Erstausgabe von 1658. 4.Aufl. Dortmund 1991.

Conze, Werner: Sozialgeschichte 1800-1850. In: Hermann Aubin/ Wolfgang Zorn (Hrsg.): Handbuch der deutschen Wirtschafts- und Sozialgeschichte. Bd. 2: Das 19. und 20.Jahrhundert. Stuttgart 1976, S.426-494.

Deissmann-Merten, Marieluise: Zur Sozialgeschichte des Kindes im antiken Griechenland. In: Jochen Martin/ August Nitschke (Hrsg.), a.a.O. (1986), S.267-316.

DeMause, Lloyd (Hrsg.): Hört ihr die Kinder weinen? Eine psychogenetische Geschichte der Kindheit. Frankfurt a.M. 1977.

DeMause, Lloyd: Evolution der Kindheit. In: Ders. (Hrsg.) a.a.O. (1977), S.12-111.

Depaepe, Marc: Zum Wohl des Kindes? Pädologie, pädagogische Psychologie und experimentelle Pädagogik in Europa und den USA 1890-1940. Weinheim/ Leuven 1993.

Descartes, René: Abhandlung über die Methode des richtigen Vernunftgebrauchs und der wissenschaftlichen Wahrheitsforschung. Ins Deutsche übertragen von Kuno Fischer. Erneuert von Hermann Glockner. Stuttgart 1961.

Dewey, John: Demokratie und Erziehung (1915). Eine Einleitung in die philosophische Pädagogik. Deutsch von Erich Hylla. 3.Aufl. Braunschweig 1964.

Dewey, John: Dewey on Education. Selections with an Introduction by Martin S. Dworkin. New York 1965.

Dewey, John : Psychologische Grundfragen der Erziehung. Eingel. u. hrsg. von Werner Correll. München/ Basel 1974.

Dewey, John: The Child and the Curriculum (1902). In: Ders.: The Middle Works 1899-1903. Vol. 2: 1902-1903. Ed. by Jo Ann Boydston. Carbondale et al. 1976, S.271-291.

Dilthey, Wilhelm: Das Erlebnis und die Dichtung. Lessing, Goethe, Novalis, Hölderlin. 12.Aufl. Göttingen 1921.

Dinkler, Erich: Taufe. II. Im Urchristentum. In: Kurt Galling (Hrsg.): Die Religion in Geschichte und Gegenwart. Bd. 6. 3.Aufl. Tübingen 1962, Sp. 627-637.

Dinzelbacher, Peter: Zur Theorie und Praxis der Mentalitätsgeschichte. In. Ders. (Hrsg.): Europäische Mentalitätsgeschichte. Stuttgart 1993, S.XV-XXXVII.

Dobbek, Wilhelm: Die coincidentia oppositorum als Prinzip der Weltdeutung bei J.G. Herder wie in seiner Zeit. In: Walter Wiora (Hrsg.): Herder-Studien. Würzburg 1960, S.16-47.

Dobbek, Wilhelm: J.G. Herders Weltbild. Versuch einer Deutung. Köln/ Wien 1969.

Dräbing, Reinhard: Der Traum vom „Jahrhundert des Kindes". Geistige Grundlagen, soziale Implikationen und reformpädagogische Relevanz der Erziehungslehre Ellen Keys. Frankfurt a.M. u.a. 1990.

Dülmen, Richard van: Kultur und Alltag in der Frühen Neuzeit. Erster Band: Das Haus und seine Menschen. 16.-18.Jahrhundert. München 1990.

Düsing, Klaus: Ästhetischer Platonismus bei Hölderlin und Hegel. In: Christoph Jamme/ Otto Pöggeler (Hrsg.): Homburg vor der Höhe in der deutschen Geistesgeschichte. Studien zum Freundeskreis um Hegel und Hölderlin. Stuttgart 1981, S.101-117.

Ebeling, Gerhard: Martin Luthers Weg und Wort. Frankfurt a.M. 1983.

Eggers, Philipp/ Frost, Ursula: Ermächtigung der Schwachen. Maria Montessoris Reform des erzieherischen Verhältnisses. In: Clemens Menze u.a. (Hrsg.): Menschenbilder. Festschrift für Rudolf Lassahn. Frankfurt a.M. u.a. 1993, S.265-281.

Erasmus von Rotterdam: Ausgewählte pädagogische Schriften. Besorgt von J. Gail. Paderborn 1963.

Erasmus von Rotterdam: Morias Enkomion sive laus stultitiae. Das Lob der Torheit. In: Ders.: Ausgewählte Schriften. Zweiter Band. Hrsg. v. Werner Welzig. Darmstadt 1975, S.1-212.

Erikson, Erik H.: Identität und Lebenszyklus. Frankfurt a.M. 1973.

Ewers, Hans-Heino: Einleitung. In: Ders.(Hrsg.): Kinder- und Jugendliteratur der Romantik. Eine Textsammlung. Stuttgart 1984, S.7-58.

Ewers, Hans-Heino: Nachwort. In: Ders.(Hrsg.): Kinder-Märchen. Von C.W. Contessa u.a. Stuttgart 1987, S.327-350.

Ewers, Hans-Heino: Kindheit als poetische Daseinsform. Studien zur Entstehung der romantischen Kindheitsutopie im 18.Jahrhundert. Herder, Jean Paul, Novalis und Tieck. München 1989.

Ewert, Otto: Menschliche Entwicklung als Wiederholung der Stammesgeschichte? In: Bildung und Erziehung 47 (1994), S.383-396.

Eyben, Emiel: Sozialgeschichte des Kindes im Römischen Altertum. In: Jochen Martin/ August Nitschke (Hrsg.), a.a.O. (1986), S.317-363.

Fatke, Reinhard: Jean Piaget (geboren 1896). In: Hans Scheuerl (Hrsg.): Klassiker der Pädagogik. Bd. II. München 1979, S.290-314.

Fatke, Reinhard: Phänomene des Kinderlebens. In: Zeitschrift für Pädagogik 31 (1985), S.696-700.

Fertig, Ludwig: Jean Paul und die Pädagogik. Jean Paul und die zeitgenössischen Erziehungsschriftsteller. In: Jahrbuch der Jean-Paul-Gesellschaft 1982, S.47-69.

Fertig, Ludwig; Zeitgeist und Erziehungskunst. Eine Einführung in die Kulturgeschichte der Erziehung in Deutschland von 1600 bis 1900. Darmstadt 1984.

Fertig, Ludwig: „Ein Kaufladen voller Manuskripte": Jean Paul und seine Verleger. Frankfurt a.M. 1989 (= Sonderdruck aus dem Archiv für Geschichte des Buchwesens, Band 32. Frankfurt a.M. 1989).

Fertig, Ludwig: Friedrich Hölderlin der Hofmeister. Darmstadt 1990 (= Poeten als Pädagogen). (a)

Fertig, Ludwig: Jean Paul der Winkelschulhalter. Darmstadt 1990 (= Poeten als Pädagogen). (b)

Fertig, Ludwig: Johann Wolfgang von Goethe der Mentor. Darmstadt 1991 (= Poeten als Pädagogen).

Fertig, Ludwig: „Deutscher Süden". Dichter an der Bergstraße. Darmstadt 1994.
Fiege, Hartwig: Geschichte der hamburgischen Volksschule. Bad Heilbrunn/Obb./ Hamburg 1970.
Fischer, K.G.: Jean Paul als Pädagoge. In: Jean Paul: Levana oder Erziehlehre. Besorgt von K.G. Fischer. Paderborn 1963, S.299-326.
Flasch, Kurt: Augustin. Einführung in sein Denken. Stuttgart 1980.
Flasch, Kurt: Einleitung. In: Aurelius Augustinus: Bekenntnisse. Übersetzt von Kurt Flasch und Burkhard Mojsisch. Stuttgart 1989, S.5-31.
Flitner, Andreas: Die Leier des Apoll. Über die Zukunft der Künste in der Erziehung. In: Neue Sammlung 26 (1986), S.113-124.
Flitner, Andreas: Reform der Erziehung. Impulse des 20.Jahrhunderts. München/ Zürich 1992.
Flitner, Andreas: Zukunft der Kinder - Gedanken zur Grundschule. In: Neue Sammlung 36 (1996), S.189-203.
Flitner, Wilhelm: Die wissenschaftliche und didaktische Reform des 17.Jahrhunderts. In: Ders.: Ausgewählte pädagogische Abhandlungen. Besorgt von Heinrich Kanz. Paderborn 1967, S.109-121.
Frank, Manfred: Einführung in die frühromantische Ästhetik. Vorlesungen. Frankfurt a.M. 1989.
Frank, Manfred: Das Problem „Zeit" in der deutschen Romantik. Zeitbewußtsein und Bewußtsein von Zeitlichkeit in der frühromantischen Philosophie und in Tiecks Dichtung. Paderborn u.a. 1990.
Friedeburg, Ludwig von: Bildungsreform in Deutschland. Geschichte und gesellschaftlicher Widerspruch. Frankfurt a.M. 1989.
Frischeisen-Köhler, Max: Philosophie und Pädagogik. Hrsg. von Herman Nohl. Weinheim 1962.
Fröbel, Friedrich: Friedrich Fröbels Briefe an Elise. Hrsg. von Herman Nohl. In: Die Erziehung 7 (1932), S.385-405 u. S.473-488.
Fröbel, Friedrich: Fröbels Theorie des Spiels I. Der Ball als erstes Spielzeug des Kindes. Einleitung von Elisabeth Blochmann. 2.Aufl. Weimar/ Langensalza 1947.
Fröbel, Friedrich: Die Menschenerziehung. Die Erziehungs-, Unterrichts- und Lehrkunst. Hrsg. von Hermann Holstein. Bochum 1973.
Funke, Gerhard: Das sokratische Jahrhundert. In: Ders. (Hrsg.): Die Aufklärung. In ausgewählten Texten dargestellt und eingeleitet. Stuttgart 1963, S.1-92.
Gadamer, Hans-Georg: Wahrheit und Methode. Grundzüge einer philosophischen Hermeneutik. Tübingen 1960.
Gamm, Hans-Jochen: Das pädagogische Erbe Goethes. Eine Verteidigung gegen seine Verehrer. Frankfurt a.M./ New York 1980.
Garin, Eugenio: Geschichte und Dokumente der abendländischen Pädagogik. Bd. III. Von der Reformation bis John Locke. Reinbek 1967.
Gélis, Jacques: Die Individualisierung der Kindheit. In: Philippe Ariès/ Roger Chartier (Hrsg.): Geschichte des privaten Lebens. 3.Bd.: Von der Renaissance bis zur Aufklärung. Frankfurt a.M. 1991, S.313-331.
Geppert, Klaus: Die Theorie der Bildung im Werk des Novalis. Frankfurt a.M. u.a. 1977.
Giel, Klaus: Fichte und Fröbel. Die Kluft zwischen konstruierender Vernunft und Gott und ihre Überbrückung in der Pädagogik. Heidelberg 1959.
Giel, Klaus: Friedrich Fröbel (1782-1852). In: Hans Scheuerl (Hrsg.): Klassiker der Pädagogik. Bd. I. München 1979, S.249-269.
Giel, Klaus: Umrisse einer hermeneutischen Philosophie. In: Friedrich Kümmel (Hrsg.): O.F. Bollnow. Hermeneutische Philosophie und Pädagogik. München 1997, S.11-58.

Giourtsi, Alexandra: Pädagogische Anthropologie bei Jean Paul. Ratingen 1966.
Gloger-Tippelt, Gabriele/ Tippelt, Rudolf: Kindheit und kindliche Entwicklung als soziale Konstruktionen. In: Bildung und Erziehung 39 (1986), S.149-164.
Göppel, Rolf: Kinder als „kleine Erwachsene"? Wider das Verschwinden der Kindheit in der modernen Kindheitsforschung. In: Neue Sammlung 37 (1997), S. 357-376.
Goethe, Johann Wolfgang: Sämtliche Werke nach Epochen seines Schaffens. Münchner Ausgabe. Hrsg. von Karl Richter. Band 16: Aus meinem Leben. Dichtung und Wahrheit. München/ Wien 1985.
Goethe, Johann Wolfgang: Sämtliche Werke nach Epochen seines Schaffens. Münchner Ausgabe. Hrsg. von Karl Richter. Band 1.2: Der junge Goethe 1757-1775. München/ Wien 1987.
Grützmacher, Curt: Novalis und Philipp Otto Runge. Drei Zentralmotive und ihre Bedeutungssphäre. Die Blume - Das Kind - Das Licht. München 1964.
Grunder, Hans-Ulrich: Jean Piaget als Reformpädagoge. Piaget und die „éducation nouvelle" zu Beginn des 20.Jahrhunderts: vergessene Kontexte und systematische Bedeutung. In: Pädagogische Rundschau 46 (1992), S.541-563.
Grunder, Hans-Ulrich: Reform der Erziehung. Eine Auseinandersetzung mit Andreas Flitner. In: Zeitschrift für Pädagogik 40 (1994), S.925-939.
Habermas, Jürgen: Strukturwandel der Öffentlichkeit. Untersuchungen zu einer Kategorie der bürgerlichen Gesellschaft. 4.Aufl. Neuwied/ Berlin 1969.
Hall, G. Stanley: Ausgewählte Beiträge zur Kinderpsychologie und Pädagogik. Altenburg 1902.
Hardach-Pinke, Irene: Zwischen Angst und Liebe. Die Mutter-Kind-Beziehung seit dem 18.Jahrhundert. In: Jochen Martin/ August Nitschke (Hrsg.),a.a.O. (1986), S.525-590.
Hartlaub, Gustav F.: Der Genius im Kinde. Zeichnungen und Malversuche begabter Kinder. Breslau 1922.
Hassenstein, Bernhard: Zur Biologie des Kindes. In: Ders. u.a.: Das Kind im Vorschul- und Grundschulalter. 6.Aufl. Freiburg i.Br. 1976, S.13-39.
Haufe, Günter: Das Kind im Neuen Testament. In: Theologische Literaturzeitung 104 (1979), Sp. 625-638.
Hauser, Arnold: Sozialgeschichte der Kunst und Literatur. München 1967 (= Ungekürzte Sonderausgabe in einem Band).
Hazard, Paul: Kinder, Bücher und große Leute. Vorwort von Erich Kästner. Hamburg 1952.
Heiland, Helmut: Friedrich Fröbel, in Selbstzeugnissen und Bilddokumenten dargestellt. Reinbek 1982.
Heiland, Helmut: Fröbelforschung. Darmstadt 1983.
Heiland, Helmut: Die Spielmaterialien Friedrich Fröbels. In: Pädagogische Rundschau 43 (1989), S.483-495.
Henkel, Arthur: Was ist eigentlich romantisch? In: Herbert Singer/ Benno von Wiese (Hrsg.): Festschrift für Richard Alewyn. Köln/ Graz 1967, S.292-308.
Henrich, Dieter: Der Begriff der Schönheit in Schillers Ästhetik. In: Zeitschrift für philosophische Forschung 11 (1957), S.527-547.
Herder, Johann Gottfried: Sämtliche Werke. Hrsg. von Bernhard Suphan. Hildesheim 1967 (= Reprographischer Nachdruck der Ausgabe Berlin 1877-1913).
Herrmann, Ulrich: Familie, Kindheit, Jugend. In: Karl-Ernst Jeismann/ Peter Lundgreen (Hrsg.): Handbuch der deutschen Bildungsgeschichte. Band III. 1800-1870. Von der Neuordnung Deutschlands bis zur Gründung des Deutschen Reichs.. München 1987, S.53-69.
Herrmann, Ulrich: Familie und Elternhaus. In: Dieter Lenzen (Hrsg.): Erziehungswissenschaft. Ein Grundkurs. Reinbek 1994, S.186-204.

Herrmann, Ulrich: Von der Revolution der Schule zur Wiederentdeckung der Grenze. Zur Selbstrevision und Historisierung der deutschen Reformpädagogik in der Weimarer Republik. In: Zeitschrift für Pädagogik 41 (1995), S.121-136.
Herrmann, Ulrich: Hölderlin als Hauslehrer. Erziehungserfahrung und pädagogische Reflexion bei Friedrich Hölderlin. In: Zeitschrift für Pädagogik 42 (1996), S.85-98.
Herrmann, Ulrich: Können wir Kinder verstehen? Rousseau und die Folgen. In: Zeitschrift für Pädagogik 43 (1997), S.187-196.
Herter, Hans: Das unschuldige Kind. In: Ders.: Kleine Schriften. Hrsg. von Ernst Vogt. München 1975, S.598-619.
Hessen, Sergius: John Deweys Erziehungslehre. In: Die Erziehung 5 (1930), S.657-684.
Heydorn, Heinz-Joachim: Exkurs: Kindheit. In: Ders.: Ungleichheit für alle. Zur Neufassung des Bildungsbegriffs. Frankfurt a.M. 1980, S.123-131 (= Bildungstheoretische Schriften 3).
Hölderlin, Friedrich: Sämtliche Werke und Briefe I. Hrsg. von Michael Knaupp. München/ Wien 1992.
Hoffmann, Ernst: Pädagogischer Humanismus. Zürich/ Stuttgart 1955.
Hogger, Joseph: Die Kinderpsychologie Augustins. München 1937.
Honecker, Martin: Die Wesenszüge der deutschen Romantik in philosophischer Sicht (1936). In: Helmut Prang (Hrsg.), a.a.O. (1968), S.297-323.
Honig, Michael-Sebastian: Probleme der Konstituierung einer erziehungswissenschaftlichen Kindheitsforschung. In: Zeitschrift für Pädagogik 42 (1996), S.325-345. (a)
Honig, Michael-Sebastian: Normative Implikationen der Kindheitsforschung. In: Zeitschrift für Sozialisationsforschung und Erziehungssoziologie 16 (1996), S.9-25. (b)
Howard, Jonathan: Darwin. Eine Einführung. Stuttgart 1996.
Hübner, Kurt: Wie irrational sind Mythen und Götter? In: Hans Peter Duerr (Hrsg.): Der Wissenschaftler und das Irrationale. 2.Bd. Frankfurt a.M. 1981, S.11-36.
Hufnagel, Erwin: Kindheit als Konstrukt. Eine historische Spurensuche in systematischer Absicht. In: Jörg Ruhloff/ Klaus Schaller (Hrsg.): Pädagogische Einsätze 1991. Festschrift für Theodor Ballauff zum achtzigsten Geburtstag. Sankt Augustin 1991, S.131-148.
Hurrelmann, Bettina: Erziehung zur Bürgerlichkeit in der Jugendliteratur der Aufklärung. In: Ulrich Herrmann (Hrsg.): „Die Bildung des Bürgers“. Die Formierung der bürgerlichen Gesellschaft und die Gebildeten im 18.Jahrhundert. 2.Aufl. Weinheim/ Basel 1989, S.194-223.
Immerwahr, Raymond: Romantisch. Genese und Tradition einer Denkform. Frankfurt a.M. 1972.
Irmscher, Hans Dietrich: Beobachtungen zur Funktion der Analogie im Denken Herders. In: Deutsche Vierteljahrsschrift für Literaturwissenschaft und Geistesgeschichte 55 (1981), S.64-97.
Jaensch, Erich R.: Über den Aufbau der Wahrnehmungswelt und ihre Struktur im Jugendalter. Leipzig 1923.
Jaensch, Erich R.: Die Eidetik und die typologische Forschungsmethode. 2.Aufl. Leipzig 1927.
Janke, Wolfgang: Leibniz als Metaphysiker. In: Wilhelm Totok/ Carl Haase (Hrsg.): Leibniz - sein Leben, sein Wirken, seine Zeit. Hannover 1966, S.361-420.
Jaspers, Karl: Die großen Philosophen. Erster Band. München 1957.
Jean Paul: Levana oder Erziehlehre. Besorgt von K.G. Fischer. Paderborn 1963. (a)
Jean Paul: Werke. 5.Band. Hrsg. von Norbert Miller. München 1963. (b)
Jean Paul: Selberlebensbeschreibung. In: Ders.: Werke. 6.Band. Hrsg. von Norbert Miller. Nachwort von Walter Höllerer. München 1963, S.1037-1103. (c)

Jean Paul: Warum sind keine frohen Erinnerungen so schön als die aus der Kindheit? In: Ders.: Sämtliche Werke. Abteilung II. 2.Bd. Hrsg. von Norbert Miller u. Wilhelm Schmidt-Biggemann. Darmstadt 1976, S.955-961.

Jentsch, Werner: Urchristliches Erziehungsdenken. Gütersloh 1951 (= Beiträge zur Förderung christlicher Theologie 45.Band 3.Heft).

Joas, Hans: Symbolischer Interaktionismus. Von der Philosophie des Pragmatismus zu einer soziologischen Forschungstradition. In: Kölner Zeitschrift für Soziologie und Sozialpsychologie 40 (1988), S.417-446.

Jung, Carl Gustav: Zur Psychologie des Kindarchetypus (1940). In: Ders.: Archetypen. 7.Aufl. München 1997, S.107-136 (= C.G. Jung-Taschenbuchausgabe in elf Bänden. Bd.6).

Kaufmann, Franz Xaver: Kinder als Außenseiter der Gesellschaft. In: Merkur 34 (1980), S.761-771.

Kemper, Herwart: Erziehung als Dialog. Anfragen an Janusz Korczak und Platon–Sokrates. Weinheim/München 1990.

Kern, Hans: Ernst Moritz Arndt 1769-1860. In: Willy Andreas/ Wilhelm von Scholz (Hrsg.): Die Grossen Deutschen. Neue Deutsche Biographie. Zweiter Band. Berlin 1935, S.503-523.

Kessen, William: The Child and Other Cultural Inventions. In: Frank S. Kessel/ Alexander W. Siegel (Eds.): The Child and Other Cultural Inventions. New York et al. 1983, S. 26-39. (a)

Kessen, William: Appendix: The American Child and Other Cultural Inventions. In: Frank S. Kessel/ Alexander W. Siegel (Eds.): The Child and Other Cultural Inventions. New York et al. 1983, S.261-270. (b)

Kettler, F.H.: Taufe. III. Dogmengeschichtlich. In: Kurt Galling (Hrsg.): Die Religion in Geschichte und Gegenwart. Bd. 6. 3.Aufl. Tübingen 1962, Sp. 637-646.

Key, Ellen: Das Jahrhundert des Kindes. Studien. 2.Aufl. Berlin 1902.

Kittler, Friedrich A.: Der Dichter, die Mutter, das Kind. Zur romantischen Erfindung der Sexualität. In: Richard Brinkmann (Hrsg.): Romantik in Deutschland. Ein interdisziplinäres Symposion. Stuttgart 1978, S.102-114.

Kluckhohn, Paul: Das Ideengut der deutschen Romantik. 3.Aufl. Tübingen 1953.

Knoll, Michael: John Dewey und die Projektmethode. Zur Aufklärung eines Mißverständnisses. In: Bildung und Erziehung 45 (1992), S.89-108.

Konrad, Franz-Michael: Grenzen der Erziehung? Zur „Revision der pädagogischen Bewegung“ in den Erziehungsdebatten der Weimarer Republik. In: Neue Sammlung 33 (1993), S.575-599.

Koopmann, Helmut: Friedrich Schiller. II: 1794-1805. Stuttgart 1956.

Korczak, Janusz : Wie man ein Kind lieben soll. Hrsg. von Elisabeth Heimpel und Hans Roos. Göttingen 1967.

Korff, Hermann August: Geist der Goethezeit. III. Teil: Frühromantik. 2. unveränd. Aufl. Leipzig 1959.

Korff, Hermann August: Geist der Goethezeit. I. Teil: Sturm und Drang. 6. unveränd. Aufl. Leipzig 1962.

Korff, Hermann August: Das Wesen der Romantik (1929). In: Helmut Prang (Hrsg.), a.a.O. (1968), S.195-215.

Kreitmair, Karl: Berthold Ottos Leben und sein pädagogisches Wirken. In: Berthold Otto: Ausgewählte pädagogische Schriften. Besorgt von Karl Kreitmair. Paderborn 1963, S.253-269.

Kroh, Oswald: Die Phasen der Jugendentwicklung. Weinheim/ Berlin 1958 (= Sonderdruck aus: Entwicklungspsychologie des Grundschulkindes).

Künzli, Rudolf: Einsichten am Rande? Das Interesse der pädagogischen Reflexion an den Alternativen. In: Bildung und Erziehung 40 (1987), S.453-465.
Lachmann, Rainer: Kind. In: Theologische Realenzyklopädie. Hrsg. von Gerhard Müller. Bd. XVIII. Berlin/ New York 1989, S.156-176.
Langeveld, Martinus J.: Studien zur Anthropologie des Kindes. Tübingen 1956.
Langeveld, Martinus J.: Kind und Jugendlicher in anthropologischer Sicht. Heidelberg 1959.
Lassahn, Rudolf: Pädagogische Anthropologie. Eine historische Einführung. Heidelberg 1983.
Lazarus, Moritz: Das Leben der Seele - in Monographien über seine Erscheinungen und Gesetze. 2.Aufl. Berlin 1878.
Leibniz, Gottfried Wilhelm: Monadologie. Neu übersetzt, eingeleitet und erläutert von Hermann Glockner. Durchges. u. erw. Aufl. Stuttgart 1979.
Lenzen, Dieter: Mythologie der Kindheit. Die Verewigung des Kindlichen in der Erwachsenenkultur. Reinbek 1985.
Lenzen, Dieter: Kindheit. In: Ders. (Hrsg.): Pädagogische Grundbegriffe 2. Reinbek 1989, S.845-859.
Lenzen, Heinrich: Die Idee der Verjüngung bei Herder. In: Bildung und Erziehung 17 (1964), S.237-244.
Lichtenstein, Ernst: Logos Paidagogos. In: Vierteljahrsschrift für wissenschaftliche Pädagogik 32 (1956), S.20-39.
Litt, Theodor: Kant und Herder als Deuter der geistigen Welt. 2., verb. Aufl. Heidelberg 1949.
Loch, Werner: Das Kind in der Sicht Rousseaus und der Romantik. In: Theodor Ellwein (Hrsg.): Kind und Erbsünde. Bad Boll 1959, S.1-19.
Loch, Werner: Lebenslauf und Erziehung. Essen 1979.
Loch, Werner: Die Funktion der Achtung im pädagogischen Bezug. In: Günther Groth (Hrsg.): Horizonte der Erziehung. Festgabe für Theodor Wilhelm zum 75.Geburtstag. Stuttgart 1981, S.23-50.
Loch, Werner: Die Wenden des pädagogischen Bewußtseins als Herausforderung einer phänomenologischen Pädagogik. In: Bildung und Erziehung 37 (1984), S.119-130.
Loch, Werner: Die Erneuerung der Pädagogik aus dem Gespräch des Erwachsenen mit dem Kind. In: Bildung und Erziehung 42 (1989), S.421-438.
Locke, John: Gedanken über Erziehung. Eingeleitet, übersetzt und erläutert von Ernst Sallwürk. Langensalza 1883.
Löwisch, Dieter-Jürgen: Augustinus. In: Wolfgang Fischer/ Dieter-Jürgen Löwisch (Hrsg.): Pädagogisches Denken von den Anfängen bis zur Gegenwart. Darmstadt 1989, S.38-48.
Lottig, William: Alle Kräfte werden gelöst, gepflegt und entwickelt! In: Theo Gläss (Hrsg.): Pädagogik vom Kinde aus. Aufsätze Hamburger Lehrer. Weinheim 1961, S.63-77.
Luhmann, Niklas: Liebe als Passion: Zur Codierung von Intimität. Frankfurt a.M. 1982.
Malmede, Hans: Vom „Genius des Bösen" oder: Die „Entartung" von Minderjährigen. Negative Kindheitsbilder und defensive Modernisierung in der Epoche des Deutschen Kaiserreichs 1870-1918. In: Christa Berg (Hrsg.): Kinderwelten. Frankfurt a.M. 1991, S.187-214.
Marrou, Henri Irénée: Geschichte der Erziehung im klassischen Altertum. München 1977.
Martin, Jochen/ Nitschke, August (Hrsg.): Zur Sozialgeschichte der Kindheit. Freiburg i.Br./ München 1986.
Martin-Fugier, Anne: Riten der Bürgerlichkeit. In: Michelle Perrot (Hrsg.): Geschichte des privaten Lebens. 4.Bd.: Von der Revolution zum Großen Krieg. Frankfurt a.M. 1992, S.201-266.

Mayer, Gerhart: Hölderlins „Hyperion“ - ein frühromantischer Bildungsroman. In: Hölderlin-Jahrbuch. Hrsg. von Berhard Böschenstein. 19. u. 20.Bd. Tübingen 1975-1977, S.244-257.

Mead, Margaret: Jugend und Sexualität in primitiven Gesellschaften. Bd. 2: Kindheit und Jugend in Neuguinea. München 1970.

Meili-Dworetzki, Gertrud: Piaget im Verhältnis zu seinen Lehrern Pierre Janet und Edouard Claparède. In: Gerhard Steiner (Hrsg.): Piaget und die Folgen. Zürich 1978, S.507-529 (= Die Psychologie des 20.Jahrhunderts. Bd.VII).

Menze, Clemens: Hölderlins Deutung der Bildung als exzentrische Bahn. In: Vierteljahrsschrift für wissenschaftliche Pädagogik 58 (1982), S.435-482.

Messner, Rudolf /Rumpf, Horst /Buck, Peter: Natur und Bildung – Über Aufgaben des naturwissenschaftlichen Unterrichts und Formen des Naturwissens. In: chimica didactica 23 (1997), S.5-31.

Meyer-Abich, Klaus Michael: Naturphilosophie auf neuen Wegen. In: Oswald Schwemmer (Hrsg.): Über Natur. Philosophische Beiträge zum Naturverständnis. Frankfurt a.M. 1987, S.63-73.

Meyer-Drawe, Käte: „Die Welt betrachtet die Welt“ oder: Phänomenologische Notizen zum Verständnis von Kinderbildern. In: Hans-Georg Herrlitz/ Christian Rittelmeyer (Hrsg.): Exakte Phantasie. Pädagogische Erkundungen bildender Wirkungen in Kunst und Kultur. Weinheim/ München 1993, S.93-104.

Miller, Alice: Am Anfang war Erziehung. Frankfurt a.M. 1980.

Mittelstraß, Jürgen: Leben mit der Natur. Über die Geschichte der Natur in der Geschichte der Philosophie und über die Verantwortung des Menschen gegenüber der Natur. In: Oswald Schwemmer (Hrsg.): Über Natur. Philosophische Beiträge zum Naturverständnis. Frankfurt a.M. 1987, S.37-62.

Mollenhauer, Klaus: Kinder und ihre Erwachsenen. Anmerkungen zur Tradition des pädagogischen ‘Kolonialismus’. In: Die Deutsche Schule 71 (1979), S.338-344.

Mollenhauer, Klaus: Zwischen Geselligkeit, Scham und Zweifel: bildungstheoretische Notizen zum frühromantischen Schleiermacher. In: Neue Sammlung 25 (1985), S.16-32. (a)

Mollenhauer, Klaus: Anmerkungen zu einer pädagogischen Hermeneutik. In: Neue Sammlung 25 (1985), S.420-432. (b)

Mollenhauer, Klaus: Familie - Familienerziehung. In: Dieter Lenzen (Hrsg.).: Pädagogische Grundbegriffe 1. Reinbek 1989, S.603-613.

Montessori, Maria: Das Kind in der Familie. 2.Aufl. Stuttgart 1954.

Montessori, Maria: Das Kind (1941). In: Winfried Böhm (Hrsg.): Maria Montessori. Texte und Diskussion. Bad Heilbrunn/Obb. 1971, S.51-59.

Montessori, Maria: Kinder sind anders (1950). München 1987.

Montessori, Maria: Die Macht der Schwachen. Kleine Schriften Maria Montessoris. Hrsg. von Paul Oswald und Günter Schulz-Benesch. Freiburg i.Br. 1989.

Moog, Willy: Geschichte der Pädagogik. 3.Bd. Die Pädagogik der Neuzeit vom 18.Jahrhundert bis zur Gegenwart. Neu hrsg. von Franz-Josef Holtkemper. Ratingen/ Hannover 1967.

Mühle, Günther: Entwicklungspsychologie des zeichnerischen Gestaltens. Grundlagen, Formen und Wege in der Kinderzeichnung. München 1955.

Müller, Peter: In der Mitte der Gemeinde. Kinder im Neuen Testament. Neukirchen-Vluyn 1992.

Münz, Rainer: Kinder als Last, Kinder als Lust? Thesen zu individueller Reproduktion und familiärer Sozialisation. In: Joachim Matthes (Hrsg.): Krise der Arbeitsgesellschaft? Frankfurt a.M./ New York 1983, S.228-248.

Müsebeck, Ernst: Ernst Moritz Arndt. Ein Lebensbild. Erstes Buch: Der junge Arndt 1769-1815. Gotha 1914.

Muhri, Johann Günther: Herbert Spencer (1820-1903). In: Hans Scheuerl (Hrsg.): Klassiker der Pädagogik. Bd. I. München 1979, S.299-309.

Nipperdey, Thomas: Nachdenken über die deutsche Geschichte. Essays. München 1986.

Nohl, Herman: Die Theorie der Bildung. In: Herman Nohl/ Ludwig Pallat (Hrsg.): Handbuch der Pädagogik. 1.Bd. Langensalza 1933, S.3-80. (a)

Nohl, Herman: Die pädagogische Bewegung in Deutschland. In: Herman Nohl/ Ludwig Pallat (Hrsg.): Handbuch der Pädagogik. 1.Bd. Langensalza 1933, S.302-374. (b)

Nohl, Herman: Erziehergestalten. Göttingen 1958.

Novalis: Schriften. Die Werke Friedrich von Hardenbergs. Hrsg. von Paul Kluckhohn und Richard Samuel. Zweiter Band: Das philosophische Werk I. 2.erw. u. verbess. Aufl. Darmstadt 1965.

Novalis: Schriften. Die Werke Friedrich von Hardenbergs. Hrsg. von Paul Kluckhohn und Richard Samuel. Dritter Band: Das philosophische Werk II. 2.erw. u. verbess. Aufl. Darmstadt 1968.

Novalis: Schriften. Die Werke Friedrichs von Hardenbergs. Hrsg. von Paul Kluckhohn und Richard Samuel. Erster Band: Das dichterische Werk. 3.erw. u. verbess. Aufl. Darmstadt 1977.

Oelkers, Jürgen: Die Natur des Kindes. Theorieprobleme der Reformpädagogik. In: Neue Sammlung 28 (1988), S.474-485.

Oelkers, Jürgen: Reformpädagogik. Eine kritische Dogmengeschichte. Weinheim/ München 1989.

Oelkers, Jürgen: Das Bild des Kindes als ästhetisches Objekt. Überlegungen zum Verhältnis von moderner Kunst und Reformpädagogik. In: Ders.: Erziehung als Paradoxie der Moderne. Weinheim 1991, S.161-178.

Oelkers, Jürgen: Erziehungsstaat und pädagogischer Raum: Die Funktion des idealen Ortes in der Theorie der Erziehung. In: Zeitschrift für Pädagogik 39 (1993), S.631-648.

Oelkers, Jürgen: Bruch oder Kontinuität? Zum Modernisierungseffekt der Reformpädagogik. In: Zeitschrift für Pädagogik 40 (1994), S.565-583.

Oelkers, Jürgen: Reformpädagogik: Aktualität und Historie. In: Winfried Böhm/ Jürgen Oelkers (Hrsg.): Reformpädagogik kontrovers. Würzburg 1995, S.23-47.

Oelkers, Jürgen: „Erziehung vom Kinde aus": Über die Macht pädagogischer Bilder. In: Michael Seyfarth-Stubenrauch/ Ehrenhard Skiera (Hrsg.): Reformpädagogik und Schulreform in Europa. Bd. 1. Hohengehren 1996, S.178-194.

Oepke, A.: Pais. In: Gerhard Friedrich (Hrsg.): Theologisches Wörterbuch zum Neuen Testament. 5.Bd. Stuttgart 1954, S.636-653.

Oerter, Rolf / Montada, Leo: Entwicklungspsychologie. Ein Lehrbuch. München/Wien/Baltimore 1982.

Oppolzer, Siegfried: Das Kind in der Erziehungslehre John Lockes. In: Franz-Josef Holtkemper (Hrsg.): Pädagogische Blätter. Heinrich Döpp-Vorwald zum 65.Geburtstag. Ratingen 1967, S.141-167.

Otto, Berthold: Beiträge zur Psychologie des Unterrichts. Leipzig 1903.

Otto, Berthold: Familien-Reform - zum Heil der Eltern, der Kinder und des Volkes. Berlin-Lichterfelde 1912. (a)

Otto, Berthold: Die Reformation der Schule. Groß-Lichterfelde 1912. (b)

Otto, Berthold: Ausgewählte pädagogische Schriften. Besorgt von Karl Kreitmair. Paderborn 1963.

Otto, Berthold: Die Berthold-Otto-Schule (1925). In: Wilhelm Flitner/ Gerhard Kudritzki (Hrsg.): Die Deutsche Reformpädagogik. Bd I. Die Pioniere der Pädagogischen Bewegung. 2.Aufl. Düsseldorf/ München 1967, S.185-191. (a)

Otto, Berthold: Der Gesamtunterricht (1921). In: Wilhelm Flitner/ Gerhard Kudritzki (Hrsg.): Die Deutsche Reformpädagogik. Bd I. Die Pioniere der Pädagogischen Bewegung. 2.Aufl. Düsseldorf/ München 1967, S.191-194. (b)

Overbeck, Johannes: Die Entdeckung des Kindes im 1.Jahrhundert n.Chr. In: Neue Jahrbücher für Pädagogik 27 (1924), 2.Abtl. 1.H., S.1-8.

Perrot, Michelle: Rollen und Charaktere. In: Dies.(Hrsg.): Geschichte des privaten Lebens. 4.Bd.: Von der Revolution zum Großen Krieg. Frankfurt a.M. 1992, S.127-194.

Piaget, Jean: Einführung in die genetische Erkenntnistheorie. Frankfurt a.M. 1973.

Piaget, Jean: Das Weltbild des Kindes. München 1988.

Plake, Klaus: Reformpädagogik. Wissenssoziologie eines Paradigmenwechsels. Münster/ New York 1991.

Platon: Nomoi. Sämtliche Werke 6. Nach der Übers. v. Hieronymus Müller hrsg. v. Walter F. Otto u.a. Reinbek 1959.

Pohl, Karl: Lobpreis des Staunens. Über die Ursprünglichkeit des kindlichen Philosophierens. In: Heiner Ullrich/ Franz Hamburger (Hrsg.): Kinder am Ende ihres Jahrhunderts. Pädagogische Perspektiven. Festschrift für Gerhard Velthaus zum 65.Geburtstag. Langenau/Ulm 1991, S.83-90.

Portmann, Adolf: Die Menschengeburt im System der Biologie. In: Richard Bamberger u.a.: Das Kind in unserer Zeit. Eine Vortragsreihe. Stuttgart 1958, S.9-19.

Postman, Neil: Das Verschwinden der Kindheit. Frankfurt a.M. 1983.

Prang, Helmut (Hrsg.): Begriffsbestimmung der Romantik. Darmstadt 1968.

Prange, Klaus: Bauformen des Unterrichts. Eine Didaktik für Lehrer. 2.Aufl. Bad Heilbrunn/Obb. 1986.

Prange, Klaus: Das große Kind. Zur Problematik des Kindbildes in der pädagogischen Semantik. In: Dieter Spanhel (Hrsg.): Curriculum vitae. Beiträge zu einer biographischen Erziehungstheorie. Werner Loch zum 60.Geburtstag gewidmet. Essen 1988, S.159-168.

Preyer, Wilhelm: Die Seele des Kindes. Beobachtungen über die geistige Entwicklung des Menschen in den ersten Lebensjahren. 8.Aufl. Leipzig 1912. (1.Aufl. 1882)

Prondczynsky, Andreas von: Zur historischen Einordnung der Reformpädagogik in der Geschichte der Pädagogik. In: Michael Seyfarth-Stubenrauch/ Ehrenhard Skiera (Hrsg.): Reformpädagogik und Schulreform in Europa. Bd. 1: Historisch-systematische Grundlagen. Hohengehren 1996, S.70-110.

Rabe-Kleberg, Ursula/ Zeiher, Helga: Kindheit und Zeit. Über das Eindringen moderner Zeitorganisation in die Lebensbedingungen. In: Zeitschrift für Sozialisationsforschung und Erziehungssoziologie 4 (1984), S.29-43.

Rang, Adalbert: Zum Bildungskonzept der Reformpädagogik. In: Otto Hansmann/ Winfried Marotzki (Hrsg.): Diskurs Bildungstheorie II. Problemgeschichtliche Orientierungen. Weinheim 1990, S.273-304.

Rang, Martin: Jean Jacques Rousseau (1712-1778). In: Hans Scheuerl (Hrsg.): Klassiker der Pädagogik. Bd.1. München 1979, S.116-134.

Reble, Albert: Geschichte der Pädagogik. 12.Aufl. Stuttgart 1975.

Reinert, Günther: Grundzüge einer Geschichte der Human-Entwicklungspsychologie. In: Heinrich Balmer (Hrsg.): Die europäische Tradition. Tendenzen, Schulen, Entwicklungslinien. Zürich 1976, S.862-896 (= Die Psychologie des 20.Jahrhunderts. Bd. I).

Remak, Henry H.H.: Ein Schlüssel zur westeuropäischen Romantik? (1968). In: Helmut Prang (Hrsg.), a.a.O. (1968), S.427-441.

Richter, Dieter: Das fremde Kind. Zur Entstehung der Kindheitsbilder des bürgerlichen Zeitalters. Frankfurt a.M. 1987.

Rilke, Rainer Maria: Das Jahrhundert des Kindes / (Ellen Key) (1902). In: Ders.: Sämtliche Werke. Fünfter Band. Hrsg. vom Rilke-Archiv. Frankfurt a.M. 1965, S.584-592.

Robertson, Priscilla: Das Heim als Nest: Mittelschichten-Kindheit in Europa im neunzehnten Jahrhundert. In: Lloyd DeMause (Hrsg.), a.a.O. (1977), S.565-600.

Röbbelen, Ingeborg: Zur Anthropologie des Kindes. In: Hermann Diem/ Martinus J. Langeveld (Hrsg.): Untersuchungen zur Anthropologie des Kindes. Heidelberg 1960, S.34-40.

Rödler, Klaus: Vergessene Alternativschulen. Geschichte und Praxis der Hamburger Gemeinschaftsschulen 1919-1933. Weinheim/ München 1987.

Röhrs, Hermann: Die Reformpädagogik. Ursprung und Verlauf in Europa. Hannover 1980.

Röhrs, Hermann (Hrsg.): Die Schulen der Reformpädagogik heute. Schulideen und Schulwirklichkeit. Düsseldorf 1986.

Rolff, Hans-Günther: Massenkonsum, Massenmedien, Massenkultur. Über den Wandel der kindlichen Aneignungsweisen. In: Ulf Preuss-Lausitz u.a.: Kriegskinder, Konsumkinder, Krisenkinder. 2.Aufl. Weinheim/ Basel 1989, S.153-167.

Rosteutscher, Joachim: Hölderlin. Der Künder der großen Natur. Bern/ München 1962.

Rousseau, Jean-Jacques: Emil oder Über die Erziehung. Vollständige Ausgabe. In neuer deutscher Fassung besorgt von Ludwig Schmidts. 7.Aufl. Paderborn u.a. 1985.

Rousseau, Jean-Jacques: Julie oder Die neue Heloise. Briefe zweier Liebenden. Deutsch von H. Denhardt. 2.Bd. Leipzig o.J.

Ruppert, Matthias: Unvollendete Totalität. Untersuchungen zu Friedrich Schillers Konzept einer vollständigen ästhetischen Erziehung. Mainz 1996.

Ruprecht, Erich: Geist und Denkart der romantischen Bewegung. Durchgedacht bis zur Gegenwart. Pfullingen 1986.

Salmony, Hannsjörg A.: Die Philosophie des jungen Herder. Zürich 1949.

Schaal, R.: Bildnerisches Gestalten des Kindes. In: Lexikon der Pädagogik, hrsg. vom Deutschen Institut für wissenschaftliche Pädagogik und Institut für vergleichende Erziehungswissenschaft. I.Bd. Freiburg i.Br. 1952, Sp. 466-471.

Schäfer, Gerd E.: Aus der Perspektive des Kindes? Von der Kindheitsforschung zur ethnographischen Kinderforschung. In: Neue Sammlung 37 (1997), S. 377-394.

Schäfer, Karl-Hermann: Die Laborschule der Universität von Chicago und die Interaktionspädagogik John Deweys. In: Franzjörg Baumgart u.a. (Hrsg.): Emendatio rerum humanarum. Erziehung für eine demokratische Gesellschaft. Festschrift für Klaus Schaller. Frankfurt a.M. 1985, S.217-237.

Schalk, Fritz: Erläuternder Anhang. In: Gian Battista Vico: Vom Wesen und Weg der geistigen Bildung. A.a.O. (1947), S.163-181.

Schaub, Gerhard: Le Génie Enfant. Die Kategorie des Kindlichen bei Clemens Brentano. Berlin/ New York 1973.

Scheibe, Wolfgang: Die Reformpädagogische Bewegung 1900-1932. Weinheim 1969.

Scheuerl, Hans: Reformpädagogik. In: Reinhard Fatke (Hrsg.): Forschungs- und Handlungsfelder der Pädagogik. Weinheim/ Basel 1997, S.185-235 (= Zeitschrift für Pädagogik, 36.Beiheft).

Schiller, Friedrich: Sämtliche Werke. Auf Grund der Originaldrucke hrsg. von Gerhard Fricke und Herbert G. Göpfert. Fünfter Band: Erzählungen/ Theoretische Schriften. 2.durchges. Aufl. München 1960.

Schmidt, Günter R.: John Locke (1632-1704). In: Hans Scheuerl (Hrsg.): Klassiker der Pädagogik Bd.I. München 1979, S.104-115.

Schmidt, Hans-Dieter: Das Bild des Kindes und seine pädagogischen Konsequenzen. In: Hans-Dieter Schmidt u.a. (Hrsg.): Dem Kinde zugewandt. Überlegungen und Vorschläge zur Erneuerung des Bildungswesens. Hohengehren 1991, S.1-12.

Schmidt, Werner H.: Mythos. In: Theologische Realenzyklopädie. Hrsg. von Gerhard Müller. Bd.XXIII. Berlin/ New York 1994, S.625-644.

Schmitt, Carl: Romantik (1924). In: Helmut Prang (Hrsg.), a.a.O. (1968). S.73-92.

Schneider, Carl: Geistesgeschichte des antiken Christentums. 1.Bd. München 1954.

Schön, Erich: Der Verlust der Sinnlichkeit oder Die Verwandlungen des Lesers. Mentalitätswandel um 1800. Stuttgart 1993.

Schülein, Johann August: Neue Eltern !? In: Elisabeth Rohr/ Ludger van Gisteren (Hrsg.): Geschlechterbegegnungen. Viele Orte - Wenig Raum. Basel/ Frankfurt a.M. 1995, S.87-119.

Schütze, Yvonne: Zur Veränderung im Eltern-Kind-Verhältnis seit der Nachkriegszeit. In: Rosemarie Nave-Herz (Hrsg.): Wandel und Kontinuität der Familie in der Bundesrepublik. Stuttgart 1988, S.95-114.

Schweitzer, Friedrich: Die Religion des Kindes. Zur Problemgeschichte einer religionspädagogischen Grundfrage. Gütersloh 1992.

Sengle, Friedrich: Zur geschichtlichen Leistung und zum übergeschichtlichen Rang Jean Pauls. Zwei kleine Beiträge. In: Stanley A. Corngold u.a. (Hrsg.): Aspekte der Goethezeit. Göttingen 1977, S.204-214.

Sennett, Richard: Verfall und Ende des öffentlichen Lebens. Die Tyrannei der Intimität. Frankfurt a.M. 1986.

Shorter, Edward: Die Geburt der modernen Familie. Reinbek 1977.

Shorter, Edward: Die große Umwälzung in den Mutter-Kind-Beziehungen vom 18. bis zum 20.Jahrhundert. In: Jochen Martin/ August Nitschke (Hrsg.), a.a.O. (1986), S.503-524.

Snyders, Georges: Die große Wende der Pädagogik. Die Entdeckung des Kindes und die Revolution der Erziehung im 17. und 18.Jahrhundert in Frankreich. Paderborn 1971.

Soergel, Albert: Dichtung und Dichter der Zeit. Eine Schilderung der deutschen Literatur des letzten Jahrzehnts. Leipzig 1911.

Spaemann, Robert: Der „Geist der Kindheit" und die Entdeckung des Kindes. In: Ders.: Reflexion und Spontaneität. Studien über Fénelon. Stuttgart 1963, S.138-158.

Spaemann, Robert: Rousseaus „Emile": Traktat über Erziehung oder Träume eines Visionärs? In: Zeitschrift für Pädagogik 24 (1978), S.823-834.

Spencer, Herbert: Die Erziehung - in geistiger, sittlicher und leiblicher Hinsicht. 5.verb. Aufl. Sachsa 1905.

Spranger, Eduard: Einleitung. In: Hilde Hecker/ Martha Muchow: Friedrich Fröbel und Maria Montessori. Leipzig 1927, S.IX-XIV.

Spranger, Eduard: Der Eigengeist der Volksschule. 3.Aufl. Heidelberg 1958.

Spranger, Eduard: Aus Friedrich Fröbels Gedankenwelt. 3.unveränd. Aufl. Heidelberg 1960.

Spranger, Eduard: Psychologie des Jugendalters (1924). 27.Aufl. Heidelberg 1963.

Spranger, Eduard: Goethe. Seine geistige Welt. Tübingen 1967.

Spranger, Eduard: Einleitung zu „Friedrich Fröbel und Maria Montessori"(1927). In: Günter Schulz-Benesch (Hrsg.): Montessori. Darmstadt 1970, S.106-110.

Spranger, Eduard: Johann Gottfried Herder: Ahnung und Erfüllung (1949). In: Ders.: Erzieher zur Humanität. Heidelberg 1972, S.74-93 (= Gesammelte Schriften, hrsg. von Hans Walter Bähr u.a. Bd.XI).

Spranger, Eduard: Das Wesen der Lebensalter ... In: Ders.: Psychologie und Menschenbildung. Tübingen 1974, S.328-345 (= Gesammelte Schriften Bd.IV).

Steinthal, Heymann: Einleitung in die Psychologie und Sprachwissenschaft. 2.Aufl. Berlin 1881.

Steinthal, Heymann: Einleitende Gedanken über Völkerpsychologie als Einladung zu einer Zeitschrift für Völkerpsychologie und Sprachwissenschaft (1860)(zusammen mit Moritz Lazarus). In: Ders.: Kleine sprachtheoretische Schriften. Neu zusammengestellt und mit einer Einleitung versehen von Waltraud Baumann. Hildesheim/ New York 1970, S.307-379.

Stern, L. William: Person und Sache. System der philosophischen Weltanschauung. Erster Band: Ableitung und Grundlehre. Leipzig 1906.

Stern, L. William: Person und Sache. System der philosophischen Weltanschauung. Zweiter Band: Die menschliche Persönlichkeit. Leipzig 1918.

Strich, Fritz: Deutsche Klassik und Romantik oder Vollendung und Unendlichkeit. Ein Vergleich. 5.Aufl. Bern/ München 1962.

Teichmann, Frank: Die Entstehung des Entwicklungsgedankens in der Goethezeit. In: Wolfgang H. Arnold (Hrsg.): Entwicklung. Interdisziplinäre Aspekte zur Evolutionsfrage. Stuttgart 1989, S.11-26.

Tenorth: Heinz-Elmar: Geschichte der Erziehung. Einführung in die Grundzüge ihrer neuzeitlichen Entwicklung. Weinheim/ München 1988.

Tenorth, Heinz-Elmar: „Reformpädagogik". Erneuter Versuch, ein erstaunliches Phänomen zu verstehen. In: Zeitschrift für Pädagogik 40 (1994), S.585-604.

Thiersch, Hans: Können wir noch unsere Kinder lieben? In: Neue Sammlung 20 (1980), S.208-224.

Tyrell, Hartmann: Probleme einer Theorie der gesellschaftlichen Ausdifferenzierung der privatisierten modernen Kernfamilie. In: Zeitschrift für Soziologie 5 (1976), S.393-417.

Ueding: Gert: Verstoßen in ein fremdes Land. Kinderbilder in der deutschen Literatur. In: Neue Sammlung 17 (1977), S.344-356.

Ullrich, Heiner: Erziehung als Kult. Anmerkungen über die postmoderne Wiederentdeckung des Mythos ... In: Vierteljahrsschrift für wissenschaftliche Pädagogik 65 (1989), S.151-178.

Ullrich, Heiner: Die Reformpädagogik. Modernisierung der Erziehung oder Weg aus der Moderne? In: Zeitschrift für Pädagogik 36 (1990), S.893-918.

Ullrich, Heiner: Waldorfpädagogik und okkulte Weltanschauung. 3.Aufl. Weinheim/ München 1991.

Ullrich, Heiner: Rudolf Steiner und die Waldorfschule. In: Michael Seyfarth-Stubenrauch/ Ehrenhard Skiera (Hrsg.): Reformpädagogik und Schulreform in Europa. Band 2. Hohengehren 1996, S.253-267.

Unicef: Zur Situation der Kinder in der Welt 1996. Frankfurt a.M. 1995.

Velthaus, Gerhard: Literatur für Kinder. In: Jörg Ruhloff/ Klaus Schaller (Hrsg.): Pädagogische Einsätze 1991. Festschrift für Theodor Ballauff zum achtzigsten Geburtstag. Sankt Augustin 1991, S.149-161.

Vico, Gian Battista: Vom Wesen und Weg der geistigen Bildung. Übertragung von Walter F. Otto mit einem Nachwort von Carl Fr. von Weizsäcker und einem erläuternden Anhang von Fritz Schalk. Godesberg 1947.

Vico, Giambattista: Die neue Wssenschaft über die gemeinschaftliche Natur der Völker. Nach der Ausgabe von 1744 übersetzt und eingeleitet von Erich Auerbach. Berlin 1965 (= Nachdruck der 1.Aufl. von 1924).

Wackenroder, Wilhelm Heinrich: Sämtliche Werke und Briefe. Historisch-kritische Ausgabe. Hrsg. von Silvio Vietta und Richard Littlejohns. Band I: Werke. Heidelberg 1991.

Weber-Kellermann, Ingeborg: Die deutsche Familie. Versuch einer Sozialgeschichte. Frankfurt a.M. 1974.

Weber-Kellermann, Ingeborg: Die Kindheit. Kleidung und Wohnen, Arbeit und Spiel. Eine Kulturgeschichte. Frankfurt a.M. 1989.

Weil, Hans: Die Entstehung des deutschen Bildungsprinzips. 2.Aufl. Bonn 1967.

Weinert, Franz: Entwicklungspsychologie. In: Josef Speck/ Gerhard Wehle (Hrsg.): Handbuch pädagogischer Grundbegriffe. Band I. München 1970, S.325-351.

Weiß, Johannes: Wiederverzauberung der Welt? Bemerkungen zur Wiederkehr der Romantik in der gegenwärtigen Kulturkritik. In: Friedhelm Neidhardt u.a. (Hrsg.): Kultur und Gesellschaft. Opladen 1986, S. 286-301 (= Kölner Zeitschrift für Soziologie und Sozialpsychologie. 27.Sonderheft).

Weisser, Jan: Das heilige Kind. Über einige Beziehungen zwischen Religionskritik, materialistischer Wissenschaft und Reformpädagogik im 19. und zu Beginn des 20.Jahrhunderts. Würzburg 1995.

Wellek, René: Grundbegriffe der Literaturkritik. 2.Aufl. Stuttgart u.a. 1971.

Wiese, Benno von: Der Philosoph auf dem Schiffe. Johann Gottfried Herder. In: Ders.: Zwischen Utopie und Wirklichkeit. Studien zur deutschen Literatur. Düsseldorf 1963, S.32-60.

Wimmer, Michael: Fremdheit zwischen den Generationen. Generative Differenz, Generationsdifferenz, Kulturdifferenz. In: Jutta Ecarius (Hrsg.): Was will die jüngere mit der älteren Generation? Opladen 1998, S.81-113.

Winkel, Hans-Peter: Rousseau in Deutschland. Eine Studie zur Pädagogik der Goethezeit. In: Vierteljahrsschrift für wissenschaftliche Pädagogik 47 (1971), S.161-176.

Wisbert, Rainer: Das Bildungsdenken des jungen Herder. Interpretation der Schrift „Journal meiner Reise im Jahr 1769“. Frankfurt a.M./ Bern/ New York 1987.

Woschitz, Karl Matthäus: Das Kind im Neuen Testament. In: Josef Wiener/ Helmut Erharter (Hrsg.): Kinderpastoral. Wien/ Freiburg i.Br./ Basel 1982, S.43-54.

Zdarzil, Herbert: Zum Menschenbild Johann Gottfried Herders. In: Clemens Menze u.a. (Hrsg.): Menschenbilder. Festschrift für Rudolf Lassahn. Frankfurt a.M. u.a. 1993, S.125-136.

Zeiher, Helga: Die vielen Räume der Kinder. In: Ulf Preuss-Lausitz u.a.: Kriegskinder, Konsumkinder, Krisenkinder. 2.Aufl. Weinheim/ Basel 1989, S.176-195.

Zelizer, Viviana A.: Pricing the Priceless Child. The Changing Social Value of Children. New York 1985.

Zinnecker, Jürgen: Sportives Kind und jugendliches Körperkapital. In: Neue Sammlung 30 (1990), S.645-653.

